Theodor Fuchs

VOM GÖTTERSTREIT ZUM KAMPF DER IDEOLOGIEN

Theodor Fuchs

Vom Götterstreit zum Kampf der Ideologien

Menschheitsgeschichte im Spiegel des Krieges

Urachhaus

CIP-Kurztitelaufnahme der Deutschen Bibliothek

Fuchs, Theodor:

Vom Götterstreit zum Kampf der Ideologien:
Menschheitsgeschichte im Spiegel des Krieges /
Theodor Fuchs. – Stuttgart : Urachhaus, 1987
ISBN 3-87838-457-2

ISBN 3 87838 457 2
© 1987 Verlag Urachhaus Johannes M. Mayer GmbH, Stuttgart.
Alle Rechte, auch die des auszugsweisen Nachdrucks
und der photomechanischen Wiedergabe, vorbehalten.
Zeichnungen Hans-Hermann Kropf, Königsbronn.
Umschlaggestaltung Bruno Schachtner, Dachau.
Satz und Druck der Offizin Chr. Scheufele, Stuttgart.

Inhalt

INHALT

Vorwort

Dieses Buch hat in erster Linie nicht Kriegs- oder Militärgeschichte zum Inhalt, auch nicht das Kriegswesen an sich, obwohl alle diese Dinge erwähnt werden. Wer Näheres darüber, d.h. über Strategie, operative Kunst, Taktik, Gliederung, Bewaffnung, Versorgung im Wandel der Zeiten, erfahren möchte, greife lieber zur »Geschichte des Kriegswesens im Rahmen der politischen Geschichte« von Hans Delbrück oder zu einem der anderen einschlägigen Werke, vielleicht auch zu meinem eigenen Buch »Geschichte des europäischen Kriegswesens«, Teil I–III, München 1972, 1974 und 1977. Das vorliegende Buch dagegen stellt den Menschen in den Mittelpunkt des geschichtlichen Geschehens, wobei seine Anschauungen über den Krieg, sein Verhältnis zu ihm und die Wandlungen seines Bewußtseins in bezug auf das kriegerische Geschehen in den Vordergrund treten.

Dabei wird ein für eine historische Beschreibung ungewöhnlicher Weg beschritten. Abgesehen von den üblichen Quellen, den Zitaten von Aussprüchen großer Heerführer, Politiker oder Philosophen, wie sie auch die anderen Autoren, die sich mit diesem Thema befaßt haben, mit vollem Recht heranziehen, wird auch solchen historisch belegten Aussagen Quellenwert zugemessen – Aussagen vornehmlich aus der Antike und dem Mittelalter, aber auch aus späteren Zeiten –, die bisher als erfundene Geschichten, Phantastereien, »religiöse Märchen« oder gar Propagandatricks beurteilt worden sind. Der Autor dieses Buches dagegen nimmt sie ernst. Mit aller Bescheidenheit gegenüber dem großen Namen Schliemann, der es wagte, Homers »Ilias« nicht nur als Sage und große Dichtung, sondern auch als genaue Beschreibung eines historischen Geschehens aufzufassen, und dadurch Troja fand, benutzen wir die gleiche Methode in bezug auf Aussagen über Dinge, die sich, das Kriegsgeschehen oder Schlachtgeschehen berührend oder entscheidend, im geistigen Bereich abspielten. Dadurch eröffnen sich ganz neue Aspekte, die ihren Ursprung im Bewußtseinswandel der jeweils führenden Menschengruppen und Völker in einer Kulturepoche haben. Beachtet man sie nicht oder tut man sie gar leichtfertig ab, so verschüttet man sich selbst den Weg zum Verständnis dessen, was sich an

7

geistiger Haltung gegenüber dem Phänomen Krieg gerade in unserem Jahrhundert gewandelt hat und noch immer wandelt.

Dabei nimmt der Verfasser einen engagierten Standpunkt ein, der durch seine Erfahrungen in Krieg und Frieden, durch sein Studium und seine langjährige Beschäftigung mit diesen Problemen geprägt ist. Der Leser soll jedoch wissen, daß über eine Aufklärung der geschichtlichen und aktuellen Verhältnisse hinaus seine eigenen Entschlüsse in völliger Freiheit gefällt werden müssen; sie zu beeinflussen oder gar vorwegzunehmen ist an keiner Stelle des Buches beabsichtigt.

Dieses Buch ist allen Soldaten gewidmet, gleich welchem Volk und welcher Zeit sie angehören mögen, die in echter Opferbereitschaft ihr Leben gaben oder für das, was sie für wahr und richtig hielten, kämpften, sowie allen denjenigen, die in solchem Geist die Uniform tragen oder vor der Frage stehen, ob sie sich für den Wehrdienst oder den Zivildienst entscheiden sollen.

Hier ist es nur billig festzustellen, daß der Gedanke, ein solches Buch zu schreiben, nicht vom Autor selbst, sondern vom Leiter des Verlages Urachhaus, Herrn Johannes M. Mayer, ausging. Ihm und seinen Mitarbeitern sowie Herrn Kropf, der die Zeichnungen und Skizzen anfertigte, gilt mein besonderer Dank.

München 1986   *Theodor Fuchs*

I. Phänomen Krieg

Zu keiner Zeit stand die Frage der Friedensbewahrung so sehr im Mittelpunkt der Diskussion aller staatlichen Organe, Parteien, Bewegungen, Bürgerinitiativen bis hin zu kleinsten Gruppen von Einzelpersönlichkeiten wie zur unsrigen. Und in keinem Land wird diese Diskussion so heftig geführt wie in der Bundesrepublik Deutschland. Die Gründe dafür sind offensichtlich. Auf der einen Seite war Mitteleuropa und besonders das von Deutschen aller Stämme bewohnte Gebiet Jahrhunderte hindurch Kriegsschauplatz, auf dem sich alle Völker Europas schlugen; zwei verheerende Weltkriege in der ersten Hälfte unseres Jahrhunderts mit ihren Millionen und Abermillionen von Toten, Verstümmelten und Vermißten sowie dem persönlichen Elend, das fast alle Familien traf, erschütterten zutiefst die bis dahin als selbstverständlich hingenommene Tatsache, daß Staaten – nicht Völker – zur Durchsetzung ihrer eingebildeten oder wirklichen Rechte befugt seien, Kriege zu führen. Auf der anderen Seite besitzen heute die Supermächte, die Vereinigten Staaten von Amerika und die Sowjetunion, aber auch Mächte mittlerer Größe wie Großbritannien, Frankreich, ja sogar Indien, China und einige kleinere Mächte die Möglichkeit, einen Krieg mit jenen Waffen auszulösen, die zum Untergang der gesamten Menschheit führen können. Zu diesen Waffen gehören die nuklearen, biologischen und chemischen, aber auch eine ganze Reihe anderer, die erst im Abschnitt über das Atomzeitalter angeführt werden sollen. Darüber hinaus ist es den beiden Supermächten möglich, einen Krieg gegeneinander sogar auf das erdnahe Weltall, den Mond und vielleicht auf die der Erde nächsten Planeten auszudehnen.

Wen wundert es also, wenn die Frage der Bewahrung des Friedens in den Mittelpunkt aller Überlegungen gerückt wird? Wer wäre noch darüber erstaunt, daß Hunderttausende sich zu Friedensdemonstrationen versammeln?

Welche Wandlung hat sich vollzogen, wenn man, soweit es Deutschland angeht, die Friedensdemonstration in Bonn 1984 mit der berühmt-berüchtigten Demonstration des Jahres 1943 in der Berliner Sporthalle vergleicht,

in deren Verlauf GOEBBELS mit der Zustimmung von Tausenden seine Forderung nach dem totalen Krieg erhob, oder mit den 1914 in allen Hauptstäd-
ten Europas den Krieg begeistert fordernden Menschenmassen oder gar mit
der Kreuzzugsbegeisterung im Hochmittelalter! Und doch muß hier gleich
wieder eingeschränkt werden: Noch im Jahr 1982 forderten in Argentinien
Tausende und Abertausende den Krieg gegen England, um die Falklandinseln zu erobern, und zur gleichen Zeit stellte sich die britische Bevölkerung
fast geschlossen, zumindest aber in ihrer überwältigenden Mehrheit, mit
ebensolcher Begeisterung hinter ihre Regierung, die die Falklandinseln um
jeden Preis mit Waffengewalt verteidigte. Ähnliche Beispiele aus der jüngsten Zeit für die Bereitschaft nicht nur der Regierungen, sondern auch der
Menschen zur Kriegführung bieten der Iran, der Irak, die Palästinenser,
Vietnamesen und viele andere Völker der Dritten Welt. Ja, die Kriege außerhalb Europas, die nach dem Zweiten Weltkrieg geführt wurden, haben bereits jetzt zu fast den gleichen Verlusten an Menschen geführt wie jener
letzte furchtbare Weltkrieg, dessen Hauptkriegsschauplätze in Europa und
in Ostasien lagen.

Festzuhalten ist, daß in der Menschheit eine gewisse Bereitschaft zum
Krieg anscheinend stets bestanden hat, seit, um es biblisch auszudrücken,
Kain den Abel erschlug. Aber es ist symptomatisch für die Neuzeit, daß
heute die Führer aller Staaten bemüht sind, ihren Friedenswillen zu betonen
und selbst den von der Völkergemeinschaft verurteilten Angriffskrieg durch
das Wort Verteidigung zu bemänteln, wie es uns die weiter unten angeführ-
ten Definitionen des Krieges ganz deutlich zeigen. Dies weist auf eine Kluft
zwischen den die Interessen ihrer Staaten vertretenden Männern und der
Mehrheit der Bevölkerung hin, die zwar Gewalt zur Durchsetzung innen-
politischer Ziele durchaus nicht generell ablehnt, den Krieg als Mittel zur
Durchsetzung staatlicher Interessen jedoch verwirft. Allerdings sollte man
sich über diese zur Schau getragene Friedensliebe keinesfalls Täuschungen
hingeben. Das Beispiel England und Argentinien hat gezeigt, wie rasch es
mit Hilfe der modernen Massenmedien und einer geschickten psychologischen Kriegführung gelingt, auch friedliebende Völker zur bedingungslosen Unterstützung einer Kriegspolitik zu veranlassen. Um vieles leichter
noch ist es dort, wo Völkerhaß und religiöser Wahn wie im Vorderen Orient
oder Rassenhaß wie in Afrika die Menschen für die Kriegführung begeistern. In Wirklichkeit aber verbirgt sich wie zur Zeit der Kain- und Abel-
Menschen hinter den zumeist als hehr deklarierten Kriegszielen nichts anderes als krasser Egoismus, Egoismus des Einzelnen, der Einzelstaaten, Völ-
kergruppen oder Blöcke. Darüber sagte Rudolf Steiner: »...unsere Zeit
wird ihren Untergang finden durch andere Kräfte, durch ein gewaltiges

Überhandnehmen des Egoismus der menschlichen Natur, und dadurch durch einen Krieg aller gegen alle«.[1] Und er wiederholt diese Aussage an der gleichen Stelle, indem er sagt: »Nur diejenigen, die sich dem spirituellen Leben zuwenden, werden . . . einen Weg finden über die Katastrophe, die da bedeutet den Krieg aller gegen alle, und dieser Krieg aller gegen alle wird noch viel furchtbarer sein für die Menschenmassen, in denen er auftritt, als die Feuer- und Wasserkatastrophen es waren, wie furchtbar auch der Mensch sie sich vorstellen mag. Und es kann nur die Aufgabe derer sein, die sich heute dem spirituellen Leben zuwenden, daß sie alles daran setzen, daß möglichst viel von den guten Keimen unserer Zeit hinübergerettet wird in den sechsten Zeitraum, der den fünften ablösen wird.«[2]

Von welcher Seite man den Krieg auch betrachten mag, er ist immer eine Katastrophe für die Menschheit, für den von ihm betroffenen Einzelnen und für die mittelbar oder unmittelbar in ihn verwickelten Völker. Und doch haben sich, wie noch zu zeigen sein wird, ganz bestimmte, für die Entwicklung der Gesamtmenschheit unumgängliche Ereignisse oftmals durch Kriege ergeben. Ist daraus aber eine Notwendigkeit, eine Gesetzmäßigkeit oder eine Zwangsläufigkeit abzuleiten? Der Gang durch die Geschichte wird darauf einen Hinweis geben.

Obwohl sich die Menschheit der Tatsache bewußt ist, daß der Krieg eine Katastrophe ist, üben nach wie vor Waffen, Uniformen, Fahnen und Militärmusik eine fast unwiderstehliche Anziehungskraft auf Buben und selbst erwachsene Männer aus, und zwar gleich, welchem Volk sie angehören. Wer glaubt, diese Anziehungskraft beschränke sich nur auf die männlichen Angehörigen des deutschen Volkes, ist einem Propagandafeldzug erlegen oder kennt andere Völker nicht. Daran hat auch die seit einigen Jahren in der Bundesrepublik Deutschland – und fast nur in der Bundesrepublik Deutschland – regelmäßig, besonders vor Weihnachten, verbreitete und von den Massenmedien unterstützte Warnung vor dem Kauf und dem Verschenken von Kriegsspielzeug nichts geändert. Zwar bleiben Spielzeugpanzer und Spielzeugsoldaten, falls sie überhaupt in Spielzeuggeschäften geführt werden, in den Regalen stehen, aber um so mehr werden echten Waffen täuschend nachgebaute Wasserpistolen, Gewehre und Maschinenpistolen verkauft, mit denen die Kinder dann noch »wirklichkeitsnaher« auf der Straße spielen als mit dem sogenannten Kriegsspielzeug. Werden auch diese ihnen verweigert, so basteln sie sich sehr schnell Pfeil und Bogen oder Holzschwerter. Diese Erscheinung ist keineswegs neu. Als der Krieg um Troja ausbrach, versteckte die Nereide Thetis Achilles in Mädchenkleidung unter den Töchtern des Königs Lykomedes auf der Insel Skyros. Doch die in Not geratenen Griechen schickten den schlauen Odysseus mit anderen griechi-

schen Fürsten dorthin, um Achilles, auf dessen Kraft und Tapferkeit man
nicht zu verzichten können glaubte, zu suchen. Schlau, wie Odysseus war,
breitete er wie ein Händler vor den spielenden Mädchen Schmuck und Waffen aus. Dann ließ er plötzlich die Kriegstrompete blasen. Ohne zu zögern
griff Achilles instinktiv nach dem daliegenden Schwert und hatte sich damit
verraten. Dieses Beispiel sieht wie die Schilderung eines Urinstinktes beim
Manne aus.

Auch die »Edda« schildert den Krieg als Männerschicksal schlechthin:
Nach der Beendigung des goldenen Zeitalters sind Streit und Tod unausweichlich. Dabei gilt es gut im Gedächtnis zu behalten, daß nicht Menschen
den ersten Krieg entfesselten, sondern Götter, und zwar im Wanen- und
Asenkampf. In »Der Seherin Gesicht« heißt es:

> Da kam zuerst
> Krieg* in die Welt,
> als Götter Gullweig
> mit Geren stießen
> und in Heervaters
> Halle brannten,
> dreimal brannten
> die dreimal geborene.[3]

Im gleichen Gedicht schildert die Wöluspa auch das Ende unserer Epoche
im Kampf aller gegen alle:

> Brüder kämpfen
> und bringen sich Tod.
> Brudersöhne
> brechen die Sippe;
> arg ist die Welt,
> Ehbruch furchtbar.
> Schwertzeit, Beilzeit,
> Schilde bersten,
> Windzeit, Wolfzeit,
> bis die Welt vergeht –
> nicht einer will
> des andern schonen.[4]

---

* *fólkvíg* (altnordisch) – Krieg der Heerhaufen

Oben wurde von einer gewissen Kluft gesprochen zwischen den Männern, die Staaten zu lenken haben, und denen, die Angehörige dieses Staates sind. Natürlich soll damit keineswegs gesagt werden, daß die führenden Männer etwa kriegslüstern wären und die Staatsangehörigen friedliebend. In der weitaus größten Mehrzahl der Fälle sind die einen Staat oder einen Staatenblock führenden Personen nicht weniger friedliebend als die Menschen, für deren Wohl sie zu sorgen haben. Aber gerade darin liegt der Unterschied. Während zumindest in den westlichen Demokratien der Einzelne in normalen Friedenszeiten zunächst sein eigenes Wohl im Auge haben darf, müssen der Staatsmann und die anderen für die Führung eines Staates oder eines Staatenblockes verantwortlichen Männer und Frauen nicht nur für das Wohl, sondern auch für die Sicherheit der Menschen eintreten, die sie gewählt haben und für die sie verantwortlich sind. Diese Verantwortung schließt jedoch auch die Verteidigung der Gemeinschaft ein. So können unter Umständen Entscheidungen getroffen werden, die durchaus dem Willen dieses oder jenes einzelnen Menschen zuwiderlaufen und ihn dennoch für die Gemeinschaft verpflichten. Anders sieht es dagegen in totalitären Staaten oder Staatenblöcken aus, in denen durch jahrelange Propaganda der Einzelne dazu gebracht wird, zumindest theoretisch sein Eigenleben und Eigendasein dem Volk, der Rasse oder der Klasse hintanzustellen.

Im Spiegel der Weltanschauungen

Abgesehen vom Machtstreben, das nun einmal besteht und die Mächte in Rivalität zueinander oder sogar zur Konfrontation gegeneinander bringt, ist die Einstellung zum Krieg bei den führenden Politikern nicht zuletzt durch deren Religionszugehörigkeit oder Weltanschauung bedingt. Das trifft selbst dann zu, wenn sie sich nicht immer nach deren Vorschriften oder Regeln richten.

Nehmen wir zunächst das Christentum, von dem die Politiker der westlichen Welt durch ihre Erziehung in Schule und Elternhaus ausnahmslos geprägt sind, und zwar durch die Lehren der katholischen oder evangelischen Kirche in der einen oder anderen Form. Grundlagen dieser Lehren sind in erster Linie die Aussagen des Christus, wie sie uns in der Bibel überliefert sind. Obwohl der Verfasser kein Theologe ist, möchte er auf ein paar wenige Punkte hinweisen. Nach Matthäus 24,6–8 sagt Christus in der apokalyptischen Ölbergrede, trotz seines Friedensgebotes: »Ihr werdet hören Kriege und Geschrei von Kriegen; sehet zu und erschreckt nicht. Das muß zum ersten alles geschehen; aber es ist noch nicht das Ende da. Denn es wird sich empören ein Volk wider das andre und werden sein Pestilenz und teure Zeit und Erdbeben hin und wieder. Da wird sich allererst die Not anheben.« So die Übersetzung durch Martin Luther. Bei Emil Bock lautet die gleiche Stelle: »Ihr werdet Kriegsgetümmel und Kriegsgeschrei vernehmen; sehet zu, daß es euch dann nicht an innerem Mut gebricht. Es ist notwendig, daß dies alles geschieht. Aber damit ist das Ziel des Werdens noch nicht erreicht. Ein Teil der Menschheit wird sich gegen den anderen, ein Reich gegen das andere erheben. Überall werden Hungersnöte und Erdbeben ausbrechen. Und doch sind das nur die ersten Geburtswehen der neuen Welt.« Ganz eindeutig wird hier von der Notwendigkeit des Krieges gesprochen. Mit Sicherheit ist damit jedoch nicht gemeint, daß der Krieg, weil er nun einmal notwendig ist, auch angestrebt werden soll. Und doch spricht Rudolf Steiner von einem noch schrecklicheren Geschehen, das sich zwangsläufig ergeben soll. So sagt er, daß die nachatlantische Zeit zugrundegehen wird durch das Überhandnehmen des Egoismus, durch den Krieg »aller gegen alle«.[5] Dieser Krieg aller gegen alle wird ein Krieg der Stände gegen die Stände sein, der Kasten gegen die Kasten, der Geschlechter gegen die Geschlechter, des Einzelnen gegen den Einzelnen. Und das Ich wird die Ursache dieses Krieges sein.[6] Das aber besagt, daß nicht die Staaten die Ursache für den Krieg bilden, sondern daß diese Ursache im Menschen selbst liegt. Die Unzulänglichkeit des Menschen ist also die wahre Kriegsursache. Sie und damit den Krieg zu überwinden, ist Ziel dessen, der sich zum Christentum bekennt, selbst wenn dieses Ziel in der Jetztzeit noch nicht erreicht werden kann. Wichtig ist aber, daß der sich zum Christentum bekennende Mensch trotz seines Wissens um die Notwendigkeit des Krieges im Sinne der apokalyptischen Ölbergrede mit ganzem Herzen und ganzer Seele nicht den Krieg, sondern den Frieden erstrebt. Im übrigen werden die bei Matthäus 24 angegebenen Christusworte bei Markus 13,7–8 fast wörtlich wiederholt.

Wer nach dem Frieden strebt, darf Macht um ihrer selbst willen nicht anwenden. Tut er dies doch, so schlägt sein Tun über kurz oder lang auf ihn selbst zurück. So heißt es in der Offenbarung des Johannes 13,10: »So jemand in das Gefängnis führt, der wird in das Gefängnis gehen; so jemand mit dem Schwert tötet, der muß mit dem Schwert getötet werden. Hie ist Geduld und Glaube der Heiligen.« (Nach Martin Luther) Und bei Emil Bock lautet die gleiche Stelle: »Wenn einer in Unfreiheit führt, so soll er selber in Unfreiheit gehen; wer das tötende Schwert schwingt, soll selber dem tötenden Schwert verfallen. Was sich hier allein bewährt, ist die ausharrende Kraft und der Glaube derer, die dem Geist ergeben sind.«[7]

Zweifellos ist damit jede Art eines Angriffskrieges für den gläubigen Christen ausgeschlossen. Dies gilt sogar für den Einzelnen im Fall der Verteidigung, wie es von der Gefangennahme Jesu bei Matthäus 26,52 nach Martin Luther steht:»Da sprach Jesus zu ihm: Stecke dein Schwert an seinen Ort; denn wer das Schwert nimmt, der soll durchs Schwert umkommen.« Und Emil Bock übersetzt:»Da sprach Jesus zu ihm: Stecke dein Schwert wieder an seinen Platz. Denn alle, die nach dem Schwerte greifen, werden auch durch das Schwert umkommen.« Daß hier der Einzelne angesprochen ist, wird durch die griechische Wortwahl für »Schwert« deutlich. Im griechischen Text steht *máchaira*. Mit *máchaira* bezeichnete man das kurze Hiebschwert, das zur persönlichen Bewaffnung des freien Mannes gehörte, nicht aber das Kriegsschwert, das im römischen Imperium offiziell nur von den Legionären getragen werden durfte. Daß die lateinische Übersetzung des griechischen Testaments von *gladius* (Legionärsschwert) spricht, ist nicht ganz korrekt. Im Gegensatz dazu bringt der altsächsische Heliand ganz richtig das Wort *sachs*, womit das kurze Handschwert oder Hiebschwert bezeichnet wurde.

Nur in scheinbarem Widerspruch dazu steht die Aussage bei Matthäus 10,34, nach Martin Luther:»Ihr sollt nicht wähnen, daß ich gekommen sei, Frieden zu senden auf die Erde. Ich bin nicht gekommen, Frieden zu senden, sondern das Schwert.«* Bei Emil Bock lautet die gleiche Stelle genauer und sinngemäßer:»Denket nicht, ich sei gekommen, einen billigen Frieden auf die Erde zu bringen. Ich bringe nicht den Frieden, sondern das Schwert.« Obwohl auch hier im griechischen Text für Schwert das Wort *máchaira* steht, ist aus dem Zusammenhang mit den folgenden Sätzen deutlich zu erkennen, daß »Schwert« hier als Metapher gebraucht wird, denn es wird im folgenden von der Trennung von den Blutsverwandten und der absoluten Bindung an sie, wie sie im jüdischen Volke zur damaligen Zeit

---

* Im 12. Vortrag über das Matthäus-Evangelium vom 12. September 1910, GA 123, gehalten in Bern, sagt Rudolf Steiner:»Ein Wort aus dem Matthäus-Evangelium wird gewöhnlich ganz falsch übersetzt, das schöne, herrliche Wort:›Ich bin nicht auf diese Erde herabgestiegen, um von dieser Erde wegzuwerfen den Frieden, sondern um wegzuwerfen das Schwert!‹ (Matth. 10,34). Das schönste, wunderbarste Friedenswort ist leider im Laufe der Zeit in sein Gegenteil verkehrt worden.« Rudolf Steiner stützt sich bei dieser Übersetzung auf das griechische Wort *baleĩn*, das auch »wegwerfen« heißen kann. Wenigstens ist das anzunehmen. Daß Emil Bock ihm bei dieser Übersetzung nicht gefolgt ist, liegt wohl daran, daß dieser Satz dann im Zusammenhang völlig isoliert stünde. Eher ist – wie schon oben im Text gesagt – die Trennung von den alten Blutsbindungen der Geschlechter und Sippen gemeint. Dies wird auch – wie oben gezeigt – durch das Lukas-Evangelium bestätigt.

üblich war, gesprochen. Bestätigt wird diese Auffassung durch den Satz bei Lukas 12,51, der nach Martin Luther lautet: »Meinet ihr, daß ich herkommen bin, Frieden zu bringen auf Erden? Ich sage: Nein, sondern Zwietracht.« Zwietracht ist aber ganz sicher nicht gemeint. Das lateinische Neue Testament bringt *separationem* (Akkusativ) und das griechische *diamerismón*. Beide bedeuten »Trennung«, das griechische Wort allerdings auch »Spaltung« und »Uneinigkeit«, doch ist »Trennung« zweifellos die richtige Übersetzung. So lautet der Satz auch bei Emil Bock: »Meint ihr, ich sei gekommen, um auf Erden Frieden zu stiften? Nein, ich sage euch: Lauter Trennung wird durch mich bewirkt.«

Aus keiner dieser Aussagen ist eine Billigung des Krieges zu entnehmen. Allerdings richten sich die Gebote gegen die Anwendung von Waffengewalt stets an den Einzelnen. In besonderem Maße gilt dies für das Gebot aus dem Alten Testament: Du sollst nicht töten. In dieser Form ist die Übersetzung nicht korrekt. Wenn wir die Frage der richtigen Wortwahl für das Wort »sollen« in unserem Zusammenhang außer acht lassen, so bleibt bestehen, daß das hebräische Wort *razah* (z-stimmhaftes s) »gesetzwidrig töten« oder »morden« heißt. Über das Töten im Krieg wird damit zunächst nichts ausgesagt.

In bezug auf die Notwendigkeit des Krieges, wie sie weiter oben durch die Christus-Worte belegt worden ist, muß betont werden, daß diese Notwendigkeit etwa in dem Sinne zu verstehen ist, wie die Notwendigkeit des Verrats des Judas. In der Bergpredigt, die vor allem bei Matthäus 5–7 wiedergegeben wird, stellt der Christus dagegen ganz eindeutige Forderungen an jeden Einzelmenschen. Mittel der Vervollkommnung des Einzelnen ist dort nicht der Kampf, sondern unzweideutig die Nächstenliebe, ja sogar die Feindesliebe. Voraussetzung aber für die Erfüllung dieses Liebesgebotes bleibt die Überwindung des Egoismus, auch des Staatsegoismus. Natürlich gehört auch der Klassen- und Rassenegoismus hierher. Verkennt man diese Tatsache und bekämpft man allein gewisse Maßnahmen der Aufrüstung oder Nachrüstung, so verhält man sich wie derjenige, der Symptome einer Krankheit wie etwa Schmerzen bekämpft, ohne deren Ursachen zu beseitigen. Darauf muß im Kapitel über das Atomzeitalter noch näher eingegangen werden. Der einzige, der zur Zeit in einem Buch die radikale Befolgung der Bergpredigt und ihrer Gebote der Nächstenliebe fordert, ist Franz Alt.

In der Befolgung der Gebote der Bergpredigt lange nicht so radikal wie der Katholik Franz Alt haben sich die katholischen deutschen Bischöfe in ihrem Hirtenbrief »Gerechtigkeit schafft Frieden« ausgedrückt. Darin heißt es wörtlich: »Sie [die Bergpredigt] bringt Grundeinstellungen für die Gestaltung des Lebens der Christen zur Sprache – Grundeinstellungen, die auch für das politische Verhalten des Christen gelten. Aber die Weisungen der Bergpredigt sind eben keine Gesetze, die schematisch anzuwenden wären... Es wäre deshalb ein Mißverständnis, das gesellschaftlich-politische Leben unmittelbar nach den Weisungen der Bergpredigt gestalten und ordnen zu wollen. Vernunft und Klugheit, die vom Träger politischer Ordnung zu fordern sind, werden durch die Befolgung der Weisungen Jesu nicht ersetzt.« Die Friedensliebe des Christen versuche jedoch immer, »den Gegner für den Frieden zu gewinnen, gewaltfreie Lösungen der Konflikte zu erschließen und Felder der Kooperation anzubieten«.[9] Die evangelische Kirche verhält sich zu diesem Problem nicht genauso, aber ähnlich.

Die im Mittelpunkt stehende Grundfrage ist die nach dem Notwehrrecht des Staates. Schon weiter oben wurde der Angriffskrieg als gegen die christliche Ethik verstoßend abgelehnt. Fast alle Staaten im Westen erkennen das Recht des Einzelnen zur Kriegsdienstverweigerung unter gewissen Auflagen an, die zumeist auf religiösen Gewissensentscheidungen beruhen. Am großzügigsten verfährt dabei die Bundesrepublik Deutschland, während Frankreich die striktesten Einschränkungen für Kriegsdienstverweigerer in seinen Gesetzen verankert hat. Die Schweiz kennt dieses Recht gar nicht; ein dahingehender Antrag wurde erst kürzlich vom Schweizer Volk per Volksabstimmung abgelehnt. Im Osten dagegen ist die Kriegsdienstverweigerung nur in ganz wenigen Staaten möglich, unter anderem auch in der DDR, in der Kriegsdienstverweigerer unter großen Schwierigkeiten anerkannt werden können und einen Ersatzdienst in Baubataillonen abzuleisten haben, als Soldaten in Uniform. In der Bundesrepublik Deutschland hat jeder das Wahlrecht, sich für den Wehrdienst zu entscheiden oder nach dem Wort des Christus nach Matthäus 5,38–39 zu handeln: »Ihr habt gehört, daß da gesagt ist: Auge um Auge, Zahn um Zahn. Ich aber sage euch, daß ihr nicht widerstreben sollt dem Übel, sondern, so dir jemand einen Streich gibt auf deinen rechten Backen, dem biete den andern auch dar.« (Martin Luther) Und nach Emil Bock lautet das Gebot: »Ihr habt das Wort gehört, das gesprochen worden ist: ›Ein Auge für ein Auge, ein Zahn für einen Zahn.‹ Aus dem Ich heraus jedoch sage ich euch: Stellt euch dem Bösen nicht entgegen. Schlägt jemand dich auf deine rechte Backe, so biete ihm die linke auch dar.« Sowohl die evangelische als auch die katholische Kirche fassen diesen Satz nicht in seiner ganzen Radikalität auf, sondern schränken ihn durch das Notwehrrecht des Staates nach innen und nach außen ein.[10]

Zweifellos bleibt es dem Einzelnen überlassen, diesem Gebot bis zur letzten Konsequenz zu folgen und sich weder gegen Übergriffe gewalttätiger Verbrecher im Innern noch gegen einen äußeren Feind zu wehren. Der Staat in seiner Gesamtheit kann das nicht. Er hat eine unabdingbare Verpflichtung zum Schutz aller seiner Bürger gegen Verbrecher. Er kommt ihr mit Hilfe der Justiz nach, der Polizei und seiner Rechtsordnung nach innen. Den Schutz gegen einen Angriffskrieg von außen übernehmen die bewaffneten Streitkräfte. Solange die Welt noch so ist, wie sie im Augenblick sich darstellt, kann kein Staat auf das Notwehrrecht verzichten. Gerade in einer Zeit, in der Kriege nicht mehr »der Zeitvertreib der Könige« sind und der einzelne Bürger davon mehr oder weniger unberührt bleibt, muß dieses Notwehrrecht eines der vornehmsten Rechte des Staates bleiben. In modernen Kriegen, die immer mehr den Charakter von Religions- oder Weltanschauungskriegen annehmen, müssen auch diejenigen geschützt werden, deren Leben nicht nur durch die Kriegshandlungen selbst, sondern auch durch die ihnen nachfolgenden Verfolgungen durch den potentiellen totalitären Gegner gefährdet ist. Auch wer sich für die Kriegsdienstverweigerung entscheidet, muß sich die Frage ernsthaft vorlegen, ob seine Entscheidung nicht auf Egoismus physischer, seelischer oder geistiger Art beruht und er es wirklich verantworten kann, seinen Nächsten durch Unterlassung Tod und Verderben auszusetzen. Im übrigen wird das Notwehrrecht des Staates an keiner Stelle im Neuen Testament angezweifelt. Mehrmals spricht Jesus mit Soldaten, und niemals findet er abschätzige Worte über ihren Beruf; im Gegenteil, man denke nur an das Beispiel des Hauptmanns von Kapernaum. Sein Gebot an sie lautet lediglich, sie sollten sich mit ihrem Sold begnügen und sich von unnötiger Gewaltanwendung fernhalten. Gibt es aber eine Gewaltanwendung, so wird eine solche durch die Lage gerechtfertigte und notwendige stillschweigend anerkannt. Ebensowenig findet sich in der Anthroposophie Rudolf Steiners ein pejoratives Urteil über Soldaten. Zu Rudolf Steiners Bekanntenkreis gehörte der Chef des Großen Generalstabs des deutschen Heeres von 1914, Generaloberst VON MOLTKE. Verschiedentlich betont Rudolf Steiner auch, daß Soldaten wie jeder andere, falls sie nach der Erkenntnis höherer Welten streben, zunächst ihre Pflicht zu erfüllen haben.

Sieht der Soldat oder derjenige, der zum Wehrdienst ansteht, seine Aufgabe in der rechten Weise als Notwehr und Opfergang an, so folgt er dem Christuswort nach Johannes 15,13: »Niemand hat größere Liebe denn die, daß er sein Leben lässet für seine Freunde.« (Martin Luther) Und Emil Bock übersetzt: »Eine größere Liebe kann niemand haben als die, sein Leben hinzugeben für seine Freunde.«

Natürlich ist das Verhalten westlicher Staatsmänner nicht nur auf die bewußt oder unbewußt mit ihrer Erziehung aufgenommene christliche Lehre zurückzuführen; sicher gibt es unter ihnen auch solche, die das weit von sich weisen würden. Dennoch ist das christliche Kulturgut, in dem sie aufgewachsen und belehrt worden sind, ein nicht zu übersehendes, wichtiges und ausschlaggebendes Moment ihres Verhaltens. Darüber hinaus sind zweifellos die geschichtliche Überlieferung ihres Volkes, dessen traditionelle Politik und die dem augenblicklichen Stand entsprechende Lage zu berücksichtigen. Wie liegen nun die Verhältnisse im Osten? Während im Westen Staatsmänner, Völker und Blöcke zumindest in der christlichen Tradition verankert sind oder sich darauf berufen und damit den Krieg nur als Notwehrakt, wenigstens in der staatsrechtlichen Theorie, gelten lassen, liegen die Verhältnisse im kommunistischen Osten völlig anders. Allerdings sind dort die kulturellen und geistesgeschichtlichen Voraussetzungen keineswegs einheitlich. Ein großer Teil der heute kommunistischen Staaten wie die DDR, Polen, die Tschechoslowakei, Ungarn und Rumänien wurzeln in der christlich-abendländischen Kultur. Die Erfahrung zeigt, daß sich diese jahrhundertealte Tradition auch von den sich zum Marxismus-Leninismus bekennenden führenden Männern dieser Staaten nicht ohne weiteres abschütteln läßt. Anders verhält es sich dagegen mit der Supermacht Sowjetunion und der kommunistischen Nuklearmacht China. Trotz der Kulturrevolution unter MAO TSE-TUNG erweist sich in der Gegenwart immer mehr, daß sich das kulturelle Erbe des alten China nicht völlig verleugnen läßt. Dennoch gilt auch für das asiatische Millionenvolk, das fast ein Drittel der gesamten Menschheit darstellt, jene Definition des Krieges, die, weiter unten aufgeführt, von der Sowjetunion zum Dogma erhoben und von allen Staaten des marxistisch-leninistischen Lagers anerkannt wird. Obwohl zweifellos ein großer Teil der europäischen Bevölkerung des sowjetischen Riesenreiches noch der orthodoxen christlichen Lehre anhängt, gilt dies für die führenden Staatsmänner der Sowjetunion nicht, die bereits als Kinder in der marxistisch-leninistischen Tradition aufgewachsen sind. Darüber hinaus nimmt der Anteil der europäischen Bevölkerung der Sowjetunion aufgrund der ständig rascher nachlassenden Geburtenzahlen immer mehr ab, während der asiatische, zu einem großen Teil islamische Teil der Bevölkerung in selbst für die russische Führung besorgniserregender Weise zunimmt. In dem vom Deutschen Militärverlag der DDR herausgegebenen deutschen Militärlexikon, das eine Übersetzung des sowjetischen ist und damit für den gesamten Ostblock gilt, wird der Krieg wie folgt definiert:

Krieg – bewaffnete Auseinandersetzung zwischen Staaten (Koalitionen oder Klassen) zur Verwirklichung ihrer politischen und ökonomischen Ziele. Er ist die Fortsetzung der Politik bestimmter Klassen mit gewaltsamen Mitteln.
Der Krieg ist eine gesellschaftlich-historische Erscheinung, die auf einer bestimmten Stufe der gesellschaftlichen Entwicklung entstand. Er ist das

Ergebnis der Entstehung des Privateigentums an Produktionsmitteln, der
Klassen und des Staates. Der K. wurde zum Mittel der Stärkung des Staa-
tes der Ausbeuterklassen, der Eroberung fremder Länder, der Unterdrük-
kung und Ausplünderung fremder Völker. Gestützt auf die Erkenntnisse
von Marx und Engels und auf das Studium der Kriege, besonders in der
Epoche des Imperialismus, gab W. I. Lenin eine wissenschaftliche Klassifi-
zierung der K. (Lehre von gerechten und ungerechten K.).
Die Wurzel der K. in der Gegenwart ist das imperialistische System mit
den ihm innewohnenden inneren Widersprüchen, der Kampf der imperia-
listischen Staaten um Absatzmärkte, Rohstoffquellen, Kapitalanlagesphä-
ren, das Streben der aggressiven imperialistischen Kräfte nach der Welt-
herrschaft durch Vernichtung des sozialistischen Lagers in einem dritten
Weltkrieg. Diese Wurzeln der K. verschwinden endgültig erst mit der Be-
seitigung des Kapitalismus und dem Sieg des Sozialismus im Weltmaßstab.
Unter den Bedingungen der Existenz des sozialistischen Weltlagers der
internationalen Arbeiterklasse und ihrer kommunistischen und Arbeiter-
parteien, der ständig wachsenden Zahl friedliebender Staaten, der organi-
sierten Weltfriedensbewegung und der wachsenden nationalen Befrei-
ungsbewegung der Völker, der Kolonien und abhängigen Länder ist be-
reits vor dem Sieg des Sozialismus in der ganzen Welt die reale Möglichkeit
gegeben, die aggressiven imperialistischen Kräfte zu bändigen und den
Krieg aus dem Leben der Völker zu bannen.

Zunächst einmal gibt diese Definition eine Erweiterung des Begriffes Krieg.
Danach ist der Krieg nicht nur die bewaffnete Auseinandersetzung von Staaten allein, sondern auch von Klassen, d.h. also, daß die Revolution zum
Begriff Krieg gehört. Ursprung ist nicht wie in der christlichen Lehre die
Unvollkommenheit des Menschen oder sein Egoismus, sondern Krieg ist
das Ergebnis der Entstehung des Privateigentums an Produktionsmitteln,
was als dem imperialistischen System immanent angesehen wird. Der Krieg
selbst kann nur durch die Beseitigung des Kapitalismus und den Sieg des
Sozialismus auf der ganzen Welt überwunden werden. Bevor wir zu weiteren Schlußfolgerungen kommen, sehen wir uns noch an, was LENIN über
den gerechten bzw. ungerechten Krieg sagt. Unter der Überschrift »Krieg,
gerechter (fortschrittlicher Krieg)« bringt das gleiche Lexikon die folgende
Definition:

Krieg einer unterdrückten Klasse gegen die Unterdrückerklasse, nationale
und koloniale Befreiungskriege. K. der Völker gegen drohende nationale
Versklavung, K. des siegreichen Proletariats zur Verteidigung des Sozialis-

mus gegen imperialistische Staaten. Verschiedene Arten gerechter K. kön-
nen sich zu einem gemeinsamen Ziel vereinigen.
Gerechte K. hat es in allen Gesellschaftsordnungen gegeben, besonders
häufig aber sind sie in der Gegenwart. Gerechte K. werden von der inter-
nationalen Arbeiterklasse und den kommunistischen und Arbeiter-Par-
teien entschieden unterstützt.

Auf die Frage des gerechten und ungerechten Krieges muß weiter unten
noch eingegangen werden. Hier bleibt zunächt einmal festzuhalten, daß im
sowjetischen Sinn gerechte Kriege, zu denen ja auch – wie wir gehört haben – die Revolutionen gehören, wenn sie von der Arbeiterklasse geführt
werden, die entschiedene Unterstützung der kommunistischen und Arbeiter-Parteien, d. h. der Sowjetunion und des Ostblocks, finden. Dies wurde
im übrigen auch von den führenden sowjetischen Staatsmännern, zuletzt
von BRESCHNEW und GROMYKO, durchaus nicht geleugnet, sondern offen
erklärt. Entsprechend dieser Definition ist es nach sowjetischer Auffassung
ganz selbstverständlich, daß die Sowjetunion denjenigen kommunistischen
Kräften einer Arbeiterklasse zu Hilfe kommen wird, die durch eine kommunistische Revolution in einem Staat die Macht zu ergreifen oder gegen
»konterrevolutionäre Kräfte« zu halten versucht. So hat auch GROMYKO
das Eingreifen der sowjetischen Streitkräfte gegenüber dem Westen ideologisch erklärt. So auch erklärt sich die sowjetische Unterstützung überall
dort auf der Welt, wo sich eine Lage ähnlich wie etwa der in Afghanistan
oder ein Krieg zwischen einem sozialistischen und »imperialistischen«
Staat ergibt. Sowohl BRESCHNEW als auch GROMYKO haben erklärt, daß sie
nicht gewillt sind, von diesem Grundsatz abzuweichen oder ihn aufzugeben.

Aus der Definition des gerechten oder fortschrittlichen Krieges ergibt
sich zwangsläufig die Definition des ungerechten Krieges, die im gleichen
Lexikon abgedruckt ist. Sie lautet:

Krieg, ungerechter – imperialistische Eroberungskriege, K. zur Nieder-
schlagung der revolutionären Bewegung der unterdrückten und aus-
gebeuteten Klassen, K. zur Niederschlagung der nationalen und kolonia-
len Befreiungsbewegung, K. zur Festigung der Ausbeuterordnung, K.
gegen die errichtete Macht der Arbeiter und Bauern, gegen sozialistische
Staaten.
Ungerechte K. werden von der internationalen Arbeiterklasse und den
kommunistischen und Arbeiter-Parteien entschieden bekämpft, wenn es
nicht gelingt, deren Entfesselung zu verhindern.

Das bedeutet natürlich, daß allein die Sowjetunion als Vertreterin der internationalen Arbeiterklasse entscheidet, welcher Krieg gerecht und welcher ungerecht ist. Kommt sie zu der Auffassung, daß ein ungerechter Krieg irgendwo auf der Welt geführt wird, so ist sie zur entschiedenen Bekämpfung des Feindes der Arbeiterklasse entschlossen. Bisher hat sich erwiesen, daß sie das auch überall tut. Allerdings kann ihre Hilfe und Unterstützung unterschiedlich ausfallen. Propagandistische Unterstützung und Hilfe durch Waffenlieferungen werden in solchen Fällen überall geleistet. Sie schreitet nur dort selbst mit Waffengewalt ein, wo es ihr die Lage erlaubt, d. h. vornehmlich in den Ländern und Räumen, die wie die Tschechoslowakei und Ungarn oder die DDR in ihrem eigenen Machtbereich liegen und zu ihrem Blocksystem gehören, oder wo sie dies, ohne das Risiko eines weltweiten Krieges eingehen zu müssen, tun kann wie etwa in Afghanistan. Andere Möglichkeiten bestehen wie etwa in Polen durch die Stützung einer kommunistischen Militärjunta oder durch die Entfesselung von Stellvertreterkriegen wie 1950 in Korea, in den folgenden Jahren in Vietnam oder in der neuesten Zeit in Äthiopien, das gegen das abgefallene Somali vorging, sowie im Tschad und Mittelamerika.

Im übrigen läßt diese Definition – und es ist sehr wichtig, dies festzuhalten – den Krieg nicht nur als staatliche Notwehr im westlichen Sinne zu. Die Klassenkampftheorie erklärt ja Revolutionen, also Angriffe gegen die bestehende Macht, als Verteidigung der Rechte der Arbeiterklasse. Aus dieser Definition ergibt sich logischerweise auch, daß überall dort, wo sozialistische Staaten ihre Rechte »verteidigen« oder »Befreiungskriege« gegen »imperialistische Aggressionen« führen wollen, sie ihre Angriffe als Verteidigung deklarieren. Wiederum bestimmt die Sowjetunion allein, welcher Krieg als Angriffskrieg und welcher als Verteidigungskrieg zu bewerten ist. Vergleichen wir diese Auffassung mit der im Westen geltenden Auffassung von der Notwehr des Staates und der durch die christliche Ethik bestimmten Überwindung des Egoismus, auch des Staatsegoismus, so ist festzustellen, daß im Ostblock gerade das Gegenteil der Fall ist. Nicht die Überwindung des Egoismus aller steht an erster Stelle, sondern die Durchsetzung des egoistischen Wollens einer Klasse oder von Staatengruppen. Auf all diese Dinge muß im letzten Kapitel noch eingegangen werden.

Eine kurze Bemerkung über die Einstellung zum Krieg und die Kriegsursachen muß der Dritten Welt gelten, zumal zumindest ein Land, nämlich Indien, heute im Besitz der entscheidenden Waffe, der Atombombe, ist. Der Verlauf der Geschichte nach dem Zweiten Weltkrieg hat auch gezeigt, daß Kriege in der Dritten Welt oft die Gefahr eines Weltbrandes in sich bergen und nur mit Mühe eingedämmt werden können. Das eklatanteste Beispiel hierfür bietet der Nahe Osten. Ein sehr großer Teil der Dritten Welt gehört dem islamischen Glauben an. Der Koran aber fordert nach wie vor den *dschihad* (arabisch eigentlich »Anstrengung«), den »Heiligen Krieg« der Mohammedaner gegen alle Ungläubigen. Das geht so weit, daß selbst in einem Krieg zweier mohammedanischer Staaten gegeneinander, wie im Augenblick im Krieg des Iran gegen den Irak, der »Heilige Krieg« ausgerufen werden kann, falls das eine Land einer anderen mohammedanischen Sekte angehört als das andere. Dies stellt eine ständige Gefahr für den Weltfrieden dar. Neben diesen religiösen Gründen bildet der in der Dritten Welt erwachende Nationalismus eine weitere sehr ernste Gefahr für die Entfesselung von Kriegen.

Ein Wort muß noch, unabhängig von religiösen, ethischen und politischen Gründen, über die Rolle der Geschlechter bei der Auslösung von Kriegen verloren werden. Immer wieder wurde behauptet, daß Frauen als Führer von Staaten eine gewisse Garantie für die Einhaltung des Friedens böten. Schon die alten Griechen wußten das anders. Ursache des Trojanischen Krieges war nach der Sage das Urteil des Paris und der Raub der Helena. In der modernen Zeit haben Frauen an der Spitze von Staaten mit gleicher Bereitschaft Kriege geführt – und auch mit gleicher Erbitterung – wie Männer; dazu brauchen nur die Beispiele INDIRA GANDHI, GOLDA MEIR und MARGARET THATCHER angeführt zu werden. Weitere Namen könnten diese Reihe ergänzen.

Noch einmal muß betont werden, daß diese Anschauungen und Definitionen über den Krieg, wie sie für den Westen, den Osten und die Dritte Welt vorgetragen wurden, nur Grundsätze umreißen. Damit soll nicht gesagt werden, daß alle Staatsmänner, gleich in welchem Lager sie sich befinden, auch unbedingt nach ihnen handeln. Die praktische Politik kann durchaus davon abweichen. Weder schützt die christliche Grundauffassung westliche Politiker davor, im Kampf um die Macht auf der Welt die Notwehr zu überschreiten, noch zwingt sie unter allen Umständen die östlichen Politiker dazu, einen Krieg im Sinne der Übertragung der Klassenkampftheorie auf die bewaffnete Auseinandersetzung zwischen Staaten zu entfesseln. Dennoch besteht, von der ethischen Frage abgesehen, ein grundlegender Unterschied in der Praxis: Der am 4. April 1949 in Washington abgeschlossene Nordatlantik-Vertrag, dem die Bundesrepublik Deutschland am 23. Oktober 1954 beitrat, legt ganz eindeutig den ausschließlichen Verteidigungscharakter dieses Vertrages im Artikel 5 fest, in dem es heißt: »Die Parteien vereinbaren, daß ein bewaffneter Angriff gegen eine oder mehrere von ihnen in Europa oder Nordamerika als ein Angriff gegen sie alle angesehen werden wird; sie vereinbaren daher, daß im Falle eines solchen bewaffneten Angriffs jede von ihnen in Ausübung des in Artikel 51 der Satzung der Vereinten Nationen anerkannten Rechts der individuellen oder kollektiven Selbstverteidigung der Partei oder den Parteien, die angegriffen werden, Beistand leistet, indem jede von ihnen unverzüglich für sich und im Zusammenwirken mit den anderen Parteien die Maßnahmen, einschließlich der Anwendung von Waffengewalt, trifft, die sie für erforderlich erachtet, um die Sicherheit des nordatlantischen Gebiets wiederherzustellen und zu erhalten.

Von jedem bewaffneten Angriff und allen daraufhin getroffenen Gegenmaßnahmen ist unverzüglich dem Sicherheitsrat Mitteilung zu machen. Die Maßnahmen sind einzustellen, sobald der Sicherheitsrat diejenigen Schritte unternommen hat, die notwendig sind, um den internationalen Frieden und die internationale Sicherheit wiederherzustellen und zu erhalten.« Zwar lautet der entsprechende Artikel des am 14. Mai 1955 abgeschlossenen Warschauer-Pakt-Vertrages recht ähnlich, doch geht ja aus dem vorher Gesagten hervor, wie leicht durch einen dialektischen Kunstgriff in bezug auf die Auslegung eines gerechten bzw. ungerechten Krieges ein tatsächlicher Angriff zur Verteidigung deklariert werden kann. Dies geht deutlich aus der Definition des Wortes »Kriegswissenschaft« hervor, das sich allerdings im genannten Lexikon des Deutschen Militär-Verlages in Ost-Berlin nicht findet. Diese Definition ist dagegen im sowjetischen Lexikon gleicher Art enthalten, das dem ostdeutschen zugrunde liegt. Darin heißt es: »Die Kriegswissenschaft vermittelt ein System von Kenntnissen über die Gesetzmäßigkeiten des Krieges, die Art seiner Vorbereitung und Führung...

Die sowjetische Kriegswissenschaft ist historisch fortschrittlich, da sie von der besten wissenschaftlichen Theorie des Marxismus-Leninismus geleitet wird, dem dialektischen und historischen Materialismus. Sie fußt auf der Verallgemeinerung und den Ableitungen der marx-leninschen Wissenschaft über die Gesellschaft und auf den Interessen der Volksmassen, des sozialistischen Staates und des ganzen sozialistischen Lagers, *welche nur gerechte Befreiungskriege führen können.*«[11]

Auffassungen der Völker

Nach dieser kurzen Darlegung der gegenwärtigen grundsätzlichen Auffassungen über den Krieg gilt es, einen Blick in fernste Vergangenheit zu werfen. Die moderne Völkerkunde weiß über das kulturgeschichtliche Alter des Krieges im Sinne einer absoluten Chronologie nichts Sicheres auszusagen;

es bestehen jedoch Anzeichen dafür, daß es solche Auseinandersetzungen bereits in der jüngeren Altsteinzeit, im Jungpaläolithikum, gab. Darauf weisen Skelettfunde hin, deren Schädel Beilhiebe aufweisen oder in deren Knochen steinerne Pfeil- und Lanzenspitzen stecken. Dennoch gibt es bei allen Völkern eine Vorstellung vom verlorenen Paradies, in dem ein ewiger Frieden herrschte. So heißt es z. B. in den Mythen der Sumerer:

Einmal vor langer Zeit gab es keine Schlange, keinen Skorpion, gab es keine Hyäne, keinen Löwen, gab es keinen wilden Hund, keinen Wolf, keine Furcht, kein Entsetzen, der Mensch hatte keinen Nebenbuhler.[12]

Von einer Uraggressivität kann, wie die moderne Völkerkunde meint, nicht die Rede sein. Vergleiche mit modernen Naturvölkern, die noch auf steinzeitlicher Stufe leben, zeigen, daß alle diese Völker das Risiko scheuen. Für die bewaffnete Auseinandersetzung bevorzugen sie den heimlichen Überfall im Morgengrauen und greifen erst dann an, wenn sie sich dem Feind klar überlegen fühlen. Im allgemeinen gilt der Gruppenfremde als Feind. In jüngster Zeit wurde die These aufgestellt, daß diese Art der Kampfführung vor allem dazu diente, Menschenopfer für die Götter zu beschaffen. Beispiele dafür finden sich sowohl in Südostasien und Polynesien als auch in Nord- und Südamerika. Deutlich weist darauf auch ein Brauch nord- und südamerikanischer Indianerstämme hin, bei dem es im Kampf mehr darauf ankam, den Gegner mit der Hand zu berühren, als ihn mit der Waffe zu töten. Der mit der Hand Berührte galt als besiegt. Berichte der Spanier aus der Zeit der Eroberung Nord- und Südamerikas beschreiben diese Vorgänge so, daß der siegreiche Krieger durch das Handauflegen den Besiegten zugleich zu seinem Freund und Sklaven machte. Er wurde dann im Triumph in das eigene Stammesgebiet geführt und dort meist nach einer gewissen Zeit, in der man ihn als Ehrengast oder als Verkörperung eines Gottes behandelte, von den Priestern geopfert.[13]

Die bewaffnete Auseinandersetzung – und das wird im nächsten Kapitel noch näher geschildert – war also eine Angelegenheit, die ganz eng mit religiösen Vorstellungen verbunden war und zum Dienst an den Göttern gehörte. Dies zeigt auch die Tatsache, daß es neben dem heimlichen Morgenüberfall bei modernen Naturvölkern auch den Kampf zwischen zwei traditionell verfeindeten Gruppen mit strengen Regelungen, formeller Herausforderung oder Kriegserklärung usw., gab. Kriegsgründe sind stets Gewalttat, Blutrache oder die Wohlfahrt des Einzelnen wie des ganzen Stammes, des Dorfes oder der Sippe im religiösen Zusammenhang. Dagegen spielt die

Frage des Machtzuwachses oder der Annexion eines feindlichen Landes bei echten Naturvölkern überhaupt keine Rolle. Diese Gründe stehen erst bei den sog. zivilisierten Völkern oder bei Völkern mit einer Hochkultur, d. h. also auch etwa bei Hochkulturvölkern Schwarzafrikas wie den Zulus, im Vordergrund.[14]

Seit Jahrtausenden bemühen sich Theologen, Philosophen und Politiker um eine sittliche Wertung und Bewertung des Krieges. Dabei sehen die einen im Krieg eine für die menschliche Gesellschaft positive Kraft, die anderen dagegen eine sittliche Gefahr. Der aus königlichem Geblüt stammende HERAKLIT VON EPHESUS (550–480 v. Chr.) erkannte die in Gegensätze zerfallende Welt, in der ein Kampf aller Dinge gegeneinander herrscht. Ihm war daher der Krieg (pólemos) der »Vater aller Dinge«. Ganz allgemein waren Auseinandersetzungen für ihn der Motor der Weltgeschichte und Kämpfe ein Ausdruck des ewigen Werdens. THUKYDIDES (etwa 455–396 v. Chr.), der selbst Stratege war und den Krieg aus eigener bitterer Erfahrung kannte, empfand den Krieg als »gewalttätigen Lehrmeister«. Als solchen und als bittere Notwendigkeit hat ihn wohl die gesamte Antike angesehen.

Bei den Römern griffen ursprünglich wie bei allen alten Völkern die Götter unmittelbar in den Krieg ein, nachdem in den Anfangszeiten die Komitien als Volksvertretung das *bellum justum,* den »gerechten Krieg«, beschlossen und die Facialen, ein Kollegium von 20 Priestern für sakralrechtliche Fragen, ihn verkündet hatten. In der späteren römischen Zeit jedoch wird der Krieg in der Pax Romana pervertiert und dient der reinen Machtpolitik. Von CÄSAR eingeleitet und vorbereitet, wird diese Pax Romana von AUGUSTUS als Reichsidee konzipiert. Der ihr zugrundeliegende und vom juristisch denkenden Volk und seinen Cäsaren getragene Friedensgedanke ist jedoch keineswegs pazifistisch oder auch nur friedliebend, sondern er beruht auf der militärischen Überlegenheit Roms, das seine Aufgabe darin sah, die Welt zu ordnen. Wer sich dieser Ordnung widersetzte, wurde niedergeworfen und vernichtet, geschont dagegen derjenige, der um Gnade unter Anerkennung des Machtanspruchs der Cäsaren bat.

Wie bei den frühen Römern steht auch bei den Germanen der Krieg unter einem göttlichen Gesetz. Nur dieses Gesetz rechtfertigt ihn, macht ihn »gerecht«. Wir werden noch sehen, wie bei ihnen und bei anderen Völkern die Götter unmittelbar in den Kampf eingriffen. Sehr viel über das Wesen des Krieges in dieser frühen Zeit sagt die Handhabung der Disziplinargewalt bei Griechen, Römern und Germanen aus. Während bei den Griechen Verstöße gegen die Manneszucht erst nach Beendigung des Krieges oder des Feldzuges durch modern anmutenden demokratischen Beschluß der Heeres- oder Volksversammlung der freien Männer der Polis geahndet wurden, geschah

dies in Rom durch den Consul, der mit seinen sechs Lictoren als unmittelba-
rer Vollstrecker seines Machtanspruchs auftrat. Unter ihm besaßen die unseren Stabsoffizieren vergleichbaren Tribunen das Recht, empfindlichste Prü-
gelstrafen zu verhängen. Die unter ihnen stehenden Zenturionen, die mit
unseren Unteroffizieren verglichen werden dürfen, obwohl sie die Befehls-
befugnis etwa eines Kompaniechefs besaßen, trugen ständig den Stock und
prügelten ihre Untergebenen höchst eigenhändig, wie auch die Korporale
zur Zeit der stehenden Heere des 18. Jahrhunderts, wann immer sie eine
Disziplinwidrigkeit zu bemerken glaubten. Der Grieche POLYBIOS (ca.
201–120 v. Chr.), der mit tausend vornehmen Achäern als Geisel in Rom
festgehalten wurde und enge Freundschaft mit dem jüngeren SCIPIO schloß,
begleitete diesen auch später auf seinen Zügen und sah die Zerstörung von
Karthago, Korinth und Numantia. Er erzählt uns, daß schlafend angetroffene Wachposten gesteinigt wurden. Wenn sie die Strafe überstanden, traf
sie lebenslängliche Verbannung. Die gleiche Strafe erlitten Zenturionen, die
nicht ordnungsgemäß die Ronde machten. Befehlsverweigerung, Feigheit
vor dem Feind und Fahnenflucht wurden unweigerlich mit dem Tod bestraft. Wurden ganze Truppenteile dieser oder ähnlicher Verfehlungen über-
führt, so wurden sie dezimiert. Jeder zehnte Mann verfiel dabei den Ruten
und dem Beil der Lictoren. Die militärischen Vorgesetzten übernahmen damit die Rolle des allein sich selbst und seinem Rechtsempfinden verantwortlichen Richters. Bei den Germanen dagegen besaß kein Vorgesetzter, wenn
von einem solchen überhaupt gesprochen werden kann, ein persönliches
Recht zur Verurteilung oder Bestrafung. Bei allen militärischen Vergehen
sprechen ausnahmslos die Priester das Recht. »Aber auch die Priester tun
das nicht, um von sich aus oder auf Befehl des Heerführers eine Strafe zu
vollziehen, sondern sozusagen auf Geheiß des Gottes, der nach ihrem Glauben den Kämpfern zur Seite steht.«[15] Ganz in der Hand der Götter liegt also
das Schicksal des Einzelnen und des Stammes.

Der christliche Bischof AURELIUS AUGUSTINUS, Kirchenvater und Philosoph, der 354 in Tagaste geboren wurde und 430 n. Chr. als Bischof von
Hipporegius in der Nähe von Karthago starb, rechtfertigte, besonders angesichts der Vandalen, die damals Nordafrika eroberten, den Krieg als Mittel
zur Wiederherstellung verletzten Rechts und zur Verbreitung des Glaubens.
Er tat dies, obwohl er auch sagte: »Man soll die Feinde lieben, nicht weil sie
schon Brüder wären, sondern damit sie Brüder werden.« Nach AUGUSTI-
NUS ist der Staat verpflichtet, gegen Rechtsbrüche auch mit Gewalt vorzugehen, und die Kirche hat als Gemeinschaft der Christen die Aufgabe, das
Gottesreich unter Einsatz aller Machtmittel, auch der staatlichen, zu verwirklichen. Ebenso vertrat THOMAS VON AQUIN (1225–1274) die Lehre,

Kirche und Staat hätten das Recht, Krieg zu führen, um die gesellschaftliche Ordnung zu erhalten oder wiederherzustellen. Nur so, meinte er, könnten Frieden und Wohlstand als Voraussetzungen für das Ringen der Kirche um das Seelenheil der Gläubigen gedeihen. Bei allen seinen Überlegungen ist jedoch der Friede die Regel und der Krieg die Ausnahme. Des AUGUSTINUS' Lehre vom Gottes- und Teufelsstaat, die sich sichtbar und unsichtbar bekämpfen, prägte beider Auffassungen, weswegen sie den Begriff des gerechten Krieges einführen mußten. Der gerechte Krieg dient der Verteidigung des Gottesstaates im weitesten Sinn des Wortes. Diese Anschauung gipfelt schließlich in dem Kreuzzugsruf »Gott will es!«; sie sollte das ganze europäische Mittelalter beherrschen. Auf AUGUSTINUS fußt der Westgote ISIDOR VON SEVILLA (um 540–636), der über Kriegs- und Völkerrecht schrieb. Aus dem an die Götter gebundenen und unter ihrem Gesetz stehenden Krieg der Antike, mit Ausnahme des cäsarischen Rom, wird im Mittelalter der gerechte Krieg des christlichen Staates gegen den Teufelsstaat der Nichtchristen und Häretiker. Im Jahr 1386 schreibt der Wiener Domdechant JOHANN DER SEFFNER: »Der gerecht streit ist der von dem Chaiser und dem rechten erlaubt ist durch wider springen des erbs oder zu vertreiben dy veind.« Der spanische Dominikaner und Professor in Salamanca FRANCESCO DE VITORIA (1483–1546) stellte als erster in seiner Schrift »De jure belli« die Lehre vom gerechten Krieg in Frage und begründete das moderne Kriegsvölkerrecht. Er bezog die Heiden in die Völkerrechtsgemeinschaft ein und erklärte es für völkerrechtswidrig, sie durch Krieg zur Annahme des christlichen Glaubens zu zwingen. Ebenso deutlich, ja noch deutlicher beschränkte sein Schüler FRANCISCO SOAREZ (1548–1617) den Krieg auf die Verteidigung gegen objektives Unrecht und auf Strafexpeditionen gegen schuldige Feinde. MARTIN LUTHER (1483–1546) erklärte in seiner 1527 verfaßten Schrift »Ob Kriegsleute auch im seligen Stand sein können?«, der Krieg wäre als Notwehrhandlung geboten, wenn Schiedsgerichtsverhandlungen scheiterten und die gerechte Ordnung zwischen den Völkern gefährdet wäre.

Unerachtet der im 16. Jahrhundert beginnenden Religionskriege zwischen den christlichen Konfessionen berief sich HUGO GROTIUS (1583–1645) in seiner Abhandlung über das Recht des Krieges und des Friedens auf die Staatssouveränität im Völkerrecht. Dabei billigte er den Krieg als Rechtsakt, als Polizeiaktion gegen Verbrecher mit dem Ziel, diese hart und schnell, aber so weit wie möglich human zu bestrafen. Handelten dagegen Regierungen verbrecherisch, so hätten die davon betroffenen Herrscher nicht nur das Recht, sondern auch die Pflicht, Gegenmaßnahmen zu ergreifen und zum Krieg zu rüsten. Der Krieg ist damit Mittel zur Austragung des Rechtsstreits geworden.

28

Seine eindeutigste Form als reiner Rechtsstreit findet der Krieg im Zeitalter des Absolutismus, besonders im 18. Jahrhundert, wo er fast ohne Anteilnahme der Zivilbevölkerung als »Zeitvertreib der Könige« im Spiel um die Macht geführt wird. Die Lehre vom gerechten Krieg wird damit zur bloßen Formel. An ihre Stelle tritt die Lehre vom Recht zum Krieg.

Auf den Erfahrungen der Kabinettskriege und der Napoleonischen Kriege fußend, konnte der preußische General CARL VON CLAUSEWITZ in seinem zwischen 1816 und 1830 geschriebenen Werk »Vom Kriege« mit Recht sagen, der Krieg sei »eine Fortsetzung politischen Verkehrs, ein Durchführen desselben mit anderen Mitteln«. Er definiert ihn als »Akt der Gewalt, um den Gegner zur Erfüllung unseres Willens zu zwingen . . . Denn die politische Absicht ist der Zweck, der Krieg nur das Mittel, und niemals kann das Mittel ohne Zweck gedacht werden . . . Da der Krieg kein Akt blinder Leidenschaft ist, sondern der politische Zweck darin vorwaltet, so muß der Wert, den dieser hat, die Größe der Aufopferung bestimmen, mit welcher wir ihn erkaufen wollen.« CLAUSEWITZ hat damit klar erkannt, daß der Krieg zu seiner Zeit ein Mittel, und zwar ein brauchbares, der Politik war, daher unterstellt er ihn ihr. Schon hier sei vorweggenomen, daß der atomare Krieg kein Mittel der Politik mehr sein kann, weil er zur Selbstvernichtung der Menschheit führt und damit jede sinnvolle Politik unmöglich macht.

Das erwachende Nationalbewußtsein bei den europäischen Völkern hat zu Beginn des 19. Jahrhunderts, nach einem Wort des britischen Generals FULLER, den Krieg demokratisiert und das Schlachtfeld zu einem Schlachthaus gemacht. In Übereinstimmung mit der CLAUSEWITZschen Definition des Krieges betrachteten die Regierungen des vergangenen Jahrhunderts den Krieg als legitimes Mittel der nationalstaatlichen Politik. In allen seinen Formen wurde er zur Erreichung nationaler Ziele angewendet und gerechtfertigt. Das Recht zum Krieg *(jus ad bellum)* hob erst nach dem Ersten Weltkrieg der Kellogg-Pakt auf, durch den Angriffskriege verboten wurden.

Stets haben sich gerade deutsche Heerführer auf CLAUSEWITZ berufen, und dennoch interpretierte Generalfeldmarschall HELMUTH GRAF VON MOLTKE (1800–1891) das Verhältnis von Krieg und Politik in dem Sinn, daß die Strategie, im Handeln völlig unabhängig von der Politik, ihr Streben auf das höchste Ziel zu richten habe. Auf diese Weise, so glaubte MOLTKE, arbeiteten Politik und Strategie am besten Hand in Hand. Er bestritt damit den Primat der politischen Führung während des Krieges. Erst wenn das Ziel des Soldaten, nämlich die Wehrlosmachung des Gegners, erreicht ist, setzt die Politik wieder ein.

Generaloberst Erich Ludendorff (1865–1937), der Generalstabschef Hindenburgs und seit 1916 Generalquartiermeister und eigener Leiter der Kriegshandlungen des deutschen Heeres, stellt in seinem Buch »Kriegführung und Politik«, das er 1922 herausgab, den Krieg als natürliche Äußerung des Staates dar. Demnach hat die Politik dafür zu sorgen, daß der Krieg fachgemäß geführt werden kann. Damit wird der Primat des Militärischen postuliert und genau das Gegenteil dessen behauptet, was Clausewitz gesagt hatte. In letzter Konsequenz führte diese Auffassung vom Krieg schließlich zum totalen Krieg, der sich in seiner Furchtbarkeit und Entartung am deutlichsten im ideologischen Krieg der Zukunft auswirken muß, falls nicht Vernunft und Menschlichkeit siegen. Allerdings soll keineswegs behauptet werden, daß allein deutsche Soldaten solchen Gedanken anhingen. In der Praxis sind im Zweiten Weltkrieg fast alle Staaten diesen Gedanken mehr oder weniger erlegen. Am deutlichsten zeigte sich dies bei der Bombenkriegführung gegen Deutschland, dessen eifriger Befürworter bereits vor dem Krieg der britische Luftmarschall Harris war. Er stützte sich seinerseits auf die Ideen des italienischen Generals Douhet.

Dabei spielten auch weiterhin und spielen bis in die Gegenwart hinein die Begriffe vom gerechten und ungerechten Krieg eine große Rolle, wobei zum Teil sogar der Kreuzzugsgedanke von angelsächsischer Seite gegen Deutschland und von Deutschland gegen die Sowjetunion wieder aufgegriffen wurde. Über die sowjetischen Definitionen vom gerechten und ungerechten Krieg wurde bereits weiter oben gesprochen. Die Furchtbarkeit dessen, was in den Jahren von 1939 bis 1945 geschehen war, erweckte nach dem Zweiten Weltkrieg das zentrale Anliegen aller Großmächte, anstelle Kriege zu gewinnen, Kriege zu vermeiden. Auch die katholische Kirche gab die Lehre vom gerechten Krieg auf. An ihre Stelle trat in der Friedensenzyklika des Papstes Johannes XIII. »Pacem in Terris« von 1963 sowie in der Pastoralkonstitution »Gaudium et Spes« des 2. Vatikanischen Konzils von 1968 die Lehre vom Frieden, und beide Denkschriften sprachen sich für gewaltlose Methoden der Konfliktregelung und einen weltweiten sozialen Ausgleich zur Friedenssicherung aus. Die protestantische Kirche stellte 1959 die Lehre von der Komplementarität von Waffengebrauch und Waffenverzicht auf, wobei die radikale Richtung den Krieg als einen Akt der Ungerechtigkeit und Unmenschlichkeit verdammte, die andere es jedoch den Christen zur Pflicht machte, an einem Krieg mitzuwirken, falls dieser Recht und Ordnung schützt.[16]

Das christliche Ziel, den Egoismus des Einzelnen und der Gemeinschaften zu überwinden, die freie Entfaltung der Völker in ihrer nationalen Selbständigkeit, ihren Lebensgewohnheiten und Lebensanschauungen zu achten, muß in Gegenwart und Zukunft den Krieg ebenso verhindern, wie die Achtung vor der freien Entfaltung der Persönlichkeit innerhalb der einzelnen Staaten den Mißbrauch von Gewalt durch den Staat und durch den Einzelnen verbietet. Nur dann kann verhindert werden, daß die den Frieden pervertierende Feststellung und Forderung des sowjetischen Generals SCHAPOSCHNIKOW, STALINS Generalstabschef im Zweiten Weltkrieg, zum Schrecken der Menschheit in Erfüllung geht, wonach in Umkehrung der CLAUSEWITZSCHEN Erkenntnis »der Friede zur Fortsetzung des Krieges mit anderen Mitteln« wird. MAO TSE-TUNG nannte geradezu den Frieden die Fortsetzung des Krieges und Klassenkampfs mit allen legalen und illegalen Mitteln.

Auch Rudolf Steiner äußerte Grundsätzliches über den Krieg. In seinem Vortrag vom 1. Januar 1917 über das »Karma der Unwahrhaftigkeit« möchte er, »daß der Schein durchschaut werde, der durch das noch aus der Vergangenheit in die Gegenwart hineinragende System der Nationalstaaten entsteht, und daß die Kriegsereignisse überhaupt etwas wie ein Schleier sind, hinter dem eine neue Welt darauf wartet, ins Dasein zu treten: Der Krieg sei in Wahrheit eine Revolution im sozialen Gefüge der Menschheit.«[17]

Er weist darauf hin, daß die Geschichte der Menschheit auch in ihren schmerzlichsten Ereignissen von geistigen Impulsen gelenkt und geleitet wird. Aber diese geistigen Impulse wirken auch gegeneinander, und die Menschen sind in einander vielfach widerstrebende Strömungen hineingestellt. »Wer immer nur denkt: Die weisheitsvolle Weltenordnung wird es schon machen, – macht es sich zu leicht.«[18]

Über die Einstellung des Einzelnen zum Krieg sagt Rudolf Steiner: »...wir wissen zu beurteilen, daß in einem gewissen Zeitabschnitte der Entwicklung der Menschheit Kriege aufgekommen sind, Kriege dasjenige waren, wovon die Menschheit gewissermaßen ergriffen worden ist. Aber es war die Zeit, in welcher die Menschen an Kriege geglaubt haben. Was heißt denn das: Es war die Zeit, in welcher die Menschen an Kriege geglaubt haben? – Was heißt: Glauben an Kriege? – Nun, das Glauben an Kriege ist sehr ähnlich dem Glauben an das Duell, an den Zweikampf. Wann aber hat das Duell, der Zweikampf einen wahren Sinn? Nur dann, wenn diejenigen, die zum Duell sich stellen, der vollen inneren Überzeugung sind, daß nicht ein Zufall, sondern die Götter entscheiden. Sind diejenigen, die zum Duell antreten, des vollen Glaubens, daß derjenige, der getötet oder verwundet wird, diesen Tod oder diese Verwundung erhalten hat deshalb, weil ein Gott gegen ihn entschieden hat, dann ist Wahrheit im Duell. Keine Wahrheit ist im Duell, wenn man diese Überzeugung nicht hat; dann ist das Duell eine reale Lüge, selbstverständlich. So aber ist es auch mit dem Krieg. Wenn die Menschen, die zu den Völkern gehören, überzeugt sein können davon, den

Glauben haben, daß die Entscheidung, die durch den Krieg herbeigeführt wird, eine göttliche ist, daß Göttliches waltet in dem, was geschieht, dann herrscht eine Wahrheit in dem, was als Kriegshandlung geschieht. Dann müssen aber diejenigen, die daran beteiligt sind, einen Sinn verbinden können mit dem Worte: Ein Gottesurteil wird sich vollziehen.«[19]

Im Spiegel der Etymologie

Auch die Sprache kann uns so manches über die Auffassungen vom Krieg verraten. Es ist nur natürlich, daß in einem deutsch geschriebenen Buch der germanische und deutsche Sprachgebrauch dabei im Vordergrund steht. Zunächst fällt bei der sprachlichen Untersuchung auf, daß die Germanen kein gemeinsames Wort für Krieg haben. Angesichts der Tatsache, daß sie aber von den antiken Schriftstellern übereinstimmend als besonders kriegstüchtig bezeichnet werden – man braucht dazu nur einen Blick in die »Germania« des TACITUS zu werfen –, erscheint das verwunderlich. Doch eine nähere Untersuchung zeigt, daß bei Naturvölkern auch heute noch oftmals der Sammelbegriff fehlt, während Einzelbezeichnungen in großer Zahl vorhanden sind. Dies trifft z.B. für Schafe züchtende Nomaden zu, die oftmals mehr als 30 Wörter für Schafe verschiedenen Alters, verschiedenen Geschlechts, verschiedener Farbe usw. besitzen. Im Deutschen kennen wir dagegen nur Widder, Hammel, Mutterschaf und Lamm, wobei wir den Sammelbegriff Schaf durch Mutterschaf näher bestimmen müssen, um diese besondere Spezies zu bezeichnen. Ähnlich wie bei jenen Nomaden im Hinblick auf die Züchtung von Schafen, für deren verschiedene Unterarten sie viele Bezeichnungen kennen, so gab es auch bei den Germanen für jede Art der Austragung eines bewaffneten Konflikts eine andere Bezeichnung. Einige davon haben sich bis in unsere Zeit erhalten, andere sind aus dem Sprachgebrauch verschwunden. Dies und ihre nähere Bedeutung, soweit sie sich noch erschließen läßt und dem Zweck dieses Buches dient, sollen hier dargestellt werden. Vielleicht ist »Hader« das älteste Wort. Das Gemeingermanische kennt das Wort *hapu – es bedeutet »Kampf«. Im Westgermanischen ist es nur als erstes Glied in Namen wie Hadumar erhalten. Es verbirgt sich, fast zur Unkenntlichkeit verstümmelt, auch noch in unserem Wort »Hammer«, das ursprünglich die steinerne Kampfwaffe bezeichnete. Auch im Namen »Hedwig« ist es noch enthalten. Wahrscheinlich geht dieses Wort auf den Namen eines germanischen Kriegsgottes *Hapus zurück, dessen Stelle später der uralte Himmelsgott Ziu einnahm. Verglichen werden kann dieses Wort mit dem thrako-phrygischen Männernamen Kótys, der zugleich der Name einer Göttin ist. Urverwandt sind mit Sicherheit das griechische *kótos* – »Groll« und das altirische *cath* – »Kampf«, wozu der gallische Völkername *Catoriges* – »Kampfkönige« oder auch *Catalauni* (franz. Châlons) gehören. Diese enge Beziehung zwischen dem germanischen Wort für Kampf und der Bezeichnung des Kriegsgottes deutet auf die uralten engen Bindungen des kriegerischen Geschehens an die Götterwelt hin. Ähnlich verhält es sich mit dem germanischen Wort *wig, das »kämpfen« bedeutet und heute nur noch in den Namen Wigand oder Weigand – »Kämpfer« enthalten ist. Die Verbalwurzel *wig ist bereits im Westgermanischen ausgestorben. Sie ist eng verwandt mit dem lateinischen *vincere* – »siegen«, dem altirischen *fichim* – »Kämpfe« und dem altslawischen *věcŭ* – »Kraft«. Im Gotischen lautet die Form *weihan*, mit der Bedeutung »kämpfen«. Doch damit hat es eine besondere Bewandtnis, da sie gleichlautet mit *weihan* – »weihen«, »heiligen«. Das mit *wig gemeinte Kämpfen ist also eine heilige Handlung, die als Gottesurteil zwischen zwei Parteien ausgetragen wird. Sehr oft weihte man dabei die Feinde vor dem Kampf dem Wotan, indem man z. B. den Speer über sie hinwegschleuderte. Noch HEINRICH I. verfuhr so gegen die Dänen, wobei es sich entweder um eine symbolische Handlung oder um eine Form der psychologischen Kriegführung handelte, denn die Dänen waren im 10. Jahrhundert zumeist noch Heiden. Vermutlich den die Entscheidung suchenden Zweikampf als Gottesurteil zwischen zwei Heeren bezeichnete das germanische Wort *hiltia, das wir nur noch in Namen wie Brünhilde, Kriemhild, Hildegard usw. kennen. Auf die Bedeutung dieses Wortes *hiltia in diesem Sinn weist vor allem das Hildebrandlied hin, in dem es am Anfang heißt:

> *Ik gihorta dat seggen,*
> *dat sih urhettun aenon muotin,*
> *Hiltibrant enti Hadubrant untar heriun tuem*
> *sunufatarungo iro saro rihtun,*
> *garutun se iro gudhamun gurtun sih iro suert ana*
> *helidos, ubar hringa do sie to dero hiltiu ritun.*

»Ich hört das wahrlich sagen, daß sich Streiter allein begegnen wollten, Hildebrand und Hadubrand zwischen zwei Heeren von Vater und Sohn; sie bereiteten ihre Kampfhemden, sie gürteten sich ihre Schwerter an, die Helden über die Brünnenringe, als sie zum Kampf ritten.«

Ein weiteres wichtiges Wort in diesem Zusammenhang ist das Wort Fehde, das auf ein westgermanisches *faihiþō – »Feindseligkeit« zurückgeht.

Zu diesem Wort gehört das althochdeutsche *fēhan* – »hassen« und das neuenglische *foe* – »Feind«. Es gehört zur indogermanischen Wurzel **peik* – **poik* – »feindselig«. Bei der Fehde handelt es sich bei den Germanen und im europäischen Mittelalter um den durch das allgemeine Recht anerkannten Privatkrieg zwischen Freien und ihren Sippen sowie später den Rittern. Aufgrund der von allen anerkannten Rechtsformen und Regeln, nach denen der Kampf von Sippen und später Rittern ausgetragen wurde, unterscheidet sich die Fehde von der Blutrache.

Um ein Wort ganz besonderer Art geht es bei der Bezeichnung, die unserer modernen Bedeutung »Krieg« am nächsten kommt, beim Wort *orlog*. Den Stamm dieses Wortes **leugh-*: **lugh-* – »Eid« haben die Germanen nur mit den Kelten gemeinsam, deren urkeltisches **lughiom* »Schwur« bedeutet. Im Gotischen bezeichnet *liuga* einen beschworenen Vertrag oder die Ehe. Das neuenglische *law* – »Gesetz« ist daraus entstanden. Die Vorsilbe des Wortes *orlog* lautete im Althochdeutschen *ur-*, so daß das althochdeutsche *urliugi* »vertragloser Zustand«, »Krieg« bedeutete. Diese Kriegsform wurde vor allem gegen den außerhalb des Rechts und der Gesetze stehenden Rechtsbrecher angewandt, wie etwa gegen Varus und seine Legionen, die sich gegen das göttliche germanische Recht versündigt und heilige germanische Stätten entweiht hatten. Gegen sie durfte daher auch Verrat geübt werden. Daneben mischt sich dieses Wort *orlog* schon in früher Zeit mit einer Bildung anderer Herkunft, die im Althochdeutschen *orlag* und im Mittelhochdeutschen *urlage* lautet, ihre ursprüngliche Bedeutung war »Schicksal«. Durch diese Mischung konnte der Krieg auch als Männerschicksal verstanden werden. Das Wort *orlog* verschwindet bezeichnenderweise im 16. Jahrhundert aus dem deutschen Wortschatz, da von nun an nicht mehr Kriege gegen Verbrecher wider das göttliche Recht geführt werden, zu denen in den Kreuzzügen auch die Heiden und Mohammedaner gehörten. Dafür tritt jetzt, in der Zeit, in der sich der Mensch von der göttlichen Ordnung des Mittelalters abwendet und sich dem profanen Recht und der weltlichen Ordnung zukehrt, das Wort *Krieg* ein, das noch im Mittelalter in seiner meist neutralen Form »Anstrengung«, »Streben nach etwas, gegen etwas oder jemand«, »Widerstand«, »Anfechtung«, »Wortstreit« und »Wettstreit« bedeutet. Im Althochdeutschen hatte das Wort *chrec* die Bedeutung von »Halsstarrigkeit«, ein Wort, das zunächst gar nichts mit Krieg zu tun hatte. Noch im Mittelalter nimmt es schließlich die Bedeutung »Rechtsstreit« und dann »Krieg als Rechtsstreit« an. Doch hatte es noch lange nicht die damals üblicheren Bezeichnungen *strît*, hochdeutsch »Streit«, mit der Grundbedeutung »Bewegung«, »Aufruhr«, *struz* – »Strauß«, mit der Grundbedeutung »Aufschwellung« (vgl. dazu das lateinische *tumultus*), und noch früher *werra* – »Streit«, »Wirren« ersetzt. Dieses letztere Wort wurde dann zum französischen *guerre* und zum italienischen, spanischen und portugiesischen *guerra* – »Krieg«, mit der Grundbedeutung »Gemengsel«, »Durcheinander«. Das damals auch auftauchende Wort *Kampf* braucht nicht in Betracht gezogen zu werden, weil es ein Lehnwort aus dem Lateinischen ist, vom lateinischen *campus* – »Feldkampf«. Wichtig für uns hier ist die Tatsache, daß das Wort *Krieg* in der Bedeutung »Krieg als Rechtsstreit«, das dann auch von den Skandinaviern übernommen wurde, erst im 16. Jahrhundert das alte *orlog* und die übrigen Bezeichnungen, soweit sie noch vorhanden waren, ablöste, zu einer Zeit also, in der sich der Mensch aus der mittelalterlichen Ordnung löste, die vornehmlich von der Kirche bestimmt war, und zum Ich-Bewußtsein erwachte.[20]

In diesem einleitenden Kapitel wurden die Probleme des heutigen Ost-West-Gegensatzes, des gerechten und ungerechten Krieges, des atomaren Krieges, die Geschichte der Auffassungen vom Krieg und die Möglichkeiten zur Überwindung des Krieges nur wie im Schlaglicht beleuchtet. Die Haltung des Einzelmenschen dem Krieg gegenüber fand kaum Erwähnung. Dazu kann zunächst lediglich gesagt werden, daß die Einstellung des Einzelnen durch den Glauben, die Bewußtseinsstufe und die Gemeinschaft, zu der er gehört, wesentlich beeinflußt wird. Unbestritten ist, daß der Krieg die niedersten, aber auch die edelsten Triebe des Menschen zu entfachen vermag. Gewalttat und Mord, wie etwa in Konzentrationslagern, oder Plünderung, Rücksichtslosigkeit und Vergewaltigung stehen neben höchstem Opfermut, Mitleid gegenüber dem Nächsten und dem Feind sowie dem Einsatz für eine Sache, die als gerecht und wahr erkannt oder geglaubt wird, bis zum Tod. Sicher ist aber auch, daß das Leiden und Sterben des Einzelnen zu jeder Zeit gleich schwer war. Dabei ist es unwesentlich, ob er als Kämpfer oder Nichtkämpfer in die tragischen Geschehnisse seiner Zeit verwickelt war. Der germanische Krieger starb genauso schwer wie der Ritter, der Landsknecht, der Grenadier FRIEDRICHS DES GROSSEN oder etwa der Infantrist in den beiden Weltkriegen dieses Jahrhunderts; das gleiche trifft für das Leid der Mütter, Kinder und Alten zu. Im übrigen forderte auch die Kulturgeschichte ihre Blutopfer, wenn man z. B. an die Schicksale der Baumeister des Mittelalters denkt.

Die folgenden Kapitel wollen zu den Fragen, die durch das Phänomen Krieg für den Einzelnen und die Gesellschaft entstehen, Hinweise aus historischer und militärgeschichtlicher, aber auch aus geisteswissenschaftlicher Sicht geben und eine Hilfe auf der Suche nach Antworten sein.

II. Streit am Himmel –
Vorderasiatisches Altertum

> Den Ger warf Odin
> ins Gegnerheer:
> der erste Krieg [*fólkvíg*]
> kam in die Welt;
> es brach der Bordwall
> der Burg der Asen,
> es stampften Wanen
> streitkühn die Flur.[21]

DIE ERSTEN KRIEGE, von denen Menschen berichten, sind in mythisches Dunkel gehüllt. In den ältesten Sagen und Mythen stampfen die Helden und Völker bereits waffenstarrend daher, doch ihre Schutz- und Trutzwaffen sind niemals die Ursachen der Kriege und Kämpfe. Die Ursachen liegen zu Anfang stets bei den Göttern, die ihre geistigen Kämpfe austragen. Der Mensch tritt ihnen zunächst nur helfend zur Seite oder wird von ihnen zum Kampf veranlaßt. Später, im Sinne einer relativen Chronologie, setzen sich die Menschen auch aus eigenem Antrieb bewaffnet auseinander, die Götter greifen dann lenkend, Rat erteilend und durch ihr Urteil den Ausschlag gebend ein. Die Esoterik kennt den »Streit am Himmel«, den Kampf zwischen den fortgeschrittenen und den zurückgebliebenen Mächten mit Beginn der dritten planetarischen Entwicklungsstufe, wobei es sich um gewaltige Geisteskämpfe handelte. Die Lehre vom Streit am Himmel enthält das Urgeheimnis über die Entstehung des Bösen.[22] Nach Rudolf Steiner sind die Planetoiden, die sich zwischen Mars und Jupiter befinden, die Trümmer des großen Schlachtfeldes, auf dem der Kampf zwischen diesen fortgeschritteneren und den zurückgebliebenen Mächten stattfand.[23]

Von Kämpfen in der geistigen Welt, die von höheren Wesenheiten ausgefochten werden, spricht Rudolf Steiner noch im Zusammenhang mit den Ereignissen von 1914. Daß es sich dabei nicht um Kämpfe mit materiellen Waffen handelt, braucht nicht besonders betont zu werden. Sie bedeuten »ein Zusammenwirken zur Ausgestaltung eines Fruchtbaren«.[24] Vom gewaltigsten aller Kämpfe in der geistigen Welt berichtet die Offenbarung des Johannes 12,7–9: »Und es erhub sich ein Streit im Himmel: Michael und seine Engel stritten mit dem Drachen; und der Drache stritt und seine Engel, und siegeten nicht, auch ward ihre Stätte nicht mehr gefunden im Himmel. Und es ward ausgeworfen der große Drache, die alte Schlange, die da heißt der Teufel und Satanas, der die ganze Welt verführet, und ward geworfen auf die Erde, und seine Engel wurden auch dahin geworfen.« (Übersetzung nach Martin Luther) Und Emil Bock übersetzt: »Und es entbrannte ein Streit in der Himmelswelt. Michael und seine Engel kämpften gegen den Drachen. Und der Drache kämpfte inmitten seiner Engel. Aber seine Kraft versagte, und so fand sich für seine Schar im Himmel keine Wirkensstätte mehr. Es ward gestürzt der große Drache, die Schlange vom Urbeginn, die zugleich diabolischer und satanischer Natur ist, der Verführer der ganzen Menschheit.«

Alle Völker berichten in ihren Sagen und Mythen von diesen Götterkämpfen in der geistigen Welt. Sie als Volkspoesie oder kindliche Phantasien abzutun, konnte nur dem materialistischen Geist des 19. und 20. Jahrhunderts einfallen. Zum Teil handelt es sich bei ihnen um uraltes Wissen von dem Streit am Himmel oder um Urerinnerungen an die atlantische Zeit;[25] das muß aber in Einzeluntersuchungen einer jeden Sage und eines jeden Mythos geprüft werden, die nicht hierher gehören. Für unseren Zweck genügt es, einzelne Beispiele anzuführen. Vom Wanen- und Asenkrieg der Germanen wurde schon im ersten Kapitel gesprochen. Bei den Griechen wurde der Urvater des ganzen Göttergeschlechts von seinem jüngsten Sohn Chronos, dem Vater der Zeit, entmannt und vom Thron gestoßen. Chronos heiratete seine Schwester Rhea, verschlang aber die Kinder, die sie gebar, bis Rhea ihren dritten Sohn, Zeus, seinen Nachstellungen entzog, indem sie ihn in einer Höhle verbarg. Zeus aber entfesselte den Krieg und zerschmetterte Chronos mit seinem Blitz. Vom »Streit am Himmel« berichten die Perser, bei denen die »Söhne des Lichtes« unter Führung des Ahuramazda gegen die »Herren der Finsternis« unter Führung des Ahriman im ersten Krieg kämpfen. Dabei »verdreifachte« sich Ahuramazda, entfernte sich so weit von der Sonne, wie diese von der Erde entfernt ist, schmückte den Himmel mit Sternen und setzte über sie den Sirius. Darauf tat er 28 von ihm erschaffene Götter in ein »Ei«, womit er ein anderes, mit den Wesen des Ahriman bemanntes Ei durchbohrte. So ist das Böse auf die Erde gekommen. Doch es sollte sich die Schicksalszeit nahen, in der Ahriman Pest und Hungersnöte über die Menschen bringt. Das gerät dann auch zu seinem eigenen Untergang.[26]

Das Sibyllinische Orakel berichtet vom »Krieg der Gestirne«:

*Einer glänzenden Sonne Drohung unter den Sternen sah ich und eines
Mondes schrecklichen Zorn in Blitzen.
Die Sterne waren Kampf gebärend, Gott ließ sie kämpfen.
Anstelle der Sonne lange Flammen fuhren durcheinander.
Der Morgenstern lenkte die Schlacht, indem er den Rücken des Löwen
bestieg.
Des Mondes zweigehörnte Trauergestalt änderte sich.
Der Steinbock stieß zurück des jungen Stiers Nacken;
Der Stier aber raubte dem Steinbock den Tag der Heimkehr.
Und die Waage verdrängte den Orion,
so daß sie nicht mehr blieb.
Die Jungfrau tauschte sich im Widder das Los der Zwillinge ein.
Die Pleiade schien nicht mehr.
Der Drache verleugnete den Gürtel.
Die Fische verkrochen sich gegenüber dem Gürtel des Löwen.
Der Krebs hielt nicht stand; denn er fürchtete den Orion.
Der Skorpion geht auf den Schwanz des schrecklichen Löwen los.
Und der Hund glitt ab infolge der Flamme der Sonne.
Der Wassermann aber entzündete die Macht des starken Leuchtenden.
Es erhob sich Uranus selbst, bis er die Kämpfer erschütterte, erzürnt sie
vorn über zur Erde hinabschleuderte.
Jählings also hinabgestürzt zu des Okeanos Bart,
entzündeten sie das ganze Land. Es blieb sternlos der Äther.*[27]

Bei den Madagassen, außerhalb des europäischen Kulturraums, brach der
erste Krieg bei der Trennung des Himmels von der Erde aus, beim Streit der
Götter des Oben und des Unten, die einander mit Feuerstürmen und Me-
teoritenregen bekämpften.[28] Auch die um 2300 v. Chr. ins Licht der Geschichte tretenden Hethiter berichten im »Gesang des Ullikummi« vom ersten Krieg als einem Streit der Götter, der zur Trennung von Himmel und
Erde führte.[29] Ebenso ist bei den Chinesen die Trennung des Himmels von
der Erde der Anlaß zum ersten Krieg. Darin besiegt der dem persischen
Ahuramazda vergleichbare Gott Fu-hsi das fliegende gehörnte Ungeheuer
Kung-kung, das dem Ahriman vergleichbar ist. Auch hier entsteht durch
den Kampf des feindlichen Brüderpaares der Gegensatz zwischen Gut und
Böse.[30]

   Es wurde schon erwähnt, daß es sich bei diesen Göttern nicht immer um
ganz hohe geistige Wesenheiten handelte, wie das deutlich etwa beim Streit
am Himmel, dem geschilderten Götterkampf bei den Chinesen und dem
Streit Ahuramazdas gegen Ahriman der Fall war. Sehr oft liegen auch atlan-

tische Erinnerungen vor: »Nicht allein Griechen und Germanen, europäische Zweige der weißen Rasse, erinnerten sich mythenseherisch der atlantischen Urzeiten, da die Götter als Geisteslehrer und Priesterkönige unter den Menschen wandelten, – sondern ebenso deutlich die Indianerstämme Mittelamerikas, gleichsam am anderen Ende der Atlantis. Und das Allermerkwürdigste ist, daß den Germanen wie den Indianern gleichermaßen höchst heilig war, eine gottmenschliche Heroen-Gestalt der Urzeit mit Namen – Votan, die im Luftwesen der Erde und im Atem der Seele erlebt wurde. Alexander von Humboldt war einer der ersten, die dies mit Staunen bemerkten. Je gründlicher man in der Folgezeit die heiligen Schriften der Maya- und Quiché-Indianer studierte, desto besser lernte man den mittelamerikanischen ›Votan‹ kennen! Donnelly, der so viele wichtige Daten zusammengetragen hat, erwähnt auch den sehr bedeutsamen Ausspruch Humboldts: ›Wir haben die besondere Aufmerksamkeit des Lesers auf diesen Votan oder Wodan gelenkt, einen Amerikaner, der desselben Stammes zu sein scheint, wie die Wods oder Odins der Goten und Kelten. Nachdem Odin und Buddha höchstwahrscheinlich dieselbe Person gewesen ist, so ist es bemerkenswert, daß in Indien, Skandinavien und Mexiko die Namen »Bondvar« und »Wodansdag« gleichzeitig den Namen eines kleinen Zeitabschnittes bedeuten.‹«[31]

Dieses Beispiel sollte angeführt werden, um die ungeheure Verbreitung dieser Vorstellungen und dieses Wissens zu belegen.

Aus dem Streit am Himmel wurde somit spätestens in atlantischer Zeit der Krieg auf Erden, in dem die Menschen an der Seite ihrer Götter, die ja ihre Priesterkönige und Geistesführer waren, in den Kampf eingegriffen. Ihre Begabung zur Kriegführung erhielten die Germanen, wie die »Edda« berichtet, von den Asen, vornehmlich von Wotan, der bedeutungsreich auch der Gott der Sprache und damit der Trennung der einzelnen Völker ist. So läßt sich auch durch ihre Hingabe an die Götter und ihre geistigen Führer das Fehlen der Todesfurcht, ja bei den Germanen geradezu eine Todessehnsucht, erklären, ein erstrebtes Sterben, um in Walhall die Wiedervereinigung mit den Göttern zu erleben. Darüber hinaus war die Verkörperung bei ihnen wie bei allen alten Völkern jener Zeit vor dem Einbruch des Kali Yuga so locker, daß sie auch während des Erdenlebens ein gewisses Bewußtsein von der Welt hatten, in der die Toten leben. Dadurch konnten sie ohne erhebliche Todesfurcht sterben.[32]

Erst im Lauf des 2. vorchristlichen Jahrtausends kommt es, zunächst bei einigen Hochkulturen wie etwa den Hethitern, allmählich dazu, daß das blinde Vertrauen in die Götter, das eine solche Furchtlosigkeit voraussetzt, schwindet. Dafür wird der menschliche Egoismus stärker, der materielle

Vorteil wichtiger und das Anrufen der Götter bei Aufständen und Schlachten zu einer Scheinhandlung. Die Sagen von Kriegen zwischen Göttern und Titanen, Riesen, Cyklopen und ähnlichen Wesenheiten sollen hier nicht behandelt werden, weil sie zum Teil, wie etwa Thors Kampf gegen die Thursen und Jöten, Kämpfe schildern, die sich nicht in der geistigen Welt oder auf dem irdischen Plan, sondern im Innern des Einzelmenschen vollziehen. Betont werden soll nur noch, daß der Krieg bereits in der atlantischen Zeit auf der Erde herrschte. Diese Tatsache sowie in der Folge Sklaverei, Auswanderungen und Kolonisationen hatten auch die durchaus positive Wirkung einer starken Mischung der Menschengruppen untereinander. Auch der feststellbare Blutdurst, der bis kurz nach der Zeitenwende die Kriege kennzeichnete, in denen ohne Mitleid und Erbarmen der besiegte Gegner, wenn er nicht als Sklave taugte, getötet wurde, kann vor dem Hintergrund gesehen werden, daß in der frühen Zeit die jungen siegreichen Völker das Positive aus den Blutskräften der besiegten alten aufnahmen.[33]

Noch einmal wenden wir unseren Blick zur alten Atlantis zurück. Zum mindesten seit dem von den Tolteken beherrschten dritten Zeitalter kann dort von kriegerischen Verwicklungen gesprochen werden, nannten sich doch die Tolteken selbst nach einem uralten Gedicht Chichimeken, das sind die Bogenschützen.[34] Mit der vierten atlantischen Unterrasse, in der die Urturanier, Ugrer und Türken entstehen sollten, tauchten die Menschenseelen immer tiefer in den Leib ein, wobei die sinnlichen Triebe des Blutes das Nervensinnesleben durchsetzten. Die dadurch entstehende und ständig wachsende Selbstsucht führte zum Mißbrauch der Mysterienweisheit und zur Magie. Diese Turanier wurden immer mehr vom ahrimanischen Kriegsdämon erfaßt. Scott-Elliot schildert sie wie folgt: »Jeder Häuptling war auf seinem Gebiete unumschränkt, und der König war nur der Erste unter Gleichen. Die Häuptlinge, die seinen Rat bildeten, ermordeten gelegentlich ihren König und setzten einen der ihren auf den Thron. Die Turanier waren eine unruhige und gesetzlose Rasse – roh und grausam. Die Tatsache, daß zu gewissen Zeiten ihrer Geschichte Regimenter von Frauen mit in den Krieg zogen, ist für die letztgenannten Charakterzüge bezeichnend.«[35] Der Egoismus war in ihnen so mächtig geworden, daß sie nicht mehr für das Gute kämpfend eintraten, sondern sich ganz dem Machtstreben und damit den satanischen Mächten auslieferten.

In seinem berühmten Bericht über die Atlantis schildert PLATON den Krieg der Atlantier gegen die vorindogermanische Bevölkerung des Mittelmeerbeckens. Zum ersten Mal wird dabei auch die Bewaffnung letzterer erwähnt, die aus Speer und Schild bestand.[36] Dieser Krieg endete mit einer Niederlage der Atlantier und leitete ihren Untergang im 10. Jahrtausend

v. Chr. ein, der schließlich durch riesige Wasserkatastrophen besiegelt wurde, zu einer Zeit, der in Europa die letzte Eiszeit entspricht.

Wenden wir uns nach dieser grausten Vorzeit in einigen Beispielen den nachatlantischen Völkern zu, was in unserem Rahmen wiederum nur in Schlaglichtern geschehen kann. Dabei wird das Bild von den Kriegen und den kämpfenden Menschen immer plastischer. Nach dem Streit am Himmel, dem Kampf des Guten gegen das Böse, wird der Mensch immer mehr auf die materielle Ebene herabgezogen. Nur so sollte es ihm möglich werden, seine volle persönliche Freiheit zu erringen. Im Wesen dieser Freiheit aber liegt es auch, daß er aus allem sowohl Gutes als auch Schlechtes machen kann, meistens bewirkt er mit seinen Taten beides.

In unserem, dem nachatlantischen Zeitalter durchläuft die Menschheit Epochen, die in gewisser Weise in den verschiedenen Epochen der atlantischen Zeit wurzeln und diese unter jeweils anderem Vorzeichen wiederholen. Die dargestellte egoistische Lebensweise der Ururanier mit ihrem nach Macht strebenden »bolschewistischen« Staat und dessen Kriegswesen ist dafür ein beredtes Beispiel.

Inder

Bei den Indern beginnen die Kämpfe im zweiten der vier Weltzeitalter; sie steigern sich im Lauf des darauffolgenden dritten, bis das Kali Yuga, das finstere Zeitalter, anbricht. Im »Vishnupurâna«, dessen Kern vielleicht bis in den Anfang des 1. Jahrtausends v. Chr. zurückverlegt werden kann, wird das Kali Yuga wie folgt geschildert: »Während des letzten Zeitalters regieren Barbaren und andere Leute niedrigster Herkunft sowohl an den Ufern der fünf Ströme und in Kashmir als auch sonst überall auf Erden. Das sind Menschen ohne jede Kultur, gewalttätig, voller Arglist und anderer Schlechtigkeiten; sie töten mitleidlos Frauen, Kinder und die heiligen Kühe, rauben, was anderen gehört, doch haben sie nur wenig Kraft; rasch steigen sie empor, um desto schneller gestürzt zu werden. Ihr Leben währt nur kurz; um so größer ist ihre Gier. Und sie glauben nicht an die Götter. Indem sich die Völker mit ihnen mischen, nehmen sie barbarische Sitten an, geraten in Unordnung und gehen zugrunde. Mit dem von Tag zu Tag fortschreitenden Verfall von Wohlstand, Sitte und Gesetz taumelt die Menschheit ihrem unabwendbaren Ende entgegen. Der Wert eines Menschen wird nun nach seinem Besitz bemessen, seine Frömmigkeit nach dem äußeren Schein. Das Verhältnis zwischen Mann und Weib beruht nur mehr auf reiner Sexualität,

Erfolg vor Gericht, auf der Kunst zu lügen. Allein um ihres Körpers willen werden Frauen geliebt, die Erde ihrer Bodenschätze wegen. Auf Ehrlosigkeit beruht die Existenz, des Lebens Sicherheit auf Schwäche. Das Studium besteht in Einschüchterungsversuchen und Anmaßungen, die Religion in dünkelhafter Erfüllung leerer Formen, die Ehe als Interessengemeinschaft, die Würde im Tragen eleganter Kleider . . . Wenn nun alle Moral und Frömmigkeit, wie sie in den Schriften gelehrt werden, dahin sind und das Kali Yuga zu Ende geht, wird Brahma, der Weltenherr, in seiner Verkörperung als Kalki auf der Erde erscheinen . . . Und alle Barbaren, Bösewichter und Gewalttätigkeiten durch die Macht seines Geistes vernichten. Danach erst bricht das Goldene Zeitalter an.«[37] Ist damit unsere Zeit nicht zutreffend geschildert?

Doch auch bei den Indern ist der Krieg auf Erden eine materielle Folge des »Michaelskampfes«. In den »Veden« wird geschildert, wie Indra seinen »mit falben Rossen bespannten Wagen« besteigt und an der Spitze der Maruts, der Sturmgötter, durch den verdüsterten Himmel jagt, um die Daityas und Asuras, die Feinde seiner irdischen Schützlinge, zu bekämpfen und den furchtbaren Himmelsdrachen Virtra zu vernichten, der alles Leben auf der Erde erstickt. Im »Rigveda«, das mit Sicherheit bis auf das Jahr 1200 v. Chr. zurückgeht, wahrscheinlich aber noch weit früher verfaßt wurde, beten die Krieger vor der Schlacht zu ihrem Schirmherrn Indra:

> Ein Herrscher bist du, gewaltig und hehr,
> ein Vertilger der Feinde, dem niemand gleicht,
> besiegt und erschlagen wird nimmermehr,
> wem du in Gnaden dich zugeneigt.

> Ein Stammesfürst, der das Heil uns schafft,
> der den Drachen tötet, den Feind bezwingt,
> Geh uns, Indra, voran ein Stier an Kraft,
> der die Furcht verscheucht und den Soma trinkt.

> Den schrecklichen Unhold jage hinaus
> und, Indra, des Drachen Kiefer zerbrich,
> und den Grimm, du Drachentöter, treib aus
> dem Widersacher, das bitten wir dich.

> Von Gegnern, Indra, mache uns frei,
> den feindlichen Streiter schlag' aus dem Land,
> und wer uns bedroht und verfolgt, der sei
> ins tiefste Dunkel von dir gebannt.

Vor dem Hasse des Feindes schaffe uns Ruh,
daß, Indra, sein Hieb uns nicht treffen mag,
vor seinem Grimme beschirme uns du
und lenke weit ab von uns seinen Schlag.[38]

Näheres über die Kriegführung der Inder selbst erfahren wir dann aus der
»Bhagavad-gîtâ«, »der vom Erhabenen [Bhagavad] in gebundener Sprache
vorgetragenen Rede [gîtâ]«, deren Entstehungszeit vielleicht bis ins 5. Jahrhundert v. Chr. angesetzt werden kann, obwohl der Text im Lauf der Zeit
noch manche Veränderung erfahren haben wird. Sie umfaßt die Gesänge
25–42 des 6. Buches im Heldenepos »Mahâbhârata«. Es wird der Kampf
zwischen den beiden nah verwandten Fürstenfamilien der Kauravas und der
Pândavas geschildert. Die Heere der beiden Parteien stehen einander
kampfbereit auf dem Kuru-Feld in der Gegend des heutigen Delhi gegenüber. Da erblickt der Pându-Prinz ARJUNA (j–j engl. John) auf der feindlichen Seite seine Verwandten und Lehrer. Er zögert, den Kampf zu beginnen. Die enge Bindung des Kampfgeschehens an das Göttliche stellt ihm
nun der Lenker seines Streitwagens Krishna dar, der ihn an seine Krieger-
pflicht erinnert und ihm klarmacht, daß er unbekümmert um die durch den
tragischen Kampf hervorgerufenen Folgen kämpfen müsse. Nur die Leiber
tötet der Held, nicht aber das Geistige in ihnen. Auf dem Höhepunkt seiner
Darlegung der verschiedensten ethischen und metaphysischen Probleme offenbart sich Krishna dem ARJUNA in seiner göttlichen Gestalt als Vishnu,
der alles hervorbringt und nach seinem Willen wieder vernichtet. Schließlich
erklärt ARJUNA, alle seine Zweifel seien nun geschwunden und er werde den
Befehl Krishnas erfüllen. So beginnt die große Schlacht, die mit dem Untergang der meisten Helden endet. Das »Mahâbhârata« schildert dann im einzelnen, wie sich das kriegerische Geschehen vollzog, dem Opfer und magische Anrufungen vorausgingen. Auch hier zeigt sich die Verbindung der
bewaffneten Auseinandersetzung mit der göttlichen Welt.

Vor dem Beginn der Schlacht setzte man bestimmte Regeln fest, die eine
Kampfführung im ritterlichen Geist gewährleisten sollten. Wie sie aussa-
hen, das zeigt sich im Folgenden, zugleich auch die Rolle des Zweikampfes
als Gottesurteil. Auffällig dabei ist, daß der Gott die eine Seite, nämlich die
ARJUNAS, von Anfang an begünstigt und damit zum Sieger bestimmt. Aus
dem Erscheinen des Gottes als Wagenlenker des ARJUNA geht aber hervor,
daß der alte Inder sein Schicksal noch völlig in der Hand des Gottes geborgen wußte, wie es auch noch dem Bewußtseinszustand zur Zeit der Abfas-
sung des Heldenepos entsprach. Und noch ein Zweites: Die eigentlich Handelnden im Epos sind allein die Helden, die von ihrem Streitwagen aus den

Kampf entscheiden. Noch steht der Fürst als Ich-Träger für die ihm bluts-
verwandte Sippe und für seinen Stamm.

> *Im regelrechten Kampf, der jetzt entbrannt ist, laßt uns kämpfen auch,*
> *allein auf ritterliche Art, wie es von alters her Gebrauch.*
> *Wer nur mit Worten kämpft, der soll bekämpft nur werden mit dem Wort,*
> *und niemals darf man töten den, der aus dem Kampf gegangen fort.*
> *Ein Reiter kämpft mit Reitern nur, Fußvolk mit Fußvolk, Elefant mit*
> *Elefant, im Wagenkampf hält Wagen gegen Wagen stand.*
> *Es kämpft mit Kraft, wie er's vermag und angestrengt, ein rechter Mann,*
> *nie greift er den erschöpften Feind, nie greift er ohne Anruf an.*
> *Den, der in einem Zweikampf steht, der achtlos abgewandt sich hat,*
> *kein Schwert führt, keinen Panzer trägt, ihn töten, wäre Freveltat.*
> *Zugtiere und jedweden, der den Wagen lenkt, die Waffen trägt,*
> *die Pauke schlägt, die Muschel bläst, man nie verletzt und niederschlägt.*

Außerordentlich lebendig schildern die folgenden Verse den Auszug der
beiden Heere:

> *Die Nacht versank, aufdämmerte der helle Morgen, da begann*
> *gewalt'ger Lärm, es riefen laut die Könige: »Spannt an, spannt an.«*
> *Der Muschelhörner Klang, Geschrei der Schlacht, der Pauken dumpf*
> *Getön,*
> *der Rosse Wiehern und Gestampf, der Wagen rasselndes Gedröhn,*
> *der Elefanten wildes Schrei'n, dazu der Kämpfer lauter Ruf,*
> *all das im Durcheinanderklang ein mächtiges Getöse schuf.*
> *O König, sichtbar werden nun die Pândus und die Söhne dein,*
> *mit unabwehrbarem Geschoß im Panzer- und im Schwerterschein.*
> *Der Deinen Heer, der Feinde Heer, in Wehr und Waffen starrend ganz,*
> *jetzt sind sie sichtbar auf dem Feld, im hellen Morgensonnenglanz.*
> *Die Elefanten und dazu Streitwagen, die an Goldschmuck reich,*
> *den Donnerwolken draus der Blitz aufsprühend, zuckt und leuchtet*
> *gleich,*
> *die Wagenzüge sind zu sehen als reihte Stadt an Stadt sich dicht,*
> *dein Vater aber strahlte dort, so wie der Mond in vollem Licht.*
> *Mit Bogen, Speeren, Schwert und Spieß und Keulen stellte sich der Hauf'*
> *im Schmuck der Waffen schimmernd hell zur Schlacht in langen Reihen*
> *auf.*
> *Die Elefanten, Pferdetrupps, die Wagen und der Kämpfer Schar,*
> *sie standen dort zu Tausenden, als ob ein Netz gebreitet war.*

Ein jedes Heer ein Ozean – im Ozean ein Schlangenheer –
und jetzt wie beim Weltuntergang, stürzt urgewaltig Meer in Meer.[39]

In diesen Versen sind deutlich Waffengattungen, Bewaffnung und Kräftegliederung eines Heeres mit seinen Versorgungsteilen zu erkennen. Weitere Einzelheiten gehen aus dem »Artha-shâstra« des Kautilya, einem Handbuch der Politik und Staatsverwaltung, hervor, das dem berühmten Kanzler des Kaisers CANDRAGUPTA (ca. 322–298 v. Chr.) zugeschrieben wird. Neben Anweisungen für das Anlegen von Fluchtburgen zum Schutz des Landes und der Bevölkerung beschreibt ein ganzes Kapitel das Heer, das aus vier »Gliedern« besteht: den Elefantenkämpfern, den Wagenfahrern, den Reitern und dem Fußvolk: »Gegen ein Elefantenheer ist als Gegenheer am Platze ein Heer, das Elefanten, Kriegsmaschinen und Karren enthält und ausgerüstet ist mit Lanzen, Wurfspeeren, Bambusstangen und Spießen. Dasselbe Heer, hauptsächlich ausgerüstet mit Steinen, Knütteln, Schutzmitteln, Haken und Haarergreifern, ist das richtige Gegenheer gegen ein Wagenkämpferheer. Gegen Reiterei dasselbe Gegenheer, oder auch gepanzerte Elefantenkämpfer oder gepanzerte Reiter. Geharnischte Wagenkämpfer und Reiter und mit Abwehrmitteln ausgestattete Fußsoldaten sind die Gegentruppen gegen ein vierteiliges Heer (das aus Elefanten, Wagen, Pferden und Fußvolk besteht).« Über die Eigenschaften eines guten Heeres heißt es im gleichen Buch: »Die Vollkommenheit der Streitmacht ist diese: von Vater und Großvater vererbt, nicht wechselnd, gehorsam; die Kinder und die Frauen der Soldaten sind zufrieden; bei Kriegszügen in fremdes Land enttäuschen sie nicht; nirgends zurückgeschlagen; schmerzertragend; erprobt in vielen Schlachten; erfahren in der Wissenschaft aller Kampfwaffen; treu, weil ihr eigener Gewinn und Verlust mit dem des Herrschers zusammenfällt; hauptsächlich aus Kshatriyas bestehend.«[40]

Daraus ist zu erkennen, daß die altindischen Heere nicht nur aus Kriegern bestanden, die der Kshatriya-Kaste entstammten, sondern auch aus Soldaten anderer Kasten wie der der Brahmanen, Vaishyas und Shûdras. Außerdem werden Stammtruppen, die aus dem eigenen Lande stammen, und Hilfstruppen aus anderen Gegenden erwähnt. Die verschiedenen Dienstgrade werden vom Feldherrn über die Offiziersränge bis hinab zu den Unteroffizieren, die eine Gruppe von zehn Mann führen, beschrieben.

Eine sehr wichtige alte Weisheit der Kriegführung, die sich nur aus langer Erfahrung ergeben haben kann und selbst in der Zukunft noch gültig sein dürfte, enthält schon das Gesetzbuch des Yâjnavalkya, das etwa ins 3. Jahrhundert v. Chr. gehört. Darin heißt es als Anweisung für den König: Bündnis, Krieg, Feldzug, Haltmachen, Schutzsuchen, Teilung des Heeres, alle diese Hilfsmittel soll er zweckmäßig anwenden. Am wichtigsten aber ist dabei die Regel, die wörtlich angeführt werden soll: »Wenn das Reich des Feindes mit Getreide und Hilfsmitteln versehen ist, dann ziehe er aus, und wenn der Feind schwach ist, er selbst aber Lasttiere und rüstige Männer hat.«[41] Modern ausgedrückt bedeutet das, daß man denjenigen angreifen soll, der abgerüstet hat. Nach dieser Regel haben alle großen Mächte später verfahren, wie noch gezeigt werden wird.

In seiner Einleitung zur »Bhagavadgîtâ« sagt der moderne indische Kommentator S. Radhakrishnan, Arjuna hätte eine pazifistische Haltung eingenommen und sich deshalb geweigert, an einem Kampf für Wahrheit und Gerechtigkeit teilzunehmen. Der Ausdruck »pazifistisch« scheint hier unangebracht, denn, wie Radhakrishnan selbst zugibt, der entscheidende Punkt liegt nicht in der Anwendung von Gewalt oder in der Gewaltlosigkeit, sondern in der Gewaltanwendung gegen die eigenen Freunde, mehr noch gegen die eigene Sippe, die eigenen Verwandten, was zur damaligen Zeit einen schweren Verstoß gegen die Blutsbande darstellte. Wohl besteht das Ideal der »Gîta« in »ahimsâ«, der Gewaltlosigkeit, wie es aus der Beschreibung des Vollkommenheitzustandes von Geist, Rede und Körper in Kapitel 7 und aus der Beschreibung des Geistes eines Frommen in Kapitel 12 hervorgeht. Da die Welt jedoch so ist, wie sie ist, rät Krishna dem Arjuna, ohne Leidenschaft, Böswilligkeit und Zorn gegen die eigene Sippe und ohne Anhänglichkeit an die Verwandten zu kämpfen. Durch diese Geisteshaltung werde die Gewalt zunichte. Sicher muß das Böse bekämpft werden, doch dieser Kampf führt zur eigenen geistigen Niederlage, wenn er von Haß geleitet wird. Die Vollendung ist nur zu erreichen, wenn man seine Pflicht, so bitter sie auch sein mag, erfüllt. Dies sagt Krishna dem Arjuna fast wörtlich. Ganz richtig aber verweist Radhakrishnan darauf, daß, wenn wir im Geiste der Gîta in Nichtanhänglichkeit und Opferbereitschaft handeln und sogar unsere Feinde lieben, wir dazu beitragen werden, die Welt von Kriegen zu befreien. Und zur Bestärkung seiner Aussage führt er das vedische Gebet an: »Möge all das, was da abscheulich, grausam und sündig ist, gestillt, möge alles gut und friedvoll für uns werden.«[42]

Perser und Turanier

Wenden wir uns weniger ausführlich den Anschauungen der Perser und Turanier über den Krieg zu.

Schon mehrfach wurde der Kampf der »Söhne des Lichtes« gegen die »Söhne der Finsternis« oder Ahuramazdas gegen Ahriman *(Angra Mainyu)*, des Guten gegen das Böse, der Wahrheit gegen die Lüge, erwähnt, in dem schließlich Ahuramazda im Weltgericht den Sieg erringt. Diese Lehre hatte Zarathustra den Iraniern verkündet, dem Volk, aus dem später die Bhaktrer und Sogder, die Meder und Perser hervorgingen. Ab 1500 v. Chr. wanderten diese Iranier in zwei Wellen in die Hochebene zwischen den alten Hochkulturgebieten im Irak und Panschab ein, die etwa dem Bereich des heutigen Iran entspricht. Nach persischer Tradition lebte Zarathustra etwa um 630 v. Chr. Die Griechen besaßen jedoch die sagenhafte Kunde, daß er bereits 5000 Jahre vor dem Trojanischen Krieg, etwa um 6200 v. Chr., gelebt habe. Die erst nach dem späteren Zarathustra in Avesta niedergeschriebenen 16 Gathas oder Hymnen sind noch ein letzter Rest der eigentlichen Lehre des ersten Zarathustra. Er hatte damit das dualistische Weltprinzip aufgestellt, das zum Sittengesetz der Perser werden sollte.[43]

Obwohl die Lehre Zarathustras unter den Achaimeniden (521–330 v. Chr.) noch nicht offizielle Staatsreligion war – sie wurde es erst unter den Sassaniden (226–651 n. Chr.) –, mißbrauchte sie schon der persische Großkönig Dareios I. (521–486 v. Chr.) zum Mittel seiner Politik. Er erklärte sich selbst zum Groß- und Gottkönig, zum Vertreter des Wahren und seine Gegner zu Lügnern. Zum ersten Mal in der Geschichte der Kriege kommt es damit zur politisch-ideologischen Kriegführung, bei der die Religionen der unterworfenen oder sich unterwerfenden Völker jedoch noch toleriert wurden.

Doch kehren wir zunächst noch einmal in die Zeit des ersten Zarathustra, ins 7. Jahrtausend v. Chr., zurück. Diese Zeit nennt auch Rudolf Steiner als die des echten Religionsstifters Zarathustra, der dort unter dem Schutz des iranischen Königs Guschtasb lebte. Dieser verbreitete die großen Inspirationen des Zarathustra über weite Gebiete. Zwischen Guschtasb und Ardschasb, zwischen Iraniern und Turaniern, entbrannte ein Krieg, der Jahrhunderte dauerte.[44] Es wurde bereits von den Urturaniern, der vierten atlantischen Unterrasse, gesprochen, die unaufhörliche Kriege führte und sogar Frauenregimenter dazu einsetzte. Nach der Auswanderung aus der Atlantis saßen sie als Nomaden-Völkergruppen im Norden Vorderasiens bis nach Sibirien hinein. Nach Rudolf Steiner waren sie der

Zauberei niederer Art und schwarzer Magie verfallen.[45] Während es den Iraniern gelang, eine Hochkultur zu begründen, blieben die Turanier auf einer nomadenhaften Kulturstufe stehen. Ihre Nachfolger sind die Mongolen und heutigen Turkvölker. In dem zwischen GUSCHTASB und ARDSCHASB entbrannten jahrhundertelangen Krieg stand noch in ursprünglicher Weise das Gute gegen das Böse.

Wie sehr auch noch in erheblich späterer Zeit die Kriegführung der Iranier an religiöse Vorstellungen gebunden war, zeigt z. B. die Schlacht, die KYAXARES (625–585 v. Chr.), der Begründer der medischen Großmacht, am Halys, der Grenze seines Reiches in Kleinasien, gegen ALYATTES, den König von Lydien, am 28. Mai 585 schlug. Dieser brach den bis dahin unentschiedenen Kampf ab, weil THALES VON MILET eine Sonnenfinsternis vorausgesagt hatte. Auch die Kriege des späteren Perserreiches gegen Griechenland, auf die noch zurückzukommen ist, sind, wenn auch politisch pervertiert, von dem Gedanken der Eroberung der Welt für das Gute und damit der Strafexpedition gegen das Böse bestimmt.

Verteidigung und Verbreitung des Guten in Krieg und Frieden zwangen folgerichtig die Perser zur Aufstellung des ersten stehenden Heeres der Weltgeschichte. Dieses konnte wiederum nur durch ein gut funktionierendes Verwaltungs-, Post- und Währungssystem unterhalten werden. Im übrigen war die Vorstellung von der Bewahrung des Guten zum ersten Mal in der Weltgeschichte Grundlage einer toleranten Haltung gegenüber den unterworfenen Völkern. Darüber hinaus benötigte ein solches Heer, das rasch von einem Ende des Riesenreiches zum andern bewegt werden mußte, ein vorzüglich ausgebautes Straßennetz. Alle späteren Militärvölker sind bis in die Neuzeit hinein diesem Beispiel gefolgt. Die Kerntruppen dieses Heeres bestanden aus Persern und Medern, die als Reiter dienten. Als Hauptbewaffnung führten sie den Bogen, eine Waffe, die nur der richtig zu führen vermag, der sehr viel Zeit für seine Ausbildung aufbringen kann. Es ist die typische Waffe des Einzelkämpfers. Auch das steht wieder in engem Zusammenhang nicht nur mit den Erfahrungen, die die Perser im Kampf mit ihren nomadischen Feinden gemacht hatten, sondern auch mit der Lehre des ZARATHUSTRA, daß jeder Einzelne sich für das Gute oder Böse entscheiden muß. Das mußte zwangsläufig zur Heranbildung des Einzelkämpfers führen, obwohl sich bald zeigen sollte, daß zu jener Zeit, bis zur Einführung der Feuerwaffen, der mit Fernwaffen Kämpfende dem im geschlossenen Gewalthaufen stehenden und mit Nahkampfwaffen ausgerüsteten Krieger unterlegen war. Ein besonderes Korps der Perser waren »die 10 000 Unsterblichen«, die im Kampf als Elitetruppe dienten, im Frieden aber eine Art Adelsgarde des Großkönigs bildeten. In den bis heute erhaltenen Ruinen der Hauptstadt Persepolis sind diese Soldaten der Leibwache auf strahlend farbigen Reliefs aus glasierten Ziegeln dargestellt.

Die Vorstellung vom Großkönig als dem Vertreter Ahuramazdas führte bereits unter XERXES I. (486–465 v. Chr.) dazu, daß das persische Reich, die erste indoeuropäische Großmacht, zu einer orientalischen Despotie mit orientalischem Hofzeremoniell wurde, zu dem die Proskynese, der Fußfall mit Küssen des Bodens vor dem Herrscher, gehörte. Die Reichsuntertanen hatten dabei die Stellung von Sklaven, eine Gesellschaftsordnung, die schließlich auch den Untergang dieses Reiches besiegelte.

Sumerer

Um das Jahr 3000 v. Chr. begannen die Sumerer, das Land im Süden Mesopotamiens zu besiedeln. Ihre Herkunft ist noch immer unbekannt. Als erste gründeten sie im ganzen Land Stadtstaaten; politischer, religiöser und wirtschaftlicher Mittelpunkt dieser Städte waren die monumentalen, auf Hochterrassen aus Ziegeln errichteten Tempel. Der Stadtfürst (*Lugal*–»großer Mann«) war oberster Priester und zugleich Träger der Staatsgewalt. Während der frühdynastischen Zeit von 2800–2500 v. Chr. sickerten langsam Semiten in das Gebiet ein. Ein Oberkönig ergriff die Macht und erhob Nippur zum religiösen Zentrum. Die politische Macht trat nun neben die religiöse, und die Einheit von Staat und Tempel ging verloren. Die Städte begannen, sich durch Stadtmauern zu schützen. Diejenige von Uruk errichtete GILGAMESCH, von dem noch zu sprechen sein wird. Den auf Hochterrassen errichteten Tempel baute man zur Zikkurat aus, wobei mehrere aufeinandergesetzte und durch Treppen verbundene Stockwerke mit dem Tempel auf der Spitze den »Tempelturm« bilden. Gegen den letzten sumerischen Herrscher erhob sich in der zweiten Hälfte des 3. Jahrtausends v. Chr. siegreich das Reich von Akkad.

Stets erklärten die Sumerer, sie hätten ihre überragenden Kenntnisse und Fertigkeiten von den Göttern ererbt. Aus ihren Inschriften geht hervor, daß für sie die Existenz der Götter unbezweifelte Realität war, wie im übrigen auch für alle anderen alten Völker. Ebenso kennen sie den Drachenkampf als Streit am Himmel, wobei Enki, der göttliche Herr der Erde, den Drachen von Kur besiegt. In den aufgefundenen und entzifferten Rollsiegeln beschreiben sie Gestalt und Entstehung der Stadt Sumer, die von den Göttern gegründet worden war. Auch alle späteren Ereignisse werden ihrem Einfluß zugeschrieben. In anklagenden Schriften machen sie jeweils die Könige oder

Stadtfürsten für alles Unheil verantwortlich. Doch der wirkliche Grund lag nicht im Versagen der Stadtfürsten, sondern im Eingreifen der Götter, wie dies z.B. der Machtwechsel von Eridu auf Uruk belegt. Dabei raubte die Liebesgöttin Innana dem Gott Enki, der auch Herr des Wassers als Ursprung des Lebens ist, die hundert göttlichen Kräfte und brachte sie in ihre Stadt Uruk. Noch bis in die babylonische Zeit hinein wurden Sieg oder Niederlage der einen oder anderen Stadt der jeweiligen Stadtgottheit zugeschrieben. Bei Niederlagen wurde sogar die Stadtgottheit verflucht, wie z.B. bei der Eroberung von Lagasch.[46] Das Epos »Enmerka von Arrata«, das noch älter als das Gilgamesch-Epos ist und sich auf den sagenumwobenen Herrscher von Uruk, der biblischen Stadt Erech, den Sohn des Sonnengottes Utu, bezieht, schildert geradezu die Liebesgöttin Innana, die den Arrata vernichten will, als Urheberin des Streits. Nicht der Mensch entfesselt und führt den Krieg in jener urfernen Vergangenheit, sondern der jeweilige Stadtgott. Typisch für die sumerische und semitische Auffassung ist, daß die Liebesgöttin zugleich Kriegsgöttin ist. Noch bei den Griechen und Römern besteht diese enge Verbindung, bei ihnen zwischen Ares und Aphrodite bzw. Mars und Venus. Mit diesen Personifikationen wurden die beiden gewaltigen und eng miteinander verknüpften Kräfte dargestellt, die die Geschehnisse auf dem irdischen Plan in Bewegung bringen.

Die Bewohner der sumerischen Städte fühlten sich noch nicht als Einzelpersönlichkeiten, sondern als Glieder ihrer Stadtgemeinschaft. Entsprechend dieser Auffassung kämpften sie auch in der geschlossenen Phalanx. Wie sie genau aussah, wissen wir nicht. Aus Darstellungen ist aber zu entnehmen, daß sie sehr breit und mehrere Glieder tief stand, nicht aber einem Gevierthaufen, ähnlich dem germanischen Keil, glich. Dem entsprach auch die Bewaffnung, die aus Lanzen bestand; einige Kämpfer trugen auch das Kampfbeil. Große viereckige und beschlagene Schilde sowie Schaffelle dienten dem Schutz gegen Fern- und Nahwaffen. Die Könige und Vornehmen aber kämpften nicht in der Phalanx, sondern in schweren, unbeholfenen Streitwagen, die von vier Wildeseln gezogen wurden. Daß der störrische Charakter dieser Onager die Gefährte wenig zuverlässig machte, läßt sich leicht vorstellen. Die Benutzung von Streitwagen deutet darauf hin, daß wohl sehr oft vor der Schlacht Zweikämpfe zwischen den Stadtfürsten und Vornehmen als Gottesurteile ausgetragen wurden. Ihnen gegenüber hatte die Phalanx wohl nur geringe Bedeutung. Im übrigen kennen wir die Ausrüstung und Bewaffnung der Sumerer nicht allein aus Abbildungen, sondern auch aus Königsgräbern, in denen man die Leichen von Leibgardisten oder Vornehmen in großer Zahl fand. Sie waren ihrem Herren vermutlich freiwillig in den Tod gefolgt.

Die sumerische Phalanx, die Ausdruck des engen Zusammengehörigkeitsgefühls der Stadtbevölkerung war, mußte zwangsläufig in den akkadischen Kriegen unterliegen, die in einer neuen beweglichen Kampftechnik mit Wurfspeer, Pfeil und Bogen ausgetragen wurden. Das steht nur scheinbar im Gegensatz zu der oben behaupteten Überlegenheit des Nahkämpfers. Denn die so gegliederte Phalanx war, um erfolgreich zu sein, eng an das Gelände gebunden, wobei sie nach Möglichkeit rechts und links an natürliche Hindernisse angelehnt werden mußte. Darüber hinaus durfte sie niemals den Angriff der Bogenschützen stehenden Fußes abwarten. In diesem Fall wurde sie hoffnungslos zusammengeschossen, ging der Zusammenhalt verloren und konnten die mit Nahkampfwaffen ausgerüsteten Feinde leicht in die entstandenen Lücken und in die Flanken eindringen, wobei sich die Überlegenheit des ständig geübten Einzelkämpfers gegenüber der Stadtmiliz, wie wir sie mit einem modernen Ausdruck zu Recht nennen dürfen, bewährte. Erst die Griechen sollten das ganz begreifen.

Dennoch weisen die hier beschriebenen Waffen und das Kriegsgerät auf eine lange Geschichte ihrer Entwicklung hin. Wie weit sie zurückreicht, ist nicht zu bestimmen, es sei denn, man zieht eine Parallele zu den Germanen, denen Wotan die Kriegskunst lehrte. Besonders trifft das alles auf den Bau von Befestigungen zu, von denen oben im Zusammenhang mit der Stadt Uruk und mit GILGAMESCH gesprochen wurde. Die noch kurz vor der Mitte des 3. Jahrtausends von König GILGAMESCH errichtete doppelte Festungsmauer hatte eine Länge von fast zehn Kilometern und wurde durch etwa 900 Türme verstärkt. Wie wir heute wissen, geht die Kunst des Festungsbaus mit Mauern und Türmen zum mindesten bis in das 7. Jahrtausend v. Chr. zurück, als Jericho seine erste Befestigung erhielt. Diese Mauer war sogar durch einen 7 m breiten und beinahe 5 m tiefen Graben verstärkt. Die Steinmauer selbst war 1,75 m stark, die Türme besaßen einen Durchmesser von 9 m und haben noch heute eine Höhe von 8 m.[47] Auch in anderer Hinsicht gibt uns das Fundmaterial der Ausgrabung des Palastes von ASSURBANIPAL (668–626 v. Chr.), dem Assyrerkönig, in Ninive so manchen wichtigen Hinweis auf das damalige Kriegswesen. So bezeugen die Inschriften z. B., daß die Mauer, der Tempel für den Gott Anu und dessen Tochter Ischtar, die Paläste und der Kornspeicher von Kriegsgefangenen und Sklaven errichtet wurden. Die Namen dieser Götter erscheinen in ihrer semitischen Form, da das erhaltene Gilgamesch-Epos in babylonischer, somit also semitischer Sprache abgefaßt wurde.

Bevor GILGAMESCH und sein Freund ENGIDU für den Sonnengott Schamasch in das Land Elam gegen dessen Feind HUMBABA zogen, opferte die Mutter des Königs der Sitte gemäß am Altar des Sonnengottes und betete um die wohlbehaltene Rückkehr ihres Sohnes. Auch in diesen Kampf griff der Sonnengott zugunsten seiner Streiter ein. Als GILGAMESCH und ENGIDU auf HUMBABA trafen, erklärte ersterer ausdrücklich, der Gott Schamasch habe ihn gesandt. Nach dem Sieg, der mit dem für die damalige Zeit modernen Schwert des Königs gegen den urtümlichen Streitkolben errungen wurde, trennte GILGAMESCH das gehörnte Haupt vom Leib des HUMBABA. Auch diesem Kampf lag der Gedanke des Streits des Guten gegen das mit Hörnern versehene Ungeheuer des Bösen zugrunde. Dann errichteten GILGAMESCH und ENGIDU einen Altar für Schamasch, zündeten wohlriechende Hölzer an und verbrannten das Haupt HUMBABAS. Den Körper ließen sie auf dem Feld zum Fraß für Geier, Schakale und Ameisen liegen. Die Tempeldienerinnen sangen und tanzten, die Bürger jubelten über den Sieg, und die Mutter des Königs brachte dem Sonnengott ein Dankopfer dar. Aus diesen Berichten ist wiederum zu erkennen, daß religiöse Zeremonien vor und nach dem Kampf abgehalten wurden. Der im Epos, das noch am Ausgang der ersten Hälfte des 3. Jahrtausends geschrieben wurde, erwähnte Raub der Stadtgöttin Ischtar bestätigt, was vorher über die Rolle der Götter im Krieg gesagt wurde. Dies steht keineswegs im Widerspruch zu der von Rudolf Steiner erwähnten Tatsache, wonach der Raub der Stadtgöttin Ischtar dem Raub der Helena durch Paris vergleichbar ist: Die Priester der Stadt waren gefangengenommen worden, um in den Besitz ihrer Geheimnisse und der Macht der Stadt zu kommen.[48]

Akkader, Assyrer und Babylonier

Nur ganz summarisch kann nun noch auf die Ereignisse im alten Vorderen Orient eingegangen werden. Mit seinem bereits geschilderten und in der Kampfweise überlegenen Heer begründete SARGON I. (um 2350–2300 v. Chr.) einen akkadischen Großstaat. Er selbst machte sich zum Gottkönig.* Die sumerische Göttin Innana von Uruk wurde zur Himmelskönigin Ischtar, die als Herrin von Arbela dort eine berühmte Orakelstätte hatte. Sie wurde auch später noch von den Assyrern und in Syrien unter dem Namen Astarte als Jagd- und Kriegsgöttin sowie als Mutter- und Liebesgöttin ver-

---

* SARGON I. eroberte auch die gerade entdeckte uralte Stadt Ebla, die etwa 50 km südlich von Aleppo in Syrien lag. Dort wurden u. a. auch vier Heldensagen in Versform sowie zwei Exemplare des Gilgamesch-Epos gefunden, die alle aus dem Sumerischen übersetzt waren.

ehrt. Auch hier blieb die schon erwähnte enge Verbindung zwischen Liebe und Krieg aufrechterhalten. Dabei darf nicht übersehen werden, daß es sich um eine Göttin handelte. Die Vorstellung von der Verursachung von Kriegen durch das weibliche Geschlecht zieht sich von der sumerischen Göttin Innana über die Völker des Vorderen Orients, die Griechen und Römer bis hin zu den Germanen, wo diese Vorstellung schließlich im Streit der Königinnen KRIEMHILD und BRUNHILD ihren irdischen Widerhall findet.

Nach der ersten Blütezeit des sumerischen und akkadischen Großreiches befreiten sich die von ihm unterworfenen Elamiter. Sie eroberten Ur und führten dessen König IBBISIN in die Gefangenschaft. Ein in den Trümmern der Stadt Nippur gefundenes Gedicht beklagt in bewegten Worten das Unglück des Sumererlandes:

Als sie zuschanden machten, als sie zerstörten Ruhe und Ordnung,
da rissen sie wie eine Sintflut alles mit sich.
Wozu, o Sumer, haben sie so dich verändert?
Die heilige Dynastie haben sie vom Tempel vertrieben,
sie haben die Stadt vernichtet, haben den Tempel zerstört,
sie rissen an sich die Herrschaft über das Land.
Auf Geheiß des Enlil wurde jede Ordnung zerstört,
die Sturmesnacht des Anu raste übers Land und riß sie mit sich fort.
Enlil richtete das Auge auf ein fremdes Land. Der göttliche Ibbisin wurde
nach Elam verschleppt.[49]

Wie schon vorher, so sind es auch nach diesem Gedicht nicht die Elamiter, die die Sumerer besiegen, sondern die Götter Enlil und Anu.

Als besonders kriegstüchtig, aber auch über alle Maßen brutal tauchen dann, das Zweistromland erobernd, die Assyrer als semitische Völkerschaft in der Geschichte auf. Insgesamt bildeten sie drei Reiche, deren Herrschaft aber immer wieder durch andere Völker wie etwa die Babylonier und Churriter unterbrochen wurde, bis ihr neues Reich am Ende des 7. Jahrhunderts v. Chr. schließlich durch die Babylonier endgültig zerstört wurde. In ihren Kriegszügen folgten sie bewußt dem finsteren Hauptgott Aschur, der ihnen die brutale Unterwerfung, Massendeportation und Zerstörung der Volkssubstanz und des Nationalgefühls der unterworfenen Völker befahl. Ermöglicht wurde diese Kriegführung durch die von zuverlässigen Pferden gezogenen Streitwagen und die mit Panzern und großen Schilden geschützten und wahrscheinlich sechs Glieder tief stehenden Phalangen des Fußvolks. Außerordentlich große und kräftige Bogen, mit denen man zwischen 300 und 400 Meter weit schießen konnte, erhöhten die Schlagkraft der Infanterie. Im Neuassyrischen Reich wurde im 8. Jahrundert mit dem Bau schwerer Streitwagen, auf denen bis zu vier Bogenschützen Platz fanden, diese Schlagkraft noch erhöht. Zuvor noch war aber eine Waffengattung eingeführt worden, die, wenigstens für die kommenden Jahrhunderte, die Überlegenheit im Kampfgeschehen sicherte: die Reiterei. Streitwagen-kämpfer, Bogenschützen und die mit Schleudern ausgerüstete leichte Infanterie erschütterten den Feind so lange, bis er dem Ansturm des Fußvolks und der Reiterei nicht mehr standhalten konnte. Dies war um so leichter möglich, als alle Waffengattungen ein kurzes Schwert führten, mit dem der Feind im Nahkampf niedergehauen wurde. In hohem Maße verwendeten die Assyrer auch die psychologische Kriegführung, durch die sie den Feinden Furcht und Entsetzen einflößten. Zu ihren grausamen Methoden der Unterwerfung gehörten Massenhinrichtungen, Pfählen und Schinden.

Mit Sicherheit kann auch zum ersten Mal nachgewiesen werden, daß das Schlachtfeld nicht allein nach taktischen und strategischen Gesichtspunkten ausgesucht wurde, sondern vor allem so, daß ein Gottesurteil an heiliger Stelle herbeigeführt werden konnte. Auf diese Tatsache soll anhand der Feldzüge CÄSARS und einiger anderer Beispiele aus Griechenland und Germanien noch näher eingegangen werden. Als SALMANASSAR III. seine Ober-herrschaft im heutigen Syrien und Palästina festigen wollte, schlug er die Schlacht gegen HASAEL VON ARAM bei der heiligen Stadt Tunip. Dieser im 9. Jahrhundert durchgeführte Feldzug zwang im übrigen einen Teil der Phönizier zur Auswanderung aus Syrien, was dann zur Gründung der Stadt Karthago führte.

Als Beispiel für die grausame Art der Kriegführung durch die Assyrer sei ein Bericht des im 7. Jahrhundert v. Chr. regierenden ASARHADDON, des damaligen Königs von Assur, angeführt: »Ich zerstörte Sidon bis auf die Grundmauern. Seine Wälle und Häuser trug ich ab und warf sie ins Meer. Mit Hilfe meines Gottes Assur [sic!] fing ich Abdi-Milkutti, der vor meinen Wachen geflohen war, wie einen Fisch aus der See und ließ ihn köpfen… Dann reorganisierte ich die ganze Provinz und setzte einen meiner Beauftragten als Gouverneur über sie. Er legte ihnen größere Tributzahlungen auf als früher. Einige seiner Städte wie Marubbu und Sarepta gab ich Baal, dem König von Tyros.«[50]

Die Leichtigkeit, mit der die Assyrer die befestigten Städte ihrer Feinde nahmen, ist vor allem darauf zurückzuführen, daß sie als erste eine eigene Pioniertruppe besaßen, die es verstand, Stadtmauern zu unterminieren und zudem hervorragende Belagerungsmaschinen, darunter vor allem bewegliche, die Mauern überragende Türme, zu konstruieren, und zwar lange vor den Griechen, die sich – wie so oft – einer Erfindung rühmten, die sie gar nicht gemacht hatten. Allerdings waren sie in dem Vorteil, daß man ihre Schriften leichter und früher lesen konnte als die akkadischen Keilschrifttafeln der Assyrer.

Wie die Assyrer mit der besiegten Stadtbevölkerung verfuhren, läßt die Schilderung des bereits erwähnten SALMANASSAR über die Eroberung von Ugarit ahnen: »Jahr vier. Den Städten des Nikdime (und) Nikdiera näherte ich mich. Sie wurden erschreckt durch meine mächtigen, furchteinflößenden Waffen und meine grimmige Kriegführung (und) warfen sich auf das Meer in weidengeflochtenen [?] Booten –. Ich folgte ihnen in Booten –, focht eine große Schlacht auf dem Meere, brachte ihnen eine Niederlage bei, und mit ihrem Blut färbte ich das Meer wie Wolle.« Zugleich haben wir hier die erste Schilderung einer Seeschlacht.[51]

Nicht viel anders als die Assyrer verhielten sich auch die auf sie folgenden Babylonier. Doch immer ist dabei zu bedenken, daß nicht nur Mord- und Raublust den Grund zu dieser Art der Kriegführung abgaben, sondern die Vorstellung jener Könige und Völker, daß sie damit den Willen ihrer Götter erfüllten. Ja, als sichtbares Zeichen dieser Tatsache führten die Assyrer das Bild ihres finsteren Kriegsgottes Aschur mit in die Schlacht und stellten es in jeder eroberten Stadt anstelle des besiegten Gottes auf. Mit Blick auf die Geschichte ist es aber durchaus möglich, daß ihnen die Sumerer in diesem Verhalten vorangingen; zumindest waren die auf Reliefs abgebildeten Feldzeichen, die in der Schlacht mitgeführt wurden, Symbole ihrer Götter. Darüber hinaus kann jedoch bei den Assyrern mit Sicherheit – bei anderen, früheren Völkern handelt es sich lediglich um eine Vermutung – festgestellt werden, daß ihre militärischen Führer zugleich Priester waren. Ein Hinweis auf den gleichen Sachverhalt bereits im 3. Jahrtausend bei den Akkadern ist dadurch gegeben, daß SARGON I., der große Eroberkönig, ein niedriggeborener Priester der Kriegsgöttin Ischtar war.

Entsprechend dieser religiösen Auffassung vom militärischen Führungsamt hatte das assyrische Wort für »Rebell« auch die Bedeutung »Sünder«. Neben dem Priester als Offizier waren die Schreiber für den Unterhalt und die Führung des Heeres von wesentlicher Bedeutung. Die Assyrer besaßen ein stehendes Heer, zu dem alle erwachsenen Männer eingezogen wurden, wenn auch Reiche sich durch Sklaven ersetzen lassen konnten, indem sie sich loskauften. Vor allem aber war allein durch die Schreiber eine regelmäßige und gute Versorgung des Heeres, selbst auf Feldzügen in entferntesten Gebieten, möglich. Ihnen oblag auch die Verteilung der Beute am Ende des Feldzuges. Nicht zu unterschätzen für den militärischen Erfolg der Assyrer ist auch die ausschlaggebende Bedeutung des Nachrichtendienstes, den Schreiber überall, auch im Ausland, aufbauten und in dem sie als »Führungsoffiziere« dienten. Vergleichen wir dies mit der Zeit der Inder und Perser, so ist festzustellen, daß sich nach den Königen und Heroen nun die Priester und Schreiber als verantwortliche Einzelpersönlichkeiten auch im Heerwesen herausschälten.

Hethiter

Wiederum gilt es, das Rad der Geschichte um ein paar Jahrhunderte zurück-zudrehen. Um etwa 2000 v. Chr. stoßen die Hethiter und Luvier nach Zen-tralkleinasien vor. Die Hethiter sind das älteste uns bekannte indogermani-sche Kulturvolk, obwohl der Name Hethiter nicht indogermanisch, son-dern uns aus der Bibel und der assyrischen Geschichtsschreibung bekannt ist. Nach schweren kriegerischen Auseinandersetzungen mit der einheimi-schen Bevölkerung gründen sie ein Reich in Anatolien. An der Spitze dieses typisch indogermanischen Feudalstaates steht der König, der Labarna; die-ser Name war der des Gründers des alten Hethiterreiches, der dann zum Titel wurde. Nach seinem Tod wurde der Labarna jeweils vergottet. Er war oberster Richter, Priester und Kriegsherr. Eine fast ebenso starke Stellung hatte die Königin inne. Ein Blutsadel bildete den freien Stand der Krieger, dessen Einfluß jedoch später auf orientalische Weise durch Beamte zurück-gedrängt wurde. Dies war nicht zuletzt eine Folge der ständigen innenpoliti-schen Wirren, die von diesem Adel ausgingen. Im Gegensatz zu den orienta-lischen Völkern war die Kriegführung der Hethiter weniger brutal. Das glei-che trifft für die Gesetzgebung zu, die vor allem Geld- und Freiheitsstrafen kannte. Die Rechte von Mann und Frau waren geschützt. Aus den Keil-schrifttexten erhalten wir die erste schriftliche Kunde von den griechischen Achäern, die die Hethiter Ahhijava nannten. Um 1200 v. Chr. brach ihr Reich unter dem Ansturm der Seevölker zusammen. Auf den durch die Un-tersuchungen von Immanuel Velikovsky ausgelösten Streit um die genaue Datierung dieser Ereignisse soll hier nicht eingegangen werden, da er für unser Thema kaum Bedeutung hat.

Auch beim indogermanischen Volk der Hethiter beginnt der Krieg mit dem großen Drachenkampf des Gewittergottes gegen die Himmelsschlange Illuyanka. Dabei durchstürmen große schwarze Vögel die Staub- und Ne-belschwaden, die über der Erde hängen, Steine und Felsbrocken prasseln zu Boden, und die Menschen verstecken sich angsterfüllt in Höhlen. Dann aber verschwindet Virta, »das Versperrende«, und das Licht der Sonne bricht sieghaft hervor.[52]

Vom Ursprung des Krieges auf der Erde zeugt bereits die Aussage des ersten geschichtlich belegten Königs der Hethiter noch vor der Gründung des alten Hethiterreiches um 1640 v. Chr. Wiederum spielen dabei nicht die Menschen, nicht einmal der König die Hauptrolle, sondern ein Gott: » Danach habe aber Ich, Anitta, der Großkönig, den Gott Schiuschummi von Zalpura zurück nach Nescha geführt... Und die Stadt Hattuscha benagte der Hunger... da übergab der Gott Schiuschummi... und in der Nacht nahm ich sie im Sturm.« Das geschah im Jahr 1715 v. Chr.[53] HATTUSCHILI I., der Nachfolger des ersten LABARNA und Gründer des alten Hethiterreiches, berichtet von seinem Feldzug nach Nordsyrien, wo er überall die Feinde geschlagen und deren Götter hinauf zur Sonnengöttin Arenna gebracht hat.[54] Selbst der sonst sehr materialistisch eingestellte Verfasser des Buches über die Hethiter, aus dem wir gerade zitiert haben, Johannes Lehmann, muß zugeben: » Wenn wir diesen Bericht wegen der Gold- und Silberschätze als reinen Beutezug auffassen [gemeint ist der Feldzug in Nordsyrien], so liegt das daran, daß wir uns in die Vorstellungswelt jener Tage nicht mehr hineinversetzen können. Damals ging es nicht nur um »Schätze«, sondern auch um den Besitz der Götter. Wer einer Stadt ihre Götterbilder wegnehmen konnte, der hatte Gewalt über die Stadt [sic!].«[55] Dem ist nichts mehr hinzuzufügen. Fast beliebig groß ist jedoch die Zahl der Beispiele, die hier bestätigend aus den Keilschriften der Hethiter angeführt werden könnten.

Oben wurde bereits darauf hingewiesen, daß es bei den Hethitern viele Aufstände und Revolutionen gab. Doch bei diesen Aufständen, soweit es sich um Aufstände des eigenen Adels handelt, werden die Götter niemals erwähnt. Sie erscheinen erst wieder, wenn nach schweren Wirren und nach Königsmorden die Ruhe im Innern wiederhergestellt ist, wie z. B. im Edikt des TELIPINU, das um 1460 v. Chr. entstand und einen Akt der Staatsreform darstellte. Anders ging man dagegen vor, wenn die Aufstände von fremden Völkern ausgingen. Dann wurden deren Götterstatuen als erste zerstört.

Aus der Zeit der Hethiter besitzen wir auch den ersten eingehenden Bericht über eine bereits im Ansatz geplante, d. h. rangierte Schlacht, nämlich die Schlacht von Kadesch (Fig. 1 a–d), die von einigen um 1285, von manchen um 1288 und von anderen um 1290 v. Chr. angesetzt wird. Sie fand zwischen den Ägyptern des Pharao RAMSES II. und den Hethitern des Königs MUMATALLI (andere lesen MUWATALLIS) statt. Daß es auch vorher schon solche rangierten Schlachten gegeben hat, läßt sich aus Felsbildern und ägyptischen Stelen erschließen. Etwa 20000 Ägypter unter RAMSES II. standen auf der Höhe des Gebirges von Kadesch am Oberlauf des Orontes, als ihm zwei Überläufer meldeten, der König der Hethiter habe Angst vor RAMSES. Darauf rückte dieser weiter in Richtung auf Kadesch vor, wo ganz

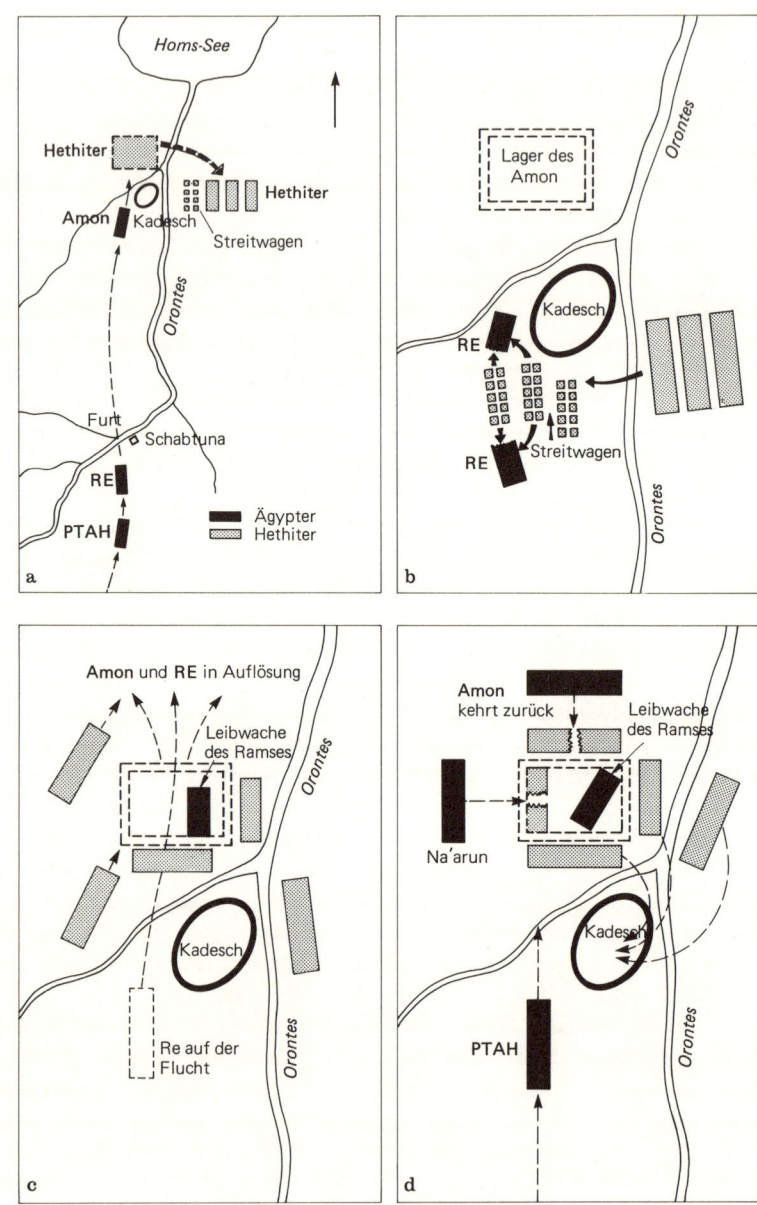

Fig. 1 Schlacht bei Kadesch

in der Nähe der Hethiterkönig mit 12 000 Hethitern und etwa 8000 Mann Hilfstruppen im Hinterhalt lag. RAMSES hatte seine Truppen in vier »Divisionen« geteilt. An der Spitze der Division Amon überschritt RAMSES den Orontes bei Schabtuna, etwa 10 km südlich von Kadesch. Das übrige Heer sollte in größerem Abstand folgen. Die Hethiter gingen daraufhin über den Fluß nach Osten, wandten sich aber sofort wieder nach Süden, so daß die Stadt zwischen ihnen und dem Feind lag und sie von ihm nicht gesehen werden konnten (s. Fig. 1 a). Mit einer außerordentlich geschickt angesetzten Bewegung, bei der der Fluß wiederum überschritten wurde, stießen die Hethiter von Südosten gegen die Kräfte des RAMSES vor und sprengten sie auseinander. Der Pharao war damit abgeschnitten und sah sich einer starken Übermacht gegenüber. Der Rest seiner anderen »Divisionen« hing noch so weit im Süden zurück, daß er mit ihrem Eingreifen in die Schlacht vorerst nicht rechnen konnte. Gestützt auf die Festung Kadesch, griffen nun die Hethiter die zweite ägyptische Division, Re, an. Die Überraschung war vollkommen, und die Division wurde in zwei Teile zerschlagen (s. Fig. 1 b). Ein Teil dieser Division flüchtete in das Lager, in das sich der Pharao nördlich Kadesch zurückgezogen hatte. Mit etwa 17 000 Mann, der hethitischen Phalanx und den Streitwagen, wurden sie dabei verfolgt. Inzwischen floh die Division Amon weiter über das Lager hinaus, in dem RAMSES nur noch mit seiner Leibwache stand (s. Fig. 1 c). In der Mitte konnte er den Hethitern nicht widerstehen, doch die Hethiter bewahrten die notwendige Disziplin nicht und begannen, das Lager zu plündern. Dieses Plündern galt natürlich dem Beutemachen, aber Beute hieß zur damaligen Zeit auch und in erster Linie, daß man nach den Götterstatuen suchte, vor allem, um damit den Sieg zu vervollständigen. Daß die Ägypter die Götterstatuen mitführten, ist mit Sicherheit anzunehmen, ganz davon abgesehen, daß sie ja auch ihre Divisionen nach den Göttern Amon, Re und Ptah benannt hatten. In dieser verzweifelten Lage entschloß sich RAMSES II. zum Gegenangriff. Die bisher in ihren Bereitstellungsräumen stehenden kanaanitischen Truppen NA'ARUNS fielen den plündernden Hethitern mit einer zehn Glieder tief stehenden Schlachtordnung in die Flanke. Unterstützt von den technisch überlegenen Streitwagen, zwangen sie die Hethiter zum Rückzug über den Orontes. Damit hatten sie ein starkes Hindernis zwischen sich und den Feind gelegt. Als am Abend auch noch die Division Ptah auf dem Schlachtfeld erschien, blieb den Hethitern nichts anderes übrig, als sich nach Kadesch in die Festung zu werfen und sich auf die Belagerung vorzubereiten (s. Fig. 1 d). Doch daran dachten die Ägypter nicht mehr. Ihre Verluste waren so hoch, daß sie sich zum Rückzug entschlossen. Strategisch gesehen hatte der Pharao damit eine Niederlage erlit-

ten, wenn es auch fast nach einem taktischen Sieg aussah. Eher darf man die
Schlacht als unentschieden bezeichnen, wenn auch der Pharao sich auf seinen Stelen eines glänzenden Sieges rühmte.

Zweifellos fand diese Schlacht an einer Stelle statt, die auch heute noch
taktisch und strategisch als geeignet angesehen würde. Daher war Kadesch
auch seit langem als Festung ausgebaut worden. Zu jener Zeit jedoch war,
wie in der Folge zu zeigen sein wird, keineswegs diese taktisch und strategisch wichtige Lage für die Wahl des Schlachtortes ausschlaggebend. Eine
Stadt war im Altertum eben nicht nur eine Stadt, die zu ihrer Verteidigung
dann auch als Festung ausgebaut wurde. In erster Linie war sie, wie wir
bereits verschiedentlich gehört haben, religiöser Mittelpunkt und Sitz eines
wichtigen Gottes oder auch mehrerer Götter. Es ist daher naheliegend festzuhalten, daß auch diese Schlacht als Gottesurteil zwischen den Ägyptern
und Hethitern angesehen wurde.

Werfen wir einen Blick auf die Truppenstärke der beiden Seiten, so stellen
wir fest, daß die Kräfte, die jeweils etwa 20000 Mann betrugen, an unseren
Verhältnissen gemessen außerordentlich gering waren. Sehr oft stehen die
tatsächlich auf den Inschriften festgehaltenen Zahlen und diejenigen, die
später von den antiken Historikern angegeben wurden, im Widerspruch.
Aber mehr Truppen ins Feld zu führen, war aus Versorgungsgründen selbst
zwei solchen Großreichen wie denen der Hethiter und Ägypter nicht möglich. Man sollte nie vergessen, daß zur Versorgung eines solchen Heeres von
20000 Mann ungeheure Wagenzüge notwendig waren, besonders dann,
wenn es zum Teil durch Wüstengegenden ging. Außerdem mußten große
Viehherden zur Verpflegung mitgetrieben werden, was die Bewegungen außerordentlich verlangsamte. Genauso mußte auf österreichischer Seite noch
im vorigen Jahrhundert, bis zur Schlacht von Solferino von 1859, die Versorgung sichergestellt werden, während Österreichs Feinde, die Franzosen,
damals bereits über Konserven verfügten, was ihnen eine überlegene Beweglichkeit verlieh. Ganz abgesehen von der Verpflegung benötigte ein anti-
kes Heer natürlich noch eine ganze Menge anderer Dinge, die mitzuführen
waren, wie z.B. Ersatzwaffen, Speere, Pfeile, Schildbezüge, weiter Feld-
schmieden, vor allem auch für die Streitwagen, Ersatz von Bekleidungstei-
len usw. Das Schanzzeug für den Lagerbau darf ebensowenig vergessen
werden wie das Gerät zum Überschreiten von Flüssen, wozu z.B. aufblas-
bare Ziegenhäute und Boote gehörten. Anders wäre das oftmalige Überschreiten von Flüssen während des taktischen Geschehens nicht möglich
gewesen, wenn man einmal von dem vielen Ausnutzen von Furten absieht.

Ägypter

Nach dieser Schilderung der Schlacht von Kadesch ist es an der Zeit, auf die
Vorstellungen der Ägypter von Krieg und Kriegführung etwas näher einzugehen. Auch das soll wieder in Schlaglichtern und ohne strikte Einhaltung
der Chronologie geschehen. Im wesentlichen beschränkt sich unsere Schilderung auf das Alte, das Mittlere und das Neue Reich, also auf einen Zeitraum zwischen etwa 2850 bis 715 v. Chr. An der Spitze des Staates steht der
Pharao (»großes Haus«) als absoluter und erblicher König. Er ist die Inkarnation des Falkengottes Horus, seit der IV. Dnastie, d. h. noch im Alten
Reich, wird er auch als Sohn des Sonnengottes Re verehrt. Der Pharao er-
nennt die unter einem obersten Minister stehenden Beamten, aus dem alten
entmachteten Adel die Schreiber und teilt das Land in Gaue und Gaufürsten
ein. Mit dem Neuen Reich (1570–715 v. Chr.) wird Ägypten zur führenden
Großmacht und erreicht seine größte räumliche Ausdehnung. Danach steht
es zunächst unter äthiopischer Fremdherrschaft und gehört im folgenden
Jahrhundert, nach der Eroberung durch Assurbanipal, zur assyrischen
Provinz. Nach einer nur knapp hundert Jahre dauernden Zeit der Freiheit
erliegt es 525 v. Chr. den Persern. Im Jahr 332 v. Chr. erobert Alexander
der Grosse Ägypten, und 30 v. Chr. beginnt die römische Herrschaft.

Noch einer der letzten Könige aus jener Priestergruppe, die nach der Eroberung der Herrschaft über ganz Ägypten durch den libyschen Söldnerführer Scheschonk (in der Bibel Sisak genannt) nach Nubien ausgewan-
dert waren, um dort um 750 v. Chr. einen theokratischen Staat mit der
Hauptstadt Napata zu errichten, bekennt von sich: »Gott hat meine Existenz von ihren Uranfängen her geplant. Der göttliche Same ist in mir. Ich
schwöre bei meinem *ka*, daß ich nicht ohne sein Wissen handle. Er allein
bestimmt mein Handeln.«[56] Trotz der Erklärung, nur nach dem Willen
Gottes zu handeln, sprechen die Pharaonen nun zum ersten Mal in der Geschichte auch von sich selbst als den Handelnden und Kriegführenden. Allerdings ist dabei zu bedenken, daß sie als Inkarnation des Gottes Re angesehen wurden. So erklärte Pharao Kamose, der das Land von den Hyksos
befreite: »Ich habe sofort alles genommen und nichts zurückgelassen.
Avaris ist verwüstet. O, gemeiner Aamu [gemeint sind die Hyksos], der
immer wiederholte. Ich bin ein Fürst ohnegleichen von Khmunu [Hermo-
polis in Mittelägypten] bis Pi-Hathor [in der Nähe von Ismailia], an Avaris
vorbei, das am Nil liegt. Ich habe all das zerstört. Es gibt niemanden [der
mich aufhalten könnte]. Ich habe ihre Städte zerstört, ihre Keller sind rote

Ruinen für alle Ewigkeit um des Bösen willen, das sie Ägypten angetan haben, ich werde sie die Schreie der Aamu hören lassen, die Ägypten beleidigt haben, ihre Geliebte.«[57] Das geschah etwa um das Jahr 1570 v. Chr. Dennoch läßt THUTMOSIS III. rund hundert Jahre später auf einer Granitstele den Gott in zehn Versen sprechen, von denen nur der erste wiedergegeben werden soll:

Ich kam. Ich ließ die großen Männer von Djahi niederstampfen.
Ich verstreute sie zu deinen Füßen, entlang ihren Bergen.
Ich ließ sie Deine Majestät in der Pracht ihres Schmuckes sehen.
Du lodertest in ihr Gesicht wie mein Bildnis.[58]

Noch immer sahen die Ägypter eine Schlacht als Gottesurteil an. Dies beweist insbesondere die Schlacht bei Megiddo, die THUTMOSIS III. 1480 v. Chr. zur Zerschlagung einer syrisch-palästinensischen Koalition unter dem König von Kadesch schlug, den er den »gemeinen gefallenen Mann von Kadesch« nannte. Auf seinem Vormarsch nach Norden hielt er im Tal des Esdradon Rat und sprach seine Soldaten wie folgt an: »Der gemeine gefallene Mann von Kadesch ist gekommen..., mir ist berichtet worden, daß er sagte: ›Ich warte auf den Kampf hier in Megiddo.‹ Sagt mir, was ihr denkt.«[59] Dies zeigt, daß Schlachten nach ganz bestimmten Regeln und Gesetzen geführt wurden, die man vorher verabredete. Nur so war das Gottesurteil möglich. Über die Einhaltung dieser Gesetze wachten die Götter. Vor der Schlacht von Megiddo bat der König von Kadesch THUTMOSIS, ihm den Tag seines Angriffs zu nennen. Damit war jede Überraschung ausgeschlossen. Auch der erwähnte König aus der Hauptstadt Napata erteilte noch im 1. Jahrtausend v. Chr. seinen Truppen folgenden Tagesbefehl: »Nachts sollen keine Angriffe stattfinden, sondern Ihr müßt, den Regeln entsprechend, beim Kampf gesehen werden können. Kündigt den Kampf aus der Entfernung vorher an. Sagt der Feind, daß sich die Soldaten oder Reiter irgendeiner Stadt verspätet haben, dann wartet, bis seine Armee vollständig ist. Kämpft, wenn er Euch zum Kampf auffordert. Sind seine Verbündeten noch nicht am Platz, so wartet auf sie. Was die Fürsten, seine Verbündeten, die Libyer, seine treuen Kampfgefährten, betrifft: kündigt ihnen die Schlacht an, indem Ihr sagt: Wie immer Euer Name lauten möge, Ihr, die Ihr die Truppen befehligt, zäumt die besten Pferde in Euren Ställen auf, bezieht Eure Positionen. Ihr werdet erfahren, daß uns der Gott Amon schickt.«[60] Nichts kann wohl besser die Schlacht als Gottesurteil kennzeichnen als dieser Befehl, zumal sie wiederum an einer heiligen Stelle, einem den Göttern geweihten Paß stattfand. Diese heilige Stelle lag am Nordhang des

Berges Karmel. Wenn in modernen Berichten darauf hingewiesen wird, daß diese Stelle auch taktisch und strategisch außerordentlich wichtig ist, wie es später das Verhalten NAPOLEONS I. und ALLENBYS an diesem Ort beweist, so ist das zwar richtig, besagt aber für die alte Zeit noch nicht einmal die halbe Wahrheit. In ihrer ganzen Bedeutung läßt sich eine solche alte Schlacht nur dann bewerten, wenn man sie vor dem Hintergrund sieht, der das gesamte Leben der Frühzeit bestimmte, nämlich dem Glauben an die Götter und der Einbindung des Lebens in die Religion.

In Ägypten gab es kein stehendes Heer, doch waren alle Männer bis zur Hyksos-Invasion wehrpflichtig. Darüber hinaus besaß der Pharao eine persönliche Leibwache, die sich wohl aus gefangenen Libyern und Sudanesen zusammensetzte. Zu den Streitkräften hatte jeder Gaufürst ein bestimmtes Kontingent zu stellen. Die ägyptische Miliz war im Mittleren Reich in Einheiten gegliedert, deren Stärke je nach Auftrag variierte. Ziemlich gleichbleibend war jedoch der sog. Angriffsverband, der sich aus drei »Kompanien« zu je einhundert Mann zusammensetzte. Sie kämpften mit Lanze, Streitäxten und im Neuen Reich auch mit Schwertern. Ihre Angriffsformation war die Phalanx. Die ägyptischen Streitwagenkämpfer, die allerdings erst nach der Niederlage gegen die Hyksos aufgestellt wurden, bildeten Verbände. Sie griffen in Einheiten zu je fünfzig Wagen unter einem Führer an und trieben den Feind vor sich her. Wurfspeere und der damals schlachtentscheidende Bogen waren die Hauptwaffe, mit denen sie die Feinde erschütterten. Ohne diese Erschütterung des Feindes und ohne das Schaffen von Lücken in der feindlichen Phalanx wäre es wohl nicht möglich gewesen, die Pferde in die waffenstarrende Mauer der Feinde zu bringen. Das sollte sich noch bis in die Neuzeit, in die Zeit NAPOLEONS hinein zeigen, denn keiner Kavallerie der Welt gelang es, in die rasch gebildeten und feuerspeienden Karrees der Infanterie einzudringen. Lediglich bei der dünnen Linientaktik des 18. Jahrhunderts konnte die Reiterei entscheidende Erfolge erzielen. Seiner Natur entsprechend scheut nämlich das Pferd vor dem fest stehenden Mann und versucht, ihm auszuweichen. Den Kern des ägyptischen Heeres bildeten aber nicht die zu den Waffen gerufenen Bürger. Zum Aufstellen einer schlagkräftigen Armee benötigte man Söldnertruppen, die größtenteils aus Nubien stammten oder ähnlich wie im 18. Jahrhundert aus Gefangenen rekrutiert wurden, denen man dadurch in Ägypten Tod und Sklaverei ersparte. So erklärt sich auch die Maßnahme, daß diese Truppen nach Beendigung eines Feldzuges in Lager marschierten, in denen sie ihre Waffen abliefern mußten. Dort blieben sie mit ihren Frauen und Kindern bis zum Ausbruch eines neuen Krieges oder Feldzugs und erhielten dann erst wieder ihre Waffen.

Die ägyptischen Heere dürften 20–30 000 Mann niemals überschritten haben. Die Gründe dafür wurden schon angeführt. Demnach ist z.B. der Bericht aus dem Alten Testament, 2. Chron. 12,2–3, maßlos übertrieben, in dem es heißt: »Aber im fünften Jahr des Königs Rehabeam zog herauf Sisak, der König in Ägypten, wider Jerusalem (denn sie hatten sich versündiget am Herrn) mit tausend und zweihundert Wagen und mit sechzig tausend Reitern, und das Volk war nicht zu zählen, das mit ihm kam aus Ägypten, Libyer, Suchiter und Mohren.« Selbst die Zahl der Streitwagen dürfte 500 niemals überschritten haben. Auch eine Reiterei wurde erst am Ende des Neuen Reiches aufgestellt. Feldzüge und Schlachten wurden vorher und nachher von Gottesdiensten und Opfern begleitet. Übliche »Nebenwaffen« waren, wie in früherer Zeit und bei anderen Völkern auch, magische Verfluchungen des Feindes, die von den Priestern ausgesprochen wurden. Gefangene ließ man als Opfer hinrichten, wenn sie als Sklaven oder Soldaten keine Verwendung finden konnten. Handelte es sich um Fürsten, so vollzog der Pharao die Hinrichtung oft selbst.

Einen weiteren Einblick in die Vorstellungen, die eine Schlacht beherrschten, bietet uns die Bibel mit der 2. Chron. 8–14 (nach Martin Luther): »Es zog aber wider sie aus Serah, der Mohr, mit einer Heereskraft, tausendmal tausend, dazu drei hundert Wagen, und sie kamen bis gen Maresa. Und Asa zog aus, ihm entgegen; und sie rüsteten sich zum Streit im Tal Zephatha bei Maresa. Und Asa rief an den Herrn, seinen Gott, und sprach: Herr, es ist bei dir kein Unterschied, zu helfen unter vielen, oder da keine Kraft ist. Hilf uns, Herr, unser Gott; denn wir verlassen uns auf dich, und in deinem Namen sind wir kommen wider diese Menge. Herr, unser Gott, wider dich vermag kein Mensch etwas. Und der Herr schlug die Mohren vor Asa und vor Juda, daß sie flohen. Und Asa samt dem Volk, das bei ihm war, jagte ihnen nach bis gen Gerar. Und die Mohren fielen, daß ihrer keiner lebendig blieb, sondern sie wurden geschlagen vor dem Herrn und vor seinem Heerlager. Und sie trugen sehr viel Raubs davon. Und er schlug alle Städte um Gerar her; denn die Furcht des Herrn kam über sie. Und sie beraubten alle Städte; denn es war viel Raubes drinnen. Auch schlugen sie die Hütten des Viehs, und führten weg Schafe die Menge und Kamele, und kamen wider gen Jerusalem.« Wie Immanuel Velikovsky zwingend nachweist, wurde diese Schlacht von Maresa, dem heutigen Moreseth Gath, zwischen dem ägyptischen Pharao Amenophis II., der in der Bibel als der Mohr oder Äthiopier Serah beschrieben wird, und Asa, dem König von Juda, geschlagen. In einem phönizischen Gedicht, das Velikovsky ebenfalls zu seiner Beweisführung heranzieht, wird der biblische Serah Terah genannt.[61] Dem biblischen Text ist zunächst einmal zu entnehmen, daß vor der Schlacht Gott der Herr angerufen wurde. Der eigentliche Sieger ist dann auch Gott selbst: »Und der Herr schlug die Mohren...« Daß die Ägypter Mohren genannt werden, ist nicht verwunderlich, denn es handelte sich bei ihnen um Söldner, die zum großen Teil aus Äthiopien, Nubien, Libyen und anderen Gegenden Afrikas kamen. Die in der Bibel und in dem erwähnten phönizischen Gedicht angegebene Stärke der beiden Parteien darf natürlich nicht wörtlich genommen werden. So spricht die 2. Chron. 14,7 z. B. von 300 000 Schild- und Spießträgern aus Juda und 280 000 mit Schilden geschützten Bogenschützen aus Benjamin. Das wären zusammen 580 000 Mann. Demgegenüber bestand die ägyptische Streitkraft aus 1000 mal 1000, d. h. aus einer Million Mann. Solche Zahlen sagen nur aus, daß es sich um verhältnismäßig starke Streitkräfte handelte; mehr als 20 000 Fußkämpfer und vielleicht 300 Streitwagen dürften es aber auf keinen Fall gewesen sein. Im Grab des AMENKEN ist nach einem Hinweis von Velikovsky AMENOPHIS II. dargestellt, wie er Waffen besichtigt, die als Geschenk an seine Offiziere verteilt werden. Dabei handelt es sich um 360 kupferne Sichelschwerter und 140 bronzene Dolche. Sicher sind dabei nicht alle Beutewaffen dargestellt, doch läßt die verhältnismäßig geringe Zahl dieser als Geschenk verteilten Waffen auf eine wesentlich geringere Truppenstärke schließen, als sie in der Bibel und in dem Gedicht angegeben wird. Unbarmherzigkeit gegen den Feind und Plünderung, wie sie in der Bibel beschrieben werden, gehörten zur damals üblichen Art Kriegführung; aber auch die Bemerkung ist zutreffend, daß die nach der Schlacht genommenen Städte um Gerar weniger von der Furcht gegen den menschlichen Feind als vielmehr von derjenigen gegenüber dem Gott Israels ergriffen wurden. Das war der wichtigste Grund für das Erlahmen ihrer Widerstandskraft. Andererseits fühlte man sich völlig sicher, wenn man Gott auf seiner Seite wußte. Ein Beispiel bietet dafür, wenn auch mit Bezug auf ein anderes Ereignis, 2. Chron. 20,14–15, wo es heißt: »Aber auf Jahasiel... kam der Geist des Herrn mitten in der Gemeinde, und er sprach: Merket auf, ganz Juda und ihr Einwohner zu Jerusalem und du, König Josaphat! So spricht der Herr zu euch: Ihr sollt euch nicht fürchten, noch zagen vor diesem großen Haufen; denn ihr streitet nicht, sondern Gott.« Und über den Auszug der Israeliten aus Ägypten heißt es bei 2. Moses 14,14: »Der Herr wird für euch streiten, und ihr werdet still sein.« Der Satz: »Und der Herr schlug sie«, ist geradezu typisch, nicht nur für das Vertrauen, das in Gott gesetzt wird, sondern auch dafür, daß Gott als der eigentlich Kämpfende angesehen wird. Wie wir gesehen haben, so ist diese Anschauung keineswegs auf die Israeliten beschränkt.

Noch einmal soll ganz kurz auf die Zahl der Streiter eingegangen werden, weil diese Frage sowohl für das Bewußtsein der damaligen Menschen als auch für die Beurteilung des Schlachtgeschehens von großer Bedeutung ist. Wie Velikovsky nachweist, handelt es sich bei dem Wort für »tausend« (eleph) um eine Falschlesung für aluph, das »Anführer« bedeutet. In biblischen Berichten, wie etwa in dem gerade zitierten, lautete damit die richtige Übersetzung nicht: »Und Asa hatte eine Heereskraft, die Schild und Spieß trugen, aus Juda drei hundert tausend und aus Benjamin, die Schilde trugen und mit dem Bogen schießen konnten, zwei hundert und achtzig tausend...« (2. Chron. 14,7), sondern es handelte sich um 300 Anführer aus Juda und 280 Anführer aus Benjamin. Nimmt man dabei an, daß alle Offiziere vom Rang eines »Zugführers« aufwärts gezählt wurden, so kommt man etwa auf 20000 Mann, eine Zahl von Streitern, wie sie die Stämme Juda und Benjamin durchaus aufbringen konnten.[62] Unter der angenommenen Voraussetzung, daß in mehr oder weniger urtümlichen Verhältnissen alle Männer zwischen 15 und 45 Jahren waffenfähig waren und etwa 36% der Gesamtbevölkerung ausmachten, hätten dann die beiden Stämme Juda und Benjamin zusammen eine Bevölkerungszahl von ungefähr 50–60000 gehabt. Aus der alleinigen Zählung der Anführer geht aber auch hervor, daß nur sie im Kampf ins Gewicht fielen, wie das ja noch bis zur »Ilias« hin aus allen Berichten und Epen hervorgeht. Die Masse des Volkes zählte noch nicht. Auf ägyptischer wie auf israelitischer Seite besaßen nur diese Anführer ein gewisses Maß an fortgeschrittenem Ich-Bewußtsein.

Im 2. Jahrtausend v. Chr., während der XII. Dynastie, begann Ägypten im Ostdelta des Nils und am zweiten Katarakt mit dem Bau von Befestigungen. Es ist interessant, daß bereits zur Abwehr des Hyksos-Einfalls eine sog. Fürstenmauer errichtet wurde, von der es leider keine sichtbaren Reste mehr gibt. Wenn es sich dabei tatsächlich um eine Mauer gehandelt hat, so wäre dies das erste Auftauchen jenes Gedankens, der auch dem Bau des Limes, der Chinesischen Mauer oder vielleicht sogar der modernen Maginot-Linie zugrunde lag. Solche Anlagen sind, wie die Geschichte gezeigt hat, von zweifelhaftem Wert. In ihnen drückt sich aber klar der Gedanke der Verteidigung, ja, der Resignation aus. Diese Einstellung hätte durchaus dem ägyptischen Denken vor dem Einfall der Hyksos entsprochen. Da eine solche Mauer wahrscheinlich immer wieder umgangen werden konnte, besonders in einem Gelände wie dem Sinai, ist wohl mehr an eine Kette von Festungen zum Schutz des Nildeltas zu denken. Im Süden, beim zweiten Katarakt, wurden bei Mergissa und Semna mächtige Festungen gefunden. Während der Hyksos-Herrschaft in Ägypten wurde eine Stadt, die erst in den kürzlich vergangenen Kriegen Israels gegen Ägypten eine wichtige Rolle spielte, zur Festung ausgebaut. Es ist die Stadt El-Arisch, die damals Avaris hieß, und zwar, wie MANETHO berichtet, nach einer alten religiösen Überlieferung, d.h., daß sie sowohl militärische als auch religiöse Bedeutung hatte. So bestätigt sich immer wieder, daß Festungen nicht nur nach taktischen und strategischen Überlegungen angelegt wurden.[63] Noch bis in die frühe Neuzeit hinein wurden Festungen von Besatzungstruppen verteidigt, die in der Hauptsache aus der Bürgermiliz bestanden und nicht feldverwendungsfähig waren. Sie konnten nur Verteidigungsaufgaben übernehmen. Sollte der vor der Festung liegende Feind geschlagen werden, so mußten für diesen Zweck Feldtruppen herangeführt werden, die allein die notwendige Stoßkraft besaßen.[64]

Wie aber konnte es zur erwähnten Herrschaft der Hyksos kommen? Die Hyksos waren ja ein nomadisierendes Hirtenvolk oder eine Völkergruppe – Velikovsky setzt sie mit den biblischen Amalekitern gleich –, die eine Großmacht angriffen. Gewöhnlich wird der Sieg der Hyksos damit begründet, daß sie im Gegensatz zu den Ägyptern Pferde und Streitwagen besaßen. Sicher ist das ein Grund. Aber war eine Großmacht wie Ägypten nicht in der Lage, selbst Pferde zu züchten und eine Streitwagentruppe aufzustellen? Die Antwort darauf lautet, daß Ägypten gerade durch den herrschenden Wohlstand nachlässig geworden war und es versäumt hatte, sein Heer auf den damals modernsten Stand zu bringen. Darüber hinaus gibt es aber einen noch viel wichtigeren Grund, der im mangelnden Willen zur Verteidigung bei den Ägyptern lag. Das wird durch folgende Aussage deutlich: »Zur Regierungszeit eines gewissen Königs Tutimaios, wie bei Josephus [der MANETHO zitiert] zu lesen ist, ›blies der göttliche Zorn uns an, und plötzlich hatte ein unbekanntes Volk aus dem Osten die Kühnheit, in unser Land einzudringen. Sie besetzten es mit Gewalt, ohne auf Schwierigkeiten zu stoßen und ohne kämpfen zu müssen. Sie nahmen unsere Führer gefangen, setzten unsere Städte in Brand und zerstörten die Tempel der Götter bis auf den Erdboden. Sie behandelten die Einwohner mit äußerster Grausamkeit, schnitten einigen die Kehle durch und nahmen von anderen die Frauen und Kinder als Sklaven mit sich.‹ (»Gegen Apion« I,65–75)«[65] Selbst in dieser urfernen Vergangenheit bestätigt sich die immer gleiche Erfahrung: Mangelnder Kampfwille und Vernachlässigung der Verteidigung führen zum Krieg und zum Untergang eines Volkes und Reiches, wenn der Gegner angriffswillig ist.

Israeliten

Bevor wir den Vorderen Orient verlassen, der Hauptschauplatz der Menschheitsgeschichte während der chaldäisch-babylonisch-ägyptischen Periode war, soll noch einmal kurz auf das israelitische Volk eingegangen werden. Die Belege, die aus dem Alten Testament in bezug auf die Kriegführung angeführt werden könnten, sind besonders in dem Buch der Richter, der Könige und der Chroniken ungeheuer zahlreich und den meisten bekannt. Daher wird hier nur auf wenige Tatsachen eingegangen. In der Zeit, in der das israelitische Volk noch nicht seßhaft war und keinen festen Ort für seine Gottesverehrung besaß, führte es die heilige Bundeslade von Ort zu Ort mit sich und meistens auch mit in die Schlachten. Von der Anrufung Gottes vor und nach der Schlacht und der festen Überzeugung, daß der Herr selbst die Feinde geschlagen habe, wurde schon berichtet. Andererseits verhielten sich die Israeliten genauso wie ihre Feinde: Sie zerstörten nach der Eroberung einer Stadt die darin liegenden heidnischen Tempel, um den Sieg ihres Gottes zu manifestieren. Ein typisches Beispiel dafür ist die Eroberung der Hauptstadt der Amalekiter durch JOAB, einen der Hauptleute DAVIDS.

Erstaunlich, jedoch nur für den mit den Gedankengängen der alten Völker nicht Vertrauten, ist es dagegen, daß SALOMO nach 1. Könige 11,4 für die Frauen seines Harems, die aus dem ganzen Vorderen Orient stammten, Tempel in Jerusalem errichten ließ, in denen sie ihre eigenen Götter verehren konnten. SALOMO wollte so seinen Anspruch auf die Großmachtstellung Israels unterstreichen, legte aber gerade damit den Grund für die späteren Angriffe der Feinde Israels und die Aufspaltung seines Landes. Die Kapitel 11 und 12 des 1. Buches der Könige legen davon Zeugnis ab.

Daß Kriege und Niederlagen gewaltige revolutionäre Erscheinungen und Entwicklungsschritte der Menschheitsgeschichte vorbereiten können, so bitter sie auch sein mögen, beschreiben die Aussagen Rudolf Steiners zur babylonischen Gefangenschaft des jüdischen Volkes: »Die Schicksale des hebräischen Volkes unter Moses stehen im Zusammenhang mit kosmischen Vorgängen. Das hebräische Volk nach seinem Auszug aus Ägypten schreitet in das Zeitalter der Regierung des David, der der Hermes, der Merkurius des hebräischen Volkes ist; damit war die in die Moses-Weisheit aufgenommene Hermes-Weisheit in die Region des Merkur gelangt. Nun stößt sie in der babylonischen Gefangenschaft mit dem zusammen, was der wiederverkörperte Zarathustra, Nazarathos, von direkter Zarathustra-Weisheit bringt. Damit war die Region der Venus erreicht, auf die das Sonnenlicht fällt. Das

Weiterschreiten zur Sonne selbst wird vorbereitet durch das, was im hebräischen Volk als das ›Ich bin der Ich bin‹, als der Jahve-Gott lebt. So kehrt die Erde, nachdem sie sich von der Sonne getrennt hat, über Merkur und Venus zur Sonne zurück.«[66]

Um noch einmal zu betonen, daß auch im israelitischen Volk die Vorstellung von Kampf und Krieg als Gottesurteil besteht, wird auf den Kampf zwischen DAVID und GOLIATH verwiesen. Zwischen den beiden sich in Lagern bzw. einer Wagenburg gegenüberliegenden Heeren der Philister und Israeliten erscheint der gewaltige Krieger GOLIATH und fordert einen aus dem israelitischen Heer zum Zweikampf heraus, in dem darüber entschieden werden soll, welches Heer den Sieg davontrüge. Nachdem GOLIATH vierzig Tage lang vergeblich auf einen Gegner gewartet hat, erscheint der junge DAVID in der Wagenburg und erklärt sich zum Kampf bereit. Der allgemeinen Sitte gemäß übergibt ihm König SAUL Helm, Rüstung und Schwert, doch DAVID, der Kriegsausrüstung ungewohnt, kann darin nicht gehen. So nimmt er nur einen Stab und seine Schleuder mit fünf glatten Steinen. Als GOLIATH, der von seinem Schildträger begleitet wird, DAVID so bewaffnet ankommen sieht, erblickt er darin eine schwere Beleidigung, denn diese Art, den Zweikampf auszutragen, widersprach jeder Gepflogenheit. So fragt er denn auch: »Bin ich denn ein Hund, daß du mit Stecken zu mir kommst?« Doch dann nimmt er den Kampf an. Wiederum ist DAVIDs Antwort typisch: »Heutigen Tages wird dich der Herr in meine Hand überantworten, daß ich dich schlage und nehme dein Haupt von dir, und gebe die Leichname des Heers der Philister heute den Vögeln unter dem Himmel und dem Wild auf Erden, daß alles Land inne werde, daß Israel einen Gott hat, und daß alle diese Gemeinde inne werde, daß der Herr nicht durch Schwert noch Spieß hilft; denn der Streit ist des Herrn, und er wird euch geben in unsre Hände.« (1. Samuel 17,46–47) Nachdem DAVID mit dem ersten Schleuderschuß GOLIATH getötet hat, geht er zu dessen Leiche, nimmt ihr das Schwert und schlägt GOLIATH das Haupt ab, obwohl der Schildträger daneben steht. Dieser greift aber nicht ein, denn er unterwirft sich dem Gottesurteil wie das gesamte Heer der Philister, das ohne einen Schwertstreich flieht. Die Annahme eines Gottesurteils aufgrund des Zweikampfes zweier Vertreter der feindlichen Heere oder gar der beiden Anführer ist nichts Außergewöhnliches und wird auch von vielen anderen antiken Völkern, vor allem auch von den Kelten und Germanen, berichtet.

III. Kriege an heiligen Orten – Europäisches Altertum

WÄHREND DER VORDERE ORIENT etwa vom 3. Jahrtausend an immer entschiedener in das Licht der Geschichte trat, dort Großreiche gebildet wurden, von Gottkönigen geführt und »Schreibern« verwaltet, die bereits schriftliche Urkunden verfaßten, lag Europa noch in geheimnisvollem Dunkel. Nur durch die Archäologie, die in den letzten Jahren und Jahrzehnten ungeheure Fortschritte erzielte, die Aussagen der Geisteswissenschaft Rudolf Steiners sowie Sagen und Märchen, deren Wahrheitsgehalt durch intensive philologische Forschung immer mehr aufgehellt wird, wissen wir etwas von den Menschen, Völkern und Rassen, die unseren Kontinent belebten. Über die Kriegführung in der Altsteinzeit in Europa ist uns nichts bekannt. Sicher ist nur, daß diese Menschen Waffen besaßen, die sie zur Jagd, aber auch zum Kampf Mann gegen Mann benutzen konnten. Wie eingangs erwähnt, lassen Skelettfunde, die Hieb-, Stich- und Schußwunden zeigen, sowie einige Felsmalereien darauf schließen, daß die Waffen auch gegen Menschen eingesetzt worden sind; doch ist nicht auszuschließen, daß es sich dabei auch um Opferhandlungen handeln könnte.

Die Berichte aus der Atlantis künden jedoch auch von Kriegen. Einen Hinweis gibt auch Sigismund von Gleich, der schreibt: »Die Wohnstätten der Eiszeitmenschen in den Jura-Kalk-Höhlen liegen, wie man bemerkt hat, z. B. im Schweizer Birstal, vielfach an strategisch besonders wichtigen Punkten, die im Mittelalter von Ritterburgen beherrscht wurden. Dies deutet vielleicht auf eine besondere militärisch-kriegerische Sendung, welche die Urmongolen in Alteuropa zu erfüllen hatten.«[67] Sigismund von Gleich nimmt die Urmongolen als Träger der Magdalénien-Kultur an, die als jungpaläolithische Rentierjäger-Kultur dem Ende der letzten Eiszeit zwischen 20 000 und 10 000 v. Chr. angehört.

In der Mittelsteinzeit, in die auch die Domestikation von Tieren und Pflanzen fällt – bei den Tieren vor allen Dingen die des Hundes –, kommt als technische Neuerung im Werkzeugbereich insbesondere das Beil und das Querbeil auf. Beide lassen sich auch als Waffen verwenden. Die im ersten Kapitel gegebene Etymologie des Wortes »Hammer« bietet dafür einen weiteren Hinweis. Auch der Bogen findet sich auf Abbildungen von in Linie vorgehenden Kriegern.

Die sich anschließende Jungsteinzeit kann für die Entwicklung der europäischen Menschheit gar nicht hoch genug eingeschätzt werden. Man hat daher geradezu von einer neolithischen Revolution gesprochen. Neue Wirtschaftsformen, ein neues Siedlungswesen, vornehmlich in Dorfgemeinschaften, und neue Sozialordnungen entstanden; sie lassen sich deutlich aus den Funden erschließen. Besonders durch den Ackerbau war der Mensch von den Zufällen des Naturgeschehens, denen er während seiner Jäger- und Sammlerzeit ausgesetzt war, unabhängiger geworden. Ackerbau und Viehzucht stärkten auch das Gefühl der Unabhängigkeit des Menschen, und er wurde sich seiner Freiheit in zunehmendem Maße bewußt. Im sog. westeuropäischen Kreis entstand die Megalith-Kultur mit ihren Dolmen, Menhiren und Kromlechs. Die Leute der Glockenbecherkultur benutzten als Jäger, aber sicher auch als Krieger, den Bogen. Wir wissen nicht, ob es sich bei ihnen um ein einheitliches Volk handelt, eher ist an eine Verbreitung dieser Kultur von Spanien nach Mittel- und Nordeuropa, nach Italien und nach England und Irland zu denken. Im sog. Balkankreis sind befestigte Herrensitze ein deutlicher Hinweis auf kriegerische Verwicklungen. Das Pferd wird gezüchtet, und die Streitaxt ist das Kennzeichen des freien Mannes. In der Bandkeramik-Kultur deuten durch Wall und Graben geschützte Dörfer mit Großbauten auf ein kämpferisches Zeitalter hin. Skelettfunde in den Gräbern mit Spuren feindlicher Waffeneinwirkung sind ein weiterer Beweis für diese Tatsache. Aus dem nordischen Kreis schält sich besonders die Schnurkeramik- oder Streitaxt-Kultur in Sachsen, Thüringen, Schleswig-Holstein und im Mündungsgebiet der Oder heraus. Die wichtigste Waffe ist hier die kunstvoll polierte und technisch vollkommene Streitaxt. Auch züchten die Streitaxt-Leute Pferde, die ihnen auf ihren Wanderungen und Kriegszügen eine überlegene Beweglichkeit verleihen, selbst wenn das Pferd zunächst nur zum Ziehen und nicht zum Reiten benutzt worden sein sollte. Wahrscheinlich sind diese Streitaxt-Leute noch keine Indogermanen, sie nehmen aber an der Indogermanisierung Europas Anteil.

Kupfer war im Vorderen Orient seit dem 4. Jahrtausend bekannt, Bronze etwa ab 2500 v. Chr. Die ältesten Bronzekulturen entstanden in Mesopotamien. Von dort aus gelangt die Kenntnis und Fertigkeit der Herstellung von Bronze nach Norden, in den Kaukasus und nach Anatolien, nach Ägypten, Kreta und später Mykene. Sehr rasch kommt Ungarn unter mykenischen Einfluß, und etwas später folgt das von Germanen besiedelte Gebiet. Diese Erkenntnisse der modernen Archäologie stimmen mit der Aussage Sigismund von Gleichs überein, der sich auf Rudolf Steiner stützt: »Das Zinn stammt aus Irland und England, das Kupfer des alten Orients hauptsächlich aus Zypern, der klassischen Venus-Insel. Sargon I. von Akkad hatte seine Herrschaft erstmals bis ans Mittelmeer ausgedehnt und auch Zypern erobert. Gilgamesch wanderte aus dem Land der Kupfer-Zivilisation westwärts und begegnete im Burgenland einer Kolonie der hybernischen und irischen Mysterien, die in ähnlicher Art mit dem Zinn arbeiteten wie die babylonischen mit dem Kupfer. Gilgamesch vereinigte in sich beide Impulse. Und wenn nun einmal bewiesen werden sollte, daß im Burgenland um 2200 die Bronzebereitung entstanden ist, dann wäre sie als Frucht der Wanderung des Gilgamesch vom Osten nach dem Westen zu betrachten.«[68] Eine Differenz in den Aussagen der modernen Spatenwissenschaft und Sigismund von Gleichs besteht nur im Ansatz des Entstehungsdatums der Bronzezeit, das von der Archäologie für Europa etwa ab 1700 v. Chr. angegeben wird. Nach der bronzezeitlichen Epoche mit ihren Hockergräbern, unter die sich aber schon die sog. Fürstengräber unter hohen Grabhügeln mischen, beginnt die eigentliche Hügelgräberkultur, in der die Toten mit ihren Waffen beigesetzt wurden. Wahrscheinlich handelte es sich dabei nur um die Vornehmen, dennoch weist das darauf hin, daß die Waffen nicht nur der kostbarste und wichtigste Besitz des Mannes waren, vielmehr auch die Vorstellung herrschte, er brauche sie noch in der Welt der Toten. Ab 1300 breitet sich die Urnenfelder-Kultur, in der die Asche der Toten in Urnen auf großen Friedhöfen beigesetzt wurde, von der mittleren Donau nach Süden, der Donau entlang nach Böhmen, aber auch nach Polen, Mitteldeutschland, Westfrankreich, Mittelitalien und Nordspanien aus. Mit dieser Urnenfelder-Kultur werden zum ersten Mal zwei europäische Völker in Verbindung gebracht, die Veneter und die Illyrier. Wie es die Funde ausweisen, müssen sie eine starke politische Aktivität entfaltet haben und kriegerische Auseinandersetzungen keineswegs gescheut haben. Für die Unsicherheit der Zeiten sprechen große Bronze-Depots und Schmuckverstecke. Die Kriegszüge dieser Urnenfelder-Leute führen das Ende der mykenischen Zentren und der spätminoischen Kultur auf Kreta herbei, ihr Eindringen nach Kleinasien den Fall des Hethiterreiches; sie breiteten sich auch in Norditalien und Latium aus, auch der Einfall der sog. Seevölker in Ägypten steht mit ihnen im Zusammenhang. Den nordischen Kreis, der Norddeutschland und Skandinavien umfaßt, besiedeln die »Urgermanen«. Sie kennen den pferdebespannten Streitwagen, die steinerne oder bronzene Streitaxt, Lanzen, Wurfspeere und Kurzschwerter. Dennoch scheint, nach den Funden zu schließen, der Friede während dieser Zeit vorgeherrscht zu haben. Die eigentliche kriegerische Zeit nimmt erst mit der ab etwa 800 beginnenden Eisenzeit ihren Anfang; sie wird in die wahrscheinlich illyrisch beherrschte Hallstattkultur und die ab 450 v. Chr. beginnende La-

Tène-Kultur eingeteilt. Letztere bildet den Höhepunkt der Eisenzeit. Beeinflußt wird sie vor allem von den Skythen, den Griechen und den Etruskern. Ihre eigentlichen Träger aber sind die Kelten, auf die genauso wie auf
die Germanen noch eingegangen werden muß.

Doch kehren wir noch einmal kurz in die Bronzezeit zurück! Sie ist die
Zeit des Trojanischen Krieges mit den Taten und Irrfahrten jener Helden,
die uns in der »Ilias« und »Odyssee« geschildert werden. In ihrer ehernen,
d.h. bronzenen Rüstung und dem mit einem Haarbüschel geschmückten
Helm, mit dem in der Sonne hell aufblinkenden bronzebeschlagenen Schild,
dem leuchtenden Bronzeschwert und der blitzenden Lanzenspitze treten
sich zu Fuß oder auf pferdebespanntem Streitwagen die Heroen dieses Krieges im Zweikampf gegenüber. Heere, die von solchen Helden geführt wurden, brachten Mykene mit seinen gewaltigen Festungsmauern zu Fall und
vernichteten die hethitische Großmacht um 1200 v.Chr. »Im Gedächtnis
Europas scheint der Fall der alten Mächte lange als Beginn einer neuen Epoche bewahrt geblieben zu sein. Jahrhundertelang hielten sich unklare Erinnerungen, alsbald vermengt mit den trojanischen Sagen, und die neuen Völker des ersten Jahrtausends gefielen sich darin, ihre Anfänge mit den Irrfahrten der Heroen nach dem Trojanischen Krieg zu verbinden. Das gilt nicht
nur für die Römer. Nach Berichten des ersten Jahrhunderts v.Chr. rühmten
sich die Kelten eines ähnlichen Ursprungs, und wenn diese Suche nach berühmten Ahnen auch in erster Linie dem Bedürfnis entsprang, neben den
Nachfahren eines Äneas zu bestehen, so kann durchaus mehr dahinterge-
standen haben. Ebensowenig brauchen die Erzählungen des Mittelalters
über trojanische, skythische oder thrakische Ursprünge der Bretonen, Iren
und Pikten lediglich gelehrte, einem Homer oder Vergil, dem Kreter Dik-
tys, dem Phryger Dares und anderen abgelauschte Erfindungen zu sein,
sondern können wenigstens teilweise unmittelbar auf einheimische mündli-
che Traditionen, also auf eine schwache Erinnerung an jene Zeit zurückgehen, als die Völker sich in einer – hauptsächlich westlichen – Bewegung
befanden.«[69] Allein diese Aussage eines bedeutenden Gelehrten sollte uns
davor bewahren, Mythen und Sagen der Völker als »Ammenmärchen« abzutun. Wir werden immer wieder auf sie zurückkommen.

Skythen

Bevor wir uns den großen Völkern der Antike zuwenden, müssen wir noch kurz auf ein Volk eingehen, das besonders für die späteren Germanen eine große Rolle gespielt hat. Es sind die Skythen, die, ursprünglich aus Turkestan kommend, vom Schwarzen Meer aus über den Dnjestr in den Balkanraum, an die untere Donau, in die pannonische Ebene und in den Raum südlich der Karpaten vorstießen. Sie griffen im Süden die Hochkulturgebiete an, gingen auch nach Westen vor und erreichten ostdeutsche Gebiete, Bayern und Norditalien. Die Überlegenheit dieses Reitervolkes beruhte auf seiner hohen Beweglichkeit und variablen Kampfweise. Seine Heere bestanden aus Reitern mit leichter Bewaffnung, vor allem dem doppelt gekrümmten Bogen aus Horn mit einer Sehne und Pfeilen mit dreikantigen Spitzen aus Steinknochen, Bronze und Eisen. Nachdem sie Asien erobert hatten, wurden in der Folgezeit in der gesamten mittelöstlichen Welt die das Kriegswesen bestimmenden Reiterheere aufgestellt. In Europa trafen sie bei ihrem Vorstoß zwischen dem 8. und 6. Jahrhundert v. Chr. auf Völker der Hallstattkultur. Der am weitesten im Westen, im Innern Deutschlands angetroffene Fund, derjenige von Vettersfelde, zeigt, daß ihr Einfluß bis nach Mitteleuropa reichte; selbst wenn es sich bei diesem Fund, wie man neuerdings annimmt, nicht um die Hinterlassenschaft eines Kriegszuges, sondern um den Schatz einer Geisel oder eines Abgesandten der Skythen handelt. Ihre Kriegszüge folgten, wie Hans Gsänger gezeigt hat, einer okkulten Achse, die sich quer durch Europa vom Ostende des Schwarzen Meers, wo Iason das Goldene Vlies holte, bis zu den hybernischen Mysterien in Irland zog. Während die Kolchischen Mysterien in die Vergangenheit zurückreichten, wiesen die von der anderen Seite kommenden hybernischen in die Zukunft. Die Sonnenmysterien von Kolchis waren die Lehrstätten der Griechen, die hybernischen diejenigen der Kelten. Durch die Skythen traten sie miteinander in Verbindung. Im Kreuzabnahme-Relief der Externsteine sind beide Strömungen dargestellt, dort flossen sie zusammen.[70] Aus diesem Zusammenfließen ergab sich für die Germanen ein höchst bedeutsames Ereignis, das ursächlich mit dem Entstehen der germanischen Sprache, des germanischen Volkstums und den Missionen der späteren germanischen Einzelvölker zusammenhängt.[71] In diesem Sinne hatten die kriegerischen Vorstöße der Skythen eine revolutionierende geistige Bedeutung.

Griechen

Mit diesen allgemeinen Bemerkungen sind wir den Ereignissen z. T. weit vorausgeeilt. Noch einmal müssen wir auf die Indogermanen zurückkommen, aus denen jenes Volk hervorging, dem wir uns nun eingehender zuwenden müssen. Die Frage nach der Urheimat der Indogermanen und der Zeit ihrer sprachlichen Gemeinsamkeit ist noch immer heftig umstritten. Mit Sicherheit aber liegt die Zeit der indogermanischen Gemeinsprache weit vor dem 2. Jahrtausend v. Chr., denn die aus diesem Jahrtausend überlieferten Schriftsprachen, wie etwa das Keilschrift-Hethitisch oder das Vedische und das Kretisch-Mykenische in der Linearschrift B, sind schon ganz ausgeprägte Individualsprachen. Das ist auch der Grund, weshalb – wie oben angedeutet – eine indogermanische Gemeinsprache bei den Schnurkeramikern der Jungsteinzeit ganz ausgeschlossen ist. Das setzt weit längere Perioden voraus.[72]

Im allgemeinen wird angenommen, daß sich die späteren griechischen Stämme etwa mit Beginn des 2. Jahrtausends v. Chr. aus dem mitteleuropäischen Raum lösten und einige Zeit später begannen, ihre heutige Heimat Griechenland zu erobern. Die Eroberung des Landes mit den ununterbrochenen Kämpfen gegen die Urbewohner führte bei den erobernden griechischen Stämmen naturgemäß zu einem starken Egoismus. Um die negativen Wirkungen dieses Egoismus auszugleichen, begab sich Iason auf seinen Argonautenzug. »Im Argonautenzug ist dargestellt das Suchen nach dem golddurchleuchteten Astralleib [goldenes Vlies], der durch den Eintritt des Egoismus verdunkelt worden war.«[73]

Wie bei den anderen alten Völkern zeigt sich bei den Griechen schon in den frühesten überlieferten Sagen und Heldengesängen die starke Abhängigkeit des Kriegs- und Kampfgeschehens von den Göttern. Sie lösen den Krieg aus, wie etwa beim Urteil des Paris, sie greifen lenkend in die Schlacht ein und sie entscheiden das Schicksal der Helden. Nach dem Streit zwischen ACHILLES und AGAMEMNON verleiht Zeus auf Bitten der Thetis den Trojanern den Sieg. Nach dem Tod des PATROKLOS greift ACHILLES wieder in den Kampf ein, nachdem ihm Thetis eine von Hephaistos geschmiedete neue Rüstung gebracht hat. Doch Apollon selbst lenkt den von PARIS abgeschossenen Pfeil, der ACHILLES tödlich trifft. Als ACHILLES dabei ist, das Schwert zu ziehen, um den Atreiden niederzuhauen, packt ihn die von Here entsandte Pallas Athene am Haar, »ihm allein sich enthüllend, der anderen schauten sie keiner. Staunend zuckte der Held und wandte sich; plötzlich erkannt' er Pallas Athenens Gestalt, und fürchterlich strahlt ihm ihr Auge«.[74] Die gleiche Athene sagt zu Diomedes:

Auch das Dunkel entnahm ich den Augen dir, welches sie deckte,
Daß du wohl erkennest den Gott und den sterblichen Menschen.
Drum so etwa ein Gott herannaht, dich zu versuchen,
Hüte dich, seligen Göttern im Kampf entgegenzuwandeln,
Allen sonst; doch käme die Tochter Zeus', Aphrodite,
Her in den Streit, die magst du mit spitzigem Erze verwunden.[75]

Oftmals treten die Götter auch in der Gestalt eines der Kämpfer auf, so etwa Poseidon als KALCHAS.[76] Hermes begleitet den PRIAMOS als myrmidonischer Krieger.[77] Athene dient dem TELEMACHOS als Mentor. Und so könnten die Beispiele aus der »Ilias« bis ins Unendliche fortgesetzt werden.

Auf die Bedeutung von Mantik und Aberglauben im Kriegsgeschehen der Griechen soll nur mit einem Beispiel hingewiesen werden. Als sich während der 4. sizilischen Expedition von 415–413 v. Chr. die Syrakuser zu einem kombinierten Angriff von Flotte und Landtruppen entschlossen und die Lage im athenischen Heer noch zusätzlich durch schwere Krankheiten belastet wurde, entschlossen sich die Athener zur Abfahrt. Doch THUKYDIDES berichtet: »Als alles fertig war und sie [die Athener] schon abfahren wollten, verfinstert sich der Mond – es war nämlich gerade Vollmond. Da geboten die Athener Feldherren Einhalt, wenigstens die große Menge, es sei doch unheimlich, und auch Nikias – er gab wohl etwas zu viel auf Propheterei und dergleichen – weigerte sich vor Ablauf von dreimal neun Tagen, wie es die Seher ausdeuteten, auch nur noch einmal zu beraten über einen früheren Aufbruch. Diese Bedenken also waren der Grund, warum die Athener noch blieben.«[78] Es ist zu erkennen, daß zwar der aufgeklärte THUKYDIDES nicht an Vorzeichen glaubte, dafür aber noch immer der athenische Feldherr NIKIAS und die Masse seiner Truppen. Auch geht aus dem Text hervor, daß sich im Heer der Athener – und sicher auch bei ihren Feinden – nach wie vor Seher befanden. Auf die Rolle des Vollmondes im Schlachtgeschehen muß zusammenfassend hinsichtlich der Vorstellungen der antiken Völker anläßlich der Schlacht CÄSARS gegen ARIOVIST im Jahr 58 v. Chr. noch eingegangen werden.

Perserkriege

Über das wichtigste Ereignis der Kriegsgeschichte zu Zeiten der Griechen, nämlich deren Freiheitskampf gegen die Perser, besitzen wir die Aussagen des »Vaters der Geschichtsschreibung«, HERODOTOS VON HALIKARNASSOS, der etwa von 484 bis 425 v. Chr. lebte und das für die Zukunft unseres Kontinents entscheidende Ringen der Griechen mit dem asiatischen Großreich der Perser beschrieb. Nach der in der »Ilias« beschriebenen Zeit mit ihren durch das Blut verbundenen Stammes- und Sippenverbänden, die jeweils unter der Führung eines Königs standen, unterstützt von einem heroischen Kriegeradel, bestand Griechenland zu Beginn des 5. Jahrhunderts v. Chr. aus einer Reihe von Stadtstaaten, zu denen jeweils ein paar Dörfer und Bauernhöfe gehörten. An Einwohnerzahlen gemessen waren diese Stadtstaaten außerordentlich klein. Athen, der größte von ihnen, hatte z. B. etwa 300000 Einwohner, von denen allerdings nur 30000 zur eigentlichen Polis gehörten, also Freie waren, während der Rest aus Sklaven bestand, die nicht zum Kriegsdienst herangezogen wurden. Obwohl einige griechische Städte mit den Persern sympathisierten und sie auch im Krieg unterstützten, entschlossen sich doch die wichtigsten Griechenstädte, Athen, Sparta und Plataä, zum Widerstand gegen die Eroberungsgelüste des persischen Großkönigs. Sie siegten und schufen damit die Voraussetzungen dafür, daß griechischer Geist und griechische Kultur zu einem der Grundpfeiler des späteren Europa wurden, auf den sich noch Gegenwart und Zukunft stützen müssen, wenn Europa seine kulturelle Aufgabe in der Welt erfüllen soll.

Während noch bei der Belagerung von Troja im 12. Jahrhundert v. Chr. der schwerbewaffnete und prunkvoll gepanzerte ritterliche Kämpfer allein die Entscheidung herbeiführte und sich allein für das Kampfgeschehen verantwortlich fühlte – die Masse des Fußvolkes zählte nicht –, finden wir jetzt, zu Beginn der Perserkriege am Anfang des 5. Jahrhunderts, ein griechisches Heer vor, das fast ausschließlich aus Fußvolk besteht und als Bürgermiliz schwer gepanzert und schwer bewaffnet, das aus ritterlichen Qualitätskriegern bestehende Heer der Perser besiegt. Jeder freie Bürger einer Polis fühlte sich nun als eines ihrer Teile und war damit auch persönlich für ihr Schicksal verantwortlich. Noch fehlte ihm jenes individuelle Ich-Bewußtsein, das die Menschen der führenden Völker Europas erst ab dem 15. Jahrhundert n. Chr. entwickelten. Der griechische Hoplit, der schwerbewaffnete Angehörige der Bürgermiliz, fühlte sich noch als Teil der Gruppenseele seiner Polis. Diese Art des Bewußtseins war die innere Voraussetzung für den erfolgreichen Kampf in der Phalanx. Wie aber sahen die äußeren Voraussetzungen aus, die im Gegensatz zu den Phalangen der vorderasiatischen Völker früherer Zeiten zu dieser Entwicklung geführt hatten?

Um 700 v. Chr. hat PHAIDON, der König von Algos, das neue Rundgeld im Hera-Tempel geweiht und damit den im Lauf der Jahrhunderte immer größer werdenden Geldumlauf in die Wege geleitet, der, neben anderen Erscheinungen, zu einer sozialen Umschichtung führen mußte. Daß es sich mit diesem ersten Geld dennoch um etwas anderes handelte als mit unserem heutigen, das zeigt schon die Tatsache, daß es im Tempel geweiht wurde. Nun konnten sich nicht mehr nur die reichen Grundherren wie vor Troja den Luxus einer schweren Kampfausrüstung leisten, um ihrer Wehrpflicht zu genügen, sondern auch die freien Bürger, die zu Wohlstand gekommen waren und, wie es für das Altertum selbstverständlich war, ihre Heimat zu verteidigen hatten.

Die Vollbürger der Städte, zu denen je ein Krieger aus den reicheren Bauernfamilien trat, rückten jetzt als schwerbewaffnete Hopliten ins Feld. Wehrpflichtig waren sie bis zum 45. oder 50. Lebensjahr. Das Geld für die kostspielige Ausrüstung mußten sie selbst aufbringen. Zu dieser Ausrüstung gehörten ein leichter beweglicher Rundschild, ein Helm, Brustpanzer und Beinschienen. Die Bewaffnung bestand aus einem kurzen Hiebschwert und vor allem aus der zunächst noch etwa zwei Meter langen Stoßlanze. Panzer und Waffen waren selbstverständlich jetzt aus Eisen. Außerdem hatte jeder Hoplit für seine Verpflegung selbst zu sorgen. Das war möglich, da die Truppen sich anfangs nicht allzu weit von ihrer Basis entfernten. Trotzdem war es nötig, daß jeder Hoplit wenigstens noch einen Mann (*psilos*) bei sich hatte, der ihm sein Gepäck und seine schwere Ausrüstung während des Marsches tragen half. Daneben dienten diese leicht bewaffneten Männer in der Schlacht als Sanitäter und vor allem für Requirierungsaufgaben. Nicht selten hatten sie auch Verwüstungsaufgaben in feindlichem Gebiet durchzuführen. Diese Leichtbewaffneten rekrutierten sich aus der ärmeren Bevölkerungsschicht oder waren Söldner.

In der Schlacht formierten sich die Hopliten zu einer Linie der Phalanx mit meist acht Gliedern Tiefe. Diese Phalanx war in Abteilungen von etwa 1000 Mann eingeteilt, die mit der politischen Einteilung der Bürger übereinstimmten. Sie wurden von »Strategen« geführt, die sich in späterer Zeit Taxiarchen nannten. Die Abteilungen gliederten sich wieder in Unterabteilungen von etwa 300 Mann unter einem eigenen Führer. Die Stärke der Phalanx lag im wuchtigen geschlossenen Angriff, wobei die ersten und letzten Glieder aus den besten Kriegern bestehen mußten. Da der Schild mit der linken Hand geführt wurde, zog sich die Phalanx beim Angriff fast automatisch leicht nach rechts, so daß man gewöhnlich diese Tatsache ausnutzte, den rechten Flügel stärker und ihn mit den besten Hopliten ausstattete. Voraussetzung für einen wirksamen Angriff der Phalanx war ein möglichst offenes und ebenes Gelände, damit sie nicht auseinanderriß. Die Schwäche der im Rechteck und mit der Breitseite zum Feind vorgehenden Phalanx lag an den Flanken, die vor allem gegen Reiterangriffe geschützt werden mußten. Wurde die Phalanx in der Flanke gefaßt, so war sie verloren. Die Leichtbewaffneten leiteten meist als Plänkler das Gefecht ein und zogen sich kurz vor dem Zusammenprall der feindlichen Truppen über die Seiten ausweichend hinter ihre eigene Phalanx zurück. Die griechische Reiterei bestand aus den wenigen Reichen, die sich ein Pferd leisten konnten. Aber sie war keine Reiterei im Sinne der Schlachtenkavallerie der Neuzeit, die geschlossen zur Attacke ritt. Die Reiterei der Antike löste sich bei allen Völkern im Gefecht in Einzelkämpfe auf und war nicht in der Lage, eine Phalanx frontal anzugreifen. Im Gegensatz zu den Hopliten bestand sie jedoch aus gut ausgebildeten Einzelkriegern, während die Hopliten nur durch ihre Masse wirkten.

Für unsere Darstellung erscheint als die wichtigste Schlacht des Perserkrieges die Schlacht bei Marathon, die 490 v. Chr. stattfand. In ihr entwickelte der schöpferische Genius des athenischen Feldherrn MILTIADES zwei Grundsätze, die zu Grundsätzen jeder Gefechtsführung seither geworden sind: die richtige Ausnutzung des Geländes gegenüber einem zahlenmäßig überlegenen Feind und die taktische Überraschung. Wo immer bis dahin die langsam und wuchtig vorgehende griechische Bürgermiliz auf die persischen Bogenschützen gestoßen war, war sie hoffnungslos zusammengeschossen worden. Auf diese Erfahrung verließen sich auch jetzt die kampferprobten persischen Berufssoldaten unter DATIS und ARTAPHRENES.

Die Perser sind bereits am Strand gelandet, haben mit ihren etwa 20000 Mann Lager geschlagen und sind kampfbereit, als die 10000 Athener und Plataer in der Ebene von Marathon auftauchten. Die Perser sind sich darüber im klaren, daß sie rasch schlagen müssen, bevor die Griechen Verstärkung erhalten, und die Athener und Plataer wissen, daß sie nur hier noch dem persischen Heer den Weg in ihre Heimat verwehren können. Dies alles hört sich an, als hätte ein moderner Feldherr das Gelände für die Entscheidungsschlacht ausgesucht. Die materialistische Geschichtswissenschaft übersieht dabei allerdings einen Punkt, der neben der Gunst des Geländes bei den Griechen eine große Rolle gespielt haben dürfte, vielleicht sogar die ausschlaggebende. Genau an dieser Stelle nämlich hatte der attische Heros und Göttersohn Theseus den wilden Stier von Marathon besiegt und den Göttern geopfert. So auch sollte es mit den Persern geschehen. Eine Entscheidungsschlacht bahnt sich nun an, nicht nur für Griechenland, sondern für ganz Europa, von deren Bedeutung diejenigen, die sie mit dem Mut der Verzweiflung schlugen, keine Ahnung haben konnten.

Es ist sommerlich heiß, und beide Heere lagern unter den Waffen. Doch die Griechen nutzen die kurze Zeit, um ihre Stellung zu verstärken. MILTIADES stellt seine Phalanx so auf, daß sie den Ausgang des engen Vranatals besetzt hält und den vor ihr am Strand verlaufenden Weg nach Athen sperrt. Die Flügel der Phalanx sind rechts und links an das aufsteigende Gelände und an Verhaue angelehnt, so daß ihre verwundbaren Flanken gedeckt sind. An dieser Abwehrstellung konnte der Feind nicht vorbei. Er muß die Schlacht annehmen. Taktisch wichtiger aber noch, daß er in diesem Gelände seine zahlenmäßige Überlegenheit nicht ausspielen und seine gewohnte Taktik des zerstreuten Gefechts nicht anwenden kann, in dem jeder einzelne persische Berufskrieger dem Athener Bürger mit seiner mangelhaften Ausbildung weit überlegen ist. DATIS muß diesen Nachteil erkannt haben, aber er vertraut seiner hervorragenden Truppe und der Wirkung ihres ununterbrochenen Pfeilhagels auf etwa einhundert Schritt Entfernung und führt sein Heer zum Angriff, um die Phalanx durch Wirkungsfeuer ins Wanken und dann zum Auseinanderfallen zu bringen. Den geschlossenen Zusammenprall muß er mit seinen Leichtbewaffneten und fast ungeschützten Kriegern vermeiden. Ist die geschlossene Phalanx aber erst einmal auseinandergefallen, so wirkt sich die kämpferische Überlegenheit seiner Krieger im Einzelkampf aus, und die Schlacht ist gewonnen. So dachte er wenigstens.

Die Athener und wenigen Platäer sehen sie kommen und heben die Schilde zum Mund. Die Führer der Abteilungen und Unterabteilungen treten auf ihre Plätze in den engen Intervallen; alle erinnern sich an den seltsamen Befehl, der ihnen kurz zuvor besonders eingeschärft worden ist. Niemals zuvor hat eine Phalanx getan, was sie jetzt auf ein Zeichen hin tun soll.

Unbeweglich steht die eiserne Mauer der Phalanx, als die Griechen den Päan anstimmen. Da sind die Perser schon auf Schußentfernung heran, stemmen ihre geflochtenen Schilde vor sich in den Boden, legen die Pfeile auf die Sehne, und schon schwirren die Pfeile gegen die ehernen Reihen. Doch genau in diesem einen entscheidenden Augenblick kommt das Zeichen, auf das nach dem ungewöhnlichen Befehl alle Griechen gewartet haben. Die Phalanx setzt sich in Bewegung und wirft sich in geschlossenem Sturmlauf, den Pfeilhagel unterlaufend, auf den Feind. Wohl reißt das Zentrum der Griechen unter den unaufhörlichen Bogenschüssen auseinander, aber die Flügel brechen in die Perser ein und werfen sie in wuchtigem Stoß nieder. In richtiger Erkenntnis der Lage schwenken sie zur Mitte ein und hauen das Perserheer zusammen. Gegen diese eisenstarrende Masse, die von der Liebe zur Heimat getragen mit dem Mut der Verzweiflung ficht, vermögen selbst die persischen Qualitätskrieger nichts mehr auszurichten. Es bleibt ihnen nur die Flucht zu den Schiffen. Sie gelingt nur unter schweren Verlusten (Stegemann).

Diese Schlacht wurde so ausführlich geschildert, weil sich bei ihr uralte Vorstellungen zum ersten Mal mit modernen verbinden. Die Wahl des günstigen Geländes an der Stelle, an der Theseus den marathonischen Stier niedergeworfen und geopfert hatte, entsprach der alten Vorstellung, wie wir sie bisher bei allen großen Schlachten der Antike angetroffen haben. Die Planung der Schlacht durch MILTIADES über den ersten Ansatz hinaus und seine Führungsmaßnahmen während ihres Verlaufs sind jedoch Beweis für ein neues Element, nämlich die verstandesmäßige Planung einer Schlacht durch einen echten Feldherrn, der sich dazu nicht mehr auf seine göttliche Abkunft oder Stellvertreterstellung eines Gottes beruft. Das war das neue, moderne Element, das der Entwicklungsstufe in der lateinisch-griechischen Epoche entsprach. In ihr wurde die Gemüts- und Verstandesseele ausgebildet, wobei die Griechen die ersten Grundlagen zur Entwicklung der Verstandesseele legten, die später vornehmlich von den Römern ausgebildet wurde.

Es ist hier nicht der Ort, über den weiteren Verlauf der Perserkriege zu berichten, es soll nur noch auf einige für uns wesentliche Dinge hingewiesen werden. So fand die Seeschlacht bei Salamis 480 v. Chr., in der die Griechen die persische Flotte besiegten, nicht nur in der für sie besonders günstigen Meerenge statt; wichtiger noch erscheint uns die Tatsache, daß hier der Zugang zur Bucht von Eleusis und damit zur berühmten Mysterienstätte gesperrt wurde (s. Fig. 2). Man mag diesen Hinweis als nicht beweisbar verwerfen; dennoch wird man zugeben müssen, daß die ständig wiederkehrende Wahl der Schlachtorte nach religiösen Gesichtspunkten – so wie das bisher gezeigt wurde und sich auch weiterhin erweisen wird – selbst den größten Skeptiker veranlassen muß, diese Hypothese zuzulassen. Im August des gleichen Jahres 480 v. Chr. fand auch die berühmte Schlacht an den Thermopylen statt, deren Paß LEONIDAS mit seinen 300 Spartiaten und 5600 anderen Griechen verteidigte, um den Rückzug des griechischen Hauptheeres zu decken. Nur die Spartiaten hielten stand. Bis zum letzten Mann verteidigten sie sich selbst dann noch, als die zahlenmäßig weit überlegenen Perser, von einem Verräter geführt, sie umgangen hatten. Ihr Opfertod rettete das Hauptheer, das ein Jahr später den Endsieg bei Plätää erringen konnte. Dieser Paß zwischen Gebirge und Meer war im Altertum durch drei Tore gesperrt, die zusammen mit den heißen Schwefelquellen dem Ort den Namen gaben. Es widerspräche jedem Verständnis für die Antike, wollte man annehmen, daß diese Stelle den Griechen nicht geheiligt gewesen wäre. In der soeben erwähnten Schlacht bei Plätää griff die Göttin Hera persönlich in das Geschehen ein, indem sie dem PAUSANIAS mit seinen Spartiaten und Periöken befahl, im

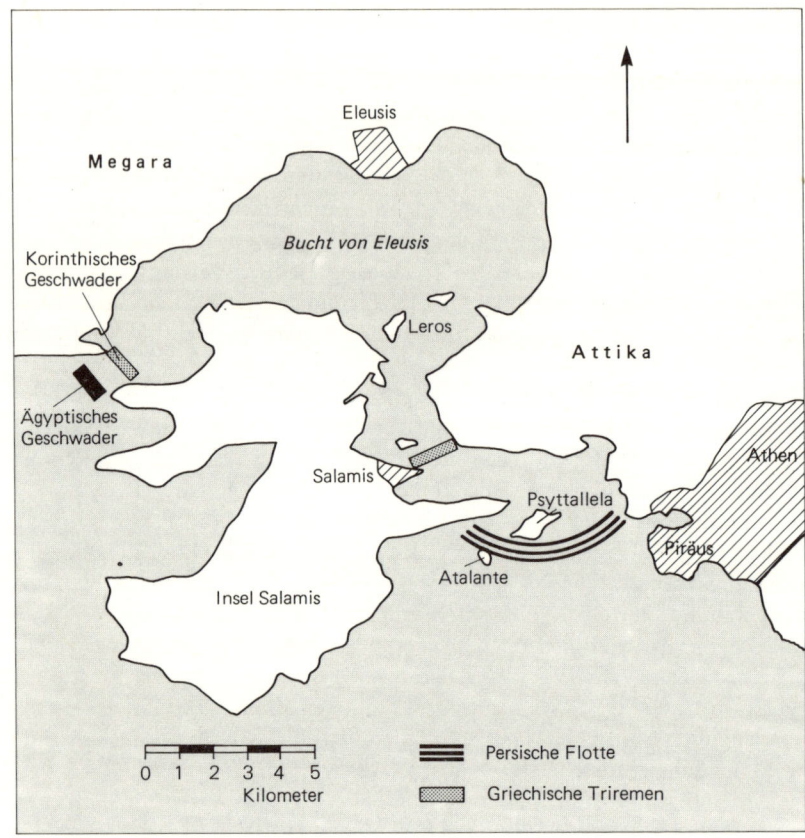

Fig. 2 Seeschlacht bei Salamis zum Schutz von Eleusis (480 v. Chr.)

persischen Pfeilhagel unerschütterlich auszuharren. Dadurch und durch das
Manövrieren der anderen griechischen Truppen wurde die Schlacht gewonnen. Skeptiker mögen das für einen Trick oder für eine Art der moralischen
Ermunterung der Gruppen durch PAUSANIAS halten; wichtig für uns ist allein die Tatsache, daß die kämpfenden Griechen selbst an das Eingreifen der
Göttin zu ihren Gunsten glaubten. Auch bei der fast ein halbes Jahrhundert
später ausgetragenen Schlacht bei Salamis auf Zypern, in der KIMON VON
ATHEN einen Sieg über die Perser errang, handelte es sich nicht nur darum,
diese wichtigste Griechenstadt an der Ostküste der Insel Zypern zu schützen. Dort, ostwärts von Nikosia und in der Nähe von Famagusta, befand

82

sich eine riesige Tempelanlage, vor deren Toren die Schlacht als Gottesurteil ausgefochten wurde.

Der Geist, der die Griechen in diesem so entscheidenden Krieg befeuerte, wird am besten von AISCHYLOS wiedergegeben, der in seiner Tragödie »Die Perser« schrieb:

> Söhne der Hellenen! Auf!
> Befreit unser Vaterland!
> Befreit Weib
> Und Kind!
> Befreit der *Heimatgötter Heiligtum,*
> Der Ahnen Gräber!
> Jetzt um alles gilt's den Kampf!

Wie ungeheuer bedeutungsvoll die Perserkriege waren, und zwar nicht nur für die Griechen, sondern für die gesamte Menschheit, beschreibt Rudolf Steiner: »Denn in diesen Perserkriegen sehen wir, wie die Helden des Griechentums in flammender Begeisterung für dasjenige, was sie empfangen hatten von ihren Vorvätern, sich entgegenwarfen der Strömung, die sozusagen als die verfallende Strömung des Morgenlandes sich ihnen entgegenwälzt. Und was jenes damalige Entgegenwerfen bedeutet, wo die griechische Tempelweisheit, wo die Lehrer der alten griechischen Mysterien in den Seelen der Helden der Perserkriege kämpften gegen die abflutende Kultur des Morgenlandes, gegen die babylonische Kultur, wie sie die späteren Perser übernommen hatten, was das bedeutet, das kann die Menschenseele erfassen, wenn einmal die Frage aufgeworfen wird vor dieser Menschenseele: Was hätte werden müssen aus diesem südlichen Europa und damit aus dem ganzen späteren Europa, wenn dazumal der Anprall der großen physischen Massen aus dem Orient nicht von dem kleinen Griechenvolke zurückgeschlagen worden wäre?«[79] »Das werden wir empfinden als ein Ergebnis spiritueller Mächte, die dem Griechentum das gebracht haben, was ihm gebracht werden mußte. Wir werden das alles fühlen in den Seelen der griechischen Helden, die gegen die Perser in den verschiedenen Schlachten standen.«[80]

Die Jahre nach den Perserkriegen brachten, vor allem nach der Eroberung von Byzanz im Jahr 478 v. Chr., einen ungeahnten wirtschaftlichen Aufschwung. Der Geldumlauf stieg gewaltig, die Familien wurden reicher als zuvor. Aber wie es immer in Zeiten großen Reichtums zu geschehen pflegt, so geschah es auch hier. Immer mehr Städte der im Athenischen Seebund vereinigten Griechen kauften sich durch Geld vom Kriegsdienst frei und legten damit, kurzsichtig, den Grund für die späteren Gewaltmaßnahmen der Söldnerheere gegen sie selbst. Nur Sparta nahm an diesem Bund nicht teil, ja es beobachtete ihn mit wachsender Unruhe.

Durch den Zuwachs an Staatsmitteln war Athen bald in der Lage, Tausende von Hoplitenrüstungen an seine Kleinbürger und Kleinbauernfamilien auszugeben, die sich vorher eine solche Rüstung nicht hatten leisten können. Auch die Bevölkerungszahl wuchs, so daß Athen bald etwa 16000 bis 20000 Hopliten aus eingesessenen Vollbürgern und »schutzverwandten« Fremden, den Metöken, stellen konnte. Dazu kamen etwa 1000 bis 2000 Reiter, die in den Kämpfen von Hellenen gegen Hellenen im Peloponnesischen Krieg wieder zu Ehren kamen. Selbst Athens Feind Sparta stellte ein Reiterkorps auf. Daneben verfügte Athen über ein Bogenschützenkorps von 1600 Mann. Den Wert der Bogenschützen hatte man ja auf bittere Weise in den Perserkriegen kennengelernt. Diese Bogenschützen waren zunächst vornehmlich solche Bürger, die nicht reich genug waren, um sich ein Pferd halten zu können, aber immerhin so wohlhabend, daß sie genügend Zeit für ihre langwierige Ausbildung aufbringen konnten, ohne dem wirtschaftlichen Ruin zu verfallen.

Da die Feldzüge immer länger wurden, machten bald viele Bürger aus dem Hoplitendienst ein Gewerbe. Auf der Suche nach Ersatzleuten entstanden die Söldnerheere, die an Schlagkraft allerdings den Bürgermilizen weit überlegen waren, vor allem weil sie von Berufsoffizieren geführt wurden.

Bevor wir in der geschichtlichen Entwicklung weitergehen, soll noch einmal betont werden, daß ohne die Perserkriege, die von beiden Seiten mit äußerster Erbitterung durchgefochten wurden, ohne den griechischen Kampfwillen, der den Tod dem Verlust der Freiheit vorzog, und ohne den griechischen Sieg die weitere Menschheitsentwicklung, vor allem in Europa, einen ganz anderen Verlauf genommen hätte. Dieser Sieg, wie auch andere kriegerische Entscheidungen ähnlicher Größenordnung, ermöglichte erst die Entwicklung in der Menschheitsgeschichte in der von den geistigen Wesen geplanten Weise. Allein von der Seite der Militärtechnik her gesehen, erbrachten die überlegene Führung, die ausgereifte militärische Technik, zu der vor allem Waffen und Rüstung gehörten, und der entschlossene Nahkampf der in der Phalanx zusammengefaßten Krieger den Sieg über einen Feind, der zwar Mann für Mann jedem Griechen an Kampfkraft überlegen, an Schutz- und Trutzwaffen jedoch unterlegen war, so daß selbst der Kampf Mann gegen Mann für ihn aussichtslos blieb.

Ganz im Sinn dieser Entwicklung, die auch den ersten Ansatz zur Ausbildung der Verstandesseele widerspiegelt, entstand damals auch die erste klassische militärtheoretische Schrift, die XENOPHON (etwa 430–354 v.Chr.) verfaßte. Dieses »Kyropädie« genannte Werk ist ein Erziehungsroman, in dem XENOPHON, einzelne geschichtliche Ereignisse frei benutzend, das Heranwachsen des älteren KYROS zum idealen König schildert. XENOPHON war ein athenischer Adliger. Als junger Mann schloß er sich SOKRATES an, dessen sittliches Vorbild ihm tiefen Eindruck machte, wenn er auch als Mensch von praktisch nüchternem Sinn dem geistigen Streben des Philosophen fremd gegenüberstand. Im Jahr 401 v. Chr. trat XENOPHON als Offizier in die Griechentruppe des KYROS ein und leitete nach der Katastrophe von Kunaxa mit Erfolg den schwierigen Rückzug, den er dann in seiner »Anabasis« schilderte. Als Berufsoffizier hatte er bereits in der »Kyropädie« erkannt, daß die Kriegführung nicht eine Wissenschaft, sondern eine Kunst ist. Als praktischer Soldat wußte er auch, daß mit der damaligen Bewaffnung der Nahkämpfer dem Fernkämpfer überlegen war und daß bei allen Erfolgen der Nebenwaffen die Hauptsorge des Feldherrn der Phalanx gelten mußte, eine Erkenntnis, die fast bis zur Erfindung der rasch feuernden Hinterlader und Maschinengewehre ihre Gültigkeit behielt.

Bis dahin war jede Schlacht, die zwischen Phalangen ausgetragen worden war, eine Parallelschlacht gewesen. Das bedeutete, daß die beiden Heere sich in parallelen Linien gegenüberstanden und gleichmäßig aufeinander vorrückten. Durch die schon erwähnte Tatsache, daß die Phalanx automatisch nach rechts zog und dort die besten Krieger standen, kam es im Verlauf der Schlacht dazu, daß der rechte Flügel den feindlichen linken schlug. Die Schlacht drehte sich dann quasi um ihren Mittelpunkt, bis eine Seite sich zur Flucht wandte und dem Gegner das Schlachtfeld überließ.

Das blieb so, bis EPAMINONDAS erschien. Im Jahr 371 v. Chr. überraschte er bei Leuktra mit seinen Thebanern die feindlichen Lakedaimonier mit einer neuen Taktik. Wahrscheinlich beließ auch er die besten Krieger auf seinem rechten Flügel, aber gerade dadurch, daß er diese Krieger dort einsetzte und ihnen befahl, gegenüber dem linken Flügel der Spartaner auf der Stelle zu treten, konnte er ihn zugunsten seines eigenen linken Flügels schwächen. Dort verstärkte er die Phalanx derart, daß sie fünfzig Glieder tief stand und überdies noch im Gelände angelehnt war. Manche haben darin eine »schiefe Schlachtordnung« erkennen wollen, das trifft aber nicht zu, da es sich auch hier um eine Parallelschlacht handelte. Außerdem beorderte er noch die thebanische Reiterei und die aus hellenisch-illyrischen Mischstämmen bestehenden leichtbewaffneten Peltasten dorthin, die inzwischen einen langen Degen und zu den Wurfspeeren noch eine Stoßlanze bekommen hatten. Ihre ausgezeichnete Disziplin und ihr Korpsgeist ermöglichten es ihnen, durch Speerwürfe die Reihen der feindlichen Hopliten zu erschüttern und dann geschlossen in sie einzubrechen. Hier, bei Leuktra, kämpften sie zusammen mit der thebanischen Reiterei im sog. zerstreuten Gefecht. Einer solchen gemischten

Truppe aus Reiterei und Fußvolk werden wir später noch bei den Urgermanen begegnen. Ihr Einsatz geschah nicht im Sinne des Schockangriffs der neuzeitlichen Schlachtenkavallerie mit dem Ziel des Durchbruchs durch den Feind; da sie ohne Sattel und Bügel, lediglich auf einer Decke sitzend, die Wucht des Anpralls nicht ausnutzen konnten, suchten sie den Einzelkampf.

Der sieggewohnte rechte Flügel der Lakedaimonier stieß nun mit dem ungeheuer verstärkten linken Flügel der Thebaner zusammen. Auch der Angriffsschwung der Spartiaten vermochte gegen eine solche Übermacht nichts auszurichten. Sie mußten ihr erliegen. XENOPHON sagt, in der Schlacht bei Mantinea, die EPAMINONDAS 362 v. Chr. gegen Spartaner und Athener auf die gleiche Weise anlegte, habe die tiefe Kolonne der Thebaner mit ihrem Gewaltstoß wie eine Triäre, die das feindliche Schiff rammt, die spartanische Phalanx durchbrochen. In der Zwischenzeit war der linke spartanische Flügel, wie es dem traditionellen Verlauf einer Hoplitenschlacht entsprach, nur stockend und zögernd gegen den auf der Stelle tretenden rechten Flügel der Thebaner vorgegangen. So kam das Gefecht dort überhaupt nicht oder erst viel zu spät in Gang. Der rechte Flügel der Spartaner war längst geworfen und die Schlacht damit entschieden worden. Der linke suchte daraufhin sein Heil in der Flucht.

Zum ersten Mal hat so EPAMINONDAS die Flügelschlacht erfolgreich in die Kriegsgeschichte eingeführt, die drei Waffengattungen der Hopliten, Reiter und Leichtbewaffneten zu einer organischen Einheit verschmolzen und damit die Starrheit der Phalangenschlacht aufgelockert. Mit dieser Neuaufstellung, die zu ihrer Zeit etwas Unerhörtes darstellte und noch heute unsere Bewunderung verdient, hat EPAMINONDAS gezeigt, daß die Aufstellung der Truppen in jeder Schlacht geändert werden konnte und schon in ihrem Ansatz der Schlüssel zum späteren Sieg liegen mußte. Der Feldherr erhielt damit ein geistiges Übergewicht über die ihm unterstellten Führer und in Fachfragen auch über die Politiker, in deren Auftrag er handelte. Von nun an wurde die Schlacht zum intellektuellen Kalkül.

Bisher ist immer wieder von Schlachten auf heiligem Boden oder vom Eingreifen der Götter in die Schlacht gesprochen worden. Doch kannte auch bereits die griechische Antike einen »heiligen« Krieg. Im Jahr 356 v. Chr. beschuldigten die Thebaner die Phoker, also die Bewohner der griechischen Landschaft um Delphi und den Berg Parnas, das dem delphischen Apollon geweihte Land bebaut zu haben. Die Amphiktionie, der heilige Zwölfstämmebund der Griechen, erklärte daraufhin den »heiligen« Krieg. Die Phoker vermehrten ihre Schuld noch dadurch, daß sie die Weihgeschenke aus Delphi raubten und das Gold in Münzen umschmolzen, um ihre Verteidigung bezahlen zu können. Im Jahr 346 unterlagen sie dem zu Hilfe gerufenen PHILIPP

VON MAKEDONIEN. Der Amphiktionenrat beschloß daraufhin die Zerstörung aller Städte in Phokis. Die Phoker mußten abrüsten, durften weder Waffen noch Pferde besitzen und sollten eine Kriegsentschädigung von 10 000 Talenten in Raten an die Sieger zahlen. Sie haben sich von dieser Niederlage nie wieder erholen können. Das zeigt sich vor allem darin, daß sie zum Spielball der Politik der anderen Mächte wurden und diesen, vor allem in der Diadochenzeit, ihr Land sehr oft als Kriegsschauplatz diente. Zu Beginn der Römerherrschaft im Jahr 146 v. Chr. war das Land völlig verarmt. Dies ist das erste Beispiel in der Geschichte für die Verarmung und Versklavung eines Volkes durch einseitige Abrüstung und damit Verzicht auf das Notwehrrecht des Staates.

Am Ende dieses Abschnitts, der der Geschichte von den Perserkriegen bis zum Einfall der Makedonier gewidmet ist, soll noch einmal hervorgehoben werden, daß die für die Geschichte der Menschheit, eines Volkes oder Stammes entscheidenden Schlachten der Antike auf heiligem Boden geschlagen wurden. Nicht den Menschen, sondern den Göttern wurde damit die Entscheidung zugewiesen. Nun soll allerdings nicht bestritten werden, daß Schlachten auch an Stellen geschlagen wurden, in deren Nähe sich keine Heiligtümer befanden. Dann aber wurde bei verabredeter Schlacht vorher stets das Schlachtfeld durch Gottesdienst und Opfer geheiligt. Nur gegen einen Feind, der wider göttliches Gesetz verstoßen hatte und damit zum Verbrecher geworden war, durfte auch ohne Einhaltung dieser Riten mit Gewalt vorgegangen werden. Der Verlauf der weiteren Geschichte im Altertum wird dies noch deutlicher hervortreten lassen.

Makedonier

Inzwischen war im Norden eine neue Macht entstanden, die nach Athen, Sparta und Theben die führende Rolle in Griechenland übernehmen sollte: die Makedonier. Dieses Volk mit seinem hellenischen Königshaus und Adel und seinen illyrisch-thrakischen Bauern, die aber sicher nicht mehr fremdsprachig waren, trat unter seinem König PHILIPP II. (359–336 v. Chr.) an die Spitze des Heiligen Bundes zum Schutz des Tempels von Delphi und war damit in die Kultgemeinschaft der Hellenen aufgenommen. Dieser entscheidende Schritt sicherte ihm zugleich eine Machtstellung in Mittelgriechenland, wenn auch die Entscheidung über seine Hegemonie erst 338 v. Chr. in der Schlacht bei Chaironeia gegen die Thebaner und Athener fallen sollte.

Als PHILIPP II. im Jahr 359 v. Chr. an die Macht kam, besaß sein Land bereits planmäßig angelegte Burgen und ein gut ausgebautes Straßennetz, das zu allen Zeiten Voraussetzung für eine erfolgreiche und großräumige Kriegsführung ist. Durch die Zentralisierung der Macht gelang es dem König, aus seinen adeligen Gefolgsleuten sowohl eine hervorragende schwere Adelsreiterei als auch ein ebenso gutes Offizierskorps für alle Truppen zu bilden. Es entstand eine Manneszucht, wie sie bisher in der Antike nirgendwo vorhanden war. Zum ersten Mal erreichte es PHILIPP II. sogar, den unbändigen makedonischen Adel in taktische Einheiten, den Ilen (Schwadronen) der Reiterei, zusammenzufassen. Daneben schuf er eine zweite schwere Reiterei, die Sarissophoren, die sich genauso gliedern und verwenden ließ, aber nicht aus Adeligen bestand. Diese beiden Gattungen schwerer Reiter führten als wichtigste Waffe die lange Stoßlanze. Ihre Aufteilung in Ilen ermöglichte eine hohe Beweglichkeit während der Gefechtsführung. Die Mischung von leichtbewaffneten Fußkriegern und Reitern wurde dagegen wieder abgeschafft. Dafür wirkten aber die taktischen Einheiten der Reiter mit den taktischen Verbänden der Leichtbewaffneten zusammen. ALEXANDER DER GROSSE, auf den wir gleich zu sprechen kommen werden, schuf nach persischem Vorbild zudem noch ein leichtes Reiterkorps aus Bogenschützen. Neu war auch die Gliederung der Phalanx bei den Makedonen, die nun sechzehn Glieder tief, ohne Zwischenraum von Mann zu Mann und fast ohne Abstand zwischen den Gliedern stand. Wahrscheinlich besaß das erste und vielleicht noch das zweite Glied den zwei Meter langen griechischen Hoplitenspieß, während die nächsten Glieder den vier Meter langen makedonischen Spieß, die Sarisse, führten. Auf diese Weise konnten auch die weiter hinten stehenden Männer ihre mit beiden Händen zu haltende Waffe zur Wirkung bringen. Die Stoßkraft dieser Gewalthaufen muß mächtig gewesen sein, und tatsächlich wurden sie überall mit der alten griechischen Phalanx fertig. Daneben gab es sowohl unter PHILIPP als auch unter seinem Sohn ALEXANDER griechische Söldner, die in der althergebrachten Phalangenform kämpften, die dem einzelnen Mann mehr Spielraum beim Fechten ließ. Außerdem schuf ALEXANDER nach in taktischen Truppenkörpern zusammengefaßte Peltasten, Bogenschützen und Schleuderer, die besonders die Flanken zu decken und bei den Angriffen der Reiterei den Pfeilhagel der feindlichen Bogenschützen von den Reitern ab- und auf sich selbst zu lenken hatten, wie das vor allem bei Chaironeia geschah. Diese Schlacht darf daher als die erste angesehen werden, die mit verbundenen Waffen geschlagen wurde, eine gewaltige Fortentwicklung der Kriegskunst! Zu diesen Truppen gehörte noch ein Belagerungstroß, der vor allem Torsionsgeschütze besaß, darüber hinaus noch Rammböcke, Geräte zum Bau gedeckter Annäherungsgänge an Befestigungsanlagen, zum Anlegen von Minengängen, zum Untergraben von Mauern und Türmen sowie zum Aufbau von Türmen zur Überhöhung der Mauern und zum Aufwerfen von Dämmen, auf denen diese herangeschoben werden konnten. Selbst Flammenwerfer mit »griechischem Feuer« waren bereits bekannt. Der Heerestroß wurde auf das Notwendigste beschränkt, straff gegliedert und gut ausgerüstet. Für die weiträumigen Feldzüge ALEXANDERS war er unabdingbare Voraussetzung. Die Versorgung des Heeres durch die Militärintendantur des Mutterlandes und die vom König eingesetzten Satrapen mit ihrem Beamtenapparat, ohne den lange Feldzüge nicht denkbar sind, funktionierten so reibungslos, daß sie noch heute unsere Bewunderung verdienen.

Der Sohn PHILIPPS II., ALEXANDER DER GROSSE, wurde im Jahr 356 v. Chr. an dem Tag geboren, an dem HEROSTRAT den Tempel der Diana von Ephesus zerstörte: gleichsam ein Wahrzeichen für die Konfrontation dieser Persönlichkeit mit den Überresten einer alten, spirituellen Zeit. Denn ALEXANDER war ganz individuelle Persönlichkeit und hat zur Persönlichkeitskultur Entscheidendes beigetragen.[81] PHILIPP II. hatte seine Frau OLYMPIAS auf einer Mysterienfeier in Samothrake kennengelernt und auch dort geheiratet. Immer wieder behauptete sie, ihr Sohn ALEXANDER sei ein Sohn des Zeus. So empfand sich ALEXANDER auch tatsächlich. Öffentlich erklärte er, er sei der wiedergeborene Achilles, und er opferte an dessen Grab, bevor er zur Eroberung Persiens nach Kleinasien übersetzte. Im übrigen lebte er fast genau 800 Jahre nach dem in der »Ilias« beschriebenen Kampf um Troja.

Mit einem Heer von 30000 Mann Infanterie, 5000 Reitern und einem Stab bewährter Generale brach er im Jahr 334 v. Chr. zur persischen Expedition auf. Nach dem Überschreiten des Hellespont und der Opferung am Grab des Achilles errang er im Mai 334 seinen ersten Sieg in der Reiterschlacht am Granikos, in der er die Reiterei selbst führte. Nachdem er im nächsten Frühjahr sein gesamtes Heer in Gordion vereinigt hatte, durchschnitt er dort mit dem Schwert den Gordischen Knoten, von dem gesagt wurde, daß, wer ihn löse, Herrscher von Asien würde, und erfüllte damit die Prophezeiung. Auch diese Tat darf keineswegs im modernen Sinn rein symbolisch aufgefaßt werden; sie nahm ein tatsächliches Geschehen voraus und erzwang es auch nach der Auffassung der Zeit. Nachdem er mit seinem Heer bereits die Kilikische Pforte, jenen Paß, der das Einfallstor nach Syrien war, überschritten hatte, erschien DARIUS III. mit dem Perserheer in der Ebene von Issos in seinem Rücken. ALEXANDER scheute sich nicht, kehrtzumachen und die Schlacht mit verkehrter Front anzunehmen. Ein solches Wagnis zeugt von der ungeheuren Kühnheit, ja auch Rücksichtslosigkeit gegen sich selbst und seine Truppen, mit der ALEXANDER vorging. Dieses Verhalten legte er während seines ganzen Lebens an den Tag, wobei er selbst vor Mord und Verrat an seinen engsten

Freunden nicht zurückschreckte. Im Positiven wie im Negativen war er ganz Persönlichkeit.[82] Der Sturmangriff, den ALEXANDER wie üblich selbst führte, entschied die Schlacht bei Issus. Im erbeuteten persischen Lager traf er auf Mutter, Gattin und Töchter des DARIUS und erwies ihnen königliche Ehren. Das beeindruckte DARIUS so sehr, daß er dem großmütigen Sieger danken ließ und ihm Frieden und die Hälfte des Reiches bis zum Euphrat anbot.

Dieser Lage aber traute ALEXANDER nicht. Um der noch immer starken persischen Flotte, die seinen Nachschub bedrohte, die Stützpunkte wegzunehmen, stieß er die vorderasiatische Küste entlang nach Süden vor. Die stärkste Festung auf seinem Marschweg war Tyros. Und nun treten neben all diesen, auch in der Moderne noch geltenden operativen und strategischen Erwägungen die Vorstellungen der Antike ganz klar hervor. Vor Tyros erschien ALEXANDER DEM GROSSEN im Traum Herakles. Mit ausgestreckter Hand befahl er ihm, die Seefestung zu nehmen. Die Belagerung wurde mit allen Mitteln der damaligen Belagerungskunst durchgeführt. Schließlich wurde den Tyrern allmählich klar, daß sie ihre Stadt nicht mehr länger halten konnten. »Diese bangen Ahnungen manifestierten sich in düsteren Gerüchten. Apollon, so hieß es, wolle Tyros verlassen. Aber so fromm sie auch waren, diesmal ließen sie sich von der himmlischen Drohung nicht schrecken. Um die Flucht zu verhindern, banden sie das Standbild des Gottes mit goldenen Ketten an seinem Sockel fest und verankerten es außerdem am Altar ihres Melkart, in dessen Patriotismus sie offensichtlich mehr Vertrauen setzten, als in den des importierten Hellenen. Die antiken Historiographen maßen diesem Vorfall so große Bedeutung zu, daß sie ihn in insgesamt vier verschiedenen Berichten der Nachwelt übermittelten, einer davon stammt von dem griechischen Apollon-Priester Plutarch...«[83] Dieser Schilderung ist nur noch hinzuzufügen, daß das Ende des Kampfes um Tyros am Aginorschrein stattfand, an einem Heiligtum des Vaters der tyrischen Prinzessin Europa.

Wenn sich der Vorstoß an der syrischen Küste entlang noch mit modernen strategischen Gedanken erklären läßt, so trifft das nicht mehr für den Zug weiter nach Süden, nach Ägypten, zu. Dieses Land, das damals zu Asien gerechnet wurde, ergab sich kampflos. ALEXANDER wandte sich dort ganz bewußt der Oase Siwah zu. Dort begrüßten ihn die Priester des Orakels als den Zeus-Ammon. ALEXANDER, der von ARISTOTELES in die Geheimnisse der Welt eingeweiht worden war, suchte hier den Anschluß an die ägyptische Weisheit, um zu erleben, was in Samothrake als Theogonie, als Götterwerden, gelehrt worden war, und es seinem Weltreich einzuverleiben. Er brachte damit die aristotelische Naturwissenschaft – sie stammte aus eleusinischen und chthonischen Mysterien – nach Asien, von wo aus sie im Mittelalter durch Vermittlung der Araber in modifizierter Form wieder nach Europa zurückkommen sollte.

Dem gleichen Streben nach einer Verwirklichung der Götterwelt diente auch sein Zug nach Persien und Indien. Persien eroberte er ganz. Nach der Entscheidungsschlacht von Gaugamela setzte er zur ersten rücksichtslosen Verfolgung des Feindes bis zum letzten Hauch von Roß und Mann in der Geschichte an. Er fühlte sich nun als Nachfolger des persischen Großkönigs und überschritt sogar den Indus. Da verweigerte ihm das Heer den Gehorsam, und unwillig mußte er vom weiteren Vordringen ins Unbekannte absehen. Gegen Ende des Jahres 326 v. Chr. erreichte er mit dem Schiff auf dem Indus den Indischen Ozean. Sein Admiral NEARCHOS segelte mit der Flotte in den Persischen Golf, während ALEXANDER selbst mit dem Landheer nach einem furchtbaren Marsch durch die gedrosische Wüste Susa erreichte. Um eine Verbindung zwischen Griechen und Persern zu schaffen, feierte er dort mit 10 000 Makedonen und Asiatinnen eine Massenvermählung und nahm selbst nach orientalischer Sitte eine Tochter des DARIUS zur zweiten Frau.

Die spirituellen Ergebnisse dieser, dem materialistischen Denken unserer Zeit so sinnlos erscheinenden Alexanderzüge (s. Fig. 3) liegen vor allem in der Vermischung und Veredelung der alten asiatischen Geistigkeit durch die hellenische Kultur. Die griechische Sprache wurde in diesem gesamten Raum zur Sprache der Gebildeten. Das allerwichtigste Ergebnis aber besteht wohl darin, daß es allein durch die Alexanderzüge möglich geworden ist, daß die Evangelien griechisch verfaßt werden konnten und der Christus selbst dadurch seine Botschaft griechisch vermitteln konnte. Keine andere Sprache kennt z. B. das Wort *agape* mit seinem Begriffsinhalt. Auf der Voraussetzung von ALEXANDERS Kriegszügen konnte CHRISTUS die Agape als Ziel der Menschheitsentwicklung verkünden, die höchste Liebe unter den Menschen, deren Bedeutung zunächst noch nicht einmal ein PETRUS verstand, wie es Rudolf Frieling in seinem Buch schildert.[84]

Neben der riesigen Aufgabe, dieses Reich zu ordnen, beschäftigten ALEXANDER gewaltige neue Pläne. Über Arabien wollte er von Ägypten aus westwärts ziehen, Karthago und Rom unterwerfen, um sich dann mit der ganzen keltischen Welt in Spanien, Gallien und Britannien zu verbinden. Die keltischen Druiden hatten seit langem Beziehungen zu den griechischen Mysterienstätten gepflegt. Aber in ihren hybernischen Mysterien schauten sie die geistige Welt traumhaft, passiv im alten Sinne. Wäre die enge Verbindung mit den Hellenen zustande gekommen, so wäre verfrüht ein verstandesmäßiges Element in das keltische Wissen gekommen. Das mußte zugunsten der späteren Menschheitsentwicklung verhindert werden, um ihr den aktiven Zugang

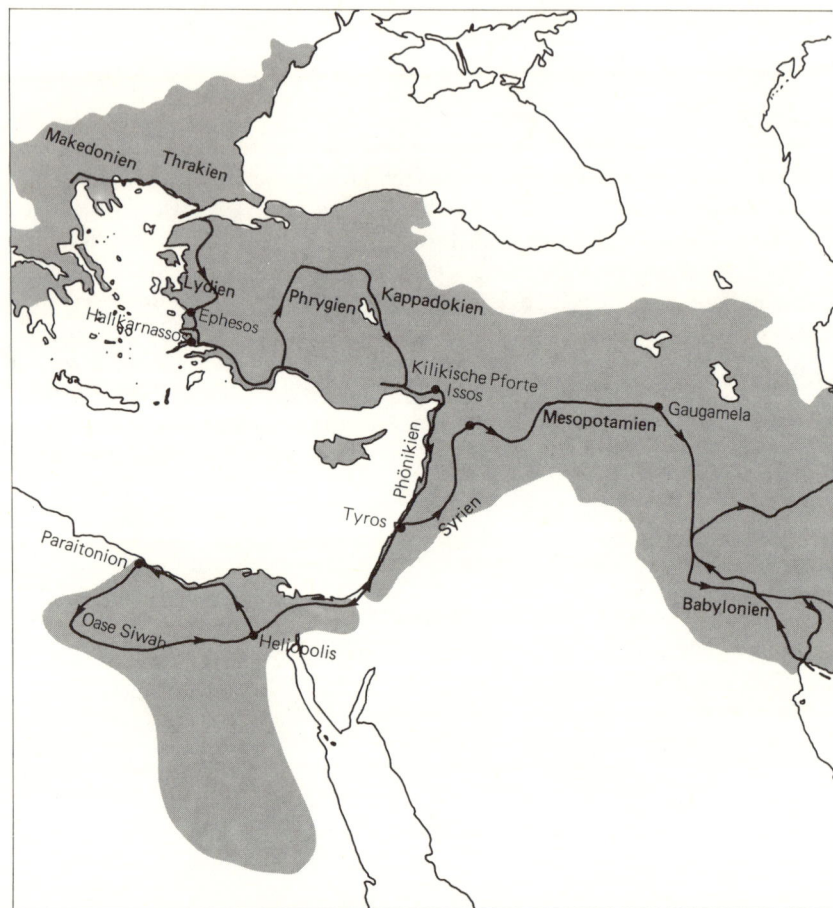

Fig. 3 Reich und Feldzüge Alexanders des Großen

zur geistigen Welt der Epoche der Bewußtseinsseele vorzubehalten. ALEXANDER scheiterte hier.

Zur Geschichte des Kriegswesens ist zu sagen, daß ALEXANDER seine Fußtruppen immer in zwei Flügeln aufmarschieren ließ, von denen er meist den rechten selbst kommandierte, während er die Führung des linken Flügels seinem Stellvertreter überließ. Beide Flügel wurden durch Reiterei und Leichtbewaffnete gedeckt. Den letzten, entscheidenden Angriff führte ALEXANDER immer selbst an. Unzählige Male wurde er verwundet, aber

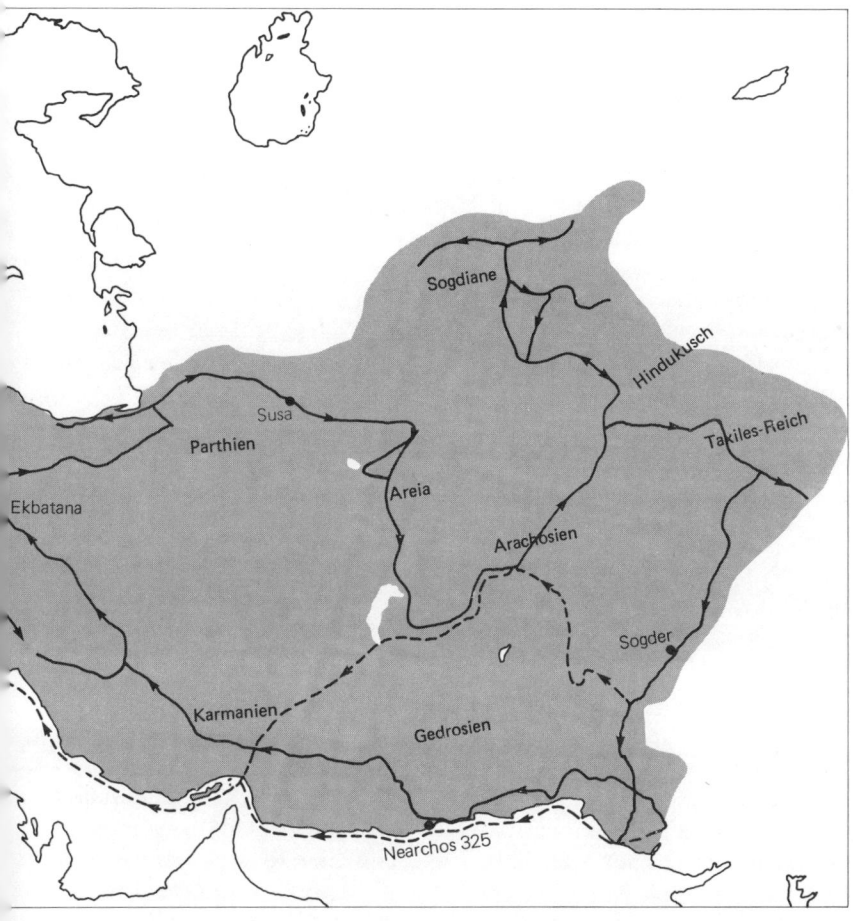

niemals scheute er sich, sein Leben aufs Spiel zu setzen. Jedoch hatte das auch taktische Gründe. Der Feldherr konnte zur damaligen Zeit nicht ständig in den Verlauf der Schlacht eingreifen. Die Verbände waren zu unbeweglich, als daß man sie etwa an einer Stelle einsetzen, dann aus dem Gefecht ziehen und später von neuem hätte verwenden können. Eine einmal eingesetzte Truppe blieb während des gesamten weiteren Verlaufs der Schlacht im Gefecht. Deshalb befahl ALEXANDER den Ansatz der Schlacht, manchmal auch noch den Einsatz der zurückgehaltenen Verbände, setzte sich aber im entscheidenden

93

Moment selbst an die Spitze des zum Hauptstoß eingesetzten Verbandes. Seine Unterführer genossen unter ihm allerdings ein gewisses Maß an Selbständigkeit, die es ihnen erlaubte, Teile der Phalanx, der Reiterei oder der Leichtbewaffneten auf eigenen Entschluß hin ins Gefecht zu führen, wie das z. B. bei Issos geschehen ist. Die Aufteilung der Phalanx in Abteilungen und Unterabteilungen unter jeweils eigene Führer, unter denen sicher größere Zwischenräume bestanden als noch bei Marathon, erleichterte wesentlich die Abwehr der persischen Sichelwagen, wie sie z. B. in der Schlacht bei Gaugamela eingesetzt waren. Hier öffneten die Griechen gegenüber den Streitwagen einfach ihre Reihen, so daß sie ins Leere stießen und mit ihren Sicheln nur wenig Unheil anrichten konnten. Diese Schlacht brachte zugleich das Ende der Streitwagenwaffe, die jahrhundertelang die Schlachtfelder beherrscht hatte.

Noch ein letztes Mal wurde das griechische Heer einer Zerreißprobe ausgesetzt, als der indische König Poros in der Schlacht am Hydaspes 327 v. Chr. 85 Elefanten, die Panzerwagen des Altertums, ins Gefecht führte. Allerdings waren die Elefanten für die Griechen und Makedonier keine taktische Überraschung mehr, da sie sie seit über einem Jahr durch verbündete indische Fürsten kannten. Sie wußten, daß die Elefanten durch Speere und Pfeile zu verwunden waren, und griffen sie daher mit den Peltasten und Bogenschützen an. Schließlich begannen die verwundeten Tiere zu fliehen und wurden in ihrer Angst zur Gefahr für die Inder selbst. Gerade dieser Gefahr wegen führten die Elefantenführer eine meißelartige Waffe mit sich, mit der sie im Notfall in Panik geratene Tiere rasch töten konnten. Wie wenig die Elefanten tatsächlich im Gefecht wert waren, zeigt schon die Tatsache, daß die Römer sie nie einsetzten. Allerdings bedurfte es eines standfesten und vor allem disziplinierten Fußvolkes, um den Ungeheuern standzuhalten. Und Disziplin besaß das makedonische Heer mehr als alle seine Gegner.

In strategischer Hinsicht war neu, daß ALEXANDER mit seinen ausgezeichneten Truppen die ganze damals bekannte Welt im Norden und Osten seines Reiches in das Kriegsgeschehen einbeziehen konnte. Unter ihm erreichte das Kriegswesen der Griechen in bezug auf Heeresverfassung, Taktik und Strategie seinen Höhepunkt. Alle unter den Diadochen eingeführten Veränderungen und Modifikationen sind im Grunde genommen unbedeutend. Unvollkommen wie sein eigenes Werk, das ALEXANDER im Juni 323 v. Chr. bei seinem Tode zurückließ, war auch die Konstruktion der Reiche, die seine Generäle von ihm übernahmen. Nach endlosen Kriegen untereinander fielen sie den Römern zum Opfer.

Kelten

Es wurde oben von der Absicht ALEXANDERS gesprochen, über Afrika nach Westen vorzustoßen und die Verbindung mit den Kelten aufzunehmen. Damit wäre durch die Griechen die Brücke geschlagen worden zwischen den beiden großen, die Sonne verehrenden Völkern, den Persern im Osten und den Kelten im Westen. Woher stammten nun diese Kelten, die eine so große Rolle für die spätere Entwicklung Europas spielen sollten? In der Archäologie herrscht heute im großen und ganzen Einigkeit darüber, daß von echten Kelten erst ab etwa Mitte des 1. Jahrtausends v. Chr. gesprochen werden kann. Die von ihnen geprägte Kultur ist die La-Tène-Kultur. Sie sind die Überwinder der ersten Eisenzeit, der Hallstatt-Zeit. Zentrum dieser La-Tène-Kultur sind Süddeutschland, die Schweiz und Ostfrankreich. Daher setzt die Spatenwissenschaft diesen Raum auch als Urheimat der Kelten an. Die Sprachwissenschaft allerdings vermag etwas tiefer zu gehen. Sie hat eine erste sprachliche Gemeinsamkeit zwischen Kelten, Germanen und Italikern in der Jungsteinzeit festgestellt. Noch im 2. Jahrtausend v. Chr., wahrscheinlich gegen dessen Ende, trennten sich die Kelten, Italiker und Veneter von den Germanen und bildeten möglicherweise im nördlichen Balkan eine neue Völkergruppe, deren Zusammenhang vornehmlich durch die verbale r-Endung der Mediopassiva und Passiva erschlossen wurde.[85] Danach müssen Italiker und Kelten noch eine Zeitlang einen gemeinsamen Weg zurückgelegt haben, da vor allem beide Sprachen als einzige die –ibus-Endung im Dativ pluralis aufweisen. Erst ab der Bronzezeit trennten sich dann die Italiker und zogen nach Süden, während Kelten und Germanen, wie es die Lehnwörter bezeugen, neuerdings wieder in enge Berührung miteinander kamen. Bis zum Verschwinden der Kelten aus der europäischen Geschichte besaßen dann Kelten und Germanen eine gemeinsame Grenze. Der Ring der Kultur- und Wohngemeinschaft steinzeitlicher Tage schließt sich damit wieder in der Eisenzeit, in der die Kelten als Volk ihre Selbständigkeit erlangten. Damit bewahrheitet sich auch die Druidenüberlieferung, nach der die Urheimat der Kelten und Gallier im Land nordostwärts der Rheinmündung lag.[86]

Ähnlich drückt sich auch POSEIDONIOS VON RHODOS (ca. 135–51 v. Chr.) aus, dem wir als Geschichtsschreiber die erste eingehende Behandlung der Kelten und Germanen anläßlich des Kimbern-Sieges des MARIUS verdanken. Zwischen den beiden Völkern macht er noch keinen Unterschied. Er spricht von einer keltisch-germanischen Einheit und verlegt die Urheimat dieser Völkergruppe in die Nähe der Nordmeere.[87]

In einem der bedeutendsten Werke über die Kelten heißt es: »In der Bronzezeit war das Klima Mitteleuropas trockner und wärmer als heute; der Einbruch von Feuchtigkeit und Kälte, der die Pfahlbautenleute der Schweiz zwang, neue höhergelegene Siedlungen zu bauen, war besonders in Nordeuropa verhängnisvoll. Die Stämme, die an der Küste von Nord- und Ostsee wohnten, mußten nach wärmeren Gegenden auswandern, und der Druck, den sie auf ihre Nachbarn ausübten, verursachte in einer Kettenreaktion die Verschiebung von Stämmen, die zwischen Rhein und Elbe ansässig waren. Die Wanderung der Pelendonen verlief über Mittelbelgien bis nach der Gironde und den Landes, während Splittergruppen sich im Südosten der Pyrenäen und in Spanien niederließen; andere Pelendonen überquerten den Ärmelkanal. Die französische Küste von der Picardie bis in die Vendée wurde ebenfalls von keltischen oder halbkeltischen Stämmen in Besitz genommen. So verlief die erste Phase der Keltisierung Westeuropas, die im Zusammenhang mit einer Naturkatastrophe erfolgte, die die Germanen Nordeuropas heimsuchte. Eine zweite Welle keltischer Wanderungen, ebenfalls durch den Druck der Germanen verursacht, datiert Bosch-Gimpera um ein Jahrhundert später, zwischen 700 und 650 (v. Chr.). Dieses Mal waren Gruppen aus Nordost-Holland (die Cempsi) bis in die Landes vorgedrungen, von wo sie die dort ansässigen Pelendonen nach Spanien vertrieben... – Aber viele Stämme, die Befestigungen in großer Zahl in Burgund, in der Franche-Comté, im Elsaß und an der Mosel errichtet hatten, ließen sich nicht nach dem Süden mitreißen. Sie fanden auf den Höhen Zuflucht, während die Eindringlinge durchzogen, und nahmen nach deren Durchmarsch ihre alten Niederlassungen wieder ein. Auf diese Weise blieb die ethnische Struktur des Landes im großen und ganzen unverändert.«[88] Von diesen Bewegungen der Kelten nach Süden künden vor allem auch die Fluß- und Ortsnamen. So haben z. B. die später in der Schweiz ansässigen Rauraker ihren Namen der Ruhr hinterlassen. Keltische Bergwerke wurden im Siegerland und in der Nähe von Wuppertal festgestellt. Bei diesen keltischen Wanderungen wie wohl bei allen antiken Wanderungen wurde die Urbevölkerung meist nicht vernichtet oder völlig vertrieben; die Kelten stellten sich lediglich als Herrenschicht über sie, ein typisches Beispiel dafür sind die Gallier in Frankreich.

In Irland hatten sich die uralten hybernischen Mysterien erhalten, die vor allem von den sich dort bildenden keltischen Stämmen bewahrt und weitertradiert wurden. Die von ihnen und den gesamten keltischen Völkern stammende Mysterienerziehung war die Grundlage für die gesamte Kultur Europas.[89] Die Kelten erhielten nämlich durch ihre Eingeweihten, die Druidenpriester, einen Unterricht aus höheren Welten, den sie dann an die übrigen Völker weiterzugeben hatten. Die alten keltischen Mysterien brachten der europäischen Kultur die Mysterienweisheit zu einer Zeit, die vor der eigentlich germanisch-nordischen Entwicklung liegt.[90] Aus dem vorchristlichen Sonnenkult, der in den Steinkreisen in Irland und England, aber auch tief im arabischen Süden, in Saba, gepflegt wurde, entwickelte sich der Impuls der späteren Gralsströmung.[91]

Die die Geheimnisse der Mysterien pflegenden und wahrenden Priester nannten die Kelten Druiden. Nach PLINIUS bedeutet dieses Wort »Eichenkundiger«. Neuere etymologische Forschungen neigen aber mehr dazu, das Wort auf das Superlativpräfix *dru und den Stamm -wis, wid von *weid – »wissen« zurückzuführen. Der Name hätte dann die Bedeutung »Allwisser«, »Allwissender«. Nach CÄSARS altbekannter Beschreibung in seinen »Kommentaren zum Gallischen Krieg« waren sie Erzieher, Richter und Priester, bildeten zusammen mit den Rittern die höchste Gesellschaftsschicht und waren von Kriegsdienst und Steuern befreit. Keine Entscheidung und kein Opfer – auch kein Königsopfer – konnte ohne Druiden beschlossen und vollzogen werden. Das religiöse Zentrum der gallischen Kelten lag im Land der Carnuten, von denen Chartres seinen Namen hat. Dort wurde auch der Oberdruide, der Gutuater, der Priester, »der die Götter anruft«, gewählt. Manchmal entschied ein Zweikampf die Wahl. Nach CÄSAR befand sich die höchste Lehrstelle der Druiden in Britannien, die die Studierenden zwanzig Jahre lang zu besuchen hatten. Rudolf Steiner bezeichnet auch die germanischen Eingeweihten als Druiden, erklärt dies aber damit, daß er die Druiden als Eingeweihte dritten Grades bezeichnet. Diese Druiden pflegten bei den keltisch-germanischen Völkern in Nordeuropa eine Licht-Religion, deren geheimnisvolle Steinsetzungen und Steindenkmäler wir z. T. heute noch bewundern können. Die Beziehung dieser Weihestätten zur Sonne ist inzwischen vielfach nachgewiesen worden. »Die Verehrung des großen Gestirns war für die druidische Weisheit eine Quelle genauer geschichtlich-exakter Standortbestimmung. In der Bride-Sage ist fesgehalten, daß im iroschottischen Bereich die Einzelheiten der Jesusgeburt von Bethlehem längst bekannt waren, als die ersten Berichte auf äußerem Wege dorthinkamen. Die nordischen Eingeweihten hatten in hellfühlender Gleichzeitigkeitswahrnehmung alle die eingreifenden Tatsachen, die sich in Palästina ereigneten, aus den kosmisch-irdischen Lichtverhältnissen abgelesen. Dolmen und andere Steinheiligtümer waren ihre Erkenntnistempel, wo sie im Geheimnis der Schatten die feineren geistigen Wirkungen des Lichtganges aufsuchten. Hier erfuhren sie die rechten Zeiten. Und in dieser ›Sonnenforschung‹ offenbarte sich ihnen auch die historische Stunde, da der Sonnenlichtergeist auf der Erde erschien. (Als später die römischen Missionare in jene Gegend kamen, verstanden sie das ursprüngliche Sonnen-Christentum der Iroschotten nicht und gingen mit kriegerischer Gewalt gegen die vermeintlichen ›heidnischen‹ Elemente vor. Dieser brutale Eingriff hat die Entwicklung des Christentums in Europa weit zurückgeworfen.)«[92] Für die Gemeinsamkeiten keltischer und germanischer Kultstätten sprechen vor allem auch die Externsteine.[93]

Politisch bildeten die Kelten keine Einheit. Dafür darf aber von einer religiösen und kulturellen Einheit gesprochen werden. Etliche Stämme wurden durch einen König, andere durch einen Vergobret, einen»Vollstrecker der Urteile«, geführt, wie es CÄSAR im »Gallischen Krieg« beschreibt. Zweifellos handelte es sich um ein Sakralkönigtum. Dabei wurde das Heil des ganzen Stammes durch die Druiden dem König inkorporiert. Wir werden das später noch bei VERCINGETORIX sehen. »Ein Mißerfolg im Krieg war das Zeichen, daß die Götter ihn [den König] verlassen hatten und daß er nicht mehr berufen war, das Kriegsvolk zu führen. Mancher Keltenkönig hat sich unter solchen Umständen das Leben genommen wie Brennus nach dem Scheitern des Raubzuges gegen Delphi. Die körperliche Unversehrtheit des Königs war unbedingt notwendig: Ein König, der ein Auge verloren hatte, wurde sofort abgesetzt.«[94] Von den antiken Schriftstellern werden die Kelten als sehr groß, rotblond, blauäugig, kampf- und kriegslüstern, tapfer und furchtlos geschildert. Den Kampf betrachteten sie als eine Art Duell, dessen Ausgang sie als Gottesurteil annahmen. War das Gottesurteil gefällt, so hielten sie jeden weiteren Widerstand für sinnlos. Sie begaben sich dann willenlos in die Sklaverei.

Den religiösen, kulturellen und wirtschaftlichen Mittelpunkt der keltischen Stämme bildeten die Oppida. Sie waren festungsartig ausgebaut und durch die berühmte »gallische Mauer«geschützt, zumindest in Gallien und Süddeutschland. Anscheinend war in Süddeutschland und in Teilen Britanniens das religiöse Zentrum aus den Oppida in die nahegelegenen Viereckschanzen verlegt worden. Der Name »Viereckschanze« rührt nur davon her, daß bis vor kurzem ihre Funktion noch nicht geklärt werden konnte. Jetzt aber steht fest, daß es sich um Kultplätze lokaler Gottheiten handelte.

Im Kriegsfall wurden die Oppida wie Festungen verteidigt, allerdings wie Festungen, die eben auch Hauptkultstätten des Stammes waren. Darüber hinaus retteten sich die keltischen Stämme in Fliehburgen wie etwa im Elsaß oder in der Franche-Comté, wo sie dem bereits beschriebenen Zweck dienten. Von einer ganzen Befestigungslinie, der der bereits angedeutete Maginot-Gedanke zugrunde liegt, kann im Verlauf der deutschen Mittelgebirge gesprochen werden. Sie schützte das keltische Siedlungsgebiet gegen die von Norden andrängenden Germanen. Erst in jüngster Zeit konnte festgestellt werden, daß es sich zum mindesten bei einem Teil von ihnen, wie z. B. bei der Milseburg, der Glauburg und dem Altkönig, entlang der Linie Hohe Röhn–

Taunus, sowie beim Golo-Ring, nördlich von Koblenz, auch um Heiligtümer handelte. Ähnliches kann über die keltischen Befestigungen auf den Vogesenhöhen vermutet werden. Wieder erweist sich die Tatsache, daß in der Vorstellung der Alten nicht der Mensch mit seinen Befestigungen allein das Land und seine Bewohner schützt, sondern vor allem die Gottheit, die in der Festung wohnt.

In der gesamten Kriegsgeschichte der antiken Welt wird einem Ereignis verhältnismäßig geringe Bedeutung beigemessen, das jedoch für die Begründung antiker Feldzüge von ausschlaggebender Bedeutung ist. Natürlich handelt es sich mit dem Folgenden um eine Hypothese, aber diese Hypothese besitzt zum mindesten die Wertigkeit der Aussagen antiker Schriftsteller, vornehmlich des Livius über die Raublust und Kriegslüsternheit der Kelten. Schließlich waren sie für Livius ja die Feinde, und Feinden hat man stets in der Geschichte unedle Motive unterschoben. Dieses Ereignis ist das um 400 v. Chr. beginnende *ver sacrum* der Kelten, das das ganze 4. vorchristliche Jahrhundert hindurch dauerte. Bei diesem *ver sacrum*, dem »Heiligen Frühling«, handelte es sich ursprünglich um einen alten Brauch der italischen Stämme, bei dem in Notzeiten Mars und Jupiter alles geweiht wurde, was der Frühling hervorbringen konnte. Die in einem solchen zum *ver sacrum* bestimmten Jahr geborene Jungmannschaft wurde daher, sobald sie herangewachsen war, aus dem Stammesverband ausgestoßen und mußte sich neue Wohnsitze suchen. Infolge dieser Sitte breiteten sich die Italiker erobernd über ganz Italien aus. Dieser italische Begriff wurde dann auf die Kriegszüge der Kelten übertragen.

Während dieser um 400 v. Chr. beginnenden Wanderperiode der Kelten brach das alte Griechenland unter dem Ansturm der Makedonen zusammen, Alexander gründete sein Weltreich, Rom stieg zur Weltmacht auf, und die Karthager breiteten ihre Handelsniederlassungen im gesamten westlichen Mittelmeer aus. Der römische Schriftsteller Livius, vor dessen Lebzeiten gerade Gallien erobert worden war, verlegt diese Begebenheiten in eine ferne Vergangenheit, doch betrifft der Wahrheitsgehalt des Kerns seiner Erzählung das keltische *ver sacrum*.[95] Er berichtet, die Kelten, die ein Drittel Galliens bewohnt hätten, wären einem König Ambigatus untertan gewesen. »Die Biturigen, die den König für das ganze Land stellten, verdankten ihre beherrschende Stellung ihrem Reichtum. Um der Überbevölkerung abzuhelfen, habe Ambigatus beschlossen, seine beiden Neffen Bellovesus und Segovesus mit der Führung von zwei großen Wanderungen zu beauftragen. Jeder sollte sich nach den von den Göttern [durch Augurien] bestimmten Orten begeben und sich dort niederlassen. Den beiden Heerführern wurden so viele Truppen zur Verfügung gestellt, daß kein Volk sich hindernd in den Weg stellen konnte. Der Götterspruch schickte Segovesus nach dem Hercynischen Wald, Bellovesus erhielt Italien.«[96]

Wenden wir uns zunächst dem Vorstoß nach dem Hercynischen Wald zu. Mit diesem Namen wurde das deutsche Mittelgebirge bezeichnet. Diese Stoßrichtung erscheint merkwürdig, wenn wir vorher gehört haben, daß die Kelten vor den von Norden eindringenden Germanen zurückgewichen waren. Nun aber stoßen sie gerade in dieser Richtung vor. Das Mittelgebirge hatten die Germanen etwa um 500 v. Chr. erreicht. Von Kämpfen zwischen Germanen und Kelten an dieser Grenze berichten die antiken Schriftsteller nichts, ja sie vermochten zunächst nicht einmal, Kelten von Germanen zu unterscheiden. CÄSAR war der erste, dem diese Unterscheidung gelang. Sollte es sich etwa nur um eine Vorsorgemaßnahme gehandelt haben, bei der AMBIGATUS Verstärkungen an die keltisch-germanische Grenze schickte? Bis zu einem gewissen Grad mag das zutreffen. Ziehen wir jedoch die weitere Stoßrichtung und die Ziele der erobernden keltischen Scharen in Betracht, so besteht durchaus die Möglichkeit, daß diese nach Norden, zum Hercynischen Wald rückenden Kelten erneut die Verbindung mit jenem großen europäischen Heiligtum aufnehmen wollten, das sie den Germanen hatten überlassen müssen, nämlich den Externsteinen. Doch nicht nur nach Norden zielte dieser Stoß, zum Hercynischen Wald, er galt genauso dem späteren böhmischen Gebiet und Schlesien. Dort lag wiederum ein uraltheiliger Berg, der Zobten, der später zum Zentralheiligtum der Silingischen Vandalen wurde. Von ihnen erhielt Schlesien seinen Namen. Weiter zielte die Wanderung auch nach Südosten, nach Ungarn, bis in die Balkanhalbinsel hinein.

Die Beziehungen zwischen Griechen, ALEXANDER und Kelten wurden bereits erwähnt. Selbst noch nach dem Abebben der großen keltischen Wanderperiode, des *ver sacrum*, zog ein Stamm, nämlich die Galater unter dem König BRENNUS, nach Griechenland. Im Jahr 249 v. Chr. eroberten sie Delphi. Über diese Eroberung gibt es eine Sage, die ein bezeichnendes Licht auf das Geschehen wirft. Sie berichtet, daß die Galater aus Delphi den Goldschatz des Apollon mit in ihr Heiligtum nach Toulouse nahmen. Was heißt das aber? Das heißt, daß sie die Geheimnisse der Sonnenmysterien vor dem Zugriff der Römer retteten, die, wenn auch zunächst vergeblich, versuchten, auch die Griechen in ihr Weltreich einzugliedern. Die Galater aber verbargen den Tempelschatz des Apollon in einem See des heiligen Waldes bei Toulouse. Sie verbargen ihn im »See ihres okkulten Wissens«. Noch als die Galater später in Kleinasien saßen, hielten sie enge Verbindung zu ihrem Heiligtum in Toulouse. Da der Zug unter BRENNUS ein Mißerfolg war, vollzog er das Königsopfer an sich selbst. Ist es zuviel vermutet, daß, trotz allem, trotz der Rettung des Tempelschatzes aus Delphi, diese Tat wohl so verwerflich gewesen sein muß, daß sie das Königsopfer forderte? Gewiß, die Vorgänge um die Tempelschätze von Delphi sind Sage. Nach den antiken Quellen wurden die Galater in der Nähe von Delphi zurückgeschlagen; ob sie in den heiligen Bezirk selbst eindrangen, kann nicht mit Sicherheit gesagt werden. Doch, wie so oft, liegt in der Sage die tiefere Wahrheit, als sie uns die Geschichte als *fable convenue* bietet. Darüber hinaus gibt gerade das in ihr geschilderte Verhalten der Kelten uns im Vergleich zu dem Verhalten CÄSARS bei der Plünderung der gallischen Tempelschätze einen wertvollen Hinweis. Die Kelten brachten den Sonnenschatz des Apollon in ihr Heiligtum nach Toulouse; CÄSAR dagegen benutzte das aus den Tempeln Galliens geraubte Gold, um seine privaten Finanzen zu sanieren und um sich in Rom Anhänger zur Stützung seiner Macht zu kaufen.

Im Süden wurde zwischen 400 und 350 v. Chr. die italienische Halbinsel von Kelten überflutet. Nach der vernichtenden Niederlage der Römer in der Schlacht an der Allia am 18. Juli 387 v. Chr. nahmen die Kelten unter ihrem ebenfalls BRENNUS genannten Herzog Rom und brannten es nieder. Doch es gelang ihnen nicht, das von MANLIUS verteidigte Kapitol mit seinem Jupiter-Tempel, das geistige Zentrum Roms, zu erobern. Die heiligen Kapitolinischen Gänse verrieten mit ihrem Geschnatter die sich zum überraschenden Sturm nähernden Gallier. Wieder erleben wir es, daß nicht nur eine Festung oder Burg, diesmal der Römer, verteidigt wird, sondern ein Heiligtum. Die Sage berichtet nun, BRENNUS habe die 1000 Pfund Gold, mit denen der Abzug der Gallier erkauft werden sollte, mit falschen Gewichten aufgewogen. Als die Römer Einspruch erhoben, habe er mit dem Wort » *Vae victis* – wehe den Besiegten« auch noch sein Schwert in die Waagschale geworfen. Diese Ereignisse lehrten, wie es die Geschichte später unzählige Male bestätigt, daß der Geschlagene und Wehrlose dem Sieger auf Gnade und Ungnade ausgeliefert ist.

Es sollte fast einhundert Jahre dauern, bis Rom seine Macht in Italien wieder errichtet hatte und daran denken durfte, sie weiter auszubauen. Bis zur Mitte des 4. Jahrhunderts etwa mußte Italien immer wieder keltische Invasionen über sich ergehen lassen. Bei der ersten großen, in deren Verlauf unter BRENNUS auch Rom erobert wurde, hatten die Gallier die mehr nach der Küste zu gelegenen etruskischen Städte nicht angegriffen, und die Etrusker hatten sich zunächst neutral verhalten. Diese Neutralität ließ sich zwischen zwei großen Mächten, von denen zunächst die Gallier, dann aber auch die Römer eine aggressive Politik führten, nicht aufrechterhalten. Erbarmungslos griffen die Kelten eine etruskische Stadt nach der anderen an und vernichteten sie. »Wie die Dinge sich zugetragen haben, kann man am Beispiel von Marzabotto, einem Städtchen südlich von Bologna, gut beobachten: Infolge eines keltischen Angriffs hat um 350 das Leben hier plötzlich aufgehört. Inmitten der Trümmer von niedergebrannten Häusern und Tempeln fand man viele Skelette und eine beträchtliche Menge von etruskischen und keltischen Waffen.«[97] Schon in so früher Zeit ließ sich Neutralität zwischen zwei aggressiven großen Mächten nicht aufrechterhalten.

Allerdings haben sich die Kelten mit der Zerstörung der etruskischen Stadtstaaten, die als Verbündete wertvolle Dienste hätten leisten können, einen Bärendienst erwiesen. Diese Vernichtungen trugen dazu bei, daß sich später Rom in Nord- und Mittelitalien entfalten konnte. In dem dreijährigen Krieg zwischen 285 und 282 v. Chr. sicherte sich Rom durch den Sieg über die keltischen Senonen die Herrschaft in Mittelitalien. Ein knappes Jahrhundert später, im Jahr 218 v. Chr., setzten die Kelten wiederum auf die falsche Karte und verbündeten sich im Zweiten Punischen Krieg mit dem in Oberitalien eingefallenen HANNIBAL. In der Schlacht von Cannae am 2. August 216, in der das römische Heer die schwerste Niederlage seiner Geschichte erlebte, hielten Kelten im Zentrum der karthagischen Schlachtordnung mit mehr als bewundernswerter Tapferkeit dem Druck der unsinnig tief gestaffelten 86 000 Römer stand, ermöglichten so deren Überflügelung und schließliche Vernichtung. Diese Schlacht wurde am Flüßchen Aufidus, unweit des uraltheiligen Gebietes um den Monte Gargano geschlagen. Sollte auch diese Nähe für die Wahl des Schlachtfeldes ausschlaggebend gewesen sein? Diese erste große Vernichtungsschlacht der Weltgeschichte hat modernen Feldherren immer wieder als Vorbild gedient. Im Großen Generalstab des Kaiserlichen Heeres des Zweiten Deutschen Reiches wurde die Vernichtungsschlacht im Sinn von Cannae durch Graf SCHLIEFFEN fast zum Dogma erhoben.

Die schließliche Niederlage Karthagos führte dann auch zur Unterwerfung der Kelten in Oberitalien, zur Eroberung der keltischen Hochburg Numantia in Spanien, die zugleich religiöses Zentrum war und nur durch die Evocatio, die Herausrufung der Götter, genommen werden konnte, und zur endgültigen Niederwerfung der keltischen Stämme fast genau ein Jahrhundert später in Gallien.

Noch im 2. Jahrhundert v. Chr. griff Rom nach Westen über das Gebiet des heutigen Italien hinaus und schuf die *Gallia Narbonensis*. Besonders erbittert verteidigten die dort wohnenden keltischen oder keltisch-ligurischen Stämme ihre Heiligtümer. Doch gerade auf die hatte es Rom abgesehen. Unter anderem eroberten und zerstörten die Römer das Oppidum von Entremont und das von Toulouse; wie stets raubten sie vor allem die Tempelschätze.

Als JULIUS CÄSAR zur Eroberung Galliens aufbrach, hatte er sich auf diese Aufgabe seit langem vorbereitet. Schon von seinem Lehrer, dem gallischen

Sklaven GNIPHO, war er gründlich über die Kelten unterrichtet worden. Später stand ihm der verräterische VERGOBRET und Druide DIVICIACUS, der Häduer, zur Seite. Sich in die Vorstellungswelt der Druiden einzuleben, fiel ihm um so leichter, als er selbst Priester, Flamen Dialis, und später Pontifex Maximus war. So wußte er genau, daß er Gallien nur erobern konnte, wenn er die Druiden besiegte. Er legte seinen Feldzugsplan so an, daß er in einer großen, ausholenden Bewegung an der Ostgrenze entlang, nach Norden vorgehend, nach Westen und schließlich nach Süden vorstieß. Dabei zwang er die einzelnen keltischen Stämme, sich jeweils vor ihrem größten Heiligtum zur Entscheidungsschlacht zu stellen, wodurch ihr Charakter als Gottesurteil betont wurde. Wie gesagt, es befanden sich die Heiligtümer der Stämme zumeist in den großen Oppida, nur selten im freien Gelände. Vor dem Golf von Morbihan und mit Blick auf die Steinsetzungen von Carnac schlug er die gallische Flotte. Bei diesem Vorgehen ließ er vorläufig zwei Orte aus: Alesia, im Herzen Frankreichs, und das größte Heiligtum bei Carnutum, dem heutigen Chartres, wo die Virgo paritura verehrt und der Oberdruide gewählt wurde. Wir dürfen wohl annehmen, daß er dies bewußt tat, um nicht von Anfang an durch sein Vorgehen die in sich uneinigen Stämme gegen sich zu vereinigen. Dann jedoch wählten die Druiden VERCINGETORIX zum gallischen König und übertrugen ihm das Heil aller keltischen Stämme des heutigen Frankreich und Süddeutschland. Bei Gergovia, angesichts des Puy de Dôme mit der Säule des Kriegsgottes Camulus, gelang es VERCINGETORIX zum ersten Mal, CÄSAR zu besiegen. Ganz Gallien befand sich im Aufruhr. Da aber beging VERCINGETORIX nach einer verlorenen Reiterschlacht den Fehler, sich in Alesia einschließen zu lassen und dort die Entscheidung zu suchen. Alesia, das heutige Alise-Ste.-Reine, in der Nähe Dijons gelegen, wird von Rudolf Steiner als ein riesiger Cromlech geschildert.[98] Auf jeden Fall war es eine sehr große Lehranstalt, an der Zehntausende von Europäern studierten.[99] DIODORUS SICOLUS berichtete kurz nach dem Gallischen Krieg in seiner »Weltgeschichte« darüber und erklärte, Herakles habe bei seiner Eheschließung mit einer keltischen Königstochter Alesia gegründet. So seien die Kelten entstanden. Gerade diese Stammsage um Herakles, dessen zwölf Taten als Sohn des Zeus und der Alkmene einen Einweihungsgang beschreiben, weist auf die eigentliche Aufgabe Alesias hin.

An der Tatsache, daß Alesia Druiden-»Universität« und das Oppidum war, in dem VERCINGETORIX schließlich ausgehungert wurde, gibt es keinen Zweifel. Aber seit langem streitet man darum, ob dieses Alise-Ste.-Reine auch das wirkliche Alesia ist. Es gab nämlich noch ein zweites Alesia, das beim heutigen Dorf Alaise an der französisch-schweizerischen Grenze im Jura lag. Dort, mitten im Herzen des Urkeltenlandes, liegen noch heute der Goldberg,

der Silberberg, eine riesige Nekropole ganz in der Nähe, Orte, die der Jungfrau Maria geweiht sind,und vieles andere mehr, alles mitten in trostloser
Einöde. Dorthin, so nehmen wir an, konnte sich nach der Eroberung Alesias
bei Dijon das esoterische Druidentum zurückziehen, und dort begann die
Suche nach dem Gral, nach jenem großen Geheimnis, das die esoterischen
Druiden für das Mittelalter bewahrten, wie es Rudolf Steiner in seinen Aussagen über Parzival schildert. So vernichtete CÄSAR zwar das exoterische Druidentum durch seine Feldzüge, aber hinderte er ungewollt auch die gallischen
Kelten daran, ihr eigenes esoterisches Wissen weiter dem Verfall preiszuge-
ben. In der Verborgenheit des französisch-schweizerischen Jura konnte das
Wissen von der geistigen Welt, das durch das Grals-Christentum gestärkt und
geläutert wurde, weiter gepflegt werden.

Nach der Eroberung Alesias im Jahr 52 v. Chr. zog CÄSAR noch einmal
nach Norden und ließ den Gutuater im Land der Carnuten in Chartres hinrichten. Aber den heiligen, der Virgo paritura geweihten Ort vermochte er
nicht zu vernichten. Er wurde im Hochmittelalter zum Kern der Schule von
Chartres.

Im übrigen schleppte CÄSAR den VERCINGETORIX, der sich ihm in einer
großmütigen Geste vor Alesia ergeben hatte, bis zum Jahr 46 v. Chr. von
Feldlager zu Feldlager mit sich herum und ließ ihn erst nach seinem Triumph
in Rom hinrichten. Auch hier ist wieder das Einwirken religiöser Gedanken
auf die Kriegführung zu erkennen. Der Inhaber des gallischen Königsheils,
VERCINGETORIX, durfte, von CÄSAR aus gesehen, aus politischen Gründen
erst getötet werden, nachdem für die Gallier keine praktische Möglichkeit
mehr bestand, ihr Königsheil auf einen anderen zu übertragen – wie das sonst
beim Königsopfer eines unglücklich kämpfenden Königs geschehen ist.

Während des Jahrhunderts, in das die Christgeburt fiel, versuchte Rom,
und vornehmlich CÄSAR, die entscheidenden Vernichtungsschläge gegen die
wichtigsten Mysterienstätten der Erde zu führen (s. Fig. 4). Dies gelang CÄ-
SAR und seinen Nachfolgern vor allem durch die rücksichtslose Verfolgung
und Vernichtung des Druidentums. An die Stelle des alten Zentralheiligtums
der gallischen Stämme in Alesia setzte AUGUSTUS ein neues Heiligtum in
Lugdunum, dem heutigen Lyon, wo aber in erster Linie nicht mehr die hohen
gallischen Götter, sondern die Roma und ihr vergöttlichter CÄSAR verehrt
werden mußten. Durch die römischen Eroberungen war der gesamte Süden,
Osten und Westen Europas römisch-lateinisch geworden. Im Lauf weniger
Jahrhunderte verschwanden die Kelten aus der Geschichte, mit Ausnahme
weniger Reste in Schottland und Irland. Rom hat das geistige Leben, das in
den keltischen Ländern und auch in Griechenland geherrscht hatte, zerschlagen und veräußerlicht; es sollte später auch das Christentum mit seiner Papst-

kirche veräußerlichen. Das Streben nach Macht hat die Römer, wie wir noch sehen werden, dazu verleitet, ihr spirituelles Wissen, das sie wie alle Völker des Altertums in ihren Mysterien besaßen, zu mißbrauchen. Und dennoch erfüllten sie damit und vor allem mit ihren Kriegen einen höheren geistigen Zweck: Nur so war die Ausbildung der Verstandesseele möglich.

Die Bewußtseinslage der Kelten dagegen entsprach noch ganz dem Zustand der Gemütsseele. Dies zeigt auch ihre Kampfweise im Vergleich zu derjenigen der Römer, auf deren Taktik wir weiter unten eingehen. Die Kelten kämpften, wenn man überhaupt einen Vergleich anstellen will, nur graduell fortgeschrittener als die Griechen HOMERS in der »Ilias«. Besonders deutlich zeigt sich das bei CÄSARS Vorstoß nach Britannien. Allgemein wird angenommen, daß er dies unternahm, um die britischen Kelten davon abzuhalten, Verstärkung nach Gallien zu schicken, wie sie das schon des öfteren getan hatten. Aber wäre es nicht auch möglich, daß er zudem, aus seinem Bestreben, die Druiden zu vernichten, jene große Lehranstalt auf den Britischen Inseln suchte, von der er selbst in seinen »Kommentaren zum Gallischen Krieg« sprach? Die Keltenstämme auf den Britischen Inseln besaßen noch, wie die Griechen vor Troja, Streitwagen, von denen aus ihr Adel äußerst geschickt zu kämpfen verstand. Doch war die Wirkung dieser Waffe den Römern gegenüber gering, gegen deren moderne Taktik die Streitwagen keine Chancen mehr hatten. Auch die Festlandkelten hatten längst auf die Streitwagen verzichtet und dafür eine Adelsreiterei aufgebaut. So tapfer sie sich auch schlug, den germanischen Reitern in CÄSARS Heer war sie nicht gewachsen, selbst wenn sie, wie 52 v. Chr. bei Alesia, über eine erdrückende Überlegenheit verfügte. Keltische Söldner in fremden Diensten kämpften meist nach Art der griechischen Phalanx. Doch waren ihre Reihen nicht so dicht geschlossen wie die der Griechen, da die Hauptwaffe der Kelten das Langschwert war und man für dessen Handhabung Raum brauchte. Die langen Schwerter hatten nur den Nachteil, daß sie sich aufgrund der mangelhaften Härtung im Kampf nach einiger Zeit verbogen und wieder gerade gerichtet werden mußten. Das war natürlich der Augenblick äußerster Schwäche für den keltischen Krieger.

Während des Gallischen Krieges kämpfte das gallische Fußvolk vermutlich in Gevierthaufen. An der Spitze eines solchen Haufens focht ein Adliger oder Fürst mit seinen Gefolgsleuten, den Solduriern. Den Rest des Gewalthaufens bildeten die Hörigen, die Klienten. Diese Formation hatte schwere Nachteile. Da es keine strenge militärische Disziplin wie etwa bei den Römern gab, hielten die Gewalthaufen der Gallier nur aufgrund der wirtschaftlichen Abhängigkeit der Kämpfer von ihren Führern zusammen. Das reichte aber nicht aus, um ihnen in Krisenlagen die notwendige Solidarität

Fig.4 Das Römische Weltreich seit Kaiser Augustus und die Eroberung Galliens durch Cäsar (58–51 v. Chr.)

zu verleihen. So hat das gallische Fußvolk während des Feldzugs gegen CÄ-
SAR auch fast überall versagt. Eine rühmliche Ausnahme waren nur die bel-
gischen und linksrheinischen germanischen Stämme, deren Gewalthaufen
durch Blutsbande zusammengehalten wurden. Das beste Beispiel für das
Versagen des gallischen Fußvolkes, selbst bei überwältigender zahlenmäßiger Überlegenheit, ist der Entsatzangriff der zu Hilfe geeilten gallischen
Fußtruppenmassen vor Alesia. Obwohl man gewöhnlich bei CÄSARS Zahlenangaben äußerste Vorsicht walten lassen muß, wie bei allen römischen
Zahlenangaben, dürfte die Stärke des Entsatzheeres mit 250000 Mann nicht
allzusehr übertrieben sein. Sonst zählten die Römer bei ihren Feinden meist
den gesamten Troß mit, während sie für die eigene Truppenstärke nur die
Zahl der Legionen angaben, die Hilfstruppen, die aber fast immer genauso
stark waren wie die Legionen, einfach verschwiegen, vom Troß ganz abgesehen. In den meisten Fällen waren römische Heere ihren Feinden zahlenmäßig etwa gleichgestellt, wenn nicht gar leicht überlegen.[100]

Römer

Von ungeheurer Bedeutung für die Entwicklung des Kriegswesens, aber
auch die Geschichte der darauffolgenden Jahrhunderte, wurden Stadt und
Bevölkerung von Rom. Rudolf Steiner läßt geradezu den Zeitraum der griechisch-lateinischen Kulturepoche mit der Gründung Roms im Jahr 747
v. Chr. beginnen.[101] Mit dieser Jahreszahl bestätigt er die Erkenntnis der
modernen Geschichtswissenschaft, die Rom als durch den Zusammenschluß der Latiner und Sabiner zu einer Stadtgemeinde unter etruskischem
Einfluß um das Jahr 750 v. Chr. entstanden annimmt. Frühere, inzwischen
festgestellte Besiedlungen des Stadtgebietes werden dabei außer acht gelassen. Erst in späteren, allerdings noch römischen Zeiten galt der 21. April
753 als Gründungsdatum und Beginn der Zeitrechnung (»ab urbe con-
dita«). Mission des römischen Volkes war es, für das gesamte Europa »dem
Ich des Menschen als solchem Geltung zu verschaffen... Daher wurde es
der Schöpfer der Jurisprudenz, die rein auf das Ich gebaut ist.«[102] So ist in
der griechisch-lateinischen Kulturepoche der Mensch zum Begreifen der
Persönlichkeit gekommen.[103] Wie berichtet, hatte ALEXANDER DER GROSSE
den entscheidenden Schritt in Richtung auf die Ausbildung der Persönlichkeit getan. Dies war auch der Grund, weshalb CHRISTUS JESUS in dieser Zeit
auf der Erde erschien. Jetzt erst konnte der Mensch Gott als persönliche
Erscheinung begreifen.[104]

In den Stammessagen der alten Völker ist eine tiefe Weisheit verborgen. Nicht selten charakterisieren sie die Völker besser als alle langatmigen Beschreibungen aufgrund der Lebensverhältnisse und Lebensgewohnheiten, die sich durch die Forschung in mühsamer Arbeit erschließen lassen. Schließlich beruhen ja alle Sagen und Mythen auf Eingebungen von Eingeweihten.[105] Die Gründungssage Roms ist besonders charakteristisch. AMULIUS, Bruder des Königs NUMITOR von Alba Longa, raubte sich die Krone und zwang seine Nichte zum Dienst der Vesta, wodurch sie zu Ehe- und Kinderlosigkeit verurteilt war. Aber der Kriegsgott Mars kam über sie und zeugte mit ihr Zwillinge. Als AMULIUS die beiden Knaben Romulus und Remus entdeckte, setzte er sie auf dem Tiber aus. Eine Wölfin aber nährte die Kinder, bis ein Hirte sie fand und aufzog. Nachdem die Knaben zu jungen Männern herangewachsen waren und von ihrer Herkunft erfahren hatten, stürzten sie den Usurpator und verhalfen ihrem Großvater wieder zur Herrschaft über Alba Longa. Sie selbst aber gründeten die neue Stadt Rom, wobei es sich ergab, daß Romulus seinen Bruder Remus erschlug. Der italische Kriegsgott Mars, und damit der Krieg selbst, ist also der Ahnherr Roms; und selbst die römischen Dichter zur Zeit des AUGUSTUS sahen in dem Brudermord die Erklärung für den Bürgerkrieg, der fast ein Jahrhundert lang das frühe Volk von Rom durch ein Meer von Blut und Tränen schreiten ließ. So charakterisierte Rom sich selbst.

Ganz im Sinne der Entwicklung der Verstandesseele und des dadurch auch bedingten juristischen Denkens legte eine Kommission von zehn Männern um 450 v. Chr. das Zwölftafelgesetz nieder und machte so aus dem Gewohnheitsrecht ein schriftlich fixiertes Recht. Es brachte zugleich den Sieg der Staatsidee über das zuvor herrschende Standesdenken. Das Rechtswesen insgesamt kann als bleibende und auch heute noch weiter wirkende Leistung der Römer angesehen werden. Als man im 11. Jahrhundert n. Chr. in Norditalien einen Teil des »Corpus iuris civilis«, das von Kaiser JUSTINIAN 534 n. Chr. veranlaßt worden war, wiederentdeckte, ließ man es durch die Juristen der Universität Bologna bearbeiten. Das Ergebnis dieses als Rezeption des Römischen Rechts bezeichneten Vorgangs ist trotz mancher Unterschiede die weitgehende Übereinstimmung der europäischen Rechtssysteme mit den damit verbundenen Rechtsordnungen Kanadas, Lateinamerikas, Nord- und Südafrikas, der Philippinen und Japans. Das juristische Denken war bei den Römern so stark ausgeprägt, daß selbst die Beziehungen des Menschen zu dem Gott etwas von einem Rechtsverhältnis an sich hatten. Wie bei einem juristischen Vertrag ist das Verhältnis zu den Göttern bis in jede Einzelheit geregelt und erfordert peinlich genaue Beachtung. Das führte zu einer Veräußerlichung des Gottesdienstes und der Opferhandlungen, wie sie bei christlichen Gottesdiensten in romanischen Ländern noch heute zu beobachten ist.

Ethische Forderungen erhebt die römische Religion nicht; die Götter wachen lediglich über die Normen, die die zwischenmenschlichen Beziehungen regeln. »So wachen die Götter darüber, daß Gerechtigkeit herrscht, was aber Gerechtigkeit im Einzelfall ist, entscheidet der Senat (durch Verabschiedung eines Gesetzes) oder der Richter (durch sein Urteil).«[106] Die Religion soll lediglich das gute Einvernehmen mit den Göttern sicherstellen, und die Götter erkennen dafür aus *pietas* ihre Verpflichtung den Menschen gegenüber an und halten ihr Wort. Das entspricht genau dem Rechtssatz des *do ut des* – »ich gebe, damit du gibst«, der schon altrömischer Rechtsgrundsatz war. Da Religion in diesem Sinn und juristisches Denken das ganze Leben der Römer beherrschten, versuchte Rom auch in der Politik von Anfang an seine politischen Manöver juristisch abzusichern, damit sie vor dem römischen Gewissen bestehen konnten.

Die Römer hielten sich selbst für das religiöseste und am gerechtesten denkende Volk. Daraus erhalten die Verse des VERGIL aus der »Aeneis« ihre Berechtigung:

> Du bist ein Römer, dies sei dein Beruf:
> Die Welt regiere, denn du bist ihr Herr,
> Dem Frieden gib Gesittung und Gesetze,
> Begnad'ge, die sich dir gehorsam fügen,
> Und brich in Kriegen der Rebellen Trutz.

Und ganz im Sinne dieser Rechts- und Religionsauffassungen setzen sich diese Vorstellungen später auch in den Provinzen des Imperiums durch. Allerdings begegnete man den religiösen Gefühlen der Einheimischen mit Toleranz und nahm sogar fremde Götter in die eigene Götterwelt auf. Dennoch stand im Mittelpunkt der römischen Religion immer die Kapitolinische Trias von Jupiter, Juno und Minerva sowie später die göttliche Verehrung des Kaiserhauses. Bei den Rechtsvorstellungen jedoch kannte man diese Toleranz gegenüber den Einheimischen der Provinzen nicht. Ein typisches Beispiel dafür ist das Verhalten des VARUS in Germanien. Gerade die Einführung römischer Rechtsvorstellungen durch ihn verletzte die tiefsten Gefühle der Germanen, die sich das Recht nur als göttliches Recht vorstellen konnten, dessen Sachwalter die Priester waren.

Das juristische Denken zeichnete auch die Stellung des freien römischen Bürgers aus. Während der freie Einwohner einer griechischen Stadt sich noch als Glied der Polis empfand, stellte sich der römische Bürger aus freien Stücken in den Dienst des Gemeinwesens und setzte sich für die Macht und Größe seines Volkes ein. Das Wohl des Volkes ist ihm oberstes Gesetz. Die *res publica* steht über der *res privata*, wobei sich die letztere der ersteren immer unterzuordnen hat. Das beschriebene Gefühl des griechischen Bürgers einer Stadt als Glied der Polis wird beim Römer auf die Familie übertragen, an deren Spitze der Hausvater, der *pater familias*, steht. Das Verhalten im Haus und in der Familie, wobei natürlich die Großfamilie gemeint ist, wird als *disciplina domestica* zur Grundlage der militärischen Disziplin *(disciplina militaris)*. Das reife und unbeugsame Urteil des *pater familias* spiegelt sich in der Befehlsgewalt des militärischen Führers seinen Legionären gegenüber wider. Es führt im Gefecht zu einer strikten Befehlstaktik, bei der der Befehl einem Gesetz gleich geachtet wird, dem nicht zuwidergehandelt werden darf, selbst dann nicht, wenn die befehlswidrige Handlung eines Unterführers zum Sieg führt. Diese Auffassung sollte in allen Heeren der Welt bis ins 19. Jahrhundert vorherrschen. Das Problematische dieser Handhabung der Befehlsgewalt hat Heinrich von Kleist in seinem Drama »Der Prinz von Homburg« dargestellt. Erst der ältere MOLTKE führte die sog. Auftragstaktik, über die noch eingehend gesprochen werden muß, ein. Sie war eine der wichtigsten Grundlagen für die Siege deutscher Truppen auf den Schlachtfeldern.

Wieder kann bei der Beschreibung der weiteren Ereignisse nicht genau chronologisch vorgegangen werden. Wenden wir uns zunächst dem römischen Heer zu. Auch in Rom herrschte von Anfang an die allgemeine Wehrpflicht für jeden freien Bürger. Etwa um das Jahr 304 v. Chr. muß eine Heeresreform durchgesetzt oder abgeschlossen worden sein. Zu dieser Zeit war eine Lage ähnlich der bei den Feldzügen ALEXANDERS DES GROSSEN eingetreten. Während der langen und verlustreichen Kriege gegen die Samniter war über das ständige Fernbleiben aller Wehrpflichtigen von ihrem bürgerlichen Besitz, meist einem Bauernhof, die Volkswirtschaft zusammengebrochen. Anstatt nun aber ein Söldnerheer aufzustellen, wie es damals bei den Griechen üblich war, hielt man in Rom an der allgemeinen Wehrpflicht fest, hob jedoch immer nur einen Teil der Wehrpflichtigen nach bestimmten Quoten aus den einzelnen Stadt-Tribus aus. So wurde die Wehrtüchtigkeit des ganzen Volkes erhalten, zu Aufgaben der unmittelbaren Heimatverteidigung konnte sogar auf die Senioren bis zum Alter von 60 Jahren zurückgegriffen werden. Bald ergab sich jedoch bei der Dienstpflicht die Gewohnheit, die Ausgehobenen möglichst lange bei der Truppe zu halten. Erfahrene, geübte und zusammengeschweißte Truppen waren eben schlagkräftiger als die Bürgermilizen. Nach dem Gewohnheitsrecht war bis dahin der Legionär nach 16 und der Reiter nach 10 Jahresfeldzügen aus der Wehrpflicht ausgeschieden. Was lag näher, als die Zahl der Feldzüge durch Dienstjahre zu ersetzen? Natürlich durfte es sich kein Staat leisten, seine Jungmannschaft ständig so lange unter Waffen zu halten. Die Wirtschaft wäre selbst schon bei geringeren Aushebungsquoten zusammengebrochen. So verkürzte man diese lange Dienstzeit im Lauf des 2. Jahrhunderts auf schließlich 6 Jahre. Außerdem wurden ganze Truppenteile, die im Augenblick nicht benötigt wurden, geschlossen beurlaubt oder zu Garnisionsdiensten ins Hinterland verlegt, die ausgedienten Mannschaften entlassen und nur das Rahmenpersonal beibehalten. Die gewaltigen römischen Eroberungen erbrachten eine ungeheure Kriegsbeute, der riesige Handelsgewinne und die systematische Ausraubung der Provinzen folgten. Das gesamte Geld strömte in die Hauptstadt und vermehrte den Reichtum der herrschenden Schichten. Aus den alten Standesunterschieden zwischen Patriziern und Plebejern wurde ein Gegensatz von arm und reich. Träger des Großhandels und des Großunternehmertums war am Ende des 2. Jahrhunderts v. Chr. die Nobilität, die sich meist aus patrizischen, aber auch aus einigen plebejischen Geschlechtern zusammensetzte. Zu den verheerendsten Folgen führte diese soziale Umschichtung auf dem Lande, wo bisher der Kleinbauer das Rückgrat der militärischen Kraft Roms war. Dieses Kleinbauerntum wurde mehr und mehr durch den Großgrundbesitz verdrängt, der Anbau von Getreide durch Weidewirtschaft abgelöst, die höhere Erträge abwarf und weniger ausgebildete Arbeitskräfte erforderte, die in Sklaven reichlich zur Verfügung standen. In Rom wuchs zugleich die Masse der niederen Bevölkerung, der Proletarier, durch den Zuzug landloser Bauern, die fortschreitende Ausdehnung von Kleinhandel und Kleingewerbe, die steigende Zahl von Unterbeamten in der staatlichen Verwaltung und in den privaten Unternehmen. Hier fanden vor allem freigelassene, aus Griechenland und aus dem Orient stammende Sklaven Verwendung, denen ihre Freilassung das römische Bürgerrecht eingebracht hatte. Der ehemals so gesunde römische Mittelstand brach völlig zusammen, was die Aushebung für das Heer nach dem Zensus, wie er bis dahin noch immer üblich war, unmöglich machte. Denn nach dem bis dahin geltenden Steuersystem stammten die Legionäre aus dem Mittelstand. Die Mehrheit der Einwohner Roms gehörte jetzt aber dem Proletariat an. Wäre es bei dem alten Aushebungssystem geblieben, so wäre Rom trotz der Ausdehnung seiner Macht aus Mangel an Soldaten, die doch diese Machtstellung aufrechterhalten mußten, zugrundegegangen. An diesem Punkt griff um 105 v. Chr. MARIUS ein und führte in richtiger Erkenntnis der Lage eine Reform durch.

Die bisher vom Militärdienst ganz befreiten Proletarier stellte er als Freiwillige ins Heer ein. Nach 16 bis 20 Dienstjahren hatten sie als Veteranen Anspruch auf Versorgung mit einem kleinen Bauernhof. Damit hatte MARIUS den Grundstein zu einem Berufsheer gelegt, das sich gegenüber dem aus »Reservisten« bestehenden Heer natürlich viel besser zur Behauptung und Erweiterung der Machtstellung Roms eignete. Außerdem ergab es sich von selbst, daß diese Berufssoldaten durch die von MARIUS eingeleitete Werbung sich dem Feldherrn von nun an besonders verpflichtet fühlten. Im weiteren Verlauf, von CÄSAR ab, durften es die Feldherren wagen, auch die politische Führung im Staat mit oder ohne Gewalt für sich zu beanspruchen. Verstärkt wurde diese Bindung dann noch durch die Erhebung CÄSARS und der ihm folgenden Kaiser zu Göttern, woran sich im übrigen wieder erkennen läßt, wie sehr die religiösen Anschauungen das Kriegsbild der Römer bestimmten. Bis zur Mitte des 1. Jahrhunderts v. Chr. wurden die römischen Heere nur für die Dauer eines Krieges ausgehoben und nach Friedensschluß wieder entlassen. Doch war das aufgrund der ständigen und langen Kriege, die jetzt sogar kaum noch Rücksicht auf die Jahreszeiten nahmen, mehr oder weniger Verfassungstheorie. Lange Kriegsdauer und die Ansätze zum Berufsheer drängten auf eine Lösung der Probleme im stehenden Heer, das dann von AUGUSTUS auch sanktioniert wurde. Soziale Verhältnisse, Kriegsmüdigkeit und der allmähliche Zusammenbruch der antiken Geldwirtschaft brachten es mit sich, daß im Lauf der Zeit immer mehr Fremde, aber auch Sklaven und Sträflinge ins Heer aufgenommen wurden, was seinen Untergang vorausahnen ließ. Als die Überfremdung des Heeres schon sehr weit fortgeschritten war, vor allem Germanen dienten im römischen Heer – erkennbar daran, daß nach den antiken Quellen die »römischen« Legionäre vor Beginn der Schlacht den *barritus* anstimmten, den germanischen Schlachtgesang –, versuchte KONSTANTIN DER GROSSE in der ersten Hälfte des 4. Jahrhunderts noch einmal, eine Heeresreform durchzuführen und dem Heer einen neuen Geist einzuhauchen. Seine wesentliche Tat bestand in der Trennung des Grenzheers, das meist aus Wehrbauern, auch fremder Volkszugehörigkeit, bestand, von dem Feldheer, mit dem er die Macht und den Einfluß Roms aufrechtzuerhalten versuchte. Während das Feldheer durchaus noch eine große Schlagkraft besaß, sank das Grenzheer auf den Stand einer Bürgermiliz ab. Es war damit nur noch zur Verteidigung von Städten und festen Lagern geeignet.

Was aber machte das alte römische Heer so unüberwindlich? Über die menschlichen Voraussetzungen und die sittlichen Auffassungen wurde schon gesprochen. Welche militärischen Neuerungen aber waren eingetreten? Um diese Frage zu beantworten, müssen wir wiederum einen Blick in die fernste Vergangenheit, auf das alte Rom werfen.

In den ältesten Zeiten, mit Gewißheit noch unter der Herrschaft der ersten etruskischen Könige, von denen es der Sage nach sieben gab, bestand das Bürgeraufgebot der Stadt aus der Legion von 3000 Mann. Das entsprach noch ganz der alten Auffassung, wie wir sie etwa auch von Athen kennengelernt haben, als dort die Phalanx aus dem ganzen Aufgebot der Stadt bestand. In ihr kämpfte der einzelne Bürgersoldat als Glied seiner Stadtgemeinschaft. Dennoch bestand bereits ein Unterschied zum alten Athen insofern, als diese

Legion nach den Stadtdritteln in drei Tribus von je 1000 Mann unter einem Tribun eingeteilt war. Entscheidend war jedoch die Untergliederung dieser Tribus in je 30 Zenturien, die Bezeichnung *centuria* – »Hundertschaft« weist wohl noch auf eine Zeit zurück, in der die Stärke der Zenturie vielleicht einmal einhundert Mann betrug. Entscheidend ist jedoch, daß die ersten Quellen von Zenturien in der Stärke von etwa 33 Mann sprechen. Jede Tribus gliederte sich demnach in je 30 Zenturien. Diese Zenturienstärke darf nun aber in etwa mit der Anzahl von Mitgliedern in einer römischen Familie gleichgesetzt werden. Wir haben schon gehört, daß die militärische Disziplin bei den Römern das Recht in der römischen Familie widerspiegelte. Nun finden wir auch die Größe in etwa derjenigen der Familie gleich und stellen fest, daß der Zenturio, der Anführer dieser Teileinheit, auch in etwa die rechtliche Stellung des *pater familias* innehatte.

Es ist hier nicht der Ort, im einzelnen auf die Gliederung und ihre Veränderungen im Lauf der Jahrhunderte einzugehen. Wichtig für uns ist nur, daß die Zenturie in etwa diesen Familiencharakter behielt, obwohl sich ihre Kopfstärke im Lauf der Zeit entscheidend änderte. Zu diesen altertümlichen Vorstellungen und Gliederungsformen, die dennoch einen Fortschritt gegenüber den Griechen erkennen lassen, kamen während er Samniterkriege in der 2. Hälfte des 4. Jahrhunderts v. Chr. ganz neue taktische Maßnahmen. Das gebirgige und durchschnittene Gelände, in dem diese Kriege geführt wurden, zwang die Römer dazu, für die Bewegungen neue Unterabteilungen der Legion einzuführen, die auch eine gewisse Kampfkraft besaßen. So faßte man je zwei Zenturien zu einem Manipel zusammen. Damit entstanden innerhalb der Legion je zehn Manipel, die sich weit besser gegen den Feind führen ließen als die unbeholfene geschlossene Phalanx. Vor allem durfte die Legion es jetzt wagen, sich in jedem Gelände zu bewegen. Schon bei der griechischen Phalanx hatte es Ansätze dazu gegeben, die Abstände und Zwischenräume zwischen den Unterabteilungen zu vergrößern. Doch erst bei der disziplinierten römischen Truppe konnte das konsequent durchgeführt werden. So ergab es sich, daß die Legion zunächst mit den zehn Hastaten-Manipeln in vorderer Linie, den zehn Manipeln der Principes in zweiter Linie und den zehn Triarier-Manipeln in dritter Linie an den Feind marschierte. Da aber der entscheidende Angriff und Durchbruch nur in geschlossener Formation erfolgen konnte, ergaben sich manipelbreite Zwischenräume, in welche die in zweiter Linie vorgehenden Principes-Manipel von selbst aufschließen konnten. Die Legion marschierte daher schachbrettartig vor, wobei die Manipel der Principes auf Lücke zu den Hastaten vorgingen und die Triarier auf Lücke zu den Principes, also mit Abstand hinter den vorn marschierenden Hastaten. Von echten Treffen darf zu dieser Zeit jedoch noch nicht gesprochen werden, denn zumindest der Einsatz der Hastaten und Principes erfolgte geschlossen. Aber an den treffenweisen Einsatz und die Bildung einer Reserve war man bereits greifbar nahe herangekommen. Sehr bald auch, noch während des Samniterkrieges, wurde die lange Stoßlanze, die Hasta, abgeschafft, weil sie sich im Gebirgskrieg als unzweckmäßig erwies. Der Legionär erhielt dafür zunächst einen Wurfspieß, das Pilum in seiner ersten Form, jedoch schon mit sehr langer Spitze. Jetzt konnte der Einbruch der Legionäre in den Feind mit einem Salvenwurf vorbereitet werden, dem der Kampf mit einem kurzen messerartigen Schwert, das noch nicht dem späteren spanischen Kurzschwert entsprach, folgte. Damit war nicht mehr, wie bei den Griechen, allein die geballte Stoßkraft für den Angriff entscheidend, sondern vor allem die Tüchtigkeit des Einzelkämpfers im Nahkampf. Die spätere Ausgestaltung des Pilum, das aus einem etwa 1,30 m langen Holzschaft bestand, in den eine gleichlange Eisenspitze bis zu ihrer halben Länge eingefügt und mit mehreren Klammern befestigt war, so daß eine Gesamtlänge von 2 m erreicht wurde, trug zur technischen Überlegenheit des Legionärs bei. Die Eisenspitze war so konstruiert, daß sie einen weichen Teil besaß. Warf der Legionär nun seinen Speer gegen den Feind und blieb das Pilum im feindlichen Schild stecken, so bog sich durch das Gewicht des Holzschaftes das Pilum nach unten und zog den feindlichen Schild mit sich. Der Feind war damit in der Abwehr des Legionärs stark behindert. Entweder mußte er den Schild von sich werfen, oder der Schild zog durch die Belastung seinen Arm nach unten. Mit dem später eingeführten spanischen Kurzschwert, dem Gladius, war es für den Legionär nun leicht, den Feind zu überwinden. Dieses ideale Schwert hatte eine Klingenlänge von etwa 60–70 cm, war ziemlich breit, beidseitig geschärft und besaß eine sehr scharfe, oft verstärkte Spitze, wodurch es etwas »kopflastig« wurde. Der Griff war lang und kräftig und besaß keine Parierstange. Es stellte das vollkommenste Schwert dar, das es je gegeben hat. Nur die Tatsache, daß zu seiner Handhabung eine hohe Fechtkunst gehörte, die allein durch dauernde drillmäßige Übung zu erreichen war, ließ es nach dem Untergang der Legionäre aus der Waffengeschichte verschwinden. Als Schutzwaffe trug der Legionär einen leicht gewölbten und rechteckigen, etwa 1,20 m breiten und 1 m hohen Schild. Er bestand aus einer doppelt geleimten Bretterlage, die außen mit Leinwand und Kalbfell bezogen war. Oben und unten war sein Rand mit Blechbändern verstärkt. Helm und ein lederner, in der Herzgegend mit Metall verstärkter Panzer, der über der hemdartigen, ärmellosen Tunika getragen wurde, verliehen dem Legionär weiteren Schutz.

Ursprünglich gehörte zur Legion und zur Deckung der Flügel auch eine Legionskavallerie, die aber bald aufgelöst und durch Abteilungen aus Bundesgenossen ersetzt wurde. Die nationalrömische Kavallerie hat niemals echten Kampfwert besessen. Die Legion war damit zu einem reinen Infanterieverband geworden. Unter CÄSAR erhielt sie dann auch taktischen Charakter mit selbständigen Aufgaben, falls die Lage dies erforderte. Unterhalb der Legion haben wir das Manipel mit zwei Zenturien unter einheitlicher Führung kennengelernt. Dieses Manipel war aber als Verband zu klein, um selbständige Aufgaben im Gefecht übernehmen zu können. Es konnte nur im Verband der Legion kämpfen. Das hatte man schon frühzeitig erkannt und zur Lösung besonderer Aufgaben fallweise aus mehreren Manipeln Kohorten gebildet. Im 1. Jahrhundert v. Chr. wurde nach der marianischen Heeresreform von 105 v. Chr. die Kohorte zur festen taktischen Einheit innerhalb der Legion, die auch selbständige Aufgaben übernehmen konnte. Manipel und Zenturie blieben als administrative Einheiten und Teileinheiten bestehen.

Das Gefecht erreichte im Altertum mit der nun entstandenen Kohortentaktik seine höchste Vollendung, die in ihrer Art erst wieder in der Neuzeit, auf römischem Muster fußend, erreicht werden sollte. Die Legion gliederte sich dabei in Treffen, die aus mehreren Kohorten gebildet wurden.[107]

Ganz im Sinne der Ausbildung des Intellekts durch die Römer führte die Kohortentaktik folgerichtig zum Gefecht der verbundenen Waffen. Bei CÄSAR gab es kein Schema mehr, obwohl sich die Kavallerie auch weiterhin meist auf den Flügeln befand. In der Anlage der Schlacht bevorzugte CÄSAR eine Verbindung von Frontaldruck mit Flügeldruck. Die einzige Umfassungsschlacht, die CÄSAR schlug, die Schlacht bei Pharsalus im Jahr 48 v. Chr., entwickelte sich erst im letzten Augenblick dazu und war nicht so geplant. In der Verbindung von Frontal- und Flügeldruck war er vielleicht das Vorbild NAPOLEONS, der seine Kräfte meist auf die gleiche Weise ansetzte.

Der Gedanke des Ausscheidens von Reserven hatte seit der Gliederung der Legionen in Kohorten sozusagen in der Luft gelegen. Aber erst CÄSAR begann, ihn zu verwirklichen. In der ersten Schlacht des Gallischen Kriegs im Jahr 58 v. Chr. bei Bibracte schied er gegen die äußerst kriegstüchtigen Helvetier zwei Legionen als Reserven aus, ohne sie jedoch später auch einsetzen zu müssen. Allerdings begründete er dieses Ausscheiden mit der Unerfahrenheit dieser neu aufgestellten Legionen. Kurze Zeit später und noch im gleichen Jahr hielt CÄSAR dann gegen ARIOVIST in der berühmten Treffenschlacht im Elsaß eine Reserve zurück und setzte sie zum entscheidungsuchenden Angriff ein.

Wenn CÄSAR im allgemeinen auch die Niederwerfungsstrategie anwendete, so zeigte er sich zu Beginn des Bürgerkrieges gegen POMPEJUS auch als Meister der Ermattungsstrategie, als die Lage es erforderte. Doch kombinierte er dann beide Arten. Da diese Frage in der Kriegsgeschichte eine große Rolle spielt, soll hier nur erwähnt werden, daß Ermattungs- und Niederwerfungsstrategie bei keinem großen Feldherrn als Gegensätze auftreten. Das haben nur mittelmäßige Generale oder Kriegstheoretiker so empfunden. Der große Feldherr benutzt sie je nach Lage in gegenseitiger Ergänzung, ähnlich wie Abwehr und Angriff auf taktischer und operativer Ebene.

Die taktische Überlegenheit des römischen Heeres gegenüber seinen Feinden beruhte außerdem auf seiner berühmten Lagertaktik. Griechische Truppen wären dazu niemals zu bewegen gewesen. Es fehlte ihnen die notwendige Disziplin, die die Römer aber besaßen. Die römischen Legionen schleppten ihr Schanzzeug und sogar Lagerpfähle auf dem Marsch mit sich und bauten jeden Abend nach einem Marsch von knapp 20 Kilometern ihr befestigtes Lager, das dem Heer Sicherheit in der Ruhe und einen festen Rückhalt im Gefecht bot. Nicht selten konnten römische Niederlagen im offenen Gefecht auf diese Weise in Siege verwandelt werden. Im schlimmsten Fall rettete das Lager die Legionen vor der Vernichtung, denn nur selten gelang es Heeren mit geringerer Disziplin oder schlechterer Bewaffnung, ein solches Lager zu nehmen. Darin lagerte das Heer so, daß es unmittelbar in der für die kommende Schlacht notwendigen Marschordnung ausrücken und durch einen Aufmarsch nach rechts oder links oder durch eine einfache Wendung den Kampf eröffnen konnte. Im übrigen bildete die erste Anlage einer Stadt das Vorbild für dieses Lager. Bei dem die damals bekannte Welt umspannenden Imperium der Römer war es wichtig, daß die Truppen rasch verlegt werden konnten. Voraussetzung dafür war ein Straßennetz, das für die Antike einzigartig war. Lager und Straßen ermöglichten auch eine Versorgung des Heeres, wie sie bei anderen Armeen undenkbar war. Daß dazu ein vorzüglicher Verwaltungsapparat vorhanden sein mußte, versteht sich von selbst. Gestützt auf Lager, Straßen und gute Versorgung konnten die Trosse der römischen Heere besonders klein gehalten werden, was wiederum ihre Beweglichkeit erhöhte. Dieser gesamte komplizierte Militärapparat verlangte geradezu den Berufsfeldherrn, der als Führer einer Armee mit konsularischer Befehlsgewalt ausgestattet war. Der erste Feldherr dieser Art in einer langen Reihe war PUBLIUS CORNELIUS SCIPIO AFRICANUS D. Ä. (um 235–183 v. Chr.), der Sieger über die Karthager in der Schlacht bei Zama 202 v. Chr.

Haben die Römer nun den Krieg auch als Zweikampf und Gottesurteil empfunden? Die Etymologie des Wortes *bellum* deutet auf den Zweikampf hin, und das Verhalten römischer Feldherren, besonders CÄSARS im Gallischen Krieg, läßt vermuten, daß sie zum mindesten die Anschauung der Gallier über die Schlacht als Gottesurteil kannten. Wie schon erwähnt, wählte CÄSAR seine Schlachtfelder immer so, daß sie dicht bei den heiligen Orten der einzelnen Stämme lagen, womit er ein Gottesurteil herbeiführen wollte. Wichtiger war für die Römer indessen, daß sie einen gerechten Krieg (*bellum justum*) im Sinne ihres zugleich juristischen und religiösen Denkens führten. Stets legten sie allergrößten Wert darauf, niemals als Urheber eines Krieges oder als Angreifer zu erscheinen. CICERO äußert sich einmal dahingehend, die Römer hätten ihr Imperium dadurch gewonnen, daß sie sich verteidigten. Sehr oft schoben sie dabei Verbündete vor, die sie beschützen müßten, weil sie angegriffen worden waren. Dafür brauchte Rom, um einen gerechten Krieg führen zu können, nur einen Bundesgenossen zu suchen, der sich von einem Feind bedroht fühlte, und das war nicht schwer. Bevor Rom einem Feind den Krieg erklärte, wurden religiöse Handlungen vollzogen, in deren Verlauf man die Götter als Zeugen für erlittenes Unrecht anrief. Es liegt nahe zu vermuten, daß neben der römischen Disziplin das Gefühl der Legionäre, gerechte Kriege zu führen, eine Grundlage der römischen Siege war. Wieviele Kriege in Wirklichkeit jedoch dem nackten römischen Imperialismus entsprangen und wieviele Kämpfe lediglich durch Verteidigung bedingt waren, wird sich nur schwer entscheiden lassen, wenn man nur die römischen Schriftsteller als Quellen heranzieht.

Auch die Schlacht selbst wurde von religiösen Zeremonien begleitet. Es ist dem modernen, durchschnittlich gebildeten Menschen kaum vorstellbar, daß vor dem Ausrücken aus dem Lager zur Schlacht CÄSAR z. B. als Priester das Hühnerorakel befragte. Ob er selbst daran glaubte, bleibe dahingestellt, seine Soldaten zumindest taten es. Oft riefen die Römer auch mit priesterlicher Wortmagie die Schutzgenien der von ihnen belagerten Städte aus ihren Tempelwohnstätten und schleuderten dann fürchterliche Verwünschungen gegen die feindlichen Truppen und Einwohner dieser Städte. Zahlreiche Orte in Italien, Gallien und Spanien sind durch solche Evokationen in die Gewalt der Römer gekommen, vor allem auch Karthago und Korinth. Nach MACRO-BIUS lautete eine solche *evocatio:* »Wenn du uns heute den Sieg gibst, so gelobe ich dir einen Tempel!« Bei der Belagerung einer feindlichen Stadt wurde gebetet: »Mag es ein Gott, mag es eine Göttin sein, in dessen Schutz Volk und Gemeinde des Feindes steht, und dich besonders, der du den Schutz dieser Stadt und dieses Volkes übernommen hast, euch bitte ich, flehe ich an und erbitte eure Gnade: Wendet euch ab von Volk und Gemeinde der Feinde, verlaßt die heiligen Tempel und Stätten und ihre Stadt, weicht von ihnen, flößt diesem Volk und dieser Gemeinde Furcht, Angst und Verlassenheit ein, kommt nach Rom zu mir und den meinen, unsere heiligen Stätten und Tempel, unsere Stadt möge euch willkommener und wohlgefälliger sein. Seid mir und dem römischen Volke und meinen Soldaten gnädig, so daß wir das verstehen und erkennen. Tut ihr so, gelobe ich euch Tempel und Spiele.«[108] In sehr früher Zeit kannten die Römer auch die sog. Devotio (*devoveo* – »ich weihe«). Stellvertretend für sein Heer weihte sich dabei der Anführer den Göttern und stürzte sich, den Tod suchend, in die Feinde, die den Weiheakt gesehen hatten und vor ihm flohen. Ihn zu berühren ist verhängnisvoll, denn er befindet sich bereits bei den Göttern und gehört nicht mehr dieser Welt. Typisch für die Römer ist dabei allerdings, daß sich die Feldherren nicht den lichten Göttern des Himmels weihten, sondern den Göttern der Unterwelt. Hatten bei den Griechen und in der frühen römischen Zeit die Götter noch unmittelbar in das Kriegs- und Schlachtgeschehen eingegriffen, so benutzten die römischen Feldherren von der Blütezeit des Imperium Romanum bis zu dessen Untergang die Götter und die religiösen Vorstellungen ihrer Soldaten, um deren Mut zu heben und den Sieg zu gewinnen. Ein Beispiel dafür ist das Verhalten des GERMANICUS vor der Schlacht bei Idistaviso im Jahr 16 n. Chr. Als plötzlich acht Adler erschienen und über das Schlachtfeld hinwegflogen, erklärte GERMANICUS, der ja auch Priester und Augur des Heeres war, dies seien die Vögel Roms, die besonderen Schutzgeister der Legionen, denen diese nur zu folgen brauchten, um die Germanen zu schlagen.[109] Von JULIUS CÄSAR ab plünderten und zerstörten die römischen Cäsaren die alten Tempel- und Mysterienstätten. Sicher hatten auch andere Völker so gehandelt, und sicher waren auch von den früheren Römern Tempel- und Mysterienstätten zerstört und geplündert worden, aber der große Unterschied lag nun darin, daß JULIUS CÄSAR, wie erwähnt, die Tempelschätze nicht in die römischen Tempel brachte, sondern sie für seine eigenen Zwecke benutzte. Spätere Cäsaren haben durch die Erzwingung der Einweihung in die alten Mysterien diese Zerstörung der Kultstätten noch systematischer vorgenommen.

Kennzeichnend für die enge Verbindung religiöser und politischer Vorstellungen mit dem Amt des Imperators ist der von den Etruskern übernommene Triumphzug. Einerseits bildet er die Krönung der Laufbahn des siegreich heimkehrenden Feldherrn und die öffentliche Anerkennung seiner Leistungen, andererseits aber ist er eine Danksagung an Jupiter Optimus Maximus und die Einlösung der zu Beginn des Feldzugs üblicherweise gegebenen Gelübde. Möglicherweise ist darin auch ein Reinigungsritus für das durch den Krieg befleckte Heer zu sehen. Ganz dieser Doppelfunktion entsprechend war der Imperator auch gekleidet. Er trug das goldbestickte Purpurgewand, das elfenbeinerne Zepter mit den Adlerköpfen und die Goldkrone. So angetan fuhr er auf dem Triumphwagen, den ein Viergespann zog. Darin vermischten sich Attribute des kapitolinischen Jupiter mit denen eines Königs. Für einige Tage übernahm der Imperator sowohl die Rolle des Herrschers als auch die des obersten Staatsgottes. Voraussetzung für die Gewährung eines solchen Triumphzuges war die Erringung eines entscheidenden Sieges und der Besitz der vollen Amtsgewalt am Tag des Triumphes. In späterer Zeit wurde eine Zahl von 5000 erschlagenen Feinden als Vorbedingung für die Gewährung des Triumphes angesehen. Die den Imperator begleitenden Hee-

resteile trugen bildliche Darstellungen von eroberten Städten, von Schlacht-
szenen und Tafeln mit Siegesberichten sowie Beutestücke. Weiße Rinder als
Opfertiere und die Schar der Gefangenen folgten dem Triumphwagen. Unmittelbar nach dem Triumph wurden die Führer der Feinde hingerichtet, wohl eine
letzte Erinnerung an frühere Menschenopfer. Ein hinter dem triumphieren-
den Feldherrn stehender Sklave rief diesem zu: »Denke daran, daß du ein
Mensch bist!« Dieser Ausruf galt bei den Römern wohl in erster Linie der
Abwehr böser Mächte, denen der Feldherr im Augenblick seines höchsten
Triumphes besonders ausgesetzt war. Einem ähnlichen Zweck dienten wohl
auch die Spottlieder der in langen Reihen hinter dem Triumphwagen marschierenden und mit Lorbeer bekränzten Soldaten. Oft waren diese Spottlieder
recht drastisch, wie z. B. das der Legionäre im Triumphzug JULIUS CÄSARS
nach dem gallischen Sieg: »Städter, sperrt die Frauen ein! Den kahlen Buhlen
bringen wir. Gold verhurtest du in Gallien, das du einstens hier gepumpt.«[110]
Das berühmte Opfer eines Schweins, eines Schafes und eines Stieres, die
Suovetaurilia vor dem Jupitertempel, schloß den Triumph ab.

Bevor wir uns einzelnen Cäsaren, die als Heerführer eine bedeutende Rolle
spielten, zuwenden, gilt es, einen Blick auf jene Gesellschaftsschicht zu werfen, die zumeist bei einer Betrachtung der Kriegsgeschichte vernachlässigt
wird. Es sind dies die Sklaven. Ohne ihre Arbeitskraft wäre die Wirtschaft der
antiken Hochkulturen nicht möglich gewesen. Für ihren Besitzer stellten sie,
wie die Hörigen im alten Rußland, einen der wesentlichsten Vermögenswerte
dar. Zumindest in den Städten übertraf ihre Zahl die der freien Einwohner bei
weitem. Sklaven gab es seit den frühesten Zeiten bis ins Mittelalter hinein;
selbst die damalige christliche Kirche trat nicht für eine grundsätzliche Abschaffung der Sklaverei ein, forderte jedoch eine milde Behandlung. Rechtlich
galten sie zwar als Objekte, über die der Eigentümer nach freiem Willen
verfügen konnte, aber der willkürliche Mißbrauch, z. B. die grundlose Tö-
tung, wurde in historischer Zeit bestraft, und im Lauf der Zeit verschärften sich
die Strafbestimmungen immer mehr. Es wäre ganz falsch, das normale Los des
antiken Sklaven für überaus beklagenswert zu halten. Im allgemeinen hatten
die Besitzer selbst das größte Interesse, sich durch gute Behandlung der
Sklaven vor ihrem Verlust zu schützen. Sie waren daher oft materiell besser
dran als die armen, aber freien Tagelöhner. Strafen für ungehorsame Sklaven
waren die körperliche Züchtigung oder die Verschickung zu besonders schweren Arbeiten in der Mühle oder auf dem Land. In schweren Fällen steckte man
sie in die Gladiatorenschule. Die Todesstrafe an Sklaven vollzog man durch
Kreuzigung oder indem man sie im Zirkus gegen wilde Tiere kämpfen ließ.

Die Römer vertraten stets die Ansicht, daß alle Menschen nach dem Naturrecht gleich seien. Die schlechtere Stellung des Sklaven bestand nur nach dem

bürgerlichen Recht, im religiösen Recht war der Sklave dem Freien ebenbürtig. Doch war er von Staatsangelegenheiten und besonders vom Kriegsdienst ausgeschlossen, auch konnte er keine rechtsgültige Ehe eingehen. Dagegen war es ihm möglich, durch selbständige Geschäfte Vermögen anzusammeln und sich freizukaufen. Ließ der Eigentümer einen Sklaven frei, so erhielt er in Rom das volle Bürgerrecht. Im Sinn unseres Themas besonders wichtig ist die Tatsache, daß der alte römische Mittelstand durch die langen und schweren Kriege der frühen Eroberungszeit fast vernichtet worden war. Da die Sklaven, wie schon gesagt, vom Kriegsdienst befreit waren, hatten sie diese Zeiten gut überstanden. Als in Rom jedoch nach Cannae und in den Bürgerkriegen Not am Manne war, griff man auf das Potential der körperlich geeigneten Sklaven zurück. Allerdings mußten sie dazu vorher freigelassen werden. Diese Anschauung, daß nur der freie Mann Kriegsdienst leisten kann, sollte bis in die beginnende Neuzeit, die Zeit der Landsknechte, vorherrschen. Eine Ausnahme bildete lediglich das alte, zaristische Rußland, in dem die Heere bis zur Bauernbefreiung im vorigen Jahrhundert aus Hörigen rekrutiert wurden.

Die hauptsächlichen Ursachen für Sklaverei lagen in Kriegsgefangenschaft, im Menschenraub durch Seeräuber, in der Geburt von unfreien Eltern und der Kindesaussetzung. Oftmals wurden Kriege sogar vor allem geführt, um Sklaven einzubringen. Wir haben schon gehört, daß nach einem Zweikampf, durch den eine Schlacht entschieden werden sollte, das Heer des besiegten Kämpfers ohne Murren in die Gefangenschaft und damit in die Sklaverei zog. Dafür muß es einen Grund geben. In der Vorstellung vieler alter Völker, besonders bei den Germanen und Kelten, besaß jeder Freie, gleich ob Mann, Frau oder Kind, eine besondere Lebenskraft, ein besonderes Heil, das die Nordgermanen *hamingja* nannten. Ging diese Lebenskraft verloren, so besaß der Mensch nicht mehr, was sein eigentliches Menschsein ausmachte. Er wurde Objekt und vermochte nur noch mit Hilfe der Lebenskraft eines anderen Menschen weiterzuleben. Genau das war die Stellung des Sklaven. Bei dem für zwei Heere stellvertretend geführten Zweikampf lag die Lebenskraft und das Heil der gesamten Kampfgemeinschaft bei denjenigen, die für alle kämpften. Mit dem Unterlegenen war seine wie auch seines ganzen Heeres Lebenskraft unterlegen. Widerstandslos ließ man sich dann in die Sklaverei abführen.

Dennoch wird von zwei schrecklichen Sklavenkriegen in den Jahren 136–132 v. Chr. und 104–99 v. Chr. sowie von dem Sklavenaufstand unter SPARTACUS in den Jahren 73–71 v. Chr. berichtet. Alle fanden ein entsetzliches Ende. Im ersten Sklavenkrieg sammelte der Führer EUNUS die Sklaven der Großgüter in Sizilien und führte sie zweiweise in der Stärke von 200000 Mann gegen die Römer. Nachdem EUNUS besiegt worden war, ließen die Römer 20000 Sklaven kreuzigen. Ähnlich geschah es auch beim Sklavenauf-

stand des Thrakers SPARTACUS, der aus einer Gladiatorenschule Capuas ausgebrochen war. Mit seinem Heer aus Gladiatoren und Landarbeitern der
Großgüter siegte er zunächst über die Legionen, wurde aber nach drei Jahren
überwältigt. Auch hier ließen die Römer 6000 Sklaven entlang der Via Appia
kreuzigen. Diese Aufstände stehen scheinbar im Widerspruch zu dem behaupteten Verlust der Lebenskraft der Sklaven. Hier darf jedoch nicht vergessen werden, daß die Sklaven, die vor allem beim Aufstand des SPARTACUS aus
Thrakern, Kelten und Nachfahren der Kimbern und Teutonen bestanden,
sich nicht mehr in ihren alten, ursprünglichen Lebensverhältnissen befanden.
Im italischen Kernland des Imperiums waren sie mit einer ganz anderen
Lebensauffassung vertraut worden, die es nicht mehr zuließ, sich als Teilha-
ber der Lebenskraft und des Heils ihrer Besitzer zu fühlen. Nur so ist ihr
plötzliches Aufbäumen zu verstehen. Dieses Herausgerissensein aus den alten, urtümlichen Lebensverhältnissen wird noch bei der Betrachtung der
Völkerwanderung eine größere Rolle spielen.

Wenden wir uns nun kurz einigen Cäsaren zu. GAIUS JULIUS CÄSAR, der im
Jahr 100 v. Chr. geboren wurde, sollte einer der größten Feldherren der
Weltgeschichte werden. Sehen wir in ihm aber nur den Feldherrn und nur den
Staatsmann im modernen Sinn dieser Wörter, so können wir die Gestalt
dieses Mannes nur mangelhaft erfassen. Für sein späteres Leben war es geradezu schicksalhaft, daß er schon als Kind einen Lehrer, MARCUS ANTONIUS
GNIPHO, hatte, der aus Gallien stammte und vermutlich viele Geheimnisse
der dortigen Druiden kannte. So wurde er schon als Kind auf das vorbereitet,
was größte Auswirkungen auf die zukünftige Menschheitsgeschichte haben
sollte. Er vernichtete bis auf wenige Überreste das gallische Druidentum und
dessen Mysterien. So schlimm diese Tat auch war, im Licht der Menschheitsentwicklung erscheint sie doch notwendig, damit die Menschen zum Intellektualismus und zum vollen Ich-Bewußtsein gelangen konnten. Es darf
sogar vermutet werden, daß er sich bis zu einem gewissen Grad über seine
Handlungsweise im klaren war. Mit 16 Jahren wurde er nämlich bereits für
das Amt des Flamen Dialis, des Priesters des obersten Gottes, Jupiter, ausersehen, mit 27 Jahren wählte man ihn ins Kollegium der Pontifices, jene oberste Kultusbehörde Roms, deren Sache u. a. der Kalender und die Verwahrung
der Prozeßformeln des Rechts waren, 10 Jahre später wurde er selbst Pontifex
Maximus. Die Verbindungen, die die Priesterschaft Roms zu den gallischen
Druiden und auch zu den griechischen Mysterienstätten unterhielten, sind
wohlbekannt.

Sein Nachfolger AUGUSTUS war Mysterieneingeweihter. Obwohl er selbst
damit keinen Mißbrauch trieb, sollten die meisten seiner Nachfolger dies tun,
nachdem sie sich die Einweihung erzwungen hatten.[111] Im übrigen war auch

Augustus seit dem Jahr 12 v. Chr. Pontifex Maximus, allerdings erst sieben Jahre nachdem er die konsularische Gewalt auf Lebenszeit und die Sittenaufsicht für fünf Jahre erhalten hatte.

Auch Tiberius, Adoptivsohn und Nachfolger des Augustus, auf den noch einmal im Zusammenhang mit den Germanen einzugehen sein wird, hatte sich die Einweihung in die Mysterien erzwungen. Ja, er wollte sogar den Christus unter die römischen Götter aufnehmen, was jedoch der römische Senat verhinderte.[112] Caligula war einer der am gründlichsten in die Geheimnisse der Mysterien eingeweihten römischen Cäsaren. Auch er hatte sich die Einweihung erzwungen.[113] Aufgrund dieser Einweihung wandelte Caligula den Augusteischen Prinzipat in ein hellenistisch-orientalisches Gottkönigtum um. Er war damit zugleich Cäsar und Gott und fühlte sich als wiedergeborener Alexander und Cäsar. Auch Nero hatte sich nach Rudolf Steiner die Einweihung erzwungen.[114]

Unter Vespasian eroberten die Römer im Jahr 70 n. Chr. Jerusalem. Diese Eroberung führte zugleich zur Vernichtung der palästinensischen Mysterien.[115] Dieser Sieg hatte aber auch eine andere, nicht vorausgesehene Wirkung. Die Zahl der ins Ausland verschleppten Juden und damit derjenigen, die bereits dem Christentum angehörten, stieg rasch an. Es wurde bereits darauf hingewiesen, wie wichtig die Alexanderzüge und die Verbreitung der griechischen Sprache für die Verkündigung des Evangeliums im Osten waren. Da sicher ein großer Teil der aus Jerusalem vertriebenen Juden des Griechischen ebenso mächtig war wie die gebildeten Schichten Roms, so fand bei ihnen wie auch beim ungezählten Heer der Sklaven das Christentum bald Eingang. Doch schon vor der Eroberung Jerusalems bekannten sich römische Soldaten wie etwa der Zenturio Cornelius aus der Apostelgeschichte 10 zu Christus. Es wird darin ausdrücklich vermerkt, daß er Angehöriger einer italischen Legion war. Mit Sicherheit ist anzunehmen, daß die vom Christentum ergriffenen Teile des römischen Heeres, die aus dem italischen Kernland stammten, schon lange vor der offiziellen Übersetzung der Evangelien ins Lateinische diese in ihrer Muttersprache weiterverbreiteten. Daß darüber hinaus die Truppen häufig ihren Standort wechselten und Versetzungen innerhalb des Heeres sehr oft vorkamen, sind mit Gründe für die außerordentlich schnelle Verbreitung des Christentums. So hatten die Feldzüge Roms und die Ausweitung seiner Grenzen auch diese positive Wirkung. Ohne das römische Heer hätte die Verbreitung des Christentums sicherlich weit länger gedauert. Allerdings sind auch die Nachteile dieser Tatsachen nicht zu übersehen. Die urchristlichen Gemeinden hatten auf einem freien Zusammenschluß ihrer Mitglieder bestanden, unter denen die stärkste Persönlichkeit aufgrund ihrer natürlichen Autorität die Führung übernommen hatte. Das Vorbild

Roms und seiner Legionen führte aber im Lauf der Zeit zu einer hierarchischen Ordnung, in der der Klerus als feste Führungsschicht der Masse der Laien gegenüberstand. Als im Jahr 391 n. Chr. das Christentum zur Staatsreligion wurde, war diese straffe Organisation der Kirche fast vollendet.

Noch einmal kommen wir auf die Cäsaren zurück. Auch Kaiser HADRIAN (117–138 n. Chr.) machte wie TIBERIUS den vergeblichen Versuch, Christus unter die römischen Götter aufzunehmen.[116] Nachdem das Römische Reich unter seinem Vorgänger TRAJAN die größte Ausdehnung erlangt hatte, begann er, die Grenzen des Reiches im Osten und im Norden zu sichern. Während er im Osten den Parthern gegenüber sogar auf die eroberten Gebiete verzichtete und die Euphratgrenze wiederherstellte, begann er in England, an der Rhein- und Donaugrenze ebenso wie am Euphrat mit dem Bau von Befestigungsanlagen, dem sog. Limes. Damit rückte der Defensivgedanke in den Vordergrund, und das Römertum verlor seinen expansiven Schwung. HADRIANS Nachfolger, MARC AUREL, hatte dann alle Hände voll zu tun, um den Besitzstand des Reiches zu sichern. Er war der Philosoph auf dem Kaiserthron, von dessen Leben und Wirken der Kirchenvater AUGUSTINUS bewundernd sagte, das Leben dieses heidnischen Kaisers verdiene die Nachahmung der Christen. Es liegt wohl ein geheimnisvoller Sinn darin, daß das Reiterstandbild des Kaisers auf dem Römischen Kapitol nur deshalb nicht eingeschmolzen wurde, weil man den Reiter für den ersten christlichen Kaiser KONSTANTIN hielt. Aber nicht nur gegen die Feinde von außen hatte der Kaiser zu kämpfen, sondern vor allem auch gegen die furchtbare Pestepidemie, die unter der Bevölkerung und den Soldaten seines Reiches grassierte.[117] Diese entsetzlichen Pestepidemien und andere verheerende Seuchen waren mit wesentliche Gründe für den späteren Zusammenbruch des Reiches.

Ein römischer Kaiser, der nicht in die Mysterien eingeweiht war und auch mit dem Prinzip gebrochen hatte, sich gewalttätig die Einweihung zu erzwingen, war KONSTANTIN DER GROSSE.[118] Am 28. Oktober 312 siegte KONSTANTIN über MAXENTIUS an der Milvischen Brücke und wurde damit Herrscher über das Westreich. Dieser Sieg wurde durch Träume und Sibyllinische Zeichen entschieden.[119] Nach dem ausschlaggebenden Traum, von dem bereits die zeitgenössischen Schriftsteller berichteten, erschien KONSTANTIN das Kreuzzeichen mit dem Spruch: *in hoc signo vinces* – »In diesem Zeichen wirst du siegen.« Tatsächlich ließ der Kaiser daraufhin das Kreuz auf den Feldzeichen seiner Truppen anbringen und gab nach dem Sieg den Christen und seinen Legionen die volle religiöse Gleichberechtigung. Diese war vorher insbesondere deshalb nicht gewährt worden, weil die christlichen Soldaten sich geweigert hatten, dem Kaiser als Gott zu opfern und ihm in dieser Eigenschaft den Treueid zu leisten; was auch ein wesentlicher Grund für die früheren allgemeinen Christenverfolgungen war. Der Sieg des römischen Heeres unter KONSTANTIN stellte einen entscheidenden Durchbruch für die Verbreitung des Christentums im gesamten Europa dar. Wiederum waren durch eine militärische Entscheidung die Weichen für die Zukunft der damals kulturell fortschrittlichsten Völker der Welt gestellt worden. Die systematische Vernichtung der Kultorte und Heiligtümer und alles dessen, was an die alten heidnischen Mysterien erinnerte, wurde nun von den Cäsaren im Verein mit den christlichen Bischöfen und Priestern fortgesetzt.[120]

Bevor es jedoch so weit war, versuchte der Neffe KONSTANTINS DES GROSSEN und Nachfolger seines Bruders, KONSTANTIN II., noch einmal, die alte Spiritualität wiederherzustellen. JULIAN APOSTATA war Eingeweihter der alten eleusinischen Mysterien und lebte in persönlichem Zorn und Groll, aber auch in persönlichem Enthusiasmus aus, was er als Erbe der alten Spiritualität empfangen hatte. Nicht zuletzt seinem Streben, die Mithrasmysterien kennenzulernen, ist es zu verdanken, daß er seinen Kriegszug gegen die Perser unternahm. Er fiel auf diesem Feldzug durch Christenhand im Jahr 363.[121]

Vier Jahre nach der Erhebung des Christentums zur Staatsreligion und nachdem alle heidnischen Kulte verboten worden waren, wurde das Reich unter den Söhnen THEODOSIUS DES GROSSEN aufgeteilt. ARCADIUS erhielt den Osten, HONORIUS den Westen. Während das Weströmische Reich noch 80 Jahre unter schwächlichen Kaisern und bedroht von Germanen und Hunnen weiterbestand, ging das Oströmische Reich seine eigenen Wege. Im Lauf der Zeit nahm es immer mehr griechischen Charakter an. »Denn nach dem Selbstverständnis seiner Herrscher und Bewohner und in der Vorstellung der Zeitgenossen vom 4. bis zum 15. Jahrhundert war der oströmische Staat nichts anderes als das alte Römische Reich in seinen bewährten Organisationsformen, geeint in der gemeinsamen Kultur des christlichen Glaubens und Sittengesetzes, in der großen geistigen Überlieferung des Griechentums und in der Rechtsordnung des Römischen Reiches, an seiner Spitze der über alles Irdische erhabene Basileus, der Stellvertreter Christi, der die ganze Fülle irdischer Macht in sich vereinigt, dafür aber auch die riesenhafte Verantwortung trägt für die Erhaltung von Friede und Recht, für die Erhaltung und Mehrung des Reiches, für die Bekämpfung der Barbaren und für die Bewahrung der Einheit des Glaubens.«[122] Diese Auffassung vom Kaiser als dem Stellvertreter Christi führte schließlich neben anderen inneren Gründen zur Spaltung der christlichen Kirche und zur Auffassung vom russischen Staatsoberhaupt als Vorgesetztem des Metropoliten von Moskau.

Noch einmal muß in der Geschichte um Jahrhunderte zurückgegriffen werden. Im Jahr 814 v. Chr. hatten die von den Assyrern bedrohten Phöniker aus Tyros die Stadt Karthago in Nordafrika gegründet. Beherrscht wurde die

Stadt durch eine reiche Kaufmannsaristokratie, die sich zu ihrer Verteidigung in der Hauptsache auf Söldnerführer und Söldnerheere stützte. Seit einer Niederlage gegen die Griechen bei Himera auf Sizilien im Jahr 480 v. Chr. herrschten die Karthager im Westen, die Griechen im Osten des Mittelmeers, bis Rom eingriff. Im Ersten Punischen Krieg gegen Karthago von 264–241 v. Chr. kämpften die Römer zunächst erfolgreich in Sizilien, erkannten dann aber, daß Karthago nur zur See zu schlagen war. Obwohl Rom bis dahin reine Landmacht gewesen war, baute es nun eine Flotte, für deren Schiffe es Enterbrücken entwickelte, über die die Legionen wie auf trockenem Boden die feindlichen Schiffe nehmen konnten. In Karthago machte sich dagegen der Nachteil der Söldnerheere bemerkbar, die sich gegen ihre eigene Führung erhoben. Rom nutzte augenblicklich diese Schwäche aus und erzwang die Abtretung Sardiniens und Korsikas. Wie Sizilien wurden diese Inseln römische Provinzen und das Tyrrhenische Meer damit zum römischen Binnenmeer.

Der siegreiche Ausgang des Ersten Punischen Krieges sowie die Abwehr der eingefallenen gallischen Stämme, ihre Niederlage und der römische Vorstoß in die Po-Ebene mit der Gründung der Kolonien Piacenza und Cremona zur Sicherung der Po-Übergänge ließen Rom im Gefühl einer militärischen Überlegenheit auf seinen Lorbeeren einschlafen. Wohl baute man noch im Jahr 220 v. Chr. die strategisch wichtige Via Flaminia, die Rom mit Rimini verband und ein rasches Verschieben von Truppen gegen den gallischen Erbfeind im Norden gestattete, aber Führung, Ausrüstung und Ausbildung der Legionen schienen sich so bewährt zu haben, daß man es bei dem erreichten Stand belassen zu können glaubte. Das Heer erstarrte in seiner Schablone, etwa wie das preußische Heer nach FRIEDRICH DEM GROSSEN knappe zweitausend Jahre später. Das ist nicht verwunderlich, denn noch immer bestand das Offizierskorps ausschließlich aus Männern, die, wie etwa unsere heutigen Reservisten, sich nur zeitweise mit ihren militärischen Aufgaben befaßten. Und die Feldherren waren im Grunde genommen nichts anderes als Bürgermeister, die sich dem damaligen Bildungsstand entsprechend zwar mit taktischen und operativen, vielleicht sogar strategischen Problemen beschäftigten, sie aber niemals gründlich durchdachten. So konnten sie auch leicht in laienhafte »Irrtümer« verfallen, wie es besonders die Schlacht bei Cannae im Zweiten Punischen Krieg (218–201 v. Chr.) zeigen sollte.

Während man so in Rom die Zeit verschlief, schuf sich der neue Erbfeind der Stadt, Karthago, unter seinem Feldherrn HANNIBAL ein Heer, das aus karthagischen Berufsoffizieren, Söldnern aus vielen Ländern und barbarischen Völkerschaften bestand. Bei diesem neuen Heer gab es kein schablonenhaftes Vorgehen, keine Taktik nach Schema, sondern von Berufsoffizieren und einem genialen Feldherrn wendig geführte Verbände, die trotz des im Heer herrschenden Sprachgewirrs Hervorragendes leisten konnten. Der Beweglichkeit des Einzelkämpfers sowie der Einheiten und Verbände galt das vornehmliche Anliegen HANNIBALS, eine Maxime, die sich durch alle Jahrhunderte hindurch als mitentscheidend für militärische Siege erweisen sollte. Bereits der Alpenübergang HANNIBALS, die Schlachten am Tessin und an der Trebia sowie die überfallartig durchgeführte Schlacht am Trasimener See hätten die Römer warnen sollen. Aber noch immer glaubte man, unbesiegbar zu sein, wenn es zur wirklich großen Schlacht käme. Außerdem hoffte man, sich auf die zahlenmäßige Überlegenheit verlassen zu können.

Zwei Lager schlagen die Römer im Jahr 216 v. Chr. in der Kampanischen Ebene bei Cannae auf, aus denen sie mit 70000 bis 80000 Mann und mit Front nach Westen aufmarschieren. HANNIBAL nimmt die Schlacht mit nur 50000 bis 60000 Mann eigener Truppen an. Auf ihre zahlenmäßige Überlegenheit bauend, formieren sich die Legionen unter TERRENTIUS VARRO zu einer Masse mit einer Frontbreite von 1500 bis 1600 Mann, 36 Glieder tief, nach hinten durch die Triarier abgesichert, zum entscheidenden Angriff. Schließen sich die Intervalle rechtzeitig, so besitzt diese Masse eine gewaltige Stoßkraft. Je 3000 Reiter decken ihre Flanken, die sich an Hügel anlehnen. Dieser Ansatz zur Schlacht war grundfalsch und nahm, wie meist, die Entscheidung schon voraus. Um der Stoßkraft willen hatte man die in der Manipulartaktik steckenden Möglichkeiten zur Bewegung der Verbände einfach vergessen und war in die alte Phalangentaktik zurückgefallen.

HANNIBAL richtet sich nach der Frontbreite der feindlichen Linie und stellt ihr im Zentrum 20000 Gallier und Iberer in einer Tiefe von 12 Gliedern gegenüber. Hinter diesen verhältnismäßig schwachen Kräften stehen aber, nach den Flügeln zu massiert, je 6000 seiner Veteranen als zweites Treffen. Wie bei einem Gewehrschuß durch Vorhänge, die in verschiedenen Abständen aufgehängt sind, muß sich bei dieser neuen treffenweisen Gliederung der mächtige Gewaltstoß der Römer verlieren und schließlich ganz erlahmen. Links stehen HANNIBALS schwere Reiter, 6000 Pferde stark, rechts die leichten numidischen Reiter mit 4000 Pferden.

Gegen Mittag treten die Römer zum Angriff an. Während HANNIBALS Zentrum langsam zurückweichend den gewaltigen Stoß federnd auffängt, wirft sich die schwere karthagische Reiterei auf die römische, sprengt sie auseinander, umjagt das riesige Rechteck der Legionen, vertreibt mühelos die Leichtbewaffneten und fällt der bereits von vorn angegriffenen römischen Reiterei des linken Flügels in die Flanke. In haltloser Flucht verschwindet die römische Reiterei vom Schlachtfeld. Jetzt faßt HASDRUBAL, der die schwere Reiterei der Karthager führt, auch die leichte unter seinem Kommando zusammen und fällt mit 10000 Reitern den Römern in den Rücken. Die Triarier machen mühsam kehrt, um sich des Feindes zu erwehren. Der römische Gewalthaufen kommt dadurch ins Stocken, verliert seine Stoßkraft, die Gallier und Iberer im karthagischen Zentrum spüren das Nachlassen des Drucks und gehen wieder vor. HANNIBAL aber erkennt den rechten Augenblick, zieht seine Veteranen von der Mitte ab, läßt sie an den Flanken des eigenen Zentrums überquellen und stößt mit ihnen den Römern in die Flanken, an denen die Phalanx erfahrungsgemäß wehrlos ist. Die Umfassung ist gelungen und führt zur ersten Vernichtungsschlacht der Weltgeschichte. Treffentaktik und Umfassung, selbst mit schwächeren Kräften, sind damit in die Kriegskunst eingezogen.

Keine andere Schlacht als der karthagische Sieg bei Cannae hat zu allen Zeiten das Interesse der Berufssoldaten so angezogen. In Deutschland hat das fast zu einer Cannae-Manie geführt. Alle großen Feldherren der deutschen Geschichte, besonders der jüngsten Vergangenheit, haben versucht, Vernichtungssiege zu erringen. So war es 1914 bei Tannenberg, und so war es in den großen Schlachten des Zweiten Weltkriegs in Polen, Frankreich und Rußland. Aber in der dominanten Beschäftigung mit einer Schlacht, die mit einem Schlag die feindlichen Streitkräfte vernichten sollte, lag auch eine große Gefahr, die sich schon bei HANNIBAL zeigte. Wohl war Cannae eine Vernichtungsschlacht, aber die Entscheidung über den Ausgang des ganzen Krieges hat sie genausowenig gebracht wie die großen deutschen Siege am Anfang des Zweiten Weltkriegs. Die Konzentration der meisten Feldherren auf die operative Führung mit dem Ziel der Vernichtungsschlacht in höchster beruflicher Perfektion hat sie das strategische Denken in den Hintergrund rücken und auf diese Weise oft den Endsieg im Krieg aus der Hand geben lassen. »Zu siegen verstehst du, Hannibal, den Sieg auszunutzen, nicht!«, hatte schon LIVIUS ausgerufen. Nur die Eroberung Roms hätte die Entscheidung des Kriegs gebracht. HANNIBAL konnte sich nicht dazu entschließen. Das sollte sich bitter rächen. Wohl fand er in Makedonien und Syrakus Verbündete gegen Rom und dehnte so den Krieg zu einem Weltkrieg aus, aber es gelang ihm nicht, die jetzt so wichtige Seeherrschaft zu erringen. Rom dagegen raffte alle seine Kräfte zusammen und verstand es, Zeit und Raum zu seinen Gunsten zu nutzen. Dadurch mußte HANNIBAL seine Kräfte teilen. Es gelang ihm nirgends mehr, die Römer zu einer weiteren großen Schlacht zu stellen. Die Ermattungsstrategie der römischen Konsuln nach TERRENTIUS VARRO und ÄMILIUS PAULUS und besonders das Verhalten des FABIUS CUNCTATOR, der die Lage richtig erkannte, verschafften den Römern die Zeit zum Aufbau einer neuen, moderneren und schlagkräftigeren Armee. Sie konnte dann aus der Erkenntnis, daß die Ermattungsstrategie zur Erringung des Endsiegs von der offensiven Niederwerfung gekrönt werden muß, vergleichbar auf takti-

128

scher und operativer Ebene dem Wechsel von Abwehr auf Angriff, zur Entscheidung eingesetzt werden.

Aufgrund der Überlegenheit zur See konnte PUBLIUS CORNELIUS SCIPIO im Jahr 204 v. Chr. es wagen, den Krieg nach Afrika hinüberzutragen. HANNIBAL mußte ihm wohl oder übel folgen, um Karthago zu retten. In der Entscheidungsschlacht bei Zama 202 v. Chr. unterlag er den Römern. Im Friedensschluß mußte sich Karthago verpflichten, auf Spanien Verzicht zu leisten und Numidien an MASSINISSA zu übergeben. Außerdem war eine Zahlung von 10000 Talenten in fünfzig Jahren fällig. Die Kriegsschiffe sollten bis auf zehn Triären ausgeliefert werden, und es war Karthago verboten, außerhalb Afrikas Kriege zu führen und innerhalb Afrikas nur mit Genehmigung der Römer. Diese erzwungene totale Abrüstung Karthagos führte zur Wehrlosigkeit und schließlich zur endgültigen Zerstörung Karthagos im Dritten Punischen Krieg von 149–146 v. Chr. Diese totale Abrüstung hat nicht etwa dazu beigetragen, die siegreichen Römer friedlich zu stimmen, sondern im Gegenteil das endgültige Schicksal Karthagos besiegelt. Diejenigen seiner Einwohner, die das Blutbad überlebten, wurden versklavt, die Stadt bis auf die Grundmauern zerstört. Karthago hat nie wieder eine Rolle in der Geschichte gespielt. Das Mittelmeer aber war zum *mare nostrum* der Römer geworden.

Zwischen dem Zweiten und Dritten Punischen Krieg unterwarf Rom die Kelten in Oberitalien und griff auch in Makedonien, Griechenland und im östlichen Mittelmeer siegreich ein. Dieses Eingreifen war zunächst nicht dem Wunsch nach einer Eroberung der hellenistischen Staaten entsprungen, die Gründe waren rein politischer Natur. Zum ersten Mal versuchte man, den Gedanken des Gleichgewichts der Mächte ins Spiel zu bringen. Dieses Gleichgewicht wurde jedoch im Dritten Makedonischen Krieg von 171–168 v. Chr. durch den Angriff der Makedonier auf Griechenland gestört, die ihre Hegemonialstellung wiederzugewinnen trachteten. Diese unbedachte Störung des Gleichgewichts durch aggressive Kräfte sollte dann erst zur Unterwerfung der griechischen und hellenistischen Staaten führen. Dadurch war Rom endgültig Herr des gesamten Mittelmeerraums und nicht nur militärpolitisch, sondern auch wirtschaftlich die stärkste Macht der Welt geworden. Die unter AUGUSTUS verkündete »Pax Augusta« stempelte jeden, der versuchte, gegen Rom aufzutreten, zum Verbrecher. Eine Ahnung davon, welch hohes Ansehen das römische Bürgerrecht genoß, erhalten wir aus der Apostelgeschichte 22, wo PAULUS sich darauf beruft, er sei römischer Bürger. Allein dieses Wort schützte ihn vor allen Nachstellungen der Juden.

Germanen

Während sich dies alles im Süden unseres Kontinents abspielte, befanden sich im Norden die jungen Stämme und Völker der Germanen, die später die Überwinder der Römer und die Führenden der fünften nachatlantischen Epoche werden sollten, noch in einem Zustand, der dem eines Kindes gegenüber dem Erwachsenen glich.

Über die Abstammung der Germanen ist schon mehrfach im Zusammenhang mit den Kelten und Italikern gesprochen worden. Sie dürften, als Volk zur indogermanischen Sprachfamilie gehörend, etwa am Ende der jüngeren Steinzeit aus den Trägern der nach Westen vorstoßenden Megalithkultur, der Trichterbecher- und Schnurkeramik- bzw. Streitaxt-Kultur, hervorgegangen sein, obwohl die sie von den anderen indogermanischen und alteuropäischen Sprachgruppen unterscheidende Lautverschiebung erst in die erste Hälfte des letzten Jahrtausends v. Chr. anzusetzen ist. Schon seit der jüngeren Steinzeit bewohnten sie Süd-Skandinavien, Dänemark und Schleswig. Im allgemeinen unterscheidet man die Nordgermanen in Skandinavien, die Ostgermanen, die, den Nordgermanen nahestehend, in das Gebiet östlich der Elbe auswanderten, und die Westgermanen an Rhein, Weser, Nordsee und Elbe. Letztere wiederum bildeten drei Kultverbände: die Ingwäonen an der Nordsee, die Istwäonen am Rhein und die Herminonen im Binnenland.[123]

Drei Stände bestimmten das gesellschaftliche Verhalten der Germanen: der Adel, der seine Abstammung von den Göttern ableitete, die Freien, die die Masse der wehrfähigen Bevölkerung bildeten und alle politischen Rechte besaßen, und die Minderfreien, die sich aus Freigelassenen und Liten zusammensetzten, von denen letztere meist Unterworfene eines oft verwandten Stammes waren. Die Unfreien, das waren zumeist Kriegsgefangene, unfrei Geborene oder durch Zahlungsunfähigkeit unfrei Gewordene. Von der Bronzezeit ab begannen sich die Germanen deutlich von den anderen alteuropäischen Völkern kulturell zu unterscheiden.[124]

Aus der nordischen Bronzezeit stammen auch die Felsbilder, die bereits anthropomorphe Götter zeigen. Aufgrund ihres alten hellseherischen Bewußtseins herrschte bei den Germanen die Überzeugung, daß derjenige, der nicht am materiellen Leben hängt, unmittelbar nach dem Tod einer Gottheit ansichtig wird. Man empfand es daher als Strafe, wenn der Mensch nach dem Tod zeitweilig von der Gemeinschaft der Götter ausgeschlossen war, weil er sich zu sehr ins Materielle verstrickt hatte. Deshalb sagte man von dem Krieger, der auf dem Schlachtfeld starb – der also den ehrenvollen Krieg höher schätzte als das Materielle –, daß ihn die Walküre empfängt; und man betrachtete das als eine Art Einweihung. Wer im Bett starb, starb den Strohtod.[125] Die germanischen Völker der vorchristlichen Zeit besaßen im Gegensatz zu den orientalischen Völkern schon ein starkes Ich-Gefühl. Sie bildeten die fünfte Kultur der nachatlantischen Zeit.[126]

In kriegerische Berührung mit den Römern kamen die Germanen zuerst während der Wanderung der Kimbern, Teutonen und Ambronen in den Jahren 113–102 v. Chr. Nur mit größter Mühe gelang es MARIUS, sie schließlich zu überwinden. Seit jener Zeit saß den Römern die Angst vor dem *furor Teutonicus* so sehr in den Knochen, daß noch CÄSAR vor dem Aufbruch in die Schlacht gegen ARIOVIST im Jahr 58 v. Chr. alle seine Überredungskünste aufwenden mußte, um das Heer psychologisch auf den Kampf gegen die Germanen vorzubereiten. Diese Tatsache bleibt selbst dann bestehen, wenn man in Rechnung stellt, daß CÄSAR übertrieb, um seinen späteren Sieg in um so hellerem Licht erscheinen zu lassen. Drei Jahre später überwand er nur durch heimtückischen Bruch des Völkerrechts, nachdem er die Oberhäupter der vorher siegreichen Usipeter und Tenkterer während der Verhandlungen hatte niedermetzeln lassen, die führerlos gewordenen Stämme. Die germanischen Reiter schätzte er besonders als Hilfstruppen, denen er vor ihrem Einsatz allerdings die besseren römischen Pferde überließ. In seinen »Kommentaren zum Gallischen Krieg« hat er über die germanischen Sitten und Gebräuche geschrieben, wenn darin auch manches mit Vorsicht behandelt werden muß.[127]

Angst und Schrecken verbreitete in Rom erneut die Nachricht von der Niederlage des Legaten LOLLIUS in Gallien im Jahr 16 v. Chr., bei der sogar der Adler der V. Legion den siegreichen Sugambrern, Usipetern und Tenkterern in die Hand fiel. Kaiser AUGUSTUS begann daraufhin persönlich, drei Jahre lang die Eroberung des germanischen Gebietes bis zur Elbe vorzubereiten. Zu den Angriffsvorbereitungen gehörte der Bau von über 50 Kastellen im Rheingebiet mit den Lagern Xanten und Mainz als Hauptbasen. Dorthin wurden fünf Legionen verlegt, rund 30 000 Legionäre. Mit Trossen und Hilfstruppen verdoppelte sich etwa die gesamte Truppenzahl. NERO CLAUDIUS DRUSUS (38–9 v. Chr.), unter dessen Leitung die Vorbereitungen durchgeführt wurden, baute die nötigen Verbindungsstraßen und kanalisierte die Vecht-Ijssel-Linie, um den späteren Zuidersee mit dem Rhein zu verbinden. In Köln entstand eine römische Flotte, mit der er in die Nordsee vorstoßen wollte. Nachdem er im Jahr 12 v. Chr. mit Hilfe dieser Flotte die Friesen und Chauken zu einem Bündnisvertrag gezwungen hatte, zielten alle seine Vorstöße in den Jahren 12, 11, 10 und 9 v. Chr. auf den Raum, in dem die Externsteine liegen und in dem wir das germanische Zentralheiligtum vermuten dürfen. Hoch über diesem Raum, der u. a. die heutigen Städte Detmold und Paderborn umschließt, und hoch über der Erde lag das germanische Asgard, von dem aus gewaltige Impulse ausstrahlten. Dieses Inspirationszentrum, Asgard genannt, hat später seine Wirksamkeit an den Ort des Heiligen Grals abgegeben. Von dort erhielt der nordische Volkserzengel seine Mission, und von dort erhielten die erhabensten Geister ihre Aufträge, die ihr Wirken nach Nord- und Westeuropa hin ausdehnten.[128] Doch der Versuch, dieses Zentralheiligtum zu erobern, scheiterte; die Germanen zwangen Drusus zur Rückkehr. Allgemein bekannt ist das Auftreten der Seherin von übermenschlicher Größe, die Drusus zur Umkehr zwang und ihm den nahen Tod voraussagte.[129]

Dem Bruder des Drusus, Tiberius, von dem wir schon gehört haben, daß er sich die Einweihung erzwungen hatte, wäre es beinahe gelungen, in den Jahren 8–6 v. Chr. die römische Oberhoheit bis zur Weser auszudehnen. Doch noch einmal mußte er einer Familienangelegenheit wegen nach Italien zurückkehren. Erst im Jahr 4 n. Chr. nahm er seinen Plan wieder auf. Dabei ging er mit der ihm eigenen List und Heimtücke vor. Um sein Ziel zu erreichen, schloß er einen Bündnisvertrag mit den Cheruskern ab und stieß bis in den Raum des heutigen Hildesheim vor. Zur gleichen Zeit oder ein Jahr später errichtete er bei Köln einen Altar, der nach dem Vorbild des gallischen Lugdunum (Lyon) in Verehrung des göttlichen Augustus und der Roma zum neuen germanischen Zentralheiligtum werden sollte. Ein vornehmer Cherusker und Verwandter des Arminius wurde dort der erste Priester. Im Winter 4/5 n. Chr. wagte es Tiberius sogar, im Land der Cherusker, an den Lippequellen, und ganz gegen die Gewohnheiten des römischen Heeres zu überwintern. Es darf vermutet werden, daß er im engen Zusammenleben mit dem wichtigen Kultverband der Cherusker Näheres über die germanischen Heiligtümer, die ja Zentrum des Widerstandes waren, erfahren wollte. Eine endgültige Besetzung oder Zerstörung der Heiligtümer hätte, wie es später dann auch geschah, die unter sich verfeindeten germanischen Stämme zum gemeinsamen Abwehrkampf zusammengeführt. Das Verhalten des Tiberius im Jahr 5 n. Chr. verleiht dieser Hypothese weitere Glaubwürdigkeit. Er stieß nämlich mit der Flotte an der Nordseeküste entlang fast bis zum Skagerrak vor, kehrte aber dann, ohne zu landen, um. Bisher konnte sich niemand dieses rätselhafte Verhalten erklären. Wir sind jedoch der Überzeugung, daß dieser Vorstoß der Suche nach dem wichtigsten Heiligtum der Nordgermanen bei Jelling galt. Als Tiberius dann in die Elbe einfuhr, besiegte er die dort wohnenden Langobarden und Chauken und demonstrierte durch einen Heeres- und Flottenaufmarsch auf und an der Elbe entlang seine Macht. In der Nähe von Lüneburg errichtete er auf dem Kalkberg eine Luna-Säule, wohl

zum Zeichen seines Sieges.[130] Gewöhnlich errichteten römische Truppen
nach einem Sieg ein einfaches, aus Steinen zusammengesetztes Siegesmal;
hier wird eine Säule genannt, von der Reste bis vor kurzem noch in einer
nahen Kirche vorhanden waren. Das deutet auf eine Besonderheit hin, und
diese Besonderheit kann eigentlich nur darin liegen, daß TIBERIUS die Säule
an der Stelle eines germanischen Heiligtums errichtete, von dem allerdings
bisher keinerlei Spuren gefunden worden sind. In der Überzeugung, Germanien unterworfen zu haben, rüstete TIBERIUS nun zu einem Feldzug gegen die besonders volkreichen Markomannen im Südosten Germaniens. Ein
Aufstand in Illyrien und Pannonien hielt ihn von der Ausführung dieses
Plans ab. Die vielleicht gefährlichste Bedrohung der Freiheit Germaniens
war durch Geschehnisse außerhalb Germaniens abgewendet worden. An
die Stelle des TIBERIUS trat aber nun QUINCTILIUS VARUS, der glaubte, Germanien wäre als Provinz bereits fest in der Hand der Römer.

Bevor wir zur entscheidenden Tat des ARMINIUS kommen, soll noch einmal
betont werden, wie wichtig Heiligtümer für die Wahl eines Schlachtortes
waren. Das im Kampf gefällte Gottesurteil wurde dann von den Germanen als
unumstößlich hingenommen. Dies hatte sich schon beim Zug der Kimbern
und Teutonen gezeigt. Ihren ersten Sieg über ein römisches Heer hatten sie
113 v. Chr. in der Nähe der Hauptstadt des keltischen Noricum Noreia
erfochten, das ja zugleich, wie wir gehört haben, religiöses Zentrum war, und
dort den Alpenübergang erzwungen. Die größte Katastrophe aber, die Rom
seit Cannae getroffen hatte, bereiteten ihnen die Kimbern und Teutonen im
Jahr 106 v. Chr. bei Arausio, dem heutigen Orange. Mit ihnen im Bund
standen schon seit einiger Zeit die helvetischen Tiguriner, denen der Raub des
Tempelschatzes von Toulouse durch die Römer unter dem Feldherrn CAEPIO
als besonders verabscheuungswürdiges Verbrechen erschienen sein muß. Die
Schlacht diente wohl als Sühne für diese Freveltat. Die keltisch-germanischen
Stämme zogen danach gemeinsam nach Spanien. Dieser Zug erscheint ganz
unsinnig, wenn wir nicht annehmen dürfen, daß sie noch einmal versuchten,
die Keltiberer aufzurichten, deren religiöses Zentrum und Hauptstadt Numantia erst bei der Belagerung des Jahres 134/133 v. Chr. durch SCIPIO und
durch die Evocatio ihrer Götter erlegen war. Hunger hatte die Eingeschlossenen schließlich zum Kannibalismus gezwungen, wobei die Schwächsten getötet und verzehrt wurden. Am letzten Tag vor der Kapitulation hatten sich
die meisten den Tod gegeben, nur wenige lieferten sich dem Sieger aus und
wurden als Sklaven verkauft. SCIPIO ließ Numantia niederbrennen. Nach
einem Streifzug, der doch sicher nicht nur der Plünderung gedient haben
kann, denn dazu hätte das reiche Südfrankreich bessere Gelegenheiten geboten, teilten sich die Germanen in zwei Heerhaufen. Bei Aquae Sextiae, dem

heutigen Aix-en-Provence, das allein durch seine Thermalquellen den Charakter einer heiligen Stätte trug, schlug ein römisches Heer unter MARIUS mit deutlicher zahlenmäßiger Überlegenheit die Teutonen und vernichtete sie.

Die Kimbern waren weiter nach Osten gezogen und über die Po-Ebene in die Raudischen Felder eingedrungen. Bei Vercellae verabredeten sie mit den Römern, ganz ihrer Anschauung von der Schlacht als Gottesurteil entsprechend, ein Schlachtfeld, das sie durch die Aufstellung ihres heiligen Stieres heiligten. Der schlaue Römer MARIUS übertölpelte sie bei der Wahl der Seiten, indem er sie gegen die Sonne kämpfen ließ. Im Jahr 101 unterlagen die Kimbern und wurden völlig vernichtet.

Auch der Schlacht zwischen CÄSAR und ARIOVIST in der elsässischen Ebene ging eine Verabredung der beiden Heerführer voraus. Zwar berichtet CÄSAR nur von politischen Themen, die zwischen ihm und ARIOVIST behandelt worden wären, aber das Verhalten der Germanen zeigt, daß sie den Kampf nur unter bestimmten Regeln annehmen wollten. Nach einem kurzen, aber verlustreichen Scharmützel zwischen Teilen der beiden Heere befragte CÄSAR Gefangene, »warum Ariovist eine Entscheidungsschlacht vermeide, und vernahm folgende Ursache: Bei den Germanen sei es Brauch, daß die Weiber durch Lose und Wahrsagungen offenbaren, ob es gut sei zu schlagen oder nicht. Und diese hätten erklärt, die Germanen könnten nach dem Willen des Schicksals nicht siegen, wenn sie vor dem Neumond ein Treffen lieferten.«[131]

Im Licht dieser Auffassungen von Kampf und Krieg gewinnt die Befreiungstat des ARMINIUS im Jahr 9 n. Chr. im Teutoburger Wald noch größere Bedeutung. An heiliger Stelle und vermutlich an dem dem Wotan geweihten Tag, dem heutigen Michaelstag am 29. September – Michael trat, nachdem die Germanen das Christentum angenommen hatten, an die Stelle Wotans –, wurde VARUS mit seinen Legionen, insgesamt etwas mehr als 30000 Mann, vernichtet. Noch im Sommerlager an der Weser hatte VARUS Recht gesprochen, aber nicht germanisches Recht, sondern römisches. Damit hatte er gegen geheiligte Gesetze verstoßen und war zum Rechtsbrecher geworden, zum Neiding. Gegen ihn waren alle Mittel, auch die des Verrates, erlaubt. An anderer Stelle wurde gezeigt, wie alles darauf hindeutet, daß ARMINIUS nicht nur Fürst, sondern auch Eingeweihter und höchster Priester des Wotan an den Externsteinen war. Nach unserer Überzeugung ist er der Siegfried der Nibelungensage.[132] Als Priester war er allein befugt, Urteile zu vollziehen, wie dies TACITUS berichtet.[133]

Die dreitägige Schlacht mit ihren Überfällen auf das marschierende römische Heer aus den Wäldern heraus, so daß es sich nicht zur Schlacht entfalten konnte, der schließliche Selbstmord des VARUS, die Gefangennahme oder

Niedermetzelung des bis dahin überlebenden Teils des Heeres und die schließliche Opferung der römischen Legaten, Tribunen und Zenturionen im heiligen Hain bei den Externsteinen können keineswegs, wie das in letzter Zeit geschehen ist, als ein unbedeutendes Kolonialgefecht oder eine Meuterei germanischer Hilfstruppen angesehen werden, vielmehr handelte es sich um eine Entscheidungsschlacht größten Ausmaßes. Durch den Sieg des ARMINIUS konnte das esoterische Wissen, das an den Externsteinen gepflegt wurde, für die Zukunft bewahrt werden, ähnlich wie das in Alaise-Alesia für das keltische Wissen geschehen war. Ohne diesen Sieg hätte weder ein deutsches noch ein englisches Volk entstehen können, ohne ihn gäbe es weder eine deutsche noch eine englische Sprache und Kultur, weder einen Shakespeare noch einen Goethe, die nur von ihrem Sprachgeist geleitet in dieser Form für die Gesamtmenschheit wirken konnten. Ohne den Sieg des ARMINIUS hätten die germanischen, besonders die angelsächsischen Völker nicht die Führung in der fünften nachatlantischen Kulturepoche übernehmen können. Eine europäische Einheitssprache auf romanischer Grundlage würde die Welt beherrschen, und die Vielfalt der europäischen Völker mit ihren Missionen wäre nie zum Tragen gekommen. Nur der michaelische Kampf gegen die Geister der Finsternis, zu dem sich der Einzelmensch in solchen Stunden wie jenen der Schlacht im Teutoburger Wald entscheiden mußte, verhinderte das Versinken der germanischen Völker in der Finsternis des Römertums.

Auch die Vorstöße des GERMANICUS, die darauf abzielten, die Niederlage des VARUS wettzumachen und Germanien doch noch bis zur Elbe zu unterwerfen, galten den den Göttern geweihten Gebieten, wie bereits der Feldzug gegen die Marser mit der Zerstörung ihres Tanfana-Heiligtums im Jahr 14 n. Chr. zeigte. Ein Jahr später drang er in den Raum nördlich Fritzlar vor, wo die Chatten ihr heiliges Gebiet hatten und BONIFATIUS im Jahr 723 die Donareiche fällen sollte. Es ging ihm darum, diesen mächtigen Stamm und Bündnisgenossen ARMINIUS' auszuschalten. TACITUS schreibt über sie: »Sie machen die rechten Männer zu Führern und hören dann auch auf sie; sie verstehen im Kampf Reih und Glied einzuhalten, wissen Blößen beim Gegner wahrzunehmen, den richtigen Augenblick zum Angriff abzupassen und den Tag zweckmäßig einzuteilen. Für die Nacht verschanzen sie sich. Sie verlassen sich nicht aufs Glück, sondern setzen ihr Vertrauen in die Tapferkeit. Vor allem aber, was äußerst selten und eigentlich nur bei der römischen Kriegszucht berechtigt ist, sie bauen noch mehr auf ihren Führer als auf ihr Heer. Ihre Hauptstärke liegt bei dem Fußvolk, das übrigens außer den Waffen auch noch Schanzgerät und Verpflegung mit sich führt. Kurz gesagt: die anderen Germanen rücken zur Schlacht aus, die Chatten dagegen ziehen in den Krieg.«[134] Im Jahr 16 holte dann GERMANICUS zum entscheidenden Schlag gegen

ARMINIUS, die Cherusker und ihre Verbündeten aus. Doch das Schlachtfeld bestimmte nicht er, sondern ARMINIUS. Nach Beratungen und Opfern in einem Donarhain griff ARMINIUS die Römer auf der Idisenwiese (Idistaviso) an. Die Schlacht endete unentschieden, mit leichten taktischen Vorteilen für die Römer. Durch ein geschicktes Manöver wußte ARMINIUS den GERMANICUS nach sich zu ziehen und stellte sich ihm erneut am Angrivarier-Wall. Durch seine vorher erlittenen Verwundungen in seiner Lebenskraft geschwächt, führte ARMINIUS diesen Kampf nicht selbst, sondern überließ die Führung seinem Oheim INGUIOMER. Wieder gelang es GERMANICUS, mit Hilfe seiner Geschütze den Angrivarier-Wall zu durchbrechen, aber seine Verluste waren so schwer, daß er sich zum Rückzug hinter den Rhein entschloß. AUGUSTUS befahl daraufhin die Einstellung der römischen Eroberungsversuche.

Wohl war das linke Rheinufer in römischer Hand, doch allzu fest scheint die Stellung der Römer nicht gewesen zu sein, denn in den Jahren 69 und 70 erhoben sich die Bataver unter ihrem Führer CIVILIS, dessen germanischer Name nicht überliefert ist. Wie ARMINIUS hatte auch er im römischen Heer als Offizier gedient. Die Seele des Aufstandes aber war die Seherin WELEDA, die die Germanen aller Stämme zum heiligen Krieg aufrief. Die Betonung liegt dabei wiederum auf dem Wort »heilig«. Viele Germanenstämme schlossen sich an, sogar Verbündete aus Gallien kamen hinzu. Doch es gelang den Römern nach Beendigung des Bürgerkrieges durch VESPASIAN, ein starkes Heer aufzubieten, dem die germanischen Verbände schließlich nicht gewachsen waren. Die Rache der Römer war furchtbar. Lediglich CIVILIS, der Bataverfürst, konnte einen verhältnismäßig günstigen Frieden schließen, weil sich die Römer diesem seetüchtigen Stamm gegenüber im Nachteil befanden. Entsetzlich dagegen war das Schicksal der WELEDA. Hatte sie als Leiterin einer Abordnung in Rom noch die endgültigen Friedensverträge ausgehandelt, so befand sie sich einige Jahre später, wir wissen nicht durch welche Umstände, in der Gefangenschaft der Römer. Im Jahr 1926 fanden Archäologen bei Ausgrabungsarbeiten in einer alten latinischen Stadt südlich von Rom ein tafelartiges Marmorbruchstück. Zwanzig Jahre lang schenkte man ihm keine besondere Beachtung, dann aber gab es eine wissenschaftliche Sensation: Die Inschrift auf dem Marmor berichtet von einer »hochgewachsenen Jungfrau namens Veleda, die verehrt wird bei den Rheinwasser-Trinkern«. Damit kann niemand anders gemeint sein als die einst so gefeierte Brukterin, denn als »hochgewachsene Jungfrau« wurde sie überall geschildert und »Rheinwasser-Trinker« war auch eine gängige Umschreibung für die Germanen. Die weitere Übersetzung machte Schwierigkeiten, weil einige Wörter verstümmelt waren und die fehlenden Buchstaben ergänzt werden mußten. Das führte zu den verschiedensten Rekonstruktionen und Deutungen. Zwei der wahrscheinlichsten haben eines gemeinsam: den gesellschaftlichen Abstieg der großen Zauberin. »...damit Du [gemeint ist Kaiser VESPASIAN] sie nicht beschäftigungslos fütterst, soll sie fegen und die Bronzelampe des Tempels schneuzen«, heißt es in der einen Version; in der anderen wird darauf hingewiesen, daß ihre Weissagekunst nur wirken könne, »wenn das Geld im Kasten klingt«.[135] Seherinnen waren in der Frühzeit Jungfrauen, und was mit ihnen geschah, wenn sie in römische Gefangenschaft gerieten, ist nicht schwer zu erraten. Aus fast allen Berichten über frühe germanische Seherinnen geht hervor, daß ihre Seherkraft eng mit der Jungfräulichkeit verknüpft war. Viele Namen solcher Seherinnen sind uns überliefert, und stets geht aus der Überlieferung hervor, daß sie bedeutende Stellungen innehatten. Dies trifft z.B. für die Semnonin GANNA zu, die im Jahr 91 n.Chr. den Fürsten MASIOS auf dessen Reise zu Verhandlungen nach Rom begleitete. Eine ähnlich hohe Stellung hatte eine Seherin VALUBURG im 2. Jahrhundert n.Chr. inne, die als Stabkundige bekannt war. Auch ihr Schicksal war schrecklich, denn sie wurde von Germanien nach Ägypten verschleppt, wo sie als Dienstmagd des römischen Statthalters in Elefantine bei Assuan erwähnt wird und dort einen fürchterlichen Tod gefunden haben soll.

Daß die Stellung der Frau bei den Germanen ganz allgemein eine sehr hohe war, geht aus den Berichten des TACITUS hervor. Nach ihm haben sie so manches schon wankende Heer zum Stehen gebracht und das Glück der Schlacht gewendet. Aufgrund der Sehergabe der Frauen richteten sich die Germanen nach ihren Ratschlägen und Weissagungen. Unter anderem erwähnt TACITUS auch die WELEDA und eine AURINIA, die als Seherin lange vor WELEDA gelebt haben muß.[136]

Für das Kriegswesen der Germanen und ihre Vorstellungen vom Krieg sind drei Götter besonders wichtig: Ziu, Donar und Wotan. Es wurde schon darauf hingewiesen, daß diese Götter geistige Wesenheiten waren, die in atlantischer Zeit ihre Missionen bei den Menschen erfüllten. In diesem Zusammenhang gibt es eine interessante Hypothese, die chronologisch in etwa diese Feststellung bestätigt. So soll der Kult des Tyr-Ziu, der mit dem alten indogermanischen Himmelsgott gleichzusetzen ist, in der Zeit von 12000 bis 8000 v. Chr., also noch während der letzten Eiszeit und vor dem Untergang der letzten Reste der Atlantis, vorgeherrscht haben, der Thor-Donar-Kult von 8000 bis 4000 v. Chr., während der Wotan-Kult erst kurz vor der Zeitenwende durch die Nordgermanen von den Südgermanen übernommen worden sein soll. Sie nannten ihn den *Saxa Got*.[137] Alle drei Götter sind eng mit der germanischen Kriegsführung verbunden. Ziu wurde geradezu zum Kriegsgott. Donar führte als nordischer Thor mit seinem alles zerschmetternden Steinhammer den Kampf gegen die Riesen und wurde besonders von den

Wikingern verehrt, obwohl er ursprünglich wohl ein bäuerlicher Gott war. Wotan dagegen, der vor allem von den Südgermanen verehrt wurde, ist der große Schlachtenlenker, der seinem Volk die Kriegskunst lehrt, die Walküren anweist, welche Krieger sie ihm von der Walstatt zu bringen haben, damit sie ihm bei der Götterdämmerung mit ihrer Tapferkeit zur Seite stehen. Unzählige Male griff Odin-Wotan in die Schlacht ein. So z.b. unter dem Namen Bruno als Wagenlenker des Dänenkönigs HARALD zu dessen Verderben in der Bravalla-Schlacht.[138] In der Schlacht von Brâvik mischte sich Wotan unter die Streiter, und zwar wiederum als Wagenführer Bruni.[139] Im »Grimnismal« schützte Odin den Geirrödr im Kampf, und in der Wölsungen-Saga gibt er an, wie die Söhne Ionakrs zu töten seien. Weitere Beispiele ähnlicher Art könnten beliebig angeführt werden.

Wie sehr das Kriegsgeschehen in religiösen Vorstellungen verwurzelt war, zeigt das öfter belegte Weihen des Schlachtfeldes und sein Abstecken durch geheiligte Haselruten. Nur wenn die Vorzeichen günstig waren, durfte die Schlacht angenommen werden. Zum Erkunden der Vorzeichen gehörten das Loswerfen, der Brauch, Ruf und Flug der Vögel zu beobachten, aus dem Wiehern und Schnauben der Rosse im heiligen Hain den Willen der Götter zu erkennen, und die Austragung eines Vorkampfes zwischen einem Gefangenen und einem eigenen Krieger. Ein solcher Zweikampf ist auf der Goldscheibe abgebildet, die in Pliezhausen, südlich von Esslingen, gefunden wurde. Sie stellt einen Reiterzweikampf dar. Der Sieger reitet mit erhobenem Speer über den Besiegten hinweg, der zwischen den Vorderhufen des Pferdes am Boden liegt. Doch er kann noch mit der Hand in die Zügel des Pferdes greifen und ihm das Langschwert in den Hals bohren. Hinter dem Reiter ist eine kleine schwebende Gestalt sichtbar, die wohl dessen Fylgja, den germanischen Schutzgeist, darstellt. Ein anderes Beispiel bietet die bereits erwähnte Schlacht im Oberelsaß, wo ARIOVIST zögerte, den Kampf einzuleiten, weil die heiligen Familienmütter davor gewarnt hatten, die Schlacht vor Neumond zu beginnen. Der Glaube an die Wirkung des Mondes auf das irdische Geschehen ist uralt. Inzwischen ist historisch-statistisch erwiesen, daß der letzte Vollmondtag fast stets auf einen Dienstag fällt. Der Dienstag aber ist dem Kriegsgott Ziu geweiht.[140] Aus einem ähnlichen Grund wurden die Ritterschlachten nahezu ausnahmslos bei Vollmond geschlagen, nämlich am Dienstag.[141]

Feldzeichen waren den Germanen bekannt. Sie trugen aber nicht wie bei den römischen Manipeln den Charakter von Befehlszeichen, nach deren Stellung im Gefecht bestimmte Bewegungen ausgeführt wurden, sondern glichen den frühen Palladien, die als heilige Zeichen mit in die Schlacht geführt wurden. Das konnten etwa Wotans Schlange und Wolf sein oder Donars Bär und Bock oder Zius Widder. Daneben gab es ebenso heilige Wahrzeichen, wie den Speer für Wotan, den Hammer für Donar und das Schwert für Ziu. Diese Symbole wurden in den heiligen Hainen aufbewahrt und unter feierlichen Riten bei Ausbruch eines Krieges hervorgeholt. In der Schlacht feuerten sie die Männer zu höchster Tapferkeit an. Eroberte feindliche Feldzeichen wurden, wie manchmal die Gefangenen, den Göttern geweiht.

Zum Gefecht gliederten sich die germanischen Heere im allgemeinen so, daß das Fußvolk in Keilen geordnet in der Mitte stand und die Reiterei auf den Flügeln. Nur bei römisch geschulten Heerführern finden wir eine Aufstellung nach römischem Muster, was von den Chronisten dann ausdrücklich betont wird. Ein Beispiel dafür ist die Schlacht zwischen ARMINIUS und MARBOD im Jahr 17 n. Chr., bei der beide Heere treffenweise aufgestellt wurden. Leider ist über sie zu wenig bekannt, als daß man in Einzelheiten gehen könnte.

In der Schlacht bildete jeder Stamm aus seinen Sippen einen Keil. Diese Schlachtordnung war den Germanen von Wotan selbst gelehrt worden. An der Spitze dieses Keils marschierten die Führer mit ihren Gefolgschaften, die aus besonders tapferen und ausgewählten Kriegern bestanden. Für sie war es eine Schande, ohne ihren Führer aus der Schlacht heimzukehren, lieber wählten sie den Tod. Die Sippen, die dann im Keil folgten, waren in etwa Hundertschaften, wobei das Wort »hundert« nicht allzu genau genommen werden darf. Führer dieser Hundertschaften war der Hunno, eine Art Sippenältester und Dorfbürgermeister. Blutsverwandtschaft hielt diese Sippen ebenso zusammen wie das Bewußtsein, eine gemeinsame Sippenseele zu besitzen, für die der Begriff *hugr* aus dem Altnordischen überliefert ist. Wie das Wort *hamingja* die Lebenskraft und das Heil des Einzelnen bezeichnet, so bezeichnet *hugr* die Lebenskraft und das Heil der Sippe.[142] Der so gebildete Keil war ein gewaltiger Gevierthaufen von etwa gleicher Tiefe und Breite, in dem die einzelnen Hundertschaften mit ihrem Hunno an der Spitze rottenweise nebeneinander standen. Der Eindruck, daß diese germanischen Keile oder »Schweinsköpfe« vorne weniger breit gewesen wären als hinten, ergab sich wohl daraus, daß — ähnlich wie bei der griechischen Phalanx, aber in anderer Richtung — die in den vorderen Gliedern stehenden tapfersten Krieger und Führer beim Angriff, der nach den Quellen mit großem Ungestüm vorgetragen wurde, und im Bestreben, an den Feind zu kommen, unbeabsichtigt eine stumpfe Spitze bildeten. Nahmen mehrere Stämme an einer Schlacht teil, so bildete jeder Stamm für sich einen Keil. Zwischen den Keilen der Stämme bestanden Zwischenräume, manchmal vielleicht auch Abstände, wenn das Gelände es erforderte. Die Stärke des Keils lag im ersten gewaltigen Ansturm, mit dem der Durchbruch gelingen mußte. War das nicht der Fall und gelang nur ein Einbruch, so löste sich, wie in sehr vielen Schlachten, der Keil in Einzelkämpfer auf, die dann gegen die römischen Kohorten keine Chance mehr hatten. Auf diese Weise ist wohl TACITUS zu dem Urteil gekommen, daß die Germanen eine gewaltige Angriffskraft, aber keine Ausdauer im Kampf besäßen. Einzelkämpfer und einzeln kämpfende Gruppen mußten den geschlossen angreifenden und immer zusammenhaltenden Kohorten unterlegen sein. Rissen dagegen auch die Kohorten auseinander, so wurden sie im zerstreuten Gefecht eine Beute der germanischen Einzelkämpfer, wie das vor allem in der Schlacht im Teutoburger Wald geschehen ist.

TACITUS erwähnt in seiner »Germania« ausdrücklich, daß sich bei einer rangierten Schlacht die Frauen und Kinder hinter den Schlachtreihen aufhielten und mit ihrem Geschrei die Männer zur Tapferkeit anfeuerten. Sie versorgten auch die Verwundeten und brachten ihren Männern Speise und Trank. Bei den wandernden Stämmen hielten sie die Wagenburg besetzt und leisteten von dort aus, selbst wenn die Männer schon geschlagen waren, energischen Widerstand.[143]

Über die religiösen Bräuche und das Eingreifen der Götter in die Schlacht geben ein paar Beispiele Auskunft. So verabredeten die Chatten und Hermunduren in der Gegend von Neustadt a. d. Saale, vielleicht aber auch bei Soden-Salmünster, im Jahr 65 n. Chr. einen Entscheidungskampf um den Besitz der dortigen Salzquellen. Das Schlachtfeld wurde mit Haselruten abgesteckt und die Feinde Wotan geweiht. Der Kampf endete mit einem Sieg der Hermunduren. Daß diese Salzquellen als heiliger Boden angesehen wurden, braucht wohl nicht betont zu werden.

In der Stammsage der Langobarden, die uns PAULUS DIAKONUS überlieferte, heißt es, die Winniler seien aus ihrer Urheimat gezogen und wären in ihren neuen Sitzen von den Vandalen aufgefordert worden, entweder Zins zu zahlen oder sich zum Waffengang zu bereiten. Die Winniler beschlossen letzteres, obwohl sie an Zahl den Vandalen unterlegen waren. Die Vandalen gingen nun zu Wotan und verlangten von ihm den Sieg über die Winniler. Dieser aber antwortete ihnen, er werde denen den Sieg geben, die er zuerst bei Sonnenaufgang erblicke. Da ging die Mutter der beiden Herzöge der Winniler, GAMBARA, zu Freya, der Gattin Wotans, und verlangte für die Winniler den Sieg. Freya gab ihr daraufhin den Rat, die Weiber der Winniler sollten ihre Haare auflösen, sie wie Bärte um das Gesicht hängen und frühmorgens zusammen mit den Männern erscheinen, und zwar dort, wo Wotan hinblickt, wenn er wie üblich morgens aus dem Fenster von Walhall schaut. Als Wotan sie bei Sonnenaufgang erblickte, rief er aus: »Was sind das für Langbärte?« Freya antwortete, er solle denen, welchen er den Namen gegeben, auch den Sieg schenken. So habe Wotan den Winnilern den Sieg erlaubt, die von da an

Langobarden hießen. Hinter dieser Sage steht die Vorstellung, daß derjenige, der den Namen erteilt, auch Gaben verteilen muß. Im übrigen ist diese Etymologie natürlich falsch. Die Langobarden nannten sich nach ihrer Nationalwaffe, der langen Barte oder langen Axt.

Von den Vandalen, den Feinden der damaligen Langobarden, die vordem Winniler hießen, haben wir schon zweimal gehört. Ganz zu Unrecht ist ihr Name durch den Begriff »Vandalismus« im Sinn von sinnloser Zerstörungssucht befleckt. In Wirklichkeit handelt es sich dabei um ein von Bischof H. Grégoire (1750–1831) geprägtes und im Nationalkonvent von 1794 auf die französischen Jakobiner angewandtes Scheltwort. Hinter ihm verbirgt sich eine seit der Renaissance mit ihrer Römerbegeisterung gängige Vorstellung von den Vorgängen bei der Plünderung Roms durch die Vandalen im Jahr 455 n. Chr. Wir wissen aber, daß die Vandalen während der 14 Tage in Rom nicht mehr geplündert haben als andere Stämme und Völker zu jener Zeit auch.

Zumindest Teile des ostgermanischen Stammes der Vandalen müssen sich auf ihrem Zug über die Ostsee hinweg nach Süden und zunächst nach Südwesten gewandt haben, da sie sonst um die Zeit von Christi Geburt nicht auf die an der Elbe, im Bardengau sitzenden Langobarden hätten stoßen können.

Noch wichtiger in unserem Zusammenhang ist jedoch die Tatsache, daß sich im Heer des bereits erwähnten suebischen Heerkönigs ARIOVIST auch Vandalen befanden. Bevor dieser im Jahr 58 v. Chr. von CÄSAR in der oberelsässischen Ebene besiegt wurde, hatte er sich im Jahr 61 v. Chr. bei Magetobriga das mächtige gallische Volk der Häduer unterworfen. Dieses Magetobriga ist das heute so verschlafene Dörfchen Moigte-de-Broie an der Saône, unweit von Pontarlier. Dort aber, ganz in der Nähe, liegt in der Mitte eines großen, den Kelten heiligen Raumes Alaise-Alesia. Wie erwähnt, hatten sich nach unserer Auffassung die keltischen Druiden nach der endgültigen Niederlage durch CÄSAR dorthin zurückgezogen, um ihr esoterisches Wissen um den Heiligen Gral weiter zu pflegen. Auch hier liegt die Vermutung sehr nahe, daß der Zug des ARIOVIST nicht nur reiner Eroberungssucht und dem Wunsch, über Gallien zu herrschen, wie CÄSAR das behauptet, entsprungen war. Wie schon gezeigt, galten ja viele Feldzüge in der Antike gerade der Aufnahme von Verbindungen mit hohen Kultstätten und der Absicht, deren Wissen aufzunehmen.

Beim Lesen historischer Studien über die Wanderzüge der Germanen hat man sehr oft den Eindruck, daß die Historiker auf Klimaveränderungen als Ursache dieser Züge dann zurückgreifen, wenn ihnen nichts besseres einfällt. Sieht man sich aber auf der Karte die Wanderzüge an, so stellt man fest, daß die wandernden Völker, auch die Vandalen, auf ihren Zügen keineswegs dort längere Rast eingelegt haben, wo die wirtschaftlichen Verhältnisse, d. h. also die Möglichkeiten der Bodenbebauung, besonders günstig erschienen. »Schon der Mensch jener rauhen Zeit lebte nicht vom Brot allein, sondern brauchte noch andere Bindungen an die Länder, in denen er zu bleiben gedachte, und sei es auch nur für die Dauer eines Menschenlebens. Und so war es oft ein Heiligtum, das die Wandernden anzog, etwa die heilige Bernstein-Insel vor der Odermündung, auf der Germanen verschiedener Küstenstämme und vielleicht sogar von den Ostsee-Inseln sich zu gemeinsamer Götterverehrung und Opferhandlungen zusammenfanden. Und ein solches Heiligtum, das die Stämme zusammenführte und am Ort hielt, war nach heutigen Erkenntnissen ganz zweifellos auch der Zobten, der charakteristische, mit seinen 718 m hoch aus der Ebene ragende Bergkegel.«[144] Der Name dieses Berges geht auf das slawische *góra sobotka* zurück, das «heiliger Berg« bedeutet. Den slawischen Namen erhielt der Berg aber erst im Lauf des 5. und 6. nachchristlichen Jahrhunderts, während des großen Slaweneinbruchs. Diese Slawen fanden einen heiligen Berg vor und gaben ihm den Namen in ihrer Sprache, denn was heilig ist, bleibt heilig. Die Sagen, die sich um diesen Berg ranken, ähneln denjenigen, die mit dem Brocken, dem Kyffhäuser und dem Untersberg im Berchtesgadener Land verbunden sind. In ihnen wohnt ein Kaiser, entweder KARL DER GROSSE oder FRIEDRICH BARBAROSSA, der dort seinen Schlaf hält und erst aufwacht, wenn die um den Berg fliegenden Raben ihm von der Not des Reiches künden. Dann zieht er mit seinem starken Heer aus dem Berg, um die Feinde seines Volkes zu besiegen. Ganz offensichtlich handelt es sich um alte Wotansberge, wobei die Kaiser die Stelle des alten Gottes eingenommen haben. Der Berg mit seinem Gott ist Ausgangspunkt für den siegreichen Zug des Volkes.

Diese wenigen Beispiele mögen vorerst genügen. Im nächsten Kapitel muß im Hinblick auf die Völkerwanderung noch einmal auf die germanischen Stämme eingegangen werden.

Während des Altertums und der gesamten Frühzeit, gleich ob es sich dabei um den Vorderen Orient oder um Europa handelt, konnten wir beobachten, daß die Götter unmittelbar in das Kriegsgeschehen eingriffen und den Sieg nach ihrem Willen verliehen. Daher wurde der Ausgang eines Krieges oder Einzelkampfes auch als Gottesurteil hingenommen, dem sich der Mensch zu beugen hatte. Es kann daher geradezu von einer Heiligkeit des Kriegsgeschehens gesprochen werden. Diese Heiligkeit wird durch die Tatsache unterstützt, daß unzählige Schlachten an heiligen Orten stattfanden. Ganze Feldzüge dienten dazu, das esoterische Wissen der bekriegten Völker zu gewinnen. Nur die Römer machten hiervon in gewisser Beziehung eine Ausnahme, indem es ihnen schon ganz im modernen Sinn um Machtgewinn ging.

Die drei wichtigsten Entscheidungen, die im Altertum durch Kriege gefallen sind, sollen noch einmal herausgestellt werden. Die Alexanderzüge führten dazu, daß der Vordere Orient hellenistisch wurde und die Evangelien in der dafür am besten geeigneten Sprache, dem Griechischen, niedergeschrieben werden konnten. Das römische Weltreich mit seinen Straßenverbindungen, Truppenverschiebungen und Völkerverpflanzungen durch die Erbeutung von Sklaven oder die Vertreibung einzelner Völker aus ihrem Ursprungsland, besonders der Juden, lieferte eine der wichtigsten Voraussetzungen dafür, daß sich das Christentum mit ungeahnter Schnelligkeit in dem damals wichtigsten Teil der Erde verbreiten konnte. Das Ausweichen des esoterischen Druidentums nach der Eroberung des keltischen Gallien durch CÄSAR in die unwirtliche Gegend an der heutigen französisch-schweizerischen Grenze sicherte die Bewahrung des keltischen Wissens um den Heiligen Gral bis zu seiner Verkündung im Hochmittelalter. Die Abwehr der römischen Eroberungsversuche durch den Cherusker ARMINIUS gewährleistete das Weiterbestehen der germanischen Völker in ihrer besonderen Eigenart und mit ihren Missionen. Sie sollten die führenden Völker in der fünften nachatlantischen Epoche werden. Daher ist die Schlacht im Teutoburger Wald 9 n. Chr. eine der ganz großen Entscheidungsschlachten der Weltgeschichte. Das Kriegswesen entwickelt sich deutlich parallel mit dem allgemeinen Bewußtsein der Menschheit. In der ganz frühen Zeit sind es nur die Heerführer und Fürsten, die großen Heroen und Helden, die als Personen hervortreten und Kämpfe und Schlachten entscheiden, während die Masse der Krieger im Hintergrund bleibt und nur Teil der großen Gruppenseele ihres Stammes oder Volkes ist. Noch bei den Griechen der klassischen Zeit ist der Kämpfer nicht Einzelpersönlichkeit, sondern Teil der Polis, ohne die er kaum Kampfwert besitzt. Die Phalanx ist der deutlichste Ausdruck für diesen Bewußtseinszustand. In der römischen Zeit findet das Bewußtsein der Einzelpersönlichkeit schon Ausdruck als Glied der Familie, die das Vorbild für die römische Zenturie abgibt. Obwohl in der frühen Zeit sich die Germanen noch in ihrem Kindheitszustand befinden und sich selbst als Teil des *hugr*, der Sippenseele, empfinden, ist das Ich-Bewußtsein, das sie dann ausbilden sollten, im ersten Ansatz bereits vorhanden. Die durch die Blutsbande bestimmte Keilformation der germanischen Stämme löst sich dementsprechend in der Schlacht immer wieder auf, weil der germanische Krieger den Kampf als Einzelpersönlichkeit sucht.

Schon die grauste Frühzeit ließ erkennen, daß vom Eroberungswillen getragene Völker vor allem dann angriffen, wenn sie wußten, daß der Feind nicht kampfbereit ist. Freiwillige oder erzwungene Abrüstung, wie bei Phokern und Karthagern, führten zu Elend, Versklavung und Verlust der Freiheit. Der Versuch, zwischen zwei aggressiven Mächten die Neutralität zu bewahren, wie das bei den etruskischen Städten während des Machtkampfes zwischen den oberitalischen Galliern und Rom der Fall war, führte um so sicherer zum Untergang.

Die Kriege wurden in dieser frühen Zeit als notwendig erachtet, so notwendig wie etwa der Verrat des JUDAS an CHRISTUS. Wie bei allen Äußerungen des menschlichen Lebens konnte daraus Gutes oder Schlechtes entstehen, Gutes, wenn auch unter Blut und Tränen, wie etwa durch die Schlacht im Teutoburger Wald, Schlechtes, wie etwa bei der Vernichtung der keltischen Hochkultur durch die Römer.

Dauerhaftes und für die Zukunft Gültiges wurde aber selbst durch die Römer geschaffen. Wohl bereiteten die jungen Völker aus dem Norden, die Germanen, dem Römischen Reich das Ende. Doch wie NAPOLEON aus Achtung vor dem deutschen Kaisertitel es nur wagte, sich Kaiser der Franzosen, nicht aber Kaiser von Frankreich zu nennen, so blieb auch den Germanen die Achtung vor der Größe der Idee des Imperium Romanum erhalten. THEODERICH DER GROSSE, der erste Germanenkönig, der Italien beherrschte, wollte das Römische Reich nicht zerstören, sondern erfüllen. Ähnliche Gedanken müssen KARL DEN GROSSEN bewegt haben, als er die römische Kaiserkrone annahm. Und das erste deutsche Reich nannte sich, ganz aus dem Bewußtsein seiner Sendung, Heiliges Römisches Reich Deutscher Nation. Erst als Kaiser FRANZ II. am 6. August 1806 die alte Reichskrone niederlegte, fand der Gedanke der römischen Universalmonarchie auch in der Praxis sein Ende.

IV. Glaubenskriege – Europäisches Mittelalter

Uns ist in alten mæren wunders vil geseit
von helden lobebæren, von grôzer arebeit;
von vreude und hohgezîten, von weinen und von klagen,
von küener recken strîten muget ir nu wunder hœren sagen.

VON HELDENTATEN UND LEID spricht die erste Strophe des Nibelungenliedes, und von den Tragödien ganzer Völker und Stämme wie von dem Glanz
großer Ideen und Ideale berichtet uns die Geschichte des Mittelalters, in
dem die Germanen das Christentum übernahmen und für lange Jahrhunderte die Führung in der westlichen, europäischen Welt. Aus den schönsten
und zugleich blutigsten Liedern kennen wir die Namen der Helden dieser
Epoche, und wenn sie darin auch der Heldentaten gerühmt werden, die auf
Ereignisse lange vor dem Mittelalter zurückweisen, so tut das der Tatsache
keinen Abbruch, daß sich in ihnen das Lebensgefühl sowohl der wandernden Germanenstämme als auch der ritterlich-höfischen Welt widerspiegelt.
Wann aber begann und wann endete das Mittelalter? Für jede der von der
Geschichtswissenschaft vorgeschlagenen Einteilungen gibt es gute und gewichtige Gründe. Aus reiner Zweckmäßigkeit für unser Thema lassen wir
das Mittelalter im 4. Jahrhundert n. Chr. etwa mit dem Hunneneinfall von
375 beginnen und im 15. Jahrhundert mit der Eroberung Konstantinopels
von 1453 durch die Türken enden. Hinsichtlich des Kriegswesens fällt also
der Anfang mit dem Aufkommen der großen Reiterheere und das Ende mit
der Einführung der Feuerwaffen zusammen. Es ist auch zu bedenken, daß
der im deutschen Sprachgebrauch seit dem Erscheinen der »Geschichte der
Deutschen« von M. J. Schmidt im Jahr 1778 gebräuchliche Begriff »Völkerwanderung« von den meisten anderen Kulturvölkern zu Recht nicht übernommen worden ist. Schließlich handelt es sich bei dieser Völkerwanderung
im wesentlichen nur um die Wanderung ost- und westgermanischer Völker
und Stämme; mit gleichem Recht könnten andere Wanderungen, wie etwa
die der Seevölker in der zweiten Hälfte des 2. Jahrtausends v. Chr. oder die

Zeit der im vorigen Kapitel beschriebenen Wanderungen der Kelten, als Völkerwanderungen bezeichnet werden. Und das sind noch nicht einmal alle.

Gekennzeichnet ist die neue Epoche durch die innere Auflösung des antiken Staates und seiner Gesellschaft, die entstehende enge Verbindung von politischer Reichsgewalt und institutionalisierter Kirche und das allmähliche Zurücktreten der Laien im geistig-kulturellen Leben, den immer geringer werdenden Schriftverkehr im Rechtswesen und die Verminderung des Geldverkehrs im Vergleich zum Tauschhandel. »Wer ein Weltbild des europäischen Mittelalters zu zeichnen unternimmt und den Begriff ›Welt‹ nicht nur geistig, sondern auch geographisch, wirtschaftlich, im ganzen gesehen strukturell sieht, kann nicht darauf verzichten, auch die Umwelt zu sehen, mit der menschliche, politische, geistige Kontakte von einem Ausmaß bestanden, daß man von Kulturströmen reden muß. Deshalb wird in einem Weltbild des europäischen Mittelalters Byzanz nicht nur eine Rolle spielen, weil sein Machtbereich sich auch auf den Balkan erstreckte, und wird die Welt des Islam nicht nur bei der Abhandlung der Kreuzzüge zu streifen sein. Es gibt keinen Aufbruch der europäischen Vernunft in der Scholastik, ohne den von Arabern und Juden vermittelten Aristoteles, keinen Anfang der Naturwissenschaft ohne die Muselmanen, keinen Handel und Wandel im Mittelmeer und Osteuropa ohne Byzanz und die Muselmanen. In ein Weltbild des Mittelalters gehören schließlich auch die Slaven, und zwar nicht nur, weil der hier zugrundeliegende Europabegriff auch deren Staaten- und Völkerwelt umfaßt, sondern weil auch ihre Kultur, besonders soweit sie in den westlich-christlichen Kreis eingegliedert ist (Ostmitteleuropa), zur ganzen Kulturbewegung Europas zählt.«[145]

Der einstmals so freiheitliche Rechtsstaat des alten Rom, wenigstens insoweit es seinen Senat und die Bürger betraf, kehrte sich vornehmlich durch die ungeheuren Steuerlasten, die vor allem durch die Heeres- und Verwaltungsreform DIOKLETIANS im 3. Jahrhundert n. Chr. verursacht worden waren, allmählich in sein Gegenteil um. Reichsadel, Großgrundbesitz und Kirche genossen in zunehmendem Maße Steuerimmunität. Es bildete sich so ein Staat im Staat. Die mittleren und unteren Klassen hatten alle Lasten zu tragen. Dies führte zu einer Proletarisierung und Nivellierung besonders im städtischen Bürgertum. Wollte das Römerreich in dieser Lage überleben, so mußte es zu einem Zwangsstaat werden, in dem jeder Bürger und die im Dienste des Staates stehenden Soldaten und Beamten durch Gesetze erblich an ihren Beruf gebunden blieben. Es entstand so eine Art Staatskapitalismus mit dem römischen Staat als Eigentümer aller Großunternehmen, besonders aber der Bergwerke, Waffenfabriken und Münzstätten. Dies wiederum führte zu einer Lähmung der Privatinitiative in der Wirtschaft. Dem zwangsläufigen

Rückgang des Geschäfts sowie dem Niedergang und der Einschränkung des freien Marktes konnte der Staat nur dadurch begegnen, daß er als Abnehmer einsprang. Am schlimmsten aber wirkte sich das Nachlassen der Moral aus. Nicht die Erschöpfung der Erde oder ein Klimawechsel verursachten den Rückgang der agrarischen Produktion und Bodenkultur, sondern das Nachlassen der Arbeitsmoral und die sinkende Kinderzahl entmutigter Menschen.» Menschenmangel und Entvölkerung ganzer Landstriche in Ost und West verursachten Masseneinfuhr und Ansiedlung von Barbaren und Orientalen; Freie und Sklaven nahmen zahlenmäßig ab. Pest, Revolution, Kriege, Geburtenbeschränkung, auch im Proletariat und sogar beim gallischen Bauerntum, dezimierten die Bevölkerung. Moskitos und Malaria in Latium und in der Toskana forderten weitere Verluste an Menschenleben.«[146] Der Zusammenbruch des zentralisierten Wirtschaftssystems führte zu erstarkenden und selbständigeren Provinzen, in die sich auch das militärische und politische Schwergewicht verlagerte. Heerführer in den Provinzen begannen, mit dem Kaisertum zu rivalisieren. Ihre aus Provinz- und Barbarenverbänden bestehenden Armeen verteidigten nicht mehr die Heimat und die eigenen Götter, sondern kämpften für Sold und Beute.

In der römischen Bevölkerung gab es kein Vertrauen in die eigene Kraft und keinen Stolz mehr auf die persönliche und staatliche Leistung, es machten sich Zynismus, Kinderlosigkeit, Feigheit und Lebensangst vom Proletariat über die Senatoren bis zu den herrschenden Kaisern breit. Der Wille zur Verteidigung des Reiches oder gar zu dessen Mehrung schwand dahin, bis man diese Aufgaben fast ganz angeworbenen Söldnern, vornehmlich Germanen, überließ. Diese Söldner dienten nun nicht mehr allein bei den Hilfstruppen oder den Sonderregimentern (numeri), sondern auch in den regulären Legionen. Vom 3. Jahrhundert ab empfanden es die Römer als ganz selbstverständlich, daß Germanen ihre Schlachten schlugen und ihre Kriege führten. So wandelte sich das römische Heerwesen durch die angeworbenen Germanen von innen her grundlegend. Zwar konnten sich die Römer in der Anfangszeit der Germanenwerbung nicht über Fahnenflucht, Ungehorsam oder Verrat beklagen, die germanischen Söldner taten treu und brav ihre soldatische Pflicht, wenn auch an die Stelle des römischen Kurzschwertes mit der Zeit das germanische Hiebschwert getreten war und der Legionsrock der Kniehose weichen mußte. Entscheidender war, daß die schwere Infanterie der ehemals römischen Legionen allmählich an Bedeutung verlor. Dagegen stieg die Bedeutung der Leichtbewaffneten, die mit Speerwurf und Pfeilschuß das Gefecht einleiteten und die feindlichen Reihen zu erschüttern suchten, unter dem Einfluß der Sarmaten und Hunnen, die eine schnellbewegliche Kavallerie besaßen, auch diejenige der Reiterei. Am Ende des 3. Jahrhunderts begann daher DIOKLETIAN mit einer Heeresreform, die dann KONSTANTIN DER GROSSE um 330 n. Chr. vollendete. Dabei wurde die Zahl der Legionen erhöht, die Gesamtstreitkräfte aber in ein Grenzheer (*limitanei*) und eine rasch bewegliche Einsatzarmee (*comitatenses*) unterteilt. An den Grenzen führten Militärbefehlshaber, die Duces, das Kommando über die Grenztruppen, die im wesentlichen aus den in den betreffenden Gebieten wohnenden Grenz- oder Wehrbauern bestanden. Die bewegliche Einsatzarmee, die eigentliche Feldarmee, die die größte Schlagkraft besaß, wurde von den Heermeistern der Infanterie und der Kavallerie geführt. Mit Sicherheit standen diese hohen Generalsstellen bereits unter KONSTANTIN DEM GROSSEN Germanen offen.

Die kurz vor 400 aufgestellte »Notitia dignitatum« gibt uns einen Überblick über die Gesamtstärke des römischen Heeres: Im Osten betrug die Truppenstärke etwa 350000 Mann, im Westen etwa 250000. Allerdings handelt es sich hier wohl um Soll-Stärken. Im Lauf der Zeit kamen nämlich die Gutsbesitzer, die die Rekruten aus dem halbfreien Bauernstand der Kolonen zu stellen hatten, ihren Verpflichtungen nur noch mangelhaft nach. Die meisten sandten nur diejenigen zum Militär, die sie bei der Feldarbeit nicht mehr brauchen konnten; d. h. also Alte, Lahme, Schwachsinnige und Verkrüppelte.

Im übrigen zeigt ein Gesetz Kaiser VALENTINIANS I. (364–375), daß viele der zum Kriegsdienst Bestimmten sich durch Selbstverstümmelung dem Dienst mit der Waffe zu entziehen suchten. Daneben gab es die Befreiung vom Militärdienst durch Geldzahlungen, wodurch der Staat die Mittel erhielt, Barbaren anzuwerben. Daß damit der Korruption Tor und Tür geöffnet wurde, liegt auf der Hand. Ebenso ist es offensichtlich, daß die Schlagkraft dieser Grenztruppen, um die es sich dabei im wesentlichen handelte, außerordentlich gering war. Das zeigte sich auch sehr bald bei den Germaneneinfällen, wie etwa beim Angriff der Vandalen, die unter König GEISERICH kaum mehr als 20000 Krieger ins Feld stellen konnten. Auch ALARICH dürfte bei seinem Siegeszug durch Italien wohl kaum mehr als 35000 Krieger mit sich geführt haben. Noch verheerender für das römische Imperium wirkten sich aber Gesetze aus, die es bis zum Beginn des 5. Jahrhunderts den in römischem Sold stehenden Germanen verboten, Römerinnen zu heiraten. Wer zuwider handelte, mußte mit der Todesstrafe rechnen. Darüber hinaus sah man auch jede Fraternisierung als Verbrechen an. Von diesen Gesetzen ausgenommen waren lediglich die in römischen Diensten stehenden germanischen Fürsten. Aufgrund dieser »Apartheidgesetze« bildeten die germanischen Söldnerverbände allmählich einen Staat im Staate. Da sie die Waffen besaßen, besaßen sie auch die Macht. Nur der Glanz, der das römische Kaisertum umgab, hielt sie anfangs noch davon ab, die Macht auch wirklich zu ergreifen. Dennoch blieb es nicht aus, daß sich die germanischen Heerführer mit der hinter ihnen stehenden Macht entweder in die innenpolitischen Streitigkeiten einmischten oder den Verlockungen des viel freieren Lebens unter den eindringenden germanischen Wanderstämmen erlagen, die keine Unterdrückung der Armen und Machtlosen kannten.

Fast noch verheerender als die sozialen Mißstände, die politischen Streitereien, die Pestepidemien und der moralische Verfall mit seiner Selbstaufgabe wirkten sich die Religionskämpfe für das römische Imperium aus. Sie lassen sich in ihrer Schärfe in etwa mit den Kämpfen im heutigen Nordirland, denjenigen während der letzten iranischen Revolution oder den unsrigen im Dreißigjährigen Krieg vergleichen. Es kam nicht mehr darauf an, ob der Nächste Angehöriger des eigenen oder anderen Volkes war, sondern ob er den gleichen Glauben besaß. Hier bahnte sich eine Auffassung an, die das ganze Mittelalter beherrschen sollte: Der Gegensatz zwischen Heiden und Christen, wobei Heiden alle Andersgläubigen waren – also auch die Mohammedaner –, wog schwerer als derjenige zwischen verschiedensprachigen Völkern.

Die äußeren Gründe für die rasche Ausbreitung des Christentums im römischen Imperium wurden bereits dargelegt. In immer stärkerem Maße ergriff das Christentum auch das Heer und löste den Mithraskult ab, der besonders bei den Soldaten Eingang gefunden hatte. Doch hier entstand ein Problem, mit dem die noch heidnische führende Schicht Roms nicht gerechnet hatte. Die christlichen Soldaten verweigerten den Treueid auf den vergöttlichten Kaiser. Das war Gehorsamsverweigerung und wurde nach geltendem römichen Recht mit dem Tod bestraft. Hier liegen die Gründe für so manche Christenverfolgung. Die Lage änderte sich schlagartig nach dem Sieg KONSTANTINS DES GROSSEN an der Milvischen Brücke bei Rom über seinen Gegner MAXENTIUS im Jahr 312. Vor der Schlacht hatte KONSTANTIN im Traum das Kreuzeszeichen und die Schrift »*in hoc signo vinces*« geschaut. Im Jahr darauf erließ er das Mailänder Toleranzedikt, nach dem alle Religionen vom Staat toleriert wurden. In der Praxis aber verband sich der römische Staat immer stärker mit der christlichen Religion. Dies wiederum förderte die Institutionalisierung der christlichen Kirche, die bald nicht nur religiöse, sondern auch staatlich-politische Funktionen erfüllte. Dieser Bund von Kirche und Staat, den Kaiser THEODOSIUS im 4. Jahrhundert sanktionierte und dabei das Christentum zur alleinigen Staatsreligion erhob, rettete noch einmal für eineinhalb Jahrhunderte den Bestand des Imperiums. Darüber hinaus aber war damit die Grundlage für die christliche Welt des Mittelalters gelegt.

Bei den vorangegangenen Religionsstreitigkeiten hatten sich Heidentum und Christentum gegenseitig die Schuld am Niedergang des Reiches gegeben.

Die Heiden betrachteten jede Niederlage römischer Heere als Rache der alten heidnischen Götter, während die Christen solche Ereignisse als Zeichen des Christus ansahen, der es nicht dulden konnte, daß neben ihm noch die vielfältigen heidnischen Götter verehrt wurden. Aber die Christen bekämpften sich auch untereinander unbarmherzig. Während die christlichen Kaiser sich abwechselnd zu ARIUS oder zu ATHANASIUS bekannten, gab es unter den Gläubigen zeitweise bis zu achtzig christliche Heilslehren. Verheerend wirkte es sich auf das Schicksal aus, besonders der Ost- und Westgoten sowie der Vandalen, daß diese Stämme sich zum arianischen Christentum bekannten. Damit zogen sie sich nicht nur den Haß als landfremde Eindringlinge im römischen Imperium zu, sondern, was viel schwerer wog, den Haß als Ketzer, denen gegenüber die orthodoxen katholischen Christen im Römischen Reich kein Erbarmen kannten.

Um den durch das Sibyllinische Orakel vorhergesagten Untergang Roms abzuwenden, gründete KONSTANTIN DER GROSSE im Jahr 330 Konstantinopel, und zwar an der Stelle, an der das uralte Byzanz gelegen war. Dorthin ließ er auch das Palladium überbringen, mit dem Ziel, den ewigen Impuls Roms auf diese seine neue Hauptstadt zu übertragen.[147]

Während im Westen des römischen Imperiums vor allem die Oberschicht und die Stadtbevölkerung das Christentum angenommen hatte und das Land weitgehend heidnisch geblieben war, wurde der Osten überwiegend christlich und damit zum Schauplatz heftiger Massenausschreitungen gegen das Heidentum. Nach Anschauung der Byzantiner waren die wirklichen Kräfte, die die Welt regierten, weder die Wirtschaft noch der Krieg oder die Staatskunst, sondern allein die Mächte der geistigen Welt, die himmlische Ordnung der Heerscharen und Geister. Diese unsichtbare Ordnung hatte ihr Gegenstück und ihre sinnenfällige Erscheinung in der sichtbaren kirchlichen Hierarchie und in der sakramentalen Ordnung der göttlichen Geheimnisse.[148] So erscheint es einleuchtend, daß in Byzanz die Auseinandersetzung über religiöse Streitfragen wichtiger war als über politische Probleme, letztere gerieten sogar immer mehr in den Hintergrund. Der oströmische Kaiser empfand sich als oberster Richter auch in kirchlichen Fragen, so daß eine Trennung zwischen Staat und Kirche unmöglich erschien. Im Gegensatz dazu wandten sich die Bischöfe in Rom in allen Glaubensfragen entschieden gegen die Macht der weltlichen Herren.

Das wohl entscheidendste Ereignis des frühen Mittelalters, das die größten Auswirkungen auch auf Europa hatte, war jedoch der Vorstoß des Islam im 7. und 8. Jahrhundert. Die Staaten im Osten mit ihrer hohen hellenistischen Kultur brachen zusammen. Lediglich teilweise wurde diese Kultur von den Arabern übernommen. Dafür aber blühte das einheimische orientalische

Schrifttum auf. Im Jahr 529 hatte Kaiser JUSTINIAN die Hohe Schule von Athen schließen lassen. In Alexandria und Gaza war inzwischen der neue Typ des christlichen Professors entwickelt worden und ein neuer Bildungsbegriff entstanden. So wurde eine christliche Gesellschaft geboren, in der nichts mehr rein weltlich sein konnte. Bereits im 5. Jahrhundert, in der klassischen Zeit der monophysitischen Kultur in Ägypten, waren die Werke des ARISTOTELES und des GALIENUS in die syrische Sprache übersetzt worden. Dadurch hatten monophysitische Gelehrte die Voraussetzungen für die Übermittlung der griechischen Naturwissenschaften an die morgenländische Welt geschaffen, ein Vorgang, der die Geschichte des mittelalterlichen Denkens weitgehend bestimmen sollte. Denn dadurch wurde den erobernden Mohammedanern die hellenistische Gedankenwelt, besonders die des ARISTOTELES, erschlossen, die sie dann wiederum auf dem Umweg über das eroberte Spanien an die christliche Welt des Hochmittelalters im Westen Europas vermitteln konnten. So wurden gerade durch Krieg und Eroberung die wichtigsten Voraussetzungen für die Kontinuität der kulturellen Entwicklung geschaffen.

Es wurde bereits gesagt, daß militärpolitisch das Römerreich seinen Expansionsdrang verloren hatte. Sichtbarstes Zeichen dafür ist der Limes, eine leicht befestigte Demarkationslinie aus einem Erdwall bzw. einer Steinmauer mit Palisadengraben und in regelmäßigen Abständen angelegten Wachttürmen, hinter denen in angemessenem Abstand Kastelle zum raschen Heranführen von Eingreifreserven lagen. Gegenüber dem freien Germanien begann der Limes zwischen Remagen und Andernach bei Rheinbrohl und führte über den Westerwald und Taunus bei Hanau zum Main bis nach Miltenberg. Von dort verlief er durch den Odenwald zum Neckar. Von Lorch führte der rätische Limes über die Fränkische Alb bis nach Kehlheim an der Donau. Einen ähnlichen Wall gab es in Britannien, den Hadrianswall, der bis zum Firth of Forth reichte. Ähnliche Grenzwälle gab es auch gegenüber den arabischen und Sahara-Stämmen. Solange das Römische Reich über eine intakte und schlagkräftige Militärmaschinerie verfügte, verhinderte diese befestigte Grenze gegenüber dem freien Germanien jeden Einfall der germanischen Stammeskrieger. Der Limes war nur insofern durchlässig, als er einzelnen Germanen oder kleineren Trupps das Überwechseln in römisches Gebiet gestattete, wo die meisten in den Legionen oder den Hilfstruppen Kriegsdienste nahmen. Immer wieder kam es auch vor, daß sich Gruppen von Bauernfamilien mit Erlaubnis der Römer in deren Gebiet ansiedelten. Doch tief im Innern Germaniens, im Norden und Nordosten, entstand bei den dort siedelnden Stämmen eine Bewegung, deren Bedeutung die Römer zu Anfang wohl nicht in vollem Umfang erkannten. Z.T. lag das auch daran, daß diese im 2. Jahrhundert n. Chr. infolge einschneidender Sparmaßnahmen ihren bis dahin vorzüglichen militärischen Geheimdienst in seinen Wirkungsmöglichkeiten eingeschränkt hatten; wie noch oftmals in der späteren Geschichte sollten diese Maßnahmen verheerende Folgen haben.

Wanderzüge germanischer Stämme

In den frühen Jahrhunderten nach CHRISTI Geburt bestand Mittel- und Nordeuropa in der Hauptsache aus ausgedehnten Waldgebieten mit großen Mooren. Dementsprechend litten die dort siedelnden germanischen Stämme unter Landnot, um so mehr, als sie außerordentlich hohe Geburtenzuwachsraten hatten. Da die Germanen um diese Zeit noch nicht rodeten – die großen Rodungen begannen erst im Hochmittelalter –, so kam es entweder zu Kämpfen zwischen den einzelnen Stämmen um die zum Ackerbau geeigneten Landstriche, woraufhin Teile des besiegten Stammes, und zwar vornehmlich die Jungmannschaft, sich mit ihren Familien auf die Suche nach neuen Ländereien begeben mußten, oder die Jungmannschaften faßten von sich aus den Entschluß zum Abzug aus dem bisher besiedelten Gebiet. Diese Wanderbewegungen verbreiteten sich lawinenartig, wenn auch die wandernden Stämme ihrer Zahl nach keineswegs so stark waren, wie dies die von ihnen bedrohte seßhafte Bevölkerung in ihren Hilferufen an die Römer beschrieb. Im Durchschnitt lag die Zahl der Waffenfähigen bei den einzelnen Stämmen zwischen 20 000 und 35 000. Die Gesamtzahl der wandernden Angehörigen eines einzelnen Stammes hat mit Frauen und Kindern die Zahl 80 000, wie wir sie z. B. von den Vandalen kennen, kaum je überschritten. Aufgrund des den Weg nach Westen sperrenden Limes und der Schlagkraft der römischen Truppen ging die Stoßrichtung der frühen Völkerbewegungen nach Osten und Südosten, also in das Weichselgebiet, nach Schlesien und Südrußland. Entgegen einer allgemein verbreiteten Ansicht waren der Wandertrieb, die Beutegier oder die Abenteuerlust einzelner Stammesfürsten nur in seltenen Ausnahmen die Ursachen für die Wanderbewegung der Stämme. Auch darf man sich diese Märsche der nach Land suchenden Bauernfamilien eines Stammes nicht etwa so vorstellen wie den Zug der Pioniere in die weiten Räume des Wilden Westens von Nordamerika. Nach relativ kleinen Etappen hielten die germanischen Wanderstämme an, um das Land zu bebauen, in dem sie sich gerade befanden, und die Ernte einzubringen. Auf ihrem Weg baten sie z. T. die einheimische Bevölkerung um Durchmarscherlaubnis und entsprechende Lebensmittellieferungen, oder sie nahmen sich mit Gewalt, was ihnen

auf friedliche Weise verwehrt wurde. Zweifellos marschierten die wandernden Stämme auch nicht in einer einzigen riesigen Kolonne, vielmehr bildeten sie auch innerhalb der Stämme mehr oder weniger große Gruppen, die
getrennt marschierten und nur in etwa einem gemeinsamen Ziel zustrebten.
Besonders deutlich wird das bei dem ersten mächtigen und gewaltsamen
Einbruch in das Gebiet des Römischen Reiches durch die Markomannen,
die ihrerseits von den Goten bedrängt wurden. Es führte das zu den Marko-
mannenkriegen der Jahre 166–180. Gerade dieses getrennte Marschieren
einzelner Germanenhaufen machte es dem römischen Kaiser MARC AUREL
schwer, den aus allen Teilen des Donauraumes ertönenden Hilferufen zur
Abwehr der Markomannen und der mit ihnen verbündeten Quaden zu entsprechen. Nur so war es möglich, daß einzelne Germanenverbände während dieser Kriegszeiten bis nach Friaul und an die italienische Adria vordringen konnten. Truppen aus anderen Reichsteilen abzuziehen, war dem
Kaiser unmöglich, da sonst an diesen Stellen sofort ein Vakuum entstanden
wäre, das, wie die Geschichte immer wieder beweisen sollte, unweigerlich
neue Angreifer angezogen hätte. Daher stampfte er in den bedrohten Gebieten neue Legionen aus dem Boden, die insbesondere aus altgedienten Veteranen, aber auch aus Sklaven und Gladiatoren bestanden. Es gelang ihm erst
nach schweren und wechselvollen Kämpfen, zunächst die Markomannen
und dann die Quaden zu schlagen und sie im gesamten Donauraum und
auch südlich des Flusses anzusiedeln. Dafür verlangte er als Gegenleistung
außer dem üblichen Tribut Kriegsdienste für Rom. Beinahe wäre es mit
Hilfe dieser Siedlungspolitik gelungen, unterworfene Stämme dem Reichsgebiet einzugliedern und dieses damit auszudehnen. Auch später durchgeführte ähnliche Versuche hätten zu diesem Ergebnis führen können; allerdings wäre es nie mehr gelungen, geschlossen siedelnde Germanenstämme
auch sprachlich zu romanisieren. Allgemein betrachtet gab es drei verschiedene Möglichkeiten der Zuwanderung: als Kolonen (freie Pächter), Liten
(Angehörige unterworfener Völkerschaften oder minderfreie Militärkolo-
nisten) und Föderaten (ganze Völkerschaften im Grenzschutzdienst mit
vertraglicher Regelung).

Der konzentrierte Stoß der wandernden Stämme setzte allerdings erst nach
dem Auftauchen der Hunnen im Osten Europas im Jahr 375 n. Chr. und dem
dadurch bedingten Ausweichen der Alanen und Westgoten ein. Dieser auch
als Endwanderung bezeichnete Abschnitt der germanischen Völkerwanderung hat das westliche Römerreich als politische Einheit vernichtet, aber
nicht seine Kultur. Die germanischen Wanderstämme, über die noch im
einzelnen gesprochen werden muß, umfaßten »viele unfreie Mitglieder.
[Ihre] Menschen lebten in einer archaischen Religiosität, sie glaubten an die

göttliche Abstammung und das göttliche Heil ihrer Könige und der adligen Führungsschicht. Dieser ›Adel‹ hatte Sinn und Verständnis für Kunst und Literatur;...Es ist eine bedeutende Feststellung, daß die Goten bereits so zivilisiert und aufnahmefähig waren, daß sie nicht nur die Überlegenheit der römischen Kultur ohne Hemmung anerkannten, sondern sie auch nachzuahmen suchten.«[149] Gerade diese innige Berührung der einzelnen germanischen Stämme mit der überlegenen römischen Kultur führte auch zu einem Aufblühen der eigenen Stammeskultur, deren schönste Früchte die uns überlieferten epischen Dichtungen sind. Mit der Völkerwanderung begann eine kulturelle, soziale und völkische Mischung zwischen den Germanen und den Römern. Die Wirkung dieses Vorgangs erlebte in der Folge ganz Westeuropa, so daß diese Völker ihrer Kultur nach in unterschiedlichem Maße römisch-germanisch wurden. Dort, wo die Überlieferungen der römischen Kultur durch die Eroberungen der Germanen scheinbar verschwunden waren, wie in Britannien und in Mitteleuropa, wurden sie durch das Werk der Kirche und der Klöster im 7. und 8. Jahrhundert wiedererweckt. Es entstanden die drei Pfeiler, auf denen die mittelalterliche Kultur des mittleren, westlichen und südlichen Teiles von Europa ruhte: das Romanische, Germanische und Christliche.

Gewiß hat die Völkerwanderung für unzählige Menschen entsetzliches Leid und Elend mit sich gebracht, insbesondere weil die Kriegführung nicht auf die Wehrlosmachung des feindlichen Heeres abzielte, sondern auf die Vernichtung und Versklavung ganzer Stämme und Völker. Dennoch waren die mit ihr verbundenen Kriege die Geburtswehen einer neuen Zeit, indem aus dem Zusammenströmen aus dem germanischen Norden, dem romanischen Westen und dem christlichen Süden neue Impulse für das Völkerleben entstanden. Ohne sie wäre die großartige Zeit des Mittelalters, von Aufklärung und Materialismus des 19. Jahrhunderts als finster und dunkel angesehen, in dieser Form nicht möglich geworden. Stämme und Völker, die das europäische Hochmittelalter nicht erlebt haben, wie etwa die Russen, haben einen ganz entscheidenden Kulturimpuls nicht aufnehmen können. Diese litten aber wohl noch schrecklicher unter der Zeit des Mongoleneinfalls und der mongolischen Unterdrückung bis zum Beginn der europäischen Neuzeit. Doch ist immer wieder zu beobachten, wie durch die mit Leid erkauften Entwicklungen neue Impulse in der Geschichte entstehen können. Das beste Beispiel dafür ist die Ansiedlung der Markomannen und Quaden im Donauraum durch MARC AUREL, den Philosophen auf dem römischen Kaiserthron. Doch noch bevor er sein Werk vollenden konnte, raffte ihn im Jahr 180 n. Chr. in Wien eine Pestepidemie dahin.

Von den vielen germanischen Stämmen, die an der Völkerwanderung beteiligt waren, sollen hier nur diejenigen berücksichtigt werden, deren Schicksal und Taten in besonderem Maße die Aufmerksamkeit auf sich gezogen und entscheidende Auswirkungen auf die Entstehung der europäischen Völker, vor allem des deutschen, und deren Missionen gehabt haben. An erster Stelle stehen dabei die Burgunder. Ihre Heldentaten bilden das Kernstück der größten epischen Dichtung in deutscher Sprache, des Nibelungenliedes.*

Der ostgermanische Stamm der Burgunder saß ursprünglich in Skandinavien; noch heute trägt die Insel Bornholm in der Ostsee ihren Namen. Bereits im 1. Jahrhundert v. Chr. siedelten sie in Norddeutschland. PTOLEMÄUS erwähnt als ihre Heimat das Gebiet zwischen Oder und Weichsel. Ihr Vordringen von Brandenburg über die Lausitz nach Schlesien wurde dort von den germanischen Gepiden aufgehalten. Den Wanderzügen der Vandalen und anderer Stämme folgend, setzten sie sich dann im Maintal fest und gerieten dort in kriegerische Berührung mit den Alemannen. Kurz nach 400 saßen sie am Oberrhein, in der Gegend von Mainz, Worms und Speyer, als Föderaten der Römer. Es wurde bereits erwähnt, daß niemals ganze Großstämme ihre Heimat verließen; Teile blieben dort stets zurück. Jener Teil der Burgunder, der in Norddeutschland seßhaft geblieben war, verschmolz dort mit den Langobarden, während jener, der sich in Schlesien niedergelassen hatte, später in das Schwarzmeergebiet auswanderte, wo er von den Ostgoten vernichtet wurde.

Als die am Rhein sitzenden Burgunder im Jahr 435 einen Vorstoß nach Belgien unternahmen, besiegte sie AËTIUS, der römische Heermeister, im Verein mit den Hunnen. Letztere richteten unter ihnen ein fürchterliches Blutbad an, bei dem auch der König GUNDAHAR, der Gunther der Nibelungensage, erschlagen worden sein soll. AËTIUS wies ihnen knapp zehn Jahre später Siedelland in Savoyen an, während in ihre alten Herrschaftsgebiete die Alemannen eindrangen. Nach dem üblichen römischen System erhielten dabei die Neusiedler ein Drittel des urbar gemachten Landes, den Rest behielt die alteingesessene gallo-römische Bevölkerung. Aufgrund der rücksichtsvollen Behandlung, die die Burgunder dem gallo-römischen Adel und dem Volk angedeihen ließen, war eine Verschmelzung der beiden Volkskörper bald möglich geworden. Erleichtert wurde diese Verschmelzung besonders dadurch, daß die Burgunder, die bereits am Rhein oberflächlich zum arianischen Christentum bekehrt worden waren, in der ersten Hälfte des

---

* Der durch das Werk von *Heinz Ritter-Schaumburg*, Die Nibelungen zogen nordwärts, München–Berlin ³1981, neu entfachte Streit um die Frage, wer denn eigentlich die Burgunder des Nibelungenliedes gewesen seien, wird hier unberücksichtigt gelassen, da er für unser Thema nicht von wesentlicher Bedeutung ist.

6. Jahrhunderts vornehmlich unter dem Einfluß der katholischen Gemahlin König GUNDOBADS, einer Fränkin, zum Katholizismus übertraten, dem die alteingesessene gallo-römische Bevölkerung anhing. Auch die Einverleibung der Burgunder in das Frankenreich im Jahr 534 vollzog sich damit ohne größere Schwierigkeiten.

Am Beispiel des Nibelungenliedes und seiner Vorgänger wird uns das Lebensgefühl des germanischen Frühmittelalters und des ritterlichen Hochmittelalters deutlich. »Zwei Grundfabeln liegen der Nibelungensage zugrunde: die Geschichte von Siegfrieds Tod, mit Märchenmotiven verwoben, und die Geschichte vom Untergang der Burgunden am Hofe des Hunnenkönigs. Ein Dichter in Hochburgund, vielleicht im 6. Jahrhundert, formte die Überlieferung von der Niederlage der Burgunden durch die Hunnen am Rhein 436 und dem Tode Attilas (453) zu einem frei gestalteten Heldenliede um, das sich in seinen wesentlichen Zügen in dem alten Atli-Lied der Edda erhalten hat. Wild, grausam und unheimlich ist die Stimmung dieser Sagen. Das Brünhild-Lied wurde mit stark mythischen Beimischungen wahrscheinlich erst in einer späteren Zeit, dem 7. Jahrhundert, gedichtet, als leidenschaftliche Zwiste im Reich der Merowinger blutige Spuren zogen. ... In Bayern, bei den Nachbarn der Ostgoten jenseits der Alpen, wurde der große Theoderich zum beliebten Helden ... Theoderich wurde ... zum Freund des guten Hunnenkönigs Etzel (Attila) ... Die Forschung hat in mühsamer scharfsinniger Deutung gezeigt, wie ein langdauernder und tief eingreifender Umbildungsprozeß den Stoff aus der düsteren, herben Tragik des frühen Typus, zwei große Lieder verbindend, in das gemilderte spätere Empfinden und Lebensgefühl umdeutete. Wohl blieben das Ethos der Ehre und die Leidenschaft der Rache die Grundspannungen des Geschehens, aber hinzu trat das mächtige Motiv der bis zum Untergang opferbereiten Treue als der ethische Kern des neuen Nibelungenliedes.«[150] Das Atli-Lied ist, wie im Zitat erwähnt, die in allen germanischen Ländern altertümlichste Behandlung des Stoffes vom Untergang der Burgunder. Darüber hinaus belegt es am deutlichsten und klarsten die Ursachen für Kampf und Krieg entsprechend der germanischen Mentalität. Goldgierig ist Atli, der geschichtliche Hunnenkönig ATTILA und Etzel des Nibelungenliedes, und aus Goldgier lädt er Gunnar, den Gunther des Nibelungenliedes, mit seinen Burgundern zu sich an seinen Hof, der als eine germanische Fürstenhalle beschrieben wird. Doch Gudrun, im Nibelungenlied Kriemhild, warnt ihren Bruder Gunnar und die Burgunder, indem sie ihnen einen mit Wolfshaar umwickelten Ring sendet; wölfisch, d. h. von Verrat bedroht, ist die Fahrt der Nibelungen, wenn sie aufgrund dieser Botschaft ins Hunnenland reiten. Im Gegensatz zum Nibelungenlied warnt hier noch Kriemhild ihre Blutsverwandten, treibt sie nicht zur Reise, um damit den Tod ihres Gatten Siegfried zu rächen. Als die Burgunder im Hunnenland eingetroffen sind, verkündet die Schwester ihrem Bruder Gunnar, er sei verraten worden. Für eine Rettung ist es jetzt zu spät. Die Burgunder werden von den Hunnen niedergemacht, die beiden Könige, Gunnar und Högni, gefangengenommen. Atli fordert von Gunnar die Herausgabe des Nibelungenschatzes. Dieser aber erklärt herausfordernd, er werde den Schatz erst herausgeben, wenn er Högnis blutendes Herz in der Hand hielte. Als Atli Gunnar mit dem Herz eines feigen Knechtes täuschen will, spottet der Burgunderkönig über das bebende Herz auf der Schüssel. Mit dem wirklichen Herz Högnis in der Hand verhöhnt er dann die törichten Feinde: Nun werde er erst recht nicht verraten, wo der Nibelungenschatz im Rhein verborgen sei. Von Gudruns bzw. Kriemhilds Flüchen begleitet, reitet Atli mit dem gefangenen Gunnar zur Schlangengrube. In einem letzten heroischen Bild erwartet dort Gunnar, die Harfe schlagend, seinen Tod. Eilends reitet nun Atli nach dem Mord heim. Gudrun tritt dem Gatten entgegen und lädt ihn mit zweideutigem Wort zum Mahl. Danach schenkt sie den Männern selbst das Bier. Dem trunkenen Atli ruft sie mit schneidendem Hohn zu, er habe die eigenen Söhne verspeist. Unerbittlich vollendet nun die Frau die Rache für den Untergang ihres Geschlechts. Mit eigener Hand ermordet sie Atli auf seinem Lager. Die Unschuldigen und Knechte sowie die Hunde entfernt sie aus dem Haus, zündet es an und stürzt sich selbst in die Flammen. Hier tritt uns noch die germanische Pflicht zur Blutrache für die Angehörigen des eigenen Geschlechts entgegen. Sie war eine der mächtigsten Antriebskräfte zu Krieg und Kampf. Aber durch den Mord an ihren eigenen Kindern und ihrem Gatten hat Gudrun-Kriemhild schuldig-unschuldig die Gesetze der neu eingegangenen Blutsverwandtschaft verletzt. So gibt sie sich selbst den Tod in den Flammen. In einer versöhnlicheren Zeit, im Hochmittelalter, das die Liebe zwischen den Gatten bereits höher bewertet als die Blutsverwandtschaft, das aber bis zu einem gewissen Grad immer noch Verständnis für die Gesetze der Blutrache aufbringt, wird Kriemhild dann zur Rächerin am Mord ihres Gatten Siegfried.

Ein zweites Motiv, das zu zahllosen Fehden in der germanischen und in der mittelalterlichen Welt führte, war das der verletzten Ehre. Der durch den Streit der Königinnen um den Vortritt beim Eingang in den Dom und die Andeutungen Kriemhilds, nicht Gunther, sondern Siegfried habe Brünhild besiegt und in die Ehe gezwungen, bedingte Mord an Siegfried, zeigt am deutlichsten, wie empfindlich jene Zeit auf jede Verletzung der persönlichen Ehre reagierte.

Das erhabenste Motiv aber bleibt, wie gesagt, das der Treue. Diese Treue, die sich auf den Eid stützte und vor allem ein Erbe des germanischen Gefolgschaftswesens war, bleibt in allen Ereignissen des Krieges wie des Friedens unwandelbar. Am großartigsten findet sie ihren Ausdruck im Verhalten Hagens. Ungebrochen hält er bis zum Tod an seinem, Gunther gegenüber geleisteten Treueid fest. Selbst vor dem Mord an Siegfried scheut er nicht zurück, weil dies ihm die Treue diktiert. Ein ähnliches Verhalten zeigt Rüdiger von Bechlaren, der trotz seiner, mit den Nibelungen eingegangenen verwandtschaftlichen Beziehungen Etzel gegenüber die Treue hält und mit ihm fällt. Auch Dietrich von Bern hält im Schlußakt des Nibelungenliedes, bei all seinen freundschaftlichen Beziehungen zu den Nibelungen – und Freundschaft bedeutete damals ein innigeres Verhältnis als heute –, an dem einmal Etzel geschworenen Treueid fest. Blutrache, Treue und Ehre sind, wie die Lieder des Nibelungenkreises uns zeigen, die wesentlichsten Motive für den Kampf, oft auch für den Krieg. Verfolgt man die deutsche Geschichte durch all ihre Licht- und Schattenseiten, so erhält man den Eindruck, als gehörte die Ausbildung der Treue, besonders wie sie uns in den Taten Hagens erscheint, zu einer der wesentlichsten Aufgaben, die dem deutschen Volk gestellt waren. Wie alles Menschliche hatte dies nicht nur positive, sondern in hohem Maße auch negative Folgen. Für letztere ist gerade die jüngste deutsche Geschichte von 1933–1945 ein eklatantes Beispiel. Gerade der zweite Teil des Nibelungenliedes, der vom Untergang der Burgunder an Etzels Hof berichtet, erscheint uns in diesem Licht wie eine großartige und erschütternde Vision vom Schicksal des deutschen Volkes. So gesehen hat der Untergang des verhältnismäßig kleinen Stammes der Burgunder, der geschichtlich betrachtet keineswegs zu dessen Vernichtung führte, eine weit über das tatsächliche Geschehen hinausgehende Bedeutung; die Auswirkungen zeigt vor allem die Geistesgeschichte.

Stellt man nun die Auffassung der Germanen, wie sie im Atli-Lied geschildert wurde, und diejenige des hochmittelalterlichen deutschen Nibelungenliedes vergleichend nebeneinander, so kann man sagen, daß die Einstellung der germanischen Völkerwanderungsstämme zu Kampf und Krieg zwischen diesem Anfangs- und Endpunkt einer geschichtlichen Entwicklung liegt. Ein Teil dieser Stämme hielt noch immer an ihrem altgermanischen Götterglauben fest, während ein anderer Teil bereits zum Christentum, und zwar in der Hauptsache zum arianischen, übergetreten war. Und dabei muß man in Rechnung stellen, daß große Teile nur deshalb zum Christentum übergetreten waren, weil ihr Gefolgsherr sich hatte bekehren lassen, also aus Treue, wie es dem Wesen der Gefolgschaften entsprach. Viele geschichtliche Beispiele geben davon Zeugnis. Die Bekehrung darf daher, wie bei den Burgundern, in der Masse nur als oberflächlich angesehen werden. Diese Behauptung einer Entwicklung von Atli-Lied zu Nibelungenlied und damit der Haltung der

Wanderstämme gegenüber Krieg und Kampf wird gestützt durch die Aussage Andreas Häuslers, der die Zusammenlegung des Nibelungenstoffes, d. h. der Brünhildsage mit der Sage vom Untergang der Burgunder, in frühere Zeiten, also weit vor das 12. Jahrhundert zurückverlegt: »Seitdem man in bayerischen Landen die Rolle des hortgierigen Etzel auf die Gattenrächende Kriemhild übertragen hatte, also nach herrschender Annahme seit dem 8. Jahrhundert, besaßen die beiden Sagen den inneren Zusammenhang, den die Epiker um 1200 als vollendete Tatsache übernahmen. Gewiß führte jene oberdeutsche Sagenerneuerung zu einem bewundernswerten dichterischen Ergebnisse, indem sie aus zwei Liederstoffen, die schon für sich zu den reichsten und gewaltigsten gehörten, eine höhere Einheit schuf, der an Weite des Grundrisses und Fülle der heroischen Kernmotive nichts in germanischer Sage, auch nichts bei den alten Griechen, an die Seite treten kann. Aber dieses Verdienst fällt dem achten Jahrhundert und nicht dem zwölften zu.«[151]

Mit der Nennung Dietrichs von Bern, mit dem trotz der Forschungen von Heinz Ritter-Schaumburg noch immer die Mehrzahl der Sagenforscher den Ostgotenkönig THEODERICH DEN GROSSEN verbindet, kommen wir zu dem zweiten ostgermanischen Wanderstamm, dem wir als letzten aus dieser Reihe eine eingehendere Betrachtung widmen möchten. Vermutlich war die Urheimat des noch ungetrennten Gotenvolkes das südliche Schweden. Die Insel Gotland trägt noch heute seinen Namen. Etwa in der Mitte des 2. Jahrhunderts n. Chr. sitzen die Goten in Ostpreußen und an der unteren Weichsel und ziehen von dort in der schon beschriebenen Marschform nach Südrußland. Im Jahr 276 stoßen sie erstmals über die Donau vor und versuchen, Siedlungsgebiet auf dem Balkan zu erwerben. Schon wenige Jahre vorher, 263 n. Chr., hatten Teile das Heiligtum der Diana von Ephesus in Schutt und Asche gelegt. Im übrigen war dies der dritte Brand, dem das Artemision zum Opfer fiel; ihm voraus gingen der Brand von 678 v. Chr. und derjenige von 356 v. Chr. durch HEROSTRAT, der damit seinen Namen verewigen wollte. Ziel dieses gotischen Raubzuges dürfte wohl weniger der Religionsfrevel, als vielmehr der Raub der kostbaren Weihegaben gewesen sein. Bei der Entwendung der Weihegaben muß es sich nicht unbedingt um Raubgier gehandelt haben. Die Goten waren in der Zwischenzeit im Umgang mit den Römern und den, in den von ihnen genommenen Gebieten sitzenden Stämmen gewitzt geworden und wußten, daß sie oftmals mit Korruption und Bestechung mehr erreichen konnten als mit nackter Gewalt. Dazu aber brauchten sie Geld oder Gold und andere Kostbarkeiten. Im übrigen entsprechen die Greueltaten, über die der römische Offizier AMMIANUS MARCELLINUS berichtet – er war ein Zeitgenosse dieser Ereignisse –, nur dem, was damals und auch früher bei allen

Völkern üblich war. Nur schilderten die Römer Greueltaten anderer Völker als Verbrechen, die eigenen dagegen als Heldentaten. Auch das entspricht einer Gepflogenheit, die sich bis in die Neuzeit hinein nicht geändert hat. Die Scheu vor dem Numinosen scheinen die Wandervölker, wie mehrfach zu beobachten ist, mehr und mehr verloren zu haben. Das mag vor allem für Tempelbezirke wie den in Ephesus zutreffen, für die die Germanen in dieser Form kein Verständnis aufbrachten. Anders verhielten sie sich dagegen in der Stadt Anchialos mit ihren heilkräftigen Quellen. Solche Orte waren ihnen aus ihrer alten Heimat als heilig bekannt, und wenn JORDANES in seiner »Gotengeschichte« erklärt, sie hätten sich dort viele Tage aufgehalten und an den heißen Bädern erfreut, so darf hinter dem Baden vielleicht doch mehr vermutet werden. Geht es zu weit anzunehmen, daß sie sich dort von Blut und Befleckung reinigten, wie es fast alle Völker tun, die sich in einem ähnlichen Kulturzustand befinden wie die damaligen Goten?

Im Jahr 269 gelang es Kaiser CLAUDIUS II. GOTICUS beim heutigen Nisch mit seinem zumeist aus Germanen bestehenden Heer noch einmal, einen Sieg über die Goten zu erringen und deren Vormarsch aufzuhalten. Etwa um diese Zeit schieden sich die Goten in zwei verschiedene Stämme, die Ost- und Westgoten; die Grenze zwischen beiden bildete der Dnjestr. Seither siedelten die Westgoten (Visigoten) als Föderaten der Römer in der aufgegebenen Provinz Datien und griffen mehrfach in innerrömische Kämpfe ein. Die Ostgoten (Austrogoten) dagegen saßen in Südrußland, bis in die Höhe des Don (s. Fig. 5). Als Staat mit geschlossenen Grenzen im modernen Sinn des Wortes darf dieses Ostgotenreich jedoch nicht angesehen werden. Wenn ein Vergleich erlaubt ist, so ähnelte diese Reichsabgrenzung in etwa dem Verhältnis zwischen dem Siedlungsgebiet der Weißen und dem der Indianer im vorigen Jahrhundert in Nordamerika.

Wie aber stellten sich die Goten Rom und dem Imperium Romanum gegenüber? Wollten sie etwa Rom zerstören und an seine Stelle ein gotisches oder gar germanisches Großreich setzen? Es gibt darüber verhältnismäßig viele Aussagen gotischer Führer, auf die wir insbesondere im Zusammenhang mit THEODERICH DEM GROSSEN noch einmal zurückkommen müssen. An dieser Stelle sei nur eine typische, vom Nachfolger des Westgotenkönigs ALARICH I., des Eroberers von Rom, geäußerte, erwähnt. Von ihm berichtet OROSIUS. »Athaulf, der Westgote (412–416), erklärte selbst, einstmals habe er den Namen Rom austilgen und der Gründer eines neuen gotischen Reiches sein wollen. Aber allmählich habe er erkannt, daß die zuchtlosen gotischen Barbaren nicht die Kraft hätten, ohne die Gesetze Roms einen Staat zu schaffen, und nun zöge er den Ruhm vor, mit gotischer Macht dem römischen Namen einen neuen Glanz zu verleihen.«[152]

Und wie dachten die Römer über die Goten? Die Bemerkungen des AM-
MIANUS MARCELLINUS über die Greueltaten der einfallenden gotischen Scharen wurden schon erwähnt. Viel schlimmer aber als der römische Offizier und
Historiker urteilte dessen Zeitgenosse Bischof AMBROSIUS von Mailand, der
von 339–397 lebte und als Kirchenlehrer hervortrat. Allerdings scheint ihm,
dem athanasianischen Christen, die Tatsache am wichtigsten gewesen zu sein,
daß die Westgoten zum arianischen Christentum übergetreten waren; das
wog schwer und zog einen erbitterteren Haß nach sich als das angebliche
Barbarentum. Wie schon eingangs dieses Kapitels erwähnt, wurden Glau-
bensverschiedenheiten, auch der Christen untereinander, mit der Zeit zum
wichtigsten Kriegsgrund des Mittelalters. So schreibt AMBROSIUS am Vorabend des Kriegszuges des Kaisers GRATIAN (375–383) gegen die Goten, der
ein besonders eifriger Anhänger des ATHANASIUS war und Arianern wie auch
den heidnischen Kulten seinen erbitterten Kampf angesagt hatte, den letzteren entzog er auch jede bisher übliche Beihilfe aus Staatsmitteln: »Geh voran,
geh voran unter dem Schild des Glaubens und umgürtet mit dem Schwert des
Geistes. Zieh hinaus zu dem in alten Zeiten versprochenen Sieg, der vorausge-
kündigt ist in den Weissagungen Gottes! Kein Siegesadler, kein Vogelflug
führe die vordersten Reihen unseres Heeres, sondern dein Name, Herr Jesus,
und deine Verehrung. Italien ist kein Land der Ungläubigen, sondern ein
Land, gewohnt, Bekenner zu entsenden.«[153]

Sicher haben die germanischen Wandervölker nach den langen Jahren, in
denen sie nicht seßhaft gewesen waren, zunächst keine staatenbildende Kraft
besessen. Sie mußte erst errungen werden. Der Glanz des römischen Imperiums blendete selbst noch in seiner Dekadenz einen Mann wie den Nachfolger ALARICHS im Königtum der Westgoten. Aber sie besaßen andere Kräfte,
die außer in ihrer kriegerischen Tüchtigkeit vor allem im Geistesleben lagen.
Schon JORDANES nannte sie in seiner »Geschichte der Goten« die weisesten
unter den Barbaren, den Griechen beinahe ähnlich in ihrer priesterlichen
Gelehrsamkeit. Er berichtet, daß zu den Kenntnissen, die bei ihnen zur
Theologie gezählt wurden, die Lehre von den zwölf Himmelszeichen, den
Tierkreisbildern, und von dem Lauf der Planeten gehörte. Unter ihrem weisen König DICENÄUS, der im 1. Jahrhundert v. Chr. gelebt haben soll, hätten
die Goten angeblich bereits 346 Sterne gekannt.

Das Unglück der Ost- und Westgoten, Vandalen und z. T. auch der Burgunder lag darin, daß sie ihre Herrschaften in den am dichtest bevölkerten
und am intensivsten romanisierten Gebieten des alten Imperium Romanum,
um das westliche Mittelmeer herum, errichteten (s. Fig. 5). In Zahlen gemessen, bildeten diese Germanenstämme lediglich eine große herrschende Minderheit. Das zwang sie, sich gegenüber der eingeborenen Bevölkerung abzu-

schließen, was wiederum deren Germanisierung verhinderte. Der Gegensatz zwischen den Bevölkerungsteilen wurde dazu noch durch die unterschiedlichen christlichen Glaubensbekenntnisse vergrößert. Vor allem dadurch konnten die herrschenden Germanen den Haß der Römer niemals überwinden. Im oströmischen Reichsteil dagegen benutzte man die germanischen Eindringlinge lediglich als Werkzeuge, um die Reichseinheit vielleicht doch noch einmal wiederherzustellen. Ostrom wartete daher stets nur auf die günstige Stunde, um die vorher so ausgenutzten Gemanenstämme zu vernichten, was ihm schließlich ja auch gelang.

Dennoch erwiesen sich die Heere der erobernden germanischen Wandervölker, trotz mancher Rückschläge, zunächst den ebenfalls aus Germanen bestehenden römischen Heeren überlegen, und zwar so lange, wie diese noch auf die allmählich nicht mehr zeitgemäße Weise als schwerfälliges Fußvolk kämpften. Als die Goten zu wandern begannen, stießen sie sehr bald auf die Sarmaten. Im Bund und im Kampf mit ihnen lernten sie eine neue Art der Kriegführung kennen. Diese Sarmaten waren nämlich ein Reitervolk, und auf sie geht die Erfindung – oder doch wenigstens Einführung in Europa – von Steigbügel und Sporen zurück. Steigbügel und Sporen ließen eine schwere Reiterei entwickeln, wie sie für die nächsten tausend Jahre in europäischen Kriegen ausschlaggebend sein sollte. Mit ihnen konnte man nun Kraft und Schnelligkeit des Pferdes ausnutzen. So wurde der gepanzerte sarmatische und gotische Reiter, der mit Lanze und Schwert bewaffnet war, zum Ahnen und Urbild des mittelalterlichen Ritters. Außerdem erlaubte nur das Transportmittel Pferd ein rasches Zusammenziehen der in ihren neuen Siedlungsgebieten weit verstreut wohnenden germanischen Bauern. So kam es, daß die Masse der germanischen Heere aus Reitern bestand, die sowohl zu Fuß als auch zu Pferd mit Lanze, Schwert und Bogen, dessen Gebrauch als Kriegswaffe immer gebräuchlicher wurde, kämpfen konnten. Mit diesen Waffen und Erfindungen gelang es den Goten, trotz ihrer verhältnismäßig geringen Kopfzahl, die römischen Heere schließlich zu besiegen. Das jedoch wiederum nur, weil inzwischen auch jener Verfall eingetreten war, der zu Eingang dieses Kapitels beschrieben wurde. Der Reiter der germanischen Völkerwanderungsheere wurde zum Qualitätskrieger, der dem römischen Bauernkrieger weit überlegen war. Diese Entwicklung zum Qualitäts- und Einzelkämpfer läuft dem immer stärker werdenden Ichbewußtsein des einzelnen Germanen parallel. Dafür lösten sich aber die alten Bande der Blutsverwandtschaft, die die Disziplin der germanischen Keile des Fußvolks in den alten Hundertschaften der Urzeit begründet hatten, im Lauf der Wanderzeit zwangsläufig auf. Die neuen Siedlungsräume, in denen sich jede Familie dort niederließ, wo sie den Boden für den Ackerbau am günstigsten hielt, unterstützten die Auflösung der alten Großsippenverbände und brachten den Einzelnen immer mehr dazu, sich nur auf sich selbst zu verlassen. Daß dies nicht ohne Geburtswehen abging, liegt auf der Hand. Entwurzelung und Auflösung der alten Blutsbande führten auch zu Mord, Meineid und Verrat, wie sie uns immer wieder aus der Geschichte der Völkerwanderung berichtet werden. Auf der positiven Seite aber stand der ich- und selbstbewußte germanische Krieger, der nur den achtete, der ihm in der gleichen Haltung entgegentrat.

Das einschneidendste Ereignis, das zur Endwanderung führte und damit den Anstoß zum Untergang des weströmischen Reiches gab, war der Einbruch der Hunnen in die von den Goten besiedelten Gebiete im Jahr 375. JORDANES, der Geschichtsschreiber der Goten, berichtet von König FILIMER, der die Goten auf der letzten Etappe ihrer Wanderung zum Schwarzen Meer geführt hatte. Dort entdeckte er in der Schar seiner Untertanen koboldartige weibliche Wesen, die JORDANES *haljarunae* nannte. Aus Furcht vor ihren dämonischen Zauberkünsten ließ FILIMER diese Hexen in die weiten Ebenen des Ostens vertreiben. Dort verbanden sie sich mit bösen Geistern und zeugten mit ihnen Nachkommen, die zunächst im Sumpfland lebten. Sie waren ein untersetztes, häßliches und armseliges Geschlecht, das kaum den Menschen ähnelte und eine Sprache redete, die nur noch entfernt an menschliche Laute erinnerte. JORDANES nimmt hier in bezug auf die Sprache der Hunnen ein Klischee des Altertums auf, mit dem Römer und Griechen sehr oft barbarische Völker, unter anderem auch Kelten und Germanen, belegten. Von diesen kaum menschenähnlichen Wesen also sollten die Hunnen abstammen, die an den Grenzen des gotischen Reiches auftauchten. Wie ein Wirbelsturm sind die hunnischen Reiterheere über die europäischen Völker hereingebrochen und haben Furcht und Schrecken verbreitet. Als dämonische Unholde und Verkörperung des Bösen und der Zerstörungswut leben sie im Gedächtnis des Abendlandes fort. Ein letzter Beweis dafür ist die Tatsache, daß die haßerfüllte britische Propaganda die Deutschen im Ersten Weltkrieg von 1914–1918 mit dem Namen der Hunnen belegte. Doch es gibt auch noch ein ganz anderes Bild von den Hunnen und ihrem König ATTILA oder Etzel, das im Nibelungenlied erscheint. Dort wird der Hunnenkönig als edler Herrscher geschildert, dem die größten Helden gerne dienen; auch die hunnischen Mannen erwerben darin unsterblichen Ruhm. Der deutliche Gegensatz zwischen diesen beiden Bildern erklärt sich aus der Geschichte des Hunnenreiches.

Die Hunnen, ein von den Urturaniern abstammender türkisch-mongolischer Volksstamm, waren wohl mit den Hiung-Nu identisch, zu deren Abwehr sich die Chinesen im 3. Jahrhundert v. Chr. gezwungen sahen, indem sie aus bereits vorhandenen Schutzwällen eine Mauer von fast 2500 Kilometer Länge bauten, um ihr Reich vor den Einfällen dieser Reiternomaden zu schützen. Erst nach jahrhundertelangen Kämpfen gelang es den Chinesen, das Hunnenreich, dessen Mittelpunkt wohl in der Mongolei lag, zu besiegen. Ein Teil der Stämme und Stammesgruppen wurde nach Westen abgedrängt und führte weitere drei Jahrhunderte lang ein Nomadendasein um den Aral- und Baikal-See.

Reine Nomadenvölker, wie es die Hunnen waren, betreiben keine Vorratswirtschaft, sondern leben von ihren Herden und vom Sammeln wilder Früchte, Kräuter und Wurzeln. Lange und strenge Winter können daher zur Katastrophe führen. So geschah es auch Anfang der siebziger Jahre des 4. Jahrhunderts, als eine unverhältnismäßig lange Frostperiode die Hunnen an den Rand der Verzweiflung trieb. In dieser Lage brachen sie aus den Steppen nördlich des Aral-Sees hervor nach Westen, überquerten die Wolga und den Don und fielen in das Gebiet der Alanen, eines iranischen Steppenvolkes, ein. Diese wurden von den Hunnen überrollt und unterworfen. Dies geschah nicht in einer einzigen großen Schlacht, sondern, wie es Nomadenart ist, in ununterbrochenen Kämpfen um die besten Weideplätze. Wer sich zur Wehr setzte, wurde niedergemacht, wer sich ergab, zum Verbündeten. So setzte sich der Stoß der hunnischen Reiterscharen und ihrer Verbündeten lawinenartig fort und riß ein Volk nach dem anderen mit sich. Als sie auf die offenen und nur schwach besiedelten Grenzen des Ostgotenreiches stießen, stellten sie sich nirgends zu einer offenen Feldschlacht. Den Gegenangriffen gotischer Scharen, die in der Weite des Raumes unverhältnismäßig lange Zeit zur Versammlung brauchten, wichen sie geschickt aus und überschütteten sie von den Flanken her mit Wolken von Pfeilen, stoben auseinander und griffen kurz darauf Gehöfte oder Siedlungen an, die von den gotischen Truppen nicht geschützt werden konnten. So mußten sich die Ostgoten den hunnischen Reiterscharen beugen, nicht etwa, weil sie eine oder mehrere große Schlachten verloren hätten, sondern weil sie in hundert kleinen Gefechten keine Chance gegen die rasch auftauchenden, ihre mörderischen Pfeile abschießenden und alles, was sich ihnen entgegenstellte, niedermetzelnden Reiterscharen hatten. Darüber hinaus verfügten die Hunnen überall, wo sie auftauchten, über die zahlenmäßige Überlegenheit.

Damit ist das Ende des Ostgotenreiches unter seinem König ERMANARICH gekommen. Er kann seine Untertanen nicht mehr gegen die dauernden Überfälle schützen, und die Goten selbst müssen, wenn sie weiterhin in ihren alten Wohngebieten bleiben wollen, einen *modus vivendi* für das Leben unter der Herrschaft der Hunnen finden. Teile des ostgotischen Volkes durften danach in ihrer alten Heimat bleiben, andere Teile mußten sich den Hunnen als Hilfstruppen anschließen, viele allerdings wichen nach Westen aus, um bei den Westgoten Zuflucht zu suchen. Von denjenigen, die bei den Hunnen als Hilfstruppen dienten, stammt dann, besonders unter ATTILA, das positive Hunnenbild, das im Nibelungenlied zu finden ist.

Diejenigen Ostgoten aber, die bei den Westgoten Zuflucht gefunden hatten, sollten nicht zur Ruhe kommen. Die Westgoten waren durch innere Glaubenskämpfe geschwächt. Ein Teil von ihnen hatte sich unter dem heidnisch gebliebenen ATANARICH von der Masse des Volkes getrennt und war in den undurchdringlichen Wäldern und Bergen der Karpaten und Siebenbürgens untergetaucht, wo eineinhalb Jahrtausende später Archäologen den sagenhaften Gotenschatz finden sollten. Der überwiegende Teil des Volkes aber stellte sich am Dnjestr unter FRITIGERN, dem Führer der christlich-arianischen Bevölkerung, zum Kampf. Aber wiederum wichen die Hunnen der offenen Feldschlacht aus und umgingen die Westgoten. Diesen blieb nichts anderes übrig, als an die Donau zurückzukehren und die Römer um Hilfe zu bitten.

Bevor wir uns der Christianisierung der Goten zuwenden, müssen wir noch einmal kurz auf die Frage zurückkommen, wer die Hunnen als Teile der Turanier wirklich waren. Es wurde erwähnt, daß JORDANES ihre Entstehung auf eine Verbindung von Hexen mit bösen Geistern zurückführte. In dieser Erzählung des JORDANES, die uns wie eine abergläubische Fabel anmutet, steckt dennoch ein gutes Stück Wahrheit. Die Turanier waren jene Völkergruppe nach der Auswanderung aus der Atlantis, die im Norden Vorderasiens bis nach Sibirien siedelte. Es waren Nomadenvölker, bei denen ein starkes, aber niederes astralisches Hellsehen vorhanden war. Sie trieben Zauberei niederer Art und schwarze Magie.[154] Damit waren sie echte Abkommen der atlantischen Urturanier, durch deren Mißbrauch geistigen Wissens und geistiger Kräfte die atlantische Katastrophe mit herbeigeführt wurde. Dennoch darf nicht übersehen werden, daß damit die Voraussetzungen zur Entwicklung der Menschheit in der nachatlantischen Zeit mit geschaffen wurden. Die Evolution der Welt bedarf des Bösen – der Wesenheiten, die sozusagen die Mission des Bösen haben –, weil die guten Wesenheiten allein nicht die Kraft haben, die Welt zu gestalten.[155] Auch der Einfall der turanischen Hunnen in der zweiten Hälfte des 4. Jahrhunderts n. Chr. in Europa bewirkte nicht nur unendliches Leid, Grausamkeiten und Böses, sondern öffnete auch den Weg für die geschichtliche Weiterentwicklung, die die Germanen geradezu auf die Bahn trieb, die sie ihrer Mission gemäß einschlagen mußten.

Für das Schicksal der Goten und weiterer ostgermanischer Volksstämme wie der Heruler, Rugier und Vandalen wurde es entscheidend, daß sie sich zum arianischen Christentum bekannten. Auch die meisten anderen germanischen Stämme wandten sich zunächst dem Arianismus zu, traten dann aber meist zum Katholizismus über, als letzte von ihnen die Langobarden, während die Franken unter CHLODWIG I. unmittelbar den katholischen Glauben annahmen. Auch das sollte für die Geschichte des Abendlandes von entscheidender Bedeutung werden. Für die Germanenstämme arianischen Glaubens wurde gerade dieses Bekenntnis einer der wesentlichen Gründe ihres Untergangs. Mit dem Arianismus konnte man sie später als Ketzer abstempeln, gegen die der oströmische Staat im Verein mit der katholischen Kirche nicht nur die weltlichen, sondern auch die geistigen Kräfte aller Katholischgläubigen zu mobilisieren vermochte.

In Alexandria im heutigen Ägypten war nämlich in der Bewegung des asketischen Priesters und Predigers ARIUS der etablierten Kirche die größte Gefahr entstanden. Er hatte die Lehre von der Wesensungleichheit Christi mit dem Schöpfer um 318 n. Chr. verkündet. Den Angriff gegen die Lehre von der Dreifaltigkeit mit der Formel Wesensgleichheit oder Wesensähnlichkeit wehrte Kaiser KONSTANTIN, der sich Sorgen um die Reichs- und Kircheneinheit machte, mit der Einberufung des Konzils von Nicäa im Jahr 325 zunächst ab. Der Kaiser stand dem Reichskonzil persönlich vor und eröffnete es mit einem Aufruf zur Einigkeit. Der schärfste und wortgewaltigste Gegner des ARIUS war ATHANASIUS, der Erzdiakon des Bischofs von Alexandria, dem es schließlich gelang, die Kirchenversammlung davon zu überzeugen, daß sich die Vernunft dem Mysterium der Trinität unterzuordnen habe. ARIUS wollte dies nicht anerkennen, wurde gebannt und des Landes verwiesen; man verbrannte seine Bücher, auf deren Besitz die Todesstrafe stand. Aber gerade der Teil der Lehre des ARIUS, nach dem der Christus den Menschen das Heil nicht eigentlich als Erlöser, sondern als sittliches Vorbild brächte, hat wohl wegen seiner leichtfaßlichen Verständlichkeit die germanischen Stämme angesprochen. Es mögen zudem der sich darin ausdrückende patriarchalische Zug und die Vorbildlichkeit Jesu den Germanen vertraute Vorstellungen gewesen sein. Sie entsprachen ganz ihrer Auffassung vom Gefolgsherren Christus, dem seine Gefolgschaft, die Gläubigen, in unverbrüchlicher Treue anzuhängen hätten. Noch im sächsischen »Heliand« steht dieser Gedanke im Vordergrund der Erzählung vom Wirken und den Taten des Königs aller Könige.

Der gotische Missionar und Bischof ULFILAS (WULFILA), der um 311 geboren wurde und 383 in Konstantinopel starb, war durch seine von kappadokischen Kriegsgefangenen abstammende Mutter Christ geworden. Seit 341 missionierte er unter den Goten. Zum Christentum bekehrte Goten trugen danach das Evangelium in seiner arianischen Form, zu der sich ULFILAS im Jahr 360 auf der Synode in Konstantinopel bekannt hatte, zu den anderen Germanenstämmen. Für seine Missionsarbeit schuf ULFILAS in genialer

Weise aus griechisch-lateinischen Buchstaben und den bei den Germanen üblichen Runen ein gotisches Alphabet und übersetzte das Neue Testament aus dem Griechischen ins Gotische. Dabei zeigte er sich von einer Sprachgewalt, die nur mit der LUTHERS gleichzusetzen ist. Seine Schrift ist auch im profanen Leben von den in Italien sitzenden Ostgoten noch bis zu ihrem Untergang benutzt worden und blieb in vielen Handschriften, besonders in Gerichtsurkunden, erhalten. Die Bibelübersetzung des ULFILAS ist das älteste uns erhalten gebliebene Zeugnis germanischer Literatur. Wohl wurde sie in einem ostgermanischen Dialekt verfaßt, aber dieses Ostgermanische stand als Schwestersprache dem Westgermanischen noch so nahe, daß es überall bei den Germanenstämmen der damaligen Zeit nach kurzem Einhören verständlich war. Diese leichte Verständlichkeit und die Tatsache, daß der arianische Gottesdienst nicht in Latein, sondern im jeweiligen germanischen Dialekt abgehalten wurde, schufen ein erstes Zusammengehörigkeitsgefühl der germanischen Stämme, das THEODERICH DER GROSSE auch politisch zur Gründung eines germanischen Staatenbundes ausnutzen wollte. Er scheiterte mit diesem Plan nicht etwa an der Eigenbrötlerei der anderen Stämme, sondern allein daran, daß der Frankenkönig CHLODWIG, eben weil er zum Katholizismus übergetreten war, ihn ablehnte. Zweifellos ist das Werk des ULFILAS als eine der ganz großen geistigen Taten der Menschheitsgeschichte zu bewerten. Und dennoch hat sie letzten Endes zum Untergang nicht nur seines eigenen westgotischen Stammes, sondern der meisten Ostgermanen geführt. In Umkehrung dessen, was über die Mongolen gesagt wurde, ist also festzustellen, daß auch gute Taten sich äußerlich schlimm auswirken können.

Der gleiche ULFILAS muß sich unter den Westgoten befunden haben, die den arianischen Glauben angenommen hatten und sich unter ihrem Herzog FRITIGERN mit dem größeren Teil des Volkes und vielen ostgotischen Flüchtlingen um Hilfe an die Römer wandten. Kaiser VALENS, der selbst Arianer war, verschloß sich der Bitte der Westgoten nicht. Tag und Nacht setzten diese mit allen erdenkbaren Mitteln über die Donau, wo sie von römischen Beamten erwartet wurden. Nach Angaben des AMMIANUS MARCELLINUS soll es sich dabei um 200000 Krieger gehandelt haben. Diese Zahl ist zweifellos übertrieben; vielleicht ist es die Gesamtzahl der Goten mit Frauen und Kindern. Die Zahl der Krieger dürfte sich höchstens auf 25–30000 belaufen haben. In den neuen Wohnsitzen der Goten, in denen sie nach ihren eigenen Gesetzen leben durften und den Römern nur Waffenhilfe zu leisten hatten, gab es für sie zunächst keine Möglichkeit, sich selbst zu ernähren. Das Land mußte erst bebaut werden. Kaiser VALENS hatte daher den Goten für eine Übergangszeit Lieferungen von kostenlosem Saat- und Brotgetreide zugesagt. Aber ähnlich wie in manchen Reservationen der Indianer im vorigen

Jahrhundert in Nordamerika scheiterte dieses großherzige, wenn auch nicht uneigennützige Versprechen am Egoismus der für die Regelung der Versorgung eingesetzten Beamten. Nach anfänglichen, wenn auch stockend anlaufenden Getreidelieferungen hörten sie bald ganz auf. Die nun unter den Goten ausbrechende Hungersnot nutzten die römischen Beamten genauso wie die erwähnten Indianeragenten in Nordamerika weidlich aus. Gegen gutes Geld lieferten sie Fleischabfälle aller Art, ja sogar Hunde, Katzen und Ratten. Als die Goten kein Geld mehr besaßen, verkauften sie zunächst ihren ganzen Hausrat, dann ihre Sklaven, wobei für einen Sklaven ein Laib Brot und zehn Pfund Fleisch gegeben wurden. Schließlich lieferten sie sogar ihre Kinder aus, um wenigstens diese am Leben zu erhalten. Das aber war den Goten zuviel. Ein Funke genügte nun, um das Pulverfaß zur Explosion zu bringen. Dieser Funke ging von einem Gastmahl aus, zu dem der römische Statthalter den Westgotenherzog FRITIGERN eingeladen hatte. Während dieses Mahles versuchten die Römer, die Begleitung des Gotenherzogs niederzumachen. Dieser hörte den Lärm, zog sein Schwert und kämpfte sich mit unerhörter Tapferkeit und Verwegenheit mit seinen Gefolgsleuten den Weg frei. Zu seinem Volk zurückgekehrt, zog er nun durch Thrakien und die Balkanhalbinsel und nahm sich mit Gewalt, was man ihm unter Vertragsbruch verweigert hatte.

Zu Beginn des Gotenaufstands befand sich Kaiser VALENS mit seinen besten Legionen im Krieg gegen die Perser, während sein Mitregent und Neffe GRATIAN im Westen in schwere Kämpfe mit den Alemannen verwickelt war. Sofort eilten beide mit ihren Truppen in das gefährdete Gebiet. Auch hier ist es wieder bezeichnend, daß der Eiferer AMBROSIUS, der schon genannte Bischof, zwar den als athanasianisch und sehr fromm bekannten GRATIAN unterstützte, den Arianer VALENS jedoch als Gott gegenüber eidbrüchig bezeichnete. Er nannte den Gotenaufstand geradezu eine gerechte Strafe Gottes. Daran ist zu sehen, daß Religionsstreitigkeiten zumindest einem Teil des Klerus und auch der Bevölkerung, vielleicht sogar dem maßgeblichen, wichtiger waren als die Verteidigung des Reiches. Dieses konnte Religionsstreitigkeiten aber am allerwenigsten brauchen.

Kaiser VALENS war mit seinen Truppen, die sich mit Sicherheit ohne Hilfstruppen auf 15 000 bis 20 000 Mann beliefen – ihre Zahl muß also verdoppelt werden –, als erster an Ort und Stelle. Am 9. August des Jahres 378 kam es zur Schlacht bei Adrianopel. Diese Schlacht sollte sowohl im Hinblick auf den Fortgang der Weltgeschichte als auch in bezug auf die Taktik zu einer Entscheidungsschlacht werden, die das Schicksal des Abendlands mindestens für die nächsten Jahrhunderte bestimmte. Mochten auch auf beiden Seiten in der Hauptsache Germanen kämpfen – die in römischen Diensten nach der alten Art des römischen Fußvolkes fochten –, so lag der moralische Vorteil doch zweifellos von Anfang an bei den Westgoten. Sie führten einen Volkskrieg, bei dem es um Sein oder Nichtsein ihres ganzen Stammes ging, während die Germanen auf der römischen Seite den Krieg nur um Geld und Beute führten. Wie immer in solchen Lagen, errangen die den Volkskrieg führenden Westgoten einen Vernichtungssieg. Selbst Kaiser VALENS fand dabei den Tod, wahrscheinlich verbrannte er in einer Hütte am Donau-Ufer, die die Goten angesteckt hatten. Voraussetzung dafür, daß ein Volkskrieg siegreich geführt wird, ist natürlich die ungefähre Ausgewogenheit an Zahl und technischer Ausrüstung der Kämpfer. Aber die Goten besaßen einen Vorteil: Während die Römer noch immer in der altbewährten, nun aber antiquierten Art zu Fuß kämpften, verließen sich die Goten und die mit ihnen verbündeten Sarmaten auf ihre Kavallerie, die rasch hin- und herwogend mit ihren Bogenschüssen den Feind erschütterte und ihn dann durch die gepanzerten Lanzenreiter von beiden Flanken her niedermachte. Das gotische Fußvolk hatte nur noch die Aufgabe, die römischen Legionen zu binden. Damit war eine völlig neue Art der Kriegführung in Europa gefunden, in der der gepanzerte Lanzenreiter und z.T. auch der berittene Bogenschütze bis zum Wiederaufkommen der von Feuerwaffen unterstützten Gevierthaufen des Fußvolkes am Ende des Mittelalters den Ausschlag gaben. Der gotische Sieg bei Adrianopel aber sollte innerhalb kürzester Zeit den Weg für die nach Süden drängenden Germanenstämme öffnen und zum endgültigen Untergang des weströmischen Reichsteiles führen.

Eine noch weitergehende Lehre auf militärischem Gebiet ist aus der gar nicht hoch genug anzusetzenden Bedeutung der römischen Niederlage bei Adrianopel zu ziehen, obwohl sie im Geschichtsbewußtsein des europäischen, besonders des deutschen Bürgers nicht zuletzt durch den Roman von Felix Dahn »Ein Kampf um Rom« und das Gedicht von Platen »Das Grab im Busento« in den Hintergrund gerückt ist: Nur zur taktischen Verteidigung fähige Streitkräfte, wie damals das römische Heer, sind nicht in der Lage, ein Volk und seine Grenzen gegen einen entschlossenen Angreifer zu schützen, sie müssen über kurz oder lang dessen Ansturm erliegen. Schlagkräftige Streitkräfte müssen ausgewogen stets zum Angriff wie auch zur Verteidigung in der Lage und im Gefecht dem Gegner an Feuer und Bewegung, den beiden Elementen des Gefechtes, mindestens gleichwertig sein.

So überlegen die Westgoten auch in der offenen Feldschlacht waren, so wenig waren sie in der Lage, befestigte Städte einzunehmen oder gut verteidigte Sperren zu überwinden. Daher gelang es ihnen auch nicht, den Sperriegel vor Konstantinopel, der Hauptstadt des Reiches, zu durchbrechen. Im Jahr 382 vermochte jedoch der neue, starke Kaiser des Ostens, THEODOSIUS, die Lage zu stabilisieren. Mit den Goten schloß er Frieden und siedelte die Westgoten als Föderaten in Mösien und Thrakien an. Sie erhielten Sold und weitgehende Selbständigkeit als Gegenleistung für ihre Bereitschaft, die römischen Grenzen zu verteidigen. Kurz vor seinem Tod übertrug THEODOSIUS jedoch die westliche Reichshälfte seinem Sohn HONORIUS und die östliche ARKADIUS; das geschah im Jahr 395, ohne daß die militärische Lage den alten Kaiser dazu gezwungen hätte.

Solange das römische Imperium die Goten bezahlte und beschäftigte, verhielten sie sich ruhig. Dann aber fanden sie in ALARICH (395–410) einen König, der mit seinen militärischen und diplomatischen Fähigkeiten den Römern überlegen war. Dieser sendungsbewußte König, der mit den römischen Verhältnissen ausgezeichnet vertraut war, wollte sich mit seinem Volk nicht mehr mit dem zufrieden geben, was ihm die Römer zugewiesen hatten. Ganz sicher spielte auch eine Rolle, daß in seinem Rücken das mächtige Hunnenreich mit den ostgotischen Verbündeten eine beträchtliche Gefahr darstellte. Mit seinem etwa 35 000 Mann starken Heer, das nicht nur aus Westgoten, sondern auch aus anderen germanischen und nichtgermanischen Stämmen und Wandergruppen sowie aus abenteuerlustigen Gefolgschaftshaufen bestand, und dem dazugehörigen Troß aus Frauen, Kindern und Greisen brach er aus Thrakien auf und drang in die Peleponnes ein. In Eleusis zerstörte er den Demeter-Tempel. Die zum Christentum bekehrten Westgoten hatten inzwischen jede Scheu vor dem heidnischen Heiligtum verloren. Damit zerstörten die Westgoten eine der beiden Quellen der Mythologie, nämlich die hellseherische Kultur, die vor allem an Demeter anknüpfte.[156] Die Goten vollzogen damit, wenn auch auf barbarische Weise, was die Entwicklung der Menschheitsgeschichte in Richtung auf das Ablegen der atavistisch gewordenen alten hellseherischen Kräfte förderte und das weitere Eintauchen in die physische Welt zur Entwicklung des vollen Ich-Bewußtseins ermöglichte. Athen selbst konnte sich 396 nur durch ein sehr hohes Lösegeld freikaufen.

Kaiser ARKADIUS versuchte es daraufhin noch einmal mit einer Beschwichtigungspolitik und wies den siegreichen Goten Siedelland in Epiros an, das diese zunächst auch annahmen. Der Grund mag auch darin gelegen haben, daß Epiros die Waffenschmiede Griechenlands war und die Westgoten so in den Genuß der Produkte dieses »Ruhrgebietes« der damaligen Zeit zu kommen hofften. Doch bereits im Jahr 401 fiel ALARICH mit seinen Truppen in Italien ein. Die erschreckten Menschen flüchteten sich mit ihrer Habe und ihrem Vieh hinter die starken Mauern der Städte, während diejenigen, die es sich leisten konnten, auf die Inseln flohen.

Mit einem rasch zusammengezogenen Heer vermochte selbst der Heermeister des weströmischen Kaisers HONORIUS, der Vandale STILICHO, die

Goten nicht zum Stehen zu bringen, obwohl er sie bei Pollentia während eines Gottesdienstes überraschte. Mit sehr viel Geld erkaufte sich der Kaiser den Abzug der Goten aus Italien. Trotz eines anderen Einfalles von 20000 Alanen, Quaden, Ostgoten und Vandalen unter RADAGAIS in Oberitalien, den STILICHO noch einmal abwehren konnte, führte man in Rom das Leben so weiter, als wäre nichts geschehen. Eine Kamarilla von Patriziern, Prinzessinnen, Bischöfen, Eunuchen und Generälen beherrschte den Hof, und die Masse der Bevölkerung steckte den Kopf in den Sand, verkroch sich im Luxus oder in den eigenen Sorgen und Nöten und war nicht zur Verteidigung bereit. Einem dieser Intrigenspiele erlag schließlich auch der einzige Mann, der Rom noch hätte retten können, der vandalische Heermeister STILICHO.

Nun kam die Stunde ALARICHS. Wie ein Sturmwind fegte er mit seinem Heer, das gute römische Straßennetz, besonders die Via Flaminia ausnutzend, durch Italien, wobei sich ihm etwa 30000 Söldner anschlossen – es waren wohl meist Germanen –, die wegen des Mordes an ihrem verehrten Führer STILICHO voller Haß auf die Römer waren. Im Jahr 410 stand ALARICH vor Rom, das ihm wohl schließlich dadurch in die Hände fiel, daß germanische Sklaven seinem Heer während der Nacht ein Tor öffneten. Drei Tage lang gab ALARICH die Stadt seinem Heer zur Plünderung frei, wobei nur die Peter-und-Paul-Kirche unberührt blieb. Unter den zahlreichen Gefangenen befand sich auch die Halbschwester des Kaisers HONORIUS, GALLA PLACIDIA, die später den Westgotenkönig ATHAULF heiraten und wohl auch beherrschen sollte. Ihr Grabmal bei San Vitale in Ravenna gehört zu den größten Kunstwerken dieser Zeit und zieht noch heute in jedem Jahr Tausende von Bewunderern an. Bei der Plünderung der Stadt zerstörten vor allem die haßerfüllten aufständischen Sklaven, die sich den Goten anschlossen, viele Meisterwerke der Bildhauerei und Baukunst, während die gotischen Krieger selbst sich bei ihren Plünderungen mehr an Edelmetalle, kostbare Steine und Geld hielten, die sie auf dem Weitermarsch mitschleppen konnten. Daß zur Beute vor allem auch Frauen und Jungfrauen gehörten, versteht sich für die damalige Zeit von selbst, zumal ihnen die Römer dafür jahrhundertelang negative Vorbilder gegeben hatten.

Nachdem ALARICH seine Truppen wieder gesammelt und in Zucht genommen hatte, marschierte er mit seinem ganzen Stamm nach Süden, wahrscheinlich mit der Absicht, nach Afrika überzusetzen und dort in der Kornkammer des Reiches neues Siedlungsland zu erwerben. Sein vorzeitiger Tod durch Malaria oder, wie einige vermuten, durch Gift, das ihm die Kaisertocher GALLA PLACIDIA gereicht haben soll, setzte diesem Plan ein Ende. Bei Cosenza begrub ihn sein Heer, in voller Waffenrüstung auf dem Pferd sitzend, im Bett des Busento, dessen Lauf sie der Sage nach zu diesem Zweck zuvor umgeleitet hatten.

»In der Stadt Rom gab es noch starke heidnische Minderheiten, die in etwa 700 Tempeln die alten Götter verehrten. Diese national gesinnten Kreise, für die altrömische Kultur und altrömischer Glaube eine Einheit bildeten, sahen im Untergang der Stadt die Rache der mißachteten Götter. Der Wunsch nach nationaler Wiedergeburt blieb in ihnen lebendig und führte nach der Zerschlagung des Ostgotenreiches durch Ostrom etwa in der Mitte des 6. Jahrhunderts zu einem gewissen Erfolg. Auch die römischen Christen glaubten bei der Plünderung Roms an eine Strafe Gottes, doch dieser Gedanke der Bestrafung führte bei ihnen nicht zum Wunsch, Rom in seiner alten nationalen und politischen Macht wieder erstehen zu lassen, sondern mündete in einen völlig neuen Rom-Gedanken der Theologie und der Philosophie und endlich in den großartigsten Ausdruck des Unsterblichkeitsdenkens in AUGUSTINUS' Buch vom Gottesstaat anstelle des verlorenen irdischen Reichs, des christlich-römischen Imperiums.«[157] Dieser Gedanke vom ewigen christlich-römischen Imperium sollte das ganze Hochmittelalter beherrschen und mit der Vorstellung der *Ecclesia militans* sogar zu den, die europäische Geschichte entscheidend beeinflussenden Kreuzzügen führen.

Zwei große kriegerische Ereignisse sind es also, die den Anstoß zu den Umwälzungen des Mittelalters gegeben haben: die Schlacht bei Adrianopel, die den germanischen Wanderstämmen den Weg nach Süd- und Westeuropa öffnete, und der Untergang und die Plünderung Roms, die zu dem, das Mittelalter beherrschenden theologischen und philosophischen Gedanken des römisch-christlichen Imperiums mit seiner *Ecclesia militans* führten. Bevor wir uns den Westgoten erneut zuwenden, muß unsere Aufmerksamkeit dem dritten entscheidenden Ereignis jener Epoche, dem Hunnensturm, vor allem unter ATTILA, gelten.

In dem Raum, in den die Hunnen im Jahr 375 eingebrochen waren, herrschten, wie oben dargestellt, die Ostgoten unter ihrem sagenumwobenen, aber doch als erste Persönlichkeit ihrer Geschichte bekannten König ERMANARICH über eine Vielzahl germanischer und iranischer Stammesgruppen. Die Größe des Reiches, die die Sage von der Ostsee bis zum Schwarzen Meer ausdehnt, erlaubte kein rasches Zusammenziehen der Streitkräfte, zumal der angreifende Feind aus Reiterverbänden bestand, die blitzschnell an verschiedenen Orten und zu verschiedenen Zeiten beliebig auftauchen und wieder verschwinden konnten. Angesichts des unvermeidlichen Zusammenbruchs seines Ostgotenreiches stürzte sich König ERMANARICH, der zu jener Zeit bereits einhundert Jahre alt gewesen sein soll, in sein Schwert. Vielleicht wollte damit der in vielen Schlachten erprobte König den Platz frei machen für einen in seinem Königsheil ungebrochenen jüngeren Nachfolger. Im Sagenkreis um Dietrich von Bern erscheint er als Oheim des großen Ostgotenkönigs THEODERICH zunächst als gütiger Herrscher, später aber als erbitterter, mit den Hunnen verbündeter Feind seines Neffen. Selbst in der Sage also können sich politische Lageveränderungen widerspiegeln, wobei das spätere Bündnis der Ostgoten mit den Hunnen zeitweise in der Vordergrund tritt, obwohl THEODERICH DER GROSSE nur bedingt durch die epische Verschiebung in der Sage zum Bundesgenossen des Hunnenkönigs ATTILA werden konnte.

Die Herrscher der Ostgoten stammten aus der mythischen Königssippe der Amaler, deren Ahnenreihe durch Gaut eröffnet wurde. Gaut war aber ein Beiname des bei den Goten besonders verehrten Gottes Odin, der dem westgermanischen Wotan entspricht.[158] Damit kommen wir zu einer ganz entscheidenden Feststellung. Die zunächst im südlichen Schweden beheimateten Goten unterschieden sich dadurch von den ihnen benachbarten Stämmen, deren Königsgeschlechter ihren Stammbaum auf den Gott Ing/Freyr zurückführten. Wie die nordische Göttersage berichtet, hatte es immer wieder Zeiten gegeben, in denen andere Götter als Hauptgötter den Wotansglauben ablösten. Der atlantische Wotan war dort im Bewußtsein des Volkes zurückgetreten, während er sich bei den im späteren Deutschland sitzenden Germanenstämmen, vor allem im Westen Germaniens, erhalten hatte. Von ihnen ging auch der neue Impuls zum Wotansglauben wieder aus.[159] Wenn sich nun ein ostgermanisches Fürstengeschlecht wie die Amaler auf den Stammvater Odin berief, so heißt das doch nichts anderes, als daß es in traditioneller Weise in die Mysterien Odins eingeweiht war. Nach Rudolf Steiner war Wotan ein Erzengel, der Verzicht auf Aufstieg geleistet hatte. Er impfte den Seelen die Sprache ein.[160] Als eine der hervorragendsten Auswirkungen dieser Tatsache darf wohl gelten, daß bei den Goten der Sprachgenius so gewaltig wirkte, daß es ULFILAS gelang, das griechische Neue Testament in die gotische Sprache zu übersetzen. Schon SAXO GRAMMATICUS berichtet von einer Herkunft des schwedischen Odinkultes aus dem Osten, aus Thrakien und Byzanz, wo der Ursitz der Asen gewesen sein und der Asen- und Wanenkrieg stattgefunden haben soll. Steckt hinter dieser Geschichte doch mehr als gelehrte Fabelei? Hören wir kurz, was von der Verbannung Odins erzählt wird: »Frigg hatte sich einem Diener hingegeben, damit er eine goldene Bildsäule Odins zerstöre, deren Gold sie zu ihrem Schmuck verwandte. Darüber grämte sich Odin so sehr, daß er das Land verließ und freiwillig in die Verbannung ging [nach Osten]. An seiner Stelle herrschte Mitodin, ein berühmter Zauberer, der das Opfer neu ordnete, indem er befahl, jedem Gotte einzeln, nicht mehr allen gemeinschaftlich zu opfern. Als Odin zurückkehrte, mußte Mitodin nach Fünen fliehen, wo ihn das Volk erschlug [es handelte sich dabei um Kimbern und Goten]. Er rächte sich nach seinem Tode, indem aus seinem Grabe die Pest hervorging, bis man die Leiche ausgrub, den Kopf lostrennte und einen spitzen Pfahl durch den Leib trieb. Frigg starb, Odin setzte alle falschen Götter ab, die unter Mitodin aufgekommen waren, und vernichtete ihre Priester, die Magier, mit einem einzigen Blick seiner Augen.«[161] Zu dieser Zeit schon erwiesen sich die Goten neben den Kimbern als treue Anhänger des Gottes Odin. Möglicherweise hatten auch sie neben den westgermanischen Stämmen den alten Odin-Glauben aus der atlantischen Zeit bewahrt. Vielleicht findet sich hier auch ein weiterer Grund für die Auswanderung der Goten in jene Gebiete, die als die Urheimat der Asen bekannt waren. Dort lag ganz in der Nähe auch das Ziel des Argonautenzuges der Griechen. In der Sage von diesem Zug wird das Suchen nach dem golddurchleuteten Astralleib, dem Goldenen Vlies, dargestellt, der durch den Eintritt des Egoismus verdunkelt worden war.[162] Dies kann auch das Ziel der von den Odinsmysterien geleiteten Amalerkönige der Ostgoten gewesen sein, denn durch den Einfluß des Ätherleibes wurde der Astralleib seit der atlantischen Zeit so verändert, daß er nicht mehr hellseherische, sondern intellektuelle Kräfte entwickelte,[163] die die Goten als ichbewußtes germanisches Volk unbedingt brauchten. Andererseits benötigten auch die Goten eine Aufhellung des Astralleibes, damit sie nicht im Egoismus völlig versanken, eine Gefahr, die durch die Entwurzelung der Völkerwanderung besonders gegeben war. Nach der erneuten Aufhellung des Astralleibes konnten sie bewußt an ihm arbeiten, eine Möglichkeit, die erst seit der Erscheinung des Christus gegeben war.[164] Die uns so unsinnig erscheinende Wanderung der gotischen Stämme (s. Fig. 5) mit ihrem unendlichen Leid, ihren ständigen Kämpfen, Opfern und Qualen erhielten so einen Sinn innerhalb der Menschheitsentwicklung, denn das, was sie dort in den neuen Räumen für sich erwarben, gaben sie ja vor allem an die germanischen Stämme weiter. Den Anstoß dazu gab nicht zuletzt der Hunneneinfall.

Bereits die frühen Hunnenkönige führten ihre Herkunft auf den Adler zurück. Eine vorwiegend orientalische Überlieferung erkannte den Adler nicht nur als Herren der Steppe, der mit seiner Scharfsichtigkeit überall seine Beute findet und schlägt, sondern schrieb ihm auch hohe Weissagekraft zu.[165] Das fügt sich ins Bild von den Nachkommen der Urturanier, die sich mit Hilfe von Magie und Zauberei einen Einblick in die Zukunft zu sichern suchten, und stellt damit die Negativseite des Adlersymbols dar, das auch als Symbol des Johannesevangeliums erscheint. Allerdings kannten die Hunnen, die zunächst in lose zusammenhängenden und vielfach getrennt operierenden Stammesgruppen in den Westen vorgedrungen waren, erst nach ihrem Einfall in Europa ein zentrales und erbliches Königtum, das zumindest in zwei Perioden aus einem Doppelkönigtum bestand. Zur selben Zeit, als der Vandalenkönig GEISERICH auf der Höhe seiner Macht die Hand nach Rom ausstreckte, standen auch die Hunnen vor den Toren des Kernlandes des Imperiums. Mit ihrer Hilfe riß AËTIUS, der zunächst als Geisel an ihrem Hof gelebt und seit 432 bei ihnen als Flüchtling Unterschlupf gefunden hatte, die Macht in Westrom an sich. Zum Dank für diese Hilfe wies er ihnen Westungarn als Land zu, in dem sie als Nomaden ihre Herden weiden konnten. Inzwischen waren etwa im Jahr 434 ATTILA und dessen Bruder BLEDA als Könige an die Macht gekommen. Von Anfang an war ATTILA der stärkere der beiden; er scheute sich auch nicht, seinen Bruder bald durch Mord beseitigen zu lassen. Immer wieder können wir in dieser Zeit erleben, daß Herrschaftsfragen auf diese Weise gelöst werden. Damit nahmen die Regierenden der damaligen Zeit das Verhalten der Fürsten der italienischen Renaissance vorweg, die um der Macht willen auch vor keinem Mord zurückschreckten. Unter ATTILA breitete sich die Herrschaftsgewalt des hunnischen Königtums aus; sogar Ansätze einer zentralen Verwaltung wurden verwirklicht.

Schon längere Zeit hatten die plündernden Horden der Hunnen den östlichen Balkan und Kleinasien verheert, und der gegen sie ohnmächtige Kaiser in Byzanz mußte in der Form von Subsidien schmachvolle Tribute zahlen. So lange dies anhielt, war das Verhältnis zwischen ATTILA und dem Westreich gut. Als er jedoch aus Byzanz nichts mehr herauspressen konnte, wandte sich ATTILA nach dem Westen und stieß plündernd und alles verheerend der Donau entlang zum Mittelrhein und bis zur französischen Atlantikküste vor. Dabei hatte er jedoch nicht mit der Tatkraft seines ehemaligen Verbündeten AËTIUS gerechnet. Als ATTILA im Jahr 451 mit seinem höchstens 100000 Mann zählenden Heer, das sich jedoch überwiegend aus germanischen Gepiden, Ostgoten, Rugiern, Skiren, Herulern, Sueben, Thüringern, Burgundern und Franken zusammensetzte, in Gallien einbrach, trat ihm AËTIUS mit einem ebenfalls zumeist aus Germanen bestehenden Heer von Burgundern, Franken, die vielleicht unter MEROWECH standen, Alanen, Sachsen, Sarmaten und Armorikanern entgegen. Vermutlich bei Troyes, möglicherweise aber auch auf den Katalaunischen Feldern bei Châlons, entbrannte eine Schlacht, die darüber entscheiden sollte, ob das spätere Europa sich auf seine griechisch-römisch-germanische Grundlage stützen sollte oder ob es ähnlich wie das mittelalterliche Rußland unter dem Mongolensturm für Jahrhunderte, ja vielleicht für die ganze Zukunft ein durch die Nachfahren der Turanier bestimmtes Schicksal erdulden mußte. Die auf seiten der Hunnen stehenden Germanen erhielten durch diese Schlacht und ATTILAS späteren Tod die Möglichkeit, das hunnische Joch von sich abzuschütteln und sich dem großen

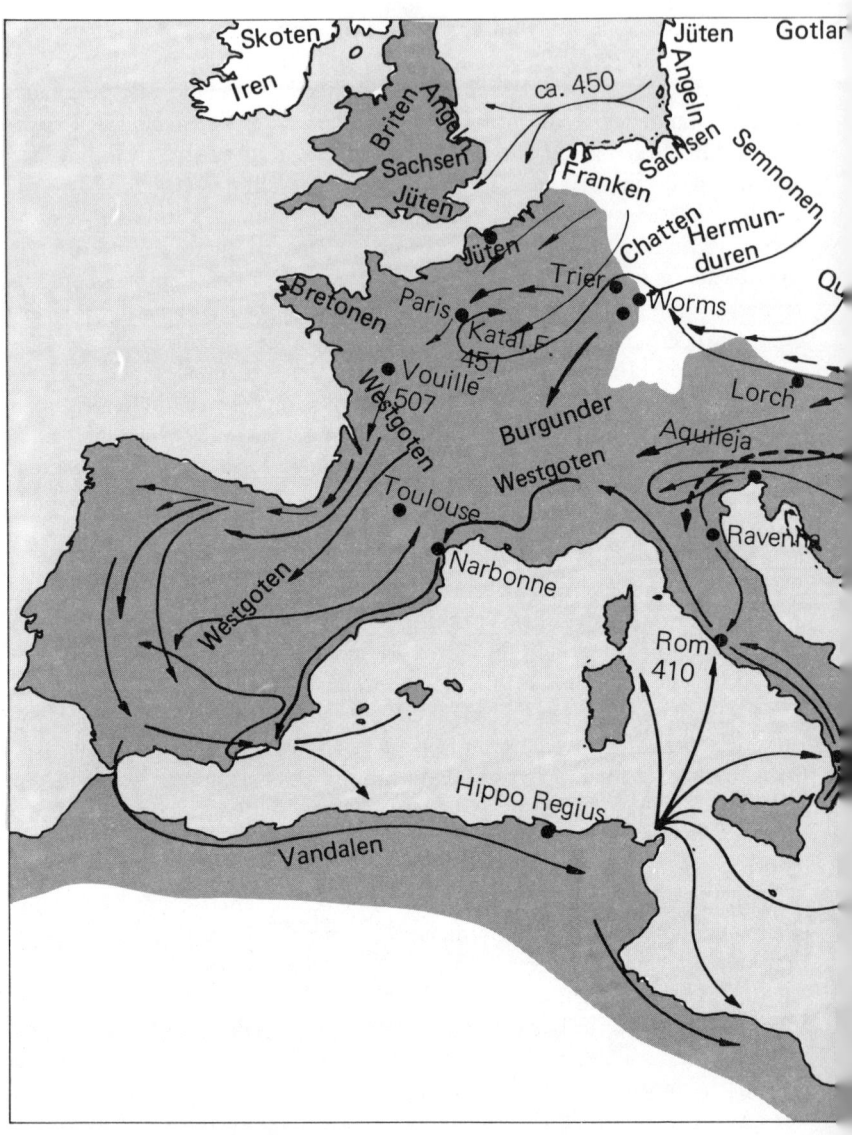

Fig. 5 Germanische Völkerwanderung

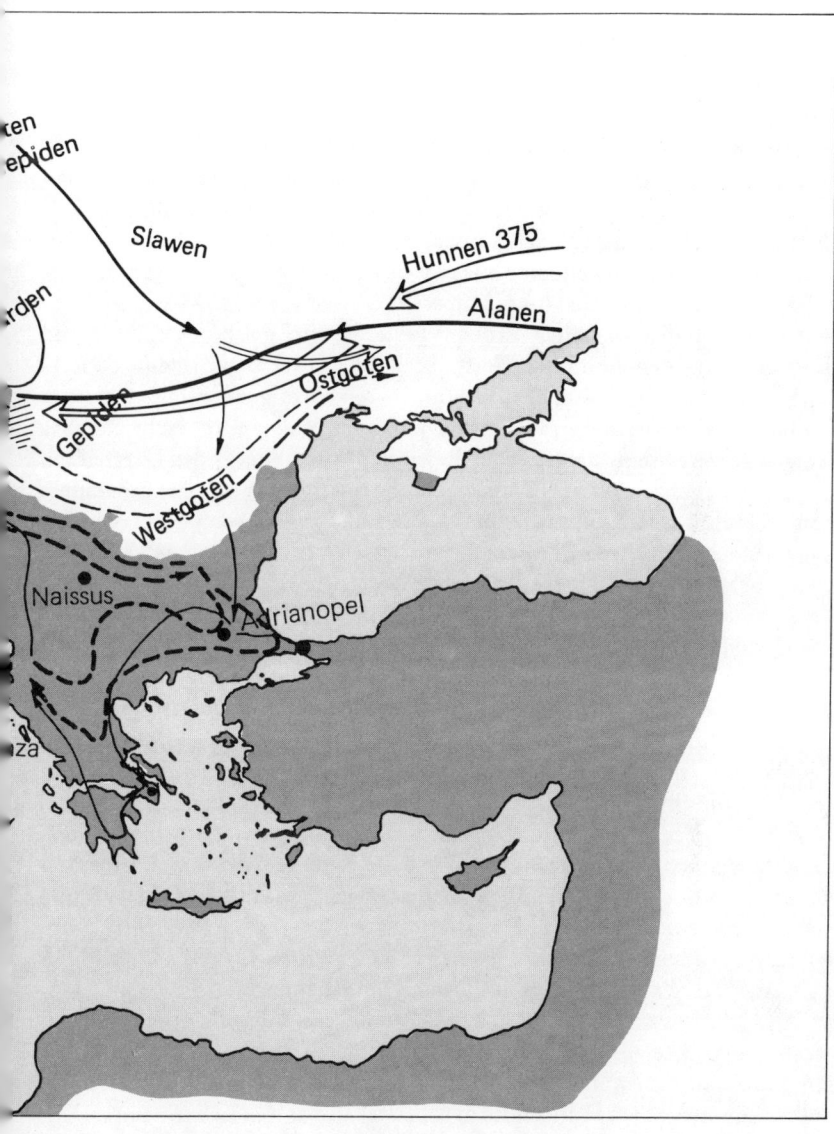

europäischen Kulturkreis wieder einzuordnen. Für die auf weströmischer Seite kämpfenden Germanen jedoch wurde diese Schlacht zu der ersten Gelegenheit, zur Rettung Europas den Ansturm asiatischer Steppenvölker aus dem Osten abzuwehren. Im Lauf der Geschichte sollte sich dazu noch mehrmals Anlaß bieten. Germanische Stämme retteten Europa vor dem Ansturm von Völkern aus fremden Kulturkreisen, die vornehmlich aus dem Osten, wenige Jahrhunderte nach der Schlacht auf den Katalaunischen Feldern aber auch aus dem Süden kamen.

Die Schlacht entwickelte sich zu einer der schrecklichsten der Geschichte. Schon am Vorabend fielen bei einem ersten Zusammenstoß zwischen Franken und Gepiden angeblich 15 000 Krieger. Dabei gelang es Aëtius und Thorismund, dem Sohn des Westgotenkönigs Theoderich, eine beherrschende Höhe zu besetzen. Der Zusammenstoß am folgenden Tag, bei dem in der Hauptsache Germanen auf Germanen trafen, muß von unbeschreiblicher Gewalt gewesen sein, wenn sich auch, wie in der übertreibenden Darstellung der Quellen geschildert, das Wasser eines Baches nicht blutrot gefärbt haben kann. Doch waren Erbitterung und Kampfgier so groß, daß sich noch drei Tage danach die Geister der Erschlagenen in den Lüften ineinander verkeilt weiter bekämpften. An der Spitze seiner Westgoten ritt König Theoderich, der den gleichen Namen trägt wie der später in Italien herrschende Ostgotenkönig, den die Schlacht entscheidenden Kavallerieangriff. Er fand dabei den Tod. Sein Sohn Thorismund, der ebenfalls schwer verwundet wurde, konnte von seinen Gefolgsleuten herausgehauen werden. Durch diesen kühnen und kraftvoll geführten Reiterangriff wandte sich das Schlachtenglück dem Westen zu. Attila hatte bereits den Befehl gegeben, einen Scheiterhaufen aus Holzsätteln aufzurichten, auf dem er sich verbrennen lassen wollte, falls die Sieger sein Lager, in das er sich zurückgezogen hatte, stürmen sollten. Doch angeblich rettete ihn Aëtius selbst vor diesem Schicksal, indem er Thorismund, den seine Truppen noch auf dem Schlachtfeld auf den Schild erhoben hatten, zur Heimkehr nach Aquitanien bewog, um etwaigen Thronwirren vorzubeugen. Zwar waren die Heerscharen des Ostens nicht endgültig besiegt, doch Attila entschloß sich zum Rückzug.

Die Gefahr war noch nicht ganz abgewendet, wenigstens so weit sie das weströmische Reich betraf. Kurz nach seiner Niederlage fiel Attila in Italien ein und zerstörte Aquileia so gründlich, daß es sich nie mehr davon erholen sollte. Die anderen großen Städte in Oberitalien kauften sich nur unter Aufopferung ihres gesamten beweglichen Vermögens los. Nun lag für Attila der Weg nach Rom offen. Aëtius gelang es nicht, eine neue Widerstandslinie aufzubauen. Da er zu lange am Po stehenblieb, mußte der unfähige Kaiser Valentinian Papst Leo I. und zwei Senatoren bewegen, dem Hunnenkönig entgegenzutreten. Diese Übernahme der Verantwortung für Verteidigung, Ernährung und öffentliche Ordnung durch die Bischöfe ist ein typisches Symptom jener Zeit. Damit wuchs die Kirche aus ihrer bisher dienenden Rolle in diejenige der Teilhabe an der Herrschaft hinein. Hier liegen die Ursachen für die spätere politische Theorie des Papsttums, die GELASIUS in seiner Zweischwerterlehre konzipiert und niedergelegt hat.[166] Über das Zusammentreffen des Papstes LEO I. mit ATTILA berichtet die Legende, LEO I. habe sich beim Erscheinen des Hunnenheeres mit den Worten »Ich aber opfere« zurückgezogen und die Messe gehalten. ATTILA sei er dann ohne Waffen entgegengetreten. Mit Sicherheit hätte es sich der Papst nicht erlauben können, dem Hunnenkönig in Waffen zu begegnen. Aber es war auch nicht allein die Macht des Wortes, die letzteren dann doch bewog, abzuziehen. Wie alle noch tief im Heidentum verwurzelten Menschen, so hatte auch ATTILA eine große Scheu vor dem Numinosen. Leider haben Heiden, deren Glauben sich bereits in der Dekadenz befand, diese Scheu vor dem Numinosen abgelegt, nachdem ihnen darin die Christen vorangegangen waren, die es vor allem den Angehörigen »ketzerischer« Bewegungen gegenüber an jeder Scheu fehlen ließen. Zudem wirkten wohl persönliche Ausstrahlung und Kraft dieses großen Papstes so sehr auf ATTILA, daß dieser den Rückzug antrat. Bei all dem sollte man auch nicht vergessen, daß ATTILA durch die in seinem Gefolge befindlichen germanischen, besonders ostgotischen Großen wohl mit an Sicherheit grenzender Wahrscheinlichkeit bereits von der christlichen Lehre, wenn auch in arianischer Gestalt, gehört hatte. Diese Vermutung wird noch bekräftigt durch die Tatsache, daß der Hunnenkönig bei seinem Vorstoß in das Gebiet des heutigen Frankreich u. a. auf den Bischof LUPUS VON TROYES gestoßen war, der sich mit einem anderen Bischof zusammen energisch für die Schonung der Bevölkerung vor Greueln eingesetzt hatte. ATTILA führte ihn schließlich auf seinem Rückzug bis zum Rhein mit sich. Der ganzen Natur des LUPUS nach darf angenommen werden, daß dieser mit seinem christlichen Sendungsbewußtsein diese Zeit nicht ungenutzt hatte verstreichen lassen, sondern sie zu Bekehrungsversuchen nutzte, sicher nicht ohne Erfolg. Knapp drei Generationen später berichtet nämlich der Indienfahrer KOSMAS INDIKOPLEUSTES, ein ägyptischer Kaufmann, um etwa 530, »...auch in Baktrien, bei den Hunnen... [gäbe] es viele Christen, zahlreiche Mönche und Bischöfe«. Er vermerkte das in seiner »Topographia christiana«. ATTILA wußte also zumindest, daß Papst LEO I. der damals höchste Vertreter jenes Christenglaubens war, dem vielleicht schon einige seiner Großen anhingen.

Darüber hinaus wußte der Hunne aber ganz bestimmt, daß er sich durch die Zerstörungswut seiner Truppen selbst um die weitere Versorgung seines

Heeres mit Lebensmitteln als Voraussetzung für einen kraftvollen Vorstoß nach Süden gebracht hatte.

Die drei großen Kontrahenten dieses entscheidenden weltgeschichtlichen Geschehens, THORISMUND, der Westgote, AËTIUS, der »letzte Römer«, und ATTILA, fielen durch Mord. THORISMUND wurde das Opfer dynastischer Streitigkeiten, AËTIUS wurde von Kaiser VALENTINIAN selbst ermordet, den daraufhin wieder Anhänger des Ermordeten erschlugen. ATTILA aber starb, zumindest der Sage nach, ganz unheldisch im Hochzeitsbett, wo ihn die burgundische Prinzessin HILDIKO aus Blutrache erstach; möglicherweise erlitt er dort aber auch einen Blutsturz.

Was hat nun ATTILA die Möglichkeit gegeben, zu seinen Lebzeiten, wenn auch nur für kurze Zeit, zum Beherrscher fast ganz Ost- und Mitteleuropas zu werden? ATTILA verfügte über ein außerordentlich ausgeprägtes Sendungsbewußtsein und ein starkes Empfinden für königliche Würde. Das mag ihn auch dazu bewogen haben, sich mit germanischen Fürsten und Gefolgsleuten zu umgeben. Darüber hinaus verlangte er eine Angehörige des Kaiserhauses, HONORIA, die Tochter der GALLA PLACIDIA, zur Frau und die Anerkennung als Mitkaiser. Den römischen Unterhändlern erklärte er ganz offen, der ihm angebotene Titel eines »Magister militum«, also eines Heermeisters oder Feldmarschalls, sei ihm zu gering, man müsse ihn auch einen Kaiser nennen. Im übrigen werde er seine Macht sehr bald noch weiter vergrößern. Dieser Sache sei er so sicher, weil ein Hirte das langverschollene sagenhafte Schwert des Kriegsgottes, das von den Hunnen seit Urzeiten heilig gehalten wurde, gefunden hatte. Der Hunnenkönig war demnach überzeugt, daß er mit seinen Eroberungen der Vollstrecker der Aufträge seines Kriegsgottes war. Darin erkennen wir wiederum die religiös untermauerte Begründung zur Kriegführung, wie wir sie schon früher bei allen heidnischen Völkern beobachten konnten.

Noch einmal, wenn auch nur sehr kurz, müssen wir uns den Ostgoten zuwenden. Es ist eine bemerkenswerte Tatsache, daß ihr größter König, THEODERICH I., den die Geschichte zu Recht den Großen nennt, keineswegs so viele Kriege geführt hat, wie man vermuten könnte. Ist er doch als einer der größten Helden der mittelalterlichen Sage, als Dietrich von Bern, in das Gedächtnis des Volkes eingezogen. Selbst wenn Heinz Ritter-Schaumburg recht haben sollte und aufgrund der nordischen Thidrek-Saga den Helden auf einen fränkischen Herzog zurückführen und den Untergang der Burgunder an den Hof von Soest verlegen könnte, so bleibt doch die Tatsache bestehen, daß einige Lieder und Kurzepen aus dem Sagenkreis um Dietrich von Bern sich in Südtirol abspielen und sicher auf den großen Ostgotenkönig zurückzuführen sind. In diesen Liedern und Epen erscheint Dietrich, mit Ausnahme der Rabenschlacht, weniger als großer Schlachtenlenker und Heerkönig als vielmehr als ein Mann, der seine persönliche Tapferkeit und seinen Heldenmut in Kämpfen mit menschlichen und dämonischen Wesen beweist, ja sogar eheliche Verbindungen mit Frauen des Feenreiches eingeht. Darüber hinaus bieten diese Sagen einen Einblick in die Glaubensvorstellungen der Ostgoten wie wohl auch der übrigen germanischen Stämme jener Zeit, in denen sich uralt-heidnische Elemente mit modernen christlichen mischen. Auch der Einfluß der katholischen Kirche ist zweifelsfrei zu erkennen, wenn der Arianer THEODERICH am Ende seines Lebens auf einem schwarzen Roß in die Lüfte verschwindet. Für die einen hat Walhall den großen Helden aufgenommen, für die anderen verschwindet er von der Erde auf einem höllischen Roß. Daß die mittelalterlichen Sagen in weit ältere Zeiten zurückreichen als in der sie niedergeschrieben wurden, zeigen auch rein waffentechnische Aussagen. Wenn die Helden um Dietrich den Schild auf den Rücken werfen, um ihr Schwert mit beiden Händen fassen zu können, so war das mit einem mittelalterlichen Schild einfach nicht möglich, wohl aber mit den leichten Schilden der germanischen Reiter der Völkerwanderungszeit. Auch die Tatsache, daß die Schwerter Namen tragen, wie Mimung, Baldung, Eckesachs, Nagelring usw., weist auf eine Zeit hin, in der das Schmieden eines hervorragenden Schwertes noch ganz hohe Kunst war. Nur so konnten Schwertern wie Menschen Namen verliehen werden, ja sogar ein Eigenleben führen, wenn sie z. B. aus Kampfbegier »in der Scheide klirrten«. Noch ganz der germanischen Vorstellung entsprechend durften nach diesen Sagen Kämpfe nicht bei Nacht ausgetragen werden, weil in der Nacht die Hexen und Schwarzalben herrschten. Auch der Gedanke des Gottesgerichts im Zweikampf tritt in verschleierter Form immer wieder hervor, wenn etwa Dietrich von Bern Heime oder Wittichis droht, sie am Galgen baumeln zu lassen, wenn sie von ihm besiegt würden. Großmütig verzeiht ihnen dann aber der königliche Held. Soweit die Sage.

Als im Jahr 487 THEODERICH DER GROSSE mit einem Heer von etwa 20000 Germanen, deren Kern Ostgoten bildeten, aus dem Balkanraum kommend in Italien einbrach, herrschte dort ein anderer Germane, der Skire ODOAKER. Dieser war im Jahr 476 von den in weströmischen Diensten stehenden »ligurischen« Truppen, die sich aus Herulern, Franken, Burgundern, Alanen und Skiren zusammensetzten, zum König ausgerufen worden, nachdem er vorher den wetterwendischen und halbbarbarischen Provinzialen ORESTES, zu dessen Leibwache ODOAKER nach einem wilden Leben als Söldner in allen Teilen Europas gehörte, getötet hatte. Dem damaligen römischen Kaiser ROMULUS AUGUSTUS wies ODOAKER einen Zwangsaufenthalt an, wo jener sich dem von ihm so geliebten Luxusleben ergeben konnte. Dann machte sich

ODOAKER zum Herren in der neuen weströmischen Hauptstadt Ravenna, in Rom und in ganz Italien. Außerhalb dieses Gebietes gab es praktisch kein weströmisches Reich mehr. Als Königssohn wollte sich ODOAKER nicht »Imperator Augustus« nennen, sondern nahm den Titel »Rex Gentium«, König der (Barbaren-)Völker, an. Kaiser ZENO in Ostrom erkannte er formal als Oberherren an, indem er ihm die kaiserlichen Insignien schickte. Obwohl er der eigentliche Auflöser des weströmischen Reiches war, fühlte er sich doch ganz als Römer, setzte eine kaiserliche Regierung mit allen alten Ämtern in Ravenna ein und ließ das römische Rechts- und Wirtschaftsleben ungeschoren. Seine Stütze war das germanische Heervolk, das aber dem Römischen Reich zu dienen hatte. Er wollte nicht Erneuerer, sondern Vollender sein. In kluger Weise mied er jeden Zusammenstoß mit der katholischen Kirche, obwohl er Arianer war. Doch durch die Besetzung Dalmatiens und einen Vorstoß ins Noricum machte er sich Kaiser ZENO in Byzanz zum Feind, der Gefahr für Ostrom witterte. ZENO mobilisierte daher die Ostgoten unter ihrem König THEODERICH I., um sie gegen ODOAKER auszuspielen. Dieser hatte nur auf seine Stunde gewartet. Obwohl ODOAKER THEODERICH am Isonzo und vor Pavia für kurze Zeit zum Stehen bringen konnte, wurde er schließlich in der neuen Kaiserstadt eingeschlossen. Dieses Ereignis bildete den Hintergrund für die Rabenschlacht der Sage. Bei einer Verhandlung stieß dann THEODERICH, ganz im politischen Stil seines Jahrhunderts, ODOAKER eigenhändig nieder, während seine Männer die Familie des Skiren umbrachten. THEODERICH befand sich damit genau in der gleichen Lage wie zuvor sein besiegter Gegner. Seine Truppen wurden zu einem Heervolk, das ihn als König auf den Schild hob. Von Ostrom erreichte er die Anerkennung als in Vertretung des Kaisers amtierender Reichsregent im Westen. Er selbst nannte sich König der Goten und Römer und ließ sogar Münzen prägen, auf deren Vorderseite das Bild des Kaisers und auf deren Rückseite sein eigenes Monogramm zu sehen waren. Als großer Bewunderer der römischen Kultur und Staatsverwaltung, die er als Geisel in Konstantinopel kennengelernt hatte, beließ er wie ODOAKER alle diese Einrichtungen unangetastet. Aber er beging den Fehler, für seine Goten eine Art Apartheid-Politik durchzusetzen, allerdings nicht, um eine angebliche rassische Überlegenheit für alle Zeiten zu bewahren, sondern um ihre Kampftüchtigkeit zu erhalten und ihr auf Schenkungen begründetes Treueverhältnis im Sinne des alten germanischen Gefolgschaftswesens und *hamingja*-Glaubens zu stärken. Darüber hinaus aber hielt er seine Goten noch nicht für reif zur Übernahme der römischen Zivilisation. Er verbot ihnen daher den Besuch von Schulen und das Erlernen der lateinischen Sprache, die er selbst vorzüglich beherrschte. So schuf er aus seinem Gotenheer einen

Staat im Staate, und die Gegensätze, die aus den unterschiedlichen Sprachen zwischen dem germanischen Heer und der italischen Bevölkerung erwuchsen, verschärften sich noch dadurch, daß die Goten dem arianischen Glauben, die eingesessene Bevölkerung aber dem Katholizismus angehörten. Dies erzeugte Haß auf seiten der Goten und Verachtung auf seiten der Römer. Obwohl THEODERICH dieses Problem erkannte, vermochte er keine Lösung zu finden. Als er schließlich im Jahr 526 ganz gegen die Gewohnheit germanischer Stämme dem Katholizismus den Kampf ansagte und Papst JOHANNES ins Gefängnis warf, starb er vermutlich durch Gift.

Damit waren die Voraussetzungen geschaffen, daß Ostrom den Krieg gegen seine Nachfolger nicht nur aus politischen Motiven eröffnen konnte, sondern auch aus solchen des Glaubens und gegen die Ketzer, was zu jener Zeit schon weit schwerer wog. Das Vorgehen Ostroms gegen die Goten entsprach dann in seiner Erbarmungslosigkeit auch ganz dem Kampf von »Rechtgläubigen« gegen »Ketzer« oder »Dissidenten« und führte zu deren Untergang und Vernichtung. Die Grundstruktur dieses Ablaufs wiederholt sich im Lauf der folgenden Geschichte noch des öfteren. Allerdings darf auch nicht vergessen werden, daß ganz wesentlich durch die Niederlage der Goten wie auch der späteren oder gleichzeitigen anderen germanischen Völker, die dem Arianismus anhingen, dieses Glaubensbekenntnis allmählich verschwand und sich das nicäische Glaubensbekenntnis durchsetzen konnte, das zu Recht Christus als Sohn für ewig ungeschaffen und wesenseins mit Gott dem Vater erkennt. Diese für die Menschheitsentwicklung ganz entscheidende Tatsache wurde durch den Sieg Ostroms und weit im Westen durch denjenigen der inzwischen zum Katholizismus übergetretenen Franken begründet. Die Gefahr einer arianischen Dominanz war um so größer gewesen, als der Ostgotenkönig THEODERICH erstmals an die Schaffung eines germanischen Reiches in der Form eines erneuerten Römerreiches dachte. Als Kernland dieses Reiches betrachtete er das von ihm eroberte Italien und begann nun von Ravenna aus eine Germanenpolitik, die unter anderen Umständen die Politik der Habsburger vorwegnahm. Durch Verträge und Allianzen, überwiegend durch Heiraten, aber auch durch bewaffnete Interventionen versuchte er, die unter sich uneinigen Königsgeschlechter der benachbarten und weiter entfernt siedelnden Germanenstämme für seine Pläne zu gewinnen und mit ihnen gewissermaßen in einen Sippenverband, ja sogar in die Verbindung einer Großfamilie zu treten, als deren Oberhaupt er sich selbst sah. Auf diese Weise hätte ein germanisch-arianisches Reich mit ungeheurer militärischer Macht in Europa entstehen können, das bei seinem Fortbestand mit Sicherheit auch die Geistesgeschichte Europas für Jahrhunderte bestimmt hätte. Der Plan scheiterte im

Westen an der Machtfülle des Frankenkönigs CHLODWIG I. und im Osten an derjenigen Ostroms, die THEODERICH DER GROSSE frevelhaft unterschätzt hatte.

Die Ostgoten scheiterten also, weil sie mit ATTILA auf den falschen Verbündeten gesetzt, mit dem arianischen Glauben den falschen gewählt und unter ihrem größten König THEODERICH die falsche Politik betrieben hatten. Und doch strahlt von ihnen ein Zauber und ein heroischer Mythos aus, der bis in unsere Zeit reicht. Sie verdanken diesen Mythos nicht nur der strahlenden Herrschergestalt eines THEODERICH und seiner vornehmlich in der Sage begründeten unwandelbaren Tapferkeit und Treue, sondern vor allem auch dem Schicksal König TOTILAS mit seiner großen Seele und demjenigen des Heldenkönigs TEJA, der beim letzten Waffengang mit Ostrom am Fuße des Vesuvs stundenlang selbst den Eingang zu einer Enge deckte, in der sich die Reste seines Heeres gesammelt hatten. Als er seinen mit Speeren bespickten Schild gegen einen neuen tauschen wollte, traf ihn das tödliche Geschoß. Vor allem diese Haltung entsprach ganz dem Bild, das sich die Germanen in ihrer Untergangs- und Todessehnsucht von einem großen Helden machten.

Ganz anders dagegen wirkten sich die Taten der Westgoten aus. Mit der schon erwähnten Schlacht bei Adrianopel hatten sie für die germanischen Wanderstämme endgültig die Pforten zu den Ländern des römischen Imperiums aufgestoßen. Nach dem Tod ALARICHS waren sie nach Norden und Westen abgezogen und hatten in Südfrankreich und Aquitanien ein gewaltiges Reich gegründet (s. Fig. 5), als dessen Verteidiger sie in der Schlacht auf den Katalaunischen Feldern als entscheidender Heeresteil dem Hunnenkönig ATTILA Halt geboten. Und seit 466 bestand ein westgotisches Reich, das vom Ebro bis zur Loire und vom Atlantik bis zur Côte d'Azur reichte. Verstärkt durch einen bedeutenden Volksteil aus Ostgoten, die nicht mit THEODERICH DES GROSSEN Vater zum Balkan gezogen waren, bildeten sie vor den Ostgoten und Franken die größte Militärmacht Europas der damaligen Zeit. Doch ihre Herrlichkeit war nicht von langer Dauer, denn im Jahr 507 besiegte sie der Frankenkönig CHLODWIG in der Schlacht von Vouillé und besetzte Aquitanien. Nur das Eingreifen THEODERICHS DES GROSSEN verhinderte, daß schon jetzt das ganze restliche Gebiet nördlich der Pyrenäen in die Hände der Franken fiel. Dies geschah dann aber sofort nach THEODERICHS Tod doch. Damit blieb das einstmals so weit ausgedehnte Westgotenreich auf seine spanischen Gebiete beschränkt. Zunächst verhinderte der Arianismus der Westgoten genau wie bei ihren ostgotischen Brüdern eine Verschmelzung der römischen und germanischen Reichsuntertanen. Auf dem Konzil von Toledo im Jahr 589 konvertierten die Westgoten zum Katholizismus, König RECCARED ging ihnen darin persönlich voraus. Daraufhin konnte rasch jene Verschmelzung eintreten, aus der die moderne spanische Nation hervorging. Von der Gefahr, daß das Heervolk, also die Westgoten, einen Staat im Staat bildeten, konnte nicht mehr gesprochen werden. Der westgotische Adel behielt zwar seine alten Stammestraditionen und sein germanisches Lebensgefühl bei, aber bereits die Geistlichkeit bestand aus Römern und Germanen. Mischehen und der gemeinsame Gebrauch der lateinischen Sprache besiegelten diesen Prozeß der Verschmelzung, aus dem ein neues Vaterlandsgefühl mit römisch geprägter Kultur hervorging.

Dennoch brach das Westgotenreich unter den Schlägen der im Süden der Iberischen Halbinsel gelandeten mohammedanischen Araber rasch zusammen, die 719 bis ins Roussillon und in das untere Languedoc vorstießen, wo sie auf den entschiedenen Widerstand der Franken trafen. Doch der Krieg, der nun ausbrach, war nicht mehr ein Krieg zwischen Goten und Arabern, sondern ein Religionskrieg zwischen Heiden und Christen. Letztere zogen sich in das Bergland von Galizien und Asturien zurück und eröffneten von Oviedo aus den »Heiligen Krieg« unter Führung des westgotischen Königs PELAJO. Mit seinem ersten Sieg begann die Wiedereroberung, die Reconquista, Spaniens, als deren legendärer Held der CID (gest. 1099) auftrat. Die dem spanischen Nationalepos zugrundeliegenden Kurzepen, die Cantares, atmen noch ganz germanischen Geist, während das hochmittelalterliche Gesamtepos von ritterlichen Standesauffassungen und vom christlichen Glauben geprägt ist. So haben die Westgoten, trotz ihrer Romanisierung, durch ihre Eroberung und Rückeroberung des spanischen Gebietes zusammen mit den Franken, wie wir noch hören werden, den Ansturm einer fremden Kulturnation mit fremdem Glaubensbekenntnis auf den Süden Europas abgewehrt und der spanischen Nation wesentliche Impulse verliehen, die sie dann befähigte, durch kühne Eroberungen vor allem in der beginnenden Neuzeit einem großen Teil der südlichen Hemisphäre dieser Erde den spanischen Charakter aufzuprägen. Sie bildeten genau wie andere Germanenstämme Europas jenes Ferment, das die neuen Nationen zusammenhalten sollte. Ohne ihre militärische Tüchtigkeit in Kriegen und Feldzügen wäre die Geschichte Europas anders verlaufen. Wer von einem Weltenplan überzeugt ist, der sich unerbittlich vollzieht, muß auch anerkennen, daß die Kriege und Schlachten, die im Verlauf der Geschichte geführt wurden, diesem Weltenplan nicht entgegenwirkten, sondern ihn förderten, so bitter diese Erkenntnis in Anbetracht all der schrecklichen Leiden, die damit einhergingen, auch sein mag.

Etwa zur gleichen Zeit als auf der Iberischen Halbinsel die spanische Nation entstand, erwuchs auf den Britischen Inseln die neue Nation, die in der beginnenden Neuzeit ihr erbitterter Widersacher werden sollte und den nördlichen Teil der westlichen Hemisphäre mehr oder weniger vollständig eroberte. Unter römischer Herrschaft hatte sich Britannien zu einem blühenden Land entwickelt. Als nach den Angaben des angelsächsischen Kirchenhistorikers BEDA im Jahr 409 die römischen Truppen abgezogen wurden, um auf anderen Kriegsschauplätzen eingesetzt zu werden, besaßen die meisten der bei den alten römischen Truppenlagern entstandenen Städte bereits ein christliches Gepräge. Seit dem 4. Jahrhundert aber schon hatten Kelten aus dem Norden und Sachsen aus dem Osten und Süden versucht, die galloromanische Bevölkerung in den Städten sowie die keltische Landbevölkerung zu unterjochen. Nach dem Abzug der römischen Truppen verstärkte sich dieser Druck. Dabei muß wohl den im heutigen England sitzenden keltischen Briten die Gefahr aus dem Norden größer erschienen sein als die aus dem Süden und Osten. Der Grund dafür ist leicht einzusehen. Während die germanischen Piraten mit ihren schnellen Schiffen wie die späteren Normannen meist rasch auftauchten, ihre Beutezüge durchführten und dann wieder verschwanden, drohte von den Pikten und Skoten im Norden die dauernde Unterwerfung. Als die Briten sich der groß angelegten Pikteneinfälle nicht mehr erwehren konnten, rief ihr Führer WORTIGERN Sachsen von der Elbe, Angeln aus Schleswig und Jüten aus Jütland zu Hilfe. Die Frage, ob es sich tatsächlich um Jüten gehandelt hat, ist heftig umstritten; viele glauben, es seien fränkische Euten, ein Teil der Salfranken aus der Gegend der Rheinmündung, gewesen. Nach einer sagenhaften Überlieferung, die in ihrem geschichtlichen Wahrheitsgehalt umstritten ist, schlugen Jüten unter ihren Führern HENGIST und HORSA im Jahr 449 als Soldkrieger die Pikten und Skoten zurück. Ihre Erzählungen von dem schönen und fruchtbaren Land lockten weitere Heer- und Volkshaufen an. Ein ganzes Jahrhundert hindurch tobten nun Kämpfe, zwischen den ehemaligen Befreiern und Rettern aus Feindesgefahr und den Eingeborenen, die im Jahr 577 schließlich durch den Sieg der Angeln in der Schlacht von Deorham entschieden wurden. Während die Briten bald mit den germanischen Eroberern verschmolzen, führten die ebenfalls keltischen Waliser ihren Kampf in dem zur Verteidigung günstigen Bergland von Wales weiter. Ein beträchtlicher Teil von ihnen setzte jedoch auf die Armorika über und gründete dort die noch heute so genannte Bretagne. Führer des keltischen Widerstandes in Wales und Cornwall wurde König ARTUS, der dem Hochmittelalter zum Inbegriff christlich-ritterlichen Heldentums wurde. Bald auch verknüpften sich mit ihm und den Helden seiner Tafelrunde die Sagen vom Heiligen Gral, jener kelchartigen Schale, aus der CHRISTUS das Abendmahl genommen und mit seinen Jüngern getrunken hatte und in der das Blut, das aus seinen Wunden floß, durch JOSEPH VON ARIMATHIA aufgefangen worden war. Nach diesem Heiligen Gral, in dessen Mysterium alles umschlossen liegt, was zur Verbreitung des Christusverständnisses beitragen sollte, suchten die edelsten aus der europäischen Ritterschaft. »Und die Menschen, welche den Wandel von kosmischen Kräften durch die Tierkreiszeichen ausdrückten, das waren die, welche man nannte die ›Ritter von König Artus' Tafelrunde‹. Zwölf waren es, die umgeben waren von einer Schar anderer Menschen, sie waren aber die Hauptritter. Die anderen Menschen stellten gleichsam das Sternenheer dar, in sie flossen die Inspirationen ein, die mehr zerstreut im Weltenraume waren; in die zwölf Ritter aber die Inspirationen, die von den zwölf Richtungen des Tierkreises herkamen. Und die Inspirationen, welche von den spirituellen Kräften von Sonne und Mond herkamen, waren dargestellt durch König Artus und seine Gemahlin Ginevra. So hatte man den vermenschlichten Kosmos in ›König Artus' Tafelrunde‹. Das, was man nennen kann die hohe pädagogische Schule für die Empfindungsseele des Westens, das ging aus von König Artus' Tafelrunde.«[167] Diese erneute, außerordentlich nahe, wenn auch z.T. kämpferische Berührung von Kelten und Germanen in Britannien und auf dem Festland wurde notwendig, damit der Erzengel der germanisch-keltischen Völker zur Zeit des Beginns des Christentums als Inspirator des esoterischen Christentums, das durch den Gral und durch das Rosenkreuzertum fortwirken sollte, seine Kraft entfalten konnte.[168]

Die Berichte über das Kampfgeschehen zu jener Zeit in Britannien bestätigen, was bereits von der Antike über das Austragen von Schlachten und Kriegen berichtet wurde. Noch immer wird der Schlachttag verabredet, und die Kämpfe beginnen erst, wenn die beiden Heere aufmarschiert und schlachtbereit sind. Der Ausgang wird als unwiderrufliches Gottesurteil angesehen. Typische Beispiele hierfür bietet u. a. das Buch über das »Leben des Zauberers Merlin«.[169]

Doch der Einfall der Angeln, Sachsen und Jüten hatte auch nachteilige Wirkungen. Handel und Wirtschaft verfielen, und die städtischen Zentren bewahrten nur noch einen blassen Abglanz dessen, was sie früher einmal gewesen waren. Nur dort erhielten sich kleine christliche Gemeinden unter ihren Priestern und Bischöfen, denen es nur mühsam gelang, einen Teil des kulturellen Erbes der Antike zu bewahren. In den von den germanischen Eroberern besetzten Landstrichen verschwand das Christentum zunächst ganz. Neuere Untersuchungen und archäologische Funde in England machen jedoch wahrscheinlich, daß die christlichen Gemeinden durch ihr Fortbestehen in den mehr und mehr vernachlässigten Städten später den Weg der Angeln, Sachsen und Jüten zum Christentum beträchtlich erleichterten.

Die Sprache in Britannien wurde germanisch, doch kam ab 1066, dem Jahr der normannischen Eroberung durch Herzog WILHELM VON DER NORMANDIE mit seinen bereits romanisierten Normannen, ein starkes französisches

187

Element hinzu. Andererseits wirkten auch keltische Züge im Volkscharakter, der Literatur und der Kunst weiter.[170] So entstand mit der britischen Nation ein germanisch-keltischer Volkskörper, der es dem späteren Vereinigten Königreich ermöglichen sollte, begünstigt durch seine Insellage, einen großen Teil der Erde nicht nur zu unterwerfen und zu kolonisieren, sondern auch kulturell auf die Ebene des Abendlandes zu erheben. Der ebenfalls aus der Insellage sich ergebende Zwang zum Handel mit dem Kontinent und den Kolonialgebieten bereitete den Weg zur wirtschaftlichen Beherrschung der Welt. Darüber hinaus konnten damit die Angelsachsen als eine der führenden Volksgruppen unter den Germanen der fünften nachatlantischen Kulturepoche ausführen, wozu sie berufen waren, nämlich den Blick auf die äußere physische Welt zu richten.[171] Auf keinem anderen Weg als dem der Eroberung Englands und durch keine anderen germanischen Völker hätte diese Aufgabe erfüllt werden können, denn die skandinavischen Völker waren dazu zu klein und das zahlenmäßig größte germanische Volk war aufgrund seiner geographischen Lage stets mehr binnenländisch orientiert. Nur die Auswanderung der größeren Teile der Angeln, Sachsen und Jüten ermöglichte den Ausbruch ins Freie und damit die Erfüllung der Mission des sich neu bildenden Volkes, wenn dieser Ausbruch zunächst auch lediglich machtpolitisch und wirtschaftlich zu sehen ist.

Frankenreich

Etwa zu der Zeit, in der die Westgoten die entscheidenden Schritte zum Entstehen der spanischen Nation taten und die Angelsachsen im südlichen Teil der Britischen Insel die Macht eroberten, vollzog sich im Westen und in der Mitte Kontinentaleuropas, im späteren Frankreich und Deutschland, ein das ganze Mittelalter beherrschender Wandel mit entscheidenden Auswirkungen bis in unsere Zeit. Wiederum brach er sich unter endlosen Kämpfen, unter Blut und Tränen Bahn. Aus vielen germanischen Einzelstämmen, deren bedeutendste und bekannteste wohl die Sugambrer und Brukterer waren, die zwischen der Nordsee und dem deutschen Mittelgebirge in beträchtlicher Tiefe saßen, ging ein politisch-kriegerischer Stammesverband hervor, der sich Franken nannte. Am Ende des 5. Jahrhunderts noch aus drei Königreichen bestehend, waren sie etwa einhundert Jahre später zu einem einzigen Königtum verschmolzen. Als erster Verband dieses Großstammes setzten sich die Salfranken (Sal - Salzwasser) von der Nordseeküste aus in Bewegung und rückten unaufhaltsam die Schelde aufwärts durch das heutige Belgien vor. Nach dem Tod des AËTIUS, des Siegers über ATTILA, saßen sie bereits an der Somme. Etwa zur gleichen Zeit erreichten die Ripuarier (Ufer- oder Rheinfranken) den Rheingau und Mainz. Kurze Zeit später fielen Köln, Trier, Metz und Toul in ihre Hand. Nicht lange konnte es mehr dauern, bis sie ganz Gallien erobert hatten. Obwohl dieses Kriegervolk als besonders hart und grausam bekannt war – doch standen ihnen weder die erobernden Sachsen noch Alemannen nach –, waren sie doch klug genug, nicht alles auf ihrem Weg zu zerstören, ja sie erwiesen sich sogar als von der römischen Kultur und Zivilisation in diesem blühendsten Teil des ehemals weströmischen Reiches so fasziniert, daß die römische Tradition in Politik, Verwaltung und Heerwesen fast reibungslos in die fränkische Herrschaft hinüberglitt. Viel trug zu diesem glatten Übergang bei, daß schon vor der Eroberung fränkische Krieger zur Reichsverteidigung innerhalb Galliens auf dem flachen Land saßen. Von den Städten hatte man sie ferngehalten, damit dort das Proletariat nicht vergrößert würde. Außerdem hatte man ihnen nur erlaubt, unter sich zu heiraten, so daß ihr germanischer Charakter bewahrt blieb. Auch fiel es den Gallo-Römern in Gallien nicht allzu schwer, die fränkische Herrschaft anzuerkennen, da sie sich nicht mehr an den Kaiser in Ostrom gebunden fühlten. Die kluge Weise, auf die die fränkischen Heerkönige besonders den gallorömischen Adel und die römische Beamtenschaft an sich heranzogen und damit für sich gewannen, ließ den Übergang von dieser Seite aus leicht erscheinen. Dennoch hatten die Einfälle der Franken, Alemannen, Westgoten und vor allem Hunnen während des 5. Jahrhunderts dem Land furchtbare Wunden geschlagen. Allerdings darf man sich das nicht so vorstellen, als wäre das Land in seiner ganzen Breite und Tiefe in Flammen und Rauch aufgegangen. Die Verwüstungen und Zerstörungen hatten sich auf die Gebiete entlang der Heerstraßen und Stoßrichtungen der einfallenden Heere beschränkt, während die weitere Umgebung davon unberührt geblieben war. Zudem hielten sich diese Verwüstungen und Zerstörungen innerhalb jener Grenzen, die zur damaligen Zeit die technischen und waffentechnischen Möglichkeiten setzten. Mit den Städten in Gallien verhielt es sich dagegen anders. Schon im Verlauf des 4. Jahrhunderts waren sie Opfer der im römischen Reich herrschenden Wirtschaftskrise geworden, die, zudem durch Pest und andere Epidemien verstärkt, zur raschen Entvölkerung geführt hatte. Sie bestanden nach Karl Bosl schließlich nur noch als verhältnismäßig enge Festungen mit dicken Mauern und niederen Tortürmen. So war ein gewisser Bruch zwischen Stadt und Land schon zu römischer Zeit entstanden, der die ursprüngliche wirtschaftliche, gesellschaftliche und verwaltungstechnische Einheit verfallen ließ. Selbst die Kirche, die sich vornehmlich auf die Städte stützte und in den größeren von ihnen ihre Bischofssitze hatte, litt bis zu einem gewissen Grad unter diesem Zerfall der Einheit. Dennoch war es gerade die Kirche, die nach der Eroberung durch die Franken zwischen der alteingesessenen gallo-römischen Bevölkerung und den neuen Herren vermittelte. Dies war ihr um so leichter möglich, als sich die Franken trotz ihrer Wildheit und Grausamkeit dem Katholizismus gegenüber aufgeschlossen erwiesen. Ganz anders als z. B. in den Gotenreichen kam es daher zu keiner durch den Glauben verursachten Trennung zwischen den Eroberern und den Alteingesessenen. Auch solange die Eroberer noch ihrem alten heidnischen Glauben anhingen, standen sie dem neuen christlichen Glauben nicht feindlich entgegen. Beim Zerfall der römischen Reichsverwaltung ging so auch die politische Macht an die Kirche über, die durch ihre Organisation allein imstande war, innerhalb ihrer begrenzten Sprengel für Ernährung, Verteidigung, Verwaltung und polizeiliche Ordnung zu sorgen. Sie wurde so zu einer Art Reichsersatz. Nach dem Übertritt zum Christentum konnten sich die fränkischen Könige ihrer ohne Schwierigkeiten bedienen. Auf diese Weise wurden die neue Gesellschaft und die neue Kultur wesentlich christlich. Die geschichtliche Kontinuität war damit gewahrt, und ein Fall in den Abgrund des »dunklen« Mittelalters, wie man das früher annahm, trat keineswegs ein.

Es ist daher auch kein Wunder, daß es dem Merowinger CHLODWIG 486 gelang, mit Hilfe der Kirche eine neue politische Ordnung zu schaffen. Als er sich am Ende des 5. Jahrhunderts für die Religion Roms entschied, fielen auch die glaubensmäßigen Schranken zwischen seinen römischen und germanischen Untertanen. Die beiden Kulturen verschmolzen miteinander, zumal auch die Franken darauf achteten, daß die Gallo-Römer ihren Grundbesitz und ihre eigenen Milizen behielten. »Es hat den Anschein, daß in Gallien zwei Völker ohne Unterwerfung nebeneinander lebten, gehorsam dem König, aber nicht den Germanen. Gallo-Römer und Germanen bewahrten ihre eigene Sprache, ihre Gewohnheiten, ihre Gesetze; im Alltag standen beide auf gleicher Stufe... es entstand eine eigenartige Volks- und Herrschaftsstruktur, die organisch wuchs und Nährboden einer neuen Gesellschaft und Kultur wurde.«[171]

Von Geburt war CHLODWIG, der vielleicht im Jahr 466 in Tournay als legitimer Nachfolger seines Vaters geboren wurde, nach Abstammung, Sprache, Sitte und Temperament ganz Germane und ganz Heide. Dennoch übte seine burgundische Frau, eine katholische Christin aus burgundischem Königsgeschlecht, beträchtlichen Einfluß auf ihn aus und versuchte, ihn zum Christentum zu bekehren. Der Sage nach versprach CHLODWIG in der Alemannenschlacht bei Zülpich im Jahr 496, in der ihm in höchster Not in einer Vision Christus erschien, den Übertritt zum römischen Katholizismus, wenn er ihm den Sieg verliehe. So wenigstens berichtet es GREGOR VON TOURS. Wahrscheinlicher aber ist, daß CHLODWIG an dieser Schlacht gar nicht teilgenommen hat, sondern als König der Rheinfranken SIGIBERT, der dabei schwer verwundet wurde. Die eigentliche Unterwerfung der Alemannen geschah wohl an einem unbekannten Schlachtort, an dem CHLODWIG die vereinigten Sal- und Rheinfranken zum Sieg führte. Der Alemannenkönig fiel in diesem Kampf, der wohl in den Jahren 496/497 stattfand. Dennoch hat diese Sage vieles für sich, weil sie uns einen Eindruck von der geistigen Haltung vermittelt, in der Schlachten damals ausgefochten wurden. CHLODWIG sieht nach alter Weise die Schlacht als Gottesurteil an. Zum ersten Mal in der Geschichte erschien einem Heerkönig dabei Christus als Vision. Dieses intuitive Erfassen des rechten Glaubensweges durch einen Heiden, dessen Merowingergeschlecht seine Abstammung auf den Meergott zurückführte und daher in dessen Mysterien eingeweiht war, wird von da ab in ähnlichen Lagen von den Geschichtsschreibern immer wieder berichtet und stellt wohl ein echtes übersinnliches Erlebnis dar. Zwei Jahre später etwa ließ sich CHLODWIG von Bischof REMIGIUS in Reims taufen, wobei nach der »Historia Francorum« des GREGOR VON TOURS der Heilige Geist gesprochen haben soll: *Mitis depone colla, Sigamber; adora quod incendisti, incende quod adorasti –* »Beuge milde deinen Hals, Sigamber; bete an, was du bisher angezündet, verbrenne, was du bislang angebetet hast«. Nach dem germanischen Geschlechterrecht und dem Gebot der Gefolgschaftstreue zog diese Taufe des Königs die Taufe von 3000 edlen Franken nach sich.

Der Übertritt des Frankenkönigs zum römisch-katholischen Glauben bildete die Legitimation für den Glaubenskrieg der Franken gegen die arianischen Germanen in Gallien, der die volle Unterstützung der gallo-römischen Bevölkerung fand. Er war erfolgreich. »Wunder und Erfolg waren für die Menschen des 5. und 6. Jahrhunderts Beweis und Erfüllung ihres Glaubens. Das Heilszeichen des Sieges führte dem Eroberer die Menschen Mittel- und Südgalliens zu. In diesem Sinne war diese Bekehrung mit europäischen Folgen nicht nur politisches Kalkül, sondern Folge eines inneren Ringens, beides war eine psychologische Einheit, politische Religiösität, die die archaische Epoche beherrschte.«[173]

Wie wir gehört haben, hatten sich auf der Britischen Insel und auf der Iberischen Halbinsel zwei neue Nationen gebildet, deren weltgeschichtliche Stunde allerdings erst etwa tausend Jahre später schlagen sollte. Vorläufig bestimmten für die nächsten Jahrhunderte die Franken vor allem mit ihren im Osten sitzenden Volksgruppen sowie die benachbarten germanischen Stämme, aus denen die Deutschen hervorgehen sollten, die Geschicke des Abendlandes. Weit im Osten dagegen, im Vorderen Orient, entstand eine

Lage, die machtpolitisch in gewisser Weise wie das Gegenteil dessen erschien, was sich in Europa abspielte. Dort bestanden zwei alte Großmächte, Ostrom mit Konstantinopel und das Perserreich unter den Sassaniden, die seit Jahrhunderten bemüht waren, eine Entscheidung um die Vormachtstellung herbeizuführen. Doch keinem dieser beiden Staaten gelang es, sich endgültig gegenüber dem anderen durchzusetzen. Das glückte innerhalb einer Generation erst einer dritten Macht, den Arabern. In dieser Zeit eroberten sie das gesamte Reich der Sassaniden und alle asiatischen und afrikanischen Besitzungen der Oströmer. Noch um 600 n. Chr. war die arabische Halbinsel fast ausschließlich von Nomaden bewohnt; einige feste Handelsplätze gab es nur an der Grenze zu Ostrom. Ein staatliches Leben, das diesen Namen zu Recht verdient, gab es nur in Südarabien, wo eine eigenständige Kultur mit ein paar wenigen Siedlungen an den Karawanenstraßen nahe den Städten Mekka und Medina sowie zum Yemen hin entstanden war. Von dort aus trieben die Araber lebhaften Handel mit den zunächst noch römischen Provinzen Ägypten, Syrien und Palästina, wohin sie wilde Tiere, Pferde, Sklaven und Söldner lieferten.

Dieser noch recht primitiven Gesellschaft stiftete MOHAMMED um 622 in der Stadt Medina eine Religion, die einmal zu einer der großen Weltreligionen werden sollte. In der Tradition von Judentum und Christentum stehend, erkannte MOHAMMED Moses und Jesus als Propheten des Islam. Für ihn gab es nur einen unsichtbaren Gott. Da aber weder die Juden noch die Christen den Islam als legitime Weiterentwicklung ihres Glaubens anerkannten, predigte MOHAMMED gegen sie den »Heiligen Krieg«, um alle Ungläubigen, wenn nötig mit Gewalt, zu bekehren. Wer in diesem Krieg fiel, ging unmittelbar in das Paradies ein. Dieser Glaube stellte eine starke gemeinschaftsbildende Kraft dar und strahlte weit über die Grenzen Arabiens hinaus. Unter einer Reihe bedeutender Heerführer, die sich nicht nur auf die arabischen Wüstenkrieger, sondern bald auch auf die zum Islam bekehrten Teile der ehemals persischen und oströmischen Welt mit ihrer verfeinerten Militärmaschinerie stützen konnten, entrissen sie schon ein Jahrhundert später in der Schlacht am Talas 751 dem chinesischen Großreich die Vormacht in Westasien und zerschlugen, wie wir bereits gehört haben, im Jahr 711 auf der Iberischen Halbinsel das Reich der Westgoten. Schließlich überschritten sie sogar die Pyrenäen und setzten sich in Südfrankreich fest, wo sie Narbonne zu ihrer Hauptstadt erkoren. Nun allerdings trafen sie auf den entschiedenen Widerstand der Franken, und auch die Westgoten setzten als überzeugte Christen ihren Partisanenkrieg aus den gebirgigen Landstrichen heraus gegen sie fort. Wohl bestanden die arabischen Heere zu Anfang, ähnlich wie diejenigen der Hunnen, aus Reiterscharen, doch als sie im Westgotenreich vordrangen, besaßen sie längst auch ein kriegstüchtiges Fußvolk, das sich aus den Waffenarsenalen und Werkstätten Persiens und Ostroms versorgte, so daß sie ihren Gegnern in Bewaffnung und Taktik bald gleichwertig waren. Nur eines fehlte ihnen: eine schwergepanzerte Reiterei, die sich mit den fränkischen Truppen messen konnte.

Im Frankenreich waren nach dem Tod PIPPINS II. 714 die Gegensätze zwischen Austrien, dem vornehmlich germanischen Ostreich, und Neustrien erneut aufgebrochen. Doch der fränkische Hausmeier KARL MARTELL, der zunächst von der Erbfolge zugunsten von PIPPINS Enkel ausgeschlossen war, besiegte Neustrien und die mit diesem Land verbündeten Sachsen und Friesen 724 endgültig. Mit mächtiger Hand zwang er die im übrigen Zentraleuropa siedelnden Germanenstämme zur Unterwerfung unter die Franken und damit zur Eingliederung ins Reich. Obwohl er die christliche Mission, besonders die des WILLIBRORD, PIRMIN und BONIFATIUS, mit aller Kraft unterstützte, weil sie die fränkische Reichsgewalt stärkte, entzog er der Kirche umfangreichen Besitz zur Ausstattung seiner Vasallen und zur Aufstellung von Reiterheeren. Diese Maßnahme war es dann auch, die später den Bischof EUCHERIUS von Orléans dazu veranlaßte, zu berichten, er habe in Verzückung vom Himmel aus tief unten im Höllenpfuhl KARL MARTELL erblickt. Bei einer gemeinsamen Untersuchung des Grabes in der Kathedrale von St. Denis soll ein Drache aus seinem Sarg entflogen sein. Im übrigen wird die gleiche Geschichte auch in bezug auf LUDWIG DEN DEUTSCHEN berichtet.[174] Es war also schon außerordentlich gefährlich, sich der Kirche entgegenzusetzen, und noch gefährlicher, ihren weltlichen Besitz anzutasten.

Diesem außerordentlich tüchtigen und energischen Hausmeier, der das Frankenreich anstelle des Schattenkönigs CHILDERICH II. regierte, gelang es im Jahr 732 bei Cenon, hart nördlich Poitiers, mit seinen schweren Panzerreitern und seinem außerordentlich standfesten Fußvolk die Araber so zu schlagen, daß sie nie mehr versuchten, in Westeuropa einzufallen. Und auch dieser mit ungeheurer Erbitterung geführte Kampf hatte seinen tiefen geistigen Sinn. Durch ihn wurde Europa vor dem Islam gerettet und konnte seine christliche Kultur behaupten und entfalten. Aber auch der Vorstoß der Araber ins südwestliche Europa war nötig, um unserem Kontinent den letzten Impuls zur Materialisierung des Denkens zu geben. Das Denken konnte logisch werden, es war das sogar notwendig, doch es mußte verhindert werden, daß es sich, alle anderen Geistesströmungen beherrschend, durchsetzte, weil das rein logische Denken sich nicht zum Geistigen erheben kann. Die Araber mußten abgewehrt werden, weil das Arabertum keine Wahrheiten über die Christus-Idee zu verbreiten vermochte.[175]

Es wurde auch schon als Aspekt des Vorstoßes der Araber nach Europa erwähnt, daß die Lehren des ARISTOTELES wenigstens in einigen Grundzügen dem mittelalterlichen Europa wieder bekannt wurden. ALBERTUS MAGNUS und THOMAS VON AQUIN schöpften aus ihnen ihren christlichen Aristotelismus. Sie wandten sich entschieden gegen die Theorien des AVERROES (1126–1198), der, Aristoteles mit der islamischen Theologie verbindend, die Ewigkeit auch der geschaffenen Welt als Prinzip der Individuation lehrte und die sog. Doppelte Wahrheit verkündete, die in der Möglichkeit zur Entscheidung für den Pantheismus vor allem den Gottesbegriff des Theismus gefährdete. Mit dem Monopsychismus des AVERROES, der nur eine allen Menschen gemeinsame vernünftige Seele als Emanation der ewigen Gottheit anerkannte, wäre der Weg zum Ich-Bewußtsein, den die Menschen in Europa beschreiten mußten, für Jahrhunderte verschüttet worden. Die Reconquista und die schließliche Vertreibung der Araber aus diesem europäischen Land verhinderten, daß sich diese Lehre mit ihren tödlichen Folgen für das europäische Geistesleben durchsetzen konnte.

In das ehemals von germanischen Stämmen besiedelte östliche und südöstliche Gebiet der heutigen Bundesrepublik Deutschland zogen allmählich slawische Stämme ein, in denen die restliche germanische Bevölkerung aufging. Im heutigen Böhmen setzte dieser Vorgang etwa seit dem 6. Jahrhundert ein. Um die Mitte dieses Jahrhunderts hatte das Merowingerreich der Franken seine größte Ausdehnung erreicht. Zu ihm gehörten fast ganz Gallien, mit Ausnahme der Bretagne und Septimaniens, und das heutige Deutschland bis zur Elbe, Saale, zum Böhmerwald und zur Enns. Versuche, auch Oberitalien einzubeziehen, scheiterten vor allem an dem energischen Widerstand Ostroms. In den mittleren Donaulanden jedoch entstand diesem Frankenreich ein erbitterter Gegner in dem asiatischen Reitervolk der Awaren, das von seinem Kernland Westungarn her bis nach Thüringen und an die Elbe vordrang. Die dort sitzenden slawischen Stämme wurden unterworfen, und selbst die an den Grenzen sitzenden fränkischen Großen wußten sich z. T. nur durch Tributzahlungen vor Angriffen dieses Reitervolkes zu schützen. Doch nach einer entscheidenden Niederlage im Jahr 626 vor Konstantinopel war die Macht dieses Reitervolkes gebrochen, das in seinem taktischen Verhalten in hohem Maße demjenigen der Hunnen gefolgt war.

Entscheidend zur weiteren Schwächung des Awarenreiches trugen die Taten des Franken SAMO bei, der mit Sklavenhändlern zu den slawischen Wenden in Böhmen und im Gebiet zwischen oberer Elbe und Saale gekommen war. Er machte sich zum König der Wenden und der anderen slawischen Stämme und sicherte während seiner 35jährigen Herrschaft deren Unabhängigkeit zunächst in einem siegreichen Aufstand gegen die Awaren in den

Jahren 623 und 624 und dann in der Schlacht von Wogastisburg 631 oder 632 gegen den fränkischen König DAGOBERT I. bei einem Einfall seiner Slawen in Thüringen. Der Sieg gelang ihm durch Verrat des austrischen Adels, der den ungeliebten König DAGOBERT im Stich ließ. So trennten zunächst die Awaren und später die Slawen den Osten vom Westen. Selbst deren im 9. Jahrhundert entstehendes Großmährisches Reich konnte sich zwischen den beiden gewaltigen Militärmächten, Ostrom und dem Frankenreich, nur durch ein lockeres Abhängigkeitsverhältnis zum Ostfrankenreich halten, obwohl die mährischen Herzöge eine Herrschaft der West- und Südslawen schufen, die sich zeitweise vom Erzgebirge bis nach Galizien und von Niederösterreich bis in die Theißebene erstreckte. Als Gegengewicht zur fränkischen Mission, hinter der die ganze politische Macht des Frankenreiches stand, holten sie im 9. Jahrhundert die byzantinischen Slawenapostel KYRILLOS und METHODIUS ins Land. Doch auch die geistliche Selbständigkeit der West- und Südslawen sollte nicht von langer Dauer sein; der Einfluß der römisch-katholischen Kirche war, gestützt von der fränkischen Macht, zu groß, so daß die byzantinische Kirche vor allem in Böhmen, Mähren und dann auch bei den anderen Westslawen schließlich unterlag. Ihr Missionsgebiet verlagerte sich daraufhin vor allem ins Gebiet der Ostslawen.

Noch Kaiser KARL III. hatte 884 die formale Huldigung Herzog SWATOPLUKS entgegengenommen, doch die Ungarneinfälle zerstörten nach 900 dieses Großmährische Reich. Seit der Jahrtausendwende war Böhmen Reichslehen, und sein Herzog unterlag als Reichsfürst der Heer- und Hoffahrtspflicht. Die in Böhmen und Mähren sitzenden Slawen hatten ihre halbherzige und schwankende Haltung sowie den anfänglichen Versuch, ihre Neutralität auch gegenüber dem Heiligen Römischen Reich zu bewahren, mit dem Untergang ihrer staatlichen Selbständigkeit zu bezahlen. Die Abhängigkeit Böhmens und Mährens vom Heiligen Römischen Reich und später vom Habsburgerreich sollte bis 1918 dauern. Die den Slawen gegebene Möglichkeit, zum geistigen und politischen Ausgleich zwischen Germanen und Slawen beizutragen, wurde von ihnen nicht genutzt.

Wenden wir uns nun wieder den Franken zu. Nach der Bekehrung CHLODWIGS zum Christentum war es für ihn leicht geworden, mit dem oströmischen Kaiser gute Beziehungen aufzunehmen, zumal beide bestrebt waren, eine Front gegen die Goten aufzurichten. Kaiser ANASTASIOS verlieh dem Frankenkönig den Titel eines Konsuls. Wohl verfehlte diese Ehrung ihre Wirkung auf die Franken nicht, aber sie waren davon überzeugt, daß ihre Königsherrschaft nur von Gott und ihrem Schwert herrühre. Dennoch war der Titel eines Konsuls für den Frankenkönig der erste Schritt in Richtung auf ein neues Reich in einem neuen Europa. Das Königtum des Mittelalters begann nun zwei Elemente in sich zu vereinen. Zum einen war der König theokratischer Herrscher, wie er das seit dem Urbeginn des Herrschertums gewesen war, zum anderen war er oberster Lehnsherr. Gewiß hatte das Volk, und zwar seine waffenfähige Mannschaft, nach uraltem Brauch bei den germanischen Stämmen den König durch Zuruf, Waffenklirren und Schilderhebung gewählt. Aber dennoch stand dieser König aufgrund seiner sakral-mythischen Würde über dem Volk. Wer die Hand gegen ihn erhob, verging sich nicht nur an der Person des Königs, sondern an Gott, der letztlich diesen König durch seine Gnade an die Spitze des Volkes erhoben hatte. Andererseits war der König oberster Lehnsherr. Das Lehnsverhältnis beruhte auf einer rechtlichen Bindung, dem Lehnseid, der sowohl für den Lehnsherren als auch für den Lehnsmann verpflichtend war. Diesem Verhältnis lag ein freier Entschluß zugrunde, es konnte daher niemals einseitig aufgekündigt werden. Aus dieser Doppelfunktion des Königs als Gott nahestehender theokratischer Herrscher und weltlicher Lehnsherr mit allen seinen vertraglichen Verpflichtungen ergaben sich Konflikte, die oftmals nur mit größter Mühe überwunden werden konnten.

Dem eigentlichen Lehnswesen war das germanische Gefolgschaftswesen vorausgegangen. Der Gefolgsmann bei den Germanen heißt bei TACITUS *comes*, eine romanisierte Wiedergabe von germanisch *ga-sinthan* – »Gefährte«, »Weggenosse«, althochdeutsch *gisinda*, gotisch *gasintha*. Die Gefolgsmänner bildeten also das »Gesinde«, d. h. die Reisegefährten bei einer Kriegsfahrt des Fürsten, denn Reise bedeutete ursprünglich Kriegsfahrt. Eine andere Seite des Gefolgschaftswesens zeigt das spätlateinisch-fränkische *antrustiones*, ein Wort, in dem unser neuhochdeutsches Wort »Trost« mit dem ursprünglichen Sinn »Vertrauen«, »Zutrauen«, »Hilfe« steckt. Im »Heliand« werden die helmtragenden Gefolgsleute noch als *helmgitrôsteon* angesprochen. »Solche Männerbünde hat es, wie neuere Untersuchungen ergeben haben, schon in indogermanischer Zeit gegeben. Daß man von einer religiösen Institution reden darf, geht daraus hervor, daß die Aufnahme in diesen Verband erst nach einer Initiation stattfand, die den jungen Mann auch in die kultische Gemeinschaft einführte.«[176]

Die für die Zukunft wichtigste Entwicklung zu einem neuen berittenen Qualitätskriegertum erleben wir bei den Franken. Die Großen des fränkischen Reichs, die Seniores, stammten z. T. von den ehemaligen königlichen Gefolgsleuten, z. T. von den durch Grunderwerb reich gewordenen Hunni und z. T. von germanisierten römischen Senatoren aus dem Westfrankenreich, dem heutigen Frankreich, ab. Auf den Pfalzen und Burgen der Könige, Grafen, Bischöfe und Äbte lebten gemeine Berufskrieger, *vassi* genannt. Doch hatte dieses Wort damals noch lange nicht den späteren aristokratischen

Sinn von Vasall. Meistens konnten diese *vassi* (keltisch *gwas* – »Knecht«) keine Familien gründen, weil die Naturalien, mit denen sie entlohnt wurden, dazu nicht ausreichten. Deshalb hießen sie auch *hagustalten* – »Hagestolze«, was ursprünglich Hagbesitzer hieß und im Gegensatz zu Hofbesitzer gebraucht wurde. Der Hagestolz mußte aufgrund seines geringen Vermögens und Einkommens ein eheloses Leben führen. So war es wenigstens bei allen germanischen Völkern, auch bei den Angelsachsen, die dieses Wort und seinen Begriffsinhalt mit nach England nahmen. Dort hießen die Hagestolze »Hauskerle«. Die Franken fanden jedoch bald eine neue Lösung. Sie siedelten viele *vassi* oder *hagustalti* auf kleinen Gütern an, die ihnen zu Lehen gegeben wurden. Nun konnten sie auch Familien gründen, so daß sie nicht anders als die Masse der Bürger und Bauern lebten. Die Franken schufen sich damit im Gegensatz zu den anderen germanischen Stämmen, die ihren *hagustalti* keine Güter verliehen, einen gesunden eigenen Kriegerstand.

Wesentlich dabei war, daß das Lehen nicht erblich war und auch nicht als Eigentum angesehen werden durfte. Bei Thronfall oder Mannfall konnte das Lehen zurückgenommen werden. Nach dem Tod des Königs mußte der Erbe des Reiches die Belehnung erneuern, und das tat er nur, wenn er glaubte, der Hagestolz leiste ihm den gleichen tüchtigen Kriegsdienst wie seinem Vorgänger. Bei Mannfall blieb das Lehen nur dann bei der Familie, wenn sie für den gefallenen Verstorbenen oder kriegsuntüchtig Gewordenen einen neuen Mann stellen konnte, der fähig und willens war, Kriegsdienst und den Treueid zu leisten. Traf das nicht zu, so zog der König sein Eigentum wieder ein. Die gleichen Grundsätze galten natürlich auch bei einer Belehnung durch einen Grafen, Bischof oder Abt.

Das Lehen ist im Frankenreich ein Mittel geworden, den Vasallen auszustatten, ohne das Eigentum aus der Hand zu geben. Man hatte damit nach menschlichem Ermessen nicht nur für eine Generation, sondern für alle Zeiten einen Kriegerstand geschaffen, der durch Treueid, aber auch durch das Bewußtsein an seinen Lehnsherrn gefesselt war, daß Untreue den wirtschaftlichen Ruin seiner Familie bedeutet. Dieser Vasall war aufgrund seiner wirtschaftlichen Lage dazu imstande, sich selbst für den Krieg auszurüsten, und mußte sich zwangsläufig, um leben zu können, ständig im Waffengebrauch üben. Ein Krieg, zu dem er aufgeboten wurde, konnte in jener unruhigen Epoche ja jederzeit ausbrechen.

In der Entwicklung des Kriegswesens führt die Erscheinung des Vasallen zum abendländischen Rittertum und ins Hochmittelalter, in dem die sog. Dienstmannen einen kulturellen Faktor darstellen. Denn im Vergleich zu den Verfallserscheinungen der Antike brachten diese Dienstmannen eine Kultur hervor, die in der Ausbildung der Ritterehre gipfelte. Dieser Ehrenkodex umfaßte die Kardinaltugenden der Tapferkeit, Gerechtigkeit, Treue und der *mâze*, des Maßhaltens, sowie die christlichen Tugenden der Demut, des Schutzes und der Fürsorge für die Armen und Schwachen. Das Idealbild des *miles christianus*, des christlichen Ritters und Streiters, wurde von da an auch für das aus dem Rittertum hervorgehende Offizierkorps der modernen europäischen Heere verbindlich, dann aber auch Leitbild eines jeden Soldaten, zumindest so lange er die Uniform trug. Lediglich jene Völker, die das europäische Mittelalter in seiner romanisch-germanischen Form nicht erlebt haben, bringen dieser Haltung kaum Verständnis entgegen. Daß dieses Ideal nicht immer erreicht oder eingehalten wurde, tut seiner Gültigkeit keinen Abbruch.

Doch diese Entwicklung vollendete sich erst im Verlauf der folgenden Jahrhunderte. So erhebt sich nun die Frage, ob nicht ein so mächtiger Herrscher wie etwa KARL DER GROSSE (742–814), der ab 768 König der Franken und ab 800 römischer Kaiser war, ein Heer nach dem Muster der römischen Legionen hätte aufstellen können. Wir gehen dabei der Zeit etwas voraus und müssen diese Frage glatt verneinen. Ein Heer solcher Art setzt einen gut funktionierenden Beamtenapparat und eine florierende Geldwirtschaft voraus. Den Beamtenapparat aber gab es nicht mehr oder nur noch in beschränktem Umfang, und die damaligen Herren im Staat waren, soweit sie nicht dem Klerus angehörten, Analphabeten, die sich schon deshalb zum Aufbau eines Verwaltungs- und Steuerapparates nicht eigneten. An KARLS Versuch, ein Schulwesen aufzubauen, läßt sich vielleicht erkennen, daß er das ändern wollte, aber es ist ihm nicht gelungen. Aufgrund der herrschenden Naturalwirtschaft konnte niemals ein diszipliniertes Heer ähnlich dem römischen entstehen. Das hätte Geldwirtschaft und Besoldung vorausgesetzt. Die fränkischen Bauern, die – soweit es sich um Freie handelte – noch immer der Wehrpflicht unterlagen, waren mit der Zeit unkriegerisch geworden und hatten sich zum großen Teil unter den Schutz eines Großen begeben. Selbst als Volksaufgebot waren sie, wie die Sachseneinfälle und die späteren Normannenkriege zeigen sollten, völlig wertlos; sie rannten schon davon, wenn sie des Feindes nur ansichtig wurden. Dies ist eine Tatsache, die fortan bei fast allen Milizheeren, mit Ausnahme der Schweizer, zu beobachten sein wird. Unter den Verhältnissen im Frankenreich CHLODWIGS und seiner Nachfolger mußte es daher zwangsläufig zu einem besonderen Kriegerstand kommen, der später im Rittertum gipfelte.

Es wurde bereits geschildert, wie sich dieser Stand aus den *hagustalti* und *vassi* zusammensetzte, die teils als Freie, teils als Unfreie kleine Lehen von den ebenfalls zum Kriegsdienst verpflichteten Großen des Reichs erhielten. Hinzu kamen noch die sog. Königszinser, die als Freibauern die Marken des Reiches hüteten. Die Zahl dieser Standeskrieger war naturgemäß gering.

Auch wohnten sie im ganzen Reich weit verstreut, so daß es schwierig war und sehr lang dauerte, sie an einem Punkt zusammenzuziehen. Aus diesem Grund dürfte KARL DER GROSSE wohl kaum je mehr als höchstens 5–6000 Mann, in der Hauptsache Berittene, für einen Feldzug aufgebracht haben. In einigen Fällen sollen es 10000 Krieger gewesen sein.

Nun muß aber bedacht werden, daß zu jedem Vollkrieger, besonders zu allen Grafen, Bischöfen und Äbten, Diener und Knechte gehörten, die den Troß bildeten. Die Zahl der Krieger darf daher ruhig mehr als verdoppelt werden, wenn man zur Gesamtstärke des Heeres mit dem Troß kommen will. Selbstverständlich waren auch die Diener und die Knechte leicht bewaffnet. Sie konnten zum Fouragieren und vor allem zum Verwüsten des feindlichen Gebiets eingesetzt werden. Zu den Kombattanten im eigentlichen Sinn des Wortes zählten sie jedoch nicht.

Ein Heer von 10000 Mann mit Troß hatte in einem einzigen Marschverband sicher eine Länge von über 40 km. Schon deshalb dürfte KARL DER GROSSE kaum je so viele Menschen an einer Stelle zusammengezogen haben. Ihr Aufmarsch auf einer Straße hätte zwei Tage gedauert, und mehr als eine Heerstraße war in einem Gebiet kaum vorhanden.

Auch die ungeheuren Troßlängen waren eine Folge der Naturalwirtschaft. Das Heer mußte ja seine gesamte Verpflegung für den ganzen Feldzug von Haus aus mit sich führen. Heereslieferanten wie zur römischen Zeit, die gegen bares Geld über Depots oder unmittelbar dem Heer auch die verborgensten Vorräte zuzuführen verstanden, gab es nicht. Es fehlte der römische Quästor mit seinem Beamtenapparat und seinen nach operativen Gesichtspunkten eingerichteten Versorgungslagern.

KARL DER GROSSE hat auch den Mangel an guten Straßen empfunden, über die die Heere hätten marschieren und die Versorgungsgüter hätten nachgeschoben werden können. Er bemühte sich, sie durch die Ausnutzung der Wasserstraßen zu ersetzen. Der Versuch, Main und Donau mit einem Kanal zu verbinden, ist dafür kennzeichnend. Dennoch gelang es ihm nicht, im Verlauf des spärlichen Verkehrsnetzes Versorgungslager einzurichten. Er hat den Versuch in klarer Erkenntnis seiner Undurchführbarkeit gar nicht erst unternommen.

Dafür kam KARL DER GROSSE zu einer anderen, seiner Zeit angemessenen Lösung. Überall entlang des vorhandenen Verkehrsnetzes – als typisches Beispiel sei hier der von Duisburg über Unna und Dortmund nach Paderborn verlaufende uralte »Hellweg« genannt – errichtete er eine Reihe von Reichshöfen, eine Art großer Domänen, die zugleich auch Sammelstellen für Naturalabgaben der umwohnenden Bauern waren. Diese Reichshöfe waren in der Lage, den Hof des Kaisers, soweit er mit ins Feld zog, die kaiserliche

Leibwache und einen selbständigen Heeresverband für einige Tage zu ver-
pflegen. Damit erhielt eine solche Heeresabteilung eine Beweglichkeit, die
das Lehnsheer als Ganzes nicht haben konnte. Zog das ganze Lehnsheer ins
Feld, so mußte es, trotz der Einrichtung der Reichshöfe, seine Vorräte mit
sich führen. Es wäre auch den Anliegern der Heerstraßen und der Grenzgebiete nicht zumutbar gewesen, ihnen die gesamten Kriegslasten der Versorgung aufzuerlegen.

Die kaiserliche Leibwache, die *scara* – »Schar«, die KARL DEN GROSSEN
und seinen Hof begleitete, bildete als notwendige Ergänzung des Lehnsheers
eine Art stehender Truppe, die sich aus unverheirateten und unbelehnten *hagustalten* zusammensetzte. KARL DER GROSSE, der wie seine fränkischen
Vorgänger und die mittelalterlichen deutschen Könige keine Residenz hatte,
sondern von Pfalz zu Pfalz zog – die Verpflegung kam nicht an den Hof,
sondern der Hof zur Verpflegungsstelle –, hatte damit jederzeit eine kleine,
aber schlagkräftige Truppe zur Hand, mit der er, falls erforderlich, rasch
eingreifen konnte. Das Vasallenheer KARLS DES GROSSEN war im wesentlichen ein Reiterheer. Nach dem Zusammenprall mit dem Feind löste sich das
Gefecht in ritterliche Einzelkämpfe auf, die die Entscheidung brachten. Über
Einzelheiten der damaligen Schlachten liegen kaum auswertbare Berichte vor.
Man darf jedoch damit rechnen, daß die primitivsten Kenntnisse der Taktik
über Marschsicherung, Sicherung in der Ruhe, Aufklärung und Erkundung,
Angriff und Abwehr dem Heer und seinen Führern vertraut waren.[177]

Bevor wir uns den Taten des ersten Kaisers germanischer Abstammung, des
Frankenkönigs KARL DER GROSSE, zuwenden, müssen wir uns kurz mit den
philosophischen Ideen über den Krieg befassen, wie sie das Geschehen im
gesamten Mittelalter beherrschen sollten. Die frühchristlichen Kirchenväter
hatten den Krieg, die Anwendung von Waffengewalt und das Blutvergießen
ohne Einschränkung abgelehnt. Der Apologet JUSTINUS, der im Jahr 165 als
Märtyrer in Rom starb, verlangte »Schwerter in Pflüge, Lanzen in Ackerge-
rät« zu verwandeln. TERTULLIAN betonte noch einmal an der Wende vom 2.
zum 3. Jahrhundert, daß die Feindesliebe Grundlage des christlichen Denkens und Handelns sei. Insoweit war die Haltung der frühen Christen klar.
Die Schwierigkeiten setzten erst in dem Augenblick ein, als Kaiser KONSTAN-
TIN DER GROSSE mit dem Toleranzedikt von Mailand dem Christentum die
offizielle Anerkennung verschafft und damit begonnen hatte, das Römische
Reich in ein christliches Imperium umzuwandeln. Wie aber sollte dieser neue
christliche Staat nach außen geschützt werden, wenn nicht mit Waffengewalt? Da das Evangelium keine ausdrückliche Verdammung des Krieges enthält, erkannten die christlichen Kirchenführer nun den Dienst im Heer als
legal an und billigten dem Staat das Recht zur Verteidigung mit Waffen zu,

ja sie verfaßten sogar Gebete zur Vernichtung der Heiden. Wie bereits gehört, ging das allmählich so weit, daß AMBROSIUS in der zweiten Hälfte des 4. Jahrhunderts Kaiser GRATIAN zum Kampf gegen die arianischen Goten aufrief. Für eine vorläufige Lösung des Konflikts zwischen Feindesliebe und Friedensethik auf der einen Seite und Schutz des Staates und der athanasianischen Kirche auf der anderen sorgte der von 354–430 lebende Kirchenvater und Philosoph AUGUSTINUS. Über Manichäismus, Skeptizismus und Neuplatonismus war er zum Christentum gekommen. Als der Westgotenkönig ALARICH im Jahr 410 Rom eroberte und plünderte, verfaßte er, von diesem Ereignis tief erschüttert, seinen »Gottesstaat« (»De civitate Dei«), eine Geschichte des Menschengeschlechts, die sich ihm als Kampf zweier geistiger Reiche gegeneinander darstellte: des Reichs der irdisch Gesinnten (*civitas terrena* oder *diaboli*) und des Gottesreichs (*civitas Dei*). Keineswegs wollte er damit den Krieg verherrlichen; er hielt ihn für eine Ausgeburt der Hölle und ein Werkzeug des Teufels. Aber er betonte auch, daß es selbst für einen Christen Situationen gäbe, in denen er zur Waffe greifen müsse, ohne damit der Sünde zu verfallen. Wer angegriffen werde, habe das Recht, sich mit der Waffe zu verteidigen, ja er dürfe auch mit gewappneter Hand geraubtes Gut zurückholen. Diese letzte Aussage sollte für die Zukunft besonders wichtig werden. Der Verteidigungskrieg und der Krieg zur Rückeroberung geraubten Gutes, so sagte er, sei gerechter Krieg. Er griff damit die römische Vorstellung vom gerechten und ungerechten Krieg wieder auf und begründete sie für die christliche Kirche und den christlichen Staat. Mit dem Begriff des ungerechten Krieges aber schuf er auch eine Auffassung von Kriegsschuld, die sich bis in unsere Zeit hinein auswirkt.

AUGUSTINUS war sich durchaus des Problems bewußt, das sich für den einzelnen Soldaten aus der Unterscheidung zwischen gerechtem und ungerechtem Krieg ergibt. Er erkannte, daß dieser nicht in der Lage ist, in jedem Fall zu entscheiden, ob er sich für eine gerechte oder eine ungerechte Sache schlägt. Er erklärte daher, der einzelne Soldat sei auch dann ohne Sünde, wenn er für eine ungerechte Sache kämpft, ohne die Ungerechtigkeit erkennen zu können. Damit hatte er die Streitkräfte von der Verantwortung der Unterscheidung freigesprochen und sie allein den Staatsführern aufgebürdet. Als er gegen die im Jahr 411 in Karthago als ketzerisch abgeurteilten Donatisten die Hilfe des Staates anrief, geriet er in seiner Argumentation in verdächtige Nähe zum Glaubenskrieg. Er ließ sogar erkennen, daß er die einsetzende Donatistenverfolgung als notwendigen Krieg ansah. Damit hatte er in seine Lehre auch den »Heiligen Krieg« gegen Ketzer und Andersgläubige aufgenommen, obwohl er den Gedanken des Religionskriegs zur Verbreitung des Christentums noch nicht vertrat. Dies tat erst Papst GREGOR I. (590–604), der noch heute von der katholischen Kirche als großer Missionspapst verehrt wird. Wer sich weigerte, zum Christentum überzutreten, mußte höhere Steuern zahlen. Darüber hinaus gab er der Missionierung heidnischer Völker durch Waffengewalt seinen Segen. Er formulierte den Grundsatz: »Unterwerfen, um zu taufen.« So waren durch ihn jetzt der Ketzerkrieg im Innern und der Missionskrieg zur Verbreitung des Glaubens nach außen gerechtfertigt. In der Praxis allerdings hielt die Mehrheit der Kirchenlehrer und der Missionare noch am Friedensgebot der frühen Kirche auch gegenüber den Heiden fest. Erst in den Sachsenkriegen KARLS DES GROSSEN setzte sich die Alternative »Tod oder Taufe« durch. »Damit war ein neuer Wendepunkt erreicht –. Die Allianz der Karolinger mit den Apostelfürsten, die den sächsischen Bekehrungsfeldzug moralisch trug, hat entscheidend dazu beigetragen, die Kirche zu militarisieren und das Papsttum in eine weltliche Macht zu verwandeln.«[178] Diese Verbindung zwischen Frankenreich und Papsttum wurde durch die sog. Pippinische Schenkung, die Grundlage des Kirchenstaates werden sollte, noch enger geknüpft und begründete die schicksalshafte Verbindung des späteren Heiligen Römischen Reiches Deutscher Nation mit Italien.

Nach den grauenvollen Kämpfen der Merowinger untereinander wurde der Streit um die Thron- und Erbfolge, obwohl auch schon früher gelegentlich zu beobachten, in dieser Form in den germanischen Ländern zum ersten Mal zu einem neuen Kriegsmotiv, wenn bei diesen Kämpfen auch immer noch der uralte germanische Kriegsgrund der Blutrache eine beträchtliche Rolle spielte.

PIPPIN DEM KLEINEN, der bis 768 herrschte, blieb es vorbehalten, den letzten merowingischen König CHILDERICH III. ins Kloster zu schicken und sich selbst mit Zustimmung des Papstes zum König der Franken zu machen. Es war nun seine Aufgabe, das alte Fränkische Reich der Merowinger wiederherzustellen. In Thüringen und Alemannien beseitigte er das Herzogtum, und in Bayern regierte sein Neffe TASSILO III., der ihm mit allen seinen Großen den Vasalleneid leistete. Auch im Süden gelang es ihm, das von den Sarazenen besetzte Küstenland, Septimanien und Aquitanien, zurückzuerobern. Und damit hatte er die Voraussetzungen für das Werden des französischen Volkes und Staates geschaffen. Ein knappes Jahrhundert später, im Jahr 842, schwuren LUDWIG DER DEUTSCHE von Ostfranken und KARL DER KAHLE von Westfranken die Straßburger Eide, die von den Westfranken bereits in einer frühen Form des Altfranzösischen abgelegt wurden, während die Ostfranken sich der althochdeutschen Sprache bedienten.

PIPPIN hinterließ zwei Söhne, KARLMANN und KARL, die sich zunächst schlecht vertrugen. Der frühe Tod KARLMANNS im Jahr 771 sicherte dann die

Reichseinheit. KARL DER GROSSE wurde damit Alleinherrscher, der das Reich nach innen festigte, seine Herrschergewalt über alle germanischen Stämme des Festlandes ausdehnte und die Grenzen des Reiches mit einem Gürtel von Marken sicherte. Seine Kaiserkrönung am 25. Dezember 800 in Rom durch Papst LEO III. erlangte weltgeschichtliche Bedeutung. Aus dem germanischen König wurde der christliche Herrscher, der im Auftrag Gottes den Frieden zu wahren und zu schützen, das Recht durchzusetzen und für Schutz und Ausbreitung des christlichen Glaubens zu sorgen hatte. Der sich durch die Erhebung zum Kaiser zwangsläufig ergebende Konflikt mit Ostrom wurde 812 durch den Vertrag von Aachen beigelegt, in dem Byzanz nach Abtretung Venetiens, Istriens und Dalmatiens das westliche Kaisertum anerkannte. Damit war zum ersten Mal die abendländische Einheit durch einen machtvollen Herrscher hergestellt. Von den Kriegszügen KARLS zur Sicherung und Erweiterung der Reichsgrenzen gegen Dänen, Wilzen, andere Slawen, Awaren, Langobarden und Sarazenen interessieren in diesem Zusammenhang nur diejenigen gegen die Sachsen und die Sarazenen.

Die Auseinandersetzung mit den Sachsen und die Abwendung der durch sie bestehenden Gefahr für die Rheinlande kann nach der Beseitigung des Langobardenreiches als zweite große Lebensaufgabe KARLS DES GROSSEN angesehen werden. Der im Jahr 772 beginnende Kampf sollte sich drei Jahrzehnte lang hinziehen, obwohl KARL es immer nur mit Teilen dieses Großstammes zu tun hatte, die sich jedoch niemals einer Entscheidungsschlacht stellten, sondern stets den zermürbenden Kleinkrieg vorzogen. Andererseits ging es KARL nicht um die Vernichtung der Sachsen, sondern um deren Christianisierung und um die Eingliederung der Westfalen, Engern und Ostfalen in das Reich. Diese Aufgabe erachtete er als Herrscher und vor allem als Beschützer der christlichen Kirche als seine Pflicht.

KARL DER GROSSE war viel zu sehr Germane, als daß er nicht gewußt hätte, daß das Zentralheiligtum der Sachsen, das früher wahrscheinlich das Zentralheiligtum aller germanischen Stämme gewesen war, die empfindlichste Stelle bildete, an der er die Sachsen in ihrer völkischen und geistigen Substanz treffen konnte.[179] Obwohl es am Hof KARLS DES GROSSEN auch gewichtige Stimmen gab, die sich gegen die Missionierung mit Feuer und Schwert wandten, sah KARL DER GROSSE keinen anderen Weg zur Lösung des Christianisierungsproblems, als sich gegen dieses Heiligtum zu wenden. Er konnte sich dabei der Unterstützung des Papstes sicher sein und sich auf die Lehre AUGUSTINUS' stützen.

Im Jahr 772 marschierte er von Worms aus zum ersten Mal gegen die Sachsen. Obwohl ein großer Teil der führenden sächsischen Adelsgeschlechter mit den Franken und deren Reich sympathisierte, hielten ein anderer Teil sowie die Frilinge und die Laten (Freie und Halbfreie) am alten heidnischen Glauben fest. Vor allem der gegen die Franken opponierende Teil des Adels führte sein Geschlecht zumeist auf Wotan zurück, was demnach hieß, daß er die unterschiedlichen Grade der Wotanseinweihung erfahren hatte. Diese Einweihung hatten sie an den Externsteinen erhalten, die von der Irminsul, der erhabenen Himmelssäule, gekrönt wurden.

Die zahlreichen Quellen, die KARLS Marsch nach der Eroberung der Eresburg beim heutigen Obermarsberg an der Diemel zum Heiligtum im Teutoburger Wald und zur Irminsul schildern, haben den Streit um deren Standort, ihrer ungenauen und manchmal voneinander abweichenden Beschreibung wegen, nicht einwandfrei klären lassen; nur die archäologischen und religionswissenschaftlichen Untersuchungen lassen den Schluß zu, daß sich die Irminsul dort befand.[180] Einen weiteren Hinweis darauf, daß die Externsteine von allen Germanen als heilig erachtet wurden, gibt die Sage um den Bullerborn bei Altenbeken. Auf seinem Marsch von der Diemel nach dem Teutoburger Wald war das Frankenheer dieser Sage nach am Verdursten. Da nahm KARL DER GROSSE, der von allen seinen Kriegern ja auch als heilig verehrt wurde, seinen Speer, stieß ihn in die Erde, und heraus sprang klares Wasser, mit dem das Heer seinen Durst löschte. Sicher hat dabei der Bericht vom Zug des israelischen Volkes durch die Wüste, in dessen Verlauf Moses in einer ähnlichen Lage Wasser aus einem Felsen schlug, Pate gestanden; aber im wasserreichen Deutschland, besonders in der Gegend, durch die das Frankenheer zog, konnte es schwerlich einen Ort und einen Augenblick geben, in dem das ganze Heer am Verdursten war. Dennoch steckt ein wahrer Kern in dieser Sage. Bei dem Bullerborn bei Altenbeken handelt es sich um eine intermittierende Quelle, die wohl KARL DEM GROSSEN und ein paar wenigen anderen bekannt war, nicht aber der Masse des Heeres. KARLS nur halbwegs zum Christentum bekehrte germanische Krieger – wohlweislich bestand jedoch die Masse aus Gallo-Römern – mußten von großer Angst und Scheu vor dem erfüllt sein, was sich als Ziel ihres Marsches im Heer sicher herumgesprochen hatte. Ihr Mut sank, und nur ein Wunder konnte ihn wieder aufrichten. Dieses Wunder vollzog KARL, indem er seinen Speer in dem Augenblick in die intermittierende Quelle stieß, in der sie wieder zum Ausbruch kam. Da faßten die wundergläubigen Krieger des Frankenheeres wieder Mut, und KARL konnte sein Zerstörungswerk innerhalb von drei Tagen an der Irminsul durchführen. Noch heute sind die Spuren dieser Freveltat an den Felsen zu sehen. Im übrigen zerstörten die fränkisch-katholischen Christen die germanisch-keltisch-heidnischen Kultstätten zur gleichen Zeit, in der die fanatisch-monotheistischen Mohammedaner die zentralarabischen Steinsetzungen des altsabäischen Sonnendienstes vernichteten.[181] KARLS Zerstörungswerk, das zweifellos dazu beitrug, daß sich die europäische Menschheit, wie sie es auf dem Weg zur Erfassung der physischen Welt tun mußte, zunächst dem exoterischen Christentum zuwandte, hatte aber auch zur Folge, daß das an den Externsteinen seit uralten Zeiten gehegte und gepflegte germanisch-keltische esoterische Wissen insgeheim von jenen Kräften verchristlicht weiter gepflegt werden durfte, die später Träger des Gralsgedankens und des Rosenkreuzertums wurden.

Im übrigen rächten sich die Sachsen und stießen nach Hessen vor, wo sie Fritzlar zerstörten. Auf ihrem Weg gingen überall die christlichen Kirchen in Flammen auf. KARL DER GROSSE raubte an den Externsteinen Gold und Silber, das dort als Tempelschatz aufbewahrt wurde, und übergab es der Kirche. Dem Einfall der Sachsen in Hessen folgte im Jahr 775 eine fränkische Strafexpedition mit dem Ziel der Unterwerfung. So ging es in den nächsten Jahren hin und her, wobei die Sachsen das Christentum annahmen und gleich darauf wieder von ihm abfielen. Als 782 in Sachsen die fränkische Grafschaftsverfassung und das fränkische Recht eingeführt werden sollten, erhob sich einer der Sachsenherzöge, WIDUKIND, dem vornehmlich die Freien und Halbfreien folgten, während KARL in Kämpfe mit den Slawen verwickelt war. Nach der Vernichtung eines fränkischen Heeresteiles am Süntel wandte sich KARL mit äußerster Härte gegen die Aufständischen. Bezeichnenderweise wurden wiederum die entscheidenden Kämpfe zwischen Detmold und Paderborn geführt, also an der Stelle, an der ARMINIUS die Legionen des VARUS vernichtet hatte. Wieder einmal wurde ein Kampf als Gottesurteil an heiliger Stelle ausgetragen. Infolge der fränkischen Niederlage am Süntel aber ergriff KARL DER GROSSE jene Maßnahme, die in den fränkischen Reichsannalen wie folgt beschrieben ist: »Und als alle den Widukind als Urheber dieses Verbrechens angaben, ihn aber nicht ausliefern konnten, weil er zu den Normannen geflohen war, wurden von den übrigen volle 4500 ausgeliefert und am Flusse Aller, an dem Orte, der Verden genannt wird, auf Befehl des Königs sämtlich an einem Tage enthauptet.«[182] Schließlich verhängte KARL DER GROSSE das Standrecht über die Sachsen, das jedem den Tod androhte, der nicht zum Christentum übertrat. WIDUKIND gab schließlich im Jahr 785 den Kampf auf und ließ sich taufen. Auch in den folgenden Jahren kam es immer wieder zu einzelnen Aufständen, die jedoch rasch niedergeschlagen wurden. KARL DER GROSSE griff dann auch zu dem Mittel, das erst in jüngster Zeit leider wieder angewandt wurde, nämlich zu der Zwangsumsiedlung, wobei er Sachsen in fränkische und andere Gebiete bis tief ins Alpengebiet hinein verschickte.

Geradezu programmatisch ist, daß KARL DER GROSSE sich das Standbild THEODERICHS DES GROSSEN von Ravenna nach Aachen holen ließ, wo er es vor seiner Pfalz aufstellte. Dies ist ein deutlicher Hinweis darauf, daß er wie der große Gotenkönig bestrebt war, die Tradition des alten Römischen Reiches unter germanischen Vorzeichen fortzusetzen. Sein Bemühen um die Einigung oder auch gewaltsame Unterwerfung der auf dem alten römischen Reichsboden siedelnden germanischen Stämme war daher begreiflich. Auch die bereits erwähnte enge Verbindung der neuen fränkischen Herrscherschicht mit dem führenden katholischen Klerus läßt es verständlich erscheinen, daß KARL DER GROSSE als überzeugter Katholik und Christ die Bekehrung der noch heidnischen Sachsen mit Feuer und Schwert vorantrieb. KARL, der sonst noch ganz in germanischen Vorstellungen lebte, glaubte wahrscheinlich noch an die Einheit seines Reiches aufgrund der Einheit seiner Kultgemeinschaft, wie das einstmals beim germanischen Thing der Stämme gewesen war. Zieht man dies in Betracht, so muß man deswegen noch nicht Christopher Dawson recht geben, der in seinem oft herangezogenen Werk behauptet, Islam und frühmittelalterliches Christentum unter KARL DEM GROSSEN stünden sich ungeheuer nahe, man brauche nur zu sehen, wie z. B. das augustinische Ziel des Gottesstaates durch Vereinfachung in etwas umgewandelt werden konnte, das einer christlichen Abart des Islam gefährlich ähnlich sähe: KARL DER GROSSE an der Spitze als Beherrscher aller Gläubigen. Es handele sich um dieselbe Gleichsetzung von Religion und Politik, denselben Versuch, Sittlichkeit mit gesetzlichen Mitteln zu erzwingen und den Glauben mit dem Schwerte zu verbreiten.[183] Diese scheinbare Ähnlichkeit läßt sich auch aus dem erwähnten germanischen Verständnis von Kultgemeinschaft und Gefolgschaftstreue erklären. Daß es zum Zusammenstoß mit dem Islam auf europäischem Boden kommen mußte, lag einerseits an der aggressiven Militanz der Araber in Südwesteuropa und der Franken sowie an KARLS Vorstellung, das alte Imperium Romanum in seinen alten Grenzen in Mittel-, West- und Südeuropa wiederherzustellen.

Zudem zeugen die uns erhaltenen frühen Heldenlieder oder Bruchstücke davon, die meist in lateinischer Sprache abgefaßt sind, daß bereits in so früher Zeit erste Spuren des Kreuzzugsgedankens auftauchten. Die Hinweise verraten uns, daß es solche kurzen Heldenlieder in germanischer Sprache bereits vor dem 7. Jahrhundert gab. Zunächst geht es dabei, wie etwa beim Faro-Lied, um die gewaltsame Bekehrung der Sachsen, in späteren Liedern um die Kämpfe der Franken gegen die Sarazenen in Südfrankreich und Spanien. Das bekannteste ist das Rolandslied, das kurz nach seinem Auftauchen durch den Pfaffen KONRAD aus dem Altfranzösischen ins Mittelhochdeutsche übertragen wurde. Das uns vorliegende Rolandslied muß viele kürzere und einfachere Vorläufer gehabt haben; die uns bekannte Fassung gehört wohl in den Anfang des 12. Jahrhunderts. Dem Rolandslied liegt eine uns durchaus be-

kannte geschichtliche Tatsache zugrunde. Im Jahr 778 zog KARL DER GROSSE,
von IBN-AL-ARABI zu Hilfe gerufen, gegen den Emir ABD ER-RAHMAN VON
CÓRDOBA zu Feld. KARLS Sieg führte zur Begründung der Spanischen Mark,
die bis zum Ebro reichte. Als nun das Frankenheer mit seiner Masse in die
Heimat zurückmarschierte, wurde seine Nachhut auf der Pyrenäenpaßhöhe
von Basken überfallen und niedergemacht. Es handelte sich um die klassische
Art eines Guerillagefechts, wobei die Basken in diesem Fall allerdings nur das
Ziel verfolgten, Beute zu machen, was ihnen aber doch wohl nicht in dem
erhofften Umfang gelang, denn bei einem Rückmarsch wurde und wird nor-
malerweise der Troß, der allein große Beute verspricht, dem Heer vorausge-
schickt, nicht aber ihm nachgeführt. Dennoch begnügten sich die Basken
wohl mit dem Wenigen an Beute, denn sofort nach dem Überfall waren sie
verschwunden, ohne daß man sie hätte erneut zum Kampf stellen und den
Verlust rächen können. Die Niederlage der Nachhut blieb daher ungesühnt.
Was sie dennoch so beachtenswert macht, war die Tatsache, daß mehrere
hochstehende fränkische Führer dabei den Tod fanden. In EINHARDS » Vita
Caroli Magni«, Kapitel 9, werden sie aufgezählt: » In quo proelio Egginardus
regiae mensae praepositus, Anshelmus comes palatii et Hruodlandus Britta-
niti limitis praefectus cum aliis compluribus interficiuntur.« Dieser Hruodlandus oder ROLAND, wie wir ihn heute nennen, ist zur Hauptperson des
altfranzösischen und mittelhochdeutschen Heldenliedes geworden. An die
Stelle der Basken treten darin die Sarazenen, und, um die christliche Mission
des Frankenheeres zu unterstreichen, es erscheint neben anderen der Erzbischof Turpin als streitbarer Recke an der Seite Rolands. Auch der Verrat des
Ganelon gehört nicht zu den überlieferten Ereignissen. Aber es steht heute
außer Frage, daß das Rolandslied, wie auch die anderen Sagen des Kreises um
KARL DEN GROSSEN, WILHELM VON ORANGE und andere, trotz seiner Abfas-
sung in altfranzösischer Sprache den germanischen Geist der Franken atmet.
Hier finden wir die gewaltigen Heldentaten eines einzelnen oder mehrerer
Recken, die ihrer Aufgabe getreu bis zum letzten Atemzug kämpfen und
obsiegen. Hier steht die Freundestreue wie zwischen Roland und Olivier und
die Treue zum Herrn über allen anderen Überlegungen. Auch das berühmte
Oheim-Neffe-Verhältnis, wie es die epische Dichtung zwischen Roland und
KARL DEM GROSSEN behauptet, erscheint in einer großartigen Glorifizie-
rung. Und nicht fehlen darf die Rache am Verräter Ganelon. In echt germanischer Art endet das Lied mit einem Zweikampf, der als Gottesurteil ausgetragen wird. Doch in der endgültigen Fassung des Rolandslieds aus dem Anfang
des 12. Jahrhunderts fehlen nun auch die moderneren Zutaten wie die Liebe
zum Vaterland und die Treue zum Christenglauben nicht. So sehnt sich Roland nach der »douce France«, dem süßen Frankreich, und im Augenblick

des Todes nennt er vor Gott alle seine Vergehen und fleht um Gnade vor seinem himmlischen Gericht. Besonders letzteres ist ein demütiger Zug, der erst dem hochmittelalterlichen Rittertum angehört.

Die gewaltige Ausdehnung des Reiches zwang neben den bereits beschriebenen militärisch-technischen und wirtschaftlichen Gründen zu einer Umwandlung des natürlichen Wehrrechts in eine Wehrpflicht anderer Art, die im Maastrichter Vertrag zwischen LOTHAR, LUDWIG DEM DEUTSCHEN und KARL DEM KAHLEN festgelegt wurde. Danach unterschied man zwischen einer Heeresfolge, zu der nur das Vasallenheer verpflichtet war, und einer Landfolge, die das Aufgebot des Volkes umfaßte. Im Edikt von Pistis 864 trat dazu noch die Burgwerkpflicht, die zum Bau, zur Unterhaltung und Verteidigung der Burgen und befestigten Städte verpflichtete. Doch bei den Normanneneinfällen unter den späteren Karolingern, die vor allem den Norden und den Westen des Reiches heimsuchten, versagte das Volksaufgebot nach der Landfolge völlig. Die inzwischen des Kampfes ungewohnten Bauern kamen, da sie meist zu Fuß marschierten, fast immer zu spät, um die Normannenüberfälle abzuwehren, oder rissen beim ersten Anblick der nordischen Kriegerscharen aus. Unter den Ottonen wurde daher die Landfolge zur reinen Burgwerkpflicht oder zum Burgbann. Zu etwas anderem waren die Bauern in Kriegsdiensten nicht mehr zu gebrauchen. Zur Heerfahrt wurden allein noch die Ritter aufgeboten.

Das Karolingische Reich löste sich im Lauf des 9. Jahrhunderts immer mehr von innen heraus auf. Aus seinen Trümmern entstanden mehrere, verschiedene und verschiedenartige Reiche: Deutschland, Frankreich, Burgund und Italien. In ihnen veränderten sich die politischen, wirtschaftlichen und heeresorganisatorischen Strukturen zunächst kaum. Unter den erwähnten Normannen müssen uns im Augenblick vor allem die schwedischen Waräger interessieren, die von ihrem Heimatland aus die Eroberung des Ostraumes begannen. Über Gotland besetzten sie das Baltikum, besonders Kurland, errichteten befestigte Siedlungen in Ostpreußen und begannen von dort aus um 860 mit ihren Herrschaftsgründungen in Nowgorod und Kiew. Um 880 faßte der Warägerfürst RURIK die beiden Herrschaften zum Kiewer Reich zusammen. Bis um die Jahrtausendwende entstand so ein reger Handelsverkehr zwischen Schweden, Rußland und Byzanz durch wagemutige Krieger-Kaufleute, die mit Schiffen regelmäßig die gefahrvolle Fahrt von den großen Handelsplätzen des Nordens wie etwa Haithabu bis zum Schwarzen Meer unternahmen. Dort kamen die Waräger mit der islamischen Welt in Berührung. Zum Glück für die europäische Kultur nahmen die etwa um das Jahr 950 als russifiziert anzusehenden Waräger dennoch nicht den Islam, sondern das Christentum an, da sie wohl instinktiv die ungeheure geistige Lebendigkeit sowohl des westlichen Abendlandes als auch des Byzantinischen Reiches erlebten. Es ist nicht auszudenken, wie das Geschick Europas verlaufen wäre, wenn die Waräger damals nicht zum Christentum, sondern zum Islam übergetreten wären.

In Deutschland aber wurde der Sachsenherzog HEINRICH aufgrund des Vorschlags seines ehemaligen Todfeindes, des Saliers KONRAD, zum deutschen König gewählt. Als HEINRICH I. begründete er während seiner Regierungszeit von 919–936 für viele Jahrhunderte die Führungsstellung seines Landes in Europa.

Mit Sicherheit ist die Vorstellung von HEINRICH als dem Städtegründer, Burgenbauer und Schöpfer der Reiterei, die uns WIDUKIND VON CORVEY überliefert, in das Reich der Sage zu verweisen. Städte gab es seit der Entstehung des Frankenreiches, selbst im Ostteil dieses Gebiets, im späteren Deutschland, Burgen schon zur Heidenzeit und eine ritterliche Reiterei zumindest seit dem Aufkommen der Vasallenheere, von den Reiterverbänden der Völkerwanderungszeit abgesehen. Selbst für HEINRICHS Stammland Sachsen trifft das zu, da dieser Stamm bereits unter Herzog WIDUKIND gegen KARL DEN GROSSEN zu Pferd gekämpft hat. Sicher aber hat HEINRICH I. die festen Plätze verstärkt und seine Reiterei verbessert, so daß er die Ungarn mit ihrer leichten Reiterei besiegen konnte. Wir haben ja schon gehört, daß es gegenüber leichten, schwarmartig auftauchenden Reiterverbänden, die überraschend zuschlugen, plünderten und wieder verschwanden, darauf ankam, die eigenen Kräfte ebenso schnell zu sammeln, den Feind zu zwingen, sich zur Schlacht zu stellen, und ihn dann mit einer besseren eigenen Reiterei zu schlagen.

Ein mittelalterliches Heer mußte aber mehr besitzen als allein kriegerische Tüchtigkeit und waffentechnische Überlegenheit. Der König selbst war eine von göttlichem Heil erfüllte Gestalt; wem er Gaben schenkte, dem übertrug er auch einen Teil seines Heils, wie einstmals der Gefolgsherr gegenüber seinen germanischen Gefolgschaften, legte er Kranken die Hand auf, so wurden diese gesund; sein Anblick allein war heilwirkend. Dies alles wurde erhöht und gesteigert durch die Symbole seiner Herrschergewalt, Krone, Zepter und Schwert, denen HEINRICH I. noch die von RUDOLF II. von Hochburgund erworbene Heilige Lanze hinzufügte. Das Wesentliche dieser Lanze war, daß sie mit einem Nagel der Kreuzigung Christi versehen war. So wurde die Gestalt des Königs auch christlich überhöht.

Nachdem die germanischen Stämme mit ihrer freiwilligen oder erzwungenen Bekehrung zum Christentum ihrem alten Volksführer und Schlachtengott Wotan abgeschworen hatten, war bald auch das Ende der germanischen Welt gekommen. Jetzt, im 8., 9. und 10. Jahrhundert entstand auf dem

Gebiet des Ostfrankenreiches aus den verschiedenen Stämmen das deutsche Volk. Um die Mitte des 9. Jahrhunderts wird in den Urkunden folgerichtig zum ersten Mal von einer deutschen Sprache gesprochen. An die Stelle des alten Wotan tritt nun der heilige Michael als »Schlachtenhelfer der Deutschen«. Die Volkskunde hat die Zusammenhänge in der Vorstellung des Volkes zwischen Wotan und Michael seit langem festgestellt.[184] Als sichtbares Zeichen dieser Tatsache können die Ereignisse bei der Schlacht von Riade am 15. März 933 angeführt werden. Nachdem HEINRICH I. die Grenzgebiete im Westen, Osten und Norden befriedet und gesichert hatte, wandte er sich mit seinem gut ausgerüsteten Heer und von der Reichsversammlung bei Erfurt im Jahr 932 dazu ermächtigt gegen den damals gefährlichsten Feind des Reiches, die Ungarn. Er stellte die einst mit ihnen vereinbarten Tributzahlungen ein und erwartete sie mit einem Aufgebot aus allen deutschen Stämmen. Während ein kleinerer Verband die im Frühjahr 933 in das südliche Sachsen eingedrungenen ungarischen Scharen zurückwarf, stellte er die Masse der Ungarn bei Riade, einem noch nicht lokalisierten Ort in Thüringen an der Unstrut. Beim Aufmarsch gegen den Feind ließ er die neue standartenartige Fahne mit dem Bild des heiligen Michael entfalten. Vielleicht stammt sogar das älteste deutsche Soldatenlied »In Gottes Namen fahren wir, zu Sankt Michael wollen wir« bereits aus dieser Zeit. Überzeugt von seiner Sendung und von seiner Unbesiegbarkeit unter dem Schutz des heiligen Michael schlug das deutsche Heer, das zum ersten Mal als solches angesehen werden darf, die Ungarn in die Flucht. Vor allem das Bewußtsein, im Kampf von diesem hohen Erzengel geführt zu werden, hat die Stärke der deutschen Ritterheere ausgemacht.

Ausgeprägter noch als bei König HEINRICH I. war das Sendungsbewußtsein dessen Sohnes, OTTOS DES GROSSEN, der von 936 bis 973 regierte und sowohl deutscher König als auch römischer Kaiser war. Er empfand sich als Werkzeug Christi.

Auch OTTO DER GROSSE mußte sich noch einmal mit den Ungarn auseinandersetzen, nachdem diese im Jahr 954 erneut raubend und plündernd in das Reichsgebiet eingefallen waren, obwohl das Christentum bei Teilen von ihnen, besonders bei ihrer Führerschicht, inzwischen Eingang gefunden hatte. Die Verlockung der in Deutschland geführten Bürgerkriege war aber so groß, daß die Ungarn der Versuchung, diese günstige Lage für ihre Zwecke auszunutzen, nicht widerstehen konnten. Sie erreichten allerdings das Gegenteil von dem, was sie sich erhofft hatten.

Kaum waren sechs Wochen vergangen, daß OTTO in Magdeburg vom Ungarneinfall in Bayern erfuhr, als er unter Verzicht auf die zu weit entfernt wohnenden westlichen und nördlichen Sachsen und Lothringer mit seiner *scara*, wenigen Sachsen, dafür aber den Bayern, Schwaben, Franken und einer starken Heeresabteilung Böhmen unter Herzog BOLESLAV, nach Augsburg marschierte, um die sich tapfer verteidigende Stadt zu entsetzen. Das ganze Heer des deutschen Königs mag für diese wichtigste Schlacht des 10. Jahrhunderts aus nicht mehr als 7000–8000 Reitern bestanden haben. Doch sicher wurden sie von einem Troß aus etwa 10 000 aufgebotenen Bauern, Dienern und Knechten begleitet, die aber nicht als Kämpfer auftraten. Sie dienten lediglich zur Versorgung und Lagersicherung. Dennoch muß es als eine hervorragende Leistung bezeichnet werden, daß OTTO in so kurzer Zeit ein Heer von 18 000 Mann zusammenbringen und nach Augsburg führen konnte, selbst wenn Teile bereits im bayerisch-schwäbischen Grenzraum gestanden waren oder während des Marsches OTTOS von Magdeburg nach Augsburg zu ihm stießen. Wie groß die Zahl der Ungarn war, muß offen bleiben. Vermutlich war sie etwas kleiner.

»Am Abend des 9. August hatte der 5–6 Kilometer lange Heerwurm den Westrand des westlich von Augsburg gelegenen Rauhen Forstes erreicht. Durch Aufklärer über die Bewegungen des Feindes unterrichtet, gab König Otto Befehl, sich für den nächsten Tag auf die Schlacht vorzubereiten. Zu dieser Vorbereitung gehörte ein umfangreiches religiöses Zeremoniell... Am Abend fasteten die Krieger, in der Morgendämmerung gelobten sie einander Frieden und gegenseitigen Beistand. Der König selbst ließ sich vor der Blutarbeit betend vor dem Heer nieder und versprach dem Tagesheiligen Laurentius für den Sieg die Gründung eines Bistums in Magdeburg, ehe er sich mit Schild und heiliger Lanze unter der Fahne des Erzengels [Michael] seinen Soldaten noch einmal höchst königlich präsentierte.«[185]

Auf dem Lechfeld marschiert dann das deutsche Heer geordnet zu der ersten rangierten Schlacht des Mittelalters auf. Hinter der Vorhut stehen vorn die Bayern, ihnen folgen die Sachsen und Franken. Der König mit seiner *scara* hält sich zwischen ihnen auf; dahinter reiten die Schwaben und hinter ihnen die Böhmen. Jedoch darf dabei keinesfalls an Truppenverbände oder an eine Reservebildung gedacht werden. Man schart sich nur um die Fahne, reitet gegen den Feind an. Nach dem Zusammenprall löst sich alles in Einzelkämpfe auf. Nur dadurch kann es nicht zur Umfassungs- und Vernichtungsschlacht kommen, weil die Ungarn Mann für Mann im Massenturnier besiegt werden. Sie fliehen zur Lechbrücke. Doch der Rückweg ist ihnen verlegt, so daß nur ganz wenige entkommen. Die Ritterschlacht als Massenturnier zeigte sich in ihrer ersten Vollendung, insoweit allein die Kampfweise in Betracht gezogen wird.

Für uns ist wichtig festzuhalten, daß anstelle der heidnischen Opfer und Weihen vor der Schlacht nun die christliche Reinigung und Buße treten, um sich der Mithilfe der himmlischen Mächte zu versichern. Diese Art der Reinigung des Kriegers vor einer großen Schlacht sollte bei allen Heeren, mit Ausnahme des sowjetischen, bis in den Zweiten Weltkrieg hinein, wenn auch in veränderter Form und mit anderer Sinngebung, üblich werden.

Über die Festigung der Position des Reiches in Mitteleuropa und in Teilen Osteuropas hinaus, tat OTTO DER GROSSE einen für die Zukunft Europas ganz entscheidenden Schritt. Sicher veranlaßten ihn machtpolitische Ansprüche auf Italien zu seinen Italienzügen, während dessen zweiten er am 2. Februar 962 zum Kaiser gekrönt wurde, und zu seiner Vertragspolitik mit Byzanz, die in der Vermählung seines 967 zum Mit-Kaiser gekrönten Sohnes OTTO II. mit der byzantinischen Prinzessin THEOPHANU gipfelte. Aber gerade durch diese Zusammenarbeit mit Byzanz wurde eine gemeinsame Front gegen die Sarazenen in Südeuropa möglich. So betrachtet haben auch die späteren Italienzüge der deutschen Kaiser einen tiefen Sinn. Was wäre geschehen, wenn Italien nicht eines der Kernländer der europäischen und christlichen Kultur geblieben, sondern dem Islam anheimgefallen wäre? So sicherte die gewappnete Hand des Kaisers den Bestand der kulturellen Einheit Europas bis in unsere Tage hinein.

Eine ganz wichtige Neuerung des hochmittelalterlichen Kriegswesens brachte die sog. Heerschildordnung. Wahrscheinlich bestand sie bereits im 10. Jahrhundert, wurde aber erstmals im »Sachsenspiegel« und danach für die Oberdeutschen im »Schwabenspiegel« schriftlich fixiert. Diese Heerschildordnung war ursprünglich ein königliches Recht, ein Regal, und regelte das militärische Aufgebot der Vasallen zum Dienst im Reichsheer; seine ursprüngliche Bezeichnung lautete einfach »Heerschild«. Nicht als zwingende Norm, aber als Ordnungsvorschrift wurde darin eine Rangfolge der Lehnsempfänger festgehalten. Die einzelnen Heerschilde bildeten eine siebenstufige Pyramide, die die Stellung des einzelnen Lehnsträgers festlegte. Dabei konnte der Inhaber eines Heerschildes nur vom nächst höheren Lehen nehmen und nur an den nächst niedrigeren Lehen vergeben. Inhaber des ersten Heerschildes war der König, dem die passive Lehensfähigkeit mit Ausnahme der geistlichen Lehen fehlte. Den zweiten und dritten führten im gleichrangigen Verhältnis zum König die geistlichen und weltlichen Fürsten. Die Grafen und freien Herren hielten den vierten, die »schöffenbar« Freien den fünften, die Ministerialen eben diesen oder den sechsten inne und den siebten Heerschild die übrigen Ritterbürtigen, denen die aktive Lehensfähigkeit mangelte. Für uns besonders wichtig ist dabei die Siebenzahl, mit der der Begriff der Zeit und die sieben Tierkreisgottheiten des Guten im Zusammenhang stehen, die sich in der oberen Sphäre des Devachan befinden.[186] So sollte der Heerschild ein Spiegelbild der guten Kräfte sein.

Christliches Rittertum

Der Stand der Krieger, der bis zum Aufkommen der Feuerwaffen und der neuen Infanterietaktik der allein ausschlaggebende sein sollte, war derjenige der Ritter als schwerbewaffnete Kämpfer im Harnisch zu Pferd. Er wird in den Urkunden ausschließlich als *miles* bezeichnet, gleich ob er aus dem ehemaligen Stand der Freien oder aus dem der Unfreien hervorgegangen war, es sich also um ehemalige Herren oder ehemalige Dienstmannen handelte. Es wurde schon festgestellt, daß das deutsche Heer OTTOS DES GROSSEN die Schlacht zum Massenturnier verwandelt hatte. Aber zum echten Ritterheer im Sinne des Hochmittelalters bedurfte es noch einer geistigen Wandlung.

Inzwischen waren die Reiche der Deutschen, Franzosen und Italiener entstanden, aber so etwas wie Nationalgefühl gab es vorläufig nur in sehr unterentwickelter Form. Man erkannte die Verschiedenartigkeit der Völker und die Zusammengehörigkeit des eigenen Volkes. Das äußert sich in überlieferten Bemerkungen primitiver und generalisierender Art, in denen z. B. die Franzosen als »Schwätzer«, die Engländer und Deutschen als »Fresser«, »Sauf- und Raufbolde« und die Slawen als »stinkend« bezeichnet werden. Äußere Gefahren wie die Ungarneinfälle führten zwar zu einem gewissen Zusammenrücken, doch ein echtes Nationalgefühl entstand daraus noch nicht. Lediglich einer der ganz großen Dichter des Hochmittelalters, WALTER VON DER VOGELWEIDE (etwa 1168–1228), verstand es, in einem seiner noch heute berühmten und bewunderten Gedichte die Liebe zu seinem Volk auszudrücken; Allgemeingut war das jedoch nicht.

> Länder hab ich viel gesehn,
> und die besten prüfte gern mein Sinn.
> Unheil möge mir geschehn,
> könnt ich bringen je mein Herz dahin,
> daß ihm wohlgefallen
> würde fremde Art.
> Denn für Unrecht streiten,
> schnell sich offenbart.
> Deutsche Art steht über allem.
>
> Von der Elbe bis zum Rhein
> und zurück bis an das Ungarland
> können nur die Besten sein,

die im weiten Erdenrund ich fand.
Nenn' ich recht mit Namen
Anmut und Gestalt,
hilf mir, Gott: die Frauen hier –
das schwör ich bald –
besser sind als fremde Damen.

Deutsche Männer Männer sind.
Deutsche Frauen sind der Frauen Preis.
Wer sie tadelte, ist blind:
Einen andern Grund ich mir nicht weiß.
Heldentum und Minne:
wem solch Wort gefällt,
komm in unser Land,
ein Kleinod dieser Welt.
Mög' ich lange leben drinne![187]

Mit dem Entstehen des Deutschen Reiches waren die alten Stammesherzogtümer wiederbelebt worden, die an ehemalige germanische Großstämme anknüpften. In den Diensten der Herzöge stand die Mehrzahl der adligen Ritter und der Ministerialen. Letztere waren ehemalige Unfreie, die zum Kriegsdienst für die Großen herangezogen wurden und aufgrund dieses Dienstes mit der Zeit eine soziale Stellung einnahmen, die über derjenigen der Gemeinfreien lag. Zusammen mit den Adligen bildeten sie den Ritterstand aus. Da ihr Lehnsherr der Herzog, ein Geistlicher oder Großer ihres Stammes war, fühlten sie sich in erster Linie als Vertreter und Angehörige ihres Stammes, der Bayern, Schwaben, Franken, Sachsen, Friesen, Thüringer oder Lothringer. Selbst hier, bei den alten Stammesherzogtümern, finden wir wieder die Siebenzahl. Darüber hinaus aber unterschieden diese Ritter weniger zwischen Deutschen, Franzosen, Engländern oder Italienern als vielmehr zwischen Christen und Heiden. Das allein waren für ihre Zeit echte Gegensätze. Aber ein anderes Lebensgefühl kam noch hinzu, nämlich das Bewußtsein, über Stammes- und Volksgrenzen hinweg einem gemeinsamen Stand anzugehören. Zuweilen reichte dieses Gefühl sogar über die Grenzen zwischen Christen und Heiden hinaus, und manchmal veranstalteten die Kreuzritter mit den mohammedanischen Rittern im Heiligen Land Turniere.

Das gemeinsame Standesbewußtsein beruhte selbstverständlich nicht allein auf der gleichen Art zu kämpfen oder gar auf einem reinen blutsgebundenen Adelsbewußtsein, denn soweit es die Masse der Ritter, die Ministerialen oder, wie sie auch hießen, die »Dienestmannen«, betraf, traf das ja nicht zu. Es beruhte vielmehr auf gemeinsamen sittlichen Tugenden, auf einer einheitlichen Lebensanschauung. Die Kardinaltugenden der Tapferkeit, Gerechtigkeit, Treue und der *mâze* waren sicher allgemeine Kriegertugenden. Bei den Rittern erhielten sie aber einen besonderen, neuen und veredelten Inhalt. Das geschah zunächst einmal durch das segensreiche Wirken der Kirche, vornehmlich der Bewegung, die von Cluny ausging. Sie fügte den Kriegertugenden die christlichen Tugenden hinzu. So konnte aus dem *miles Christi*, der ursprünglich nur als *miles spiritualis* gemeint war, leicht der *miles saecularis* werden. Der weltliche Krieger, der Ritter, konnte sein Schwert für den Glauben führen und damit von der Kirche als geistlicher Krieger anerkannt werden. Steven Runciman drückt es in seiner »Geschichte der Kreuzzüge« so aus, daß der Krieg im Interesse der Kirche nicht nur statthaft, sondern sogar wünschenswert wurde.[188] Das ritterliche Berufsbild und das klerikale Weltbild rückten einander immer näher, so daß sie schließlich eine Einheit bildeten. Für den Ritter als Dienstmann ergaben sich daraus sieben Pflichten, und wiederum ist die Zahl Sieben in dem schon erwähnten Sinn bedeutungsvoll. Diese Pflichten waren:

1. dem Lehnsherrn Ergebenheit zu erweisen,
2. nicht nach Beute zu streben,
3. das eigene Leben nicht zu schonen, wenn es darum geht, dasjenige des Lehnsherrn zu schützen,
4. für das Wohl der *res publica* bis zum Ende zu kämpfen,
5. Schismatiker und Ketzer zu bekriegen,
6. Arme, Witwen und Waisen zu verteidigen,
7. die gelobte Treue nicht zu brechen und dem Lehnsherrn gegenüber nicht meineidig zu werden.[189]

Im allgemeinen sind das die Pflichten, die jeder germanische Gefolgsmann erfüllen mußte, wenn er in den Dienst eines Herren trat. Ausgesprochen von der Kirche bzw. vom Christentum beeinflußt sind dagegen die Pflichten zur Bekämpfung der Schismatiker und Ketzer und zur Verteidigung der Armen, Witwen und Waisen. Diese Verchristlichung des Kriegerstandes wäre nicht möglich gewesen, wenn nicht auch die großen Lehnsherren, vor allem die Kaiser und die Könige, ganz von ihrer Christenpflicht und ihrem christlichen Glauben durchdrungen gewesen wären. Als eines von vielen Beispielen mag hier die Person OTTOS DES GROSSEN dienen. Seine Chronisten würdigen vor allem seine Frömmigkeit. Er hörte täglich die Messe, glaubte fest an die Wunderkraft von Reliquien und die Fürsprache der Heiligen; er fastete viel, besonders vor Prozessionen, und erflehte vor der Schlacht den Segen des Allmächtigen, wie er das auch auf dem Lechfeld getan hatte.

Neben den Lehren der Kirche kann die Wirkung der in die gleiche Richtung zielenden mittelalterlichen Ritterdichtung gar nicht hoch genug eingeschätzt werden. Es wurde in bezug auf das Nibelungenlied schon über die Bedeutung der Treue gesprochen. Das hohe Lied der Treue sang unter vielen anderen der Ritter FRAUENLOB, wenn er dichtete:

> Bei Gott, wer Treu im Herzen hab,
> der lasse nie sie von sich kommen.
> Denn wer an seiner Treu' läßt ab,
> den hat der Tod dahingenommen.
> Treue ist ein Spiegel, den der Mann
> vor sich trägt zu jeder Zeit.
> Treue ist das heimliche Kleid,
> das Gott uns hat geschnitten an.

Und REIMAR VON ZWETER verurteilt die Untreue mit den Worten:

> Das Schlimmste, das man denken kann
> im Himmel und auf Erden, das ist der ungetreue Mann.
> Er blendet alle Augen
> und verdirbt, was ehdem war gesund.
> Sein Zunge Eitergalle hat,
> lebend toter, mordbefleckter Mann,
> Ursprung der Missetat!
> Hütet euch vor seinem Lachen!
> Gesunde Leute macht es todeswund.
> Lang ist er siech, an den sein Atem rühret,
> sein Gruß durch reine Herzen Blitze führet.
> Sein Wink beschmutzt ein reines Weib,
> sein Zischen tötet manchen Leib,
> und was er tut, die Bosheit ganz durchgründet.[190]

Durch den am Ende des 11. Jahrhunderts von Frankreich ausgehenden Minnesang wurde die gesellschaftliche Stellung der Frau gestärkt, sie wiederum wirkte veredelnd auf den ritterlichen Krieger. In den Ritterromanen setzt sich der Held für die Witwen und Waisen ein, und die Pflichten befehlen ihm das sogar. Dennoch sollte man sich darüber im klaren sein, daß die Stellung der Frau im Mittelalter keineswegs den hohen Idealen entsprach, die Ritterromane und Minnesang schildern. Aber die Ideale waren einmal vorgezeichnet und sollten im Lauf der Jahrhunderte auch ihre Wirkungen tun.

Trotz dieser hohen sittlichen Werte hatte das Rittertum, wie alles Menschliche, seine Schattenseiten, die sich im Lauf der Zeit immer deutlicher äußerten. Vor allem war es das Ideal der Tapferkeit, das zusammen mit der Versuchung der Macht und vor dem Hintergrund eines z.T. dürftigen Lebens dazu verführte, sich, was man brauchte oder zu brauchen glaubte, mit Gewalt anzueignen. Daraus entstand das spätere Raubrittertum.

Viel schwerwiegender in politischer Hinsicht wirkte sich jedoch das Ideal der Treue aus. War es zunächst Kennzeichen der Bindung des Ministerialen, des aus unfreiem Stand hervorgegangenen Ritters, an seinen Lehnsherrn, so konnte es sich für das Reich nachteilig auswirken, wenn der Lehnsherr sich selbst als freier Hochadliger nicht mehr unbedingt als Vasall seines Königs oder Kaisers empfand. Dazu kam noch die wirtschaftliche Abhängigkeit. Selbst als die Lehen mit der Zeit erblich wurden, änderte sich daran nicht viel. Es konnte vorkommen, daß sich der ehemalige Lehnsritter allmählich selbst als völlig freier und unabhängiger Herr fühlte, der dann leicht auch der Versuchung der Macht erlag. Unterstützt wurde diese Tendenz dadurch, daß im Lauf des Hochmittelalters aus dem ehemaligen Berufsstand des Kriegers ein Geburtsstand wurde, in den nur aufgenommen werden konnte, wer ritterliche Vorfahren über zwei Generationen hinweg nachweisen konnte. Später durfte höchstens der König auch Gemeinfreie in den Ritterstand erheben, während anfangs dazu jeder Ritter berechtigt gewesen war.

Fehlten in einem Heer Ritter, so konnten auch Knechte wie Ritter bewaffnet werden, weil allein die rittermäßig ausgerüsteten Streiter in der Schlacht ausschlaggebend waren. Die Knappen, die erst noch zu Rittern ausgebildet wurden, dienten als leichte Reiter und vergaben sich nichts, wenn sie im Kampf vor den Schwergepanzerten auswichen, gegen die sie nichts auszurichten vermochten. Fußknechte waren mit Spießen, Bogen oder anderen leichten Handwaffen ausgerüstet und trugen keine Panzerung. Für das Gefecht spielten sie nur dann eine Rolle, wenn sie sich auf ein starkes Hindernis im Gelände stützen konnten. Im übrigen halfen sie vor allem ihren ritterlichen Herren, wenn diese in der Schlacht durch Sturz vom Pferd oder durch eine Verwundung kampfunfähig geworden waren.

Der mittelalterliche Ritter ließ sich nicht in einer Einheit oder gar in einem Verband disziplinieren, er kämpfte immer als Einzelkämpfer, auch in der Schlacht. Dies steht im Einklang mit der nun allmählich erwachenden Ich-Bewußtheit, wenigstens bei den führenden Schichten der damaligen Gesellschaft. Tapferkeit und kriegerische Tüchtigkeit des Ritters waren über jeden

Zweifel erhaben. Diese persönlichen Vorzüge wurden unterstützt von den Trutzwaffen: die Lanze, die niemals splittert, das Schwert, das sich durch Eisen frißt. Mit solchen Waffen konnte nur ein Mann umgehen, der sich ständig in ihrem Gebrauch übte. Zum Tragen aber kam diese schwere Ausrüstung allein zu Pferd. Zu Fuß vermochte sich der Ritter nur unbeholfen zu bewegen. Er brauchte deshalb Männer, die ihm aufs Pferd und wieder herunter halfen und Hindernisse vor ihm wegräumten, denn auch sein Pferd war schwer und bewegte sich nur langsam. Heutige Reitpferde könnten einen Ritter und dazu noch ihre eigene Panzerung kaum tragen. Die damaligen Streitrosse ähnelten mehr unseren starken Ackerpferden, die nur zu kurzem Galopp fähig sind. Das Pferd mußte vor dem Gefecht geschont werden. Undenkbar wäre gewesen, daß der Ritter sein Streitroß auch auf dem Marsch ritt. Dazu führte er wenigstens zwei weitere Pferde mit sich. Offensichtlich ist auch, daß solche Pferde für eine Verfolgung des Feindes völlig ungeeignet waren.

Es liegt auf der Hand, daß damit die Ausrüstung eines Ritters zur kostspieligen Angelegenheit geworden war. Nur derjenige konnte sie sich leisten, der über genügend Grundbesitz verfügte. Wir wissen aber aus den Quellen, daß der Grundbesitz allein nicht mehr ausreichte, besonders wenn man an die in Gold und Silber einherreitenden Herren denkt. Tatsächlich entdeckte man in steigendem Maße nun neue Edelmetallvorkommen, was einen neuen Geldumlauf hervorrief. Seit dem 12. Jahrhundert ist das deutlich festzustellen. Wenn es auch nicht zu einer Geldwirtschaft wie in der Antike kam, so war der vermehrte Geldumlauf doch Anlaß zu einer Erscheinung, die in solchen Zeiten immer zu beobachten ist: Es entstand das Soldrittertum. Wie gering allerdings die Geldmengen zu Anfang noch immer waren, läßt sich daran erkennen, daß das Soldrittertum nicht etwa in den Gegenden aufkam, in denen Gold und Silber gefunden wurden, sondern dort, wo das Geld durch Handel zusammenfloß, nämlich im England des 12. Jahrhunderts. Doch breitete sich das Soldritterwesen sehr schnell in Deutschland, Frankreich und Italien aus. Der von 1170 bis etwa 1220 lebende WOLFRAM VON ESCHENBACH preist in seinem »Willehalm«, in dem die Aushebung eines mittelalterlichen Heeres geschildert wird, bereits die Vorzüge des Soldritters gegenüber dem Lehnsritter, weil ersterer beim Heer bliebe, während letzterer nach Ablauf von vierzig Tagen einfach wieder nach Hause zöge. Diese Zeitspanne hatte sich allmählich als Gewohnheit bei der Heeresfolge ausgeprägt. Nur ganz mächtige Fürsten vermochten längere Zeiten durchzusetzen. Im eigenwilligen Verlassen des Heeres nach dieser Zeit lag sehr oft der Grund für das Mißlingen eines Feldzugs, trotz der Siege auf dem Schlachtfeld. Um so mehr muß es als

eine bedeutende Leistung betrachtet werden, ein paar tausend Ritter ins
Feld zu stellen.

Der vermehrte Geldumlauf erlaubte es auch, dem Ritter Hilfswaffen zur
Seite zu geben. Sie bestanden in erster Linie aus leichten Reitern und berittenen Bogenschützen, den Turkopolen, deren Wert man in den Kreuzzügen
schätzen gelernt hatte, sowie aus den Fußknechten mit Bogen, Armbrust,
Stich- und Hiebwaffen. Allerdings, das muß betont werden, war der Einsatz leichter Reiter und berittener Bogenschützen nur von beschränktem
Wert, da sie mit ihren nicht weittragenden Waffen nur ganz kurze Zeit auf
die schwergepanzerten Ritter wirken konnten – die inzwischen auch die
Kerntruppen der Mohammedaner bildeten. Auf den Nahkampf durften sich
die leichten Reiter und Bogenschützen auf keinen Fall einlassen.

Der Fußknecht dagegen vermochte gegen Ritter nur etwas auszurichten,
wenn er im Verband kämpfte, und das vermochten mittelalterliche Fußknechte mangels Übung nicht. Wenn in Schilderungen über die Schlachten
der Kreuzzüge manchmal die Vorstellung entsteht, es wären Gewalthaufen
aus Fußkriegern eingesetzt worden, so täuscht der Eindruck. Es handelt sich
dabei immer um Ritter, die ihre Pferde verloren hatten und deshalb notgedrungen zu Fuß kämpften. Im ganzen Mittelalter heißt es im Gegensatz zur
Antike: »Einhundert Reiter sind so viel wie eintausend Fußknechte.« Zwar
erhöhte sich die Zahl der Hilfstruppen ständig, doch ist damit nichts über
ihren etwa steigenden Wert ausgesagt. Bei den vielen Fehden der damaligen
Zeit war dies einfach ein Zeichen von Geldmangel bei den kriegführenden
Parteien. Man mußte sich mit einem Ersatz zufriedengeben, war sich aber
immer bewußt, daß der Einsatz ritterlicher Truppen besser gewesen wäre.

Die Angehörigen der sog. Hilfswaffen entstammten drei verschiedenen
Bevölkerungsschichten. Zunächst gingen sie aus dem älteren Rittertum hervor, soweit es keinen Grundbesitz erwerben und damit seine Lebensbedingungen nicht verbessern konnte. Weil sie die hohen Kosten für die neue
ritterliche Fechtweise nicht aufbringen konnten, wurden sie leichte Reiter,
Schützen oder Spießer. Ein anderer Teil ging aus dem, zu immer größerer
Selbständigkeit gelangenden Stadtbürgertum hervor. Für Bauern kam bis in
den Dreißigjährigen Krieg hinein der Soldatenberuf nicht in Frage, weil die
Bauern fast ausnahmslos Hörige waren und nach wie vor nur Freie Krieger
sein durften, soweit Unfreie nicht Ministerialen geworden waren. Der dritte
Teil der Angehörigen bestand aus den ehemaligen Reitknechten der alten
Ritter.

Seit dem 12. Jahrhundert haben wir damit ein höheres und ein niederes
Kriegertum oder, wie der Ausdruck der Zeit lautet, »Ritter und Knechte«.
Der erstere wird dabei zum Vorbild des letzteren, der diesem in allen Dingen

nachzuleben versucht. So wirken die hohen Ideale des Rittertums auch auf den niederen Kriegsknecht, der zunächst doch in der Hauptsache der Beute wegen ins Feld gezogen war.

Da die Hilfswaffen eine ganz unbedeutende Rolle spielten, kommt es hier darauf an, vor allem den Einsatz der ritterlichen Reiter im Gefecht zu beschreiben. Von der Ungarnschlacht des Jahres 933 wird berichtet, daß König HEINRICH I. seinen Sachsen verboten habe, beim Anreiten gegen den Feind nach vorn auszubrechen. Das gleiche hören wir vom byzantinischen Kaiser LEO in seiner »Taktik«, bei arabischen Militärschriftstellern und in der Regel des Templerordens. Im Grunde genommen handelt es sich dabei nur um das Einschärfen einer selbstverständlichen Vorschrift. Kein Heer kann ohne Ordnung und ohne Gliederung nach Abteilungen an den Feind gebracht werden. Auch gewisse Erfahrungsgrundsätze muß es dafür geben.

Rittertum, bei dem alles auf die Persönlichkeit, die persönliche Ehre, den persönlichen Ruhm und die persönliche Tapferkeit gegründet war, steht aber geradezu in einem Gegensatz zur militärischen Disziplin, in der der Einzelne allein im Sinne des Ganzen zu handeln und ihm seine persönlichen Belange, und mögen sie noch so edel begründet sein, unterzuordnen hat. Es war daher außerordentlich schwer, Ritter beim Angriff zusammenzuhalten und die Tapfersten am Vorpreschen zu hindern, um so mehr, als gerade die Ritterepen den, dem Heer voraus in den Feind einbrechenden Helden mit den höchsten Worten priesen. Was aber poetisch ist, muß taktisch noch lange nicht richtig sein. Die historischen Quellen rühmen daher ein Heer, das in guter Ordnung an den Feind kommt, und tadeln dasjenige, das seiner mangelhaften Ordnung wegen die eigene Niederlage verschuldet.

Mangelnde Disziplin und die schwere Ausrüstung der Ritter machten Attacken im Sinne der Schlachtenkavallerie der Neuzeit vollkommen unmöglich. Ritter griffen nicht in Karriere und im Schock an, sondern eher langsam, den Kräften der Pferde angemessen. Es versteht sich auch von selbst, daß die für Ritter einzig geeignete Angriffsformation die Linie war. Ein Zusammenprall im tiefen Haufen, der durch seinen Druck wirkt, wäre unsinnig gewesen, weil Pferde, die hinten gehen, keinen Druck auf die vorne Reitenden auszuüben vermögen. Ritterheere griffen deshalb beim Zusammenprall in Linearformation an.

Anders sah es dagegen beim Aufmarsch zur Schlacht aus. Hier kannte man sowohl die Linie als auch die Kolonne, die z. T. recht tief und mit Abständen zwischen den einzelnen Abteilungen versehen war. Zuweilen hat auch das Gelände ein Ritterheer zur Kolonne gezwungen, wenn der Aufmarsch in ganzer Breite nicht möglich war oder eine Linearformation Schwenkungen hätte durchführen müssen, wie sie die Ritter aufgrund der fehlenden Verbandsausbildung nicht beherrschten. Traf ein in Kolonne aufmarschierendes Heer auf ein linear formiertes, so bedeutete die Unterlegenheit in der Gefechtsbereitschaft nicht so unbedingt einen taktischen Nachteil, wie das heute der Fall wäre. Die Bewegungen waren allesamt langsam, und fast immer fand sich noch Zeit, um die in der Kolonne hintenstehenden Glieder nach vorne rechts und links herauszuziehen, so daß der ungefähr gleichzeitige Zusammenprall in Linie zum Massenturnier gewährleistet war. Da aber undisziplinierte Heere sich in der tiefen Kolonne leichter bewegen lassen als in der Linie, wurde meist sogar die Kolonne vorgezogen, obwohl die Linie theoretisch den Vorteil höherer Gefechtsbereitschaft versprach.

Sollten Fußknechte die Ritter unterstützen, so gingen sie diesen meist voraus. Dann mußten aber die Ritter in breiter und dünner Linie aufmarschieren, damit sich die Knechte kurz vor dem Zusammenprall durch die Ritter hindurch nach hinten zurückziehen konnten. Beim Anreiten in Kolonne waren Fußknechte fehl am Platz, weil die Lücken in den vorderen Gliedern durch die von hinten aufschließenden Ritter geschlossen wurden. Auch an den Flügeln kam dann ein Einsatz nicht in Frage, weil die hintersten Glieder der Ritter nach dort aufmarschierten. Knechte hätten hier mehr Verwirrung angerichtet als Nutzen gebracht.

Ein ehrenvolles Ringen gab es bei den Ritterheeren sehr oft um den sog. Vorstreit, den in Deutschland von alters her die Schwaben für sich beanspruchten. Den Vorstreit führte die zuerst an den Feind gelangende Abteilung. Ihr Kampf brachte sehr häufig schon die Entscheidung, weil dadurch die Kräfteverhältnisse deutlich wurden und der zahlenmäßig Unterlegene daraufhin zumeist den Rückzug antrat. Fiel die Entscheidung aber schon im Vorstreit, so erlangten im Fall eines Sieges allein die Ritter dieser Abteilung den Ruhm. Das Ringen um den Vorstreit ist damit durchaus verständlich. Wie es einen Vorstreit gab, so kannte man in der Ritterschaft auch eine Reserve, die aber dem Sinn nach höchstens mit einer modernen Staffel verglichen werden darf. Ihr Einsatz erfolgte nicht da, wo sich die Entscheidung anzubahnen begann, sondern eher an jenen Stellen, die sich im Massenturnier als zu dünn erwiesen. Ihr Einsatz war daher auch die letzte mögliche Führungsmaßnahme des mittelalterlichen Feldherrn.

Die Trosse der mittelalterlichen Heere waren ungeheuer lang, obwohl sie doch nur unverderbliche Lebensmittel, Ersatzwaffen und Ersatzausrüstungsstücke zu transportieren hatten. Außerdem folgten viele Frauen ihren Männern ins Feld. Sie waren vor allem für deren Versorgung und sanitätsdienstliche Betreuung verantwortlich. Da die Frauen ihre Kinder meist nicht allein zu Hause lassen konnten, nahmen sie auch diese ins Feld mit. Besonders schlimm wirkte sich das in den Kreuzzügen aus, denen besonders viele Dirnen folgten, weil sie sich ein gutes Geschäft und reiche Beute versprachen. Diese Erscheinung wurde vor allem von den christlichen Priestern, die an den Kreuzzügen teilnahmen, gegeißelt, aber auch von den mohammedanischen Schriftstellern, die deswegen die »Franken« mit ihrer niedrigen Moral verachteten. Die Dirnen erhöhten noch die Zuchtlosigkeit in einem Heer, das schon an sich nur geringe Disziplin bewahrte.

In der Schlacht befahl der Heerführer, wo die einzelnen Banner aufzustellen waren, d.h. wo die verschiedenen Abteilungen zu kämpfen hatten. Nachdem er auch die Reserve eingesetzt hatte, warf er sich selbst ins dickste Gewühl des Gefechts und kämpfte als Vorbild seines Heeres. Zu führen gab es dann nichts mehr. Manchmal wurden die Abteilungen auch nicht auf Befehl des Heerführers, sondern durch Verabredung der Unterführer eingesetzt.

Mag die Taktik der Ritterschaft auch primitiv anmuten – manche Historiker haben es überhaupt abgelehnt, in Verbindung mit Ritterheeren von Taktik zu sprechen –, so sind die Leistungen ritterlicher Heere doch über jeden Zweifel erhaben. Nicht umsonst sind die großen Gestalten unserer Heldensagen, die noch heute jeden zu begeistern vermögen und unveräußerliche Vorbilder darstellen, in die Eisenpanzer der Ritter gekleidet, obwohl ihre historischen Urbilder oft in viel fernere Zeiten zurückreichen. Übertroffen werden aber ihre Heldentaten, wie schon eingangs dieses Kapitels gesagt, noch von den sittlichen Werten, die diese Männer für alle Zeiten geschaffen haben.

Wir haben an der Taktik der Ritterschaft gesehen, daß ihr eigentlich nur eine einzige Gefechtsart bekannt war, nämlich der Angriff, den beide Parteien beim Zusammenprall führten. Der Grund dafür ist leicht einzusehen. Er liegt in der Ausrüstung und der dadurch bedingten Fechtweise des einzelnen Ritters. Zur Abwehr eigneten sich ritterliche Heere überhaupt nicht. Wurden in ganz seltenen Fällen Ritter einmal zur zeitlich begrenzten Verteidigung eingesetzt, so stützten sie sich auf ein Geländehindernis und saßen zum Kampf ab. Sie verstärkten dann das Fußvolk und gaben ihm Rückhalt. Sie mußten aber von der Reiterei wieder entlastet werden, wie das in der Schlacht von Legnano 1176 der Fall war.

Naturgemäß griffen Ritter zu Pferd an. Nur für einen einzigen Fall ist das angriffsweise Vorgehen von Rittern zu Fuß belegt. Als im Jahr 1080 König HEINRICH IV. in der Gegend von Zeitz an der Elster eine der üblichen Reiterschlachten gegen den Gegenkönig RUDOLF schlug, ergab sich die äußerst ungewöhnliche Situation, daß der Vertreter RUDOLFS, OTTO VON NORDHEIM, sich gezwungen sah, mit seinen abgesessenen Rittern einen Sumpf zu überqueren, an den HEINRICHS Heer angelehnt war. Der Sumpf war für

Reiter ungangbar, nicht aber für Fußvolk. Als OTTO VON NORDHEIM nach Überwindung des Sumpfes überraschend in die Flanke der königlichen Truppen stieß, entschied er damit die Schlacht zugunsten RUDOLFS.

Das war jedoch eine sehr seltene Ausnahme, denn Ritter vermochten in ihrer schweren Ausrüstung ja nur kurze Bewegungen zu Fuß durchzuführen und scheuten deshalb das Absitzen. Es ist nun nicht verwunderlich, daß diese Schwäche ritterlicher Heere erkannt und für die Zwecke der Kriegsführung ausgenutzt wurde. Überall im Land wuchs die Zahl der Burgen, und bald gab es keine Stadt mehr, die nicht ihre Befestigung hatte. Die meisten Städte waren sowieso schon aus ehemaligen Burgen oder Pfalzen hervorgegangen. Seit der Zeit der Sachsenkönige wurden Befestigungen und befestigte Städte fast durchweg auf Höhen angelegt, um ihre Abwehrkraft zu stärken. Trotz der Belagerungsmaschinen, die auch das Mittelalter kannte, eigneten sich Ritterheere für den Angriff auf befestigte Plätze sehr schlecht. Selbst ein Kaiser wie FRIEDRICH BARBAROSSA brauchte über ein halbes Jahr, um das kleine italienische Städtchen Crema zu bezwingen (1160).

So war es nur natürlich, daß auf strategischer Ebene in dieser Zeit die Rolle der Defensive immer bedeutsamer wurde. In offener Feldschlacht besiegte Heere zogen sich in die befestigten Plätze zurück und vermochten so nur zu oft, ihre Niederlage wettzumachen, wenn sie so lange aushielten, bis das Lehnsheer des Belagerers auseinanderlief oder dem belagernden Heerführer das Geld zur Bezahlung seiner Soldritter ausging. Auch der Zusammenbruch der Versorgung, der jahreszeitlich bedingt sein konnte, oder verheerende Krankheiten zwangen nicht selten den Belagerer zum Abzug.

Die mittelalterliche Strategie durfte sich daher viel weniger auf die Auseinandersetzung mit Waffen verlassen, als das zu anderen Zeiten der Fall war. Tatsächlich sind trotz der ständigen Feldzüge Schlachten recht selten. Die Strategie mußte sich also zur Erreichung ihrer politischen Ziele mehr auf die wirtschaftliche Schädigung des Feindes richten als auf die Vernichtung seiner Streitkräfte, zumal die Verfolgung nach einer gewonnenen Schlacht mit den damaligen Mitteln so gut wie unmöglich war. Doch selbst die wirtschaftliche Vernichtung war bei den technischen Möglichkeiten zur Durchführung einer Blockade lediglich bei einzelnen Rittern oder kleinen Städten möglich. Bei mächtigen und reichen Gegnern kam es daher meist zum Nachgeben einer der beiden Parteien, die aber deswegen noch weit davon entfernt war, in ihrem Lebensnerv getroffen zu sein. So ist es z. B. den deutschen Kaisern niemals gelungen, Italien vollkommen in ihre Hand zu bekommen. Dazu trug allerdings auch bei, daß die Städte und die großen Herren recht oft die Partei wechselten oder abzogen, bevor der Feldzug beendet war. Bei den außerordentlich kleinen Heeren konnte schon der Abzug von zweihundert Rittern aus dem kaiserlichen Heer eine große Rolle spielen.

Umgekehrt war es bei richtiger Ausnutzung der Defensivkraft jedoch auch möglich, daß sehr kleine Heere ganze Länder eroberten, wenn ihnen die nötige Zeit zum Bau von festen Plätzen zur Verfügung stand. Ein typisches Beispiel dafür ist die Eroberung des deutschen Ostens durch den Deutschritterorden. Diesem Orden gelang es, durch planmäßigen Burgenbau in Ost- und Westpreußen in langjähriger Eroberung das Land in seine Gewalt zu bekommen. Er brauchte dazu 53 Jahre. Auch im Heiligen Land vermochten sich die Kreuzritter nur deswegen so lange zu halten, weil sie feste Plätze besaßen, die sie z.T. den Sarazenen abgenommen und z.T. selbst angelegt hatten.

Zu beiden Leistungen waren jedoch allein die Ritterorden fähig. Lehnsheere, die nur für die Dauer eines Feldzugs einigermaßen zusammenhielten, eigneten sich dazu nicht. Bei letzteren bedurfte es sogar, wie die Quellen immer wieder belegen, einer gegenseitigen Absprache zur Schlacht. Oftmals war also nicht der Wille des Heerführers, sondern der des Heeres für das Zustandekommen der Schlacht ausschlaggebend. Dabei spielte die Vorstellung von der Schlacht als Gottesurteil nach wie vor eine ausschlaggebende Rolle. Eines der eklatantesten Beispiele hierfür ist die Schlacht bei Andernach am 2. Oktober 939. Nachdem bereits der Halbbruder König OTTOS I., THANKMAR, rebelliert hatte, schloß sich ihm nun noch sein jüngerer Bruder HEINRICH an, weil er, obwohl in aula regali geboren, von der Thronfolge ausgeschlossen war. Er trat 939 an die Spitze eines von den Herzögen EBERHARD VON FRANKEN und GISELBERT VON LOTHRINGEN sowie von Erzbischof FRIEDRICH VON MAINZ und mehreren Bischöfen breit unterstützten und daher außerordentlich gefährlichen zweiten Aufstands. Während OTTO DER GROSSE selbst Breisach belagerte, wurden die Empörer von den königstreuen Konradinern, Herzog HERMANN VON SCHWABEN, Graf UDO und Graf KONRAD KURZBOLD, bei Andernach vernichtend geschlagen. EBERHARD fiel im Kampf, GISELBERT ertrank auf der Flucht im Rhein, HEINRICH unterwarf sich und wurde begnadigt. Sowohl die Königstreuen als auch die Empörer erkannten diesen Ausgang der Schlacht als unumstößliches Gottesurteil an.

Bei den Ritterorden verhielt es sich dagegen anders. Bei ihnen war der Wille des Heerführers ausschlaggebend. Ihre Mitglieder hatten sich ihren Orden in mönchischer Lebensweise zur Ausbreitung des Christentums bis zu ihrem Tod verpflichtet. Wenn die Kreuzfahrerheere im Osten oder in Palästina wieder abzogen, so blieben sie weiterhin im Land und erfüllten ihre missionarischen und kriegerischen Aufgaben. Durch die Kreuzfahrerheere erhielten sie lediglich den Anstoß zu weiteren Eroberungen und zum Festsetzen im eingenommenen Gebiet. Die Ausdehnung ihres Reiches fiel daher mit einem neuen Zustrom von Kreuzfahrern zusammen.

Ein Berufsstand wie der der Ritter, der seine einzige Lebensaufgabe im Kriegführen sah und keineswegs allein zur Verteidigung erzogen worden war, nutzte natürlich jede Gelegenheit, persönliche Kränkungen der Ehre, auf die er so stolz war, mit dem Schwert zu rächen. Diese Fehden zwischen den einzelnen Rittern nahmen derart überhand, daß der Klerus bereits im Jahr 1040 den Gottesfrieden, die »Pax Dei«, verkündete. Ein Waffenstillstand Gottes, die »Treuga Dei«, gebot Waffenruhe von Mittwoch abend bis Montag morgen sowie an allen Festtagen. Leider wurden diese Bestimmungen nur anfänglich und auch nicht immer eingehalten.

Kreuzzüge

Das entscheidende Ereignis, das eine Wandlung in der Auffassung des mittelalterlichen Menschen dem Krieg als solchem gegenüber bewirkte, war das Erlebnis der Kreuzzüge. Etwa seit dem 9. Jahrhundert sah sich die Christenheit ständig Angriffen heidnischer Völker ausgesetzt. Die Wikinger verheerten die Küsten Nord- und Westeuropas und drangen bis tief ins Binnenland vor, die Ungarn verwüsteten von Pannonien aus weite Teile Mitteleuropas und auch Frankreichs, die Araber beherrschten das Mittelmeer und zeigten sich in Spanien und in Italien außerordentlich aggressiv. Ziel vieler Überfälle war der kirchliche Besitz, wo es naturgemäß für die damalige Zeit am meisten zu plündern gab. Während noch HRABANUS MAURUS, der Prior des Klosters Fulda, mit großer Überzeugungskraft und Eindringlichkeit die Meinung vertreten hatte, daß auch Totschlag im Krieg eine Sünde sei und der Sühne bedürfe, und sogar Papst NIKOLAUS I. um 860 jeglichen Krieg für Teufelswerk erklärte, hatten andere Päpste bereits vor ihm nicht nur den Krieg gegen die Heiden propagiert, sondern auch geführt, wie etwa LEO IV., der an der Spitze eines Heeres gegen die in der Tibermündung gelandeten Sarazenen zu Feld gezogen war. Im Gegensatz zu HRABANUS MAURUS und NIKOLAUS I. stellte er allen Verteidigern des christlichen Glaubens, die im Kampf fielen, himmlischen Lohn in Aussicht, und gegen Ende des 9. Jahrhunderts versprach JOHANNES VIII. den im Krieg gegen Sarazenen und Normannen Gefallenen den Märtyrerrang und die Vergebung aller Sünden. Die gefährlichsten aller Feinde der Christenheit waren zweifellos die Sarazenen, die nicht nur raubend und plündernd in die christlichen Länder Südeuropas einfielen, sondern sich, wie das Beispiel Spanien gezeigt hatte, dann auch festsetzten und versuchten, mit oder ohne Gewalt die dort wohnenden Christen zum Islam zu bekehren. Über die Eroberung der Iberischen Halbinsel wurde schon berichtet.

Im Lauf des 9. Jahrhunderts sah sich vor allem Italien heftigen Angriffen ausgesetzt. Die Sarazenen eroberten Korsika und Sardinien, landeten auf Sizilien, nahmen Bari und Messina, und um die Mitte des Jahrhunderts versuchten muselmanische Heere Rom einzunehmen. In der zweiten Hälfte des Jahrhunderts plünderten sie die Campagna und ließen 884 das Kloster Monte Cassino in Flammen aufgehen. Aber die Araber waren, wie schon angedeutet, nicht nur wilde, blutrünstige und alles zerstörende Eroberer. Aus dem Syrischen, Griechischen, Persischen und Indischen hatten sie bedeutende Werke übersetzt, darunter diejenigen des HIPPOKRATES und des GALEN über Medizin, die Werke der Philosophie des PLATON, ARISTOTELES und PLOTIN und unzählige Arbeiten auf dem Gebiet der Mathematik und Astronomie. Gelehrtenakademien in Bagdad, Palermo, Syrakus und Córdoba errangen innerhalb der mittelalterlichen Wissenschaft hohen Rang; z. T. standen diese Schulen sogar den Christen offen. Und die Vermittlung der arabischen Zahlen, die in Wirklichkeit indische Ziffern sind, machte erst das moderne praktische und theoretische Rechnen möglich. Die Berührung der westlichen Ritter auf den Kreuzzügen mit dem Islam und dessen hoher Kultur führte zu einem gewaltigen Anstoß für die Kultur der neuen Zeit in Europa. Die Gefahr für den Westen bestand nur darin, daß der Arabismus den Weg zum Verständnis des Christus völlig verschüttete.

Religiös stark motiviert, kämpften die Sarazenen mit kaum zu beschreibender Grausamkeit, wie das bei Religionskriegen üblich ist. Einzelne Beispiele von ritterlichem Verhalten, vor allem unter Sultan SALADIN, können diesen Eindruck nicht ganz verwischen. Allerdings standen ihnen ihre christlichen Gegner darin kaum nach. Diese fürchterlichen Ausschreitungen auf beiden Seiten steigerten sich noch, als nicht mehr die Araber, sondern die osmanischen Seldschuken die Führung der sarazenischen Heere übernahmen und die Masse der Krieger stellten. Ein besonders trübes Kapitel der Kreuzzugsgeschichte auf islamischer Seite leitete der Geheimbund der Assassinen ein, der, vom Alten vom Berge geleitet und durch das Rauchen von Haschisch gezwungen, zu einer wahren Mörderbande in der Hand jenes Alten vom Berge wurde, dessen Angriffe sich allerdings auch gegen unbequeme islamische Führer richteten.

Wie kam es aber von christlicher Seite aus zur Kreuzzugsidee? Waren bisher die Sarazenen die Angreifer gewesen, was bewog nun die Christenheit dazu, ihrerseits zum Angriff überzugehen? Schon im 9. und 10. Jahrhundert zogen immer wieder Pilger, die in der Masse zwar den gehobenen Ständen, z. T. aber auch den ärmeren angehörten, nach Jerusalem, um dort am Grab des Heilands zu beten und um Vergebung ihrer Sünden zu bitten, einzelne auch, um dort an geheiligter Stätte zu sterben. Die Pilgerfahrt nach Jerusalem war im allgemeinen nicht gefahrloser als andere Pilgerfahrten zur damaligen Zeit auch, aber wie ein Dorn im Herzen quälte es die christlichen Pilger, daß sich das Heilige Grab in der Hand der Ungläubigen befand. Der Ruf nach einer Befreiung des Heiligen Grabes wurde in Europa immer lauter, zumal ihn Bettelmönche in ihren Predigten immer mehr verbreiteten. Ein schlimmer Nebeneffekt dieses Rufes nach Befreiung des Heiligen Grabes waren die Judenverfolgungen, die daraufhin in England, Frankreich, Deutschland und Italien ausbrachen, obwohl ihre Gründe rein wirtschaftlicher Natur waren. Allerdings gab es auch Männer, die sich gegen diese Judenverfolgungen wandten, zu denen keine geringeren als Kaiser HEINRICH IV., der den Juden in Deutschland einen Freiheitsbrief ausstellte, und BERNHARD VON CLAIRVAUX gehörten.

Die im 11. Jahrhundert herrschende Kreuzzugsstimmung machte sich auch Papst GREGOR VII. (1073–1085) zunutze, der im Jahr 1074 an Kaiser HEINRICH IV. schrieb, die Heidenvölker bedrängten das Imperium von Byzanz und metzelten die dort lebenden Glaubensbrüder zu Tausenden nieder. Er teilte dem Kaiser mit, er selbst treffe Vorbereitungen, um den Oströmern zu helfen, und rufe die abendländische Christenheit auf, das gleiche zu tun. Angeblich hätten sich italienische Ritter und auch solche, die jenseits der Alpen wohnten, bereit erklärt, mit bewaffneter Faust gegen die Feinde Gottes vorzugehen und das Grab des Herrn von den Ungläubigen zu befreien. Dann aber fügte GREGOR hinzu: »Das aber stachelt mich in besonderem Maße zu diesem Werke an, daß die Kirche von Konstantinopel, die in der Frage des Heiligen Geistes mit uns in Glaubensspaltung lebt, sich nach Einigkeit mit dem Sitz des Apostels sehnt.«[191] GREGOR VII. verfolgte also das Ziel, die Glaubensspaltung mit sanfter Gewalt zu überwinden und Byzanz zu zwingen, in den Schoß der römischen Kirche zurückzukehren. Dieser Kreuzzugsplan GREGORS VII. wurde nie verwirklicht und sein Ziel auch nie erreicht. Aber es geht daraus ganz eindeutig hervor, daß die römische Kirche noch ganz andere Absichten verfolgte als nur die Befreiung des Heiligen Grabes von den Ungläubigen.

War GREGOR VII. der Papst, der die politischen Richtlinien für die Kreuzzüge einmal grundsätzlich aufgestellt hatte, so wurde sein Nachfolger URBAN II. derjenige, der sie in die Praxis umsetzte. Am 18. November 1095 war das Konzil von Clermont nach einem feierlichen Gottesdienst zusammengetreten. Eine öffentliche Kundgebung auf freiem Feld vor der Stadt sollte es beenden. Dazu hatte sich eine riesige Menschenmenge aus allen Ständen eingefunden. Hier hielt URBAN II., der Sproß eines alten Grafengeschlechts aus der Champagne, seine Kreuzzugsrede. Vier Versionen dieses berühmten Aufrufes, die etwa ein Jahrzehnt später niedergeschrieben wurden, sind uns überliefert. Der Papst, ein glänzender und mitreißender Redner, von mächtiger Gestalt, hinter dem die ganze Autorität seines alten Grafengeschlechts stand, begann zunächst mit der Klage über die schweren Bedrängnisse und Bedrückungen der Christen im Heiligen Land. Mit all der ihm zu Gebot stehenden Beredsamkeit schilderte er die schrecklichen Überfälle auf die frommen Pilger im Heiligen Land, die Schändung der christlichen Kirchen dort, die die Mohammedaner in Moscheen umgewandelt hatten, und rief dann die katholische Geistlichkeit auf, ihren Teil dazu beizutragen, daß den in Not und Bedrängnis geratenen Glaubensbrüdern geholfen werde. Der wichtigste Teil seiner Rede aber richtete sich an die französische Ritterschaft, die er an ihre großen Taten unter Kaiser KARL DEM GROSSEN erinnerte, als sie so mutig und erfolgreich gegen die Mohammedaner in Spanien zu Feld gezogen war. Nun sollte sie sich erheben, um Glauben und Freiheit kämpfen, die überseeischen Christen von ihren Drangsalen befreien und das »gemeine Gezücht der Araber und Türken« aus dem Heiligen Land verjagen. Diesem Aufruf schloß sich die Versicherung an, daß die Kirche jedem Teilnehmer an diesem Kreuzzug Vergebung seiner Sünden zusichere und dieser, falls er fiele, die ewige Seligkeit gewänne. In seinen Schlußworten gebot er Frieden unter den Gläubigen und die Zusammenfassung aller Kräfte gegen die Heiden. »Was soll ich all dem noch hinzufügen?« rief URBAN zum Schluß aus, »auf der einen Seite werden die Elenden sein, auf der anderen die wahrhaft Reichen. Dort die Feinde Gottes, hier seine Freunde. Verpflichtet euch, ohne zu zögern! Mögen die Krieger ihre Angelegenheiten ordnen und aufbringen, was nötig ist, um ihre Ausgaben bestreiten zu können. Wenn der Winter endet und der Frühling kommt, sollen sie fröhlich sich auf den Weg machen – unter der Führung des Herrn.«[192]

Die Wirkung dieser Rede muß unvorstellbar gewesen sein. Zuerst traten adlige Geistliche vor, ihnen folgten Ritter und Große des Reiches, bereit, das Kreuz auf sich zu nehmen, und in den Ruf ausbrechend: *Dieus le veult –* »Gott will es«. Wie durch ein Wunder erschienen zur gleichen Zeit Mönche mit leuchtendroten Kreuzen, die diejenigen sich an ihre Kleider hefteten, die sich am Kampf um das Heilige Grab, den URBAN ausdrücklich als Ziel genannt hatte, beteiligen wollten.

Hatte der Kreuzzugsgedanke zunächst die provenzalische, normannische und lothringische Ritterschaft ergriffen, so breitete er sich, überall in Europa von begeisterten Menschen aufgenommen, mit Windeseile aus. Die ersten, die ihn in die Tat umsetzten, waren jedoch nicht die kriegsgewohnten Ritter, denen schließlich im Jahr 1099, am 14. Juli, die Eroberung der Heiligen Stadt unter GOTTFRIED VON BOUILLON gelingen sollte. Das erste Pilgerheer sammelte sich, von den fanatischen Predigten des Einsiedlers PETER VON AMIENS und seinen geistlichen Mitstreitern aufgerufen, in Mittel- und Ostfrankreich ab November 1095; Bauern, Händler, Strauchdiebe, Ausgestoßene, Frauen, Dirnen, Kinder, Bettler und Krüppel zogen in Lumpen gehüllt nach Deutschland. Dort traf diese »merkwürdigste Armee der Welt« am 12. April 1096 in Köln ein. PETER muß schließlich froh gewesen sein, daß sich ihm in Frankreich und in Deutschland einige Ritter anschlossen, die aber leider auch nur als Strauchdiebe und Raufbolde bekannt waren. Dennoch hatten sie wenigstens einige Erfahrung in der Menschenführung und vor allem im Kämpfen. Am 20. April des gleichen Jahres brach diese Lumpenarmee bereits ins Heilige Land auf. Am 1. August erreichte sie Konstantinopel und setzte über den Bosporus. Wie aber nicht anders zu erwarten, so wurde diese Armee bei Civetot am 21. Oktober vollständig vernichtet (Pörtner).

Dennoch sollte man nicht über ein Unternehmen die Nase rümpfen, das jedem nüchternen Betrachter als Wahnsinnstat erscheinen muß. Gewiß erhofften sich viele der Teilnehmer an diesem Peter-Kreuzzug Befreiung aus den unwürdigen sozialen Zuständen, unter denen sie in der Heimat gelebt hatten; viele hofften auch auf Beute und Bereicherung, was damals und auch später noch Motivation so manchen Kriegszugs war. Sicher aber ist auch, daß sie gläubigen Herzens und mit großer Inbrunst an einem Feldzug teilnahmen, den sie als Pilgerfahrt ansahen und bei dem sie Tod und, wie sie glaubten, Vergebung ihrer Sünden erlangten. Darüber hinaus wird nicht wenige das schreckliche Schicksal der orientalischen Sklaverei getroffen haben.

Von ganz anderer Art als PETER der Eremit war der größte aller Kreuzzugsprediger, der etwa fünfzig Jahre später lebte, BERNHARD VON CLAIRVAUX. Als Sohn eines Schloßherrn in der Nähe von Dijon geboren, trat er mit 22 Jahren zusammen mit etwa dreißig anderen jungen Adligen in das Kloster Citeaux ein. Drei Jahre später schon gründete er das Kloster Clairvaux. Dort sollten noch zu BERNHARDS Zeiten etwa 700 Mönche leben, und von Portugal bis Dänemark, von Irland bis Italien entstanden 167 Tochterklöster von Clairvaux. Das zeigt, daß BERNHARD es verstand, Menschenmassen aufzurütteln und zu führen. Eine Mischung aus Ehrlichkeit, Realismus und Schwärmerei, die aus allen seinen Gedanken spricht, kennzeichnet auch den Höhepunkt seiner öffentlichen Wirksamkeit. Es war die Predigt zum Zweiten Kreuzzug, zu dem er die vornehmsten und höchsten Persönlichkeiten des

christlichen Abendlandes zu bewegen verstand. Diese berühmte Osterpre-
digt von Vézelay im Jahr 1146, die er vor König LUDWIG VII. von Frankreich
und seinem Hofe hielt, wirkte für die damalige Zeit geradezu Wunder. Noch
im gleichen Jahr reiste er nach Deutschland, obwohl er die deutsche Sprache
nicht beherrschte. Ein so großer Ruf war ihm vorausgegangen, daß die Menschen in Massen zu seinen Predigten eilten und es ihm zu Weihnachten in
Speyer gelang, den Stauferkönig KONRAD III. zu veranlassen, das Kreuz zu
nehmen. »Städte und Burgen stehen leer« – mit diesen Worten meldete er das
Ergebnis seiner Predigt an Papst EUGEN. Obwohl schließlich weite Kreise das
blutige Scheitern des Zweiten Kreuzzuges in Anatolien und vor Damaskus
BERNHARD persönlich zur Last legten, verlosch sein Ruhm nicht. Das schönste Denkmal setzte ihm DANTE in seiner »Göttlichen Komödie«.

Mit Sicherheit war eines der wichtigsten Ziele und Motive der Kreuzfahrer die Befreiung des Heiligen Grabes und die Vergebung ihrer Sünden. Darüber hinaus lockte aber viele auch die Lust am ritterlichen Abenteuer und
die Freude am Kampf, so wie es die Heldenlieder schildern. Wo gab es eine
andere Möglichkeit, diese beiden Ideale des Rittertums miteinander zu verbinden, wenn nicht auf einem Kreuzzug? Das Lebensgefühl des mittelalterlichen Menschen war ganz anders, als es dasjenige des Menschen der Neuzeit ist. Im Mittelalter war das Leben kurz; das Durchschnittsalter bei den
Männern überstieg kaum 35 Jahre, dasjenige der Frauen kaum 28. In dieser
kurzen Zeit wollte man das Leben ganz ausschöpfen; im allgemeinen galt,
daß der Gute der ewigen Seligkeit sicher sein konnte, der Böse aber der
ewigen Verdammnis. Der Gute strebte daher in dieser Welt oder im Kloster
nach noch größerer Vollkommenheit. Der Böse dagegen scheute sich nicht,
noch mehr zu freveln, denn die Verdammnis mit ihren fürchterlichen Höl-
lenqualen war ihm sicher. Nun aber bot sich dem aufgrund seines Le-
benswandels schon so gut wie Verdammten die Möglichkeit, die als einmalig
und unwiderruflich angesehen werden mußte, Vergebung seiner Sünden
durch den bewaffneten Zug ins Heilige Land zu erlangen. Diese einmalige
und einzigartige Gelegenheit durfte und konnte sich keiner entgehen lassen.

Daneben spielten aber auch ganz profane Gründe eine wichtige Rolle. Wer
aus dem scheinbar für die Ewigkeit gefügten Sozialsystem des Mittelalters
ausbrechen wollte, begab sich auf Wanderung, gleich welchem Stand er angehörte. Dieser Wanderlust, die man vorher auf den vielen Fahrten zu den näher
und ferner liegenden Pilgerstätten befriedigt hatte, war nun ein Ziel und eine
Richtung gegeben, dazu noch in ein Land, von dem diejenigen, die dort
gewesen waren, nur Wunderdinge berichteten. Man brach auf in die Mär-
chenwelt des Orients. Mit heiligem Schauder würde man, wie man hoffte, am
Grab des Erlösers beten – aber auch diejenigen geheimen Freuden genießen,

die an dem Zentralort des christlichen Pilgertums seit Jahrhunderten gar nicht mehr so geheim geboten wurden. Jerusalem war nämlich zu einem »Mekka der Sündenindustrie« (Pörtner) des Mittelalters geworden. Daneben glaubten viele, vor allem die Armen, die sich der Lumpenarmee des Eremiten PETER VON AMIENS angeschlossen hatten, sie könnten den fürchterlichen Hungersnöten entkommen, die in der zweiten Hälfte des 11. Jahrhunderts vor allem Deutschland heimgesucht hatten. In der Folge dieser Hungersnöte waren Seuchen und Krankheiten ausgebrochen, für die es keine Heilung gab. Fürchterliche Wirkungen hatten vor allem die Alkaloide des Mutterkorns, die das sog. heilige Feuer hervorbrachten, schwere Durchblutungsstörungen mit Muskelkrämpfen, die in wenigen Tagen zu einem qualvollen Tod führten. Andere erlebten in diesem Krankheitszustand Visionen und Halluzinationen, so daß sie sich wie »tollwütige Hunde« gebärdeten. Erst die künstliche Düngung und Unkrautbeseitigung im 19. Jahrhundert hat die aus dem Mutterkorn entstehenden Gefahren beseitigen können. Die letzte Gruppe der aus profanen Gründen an den Kreuzzügen Teilnehmenden bestand aus den zweiten und dritten Söhnen der Ritter und Bauern, die hofften, sich mit Waffengewalt ein Stück Land erobern zu können. Sicher sind dies noch nicht alle Gründe, die die Menschen bewegten, an den Kreuzzügen teilzunehmen, es wurden nur ein paar hervorstechende genannt, und sicher überwogen die profanen Gründe bei weitem nicht. Die religiösen Gründe mit der Sorge um das Seelenheil, aber auch der Wille zur Befreiung des Heiligen Grabes aus der Hand der Ungläubigen standen auf jeden Fall im Vordergrund.

Ohne im einzelnen auf den Verlauf der Kreuzzüge und die vielen Schlachten eingehen zu wollen, ist es doch nötig, sich einmal eine allgemeine Vorstellung davon zu machen, wie stark ein solches Kreuzfahrerheer war, wie es sich versorgte und wie es sich fortbewegte. Papst URBAN II. hatte, als sich die ersten Kreuzfahrer in Marsch setzten – es war im Spätsommer des Jahres 1096 –, dem byzantinischen Kaiser ALEXIOS KOMNENOS gemeldet, 300 000 Kreuzfahrer befänden sich auf dem Weg ins Heilige Land. Diese Zahl ist in bezug auf die Krieger bei weitem übertrieben. Wir haben ja schon gehört, daß es selbst einem Kaiser FRIEDRICH BARBAROSSA, obwohl er rund hundert Jahre später lebte, nicht möglich war, zu einem einzigen Feldzug im Durchschnitt mehr als 6000–7000 Ritter aufzubringen, im Höchstfall dürften es einmal 10 000 gewesen sein. Dieses Kreuzfahrerheer bewegte sich nun in fünf Marschsäulen, z. T. zu Land, z. T. zu Wasser, nach Nicäa, wo es sich Anfang Juni 1097 vereinigte. Wenn dieses Kreuzfahrerheer insgesamt 12 000–15 000 Ritter umfaßte, so ist diese Zahl schon recht hoch gegriffen, wenn sich auch mehrere europäische Länder an dem Feldzug beteiligten. Doch jeder dieser Ritter mußte ja 10 bis 20 Fußknechte mitführen, die seiner Versorgung und seiner Unterstützung im Kampf dienten, obwohl sie nicht die eigentlichen Kämpfer waren. Kämpfer war allein der Ritter. Dennoch erhöht sich diese Zahl von, nehmen wir an, 15 000 dann um weitere 150 000. Diesen Massen aber schlossen sich die Trosse der Frauen, Kinder, Bettler und anderen Pilger an, so daß die Gesamtzahl des Kreuzfahrerheeres mit Troß, Weibern und Kindern durchaus an die Zahl herangekommen sein kann, die Papst URBAN nannte. Als wirkliche Soldaten und Kämpfer dürfen allerdings nur die 15 000 Ritter bezeichnet werden. Diese für das Mittelalter unvorstellbare Masse war nicht zu versorgen. So kam es schon auf dem Marsch zu fürchterlichen Ausschreitungen, die besonders durch das Eintreiben von Lebensmittel für die Menschen und die Pferde bedingt waren. Wo ein Kreuzfahrerheer selbst durch christliche Gegenden zog, wirkte es wie ein Heuschreckenschwarm, der sich auf die Getreidefelder Ägyptens stürzt. Kein Wunder, daß es auf diese Weise zu ständigen Reibereien und Tätlichkeiten mit der eingesessenen Bevölkerung kam. Erst als das Kreuzfahrerheer die Grenzen Ostroms überschritten hatte, gelang es dem noch immer mächtigen Kaiser von Byzanz, mit seinen eigenen Truppen die Kreuzfahrer einigermaßen in Schranken zu halten. Beliebt waren sie aber keinesfalls. Ist es schon schwer, ein modernes Heer, das schlecht versorgt wird, vom Rauben und Plündern abzuhalten, so traf dies für ein mittelalterliches Heer, das keine Disziplin im modernen Sinne kannte, um so mehr zu. Wer Waffen hatte, besaß die Oberhand und nahm sich, was er brauchte. Auch rein äußerlich ähnelte dieses Kreuzfahrerheer im übrigen einem Heuschreckenschwarm, denn Ritterheere ließen sich kaum in militärischer Ordnung auf dem Marsch führen, und deren Trosse und Heeresgefolge schon gar nicht.

Wieviel schlimmer aber muß es noch bei dem Zug der armen Leute ausgesehen haben, die den Bettelmönchen und PETER dem Eremiten folgten. Was sie auf ihrem Marsch an Raub und Schandtaten begingen, ist nicht zu beschreiben, obwohl PETER und seine Mönche immer wieder versuchten, die Leute im Zaum zu halten. Selbst für den Kinderkreuzzug zu Anfang des 13. Jahrhunderts trifft ähnliches zu. In keinem Fall sollte man sich hier Illusionen hingeben und sich von dem unbezweifelbar guten Willen dieser Leute oder gar von ihrer religiösen Inbrunst täuschen lassen. Die Wirklichkeit zerstört den Schleier der Illusionen. Und noch etwas sehr Wichtiges ist aus diesen Zügen der armen Leute und der Kinder zu erkennen: Sie waren so gut wie waffenlos – für die zwölf- bis fünfzehnjährigen Kinder trifft das insbesondere zu – und wollten ohne Kampf zu der heiligen Stätte am Grab des Herrn ziehen, um es auf friedlichem Weg in die Hand der Christenheit zu bekommen. Mit Sicherheit war dies der erste »pazifistische« Versuch, dem Glaubensgegner das abzuringen, was man von ganzem Herzen und vermutlich auch mit tiefer christlicher Überzeugung zu erringen beabsichtigte. Wie wir gehört haben, scheiterte dieser Versuch kläglich. Tod, Elend und Sklaverei waren das Ergebnis. Wo immer auch ähnliche Versuche dann in der späteren Geschichte angestellt wurden, erlitten sie auf gleiche Weise Schiffbruch. Der einzelne Mensch kann den anderen Menschen verstehen, ihm Achtung entgegenbringen im Sinne der Nächstenliebe; bei Massen von Menschen, bei denen eine Seite sich für überlegen hält, und sei es auch nur, weil sie die Waffen besitzt, müssen solche spontanen Versuche scheitern; hier kann höchstens das überzeugend vorgebrachte und vom Friedenswillen getragene Gespräch der beiderseitigen Führer voranhelfen und zur Gewaltlosigkeit führen.

Die Träger und Förderer des Kreuzzugsgedankens waren jedoch – und wie hätte es anders sein können – bei den echten militärischen Unternehmungen der Kreuzzüge der Hochadel und die Fürsten, wenn auch bei den deutschen Kaisern zunächst eine gewisse Zurückhaltung zu beobachten ist. Aber gerade sie ziehen die Masse der anderen nach sich, einerseits aufgrund der Lehnspflicht, andererseits aber aufgrund des Vorbildes, das hier mehr galt als die Lehnspflicht. Beim Zweiten Kreuzzug, der im Mai 1147 begann und vor allem von deutschen und französischen Rittern unter ihren Königen KONRAD III. und LUDWIG VII. unternommen wurde, schrieb BERNHARD VON CLAIRVAUX, der dazu aufgerufen hatte, an den Papst:»Ich öffnete meinen Mund und ich sprach und alsbald vermehrte sich die Zahl der Kreuzfahrer endlos. Dörfer und Städte stehen jetzt verlassen, kaum findet man auf sieben Weiber einen Mann.« Und sein Brief endet mit dem makabren Satz:»Und überall gewahrt man Witwen, deren Männer noch unter den Lebenden weilen.«[193]

Doch wenden wir uns, wiederum nur beispielhaft, Geschehnissen zu, die sich auf dem Ersten Kreuzzug zutrugen. Mitte Mai 1097 hatten die Kreuzfahrer einen Belagerungsring um Nicäa, die seldschukische Hauptstadt am Ostufer des Askanischen Sees nahe dem Marmara-Meer, gezogen. Byzantinische Berater und ortskundige Führer hatten sie dabei unterstützt. Schon wollten die Belagerten die Stadt übergeben, als eine Seldschukenarmee vom Süden her erschien. Voller Kampfbegier stürzten sich die Kreuzfahrer gegen einen Feind, der ihnen weder an Zahl noch an Leidenschaft unterlegen war. Sie hatten es nicht leicht bei ihrem Kampf in der brütenden Hitze und in ihren schweren Eisenpanzern. Darüber hinaus machten ihnen die Turkopolen der Seldschuken mit ihrem unaufhörlichen Pfeilregen, den sie auf die christlichen Ritter abschossen, schwer zu schaffen. Doch im Kampf Mann gegen Mann überwogen die Tapferkeit, Härte, Ausdauer und auch bessere Bewaffnung der abendländischen Ritter. Ihr unwiderstehlicher Anritt warf die Türken in die Berge zurück. Soweit glich diese Schlacht jedem Zusammentreffen zwischen europäischen und nichteuropäischen Heeren der damaligen Zeit, wenn die Kräfteverhältnisse einigermaßen ausgewogen waren. Dann aber geschah Entsetzliches. In der großen Beute, die die Kreuzfahrer machten, fanden sie auch einen Wagen mit Stricken, mit denen die Seldschuken beabsichtigt hatten, ihre Gefangenen zu fesseln, auf die Sklavenmärkte zu schleppen und dort zu verkaufen. Die erbosten Ritter hieben daraufhin den Gefangenen die Köpfe ab und warfen sie über die Mauern von Nicäa, um die Belagerten zur Übergabe zu bewegen. Tausend weitere Türkenköpfe schickten sie als Siegeszeichen dem Kaiser nach Byzanz. Der Kampf endete mit der schließlichen Übergabe der Stadt, nachdem man ihre Zufuhrmöglichkeiten über den Askanischen See abgeschnitten hatte. Leider wiederholten sich die Grausamkeiten der Schlacht bei Nicäa während aller Kreuzzüge immer wieder; dabei stand keine Seite der anderen an Grausamkeit und Hinterlist nach.

Als kurze Zeit später wiederum ein türkisches Heer sich bei Heraklea den Kreuzfahrern entgegenstellte, griffen diese es mit solch unwiderstehlichem Schwung an, daß es von Entsetzen gepackt in alle Winde zerstob. Ein nächtlicher Komet, dessen Erscheinen der Historiograph des Ersten Kreuzzuges, FULCHER VON CHARTRES, als Himmelszeichen beschrieb, wies dem Kreuzfahrerheer die Bahn in die Feinde.

Visionen wurden immer wieder erlebt und von den meisten inbrünstig geglaubt, obwohl es durchaus auch Stimmen gab, die nicht an solche Visionen glaubten, besonders unter der hohen Geistlichkeit. So erzählt ein provenzalischer Pilger, der sich bei der südfranzösischen Heeresgruppe befand, der heilige Andreas sei ihm viermal erschienen und habe ihn beauftragt, den Rittern Christi die Lanze zu überbringen, mit der LONGINUS die Seite des Heilands geöffnet hatte. Auch habe ihm Andreas verkündet, an der bevorstehenden Schlacht nähmen die himmlischen Heerscharen teil, um den Sieg für die Christen zu erringen. Ein Priester hatte einen Tag später beim Gebet die Vision des Heilands, der Gottesmutter und des Apostels Petrus, wobei Christus über die Ausschweifungen, aber auch über die Untätigkeit des christlichen Heeres zürnte. Auf Bitten der Jungfrau Maria und des heiligen Petrus hätte er jedoch Gnade geübt und Hilfe im Kampf versprochen. Tatsächlich wurde dann die heilige Lanze in der Peterskirche von Antiochia gefunden. Die bereits der Verzweiflung nahe Stimmung des Heeres schlug um in inbrünstige Begeisterung, und der Marsch nach Jerusalem wurde fortgesetzt.

Von einzelnen Gefechten abgesehen verlief der weitere Marsch weniger wie ein Vorgehen in Feindesland als vielmehr wie eine feierliche Prozession mit Hymnen, Gebeten und Gottesdiensten. Anfang Juni erreichten die gewappneten Pilger in der Mittagsstunde einen Hügel vor Jerusalem, den sie »Montjoie« – Freudenberg nannten. Nach dreijährigem Marsch und unter unzähligen Kämpfen hatten sie nun ihr Ziel erblickt, die Mauern und Türme des irdischen Jerusalem, das ihnen als Abbild des Himmlischen erschien. Man kann die Freude und Ergriffenheit verstehen, als diese harten Krieger auf die Knie sanken und mit Tränen in den Augen Gott dankten, daß er ihnen erlaubt hatte, das Ziel ihrer Pilgerfahrt zu erreichen. Kein geringerer als der italienische Renaissance-Dichter Tasso hat dies in seinem großen Werk »Das befreite Jerusalem« in den ergreifendsten Worten geschildert. Die ungeheure Erlebniskraft, die das Kreuzfahrerheer vor Jerusalem – und nicht nur dort – bezeugte, weist auf eine seiner unerschöpflichen Kraftquellen hin, die es in den Stand versetzte, nicht nur die schwersten Kämpfe zu überstehen, sondern – was viel schwerer wog – die Strapazen und Entbehrungen eines dreijährigen Marsches. Dies wird auch später noch bei den Kreuzfahrern zu beobachten sein.

Doch dieses Bild des unerschütterlichen Glaubens, der tiefen Hingabe, Inbrunst und Demut wird immer wieder durch Ausbrüche ungezähmter Wildheit und Grausamkeit zerstört. Nach dem Heranbringen schwerer Belagerungsmaschinen war es den Kreuzrittern gelungen, im Juli 1099 eine Bresche in die Mauer Jerusalems zu schlagen, durch die sie unaufhaltsam eindrangen. Zwar wehrte sich die ägyptische Besatzung der heiligen Stadt tapfer, aber gegen den nicht zu überbietenden Siegeswillen der christlichen Streiter vermochten sie nichts auszurichten. Ein furchtbares Gemetzel setzte ein. Angeblich wateten die Pferde der christlichen Ritter in der Vorhalle und im Tempel Salomons bis zu den Knien im Blut der Sarazenen. Nun dürfte das eine der üblichen Übertreibungen sein, aber es ist sicher nicht zu bestreiten, daß die Kreuzfahrer fürchterlich wüteten. Nachdem sie die feindliche Besatzung getötet hatten, machten sie auch vor den friedlichen Bewohnern der Stadt nicht halt. Alle Mohammedaner und Juden wurden niedergemacht. Hand in Hand mit dem Morden ging das Beutemachen, durch das sich die Christen für ihre Strapazen entschädigen wollten. Gold, Silber, Seidenstoffe und kostbare Geräte, Lebensmittel und Weine, kurz alles, was nicht niet- und nagelfest war, wurde geplündert. Nach diesen Schandtaten aber pilgerten die Kreuzfahrer unter Führung ihrer Fürsten und Geistlichen zum Heiligen Grab. Aus mordlustigen Raubtieren verwandelten sie sich wieder in zutiefst gläubige und fromme Pilger (Pörtner).

Greuel, Grausamkeiten und gemeinste Kriegslisten entsprangen aber auf beiden Seiten nicht nur einem angeborenem Trieb zur Grausamkeit. Der Terror als Waffe gehörte zur normalen Kriegsführung der damaligen Zeit. Erst im Lauf der Jahrhunderte vermochte sich ein humaneres Denken aufgrund der christlichen Lehre durchzusetzen, obwohl es ja bis in dieses Jahrhundert hinein fürchterliche Rückfälle gegeben hat. Der damalige Krieger war im Kampf gegen Heiden oder gegen solche Gegner, die kein Lösegeld aufbringen konnten, zum Töten geradezu verpflichtet. Die Kriegspraxis zwang ihn, Schrecken zu verbreiten und dadurch Furcht und Zittern zu erzeugen. Die Beispiele für diese Art der Kriegsführung sind so entsetzlich, daß die Feder sich sträubt, sie niederzuschreiben. Nur ein geradezu paradoxes Beispiel sei angeführt. Nach der Wahl des ersten römisch-katholischen Patriarchen in Jerusalem am 1. August 1099 entdeckte dieser unmittelbar nach seinem Amtsantritt das angeblich echte Kreuz Christi wieder, das ja die heiligste Reliquie der Heiligen Stadt darstellte. Orthodoxe Priester hatten es versteckt, um es dem Zugriff der Plündernden zu entziehen. Der römisch-katholische Patriarch, der ahnte oder vielleicht auch wußte, was mit dem Kreuz Christi geschehen war, scheute sich nicht, diese christlichen Priester so lange foltern zu lassen, bis sie das Versteck preisgaben.

Wenn man schon mit den eigenen Glaubensgenossen auf eine solche Weise verfuhr, wie erst behandelte man dann den Feind? Nicht unwesentlich war dabei, ob man den Feind achtete, fürchtete, oder ob man verächtlich auf ihn herabsah. Im allgemeinen hatte es der Tapfere, wenn er sich nach den Vorstellungen der damaligen Zeit » menschlich« verhielt, leichter, wenn er gefangengenommen wurde, als derjenige, den man verachtete. Von dem Tapferen und seinen Angehörigen versuchte man vor allem, Lösegelder zu erpressen, was auch meistens gelang. Besonders angesehen und gefürchtet wegen ihrer Tapferkeit waren die deutschen Ritter unter KONRAD III., gegen die der Kampf der Mohammedaner weit schwerer war als gegen die Franzosen LUDWIGS VII., wie viele mohammedanische Augenzeugen berichten.[194] Kam Lösegeld nicht in Frage, so wurden zur damaligen Zeit Anführer, die in Gefangenschaft gerieten, von beiden Seiten hingerichtet. Die übrigen Krieger sowie die Einwohner der Städte verkaufte man auf den Sklavenmärkten.

Es soll auch nicht verschwiegen werden, daß Kriegsteilnehmer beider Seiten gelegentlich versuchten, sich ihr Leben zu erkaufen, indem sie ihren Glauben verrieten. So wird in den Dokumenten über die Kreuzzüge aus arabischer Sicht z.B. gemeldet, daß ein großer Ritter von einem kleinen Turkmenen gefangengenommen worden wäre. » Der Turkmene: ›Schämst du dich nicht, daß ein solch kleiner Zwerg dich gefangengenommen hat, wo du doch eine solche Rüstung hast?‹ Er antwortete: ›Bei Gott, nicht der da hat mich gefangen, noch ist er mein Bezwinger. Ein Großer hat mich gefangen, größer und stärker als ich selbst, und hat mich dem hier übergeben; er trug ein grünes Gewand und ritt ein grünes Pferd.‹«[195] Der christliche Ritter verriet also seinen Glauben, indem er mit dem grünen Gewand und dem grünen Pferd auf irgendeinen islamischen Propheten oder Himmelsboten Mohammeds hinwies. Im übrigen sahen auch die Mohammedaner die Schlacht stets als Gottesurteil an. Immer wieder dankten sie Allah für den Sieg über die

Feinde. Hatten die christlichen Ritter ihre unzähligen Visionen, in denen ihnen Christus, Sankt Michael oder der heilige Petrus über dem Heer erschienen, sie in die Schlacht führten und für sie den Sieg errangen, so sind bei den Mohammedanern ähnliche Visionen bezeugt, in denen ihnen Allah oder Mohammed erschien. Es ist nicht zu leugnen, daß die Kreuzzüge (s. Fig. 6) schließlich mit einem Mißerfolg endeten. Sicher spielten dabei die Ruhr und andere Seuchen, die bei mittelalterlichen Heeren auszubrechen pflegten und meist auf die unausgewogene Ernährung, im Orient auf das Essen von zu viel Obst, zurückzuführen sind, eine große Rolle. Aber auch der Kreuzzugsgedanke selbst verlor nach ungefähr fünf Generationen die Anziehungskraft, die er ursprünglich besessen hatte. Darüber hinaus sahen die europäischen Christen ein, daß das Heilige Land auf die Dauer nicht zu halten war und die großen Anstrengungen mit einer Niederlage geendet hatten.

Das führte zu einer tiefen Erschütterung. Noch immer war man ja fest davon überzeugt gewesen, daß der Ausgang eines Krieges einem Gottesurteil entsprach. In heidnischer Zeit hatte bei einer Schlacht, nicht bei einem persönlichen Gottesurteil als Gerichtsurteil, der Kriegsgott sein Urteil unabhängig davon gesprochen, welcher Stamm oder welches Volk im Recht oder im Unrecht war. Er hatte den Sieg nach Gunst, nicht aber nach juristischen Gesichtspunkten verliehen. Oftmals hatte bei den Germanen der Gott Wotan gerade die Tapfersten für den Schlachtentod und für die Niederlage ausersehen, weil er sie als *einherjer*, als Schlachtenhelfer bei der Götterdämmerung brauchte. Ganz anders aber sah die Sache aus, nachdem das Christentum Einzug gehalten hatte. Für den Christen der frühen Zeit war es eine unumstößliche Wahrheit, daß er, wenn er für Christus kämpfte, im Recht und die Heiden im Unrecht waren. Nach diesem Glauben mußte Christus ihnen, den Rechtgläubigen, stets den Sieg verleihen. Das aber war in den Kreuzzügen gerade nicht geschehen. Von nun an konnte man daher nicht mehr glauben, daß der Krieg und sein Ausgang ein Gottesurteil darstellten. Aus dieser Einsicht drängte sich auch, mit den Jahrhunderten immer stärker, die Überzeugung auf, daß der Krieg niemals Recht, sondern immer nur Unrecht sein konnte und damit vermieden werden mußte. Nur zur Verteidigung durfte er noch dienen.

Außer den oben genannten Gründen für das Scheitern der Kreuzzüge gab es noch andere, die vor allem auf militärpolitischem Gebiet lagen. In der politischen Praxis erwies es sich nämlich als unmöglich, die einzelnen Interessen der beteiligten Nationen in der universalen Idee zu vereinigen. Eine Schlüsselrolle spielte dabei Byzanz, das aus dem Abendland Hilfe für seine gefährdeten Grenzen erwartet hatte. Aus machtpolitischen Gründen blieben

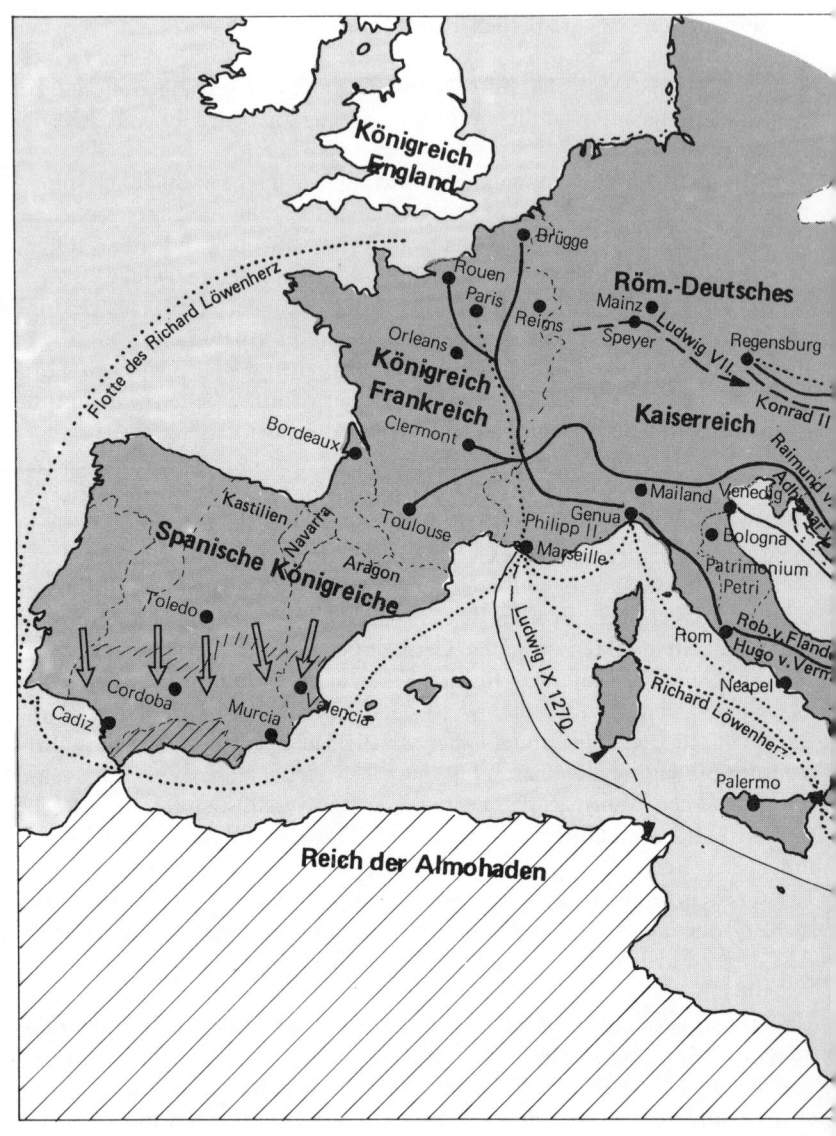

Fig. 6 Kreuzzüge vom 11. bis 13. Jahrhundert

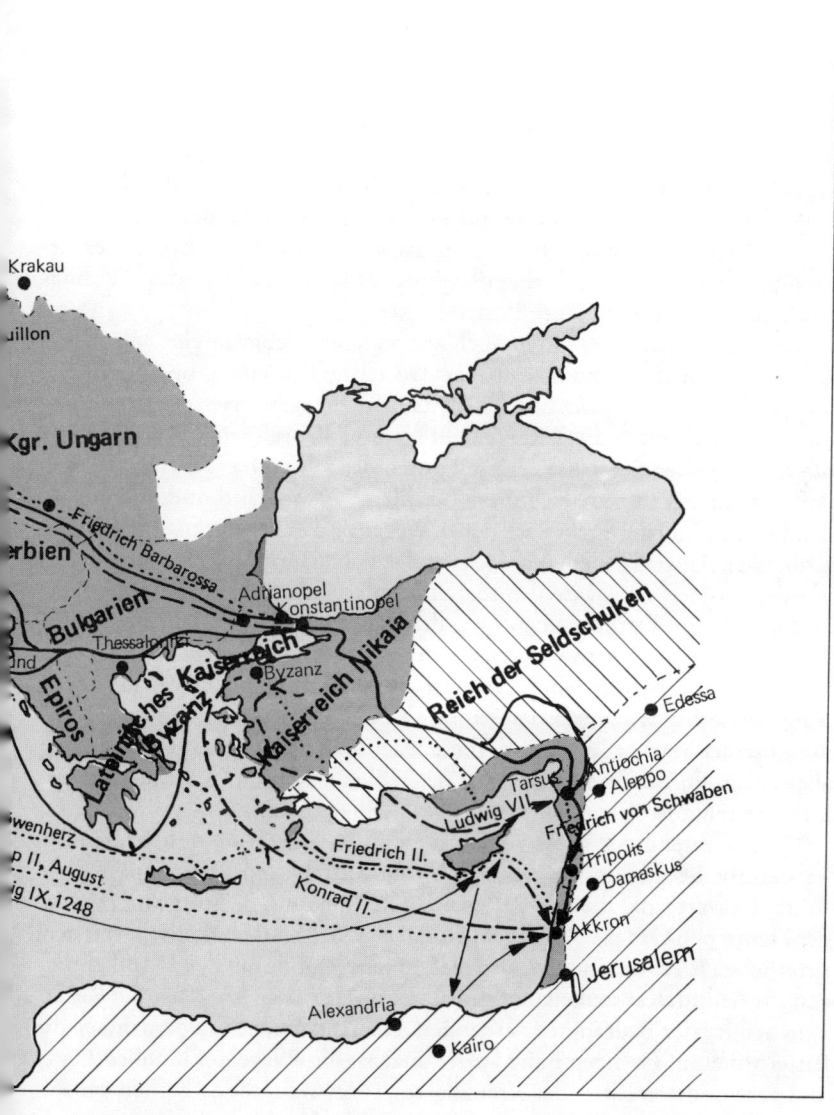

aber das Normannenreich und vor allem Venedig stets Gegner von Byzanz, ohne dessen Unterstützung andererseits Transport und Versorgung der Kreuzfahrerheere nicht möglich waren. Während des Vierten Kreuzzugs von 1202–1204, der eigentlich auf Ägypten zielte, mußten die Kreuzfahrer für Venedig sogar Zara in Dalmatien erobern, damit es den Transport übernahm. Daraufhin lenkte der Doge ENRICO DANDOLO das Heer gegen das christliche Konstantinopel, das zunächst einmal erobert wurde. Wohl gelang es Byzanz, die Kreuzfahrer für kurze Zeit wieder aus der Stadt zu vertreiben, diese aber nahmen sie zum zweiten Mal, plünderten sie erbarmungslos und richteten dort ein lateinisches Kaisertum ein, das allerdings kaum mehr als fünfzig Jahre Bestand hatte.

Aber die Kreuzzüge hatten auch auf anderen Gebieten eine ungeheure Bedeutung für die Zukunft Europas. Durch sie war eine große Nachfrage nach Orientwaren in ganz Europa entstanden, die selbst nach der Eroberung dieses Gebiets durch die Türken nicht mehr gedrosselt werden konnte. Die oberitalienischen Seestädte erlebten durch den Orienthandel einen starken Aufschwung. So wirkte sich diese Nachfrage im 15. Jahrhundert dahingehend aus, daß auf der Suche nach neuen Wegen zu den begehrten Orientwaren schließlich Amerika wiederentdeckt und der erste Grundstein zu dem gelegt wurde, was seit der Mitte des 20. Jahrhunderts als eine der beiden Supermächte besteht. Darüber hinaus wurden die Europäer durch die Berührung und Konfrontation mit der überlegenen byzantinischen und arabischen Welt in ihrem Kulturbewußtsein gestärkt, so daß das kulturelle Niveau in Europa stieg. Weiterhin erlebte das Papsttum während der Kreuzzüge einen Höhepunkt seiner Macht; doch gerade diese Machtentfaltung untergrub dann, vor allem auch im Zusammenhang mit der schließlichen militärischen Niederlage, die religiöse Glaubwürdigkeit des Heiligen Stuhls.[196]

Noch während der Kreuzzüge sollte entstehen, was weitreichende Auswirkungen besonders für die Geschichte Mittel- und Osteuropas haben sollte. Es waren das die drei Ritterorden der Johanniter, Tempelherren und des Deutschen Ordens. Allen gemeinsam war, daß sie das asketische mit dem ritterlichen Ideal vereinigten, also die Mönchsgelübde mit den Verpflichtungen zur Armut, Keuschheit und zum Gehorsam mit den Aufgaben des Ritters zum Schutz der Bedrängten verbanden. Dementsprechend übernahmen die Ritterorden im Heiligen Land auch zunächst die Pflege der kranken Pilger und verwundeten Ritter des Kreuzheeres, sorgten für die Sicherheit der Pilgerstraßen und kämpften in vorderster Front der Heere mit. Dabei zeigten sie sich im Kampf nicht nur den Feinden, sondern auch ihren eigenen Waffenbrüdern weit überlegen. Sie waren die einzigen Ritter, die sich einer militärischen Disziplin, und zwar einer sehr strengen, unterwarfen und unter allen Umständen auf der Erfülluung ihres Auftrags bestanden. Es gibt nicht wenige Berichte von seiten der Kreuzfahrer wie auch von seiten der Mohammedaner, in denen geschildert wird, daß neben den Rittern der Orden nur ganz wenige den Kampf mit der zehnfachen, ja zwanzigfachen Überlegenheit aufnehmen und siegen konnten.

Uns interessiert in unserem Zusammenhang nur der Deutsche Orden, der 1190 vor Akkon als Bruderschaft zur Krankenpflege gestiftet und 1198 zum Ritterorden erhoben wurde. Die Ordenstracht bestand aus einem weißen Mantel mit schwarzem Kreuz, der über der Rüstung getragen wurde. Später ließ sich der Deutsche Ritterorden zunächst in Siebenbürgen nieder, wurde aber kurz darauf vom Ungarnkönig vertrieben. Doch Herzog KONRAD VON MASSOVIEN, ein Sohn Herzog KASIMIRS II. von Polen, rief 1225 oder 1226 den Deutschen Orden zu Hilfe, als die heidnischen Pruzzen, von denen der Name Preußen abstammt, sein ererbtes Herzogtum, das beiderseits der mittleren Weichsel lag, bedrohten. Vier Jahre später ging das Kulmerland, das Herzog KONRAD dem Orden für seine Hilfe versprochen hatte, an diesen über. Schon 1226 erreichte HERMANN VON SALZA, Hochmeister und eine der überragenden Gestalten des Ordens, die Nachricht, daß Kaiser FRIEDRICH II., der große Hohenstaufenkaiser, in der Goldenen Bulle von Rimini die Schenkung Herzog KONRADS bestätigt und dazu dem Deutschen Orden alle im heidnischen Preußen gemachten Eroberungen zugesprochen hatte. So wurden die Heidenmission und die Staatengründung zur großen Aufgabe des Ordens.

Im Jahr 1230 rief dann der Papst zum Kreuzzug gegen die Pruzzen auf und stellte das eroberte Gebiet unter seinen besonderen Schutz. Es muß dabei herausgestellt werden, daß es sich bei den heidnischen Pruzzen nicht um Slawen, sondern um einen baltischen Volksstamm handelte, der eng mit den Litauern, Kuren, Liven, Letten und anderen Stämmen dieser Sprachgruppe verwandt war. Slawen haben an diesem Teil der Ostseeküste nie gesessen. Im Frieden von Kalisch im Jahr 1343 verzichtete Polen sogar endgültig auf das Kulmerland und das vom Orden später noch erworbene Pommerellen. Militärisch gelang die Eroberung Ostpreußens – die Eroberungen des Schwertordens in Kurland, Livland usw. sollen hier unberücksichtigt bleiben –, vor allem durch den rasch durchgeführten Festungsbau, der es den Litauern und Pruzzen versagte, trotz einiger Erfolge auf freiem Feld, die außerordentlich geringe Zahl der Deutschherren wieder aus dem Land zu treiben. Dazu kam die rasche Christianisierung vor allem der Pruzzen, die wiederum im Stil der Zeit mit Feuer und Schwert durchgesetzt wurde. Dennoch kann nicht bestritten werden, daß ein Großteil des pruzzischen Adels, besser gesagt der Stammeshäuptlinge, sich von der überlegenen Kultur der

Deutschherren und vor allem der bald ins Land kommenden deutschen Bauern und Bürger angezogen fühlte und rasch germanisiert wurde.

Der Deutsche Orden verlor seine eigentliche Aufgabe, die Ausbreitung des christlichen Glaubens, in dem Augenblick, als Litauen zum christlichen Glauben übergetreten und im Jahr 1386 eine Union mit dem schon seit langem christlichen Polen eingegangen war. Gegen diese beiden übermächtigen Gegner erlitt der Deutsche Orden im Jahr 1410 bei Tannenberg eine schwere Niederlage, zu der auch die innere Opposition der preußischen Stände und deren Kampf um Einfluß auf die Landesregierung beigetragen hatte. Aus diesem Grund riefen schließlich die Städte und der Adel Preußens König KASIMIR IV. von Polen zu Hilfe, dem dann der Deutsche Orden im großen Ständekrieg von 1454 bis 1466 unterlag. Mit dem Zweiten Thorner Friedensvertrag verlor der Orden nicht nur große Gebiete seines Herrschaftsbereiches, sondern verpflichtete sich auch der Hochmeister, für den Rest des Ordenslandes dem polnischen König zu huldigen. Kaiser und Reich versagten zur damaligen Zeit dem Orden ihre Unterstützung. Vor allem auf diese Ereignisse gründeten sich die Ansprüche Polens, die erst nach 1945 in Erfüllung gehen sollten, obwohl das Land ausschließlich von Deutschen besiedelt war und sich in einer Abstimmung nach dem Ersten Weltkrieg klar für den Verbleib beim Deutschen Reich ausgesprochen hatte. Dies traf selbst für den östlichen Teil der ehemaligen Provinz Westpreußen zu. Doch in unserem Zusammenhang sind diese politischen Geschehnisse, die sich erst nach 500 Jahren auswirkten, weniger wichtig als die Tatsache, daß bei der Christianisierung Ostpreußens zum ersten Mal in der Geschichte reine Defensivmaßnahmen, allerdings überlegener Art und gegen einen zwar zahlenmäßig überlegenen, technisch aber unterlegenen Feind, bei der Eroberung eines Gebiets zum Erfolg geführt hatten. Solche Maßnahmen gelangen erst wieder, als die europäischen Großmächte sich Kolonialbesitz in Übersee aneigneten. Und ein zweites noch gilt es festzustellen. Die Ritterorden waren zum ersten Mal nach der Zeit der römischen Legionen in ihrer Hochblüte in der Lage, disziplinierte Truppen, wenn auch in außerordentlich geringer Zahl, in den Kampf zu führen; die Leistungen dieser Truppen hätten aufhorchen lassen müssen. Aber es sollte noch mehrere Jahrhunderte dauern, bis man sich der Bedeutung dieser Tatsache bewußt wurde, und dann griff man nicht auf die Ritterorden, sondern – und das nicht zu Unrecht – auf die römischen Legionen zurück.

Noch einmal und an anderer Stelle traten Teile des Deutschen Ordens, der Livländerorden, in Erscheinung, als Papst GREGOR IX., in der Hoffnung, das orthodoxe Rußland für die Westkirche erobern zu können, zum Kreuzzug aufrufen ließ. Doch in der Nähe des heutigen Leningrad besiegte ALEXANDER NEWSKIJ 1240 ein schwedisches Heer an der Newa. Als die deutschen Ritter dann auf ihrem Kreuzzug Pskow erobert hatte, fügte ihnen zwei Jahre später der Russenfürst mit zahlenmäßig weit überlegenen Truppen und in günstiger Verteidigungsstellung auf dem Peipussee eine schwere Niederlage bei und setzte damit dem Kreuzzug ein Ende. Auch hier erleben wir wieder, daß nicht allein der Kampf gegen die Heiden, sondern auch der gegen die »Ketzer« nach Ansicht des Papstes ein Gott wohlgefälliges Werk war. ALEXANDER NEWSKIJ selbst aber mußte sich, und mit ihm alle russischen Fürstentümer, dem Joch der Mongolen beugen.

Mongolenherrschaft über Rußland

Im Lauf des 13. Jahrhunderts tauchten die Mongolen von Asien her im russischen Steppengebiet auf, ohne daß die Russen darin eine ernste Gefahr hätten erkennen können. Man glaubte an das erneute Auftauchen eines Steppennachbarn, wie man es aus dem Verlauf der vergangenen Jahrhunderte schon gewohnt war. In Wirklichkeit handelte es sich diesmal aber um eine ganz neuartige Erscheinung. Fast der gesamte asiatische Kontinent einschließlich großer Teile von China und der gesamten mittelasiatischen Gebiete stand bereits unter der Zentralherrschaft der Mongolen, die damit das größte territorial geschlossene Reich gegründet hatten, das die Welt je gesehen hatte. Kernland und Zentrum dieses Reiches war die Mongolei, und sein Begründer trug den Namen TEMUDSCHIN (»bestes Eisen«), den sich im 20. Jahrhundert der neue Herr eines solchen Riesenreiches, nämlich STALIN, zulegte. Dieser TEMUDSCHIN hatte sich den Titel Dschingis Chan zugelegt. Das Volk, mit dem er seine Siege erfocht, wurde später als Tartaren bekannt. Das Wort »Mongolen« stammt von ihrem Wort für »kühn« – *mongu* ab, war also ein Ehrenname. Zwar war dieses Mongolenvolk an Zahl verhältnismäßig klein, aber es hatte sich besonders durch die Unterwerfung und Assimilierung verschiedener Turkvölker ein so gewaltiges Menschenreservoir geschaffen, daß es mit, besonders für die damalige Zeit, zahlenmäßig außerordentlich starken, straff gegliederten, hervorragend disziplinierten und darüber hinaus noch ausgezeichnet geführten Heeresmassen operieren konnte. Kleinste Zelle des mongolischen Heeres war die Zehnergruppe, die also »um den Kochkessel und das Zelt« organisiert war. Zehn solcher Zehnergruppen bildeten eine Hundertschaft oder Kompanie usw. Allein diese Gliederung war jeder europäischen oder arabischen zur damaligen Zeit überlegen und ermöglichte eine hervorragende Führung. Weiterhin besaßen die mongolischen oder tartarischen Heere bereits eine echte Artillerie mit Pulverkanonen,

Schleudermaschinen und Brandbomben aus Töpfen, die beim Aufschlag zerbrachen und eine brennende Flüssigkeit ausspritzten. Dem so ausgerüsteten und gegliederten Heer standen ausgezeichnet geschulte chinesische oder sarazenische Verwaltungsbeamte, erfahrene Verkehrstechniker und hervorragende Nachrichten- und Kundschafterdienste zur Seite. Die Stärke des mongolischen Heeres lag zudem in seinem religiösen Missionseifer. Die Mongolen und an ihrer Spitze Dschingis Chan waren zwar Heiden, aber radikale Monotheisten. Jedes Abweichen von der Eingottgläubigkeit betrachteten sie als Todsünde. Wie bekannt, hat Dschingis Chan sich selbst als Geißel Gottes bezeichnet und in dessen Namen die schrecklichsten Massenmorde verübt. Nach neuen Schätzungen brachte er 20 Millionen Menschen um. In der Praxis sah das allerdings so aus, daß er alle, die er brauchen konnte – und dazu gehörten neben Technikern und jungen Frauen sogar Künstler –, in die Gefangenschaft führte und wehrfähige junge Männer ins Heer steckte, alle anderen aber niedermachte. Die Entscheidung über das Schicksal Rußlands fiel 1255 in Karakorum, dem Sitz des Groß-Chans in der Mongolei. Zwar war acht Jahre vorher Dschingis Chan gestorben, aber in seinem Vermächtnis hatte er die Weisung erteilt, die Welteroberung zu vollenden. Unter seinem Nachfolger beschloß die Versammlung der Großen des Reiches drei neue Kriegszüge, einen nach Korea, einen nach Südchina und einen nach Europa. Den Oberbefehl für den europäischen Feldzug übernahm ein Enkel Dschingis Chans, Batu. Ohne sich, wie sonst alle Heere, an die übliche Zeit für den Feldzug, nämlich den Sommer, zu halten, überschritt er mit 150000 bis 200000 Reitern sowie dem entsprechenden Gefechts- und Versorgungstroß die Grenze von Asien nach Europa und unterwarf unter schrecklichen Greueln alle russischen Fürstentümer sowie die Bulgaren, so daß er im März 1238 vor Nowgorod stand. Die Russen glaubten, nur ein göttliches Wunder hätte ihre Stadt Nowgorod gerettet. In Wirklichkeit kannte der dort befehligende Tartarengeneral Sabutai durch seinen Nachrichtendienst genau die Klima- und Bodenverhältnisse dieser Gegend. Er fürchtete daher, das eintretende Tauwetter könnte vor allem seine Geschütze manövrierunfähig machen. In den nächsten beiden Jahren stießen die Mongolen nach Süden vor und eroberten und zerstörten am 6. Dezember 1240 Kiew, die Mutter der russischen Städte, mit seinen 400 Kirchen und acht Märkten so gründlich, daß in ihm erst im 19. Jahrhundert wieder neues Leben erwachte.

In dieser Lage blieb den russischen Fürsten keine andere Wahl, als sich zu fügen. Das galt vor allem für diejenigen, die im Osten liegende Fürstentümer innehatten. Anders verhielt es sich dagegen mit Fürsten, die sich an den Westen anlehnen konnten. Tatsächlich bot auch der Papst Alexander New-

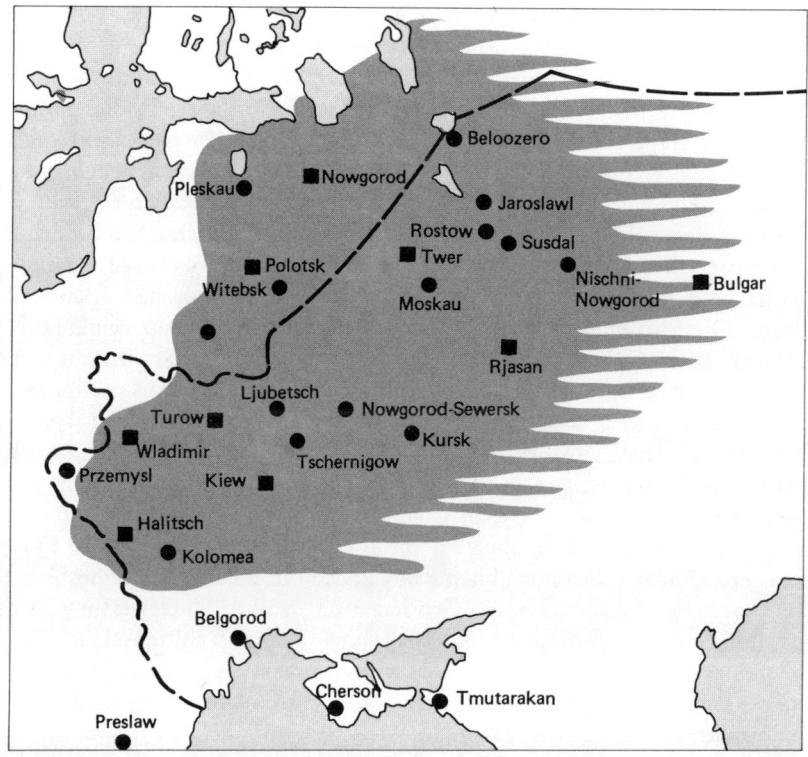

Beloozero
Nowgorod
Pleskau
Jaroslawl
Rostow
Twer
Susdal
Polotsk
Witebsk
Nischni-
Nowgorod
Bulgar
Moskau
Rjasan
Ljubetsch
Turow
Nowgorod-Sewersk
Kursk
Wladimir
Tschernigow
Przemysl
Kiew
Halitsch
Kolomea
Belgorod
Cherson
Tmutarakan
Preslaw

Fig. 7 Rußland unter der Mongolenherrschaft

skij seine Hilfe an, obwohl er zuvor gegen ihn zum Kreuzzug aufgerufen hatte. ALEXANDER NEWSKIJ durchschaute aber den päpstlichen Schachzug und lehnte die Hilfe schroff ab. In klarer Einsicht, daß eine Politik der Neutralität für ihn nicht in Frage kommen konnte, da sonst sein Fürstentum zwischen den beiden Großmächten im Westen und im Osten zerrieben worden wäre, schloß er sich schließlich dem Osten, d. h. den Mongolen, an. Der Hauptgrund dafür wird wohl gewesen sein, daß die Mongolen die orthodoxen Christen nicht verfolgten, sondern ihnen ihren eigenen Glauben beließen. Trotz der darin liegenden Demütigung begab sich ALEXANDER an den Hof des Chans der Goldenen Horde, die als westliche Gruppe dem Großchan in Karakorum unterstand, und unterwarf sich. Aus Dankbarkeit setzte ihn der Chan als Großfürst von Kiew ein. Allerdings blieb er nicht dort, sondern kehrte nach Nowgorod zurück, weil er mit dem zerstörten Kiew nichts hätte anfangen können. Weitere tartarische Ehrungen und Beförderungen belohnten seine politische Geschmeidigkeit.

Die Herrschaft der Mongolen über Rußland (s. Fig. 7), die die Russen heute das »Tartarenjoch« nennen, dauerte rund 240 Jahre. In dieser Zeit hatte sich die Goldene Horde rasch ein Unabhängigkeitsverhältnis vom Großchan in Karakorum erworben, und seit etwa 1260 war ihr Chan souveräner Herrscher. Die bereits seit langem herrschende staatliche Ordnung im Reich der Goldenen Horde festigte sich noch mit dem schnellen Eindringen islamischer Kultureinflüsse und dem Übergang der Tartaren zu einer seßhaften Lebensweise. Nach der Übernahme des islamischen Glaubens durch die tartarische Oberschicht entwickelte sich dieser Staat zu einer politischen, militärischen und kulturellen vorderasiatischen Großmacht mit türkischer Staatssprache und ganz normalen diplomatischen Beziehungen zu den wichtigsten Staaten und Stadtstaaten in Ost und West. Im 14. Jahrhundert galt der Chan sogar den Fürsten seiner Zeit als ebenbürtig, und er konnte eine griechische Kaisertocher heiraten. Diese Wandlungen wirkten sich natürlich auch auf die dem Chan unterstehenden russischen Fürsten aus. Sie suchten vor allem eheliche Verbindungen zu den tartarischen Fürstengeschlechtern. Dennoch blieb Rußland für die Tartaren ein reines Ausbeutungsgebiet. Man verlangte Gehorsam und völlige Unterwerfung und setzte sie auch durch. Tribute und Steuern wurden nach chinesischem Vorbild eingetrieben. Wer sich zu zahlen weigerte, wurde vernichtet, wer zahlungsunfähig war, mit seinen Kindern verschleppt. Neben den Abgaben an Naturalien gab es auch Abgaben an Menschen, vor allem an Rekruten für das Heer und Frauen für die Harems. Darüber hinaus war es selbstverständlich, daß die eintreibenden Steuerbeamten Geschenke, meist in Gestalt hübscher Mädchen, erhielten. Aus alldem ergaben sich höchst unerfreuliche Zustände, die besonders auch unter den russischen Fürsten zur gegenseitigen Denunziation und Übervorteilung führten. Im übrigen wurden aber die russischen Fürsten von den Tartaren nach dem Prinzip *divide et impera* unterstützt. Steuerfrei war lediglich die Geistlichkeit.

Wie schon gesagt, ließen die Tartaren die orthodoxe Kirche unberührt. Dadurch entstanden ähnliche Verhältnisse wie im frühmittelalterlichen Frankenreich, d.h. die Kirche war die einzige Autorität im Land und wurde darüber hinaus zum Symbol und zur Trägerin des Einheitsbewußtseins. Daneben aber und im Unterschied zum Frankenreich wurde die Religion zu dem Band, das die Russen zusammenhielt und sie zugleich von den nichtchristlichen Tartaren unterschied. So fielen die Begriffe »Russe« und »Christ« zusammen, wie ja noch heute der russische Bauer von jener Zeit her einfach mit dem Wort »Christ« (*krestjánin*) bezeichnet wird.

Gewiß hat die Tartarenherrschaft in Rußland tiefe Spuren hinterlassen, die noch heute zu erkennen sind. Hier wird die Frage nach dem Verhältnis Rußlands zum westlichen Abendland aufgeworfen. Zweifellos war das riesige Land während der Tartarenherrschaft asiatischen Einflüssen ausgesetzt und ganz bestimmt auch vom Abendland fast ganz abgeschnitten. So wurden viele der tartarischen Gepflogenheiten in bezug auf die Staatsverwaltung und die Ausübung der Herrschaft und des Strafvollzugs von den Russen übernommen. Selbstverständlich wirkte die Fremdherrschaft auch, wie jede Herrschaft dieser Art, korrumpierend auf den Einzelnen; im Fall der Tartarenherrschaft galt das in besonderem Maße. »Das tatarische, auf seiner brutalen Erniedrigung des Menschen beruhende Herrschaftssystem mit seinem Zwang zur unbedingten Unterwürfigkeit und völligen Rechtlosigkeit und seiner Begünstigung der Würdelosigkeit untergrub systematisch die innere Bindung an das Rechts- und Sittlichkeitsgefühl und nährte die minderwertigen Instinkte wie Kleinlichkeit, Selbstsucht, Skrupellosigkeit, Geldgier, so daß aufs Ganze gesehen die Zustände unter der Tatarenherrschaft auch in diesem Betracht ein recht trübes Bild ergeben.«[197] Als entscheidend muß allerdings angesehen werden, daß das russische Volk damit vom gewaltigen Erlebnis des europäischen Mittelalters abgeschnitten wurde. Die Auswirkungen davon sollten sich noch über Jahrhunderte hinweg bis in die Neuzeit hinein zeigen. Nicht zuletzt ist auch das russische und später das sowjetische Heer durch all die genannten Ereignisse und Situationen entscheidend geprägt worden.

Rußland war also von den Mongolen erobert worden. Diese richteten dann aber unter BATU als nächstes ihre Eroberungszüge gegen Ungarn. Nach außerordentlich modern anmutenden strategischen Gesichtspunkten schirmte dabei BAIDAR mit einer Nebenarmee das unter BATU vorrückende Hauptheer vor Angriffen aus Polen, Schlesien und Böhmen ab. Am 24. März 1241 zerstörte er Krakau, fiel in Oberschlesien ein und zog, die Oder abwärts marschierend, an Brieg und Breslau vorbei Richtung Liegnitz. Während dieser Zeit waren die Kräfte des Staufenkaisers FRIEDRICH II. und des Papstes GREGOR IX. durch einen Streit untereinander gebunden, so daß die bedrohten Länder auf sich selbst gestellt blieben. Herzog HEINRICH II. von Niederschlesien versammelte daraufhin an der Westgrenze seines Reiches ein kaum 10000 Mann starkes Heer aus schlesischen und großpolnischen Rittern, Resten der Krakauer Ritterschaft, Templern, Johannitern, Deutschordensrittern sowie Bürgern und Bauern und stellte sich den weit überlegenen mongolischen Reitertruppen, die etwa 30000 bis 40000 Mann umfaßt haben dürften, auf der Walstatt bei Liegnitz entgegen. Ohne Aussicht auf jeglichen Erfolg im Kampf schlugen sich die abendländischen Truppen hervorragend, wurden aber dennoch vernichtend geschlagen. Allein die Templer beklagten den Tod

von 500 Rittern; auch Herzog HEINRICH II. fiel getreu seinem Ritterwort
zum Schutz der Schwachen seines Landes. Dennoch drang die Nebenarmee
unter BAIDAR nicht weiter die Oder abwärts, sondern nahm Verbindung mit
der Hauptarmee auf, wie es ihrem Auftrag entsprach. Diese hatte etwa zur
gleichen Zeit den Ungarnkönig BELA IV. bezwungen und wandte sich nach
einem Vorstoß in die Lausitz nun nach Südosten. Doch der überraschende
Tod des Großchans erzwang die Rückkehr BATUS, der sich allerdings nach
Rußland zurückzog und dort die genannte unabhängige Tartarenherrschaft
begründete. Vom Abendland aber war die Gefahr aus dem Osten durch ein
deutsch-polnisches Heer abgewendet worden, das sich bis zum letzten
Mann für seine Brüder geopfert hatte, um die asiatische Schreckensherrschaft abzuwehren. Was – so darf man fragen – wäre geschehen, wenn sich
HEINRICH II. mit seinem Heer nicht geopfert hätte? Schlesien und Polen
wären eine leichte Beute der Nebenarmee BAIDARS geworden, die außerdem
ruhig ihren Auftrag der Vereinigung mit BATU hätte erfüllen können. Der
Kaiser war im Süden gebunden, und niemand hätte die Macht gehabt, ein
sich wehrlos den Tartaren auslieferndes Ost- und Mitteleuropa diesen wieder zu entreißen. Wieder hätte die europäische Geschichte damit einen völlig anderen Verlauf genommen. Wenn wir aber Geschichte sagen, so meinen
wir nicht nur das äußerliche Geschehen, vor allem nicht nur das militärpoli-
tische, sondern in erster Linie auch das kulturelle, das in seiner ungeheuren
Vielfalt sich unter mongolischer Herrschaft niemals so hätte entfalten können, wie das dann tatsächlich geschah. Ein schwerer Kampf und zahllose
Opfer waren notwendig, damit Europa den Weg weiter beschreiten konnte,
den es seiner geistigen Mission gemäß gehen mußte.

Spätzeit des Mittelalters

Etwa mit der zweiten Hälfte des 13. Jahrhunderts trat das Mittelalter in sein
Spätstadium, in seinen »Herbst«. Die beginnende Auflösung des Heiligen
Römischen Reiches, der Machtsturz des Papsttums und die Säkularisierung
der mittelalterlichen Ordnung setzten dafür die Zeichen. Vorbei ist die Zeit,
in der ein HARTMANN VON AUE noch singen konnte:

> Mein Glück die Sorge nie verlor
> Bis zu dem Tage,
> Daß Christes Blumen ich erkor,
> Die ich hier trage.

Die künden, daß ein Frühling lenzt,
Der überall
Als süße Augenweide glänzt.
Gott helf uns all
Hin in den zehnten Chor,
Aus dem den Höllenmohr
Verstieß die Untreu sein.
Die Guten aber gehen ein.

Die Weltlust eh umfing mich ganz,
Daß unverweilt
Ich sehnte mich nach ihrem Glanz.
Ich bin geheilt.
Gott hat getan mir Gutes groß,
Wie ihm gefällt:
Er machte mich der Sorge los,
Die manchen hält
Gebunden fest am Fuß,
Daß er vergehen muß,
Wenn ich in Christes Schar
Der Seligkeit teilhaftig war.[198]

Das Bürgertum in den Städten erlebt einen allmählichen Aufstieg, der zur Überwindung des Feudalstaates und zum allmählichen Übergang zum modernen Beamtenstaat führt. Aus der ursprünglichen Einheit des Mittelalters löst sich die europäische Staatengemeinschaft heraus, an der aber Rußland aufgrund der Mongolenherrschaft zunächst nicht teilnehmen konnte. Im Spiel der Kräfte werden allmählich Mächtekombinationen entscheidend.

An militärischen Ereignissen wurden drei Epochen bestimmend: Der Hundertjährige Krieg Englands gegen Frankreich mit dem Auftreten der JEANNE D'ARC, die Eroberung Konstantinopels durch die Türken und der Sieg des Moskauer Großfürsten über die Tartaren bei Kúlikowo. Doch beginnen wir mit dem Hundertjährigen Krieg. Im Jahr 1066 waren am 14. Oktober die »Hauskerle« und Bauern König HAROLDS II. dem Angriff der überlegenen, gepanzerten Ritter Herzog WILHELMS VON DER NORMANDIE erlegen. Herzog WILHELM machte sich zum König von England, mußte die beiden Sprachen Angelsächsisch und Französisch nebeneinander akzeptieren, behielt die alte englische Grafschaftseinteilung bei und duldete es nicht, daß die großen Barone selbständige und unabhängige Territorialherren wie auf dem Festland wurden. Nun besaßen aber die Könige von England nicht nur die

Normandie, sondern darüber hinaus eine ganze Reihe großer französischer Lehen (s.Fig. 8), zu denen die Bretagne, das Anjou, Maine, die Touraine, das Poitou, Guyenne und die Gascogne gehörten. Da dieses angevinische Reich die Vormacht im Westen Frankreichs besaß, kam es nach mehreren früheren Auseinandersetzungen 1339 zum sog. Hundertjährigen Krieg, der erst 1453 beendet wurde. Die Kriegsgründe waren klar: Frankreich empfand den englischen Besitz auf französischem Boden ebenso unerträglich wie England die Lehnsabhängigkeit von der französischen Krone.

Zunächst sah es gar nicht so aus, als könne Frankreich diesen Krieg gewinnen. Noch immer zwar galt die französische Ritterschaft durchaus als eine der besten, obwohl sie im Jahr 1302 in der sog. Sporenschlacht von Kortrijk (Courtray) von den flämischen Bürgern unter besonders günstigen Verhältnissen geschlagen worden war. Es gab in der damaligen Zeit einfach keinen Zweifel daran, daß die Herrschaft der Ritter auf dem Schlachtfeld ungebrochen ist. Sicher erkannte man auch die Ursache für den Sieg des Fußvolks in dieser Schlacht, der in der hervorragenden Ausnutzung des Geländes und im Angriff der Spießer auf die am Hindernis hängengebliebenen Ritter lag. Die späteren Ereignisse wie etwa die Schlacht von Rosebeke im Jahr 1382 gaben dann auch denjenigen, die die Ursache der französischen Niederlage so beurteilten, recht. Dennoch erschien der flämische Sieg bei Kortrijk der damaligen Welt als etwas Unerhörtes. Auch war es geradezu aufsehenerregend, daß die flämische Ritterschaft dabei abgesessen war und den Kampf zu Fuß durchgefochten hatte. Zweifellos lag der Grund für dieses Verhalten darin, daß die flämischen Herren ihren Bürgern zeigen wollten, daß sie mit ihnen auf Gedeih und Verderb verbunden waren. Auch das war etwas ganz Neues. Früher war es nur zu oft vorgekommen, daß geschlagene Ritter zu Pferd geflohen waren und das Fußvolk seinem Schicksal überlassen hatten. Die flämischen Grafen und Ritter gaben ihrem Fußvolk einen ebenso moralischen wie kämpferischen Rückhalt. Das Absitzen der Ritter war gerechtfertigt, wenn die taktischen Grundsätze des Kampfes von Fußvolk gegen Ritter, nämlich das Stützen auf ein starkes Hindernis, beachtet und die Ritter, nicht wie üblich aufgesessen, gegen es eingesetzt werden konnten. Auch in mancher späteren Schlacht dieser Zeit war diese Maßnahme durchaus angebracht. Bezeichnend aber für das taktische Unverständnis des Mittelalters im allgemeinen ist es, wenn das Absitzen der Ritter zum Fußkampf nun fast zu einer Mode wurde und auch dann geschah, wenn es völlig unangebracht war. Der mittelalterliche Mensch hatte jedoch vornehmlich nicht die taktischen Grundsätze im Auge, sondern, ganz dem Geist seiner Zeit entsprechend, den persönlichen Kampfwert des einzelnen Mannes, und der war beim Ritter weit höher als beim Fußknecht. Daß der Ritter durch das Absitzen auf den wertvollsten Teil

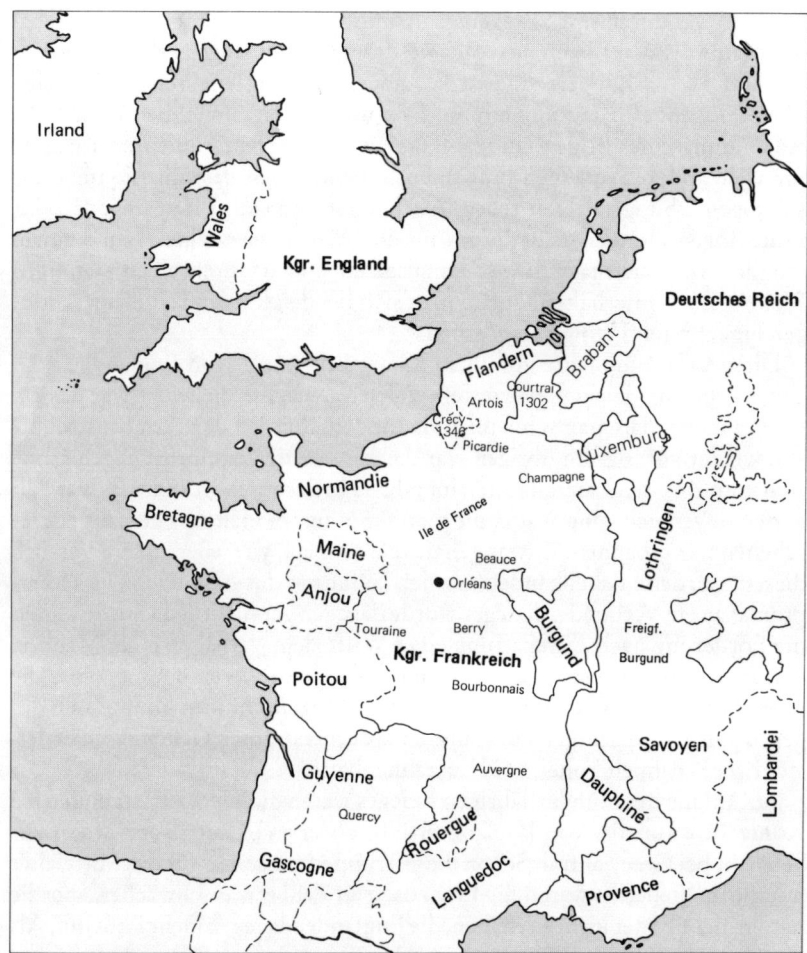

Irland

Wales

Kgr. England

Deutsches Reich

Flandern

Brabant

Artois

Courtrai
1302

Crécy
1346

Picardie

Luxemburg

Normandie

Champagne

Bretagne

Ile de France

Lothringen

Maine

Beauce

Anjou

● Orléans

Touraine

Berry

Burgund

Freigf.

Kgr. Frankreich

Burgund

Poitou

Bourbonnais

Savoyen

Lombardei

Guyenne

Auvergne

Dauphiné

Quercy

Rouergue

Gascogne

Languedoc

Provence

Fig. 8 Der Hundertjährige Krieg zwischen England und Frankreich

seiner Einsatzmöglichkeit verzichtete, ging dem mittelalterlichen Menschen gar nicht auf. Darüber hinaus war noch etwas Neues während dieser Schlacht geschehen, der Einsatz genuesischer Armbrustschützen. Diese neue Waffe war allmählich neben den Bogen getreten, der sich besonders in der Schlacht bei Hastings als sehr wirkungsvoll erwiesen hatte. Die Armbrust aber übertraf den Bogen an Durchschlagskraft und schien damit die gegebene Waffe gegen schwer gepanzerte Ritter zu sein. König RICHARD LÖWENHERZ von

England war durch einen Bolzenschuß ums Leben gekommen. Dennoch hat die Armbrust den Bogen nie völlig verdrängt, ja der Bogen erlebte sogar im 14. und 15.Jahrhundert eine Renaissance, als er im englischen Heer eine überwältigende Bedeutung erhielt. Es wurde schon einmal betont, daß die Ausbildung eines Bogenschützen langwierig war. Ritter, die ihre Knechte für viele andere Aufgaben brauchten, scheuten sich deshalb, sie für diese ständigen Übungen freizustellen. Auch wußte man aus Erfahrung, daß einzelne Bogenschützen nicht die gewünschte Wirkung erzielten. Nur wenn es möglich war, sie massenweise einzusetzen und dadurch einen ständigen Pfeilhagel zu unterhalten, durfte man sich bei den kurzen Schußentfernungen einen guten Erfolg versprechen.

Diese Erfahrung hatte vor allem König EDWARD I. von England (1272–1307) gegen die leicht gepanzerten Waliser gemacht. Vielleicht war das ein Grund dafür, daß man schließlich die Bogenschützen den Armbrustschützen wieder vorzog. Im übrigen war der Einsatz der Armbrust gegen Christen vom Zweiten Laterankonzil im Jahr 1139 verboten worden. Es war dies der erste Versuch, eine Waffe, die man für grausam hielt, aus dem Kriegsgeschehen zu verbannen. Er war genauso untauglich wie jeder andere Versuch dieser Art, denn dabei handelte es sich ja nur um das Beseitigen eines Symptoms; an ein Verbot des Krieges wurde dagegen gar nicht gedacht. So ähnelt die Forderung nach Abschaffung einer Waffe dem Verhalten eines Mannes, der an Kopfschmerzen leidet und dagegen eine Pille einnimmt, ohne die eigentliche Krankheit zu bekämpfen. Viele Bogenschützen konnte sich dagegen nur ein mächtiger Fürst mit entsprechend guter Geldwirtschaft leisten, weil er ihnen hohen Sold zu zahlen hatte.

Zu Anfang des Hundertjährigen Krieges waren diese Voraussetzungen bei König EDWARD III. von England erfüllt, als er 1346 mit 14000 Mann zur Schlacht bei Crécy antrat. Schon diese Truppenmasse war für das Mittelalter unerhört. Vielleicht waren die Franzosen an Zahl etwas schwächer, aber sie hatten mehr Ritter in ihren Reihen, die Engländer dagegen mehr Fußvolk. Als der französische König PHILIPP VI. erkannte, daß seine Ritterschaft stärker war, entschloß er sich sofort zum Angriff. Hätte sich die Schlacht nun zu einer der üblichen Ritterschlachten entwickelt, so wäre er sicher Sieger geblieben. EDWARD III. aber ließ seine Ritter wiederum absitzen und bezog mit seinen Bogenschützen eine hervorragende Verteidigungsstellung, die zudem rechts und links angelehnt war. Er war sich bewußt, daß er mit seinen Truppen, vor allem wegen der großen Zahl der Bogner, den Feind nicht in der Flanke packen konnte, und legte die Schlacht als reine Abwehrschlacht an. Er setzte geradezu auf die ungestüme Angriffskraft der Franzosen, die allerdings nicht in der Lage waren, im Gefecht Schwenkungen durchzuführen. Teilnehmer dieser Schlacht behaupteten, die Franzosen hätten 15 oder 16 Angriffe geritten. Auf jede einzelne Abteilung zischte dann der gesamte Pfeilhagel der englischen Front herab. Natürlich prallten viele Pfeile wirkungslos an den schweren Rüstungen ab, aber dennoch trafen so viele Roß oder Mann, daß nur wenige Franzosen einbrechen konnten. Dann wurden sie jedoch von den englischen Rittern und Spießern niedergekämpft. Die Schlacht bei Crécy, die die Franzosen unter schweren Verlusten verloren, war damit eines der wenigen Beispiele einer bis ins letzte durchdachten Schlacht des Mittelalters, und für die gesamte Kriegsgeschichte zeigte es sich, daß in Ausnahmefällen – aber nur in diesen – auch reine Defensivschlachten zum Sieg führen können. Im Jahr 1415 gelang es König HEINRICH V. von England noch einmal bei Azincourt, die allerdings um die Hälfte schwächeren Franzosen zu schlagen.

Dann aber geschah etwas, womit niemand hatte rechnen können. Etwa um 1412 war im Dorf Domrémy in Lothringen ein Mädchen mit dem Namen JEANNE geboren worden. Diese JEANNE nannte sich dann JEANNE LA PUCELLE (Johanna die Jungfrau), erst sehr viel später erhielt sie den Namen JEANNE D'ARC; sie selbst hat ihn nie geführt. Dieses ganz im bäuerlichen Lebensumkreis aufgewachsene Mädchen, das nur von einem schlichten Dorfpfarrer unterrichtet wurde, begann mit 13 Jahren unter einem Baum, den die ländliche Bevölkerung den Heidenbaum nannte, Stimmen zu hören. Diese Stimmen gehörten, wie sie später sagte, dem heiligen Michael, der heiligen Katharina und der heiligen Margarete. Sie forderten das Mädchen auf, Frankreich im Auftrag Gottes vor den Engländern zu retten. Ein Baron aus der Umgebung verschaffte diesem Mädchen schließlich die Möglichkeit, im Februar 1429 das Hoflager des noch ungekrönten Königs KARL VII. in Chinon aufzusuchen. Um sie auf die Probe zu stellen, hatte der König sich bei ihrem Empfang unter die Ritter und Höflinge gemischt. Doch JEANNE ging, ohne zu zögern, auf ihn zu, sprach ihn als König an und verstand es schließlich, ihn von ihrer Mission zu überzeugen.

Es gibt keinen Zweifel daran, daß JEANNE überzeugt war, geistige Mächte zu hören, die ihr den Auftrag zur Rettung Frankreichs erteilten. Sie sah diese geistigen Mächte in der Gestalt der ihr geläufigen Heiligen. Rudolf Steiner bestätigt diese Tatsache aus seiner Geistesforschung heraus ausdrücklich.[199] Ende April sprengte JEANNE LA PUCELLE mit einer kleinen Truppe die Belagerung von Orléans, dessen Eroberung den verbündeten Engländern und Burgundern den Weg zum letzten Zufluchtsgebiet KARLS VII. öffnen sollte. Ihr Ruhm wuchs ungeheuer. Kurz darauf geleitete sie den König nach Reims, wo er am 17. Juli die Salbung empfing. Erst damit war der König für das französische Volk ein wirklicher König, dessen Herrscherwürde einen heiligen Gehalt besaß, der bis ins 19. Jahrhundert in der Gabe des französischen Königs, gewisse Krankheiten heilen zu können, Ausdruck fand. Kurze Zeit danach jedoch verblaßte JEANNES Glanz. Ein Versuch, Paris zu nehmen, scheiterte. Im März 1430 wurde sie, als sie das belagerte Compiègne entsetzen wollte, von Burgundern gefangengenommen und einige Monate später an die Engländer ausgeliefert. Der französische König unternahm keinerlei Versuch, sie loszukaufen, was nach den damaligen Verhältnissen möglich gewesen wäre. So wurde sie vor Gericht gestellt, als Ketzerin verurteilt und schließlich am 30. Mai 1431 in Rouen verbrannt. Erst ein Revisionsgericht hob 1456 das Urteil von Reims auf, und 1894 sprach die römisch-katholische Kirche sie selig und im Jahr 1920 heilig.

JEANNE LA PUCELLE, das unscheinbare Mädchen, das es verstand, einen König und ein Volk wenigstens für gewisse Zeit mit sich zu reißen und zu höchster Tapferkeit anzuspornen, war aufgrund ihrer Verbindung mit den geistigen Mächten zu einer entscheidenden Persönlichkeit der europäischen Geschichte geworden. Ihr ist eigentlich der Sieg Frankreichs über England zu verdanken. Mehr aber noch konnten mit ihrer Hilfe die ersten europäischen Völkerindividualitäten, vorher nur instinktiv von ihren Angehörigen erahnt, ein Bewußtsein ihrer selbst entwickeln. Ohne sie wäre das heutige Europa mit seiner kulturgeschichtlichen, an die Völkerindividualitäten gebundenen Vielfalt nicht denkbar geworden. Und wiederum war es ein Krieg, und zwar ein sehr grausamer Krieg, der auch das Opfer dieser gewaltigen Persönlichkeit erforderte, der Europa und seine Völker in die Bahnen lenkte, die ihm für seine geistige Entwicklung vorgeschrieben waren.

Knapp 50 Jahre bevor diese Ereignisse sich im Westen Europas abspielten, traten ähnlich schwerwiegende im Osten ein. Im Großfürstentum Moskau herrschte in der Zeit von 1359 bis 1389 DIMÍTRIJ, der es verstand, aus seinen eigenen und den nach Moskau hinübergewechselten Bojaren ein schlagkräftiges Heer zu bilden und mit sicherem Instinkt für die Macht allen Schwachen gegenüber seine stärkere Stellung zur Geltung zu bringen. Von Westen her war er nur durch Polen und Litauen bedroht, die eine Personalunion eingegangen waren und schließlich in das Moskauer Gebiet einfielen, die Stadt selbst besetzten und anzündeten. Lediglich der Kreml, dessen hölzerne Mauer durch eine steinerne ersetzt worden war, hielt den Feinden stand. Zum Glück für DIMÍTRIJ waren die Litauer jedoch so sehr mit dem Kampf gegen den Deutschen Orden beschäftigt, daß sie zunächst wieder abzogen, ohne an eine Wiederkehr zu denken. Im Jubel über seinen vermeintlichen Sieg entschloß sich nun DIMÍTRIJ, nach bereits überall aufflackernden Kämpfen mit den Tartaren die Entscheidung gegen die Goldene Horde selbst zu suchen. Aber die wichtigsten russischen Fürsten außerhalb des vom Großfürstentum Moskau unmittelbar beherrschten Gebietes wagten nicht, sich ihm anzuschließen, ja der Fürst von Rjasán knüpfte sogar mit dem dort herrschenden Usurpator MAMAI Verbindungen an, um sich aus dem Krieg herauszuhalten. Auch die Fürsten von Nishnij-Nowgorod und Twer verhielten sich abwartend oder zeigten kein Interesse. Dennoch vermochte DIMÍTRIJ ein stattliches Heer aufzubieten, das nach neueren Schätzungen etwa 150000 Mann umfaßte, eine Zahl also, von der die europäischen Fürsten nicht einmal träumen konnten. Da sich MAMAI mit den Litauern verbündet hatte, um mit ihnen Moskau anzugreifen, wartete DIMÍTRIJ diesen Angriff nicht ab, sondern zog den Tartaren entgegen und besiegte sie in einer sehr blutigen Schlacht am oberen Don auf dem Schnepfenfeld im Jahr 1380, bevor sie sich mit den Litauern vereinigen konnten. Diese siegreiche Schlacht von Kúlikowo trug ihm den Ehrennamen »Donskój« ein. DIMÍTRIJ DONSKÓJ hatte eine Schlacht gewonnen, den Krieg aber noch lange nicht. Er wurde erst etwa hundert Jahre später durch IWAN III. DEN GROSSEN, Großfürst von Moskau, siegreich beendet, der die Einigung des Russischen Reiches vollendete. Dennoch hatte DIMÍTRIJ DONSKÓJ mit seinem kühnen Vorgehen und Wagnis die Grundlage für den späteren russischen Sieg und die Erschütterung der Tartarenherrschaft geschaffen. Er eröffnete darüber hinaus seinem großen slawischen Volk die Möglichkeit, sich wieder auf seine europäische Herkunft zu besinnen und sich später schließlich auch an das europäische Kulturleben anzulehnen. Gleichzeitig verschaffte er seinem Moskauer Großfürstentum so großes Ansehen, daß der Großfürst 73 Jahre später, nach dem Fall Konstantinopels, zum Schirmherrn der Orthodoxen Kirche und Moskau zum »Dritten Rom« werden konnte.

Das letzte der hier darzustellenden kriegerischen Ereignisse des Mittelalters fand im Vorderen Orient statt, wo OSMAN I. mit seiner Kriegergemeinschaft der Osmanen aus der Vielzahl türkischer Kleinstaaten in Kleinasien eine Vormacht begründet hatte. Da die Gefahr aus dem christlichen Westen mit seinen Kreuzfahrerheeren beseitigt war und Byzanz politisch schwach blieb, konnten diese Türken nun ihrerseits zum Angriff übergehen. Dazu verpflichtete sie sogar die höchste Aufgabe eines jeden rechtgläubigen Mohammedaners, den Heiligen Krieg gegen die Ungläubigen, vor allem gegen die Christen, zu suchen. Wer sich von diesen dann nicht freiwillig zum Islam bekannte, wurde, solange Krieg herrschte, unnachsichtig hingerichtet. Wie einst die Mongolen, so gliederte sich auch das türkische Heer, vor allem aber dessen Janitscharentruppe, nach je zehn Kriegern, also »um den Kochkessel herum«. Die kleinste Teileinheit der Truppe setzte sich demnach aus zehn Mann zusammen, die ein gemeinsames Zelt, einen gemeinsamen Kochkessel und ein gemeinsames Packpferd besaßen. Diese überaus praktische Gliederung erinnert stark an die Regelung in den Legionen CÄSARS. Jeweils 8 bis 12 solcher Zehnmanngruppen bildeten eine Kompanie, die Oda. Schon an dieser Gliederung ist zu erkennen, daß das türkische Heer leicht zu führen war. Auch die Versorgung durfte als gut geregelt gelten, wenn das Land, durch das ein türkisches Heer zog, noch nicht ausgeplündert war und die langen Verpflegungstrosse aus dem Mutterland rechtzeitig eintrafen.

Den Kern der türkischen Truppen bildeten die Janitscharen, eine im 13.Jahrhundert aus Christensklaven geschaffene Elitetruppe mit strenger Disziplin. Sie standen unter einem Janitscharen-Aga und zählten 40 000 bis 100 000 Mann – je nach Zeit und Lage. Ihre Organisation beruhte auf einer ordensähnlichen Grundlage. Dadurch übten sie auch eine große politische Macht aus. Im Lauf der Zeit ergänzten sie sich zunächst aus dem sog. Knabenzins, d.h. der Aushebung eines jeden fünften Knaben der unterworfenen christlichen Länder, später auch aus Osmanen. Ihre Hauptwaffe war der Bogen, der später durch Musketen ersetzt wurde. Der islamische Fanatismus machte die Janitscharen zu äußerst gefürchteten Feinden. In Gliederung und Bewaffnung sowie in Taktik und Führung standen sie auf der Höhe der Zeit. Ihre Artillerie und ihr technisches Können waren vorzüglich. Als sie Konstantinopel belagerten, gehörten Geschütze durchaus schon zur normalen Ausstattung türkischer Heere. Für den Angriff im freien Feld verließen sich die türkischen Heerführer vor allem auf die schwere Reiterei, die Sipahi. Ihr in vollem Roßlauf vorgetragener Angriff war bei der europäischen Reiterei gefürchtet. Für Aufklärung und Erkundung sowie für das Einleiten des Gefechts, aber auch für den plötzlichen Überfall auf den Troß des Feindes, wurde die leichte Reiterei eingesetzt.

Als Sultan MOHAMMED II. im Jahr 1453 Konstantinopel einschloß, wurde diese alte Hauptstadt des oströmischen Reiches vom letzten Kaiser KONSTANTIN XII. zwar tapfer verteidigt, konnte sich jedoch nicht lange halten. Bald wehte die Fahne des Propheten auf der Hagia Sophia, und die Türken begannen, ihr Reich über die griechische Halbinsel, Kleinasien, Syrien und Ägypten auszudehnen. Die eigentliche Auswirkung dieses kriegerischen Geschehens war aber, daß die griechischen Künstler und Wissenschaftler aus den von den Türken eroberten Gebieten vertrieben wurden und vor allem nach Italien flohen. Dort aber gaben sie den neu aufkommenden Geistesrichtungen des Humanismus und der Renaissance den entscheidenden Auftrieb. Das ganze Lebensgefühl und die Lebensauffassung Europas änderten sich, durch dieses kriegerische Ereignis ausgelöst, entscheidend. Doch dies ist Gegenstand des nächsten Kapitels.

Rund eintausend Jahre sind an uns vorübergezogen. Wir haben den Zerfall des römischen Heerwesens erlebt, dessen Hauptstärke das hervorragend disziplinierte Fußvolk war; erst mit der beginnenden Neuzeit sollte es wieder zum Herrn des Schlachtfeldes werden. Bis dahin aber löste es die Reiterei ab, die immer mehr zu einer ritterlichen wurde. Schwer gepanzert, gestützt auf die neuen Steigbügel, das Pferd durch die Sporen besser beherrschend, errang der Reiter mit seiner Lanze den Vorrang gegenüber einem Fußvolk, das es nicht mehr verstand, in kleinen, wendig geführten Verbänden zu kämpfen. So wurde die Schlacht schließlich zu einem Massenturnier ritterlicher Herren, in dem, ganz im Sinne des werdenden Ich-Bewußtseins, der Einzelkämpfer die allein ausschlaggebende Rolle spielte. Das Pferd verlieh den damaligen Heeren eine Schnelligkeit nicht nur im Gefecht, sondern vor allem auch bei der Versammlung, die vorher nicht zu erreichen gewesen war. Hunnen-, Normannen- und Sarazeneneinfälle, die an beliebiger Stelle und zu beliebiger Zeit vorgetragen werden konnten, zwangen zu dieser Änderung der Kampfweise. Das Gefecht selbst zeigte sich zum ersten Mal wieder mit seinen beiden Elementen: Feuer und Bewegung, wobei die Bogenschützen das Feuer darstellten. Im Hochmittelalter schließlich zählte allein der Ritter als Kämpfer, nur er wurde mit *miles* bezeichnet, während der Fußknecht mit seinen leichten Waffen nur noch Hilfsdienste leisten konnte, sonst aber in der Schlacht keine Rolle mehr spielte.

Aus dem rohen und primitiven Krieger, dem es nur darauf ankam, zum Erringen des Sieges rücksichtslos zu töten, wurde allmählich durch den Einfluß des Christentums jener Ritter, dessen Kampf bei aller Tapferkeit von der *mâze* und den anderen Pflichten bestimmt war, die er auf sich genommen hatte, jener Edelmann, der dann als leuchtendes Beispiel gelten durfte und sich in seiner höchsten ethischen Vollendung auf die Suche nach dem Heiligen Gral begab.

Im Heerschild mit seinen sieben Rängen spiegelt sich die gute Absicht zum Schutz des Reiches und der Christenheit wider. Die ehemalige Miliz, das Landaufgebot, dagegen hatte ihre Bedeutung völlig verloren. Sie war kriegsuntauglich geworden und konnte höchstens noch zur Verteidigung von Burgen und Städten eingesetzt werden.

Feldzüge wurden in ihrer Dauer, vor allem durch die Probleme der Versorgung, d.h. der Mitnahme von Verpflegung, zeitlich begrenzt. Trotz der verhältnismäßig geringen Zahl an eigentlichen Kämpfern wurden die Trosse mit ihrer ungeheuren Länge zu einem ernsthaften Hemmnis für sehr weit ausgreifende Operationen, wenn nicht das Operationsgebiet selbst, freiwillig oder gezwungen, Versorgungsmöglichkeiten bot.

Der Zusammenbruch der Geldwirtschaft zu Beginn der germanischen Endvölkerwanderungszeit ließ einen der wichtigsten Dienste verschwinden, die zu allen Zeiten die Voraussetzungen für militärische Erfolge gebildet haben. Der früher so hervorragende römische Geheimdienst brach restlos zusammen und konnte auch nicht wieder aufgebaut werden. Andererseits brachte die Vermehrung der Geldwirtschaft im 13. und 14. Jahrhundert es mit sich, daß nun Soldritter geworben werden konnten, die über die Zeit der üblichen Heeresfolge hinaus bei der Truppe blieben. Ein erster Ansatz für das spätere Söldnertum ist hier zu erkennen, brachte aber auch, wenigstens im Ansatz, alle Nachteile des gewerbsmäßigen Reislaufens mit sich.

Am Zusammenbruch des Römischen Reiches hatten weniger dessen »unzählbare« Feinde Schuld als vielmehr gerade die Tatsache, daß man sich auf Soldtruppen verlassen mußte oder wollte, die mehr ihren eigenen Vorteil im Auge hatten als den des Reiches. Daß man auf Soldtruppen zurückgreifen mußte, war wiederum nicht nur ein Ergebnis der durch Seuchen schwindenden Bevölkerungszahl im Römischen Reich, sondern vor allem dessen Kriegsmüdigkeit und Feigheit und Pazifismus. In den neu entstehenden Reichen auf ehemals römischem Boden verschwanden dann allmählich die Stammesgegensätze unter den germanischen Völkern und im Frankenreich auch der Unterschied zwischen gallo-römischer Urbevölkerung und fränkischen Eroberern.

Die europäischen Völker begannen allmählich, sich durch ihre Nationalsprachen zu unterscheiden, obwohl von einem eigentlichen Nationalbewußtsein noch nicht gesprochen werden kann. Zu entscheidenden Unterschieden zur damaligen Zeit wurden die Gegensätze zwischen Christen und Heiden oder zwischen athanasianischen und arianischen oder anderen Christen. Diese Gegensätze wurden auch Grund für kriegerische Auseinandersetzungen.

Weitere Gründe für Kriege und Fehden bildeten die Wahrung der Ehre, die Pflicht zur Blutrache und die dem Lehnsherrn geschworene Treue. Dies waren alles Gründe, die aus der germanischen Urzeit übernommen worden waren. Neu dagegen waren die gerade erwähnten Glaubensgegensätze sowie die Kämpfe um die Vorherrschaft der führenden Geschlechter untereinander und um die Königswürde. Eng mit dem Grundsatz der Glaubenskämpfe verbunden ist jener von AUGUSTINUS geprägte Begriff vom gerechten Krieg, der dem siegreichen oder gefallenen Krieger, wenn er für die Ehre des Christentums kämpft, die Vergebung seiner Sünden verspricht. Dies fand seinen hehrsten, aber auch entsetzlichsten Ausdruck in den Kreuzzügen.

Von einer Weihe des Schlachtfeldes wie in germanischer Zeit kann im Hochmittelalter nicht mehr gesprochen werden. Dennoch erflehten Heerführer und Heer vor der Schlacht in einem feierlichen Gottesdienst mit Meßopfer den Beistand der himmlischen Heerscharen. Noch immer glaubte man, in der Schlacht ein Gottesurteil erblicken zu dürfen. Für den christlichen Streiter war es daher selbstverständlich, daß er, unterstützt von Christus und seinen Heiligen, die Schlacht gegen Heiden gewinnen mußte. Wie anders hätte auch ein Urteil des einzigen wahren Gottes ausfallen sollen? Die Niederlage in den Kreuzzügen gegen die Mohammedaner war daher für die Christen zunächst nicht nur bestürzend, sondern sogar unfaßbar. Wie kann der allein wahre Gott, so dachten sie, den Sieg der Ungläubigen und Heiden zulassen? Diese Enttäuschung führte zu einer tiefen Erschütterung des Glaubens an die als heilig angesehene Kirche, untergrub die Machtstellung des Papstes und endete schließlich damit, daß man den Krieg und die Schlacht nicht mehr als Gottesurteil ansehen konnte. Hatte man diese Einsicht aber erst einmal gefaßt, so war auch der bisher feste Glaube daran, daß man auf Erden in einem Krieg nur das Schwert der himmlischen Heerscharen führe und von diesen im Kampf unterstützt werde, dahin. Der Krieg als Form der Auseinandersetzung hatte damit seine Berechtigung verloren. Folgerichtig mußte er in den kommenden Jahrhunderten zum Rechtsstreit aus profanen Motiven ausarten.

Dennoch wurden mit den Kriegen des Mittelalters gewaltige geistige Wirkungen ausgelöst, deren Folgen wir bis in unsere Tage spüren. Der Einbruch der Araber in Spanien brachte eine erste tiefere Kenntnis der Werke der großen Griechen auf dem Gebiet der Philosophie, der Medizin und der Naturwissenschaften mit sich. Der nach 1250 einsetzende Aristotelismus bereitete sich vor. Die Italienzüge der deutschen Kaiser, aber auch die Eroberung Siziliens durch die Normannen verhinderten es, daß die kulturträchtige Halbinsel Italien Beute des Islam wurde und damit aus dem gesamteuropäischen Kulturleben ausschied, obwohl diejenigen, die die Italienzüge durchführten, davon keine Ahnung haben konnten. Auf dem Schlachtfeld von Kúlikowo wurde die Tartarenherrschaft über Rußland erschüttert, so daß ein Jahrhundert später sich dieses große slawische Volk wieder als ein Hort der Christenheit erweisen konnte und erneut jene Barriere für die Einfälle kulturfremder asiatischer Völker bildete, die es auch in früher Zeit schon dargestellt hatte. In Frankreich griff von geistigen Mächten geleitet JEANNE LA PUCELLE in den Hundertjährigen Krieg gegen England ein und gab damit den entscheidenden Anstoß zum Sieg ihres Vaterlandes. Die wichtigste Wirkung ihres Eingreifens bestand aber darin, daß sich die europäischen Völkerindividualitäten bildeten, ohne deren Zusammenspiel und Auseinandersetzungen das moderne Europa in der ganzen Fülle seiner kulturellen und auch politischen Bedeutung nicht hätte entstehen können. Die Eroberung von Konstantinopel durch die Türken im Jahr 1453 aber und die sich anschließende Vertreibung der griechischen Künstler und Gelehrten gaben den Anstoß zu Humanismus und Renaissance zunächst in Italien und dann in ganz Europa, und das zu einer Zeit, in der ein ULRICH VON HUTTEN ausrufen konnte: *O saeculum, o litterae, iuvat vivere* – »O Jahrhundert, o ihr Wissenschaften, es ist eine Lust zu leben.« Daneben waren aber auch die ersten Versuche, militärische Ziele, wie beim Zug PETERS des Eremiten und beim Kinderkreuzzug, friedlich zu erreichen, kläglich gescheitert. Der ganz anders denkende Feind ließ sich absolut nicht von der Friedfertigkeit überzeugen, und die Züge endeten mit Tod und Sklaverei.

V. Kriege um die Freiheit der Person – Neuzeit

Wie stets am Beginn neuer großer Epochen kündigten sich die Umwälzungen durch geistige Auseinandersetzungen, Kämpfe, Kriege, Aufstände und andere Ereignisse an, deren Bedeutung die Zeitgenossen zumeist nicht erahnen konnten. Die mittelalterliche Ordnung mit Kaiser und Papst an der Spitze und die gegliederten weltlichen und geistlichen Ränge, die manchen als die irdische Widerspiegelung der himmlischen Hierarchien erschienen waren, begannen zu wanken und brachen schließlich zusammen. Der einzelne Mensch, dessen Trachten und Streben im vergangenen Zeitalter in erster Linie auf das Jenseits gerichtet war, wozu ihn die geistlichen Autoritäten angehalten hatten, wandte sich nun, im beginnenden Zeitalter der Bewußtseinsseele, in immer stärkerem Maß dem Diesseits zu und begann immer mehr, sich seiner Ichheit bewußt zu werden. Auf religiösem Gebiet suchte er nun den unmittelbaren Weg zu Gott, ohne die Vermittlung der alten Kirche, auf profanem machte er sich an die Eroberung der materiellen Welt. Der monolithische Block der Christenheit, der sich bis dahin gegen die Welt der Heiden abgegrenzt hatte, brach auseinander, und die meisten der europäischen Staaten fingen als Völker-Individualitäten an, ihren eigenen Weg, den des Nationalstaates, zu verfolgen. Während England, Frankreich, Spanien und Portugal im Westen und kurz darauf auch Rußland im Osten ihre nationalen Ziele auf die Entdeckung und Eroberung neuer Landgebiete in Übersee oder im Inneren Asiens richteten, trachtete man in Mitteleuropa, vor allem im Bereich des Heiligen Römischen Reiches Deutscher Nation, vornehmlich nach einem neuen Verständnis des Christentums, nicht aber nach Ausweitung der nationalen Machtstellung, obwohl es auch hier an Kriegen und Aufständen nicht fehlte. Die Entdeckungen auf allen Gebieten führten zu einer ungeheuren Ausweitung des menschlichen Horizonts, die geographischen insbesondere zu den den Europäern bis dahin unbekannt gebliebenen oder wieder in Vergessenheit geratenen Teilen der Erde. Machtpolitisch ergab sich daraus für die europäischen Staaten in den kommenden Jahrhunderten sowohl ein Kampf um die Hegemonie als auch ein Kampf um die Wahrung des Gleichgewichts, besonders als man erkannte, daß eine einseitige Hegemonie nicht durchzusetzen war. Während dieses Kampfes zwischen den europäischen Staaten blieb unbemerkt, daß sich das machtpolitische Schwergewicht immer mehr in die Randgebiete Europas, in die Hände der anglo-amerikanischen Seemächte und in jüngster Zeit auch in die einer so gewaltigen Landmacht wie Rußland, verlagerte, die sich mit ihrem Gebiet über zwei Kontinente erstreckt. Äußerlich gesehen entwickelten sich die nun entstehenden Auseinandersetzungen zu solchen zwischen Land- und Seemächten, im Rahmen der geistigen Entwicklung der Menschheit aber zu Kämpfen zunächst zwischen dem anglo-amerikanischen und lateinisch-romanischen Element.

Hegemonie und Gleichgewicht hatten kurzfristig in der Antike schon bestanden, ausgeprägte Gestalt aber nahmen diese Formen zwischenstaatlicher Machtausübung erst in der Neuzeit an.

In der Antike und im Mittelalter hatte das Mittelmeer im Brennpunkt des weltpolitischen Interesses gestanden. An seinen Ufern besiegten, auf die Küstenländer gestützt, die Griechen die Perser und die Römer die Karthager, die Truppentransport- und Versorgungsschiffe der Kreuzfahrer durchquerten seine See. In seinen Küstenbereichen verliefen auch die wichtigsten Handelswege für die Güter aus dem Orient. Wer das Mittelmeer beherrschen wollte, mußte eine ständige Kriegsflotte unterhalten, um jedem Gegner zur See entgegentreten, die zahlreichen Seeräuber in Schach halten und die eigenen Handelsschiffe schützen zu können. Das führt uns zum Begriff der Seemacht, der vor allem vom Beginn der Neuzeit an eine entscheidende Rolle im Kräftespiel der Mächte spielen sollte. Dabei lehrt die Geschichte, daß eine Seemacht, die sich nur auf Kriegsflotten stützt, sich nur für kurze Zeit behaupten kann. Das zeigten schon die Flotten der Völkerwanderungszeit und der Wikinger, wohingegen es Venedig gelang, von seiner Lage begünstigt, seine Seemacht auf einen ausgedehnten Handel und eine geschickte Politik zu gründen. So errang der venezianische Staat Seegeltung und eine Machtposition, die weit über den Wirkungsbereich seiner Flotten hinausreichte. Seemacht beruht auf drei Faktoren: Kriegsmacht, Wirtschaftsmacht und politisches Geschick. Wird einer dieser Faktoren vernachlässigt, so geht die Seemacht verloren. Das typische Beispiel dafür ist die mittelalterliche deutsche Hanse, deren bedeutender Faktor 400 Jahre lang allein der Handel war. Zu ihrem schließlichen Niedergang führte, daß sie jeweils nach Friedensschluß abrüstete und damit die Seeherrschaft und die Seegeltung an ihre Gegner abgab. Doch mit diesen drei Faktoren allein ist es noch nicht getan. Es gehören dazu auch noch drei Voraussetzungen: Die erste liegt in nautischen Kenntnissen, wie sie etwa die deutschen Kaufleute auf Gotland besaßen, als sie den König von Dänemark mit seinem Heer am Anfang des 13. Jahrhunderts durch Verweigerung von Lotsen zur Heimfahrt zwangen. Aus diesem

Grund auch behandelten die Portugiesen und Spanier die Kenntnis der neu entdeckten Seewege als Staatsgeheimnis. Eine weitere Voraussetzung bilden seemännische und Schiffsbaukenntnisse. Neue Errungenschaften auf diesem Gebiet wie etwa der Bau der Hanse-Koggen sollten nach Möglichkeit nicht an andere Mächte weitergegeben werden. Ähnliches gilt für die Entwicklung neuer Schiffswaffen, die die Überlegenheit zur See im Kriegsfall sichern sollten. Die dritte und letzte Voraussetzung für Seemacht sind die militärischen und wirtschaftlichen Basen zum Schiffsbau, zur Reparatur und zur Versorgung mit Menschen und Material. Der Untergang der Viktualienbrüder im Ost- und Nordseebereich mag als Beispiel für das Schicksal einer Kriegsflotte ohne genügende Basen dienen. Eine wirtschaftliche Basis war um so wertvoller, je erschlossener sich ihr Hinterland gestaltete. Diese drei Faktoren und drei Voraussetzungen für Seemacht gelten noch heute.[200]

Technische Entwicklungen auf dem Gebiet des Marinewesens, der Seefahrtskunde und der Fortschritt der Naturwissenschaften machten die großen Entdeckungsfahrten erst möglich. Aus den einmastigen Segelschiffen der Wikinger und der Mittelmeervölker entstanden im ausgehenden Mittelalter die getakelten Breitseitschiffe der Neuzeit. Die Zunahme des Handels zwang zum Bau größerer und völligerer Schiffe. So entstanden die Koggen der Hanse und Karaken, Karavellen und Naos des Mittelmeeres, bei denen man die Kastelle auf dem Vor- und Achterschiff, wie sie die Normannenschiffe besessen hatten, mit dem Schiffskörper verschmolz. Die Schiffsgröße wuchs von durchschnittlich 100 Tonnen auf 300 Tonnen. Die großen Segelschiffe führten bis zu vier Masten. Das Steuerruder an Steuerbord wurde durch das feste Ruder am Heck ersetzt. Die wichtigste Neuerung aber war die Einführung des Schiffskompasses im 14. Jahrhundert, der regelmäßige Hochseefahrten und die Herstellung der ersten Seekarten erst möglich machte. Mit den im 15. Jahrhundert allmählich aufkommenden Schiffsgeschützen, mit denen zunächst die Kastelle bestückt wurden, erzielte man weit größere Wirkungen als mit den alten Katapulten und Schleudern. Später stellte man die schweren Geschütze mitschiffs an Deck auf. Etwa um 1500 erhielten die Schiffe Stückpforten, wodurch die schweren Geschütze tiefer aufgestellt und die Stabilität der Schiffe wesentlich verbessert werden konnte. Mit solchen Schiffen, deren größtes bereits 1500 Tonnen besaß, vermochte man im 16. Jahrhundert tatsächlich, die großen Entdeckungsfahrten durchzuführen, überseeische Basen zu errichten und den Handel auf den Seewegen zu schützen.

Nachdem die Türken durch die Eroberung Konstantinopels im Jahr 1453 auf dem europäischen Kontinent Fuß gefaßt hatten, wurde der Handel über den Vorderen Orient von und nach Asien mit hohen Zöllen belegt. Vornehmlich um der Gewürze, aber auch um anderer orientalischer Waren willen, begann die Suche nach einem Seeweg nach Indien. Zu diesem Zweck richtete der portugiesische Infant HEINRICH DER SEEFAHRER, der nie selbst zur See gefahren ist, die erste Seefahrtschule ein. Noch im 14. Jahrhundert begannen die Erkundungsfahrten entlang der afrikanischen Westküste nach Süden. Von diesen unzähligen Entdeckungsfahrten sollen hier nur die wichtigsten aufgeführt werden. Im Jahr 1487 gelang es BARTOLMEO DIAZ, die Südspitze Afrikas zu umsegeln. Durch die wiedererrungene Erkenntnis von der Kugelgestalt der Erde, aber mit hoher Wahrscheinlichkeit auch aufgrund von Berichten grönländischer und isländischer Seefahrer über ein weit im Westen liegendes fruchtbares Land, die in weltlichen und kirchlichen Akten festgehalten worden waren, wurde der Genueser Seemann in spanischen Diensten CHRISTOPH COLUMBUS veranlaßt, 1492 seine berühmte Fahrt mit den Karavellen »Santa Maria«, »Niña« und »Pinta« zu unternehmen, die zur Wiederentdeckung der Neuen Welt führten. Die früheren Fahrten der Wikinger, Iren und vielleicht auch anderer Völker sollen hier unberücksichtigt bleiben, da sie keine großen weltpolitischen Auswirkungen hatten. Zwei Jahre nach der Entdeckung des neuen Kontinents, den COLUMBUS selbst noch für Indien hielt, wurde dieser im Vertrag von Tordesillas durch einen Schiedsspruch des Papstes zwischen Spanien und Portugal geteilt. Ganz kurz darauf fand VASCO DA GAMA den tatsächlichen Seeweg nach Indien um die Südspitze Afrikas herum, und nach einem Seesieg bei Diu über Inder und Araber errichteten die Portugiesen am Anfang des 16. Jahrhunderts ein Kolonialreich in Indien mit Flottenstützpunkten an der Küste Afrikas. MAGALHÃES gelang es in einer zweijährigen Fahrt von 1519 bis 1521 zum ersten Mal, die Erde zu umsegeln. Die zweite Erdumsegelung vollbrachte FRANCIS DRAKE in den Jahren 1577 bis 1580. Infolge dieser Entwicklungen verschob sich der Handelsschwerpunkt vom Mittelmeer, der Nord- und Ostsee nach Westen in den Atlantik. Damit begann der Aufstieg von Lissabon, Sevilla, Amsterdam und später London als Hafen- und Handelsstädte, während der Handel in Lübeck, Venedig und Genua stagnierte. Obwohl es einer verbündeten Flotte PHILIPPS II. von Spanien, des Papstes PIUS V. und Venedigs gelang, 1571 in der Schlacht bei Lepanto, einer der größten Seeschlachten der Geschichte, der letzten großen Galeerenschlacht und für lange Zeit der letzten entscheidenden Seeschlacht im Mittelmeer, die türkische Flotte vernichtend zu schlagen, hatte dies keine strategische Dauerwirkung, weil die christliche Koalition wieder auseinanderfiel. Die politische und wirtschaftliche Bedeutung des Mittelmeerraumes sank weiter ab.

Mit den Entdeckungsreisen und der Bildung großer überseeischer Kolonialreiche in Amerika und Indien durch Spanier und Portugiesen vermehrte sich der Seeverkehr in einem nie geahnten Ausmaß. Die riesigen Goldschätze Amerikas flossen in Strömen nach Europa und hatten den Übergang von der Naturalwirtschaft zur Geldwirtschaft und damit den Frühkapitalismus zur Folge. Mit diesen riesigen Summen war es wieder möglich, große Söldnerheere anzuwerben und, so recht im Sinne der Gewaltmenschen der Renaissance, Machtpolitik im großen Maßstab zu betreiben. Doch zunächst flossen die Reichtümer aus Übersee nach der Iberischen Halbinsel und in die spanischen Niederlande. Die übrigen Nationen Europas blieben vom gewinnbringenden Überseehandel vorläufig ausgeschlossen. Dazu kamen aus Indien Gewürze und Rohstoffe und aus Afrika Sklaven, die zusätzlichen Reichtum in die iberischen Länder brachten. Fast sah es so aus, als wäre die Welt auf dem besten Weg, in den Besitz der eine Tochtersprache des Latein sprechenden Völker zu geraten, zumal auch die Franzosen im 16. Jahrhundert erste Versuche machten, sich in Brasilien und in Kanada niederzulassen. Diese Versuche blieben zunächst allerdings Episode.

Zu den Entdeckungen kamen technische Erfindungen, deren Bedeutung gar nicht hoch genug eingeschätzt werden kann. Im 14. Jahrhundert wurden die ersten Feuerwaffen entwickelt. Zwar waren es keineswegs diese Waffen, die die glänzenden Ritterheere vom Schlachtfeld fegten und die stolzen Burgen mit einem Schlage brachen. Aber sie beherrschten nach etwa zwei Jahrhunderten die Schlachtfelder Europas vollkommen. Der Aufstieg der Feuerwaffen wäre nicht ohne eine weitere Erfindung möglich gewesen, die erst ihre technische Weiterentwicklung zu echter Feldbrauchbarkeit in die Wege leitete. Zur alten Technik des Eisenschmiedens trat die moderne Gußtechnik, die durch die Ausnutzung der Wasserkraft in Mühlen möglich geworden war.

Sicher aber war die wichtigste technische Neuerung die Erfindung der Buchdruckerkunst. Von Italien ausgehend erlebte nun die griechisch-römische Antike ihre Wiedergeburt. Zur Renaissance wurde diese Geistesbewegung jedoch erst durch die Verbreitung der antiken Schriften mit Hilfe des Buchdrucks. In ganz Europa entstand eine breite weltliche Gelehrtenschicht, die sich der Erforschung und der Verbreitung antiker Bildung widmete. Das Schulwesen nahm zu, und bald gab es kaum noch einen Angehörigen der gebildeten Ober- und Mittelschicht, der des Lesens und Schreibens nicht kundig gewesen wäre. Selbst die Frauen nahmen an dieser Entwicklung teil. Als im Kloster zu Hersfeld die »Germania« des TACITUS gefunden wurde, verbreitete sich ihre Kenntnis mit Windeseile in allen deutschen Landen und stärkte das erwachende Nationalbewußtsein auch des deutschen Volkes in hohem Maß, wenigstens bei der gebildeten Bevölkerungsschicht. Doch entwickelte sich bei den verschiedenen europäischen Völkern das Nationalbewußtsein auf unterschiedlichen Ebenen, als Empfindungsseele auf der italienischen und spanischen Halbinsel, als Verstandesseele in Frankreich, als Bewußtseinsseele auf den Britischen Inseln, als Ich in Mitteleuropa, und zwar hier als im Werden begriffen, und im Osten im Keim als Geistselbst.[201] Und Rudolf Steiner ergänzt diese Hinweise in bezug auf die beginnende Neuzeit: »Indem diese neue Zeit anbricht, wirkt in ihr die heraufkommende Bewußtseinsseele. Sie wirkt sich in geschichtlichen Symptomen aus. Und wir sehen, wie auf der einen Seite die nationalen Impulse wirken, wie auf der anderen Seite selbst bis in die Tiefen des religiösen Bekenntnisses hinein das Aufbäumen der Persönlichkeit wirkt, die auf sich selbst gestellt sein will, weil eben die Bewußtseinsseele herausbrechen will aus ihren Hüllen. Und diese Kräfte, diese zwei Kräfte, die ich eben charakterisiert habe, die muß man in ihren Wirkungen studieren, wenn man jetzt die weitere Fortentwicklung der repräsentativen Nationalstaaten, Frankreich und England, ins Auge faßt. Die erstarken, aber so, daß sie in deutlicher Differenzierung zeigen, wie die zwei Impulse, der nationale und der Persönlichkeitsimpuls, auf verschiedene Weise in Frankreich und in England miteinander in Wechselwirkung treten, und nichts menschlich produziertes Neues, aber Althergebrachtes in Umgestaltung als Grundlage für die geschichtliche Struktur Europas offenbaren. Man kann sagen: Dieses Erstarken des nationalen Elementes, es zeigt sich auf besondere Weise in England, wo das Persönliche, das z.B. in Hus nur als religiöses Pathos wirkte, sich verbindet mit dem Nationalen und sich verbindet mit dem Persönlichkeitsimpuls der Bewußtseinsseele und zum Parlamentarismus immer mehr und mehr wird, den Parlamentarismus immer mehr und mehr ausbildet, so daß dort alles nach der politischen Seite hinschlägt. – Wir sehen, wie in Frankreich überwiegt – trotz des nationalen Elementes, das eben stark durch Temperament und durch sonstige Dinge wirkt – das Auf-sich-gestellt-Sein der Persönlichkeit, und die andere Nuance gibt. Während in England mehr die nationale Nuance die stärkere Färbung gibt, gibt in Frankreich mehr das Persönlichkeitselement die nach außen sichtbare und wirksame Nuance.«[202]

Religions- und Rechtskriege

In Deutschland aber wirkt vor allem die sich aufbäumende Kraft der Persönlichkeit, bis hinein in die Tiefen des religiösen Bekenntnisses. Diese Persönlichkeit will auf sich selbst gestellt sein, ohne Mittler durch die hierarchische Ordnung der alten katholischen Kirche ihren Weg finden. Ihren Ursprung hat diese Bewegung bei MARTIN LUTHER. Er löste zunächst einen Kampf aus, den jeder als Einzelpersönlichkeit in sich selbst auszutragen hat. Dieser Befreiungskampf der Einzelpersönlichkeit griff dann vor allem auf die anderen germanischen Völker über, die ja als erste die Bewußtseinsseele auszubilden hatten. Dieses Ringen der Deutschen um das Auf-sich-selbst-gestellt-Sein, auch im religiösen Bekenntnis, führte allerdings nicht zu einem verstärkten Nationalbewußtsein, ja es war sogar der Grund dafür, daß die politische Macht des Heiligen Römischen Reiches Deutscher Nation schließlich im Dreißigjährigen Krieg gebrochen wurde, wenn auch im Verlauf des Krieges die machtpolitischen Interessen, besonders auch nichtdeutscher Staaten, immer mehr Einfluß gewannen. Ebensowenig führte dieses Ringen zunächst zur völligen Religionsfreiheit, denn der Augsburger Religionsfrieden von 1555, den Kaiser KARL V. allerdings nicht billigte, gestand den Fürsten nach dem Grundsatz *cuius regio, eius religio* das Recht zur Bestimmung der Konfessionszugehörigkeit ihrer Untertanen zu. Erst in der Zeit der Aufklärung wurde die völlige Religionsfreiheit errungen, und nicht einmal bei allen deutschen Staaten. Auch lief dieses, vornehmlich im Innern eines jeden Deutschen ausgetragene Ringen keineswegs ohne äußere Kämpfe ab.

Noch zu Lebzeiten LUTHERS, im Jahr 1527, erbot sich OTTO VON PACK, den Erbstreit zwischen Hessen und Nassau zu schlichten. Im Rahmen seiner Bemühungen meldete er im Januar 1528 dem Landgrafen PHILIPP VON HESSEN nach Kassel, katholische Fürsten hätten in Breslau ein Bündnis gegen Sachsen und Hessen geschlossen. Vom Landgrafen aufgefordert, das Original dieses Vertrags vorzulegen, überreichte er diesem einen frei erfundenen. Hessen und Sachsen schlossen daraufhin ein Offensivbündnis, dem weitere Reichsstände beitraten. Nach Abschluß eines dänisch-hessischen Defensivbündnisses sowie nach Verhandlungen mit Frankreich und Straßburg wurde LUTHER ins Vertrauen gezogen, der aber dringend von einem Aufstand der Fürsten abriet. Alle diese Aktivitäten konnten natürlich nicht geheim bleiben, und die katholischen Fürsten begannen im April 1528 mit der Gegenrüstung, so daß ein Religionskrieg drohte. Dieser wurde nur dadurch verhindert, daß PACKS Intrigen schließlich erkannt und dieser verhaftet wurde.

Die Lage spitzte sich erst gewaltig zu, als am 15. März 1529 der Reichstag in Speyer zusammentrat, auf dem über die Türkenhilfe und die Religionsverhältnisse beraten werden sollte. Die Mehrheit nahm zwar die kaiserliche Proposition an, in der ein Konzil in Aussicht gestellt wurde, alle religiösen Neuerungen aber bis dahin verboten und die Abendmahlslehre ZWINGLIS in umschriebener Form verworfen wurde. Dagegen protestierten Sachsen, Hessen, Brandenburg und Braunschweig-Lüneburg sowie einige Städte und erklärten den Abbruch ihrer Teilnahme an den Beratungen. König FERDINAND, der anstelle des Kaisers den Vorsitz führte, lehnte jedoch diesen Protest ab und ließ sich auf Vermittlungsbemühungen nicht ein. Die protestierenden Länder und Stände bekundeten zwar ihren Gerhorsam gegenüber dem Kaiser, nahmen davon aber ausdrücklich die Gewissensfragen aus. Aufgrund dessen setzte sich allmählich die Bezeichnung »Protestanten« für die Anhänger der evangelischen Lehre LUTHERS durch. Kurze Zeit später, im Jahr 1531, kam es zu einem Defensivbündnis dieser Protestanten, die sich im Schmalkaldischen Bund zusammenschlossen.

Wiederum ein Zeichen für die erwachende Bewußtseinsseele ist es, daß die Theologen ein Widerstandsrecht gegen den Kaiser in religiösen Fragen gebilligt hatten. Mit der Bundesurkunde wurde ein Bündnis zur Verhinderung drohender Angriffe auf die evangelische Lehre und zur Förderung des Friedens im Reich abgeschlossen, es richtete sich nicht gegen den Kaiser oder einen Reichsstand, war also rein defensiv. In der Tat entschloß sich Kaiser KARL V. nach dem vierten Krieg gegen Frankreich zur gewaltsamen Bereinigung der Verhältnisse in Deutschland. 1546 schloß er ein Bündnis mit dem Papst zum Krieg gegen die »Ketzer«, verständigte sich dann mit Bayern im geheimen Regensburger Vertrag und kurz darauf mit MORITZ VON SACHSEN. Als es dann in den Jahren 1546/47 zum Schmalkaldischen Krieg kam, ging es grundsätzlich darum, daß sich jeder Fürst entweder für die Oberhoheit des Reiches in allen Dingen oder für die Bewahrung seiner Religionsfreiheit entscheiden mußte. Die Religion stand damit im Gegensatz zur Nation. Typisch, daß sich dabei protestantische Fürsten durchaus auf seiten des Kaisers befanden. Der Krieg endete durch den entscheidenden Sieg Kaiser KARLS V. bei Mühlberg am 24. April 1547 mit der Zerschlagung des Schmalkaldischen Bundes. Der Protestantismus war zwar geschwächt, aber dennoch nicht entscheidend getroffen. Obwohl Kaiser KARL V. sich gerade zu diesem Augenblick auf dem Höhepunkt seiner Macht befand, gelang es ihm nicht, die Rückkehr der Deutschen zum alten katholischen Glaubensbekenntnis durchzusetzen. Viele Historiker haben ihm und seinen habsburgischen Nachfolgern dies als historisches Versagen angekreidet. Für das Verhalten Deutscher aller Stämme ist es bezeichnend, daß ihnen zumindest bis 1871 geistige Probleme stets mehr bedeuteten als politische. Wir aber dürfen in unserem Rahmen das Bewahren der Gewissensfreiheit als Ursache zur Anwendung von Waffengewalt anführen.

An drei weiteren Symptomen erkennen wir deutlich den Durchbruch des Neuen, des nationalen und Persönlichkeitsimpulses, der die einzelnen Menschen zur Entwicklung der Bewußtseinsseele führte. In der Schlacht bei Murten 1476 besiegte ein Schweizer Gevierthaufen KARL DEN KÜHNEN mit seinen Ordonnanzkompanien, die die höchste Ausbildung der mittelalterlichen Gefechtsformation darstellten, und gab damit dem mit dem römischen Papsttum innig verbundenen Ritterwesen den Todesstoß. Hier, wie mit den beiden folgenden Beispielen, setzte sich das Alte noch einmal energisch zur Wehr. »Neben dem normalen Fortgang«, so beschreibt es Rudolf Steiner, »...ist immer alles mögliche Luziferische und Ahrimanische da, das von zurückgebliebenen Impulsen herrührt. Das sucht sich zur Geltung zu bringen. Dasjenige, was als normaler Impuls in die Menschheit eintritt, das muß kämpfen gegen das, was in der luziferisch-ahrimanischen Weise hereinkommt. Und so sehen wir, daß gerade der Impuls, der anschaulich in Wiclif, Hus, Luther, Calvin hervortritt, zu kämpfen hat. Ein Symptom für diesen Kampf sehen wir in dem Aufstand der Vereinigten Niederlande gegen die luziferisch-ahrimanische spanische Persönlichkeit des Philipp [PHILIPP II.]. Und wir sehen einen der bedeutendsten Wendepunkte der neueren Zeit ... 1588, als die spanische Armada besiegt wird, und damit alles dasjenige zurückgeschlagen wird, was von Spanien her als der stärkste Widerstand gegen das Aufkommen der emanzipierten Persönlichkeit sich entwickelt hat. ...Diese Welle 1588, als die Armada geschlagen wurde, die zeigt eben, wie die sich emanzipierende Persönlichkeit, welche die Bewußtseinsseele in sich entwickeln will, sich aufbäumte gegen dasjenige, was in starrster Form geblieben war aus der Verstandes- oder Gemütsseele.«[203]

Politisch stand das Heilige Römische Reich Deutscher Nation zu Beginn der Neuzeit in einem gewaltigen Abwehrkampf: im Osten gegen die Türken, im Westen und in Italien gegen Frankreich, das durch die kluge Politik seiner Könige bereits einem modernen Nationalstaat ähnelte, und im Innern gegen die aufständischen Bauern, deren Revolte die althergebrachte Ordnung des Reiches zu zerstören drohte. Zudem wurden, wie bereits gezeigt, die Massen durch die Reformation in besonderem Maße erregt. Umstürzlerische Gewalten versuchten, sich den religiösen Zwiespalt für ihre Zwecke zunutze zu machen. Bei aller scheinbaren Machtfülle vermochten die Kaiser mit der ihnen zu Gebote stehenden Heeresordnung niemals, alle Gegner zugleich zu bekämpfen oder einen nach dem anderen ein für allemal auszuschalten.

Bei all den genannten Personen und Symptomen darf man sich nicht vorstellen, der Anbruch der neuen Zeit hätte einen plötzlichen und totalen Umbruch der Gefühle und Vorstellungen mit sich gebracht. Rudolf Steiner erwähnt das Zwiespältige in LUTHERS Natur. Er war gewissermaßen ein Sohn des vierten und zugleich des fünften nachatlantischen Kulturzeitraums.[204] Was hier für MARTIN LUTHER, gilt auch für andere Personen, wie z. B. Kaiser KARL V. Konnte von einer Heiligung des Schlachtfeldes schon seit dem Mittelalter keine Rede mehr sein, so bewegten dennoch mittelalterliche ritterliche Vorstellungen nicht nur Kaiser MAXIMILIAN, den man den letzten Ritter nannte, sondern auch Kaiser KARL V. und seinen französischen Gegenspieler FRANZ I. Beide hatten 1526 während des zweiten Krieges, den sie gegeneinander führten, ernsthaft erwogen, ganz wie in alter Zeit ihre Gegensätze in einem ritterlichen Zweikampf auszutragen. Das erinnert an ein gesuchtes Gottesurteil, obwohl es sich bei diesem Krieg um einen ganz profanen Rechtsstreit zwischen zwei Nationen, nämlich um den Besitz Italiens, handelte. Dieser Charakter des Krieges als Rechtsstreit, den auch das Wort »Krieg« selbst beinhaltet, sollte im Lauf der folgenden Jahrzehnte und Jahrhunderte immer mehr in den Vordergrund treten. Wie ein Rechtsstreit vor immer wieder neuen Instanzen ausgefochten werden kann, bis er von der letzten endgültig entschieden wird, so konnte von nun an der Krieg auch immer wieder neuen Krieg gebären.

Folgerichtig mußte für diese Anschauung vom Krieg als Rechtsstreit auch ein neues Völkerrecht gefunden werden. Das alte, das allein den üblichen Gepflogenheiten entsprach und ausnahmslos auf religiöse Vorstellungen gegründet war – CATO hatte z. B. verlangt, CÄSAR wegen des Mordes an den Führern der Usipeter und Tenkterer vor Gericht zu stellen –, taugte nicht mehr, nachdem sich die mittelalterliche Ordnung aufgelöst hatte. Das neue Völkerrecht, das die rechtlichen Regelungen für die Beziehungen zwischen den Staaten festlegen sollte, mußte in der Zeit, die von der emanzipierten Persönlichkeit geprägt war, vom Begriff der Souveränität ausgehen, die nach innen wie nach außen die oberste und schlechthin unabhängige Gewalt ist. Als Kehrseite des Ichbewußtseins der neuen Zeit traten nun nämlich jene Gewaltmenschen der Renaissance auf, die – wie etwa CESARE BORGIA (ungefähr 1475–1507) in Italien oder die Führer der beiden Parteien in den französischen Hugenottenkriegen (1562–1568) – rücksichtslos, heimtückisch, blutrünstig und grausam den Zeitgenossen ihren persönlichen Willen aufzuzwingen versuchten. Wen wird es wundern, wenn angesichts der Mißstände der französische Publizist und Staatsrechtslehrer JEAN BODIN (1530–1596) in seinem Buch »De la République« (1577) nicht nur für Toleranz eintrat, sondern im Bemühen um eine neue, auf die Persönlichkeit gegründete Ordnung auch die neuzeitliche Souveränitätslehre verkündete:»Maiestas est summa in cives ac substitos legibusque soluta potestas«? Daß diese Souveränitätslehre der erste Schritt in Richtung auf das absolutistische Königtum war, ging den Zeitgenossen nicht auf. Davon ausgehend erkannte HUGO GROTIUS (1580–1642) schließlich, der Vater des Völkerrechts, in dem übersteigerten Souveränitätsbegriff das wesentliche Hindernis für den Ausbau des Völkerrechts und suchte die bloße Staatenpraxis, die auf Verträgen der Staaten untereinander oder auf internationalem Brauch fußt, mit dem Ideal einer auf Naturrecht und Vernunft gegründeten internationalen Ordnung zu verbinden. Die den Krieg regelnden Klauseln sind im sog. materiellen Völkerrecht enthalten.

Eine weitere bedeutende Auswirkung hatte der Durchbruch des vollen Ichbewußtseins in Renaissance, Humanismus und Reformation in den Gestalten der großen Söldnerführer jener Zeit. Im Auftrag eines Fürsten wirkten sie als Kriegsunternehmer und betrieben dabei recht häufig auch ihre eigene Politik. Bei der Werbung unterschrieben die Geworbenen eine Verpflichtung, die auf einem persönlichen Vertrag, den Artikelbriefen, beruhte, und gaben damit auf der unteren Ebene ebenfalls ein Beispiel für die neue Denkungsart.

Der Humanismus aber führte auch dazu, daß man sich wieder mit der antiken Militärliteratur befaßte. Natürlich gingen darin die Gelehrten voran, denen aber als militärischen Laien oft die wichtigsten Dinge entgingen, wie etwa dem Florentiner NICCOLÒ MACHIAVELLI, der zwar für eine Wiedereinführung der allgemeinen Wehrpflicht nach antikem Muster eintrat und sie in Florenz auch durchführte, dafür jedoch an der antiken Disziplin völlig vorbeiging. Er erwähnte sie nicht einmal. Doch der Ruf nach der allgemeinen Wehrpflicht sollte von jetzt ab nicht mehr verstummen. In Deutschland verfocht diesen Gedanken eine ganze Reihe von Fürsten und Staatsmännern. Ihnen schlossen sich Soldaten an, unter denen der kaiserliche Feldobrist LAZARUS VON SCHWENDI vor allem mit seinem 1578 geschriebenen »Kriegsdiskurs« eine hervorragende Rolle einnimmt. Überhaupt beteiligen sich die Soldaten vom frühen 16. Jahrhundert an recht eifrig an der schriftlichen Auseinandersetzung über das Kriegswesen. Nach einer Vermutung, die sehr viel für sich hat, wie Hans Delbrück sagt, wurde die Schrift »Trewer Rath und Bedencken Eines Alten wol versuchten und Erfahrenen Kriegsmanns« etwa um 1522 von keinem geringeren als dem großen Landsknechtsführer GEORG VON FRUNDSBERG verfaßt. Doch erst am Ende des 16. Jahrhunderts, 1589, sollte der große Philologe JUSTUS LIPSIUS an der neu gegründeten Universität Leyden sein Werk »Civilis Doctrina« veröffentlichen, dessen fünftes Buch den Titel »De Militari Prudentia« trägt. In diesem rein philosophischen Buch kann LIPSIUS als Jünger MACHIAVELLIS der Versuchung nicht widerstehen, einen Vergleich zwischen dem Altertum und der Gegenwart durchzuführen.

Klar erkannte er, daß im Vergleich zu den Römern die Truppen seiner Zeit überhaupt nicht wüßten, was Disziplin ist. Wer aber mit disziplinierten Truppen der Gegenwart nach römischer Kriegskunst verfahre, der könne sich den Erdball unterwerfen. Sein Ruf blieb nicht ungehört.

1590 wurde MORITZ VON ORANIEN, der Statthalter von Holland und Seeland, auch Statthalter von Geldern, Utrecht und Oberijsel. Mit seinem Vetter WILHELM LUDWIG VON NASSAU faßte er den Plan, das Kriegswesen nach römischem Vorbild zu reformieren. Durch eifriges Exerzieren nach übersetzten römischen Kommandos schaffte sich MORITZ VON ORANIEN das erste disziplinierte Heer der Neuzeit im echten Sinne des Wortes.

Die Siege der Schweizer, die sie gegen Habsburg und KARL DEN KÜHNEN von Burgund wie etwa bei Murten 1476 errungen hatten, ließen die Welt aufhorchen. Sie waren vor allem durch die Gewalthaufen der Infanterie, die vorzügliche Ausnutzung des Geländes und den neuartigen Einsatz der Feuerwaffen möglich geworden. Sie hatten damit den bisher als unüberwindlich geltenden Ritterheeren den Rang abgelaufen. Daher versuchte man überall in Europa, ein Fußvolk nach Schweizer Muster aufzustellen. Allerdings gelang das vorerst nur in Deutschland und Spanien. Wie rasch die Lehren von Murten und anderen Schlachten der Schweizer gezogen wurden, zeigt sich gerade daran, daß die ehemaligen Feinde der Schweizer, die Burgunder, sie als erste verwerteten. Wir wissen darüber recht gut Bescheid, vor allem durch Kaiser MAXIMILIAN, den Schöpfer der Landsknechttruppe, der nach seiner Hochzeit mit der Tochter KARLS DES KÜHNEN, MARIA VON BURGUND, an der Spitze niederländisch-burgundischer Fußtruppen zweieinhalb Jahre nach der Schlacht bei Nancy am 7. August 1479 bei Guinegate in Flandern das Heer LUDWIGS XI. von Frankreich besiegte. Der damalige Erzherzog MAXIMILIAN war erst zwanzig Jahre alt und verfügte weder über die nötige Erfahrung noch über die erforderliche Autorität in den durch die Heirat gewonnenen Gebieten, um das burgundische Heerwesen zu reformieren. Dafür besaß er aber in der Person des GRAFEN VON ROMONT, der aus der heutigen französischen Schweiz, aus der Nähe des Neuenburgersees stammte, einen Mann, der die flämischen Fußknechte nach Art der Schweizer aufstellen konnte. Der junge MAXIMILIAN trat selbst in ihre Reihen ein. Revolutionär wirkte aber diese Tat des jungen Erzherzogs dadurch, daß er den Langspieß wie die Knechte in die Hand nahm und in ihrem ersten Glied kämpfte. Er hatte sich damit zu einem Teil ihres taktischen Verbands gemacht. Diese niederländischen Knechte waren die Vorläufer der Landsknechte.

Als Vormund seines Sohnes PHILIPP geriet MAXIMILIAN sehr bald nach dem Tod seiner Frau in den offenen Kampf gegen die Stände. Ihn auszutragen warb er Fußknechte aus den Niederlanden, vom Rhein, aus Oberdeutschland

und der Schweiz an, für die in den Jahren 1482–1486 der Name »Landsknechte« aufkam. Ursprünglich nannten sich so in ganz Deutschland die
Büttel, Gerichtsdiener und Gendarmen zu Fuß oder zu Pferd, die auch gelegentlich Kriegsdienste annahmen. Von ihnen ging der Begriff allmählich auf
die Soldknechte zu Fuß über. MAXIMILIAN war damit Stifter des von kriege-
rischem Zunft- und Korpsgeist geprägten Ordens der Landsknechte geworden. Durch sein beispielhaftes Verhalten bewog er viele Ritter, in den Orden
einzutreten, wo sie die führenden Stellen einnahmen. Diese Landsknechte
scheinen ganz eifrig Bewegungen in geschlossener Ordnung geübt zu haben, wobei sie meist das »Mannsviereck« bildeten, das eine größere Tiefe als
Breite besaß, weil eine schmale und tiefe Gliederung die Bewegungen auf
dem Gefechtsfeld mit einer trotz allem mangelhaft exerzierten Truppe erleichterte. Schon recht früh stellte man dabei besonders bewährte Krieger in
das erste Glied, damit sie mit zweihändigen Schwertern, den Bidenhändern,
oder Hellebarden eine Bresche in die Wand der langen Spieße des feindlichen
Infanteriehaufens hauen konnten. Hauptwaffe war aber der lange Spieß, mit
dem die feindliche Kavallerie abgewehrt und die gegnerische Infanterie niedergerungen wurde, wenn der »Nachdruck« durch die hinteren Glieder
dem tiefen Gevierthaufen die rechte Stoßkraft verlieh. Zwischen den drei bis
sechs Gevierthaufen der Landsknechtsheere standen die Reiter.

Anfangs wurden Schützen mit Handfeuerwaffen wie die Armbrust- und
Bogenschützen des Mittelalters als Plänkler eingesetzt. Ihre Zahl mag um
1500 wohl ein Zehntel des gesamten Fußvolkes ausgemacht haben. Unter
GEORG VON FRUNDSBERG war ihre Zahl bereits auf ein Achtel gestiegen. Im
Schmalkaldischen Krieg war ein Drittel der Landsknechte Schützen, und
1588 rechnete AADRIAN DUYK vierzig Spießer auf sechzig Schützen. Die
Zahl der Handfeuerwaffen stieg also ständig und überraschend schnell. Der
Schuß mit der Arkebuse und noch mehr mit der Muskete war außerordentlich wirksam – wenn er traf. Aber gerade das war die Schwierigkeit. Der
Schuß blieb lange Zeit eine recht unsichere Angelegenheit; noch im 18. Jahrhundert wurde der gezielte Schuß der Infanterie durch das Salvenfeuer ersetzt. Außerdem dauerte das Laden unendlich lange, und die Schußentfernung blieb zunächst so gering, daß der Schütze, wenn er einmal abgefeuert
hatte, dem Reiter, ja selbst dem Fußknecht mit der blanken Waffe unterlegen war, wenn er nicht hinter einer sicheren Deckung stand.

Es ging also im wesentlichen darum, ein ununterbrochenes Feuergefecht
zu unterhalten. Dazu konnten die Schützen, in einem eigenen Haufen zusammengefaßt, nacheinander schießen, ein sog. Schneckenfeuer abgeben, wobei
der Schütze, der gerade geschossen hatte, zum Laden rasch hinter einen
feuerbereiten Kameraden trat. Auch ein abwechselndes Schießen der Abtei-

lungen war möglich. Aber in der Praxis erwies es sich, daß diese beiden Verfahren nur erfolgreich angewendet werden konnten, wenn die Schützen hinter einer Deckung oder einem Hindernis standen. Auf offenem Feld dagegen waren Schützen nur wirksam einzusetzen, wenn sie, von Reitern oder Fußvolk energisch angegriffen, durch eigene Reiterei entlastet wurden oder sich in oder hinter Spießerhaufen zurückziehen konnten. Deshalb setzte man sie meist als »Flügel« oder »Ärmel« an Spießerhaufen angelehnt ein. Doch bereits GRIMMELSHAUSEN drückt sich in seinem Roman »Simplicius Simplicissimus« etwa dahingehend aus, daß von den Piken, also den Langspießen, nur diejenigen getroffen würden, die so dumm waren, selbst hineinzulaufen. Es ist hier nicht der Ort, über die allmähliche Entwicklung der Gevierthaufen zu den spanischen Tercios, der niederländischen Brigade und der schwedischen Ordonnanz zu sprechen, mit denen die Breite der Gefechtsordnung immer größer wurde, damit das Feuer aller Schützen zum Tragen kommen konnte. Zu erwähnen ist hier im Zusammenhang mit der Bewußtseinsentwicklung nur die Tatsache, daß zur Führung dieser Gefechtsformationen im Gegensatz zur Ritterzeit von nun an Offiziere und Unteroffiziere notwendig wurden. Vor allem der Feuerkampf zwang im Lauf der Zeit dazu, besonders den Unteroffizieren echte Führungsaufgaben zu übertragen.

In die gleiche Richtung der Persönlichkeitsentwicklung zielt die Aufrechterhaltung einer verschärften Disziplin, obwohl dies auf den ersten Blick als Widerspruch erscheint. Zunächst beruhte die Disziplin wohl allein auf der Stärke der Persönlichkeit des Obersten, der seine Gewalt nach eigenem Ermessen ausübte. Doch schon unter Kaiser MAXIMILIAN gab es eine schriftlich verfaßte Lagerordnung. Um sich zu vergewissern, daß diese Ordnungen auch eingehalten wurden, begannen die Schweizer damit, sie von jedem einzelnen beschwören zu lassen. Nach ihrem Beispiel beschworen etwa ab 1500 die Knechte die sog. Artikelbriefe einzeln beim Dienstantritt. Später wurden diese Briefe immer umfangreicher, so daß man bald daran ging, sie in kleinen Haufen gemeinsam beschwören zu lassen. Naturgemäß war der Inhalt der Artikelbriefe bei den verschiedenen Kriegsherren unterschiedlich. Aber allen gemeinsam lag der Gedanke zugrunde, einen zweiseitigen Vertrag zwischen dem Kriegsherrn oder dem Werbeherrn und dem geworbenen Landsknecht abzuschließen. Die Knechte beeiden ihre Verpflichtungen, und die Kriegs- oder Werbeherren erklären sich zum Einhalten bestimmter Versprechungen wie regelmäßiger Soldzahlung, Höhe des Soldes, Soldzahlung an Schlachttagen, Verteilung der Beute usw. bereit. Erst mit den stehenden Heeren verschwindet die Zweiseitigkeit, und es bleiben nur noch die Pflichten der Soldaten erhalten. Zuletzt werden die Pflichten durch Rechte ergänzt, die in der Wahrung der militärischen Disziplin ihre Grenzen haben, wenn ein Heer schlagkräftig bleiben soll. Besonders wichtig bei den Kriegsartikeln der Landsknechte ist das Verbot, eine »Gemeinde« zu bilden, d. h. modern ausgedrückt, sich gewerkschaftlich zusammenzuschließen und etwa zu streiken. Klagen dürfen nur von den Doppelsöldnern und in gebührender Form vorgebracht werden. Daß die Disziplin im Lager und in der Gefechtsordnung auch mit Schlägen aufrechterhalten wurde, bezeugen etliche zeitgenössische Quellen. Jedoch sollte der Feldwebel, dem diese Aufgabe beim Ordnen des Gevierthaufens oblag, nicht mit der Faust oder mit einem Stock, sondern mit dem Hellebardenstiel zuschlagen. Das galt natürlich nur so lange, wie der Landsknecht unter Vertrag stand. Manchmal hören wir daher, daß ein Profoß, Rumormeister oder Feldwebel nach dem Auslaufen des Vertrags von Landsknechten, die zu hart behandelt worden waren, verprügelt oder gar erschlagen wurde.

Die Disziplin im Gefecht selbst muß recht gut gewesen sein; selbst bei Truppen des Dreißigjährigen Krieges, die sich der Zivilbevölkerung gegenüber doch am rohesten benahmen. Oftmals wurden Befehle ausgegeben, daß derjenige, der im Gefecht weicht oder nicht energisch genug vorgeht, von seinem Nebenmann sofort niederzustechen wäre. Das gleiche Schicksal konnte auch dem Mildherzigen widerfahren, der in einem »bösen Krieg« Quartier gab. Schwere Vergehen oder gar Verbrechen wurden von einem Kriegsgericht abgeurteilt, wobei die Schöffen schon wie bei den modernen Kriegsgerichten den gleichen Rang wie der Angeklagte haben oder im Rang höher stehen mußten. Außer diesem Kriegsgericht gab es das »Recht der langen Spieße«, das sich die Landsknechte aber vor dem Beschwören der Artikelbriefe besonders ausbedingen mußten. Im Grunde genommen handelte es sich dabei um ein durch Abstimmung der Knechte eingesetztes Volksgericht, das in der Praxis zu einer rohen Lynchjustiz führte. Reiter hatten aufgrund ihrer Herkunft aus dem Lehnsrittertum noch für längere Zeit ein davon abweichendes Recht. Auch die Artillerie, die zunächst als reine Zunft galt, besaß eigene Freiheiten. Das ganze Söldnerwesen der Landsknechtszeit beruhte also auf einem Rechtssystem, dessen Grundlage der persönlich abgeschlossene Vertrag war.

Aus all diesen Vorschriften, Rechten und Bräuchen sowie aus dem Verhalten der Fähnlein in der Schlacht geht hervor, daß sich beim Orden der Landsknechte zum ersten Mal in der neueren Geschichte des Kriegswesens ein besonderer Korpsgeist der Truppe ausbildete. Wenn er auch, wie jede menschliche Einrichtung, im Lauf der Zeit gerade bei den Söldnerheeren negative Seiten zu Tage förderte, so weiß man doch, daß keine Truppe der Welt ohne Korpsgeist kriegstüchtig sein kann. Auch bei modernen Truppenteilen müssen die Waffenehre und die Ehre des Truppenteils unverletzlich sein. Die Verwaltung gestaltete sich bei den Landsknechten recht einfach, weil jedermann seine Waffen und Ausrüstung zur Musterung selbst mitbringen mußte. Erst später sind hier Änderungen eingetreten. So kam es auch, daß sich die Landsknechtsfähnlein zunächst meist aus der Stadtbevölkerung und aus den zweiten Söhnen der Rittergeschlechter zusammensetzten, die über die nötigen Mittel zur Beschaffung von Waffen, Rüstung und sonstigen Ausrüstungsstücken verfügten. Bauern gehörten anfangs kaum zu den Geworbenen, und Unfreien war zunächst der Eintritt verboten. Das änderte sich erst später, vor allem im Dreißigjährigen Krieg.

Die Verpflegung wurde weitgehend den Marketendern überlassen, denen der Profoß die Preise vorschrieb. Die Beute verteilte der Feldmarschall. Das Wort »Marschall« bedeutete ursprünglich Pferdeknecht. Aus dem Hofamt des für die Pferde Verantwortlichen ging der Mann hervor, der für alle Pferde im Heer verantwortlich war. Da die mittelalterlichen Heere, wie wir gesehen haben, fast ausschließlich aus Reitern bestanden, erhielt er bald den Vorsitz über das Gericht und die Aufgabe der Beuteverteilung. Als Gerichtsvorsitzenden lösten ihn bei den Landsknechten der Schultheiß und der Profoß ab. Die andere Aufgabe behielt er aber, und bald wird er die Dienststellung eines Lagerkommandanten erhalten. LAZARUS VON SCHWENDI nennt ihn 1578 nach dem General, dessen Stellung bis dahin ebenfalls geschaffen worden war, und dem Generalleutnant, d. h. dem Stellvertreter des Generals, als zweiten Vertreter des Feldherrn.

Die ungeheuren Trosse der Landsknechtsheere behinderten die Kriegsführung der damaligen Zeit in hohem Maß. Sie kamen vor allem zustande, weil die Knechte, soweit sie verheiratet waren, ihre Frauen und Kinder mit ins Feld nahmen. Z. T. war das begründet, wenn man daran denkt, daß es weder Feldküchen noch Bäckereien noch ein Sanitätswesen gab. Neben den Ehefrauen folgte dem Heer eine große Schar von Dirnen, die neben der Prostitution auch den anderen genannten weiblichen Tätigkeiten nachgingen. LAZARUS VON SCHWENDI hat versucht, den Troß durch Vorschriften kleiner zu halten und durchzusetzen, daß das Gepäck der Knechte von Saumtieren zu tragen sei und nur den Hauptleuten und Fähnrichen Wagen zustehen sollten. Viel Erfolg hat er mit diesen Vorschriften aber nicht gehabt.

Troß und Lager waren der Grund für die Zuchtlosigkeit der Landsknechtsheere in Zeiten, in denen nicht gekämpft wurde. Ständig kam es zu Streitereien um die Beute, den Proviant, die Weiber oder das Spiel. Der reichlich fließende Alkohol tat ein übriges. Bei jeder Rauferei griffen diese rauhen Gesellen zu den Waffen, obwohl nur das »Balgen«, d.h. das Duell, nach bestimmten Regeln erlaubt war. Sehr oft entwickelte sich aus der Rauferei zweier Streithähne eine Massenschlägerei, bei der sich auf beiden Seiten ganze

Fähnlein beteiligten. Äußerst kritisch wurde die Sache, wenn einer »die Nation« anrief, was im übrigen schärfstens verboten war. Dann kamen dem Angegriffenen alle seine Landsleute zu Hilfe, und nicht allzu selten geschah es, daß sich die Knechte eines Heeres untereinander ganze Schlachten lieferten, die keineswegs unblutig verliefen.

Das Grundübel aller Landsknechtsheere bildeten die häufigen Meutereien. Meistens stützten sie sich auf die Behauptung, der Sold sei nicht ausgezahlt worden, was leider auch nur allzu oft zutraf. Selbst gegen GEORG VON FRUNDSBERG haben die Landsknechte kurz vor dem Zug nach Rom einmal ihre Spieße gekehrt. Der alte Kriegsmann erlitt vor Enttäuschung und Zorn einen Schlagfluß, mußte nach Deutschland zurückkehren und hat sich davon nie wieder erholt. Kurze Zeit darauf starb er in seiner schwäbischen Heimat, ohne auch nur einen Pfennig von dem wiedergesehen zu haben, was er zum Anwerben der Knechte für seinen Kaiser KARL V. und das Reich persönlich an Hypotheken auf seine Güter aufgenommen hatte. Auch bei zu langer Kriegsdauer oder bei schlechter Versorgung, geringer Beute und ähnlichem liefen die Landsknechtsheere auseinander. So witzelte z.B. ein Italiener über das kaiserliche Heer, das im Krieg KARLS V. gegen Frankreich nach Südfrankreich vorgedrungen war und Marseille belagert hatte, es sei nach Abbruch der Belagerung unterwegs in den Alpen verlorengegangen.

Schlimm für die armen Bauern wirkte sich das »Garten« der Landsknechte in Friedenszeiten aus. Einzelne Trupps zogen dann stehlend und raubend durch die Lande, bis sie sich wieder bei einem neuen Kriegsherrn verdingt hatten. Der Bauer konnte froh sein, wenn sie ihm nur ein paar Hühner und ein paar Groschen stahlen und Frau, Töchter und Hof ungeschoren ließen. Erst die geregelte Versorgung der Soldaten in den stehenden Heeren hat diesem Unwesen ein Ende bereitet. Bei allen negativen Erscheinungen sind die Landsknechtsheere aber außerordentlich kriegstüchtig gewesen.

Schon mehrfach wurden die Feuerwaffen erwähnt. Wie wir feststellten, haben sie keineswegs zu Anfang der Neuzeit eine Revolution des Kriegswesens bewirkt. Nicht das Schießpulver hat die Ritterheere besiegt und ihre Burgen gebrochen, wie es Schulbuchautoren so gerne verkünden, sondern das neue Fußvolk mit seiner Disziplin und seinem Führungskorps, das bald zum Berufsoffizierskorps wurde. Die Technik lieferte lediglich ein Hilfsmittel, und zwar eines, das zu Anfang den herkömmlichen Waffen noch unterlegen war, was Schußweite und Durchschlagskraft betraf. Daß die Feuerwaffen dennoch im Verlauf von etwa zwei Jahrhunderten zur beherrschenden Waffe auf dem Schlachtfeld wurden, lag nicht an ihrer anfänglichen Leistung, sondern daran, daß Erfindungsgeist die in ihr steckenden Möglichkeiten zur Weiterentwicklung erkannte. Wie wir gleich sehen werden, geschah dies aufgrund neuer naturwissenschaftlicher Erkenntnisse, zu denen der Mensch des Zeitalters der Bewußtseinsseele mit Hilfe seines Intellekts durch Messen, Zählen und Wiegen gelangte. Die alten schweren Waffen wie Armbrüste, Pfeilgeschütze und Steinschleudern boten keine Entwicklungsmöglichkeiten mehr; selbst für die Torsionsgeschütze, die man nach dem gründlichen Studium der antiken Militärschriftsteller nachbaute, traf das zu, obwohl ihre Wirkung die ersten Pulvergeschütze bei weitem übertraf.

Wahrscheinlich ist das Pulver trotz der volkstümlichen Legenden über BERTHOLD SCHWARZ zunächst in China erfunden worden. Für Kriegszwecke belegt ist seine Verwendung in Raketen allerdings nicht vor dem 13. Jahrhundert. Bei der Belagerung von Pien-King im Jahr 1232 schossen die Chinesen mit Raketen, schleuderten eiserne Handgranaten und legten Erdminen an. Zu den ersten Schießversuchen mit büchsenähnlichen Waffen kam es aber wohl erst 1259, als die Chinesen brennende Zündflocken aus Bambusrohren verschossen. Die Schußweite hatte etwa dreißig Meter betragen, und es sollten damit auch nur brennbare Stoffe entzündet werden. Es hat sich also noch nicht um ein Schießen im modernen Sinne des Wortes mit Geschossen gehandelt, und weiter haben die Chinesen diese neue Waffe nicht entwickelt.

Wichtiger für Europa und das Kriegswesen sind Bemerkungen über das sog. griechische Feuer in byzantinischen Handschriften, die bis ins 10. Jahrhundert zurückgehen. Offensichtlich handelt es sich dabei um Beschreibungen von Pulverexplosionen. Das erste richtige Pulverrezept mit den drei Bestandteilen Salpeter, Kohle und Schwefel im Verhältnis 6:1:1 stammt aus einer lateinischen Schrift des 13. Jahrhunderts, die gewöhnlich MARCUS GRAECUS zugeschrieben wird. Zweifellos hat er das Rezept aus dem Griechischen übersetzt, und zwar aus einer Schrift, die Feuerwerkerei zum Inhalt hat. Auch ALBERTUS MAGNUS, der von 1193–1280 lebende Graf ALBRECHT VON BOLLSTÄDT, dem seine Zeit den Ehrentitel eines »Doctor universalis« verliehen hat, scheint ebenso wie der Engländer ROGER BACON (1214–1294) mit seinem Pulverrezept aus der gleichen oder einer ähnlichen griechischen Quelle geschöpft zu haben. Aber zu dieser Zeit hat man mit Sicherheit noch nicht an das Schießen mit Pulver gedacht, sondern nur an die Verwendung des Pulvers als Brandmittel.

Der erste historisch beglaubigte Pulverschuß fand in Europa im Jahr 1331 zur Zeit Kaiser LUDWIGS DES BAYERN in Friaul statt, als die beiden deutschen Ritter VON KREUZBERG und VON SPIELENBERG die Stadt Cividale angriffen. Danach häufen sich die Berichte über die Verwendung von »Donnerbüchsen«, die zunächst, ähnlich wie die Pfeilgeschütze der Antike, Bolzen, dann aber Kugeln verschossen. Neben dem Ausdruck »Donnerbüchse« ist eine ganze Reihe anderer zu verzeichnen, die wohl jeweils verschiedenartigen

Waffen galten. Die ältesten Feuerwaffen sind wahrscheinlich recht klein und kurz gewesen. In der frühesten Zeit sind zwei Grundformen zu unterscheiden. Die eine war eine Handfeuerwaffe, die aus einem Rohr mit sehr langem Stiel bestand, den der Schütze unter den Arm klemmte oder gegen den Boden stemmte. Von einem eigentlichen Zielen kann bei einer solchen Waffe natürlich keine Rede sein. Die andere Grundform hatte ein etwas größeres Kaliber. Ihr Rohr saß fest auf einem Balken, den man auf die Erde legte oder mit dem hinteren Ende in die Erde eingrub.

Zwischen der Erfindung des Pulvers und dem eigentlichen Schießen lag noch ein weiter Weg. Er nahm praktisch drei bis vier Jahrhunderte in Anspruch. Das war vor allem dadurch bedingt, daß das älteste mehlartige Pulver sich nicht etwa explosionsartig entzündete, sondern verhältnismäßig langsam abbrannte. Bei der Feuerwaffe kommt es aber auf eine Pulverexplosion an, durch deren Kraft ein Geschoß mit großer Gewalt in eine gewünschte Richtung geschickt wird. Die eigentliche große Erfindung war also die des Ladens. Die Zwischenstufe, die Entdeckung der Treibwirkung, darf vielleicht zwischen 1290 und 1320 dem Franziskaner BERTHOLD ANTLITZEN mit dem Klosternamen NIGER (Schwarz) zugeschrieben werden. Niger wurde er genannt, weil er der »Schwarzen Kunst«, der Alchimie, mächtig war. Wir erkennen hier wieder das eigenartige Phänomen, daß ein Mensch des vierten nachatlantischen Zeitalters mit Hilfe der mittelalterlichen Alchimie, die dennoch zur Chemie des neuzeitlichen, des naturwissenschaftlichen Zeitalters führte, eine für die fünfte nachatlantische Epoche entscheidende Entdeckung machte. Zwischen das Geschoß und die Ladung mußte beim Laden irgendeine Art Pfropfen gelegt werden, der das Rohr ganz fest verschloß. Erst wenn die gesamte Ladung in Brand geraten und alle Explosivgase entwickelt waren, durften der Pfropfen und das Geschoß aus dem Rohr getrieben werden. Das geschah am besten dann, wenn zwischen der Pulverladung und dem Pfropfen noch ein leerer Raum blieb, in dem sich die Gase zunächst sammeln konnten, bevor sie sich nach der schwächsten Stelle hin durch Ausdehnung ihren Weg bahnten. Wer die erste Schußwaffe erfunden hat und wo das geschah, wird wohl immer im dunkeln bleiben. Nur die Zeit steht in etwa fest, es war um 1300.

Um ein Beispiel für die Reichweite der ältesten Feuerwaffen zu geben, sollen diejenigen des französischen Ritters HUGUES DE CANDILHAC erwähnt werden, der seine Burg Bioule im Jahr 1347 verteidigte und dazu 22 Büchsen einsetzte. Jeder Mann der Besatzung hatte zwei dieser Büchsen zu bedienen, d. h. er mußte sie hintereinander abfeuern. An ein erneutes Laden während des Gefechts war gar nicht zu denken. Was die Reichweiten anbetrifft, so sollten zuerst die großen Armbrüste schießen, dann die

Schleudern und erst zuletzt die Büchsen, weil ihr Schuß nicht weit genug reichte.

Mit der Zeit lernte man es, den Salpeter zu reinigen. Entscheidend aber war die Herstellung des gekörnten Pulvers. Dazu feuchtete man es zunächst an, rollte es zu kleinen Knollen und ließ es dann wieder trocknen. Durch die winzigen Zwischenräume zwischen den kleinen Knollen beschleunigte sich die Verbrennung. Von den Knollen war es dann nur noch ein kurzer Weg bis zur Körnung, bei der man den angefeuchteten Pulverbrei einfach durch ein Sieb drückte. Durch die Verbesserung des Pulvers war es im Lauf des 15. Jahrhunderts möglich, den leeren Raum zwischen Ladung und Pfropfen wieder aufzugeben, der von nun an nur noch die Ladung vom Geschoß trennte.

Wie bei den meisten neuen Waffen, so wurden zunächst einmal wegen ihrer Unmenschlichkeit auch die Feuerwaffen als »höllisch« verfemt, und man weigerte sich oft, den Bedienungen dieser Waffen Pardon zu geben. Nicht selten soll es vorgekommen sein, daß man gefangene Büchsenmeister in ihre eigenen großen Büchsen steckte und abfeuerte. Ein solches Schicksal hat ja noch, wenn auch aus anderen Gründen, der falsche russische Zar DIMITRIJ SAMOSWANEZ am Anfang des 17. Jahrhunderts mit seiner Asche erlebt.

Wie rasch die naturwissenschaftliche Forschung auf diesem Gebiet voranschritt und welche Probleme sich dabei ergaben, die eben nur ein naturwissenschaftliches Denken lösen konnte, sollen ganz wenige Beispiele zeigen.[205] Im grundsätzlichen war zu Anfang der Unterschied zwischen Handfeuerwaffen und Geschützen nicht allzu groß. Bald jedoch konstruierte man im romanischen Bereich zuerst die gewaltigen Bombarden, mit denen Breschen in die Mauern von Städten und Burgen geschossen werden sollten. Es war klar, daß die Kraft des Pulvers hier den Steinschleudern überlegen war. Das Geschützrohr bestand aus zwei Teilen. Die Kammer besaß einen kleineren Durchmesser und hatte die Pulverladung aufzunehmen. Sie wurde nach vorn mit einem Klotz aus Weichholz fest verkeilt. Dazu kam das sog. Vorhaus oder der Flug, in dem die riesige Steinkugel lag, die mit Werg oder Lehm festgelegt wurde. Vorhaus und Kammer wurden getrennt transportiert und erst vor dem Schuß zusammengefügt. Zunächst war das Vorhaus sehr kurz, so daß die Steinkugel daraus hervorragte. Das große Kaliber der mittelalterlichen Geschütze von 60–80 cm ist auf diese Kugeln zurückzuführen. Das Hauptziel der Geschütze waren Befestigungsanlagen. Entscheidend für die Wirkung im Ziel war nach der Formel $m \cdot v^2 : 2$ die Auftreffwucht. Die Endgeschwindigkeit (v) konnte man nur begrenzt erhöhen, weil die Steinkugeln bei zu schnellem Auftreffen wirkungslos zerschellten. Daher mußte man die Masse (m) vergrößern, und das führte zwangsläufig zum großen Kaliber. Erst mit der Einführung von Eisenkugeln konnte die Endgeschwindigkeit optimal erhöht werden. In der Zwischenzeit erkannte man auch die Vorteile, die in einem längeren Rohr lagen, und konstruierte die Geschütze entsprechend.

Welche Probleme aber der Transport großer Geschütze bot, zeigt die Geschichte der berühmten großen Büchse der Stadt Nürnberg aus dem Jahr 1388, die den Namen »Chriemhilde« erhielt und 2,8 Tonnen wog. Sie mußte von 12 Pferden gezogen werden, ihr Geschoß hatte ein Gewicht von 375 kg. Die »Wiege«, also die Lafette für das Geschütz, wurde von 16 Pferden gezogen. Ein Schild zum Schutz der Bedienung wurde auf drei Karren verladen, die jeweils zwei Pferde benötigten. Elf Steinkugeln für das Schießen befanden sich auf vier vierspännigen Wagen. Alle übrigen Werkzeuge wie Hebezeuge, Schaufeln und Seile sowie das Gepäck des Geschützmeisters benötigten zwei weitere Wagen mit vier Pferden. Zur Bedienung gehörten acht Knechte mit Brustharnisch und Eisenhut, die auf einem weiteren Wagen fuhren. Der Büchsenmeister selbst war beritten. An Pulver wurden dagegen nur 75 kg mitgeführt. Diese Menge reichte aber durchaus , weil man höchstens mit elf Schuß rechnete, die aber nur im Verlauf mehrerer Tage abgegeben werden konnten. Pro Schuß brauchte man knapp 7 kg Pulver.

Die Rohre der Geschütze waren anfangs zumeist aus Schmiedeeisen. Doch schon im 14. Jahrhundert begannen die Waffenmeister, Bronzerohre zu verwenden, die gegossen wurden und aufgrund des Materials wesentlich leichter waren. Besonders schwierig gestaltete sich die Lafettierung, denn je größer die Geschütze wurden, um so schwieriger war es, sie fest zu lagern, den Rückstoß aufzufangen, sie zu richten und vor allem sie zu bewegen. Balancierende Schildzapfen sind erst seit dem Italienzug des französischen Königs KARL VIII. im Jahr 1494 bekannt, und Schildzapfenscheiben, die den Spielraum im Schildzapfenlager beseitigten, besaßen erst die Geschütze Kaiser MAXIMILIANS. Doch sollte es noch bis ins 18. Jahrhundert dauern, bis eine gute Lösung gefunden war. Dem Schwedenkönig GUSTAV ADOLF gelang es im Dreißigjährigen Krieg als erstem, eine Art leichte Artillerie ins Leben zu rufen, deren Geschützrohre mit Leder überzogen waren und daher »Ledergeschütze« genannt wurden. Ihre verhältnismäßig gute Beweglichkeit erlaubte es ihm, sie in der Schlacht bei Breitenfeld 1631 mit überragendem Erfolg als richtige Feldartillerie einzusetzen, während das vorher nur bedingt und unter großen Schwierigkeiten möglich gewesen war. Die Schweden konstruierten sogar Orgelgeschütze mit drei Reihen von Rohren. Dabei waren die Rohre auf dem Block mit dem Geschützrohr drehbar, ähnlich wie bei einem Trommelrevolver. Diese Geschütze bildeten die Vorläufer der französischen Mitrailleusen und schließlich der Maschinengewehre.

Neben den schweren Steinkugeln wurden auch mehrere kleine Kugeln oder Kieselsteine als Kartätschen verwendet. Möglicherweise kannte man, nach einer Abbildung zu urteilen, am Ende des 15. Jahrhunderts sogar schon Bomben. Die wichtigste Neuerung bei der Munition war jedoch die Eisenkugel, die durch die Erfindung des Eisengusses ermöglicht wurde. Erst vom französischen Italienzug des Jahres 1494 ab ist sie mit Sicherheit belegt. Bei ihrer großen Wirkung brauchte sie nicht mehr so groß zu sein wie die Steinkugel, und es gelang den Franzosen damit tatsächlich, rasch eine Stadt nach der anderen zu überwinden.

Bei den Handfeuerwaffen schritt die Entwicklung von den zweiteiligen Lotbüchsen über die sog. Hakenbüchsen, die nur zur Verteidigung an Mauern oder Palisaden eingesetzt werden konnten, zur Muskete voran. Alle diese Waffen besaßen zunächst nur ein Luntenschloß, und die im freien Feld verwendbare Muskete mußte ihres Gewichtes wegen bis weit ins 17. Jahrhundert auf einer Gabel abgestützt werden. Obwohl Kimme und Korn bereits um 1430 erfunden worden waren, blieb das genaue Zielen eine höchst unsichere Sache. Das lag vor allem daran, daß der Schütze durch den zweimaligen Pulverblitz, der selbst noch bei den Steinschloßgewehren der napoleonischen Zeit auftrat, geblendet wurde und die Waffe verriß. Daher verließ man sich mehr auf das Massenfeuer, bei dem man die Waffe nur auf den Feind, etwa auf halbe Manneshöhe richtete, als auf das genaue Zielen. Die Schußentfernung betrug etwa 100 Schritt, obwohl bei bürgerlichen Schießübungen vor den Stadtmauern Entfernungen von 180 bis 200 Schritt erwähnt werden. Doch zwischen dem Schießen auf einem Schießplatz und dem Schießen im Gefecht besteht ein erheblicher Unterschied. Ein weiteres Hindernis für das genaue Zielen war der Pulverdampf, der sich in ganzen Schwaden über das Gefechtsfeld legte und die feindlichen Reihen nur schemenhaft erscheinen ließ. Die Entwicklung bei der dritten Feuerwaffe, den Pistolen, die vor allem von der Kavallerie geführt wurden, glich der bei den Gewehren.

Mit der immer stärkeren Bindung der Kriegsführung und des Kriegswesens an materielle Gegebenheiten, eine Entwicklung, die sich nun mit immer größerer Geschwindigkeit vollziehen sollte, in Zusammenhang steht die wachsende Abhängigkeit der Kriegführenden vom Geld. Eng verbunden mit Geld ist wiederum die Vorstellung vom Krieg als Rechtsstreit. Die für die Kriegsführung benötigten Geldmittel waren so groß, daß selbst deutsche Kaiser wie MAXIMILIAN I. oder KARL V. sie nicht von sich aus aufbringen konnten. Sogar Steuern wie etwa der »Türkenpfennig« vermochten die Lükken in der kaiserlichen Schatulle nicht zu stopfen. Die Kaiser liehen sich daher Gelder bei den damals berühmten Finanziers wie etwa den Fuggern. Zudem konnte selbst ein furchtbar geschlagener Feind, wenn er nur über die nötigen Geldmittel verfügte, kurz darauf in gleicher oder noch größerer Stärke wieder auf dem Kriegsschauplatz erscheinen, während etwa der Kaiser, wenn er nicht die gleichen Mittel besaß, die Früchte seiner Siege dann wieder aus der Hand geben mußte. Entscheidend war dabei, daß weder die Volkskraft noch die Wirtschaftskraft eines Staates durch militärische Mißerfolge gebrochen wurde. Sie wurde nur insoweit angeschlagen, daß sich eine der Parteien als besiegt bekannte, weil sie andernfalls den Zusammenbruch ihrer Macht befürchtete und deshalb für den Augenblick lieber den Willen des Stärkeren erfüllte.

Bei der Betrachtung des Hochmittelalters haben wir gesehen, daß sich Ritterheere nur zum Angriff eigneten. Zu Beginn der Neuzeit spielten jedoch die beiden Gefechtsarten Angriff und Abwehr wieder eine gleich starke Rolle. Der Grund dafür lag im Entstehen des modernen Fußvolkes. Mit den ihm eigenen Fähigkeiten zu beiden Gefechtsarten wurde nun die Infanterie für lange Zeit zur Königin des Schlachtfeldes. Auch Aufklärung, Erkundung, Sicherung, Marsch und Verfolgung spielten wieder die ihnen zukommende wichtige Rolle, wenn auch die Verfolgung zumeist mit der Eroberung und Plünderung des feindlichen Lagers beendet war. Der Landsknecht wollte Beute machen, reich werden, und beides konnte er nur durch Plünderung eines Lagers oder einer Stadt erreichen. Auch dieses Element der Kriegsführung allein um der persönlichen Bereicherung willen, das nur in den Kriegen gegen die Türken etwas in den Hintergrund trat, war in dieser Art neu und ist ein Symptom, wenn auch ein negatives, für die Weiterentwicklung des Einzelmenschen in Richtung auf sein Ichbewußtsein.

Alle Militärschriftsteller der beginnenden Neuzeit sind sich darüber einig, daß die Belagerung von Städten und Festungen mit der damals modernen Artillerie noch immer ein schwieriges Unterfangen war. Während man im Mittelalter die Mauern so hoch wie möglich baute und ihre Stärke dabei von untergeordneter Bedeutung war, umgaben sich die Städte jetzt mit verhältnismäßig niedrigen, dafür aber um so stärkeren Mauern, in die Breschen zu schießen, immer schwerer fiel. Wenn die überfallartige Eroberung einer Stadt oder Festung nicht gelang, so mußte man sich auf eine langwierige Einschließung einlassen. Das aber kostete sehr viel Geld und endete recht oft damit, daß das Belagerungsheer auseinanderlief. Man verlegte sich daher häufig darauf, den eine Stadt verteidigenden Befehlshaber mit Geldangeboten zum Verrat zu verleiten. Das war billiger, als ein ganzes Heer monatelang zu unterhalten. So manchen Landsknechtsführer einer belagerten Stadt brachten üble Gerüchte in den Verdacht des Verrats, wie es z.B. EITEL FRIEDRICH VON ZOLLERN 1525 in Pavia widerfuhr, als er zusammen mit spanischen Truppen die Stadt gegen die Franzosen verteidigte.

Im übrigen stand die neue Ingenieurkunst schon auf einer recht beachtlichen Stufe. Vornehmlich verstand man es, Minen unter die Mauern vorzutreiben und sie mit Pulver zu sprengen. Ebenso versuchte der Belagerer, die Stadt in Brand zu schießen und den Feind damit zur Übergabe zu zwingen. Daneben gab es bei den Landsknechtsheeren einen Brandmeister mit seiner eigenen Brennfahne, wie der Ausdruck der Zeit lautete. Diese Brandmeister legten auf Befehl des Feldobristen auf konventionelle Weise Feuer. Manchmal geschah das auch dann noch, nachdem die Stadt oder Festung schon genommen war. Eigenmächtiges Brandlegen der Landsknechte galt dagegen nach den Kriegsgesetzen als Verbrechen und wurde dementsprechend geahndet. Auch darin zeigt sich wieder das juristische Denken der Zeit in bezug auf die Kriegsführung, hier allerdings zum Vorteil der Zivilbevölkerung.

Ein letztes Wort, die moderne Infanterie betreffend, ist noch über die Erkennungszeichen von Freund und Feind zu verlieren, da es Uniformen noch nicht gab und sich jeder Landsknecht nach eigenem Geschmack der Mode der Zeit entsprechend kleidete. Der Schlachtruf allein oder das Zeigen des Schildes mit seinem Wappen reichte bei den nun immer größer werdenden Heeren nicht mehr aus. Für die Schweizer steht fest, daß sie sich in einfachster Form ein weißes Kreuz auf die Brust, an den Ärmel oder an die Pluderhose nähten. Entsprechend kennzeichneten sich auch die Landsknechte eines Heeres mit Bändern oder ähnlichen Zeichen. Aus dem alten Nürnberg ist ein erster Versuch zur Uniformierung bekannt. Dabei kleidete die Stadt ihre eigenen, zum Wehrdienst verpflichteten Jungbürger rot ein. Bezeichnenderweise wurde die Farbe Rot gewählt, damit die unter den Waffen stehenden Jungbürger und Knechte das rote Blut aus den empfangenen Wunden nicht allzusehr bemerkten. Erst über hundert Jahre später sollten wirkliche Uniformen eingeführt werden.

Die Kriege, die das Heilige Römische Reich im 16. und 17. Jahrhundert führte, haben kaum weltgeschichtliche Bedeutung. Es sollen daher nur zwei von ihnen erwähnt werden, die Bauernkriege und der Dreißigjährige Krieg, die symptomatisch für die Entwicklung des menschlichen Bewußtseins und der Anschauung über den Krieg sind. Die Gründe für den Ausbruch des Bauernkrieges (1524–1526) waren zumeist nicht materielle Not. Bezeichnend für die Vermögenslage der Bauern ist der Umstand, daß sie in den meisten Fällen die hohen Geldstrafen, die gegen sie nach Ende des Krieges verhängt wurden, innerhalb von ein bis zwei Jahren bezahlt hatten. Viel schwerer als die materielle Not wog der Wille zum Bewahren des alten deutschen Rechts. Der Bauer verstand das gerade erst eingeführte römische Recht nicht und fühlte sich fast immer betrogen, wenn er von einem Gericht verurteilt wurde. Dazu kam das Freiheitsstreben des einzelnen Bauern sowohl aus seiner konservativ bedingten Lebenshaltung als auch aus dem Zeitgeist heraus, der die Entwicklung zur Einzelpersönlichkeit vorantrieb. Einen weite-

ren Anstoß bildeten die Lehren MARTIN LUTHERS und das daraus begriffene
»Göttliche Recht«, nach dem alles gesellschaftliche Geschehen am Maßstab
des Evangeliums beurteilt werden sollte. Hier finden wir die Kriegsgründe,
die auch zu diesem Aufstand führten: Fragen des Rechts, der Religion und
der Entwicklung der zur Freiheit geborenen Einzelpersönlichkeit. Einer der
Grundfehler der ganzen Aufstandsbewegung lag in dem, was FRIEDRICH
ENGELS »Lokalborniertheit« nannte; d.h., daß jeder Bauernhaufen nur
seine eigenen Interessen innerhalb eines bestimmten Gebietes im Auge
hatte. Nirgends kam es zu einer Koordination der Operationen der verschiedenen Bauernhaufen. Gestellungsbefehle nach dem Landesdefensions-
gesetz waren hierfür ein Grund. Danach war jeder Bürger nur dann verpflichtet, zur Verteidigung seiner engsten Heimat zu den Waffen zu greifen,
wenn er dazu aufgerufen wurde. Im Rahmen dieser Landesdefension gab es
also schon so etwas wie eine allgemeine Wehrpflicht. Geeignet waren diese
so ausgehobenen Truppen aber nur für die Verteidigung.

Am Bauernkrieg nahmen vor allem die begüterteren Bauern teil; ihnen
schlossen sich Handwerker aus den Städten und Adlige sowie Landarbeiter
und Kärner an, die FRIEDRICH ENGELS als Lumpenproletariat bezeichnete.
Zum Kreis der Sympathisanten zählte eine ganze Reihe bedeutender Huma-
nisten und Künstler, die aus den unterschiedlichsten Gründen die Sache der
Bauern unterstützten.

Die Aufstellung der Bauernheere ergab sich nur anfangs durch einfache
Zusammenrottungen. Später wurden Gestellungsbefehle aufgrund des Lan-
desdefensionswesens erteilt. Zur Teilnahme konnte man also gezwungen
werden, und man wurde dazu auch gezwungen. Wer sich dem Gestellungsbe-
fehl widersetzte, unterlag den gleichen Sühne- und Strafverfahren, ja oftmals
noch schlimmeren, wie sonst bei den regulären Heeren. Die Führer der Bauernheere waren keine Bauern. In der Mehrzahl handelte es sich um Gastwirte,
Handwerker, ausgediente Landsknechte oder Adlige. Die politische Führung, der Rat, war meist von der militärischen getrennt. Mit Ausnahme der
oft nur halbherzig als Anführer dienenden Ritter handelte es sich bei den
militärischen Führern meist um Landsknechte, die zwar selbst zu kämpfen
gelernt hatten, denen aber echtes Führungskönnen fehlte. Ihre Stellung und
Entscheidungen wurden sowohl durch die Wahl als auch die Abstimmung im
»Ring« negativ beeinflußt. Demokratische Abstimmungsverfahren sind für
militärische Entscheidungen stets untauglich gewesen. Darüber hinaus war
ein Teil der Führer korrupt und handelte aus persönlichen Motiven, um sich
zu bereichern oder zu rächen, und zwar in einem Ausmaß, das auf ihrer Ebene
durchaus dem der räuberischen und prunksüchtigen Gewaltmenschen der
oberen Schichten im Zeitalter der Renaissance entsprach.

Die Bauernhaufen gliederten sich im Gefecht wie die Landsknechtshaufen der Fürsten. Es fehlte ihnen aber an der damals entscheidenden Waffe, den Langspießen. Die übrige Bewaffnung, besonders an Feuerwaffen, wurde im Lauf der Zeit immer besser, manchmal sogar an Geschützen den Fürstenheeren überlegen. Mangel bestand an geschulten Büchsenmeistern. Das Fehlen einer schlagkräftigen Reiterei machte sich vor allem bei der Abwehr der feindlichen außerordentlich negativ bemerkbar. Dadurch wurden die unerfahrenen Gevierthaufen der Bauern zur leichten Beute der Reiter.

Die Versorgung der Bauernheere war im allgemeinen recht gut geregelt und stand derjenigen der Fürstenheere kaum nach, besonders nachdem Burgen und Städte mit ihren reichen Vorräten in die Hände der Bauern gefallen waren. Lebensmittellieferungen kamen mit oder ohne Befehl aus der näheren Umgebung und wurden meist bezahlt. Die Operationen der Bauernheere verliefen dagegen aufgrund der unerfahrenen Führung, auf die es nach dem Verschwinden der Ritterheere entscheidend angekommen wäre, unzusammenhängend und ohne Gesamtplanung. Die Verteidigung, zu der die Bauern allein in der Lage waren, bildete die wichtigste Kampfart, da es die Führung nicht verstand, auf gegnerische Maßnahmen offensiv zu reagieren. Aufgrund der mangelnden Kriegserfahrung und Disziplin waren die bäuerlichen Heere zum Angriff nicht fähig. Eine Ausnahme war lediglich das Treffen bei Schladming 1525, wobei allerdings die Nacht ausgenutzt wurde. Am schlimmsten machte sich bemerkbar, daß die einzelnen Bauernhaufen im Unterschied zu den Landsknechten keinen Korpsgeist besaßen. Die durch Wahl und Abstimmung begrenzte Disziplin war außerordentlich schlecht, so daß die Bauern weder Geschütz- und Hakenbüchsenfeuer noch den Angriff gepanzerter Reiter aushielten. Begeisterung, Wut und Zorn können im Gefecht niemals die Disziplin ersetzen. Letztere war aber gerade eine Stärke der fürstlichen Landsknechtsheere. Eben dieser Mangel an Disziplin erlaubte, wie stets in der Geschichte, auch Greueltaten und Plünderungen, die sogar über das damals übliche Maß hinausgingen. Während bei den Bauern Greueltaten durch disziplinlose Einzelne begangen wurden, geschahen sie bei den Fürsten, wenn überhaupt, auf Befehl. Besonders grausam verhielten sich neben denjenigen, die aus persönlichen Rachemotiven Ausschreitungen begingen, Frauen, wie etwa die berüchtigte SCHWARZE MARGRET, eine Beobachtung, die im Lauf der Geschichte bei Aufständen immer wieder zu machen ist.

Aus all diesen Gründen hatten die Bauern vom Beginn ihres Aufstandes an militärisch gesehen niemals auch nur die geringste Chance, den Sieg über die von erfahrenen Führern befehligten und kriegsgewohnten Landsknechte der Fürsten zu erringen. Die Niederlage war daher unausweichlich. Am Ende des Bauernkrieges zeigten sich die Landesherren weder mit Strafen noch mit

Forderungen auf Entschädigungen kleinlich. Unzählige aufständische Bauern wurden hingerichtet oder verstümmelt, andere mit hohen Geldstrafen belegt. Dennoch unterschied sich der Bauernkrieg entscheidend von früheren Revolten, Revolutionen und Aufständen. Die Gründe waren, wie gesagt, typische Gründe der beginnenden Neuzeit: Rechtsfragen und der Wille der Einzelpersönlichkeit zur Freiheit.[206]

Hatten sich die aufständischen deutschen Bauern in ehrlicher Überzeugung auf das »Göttliche Recht« und die Lehren MARTIN LUTHERS berufen, wobei sie bereit waren, für diese Überzeugung in den Tod zu gehen, so darf das von den regierenden Fürsten nicht unbedingt gesagt werden. Es braucht hier nur an den zuvor dem hugenottischen Bekenntnis anhängenden König HEINRICH IV. von Frankreich erinnert zu werden, der sagte: Paris vaut bien une messe – »Paris ist wohl eine Messe wert«, und damit zum katholischen Glauben übertrat. Auch JAKOB I. von England meinte, der Unterschied zwischen den Konfessionen sei im Grunde so groß nicht, und wo es keine Bischöfe mehr gebe, da werde auch dem Königtum bald der Atem ausgehen. Andere Fürsten, darunter auch viele deutsche, wechselten ohne Bedenken die Konfession, wenn sie sich daraus politischen Vorteil oder eine Erbschaft versprachen. Wenn die Religion und die Verteidigung der Konfession als Grund dafür genannt wurden, das Schwert zu ziehen, so handelte es sich meistens nur um einen Vorwand. Dieser Vorwand war gut, um die Soldaten zu motivieren; er bildete aber niemals mehr den wahren Kriegsgrund, selbst nicht im Dreißigjährigen Krieg. Auch in ihm war der Krieg eine ganz profane machtpolitische Angelegenheit geworden. Hatte man in den Kreuzzügen noch Christus, Petrus oder den Erzengel Michael als Führer über dem eigenen Heer erschaut, so kamen nun der Aberglaube, das Deuten von Zeichen beim einfachen Volk auf. »Schlimme Ereignisse wie ein Türkeneinfall oder wie der Tod eines Königs wurden durch einen Kometen angekündigt. Manchmal regnete es Blut, manchmal hörte man plötzlich laute Trompetenstöße, niemand wußte woher; die Wolken teilten sich, und hoch am Himmel sah man zwei Heere gegeneinander kämpfen. Die Bedeutung einer solchen Erscheinung war unsicher, aber gut war sie nicht.«[207]

Das herausragende Beispiel für den Mißbrauch der Religion ist der von 1618 bis 1648 tobende Dreißigjährige Krieg, der vorwiegend auf deutschem Boden ausgetragen wurde. In Wirklichkeit ging es dabei um den Kampf Frankreichs gegen die habsburgische Umklammerung, Schwedens um das Dominium Maris Baltici, Spaniens zur Behauptung der Niederlande, der Niederlande zur Erringung der Unabhängigkeit und der größeren Reichsstände zur Erweiterung ihrer Macht. Die Feldzüge waren gewissermaßen überlagert von den religiösen Auseinandersetzungen zwischen Katholiken, Protestanten und Calvinisten.

Bei all seiner Schwäche stellten noch immer das Deutsche Reich und vor allem das Haus Habsburg mit seinen engen verwandtschaftlichen Beziehungen zum Spanischen Imperium, das sich von der Iberischen Halbinsel aus über fast die ganze Welt erstreckte, eine gewaltige Macht dar. Wäre dieser Besitz weiterhin in spanischen Händen geblieben oder wäre die Machtstellung Spaniens nicht gebrochen worden, so hätte es niemals zur führenden Rolle der Anglo-Amerikaner in der fünften nachatlantischen Epoche kommen können. Wollte man aber Spanien weiter schwächen, so mußte auch die Macht des Reiches gebrochen werden. Richtungweisend sagt dazu Rudolf Steiner: »Wenn Sie annehmen, daß richtig ist, was ich Ihnen vor einiger Zeit gesagt habe, daß in den heranwachsenden und namentlich seit *Jakob 1.* besonders groß werdenden okkulten Brüderschaften seit Jahrhunderten wie eine selbstverständliche Wahrheit gelehrt worden ist, daß an die angelsächsische Rasse alle Weltherrschaft der fünften nachatlantischen Zeit übergehen müsse, so werden Sie System finden in diesem Überwinden und gewissermaßen Ausrotten der Seeherrschaft der anderen. Und wenn man dazunimmt, was ich auch schon angedeutet habe, daß gelehrt wurde und wird: Diese fünfte nachatlantische Rasse der englisch sprechenden Völker, wie man sagt, muß überwinden die Völker der lateinischen Rasse, – so werden Sie das Systematische in den geschichtlichen Vorgängen schon sehen.

Die Hauptsache, auf die es ankommt, ist zunächst das Wechselspiel zwischen den englisch sprechenden Völkern und den irgendwie lateinisch sprechenden Völkern. Man versteht die neuere Geschichte nicht, wenn man nicht weiß, daß es vor allen Dingen darauf ankommt – und daß die Dinge so dirigiert werden –, zugunsten der englisch sprechenden Bevölkerung die Welterscheinungen so einzurichten, daß der Einfluß der in irgendeiner Weise lateinisch sprechenden Bevölkerung aufhört. Unter gewissen Umständen kann man solch ein Aufhören am besten dadurch bewirken, daß man eine Zeitlang den anderen fördert und ihn dadurch in seine Gewalt bekommt. Dadurch kann man vielleicht am besten dazu beitragen, daß man ihn aufsaugt.«[208]

Wenden wir uns zunächst wieder dem Dreißigjährigen Krieg zu; über die Brechung der Seeherrschaft der Spanier muß noch gesprochen werden. Bekanntlich begann der Dreißigjährige Krieg mit dem Feldzug der Kaiserlichen gegen FRIEDRICH VON DER PFALZ, der zum König von Böhmen gewählt worden war. Über diese Wahl sagt wiederum Rudolf Steiner: »Das erklärt sich Ihnen, wenn Sie wissen, daß er der Schwiegersohn Jakobs 1. ist, Jakobs 1., der am Ausgangspunkt der Erneuerung der Brüderschaften steht! Sie sehen: Hier kommt eine Hand ins Spiel, die man wohl berücksichtigen muß, wenn man die symptomatische Geschichte ins Auge faßt; hier kommt ins Spiel, daß von einer gewissen Seite her die Dinge nach einer ganz gewissen Richtung gelenkt werden sollten. Nun, damals ist es ja mißlungen. Aber man sieht, wie der Finger im Spiel ist. Wichtiger als alle andern Zusammenhänge ist für dasjenige, was an Impulsen hier hat hineingeworfen werden sollen, daß der Schwiegersohn eines der bedeutendsten okkultistischen Menschen, Jakobs I., just an diesen Platz geworfen wurde.

Es handelt sich eben darum, daß wir es in der ganzen neueren Geschichte zu tun haben mit einem Gegensatz zwischen dem alten romanisch-lateinischen Wesen und demjenigen Wesen – ich sage nicht des englischen Volkes, dieses würde mit der Welt sehr gut auskommen –, aber demjenigen, das von der Seite, die ich ja genugsam charakterisiert habe, aus diesem englischen Volke gemacht wird oder gemacht werden soll, wenn es sich nicht dagegen wehrt. Um den Gegensatz dieser zwei Elemente handelt es sich.«[209] Trotz der Niederlage des Winterkönigs in der Schlacht am Weißen Berge hielten sich die Kräfte während dieses Krieges selbst bei schweren Niederlagen der einen Seite und großen Siegen der anderen im wesentlichen in der Waage. Beim Westfälischen Frieden 1648 sah die Verteilung der Religionszugehörigkeit auf dem Gebiet des Heiligen Römischen Reiches Deutscher Nation fast genauso aus wie 1618. Das romanisch-katholische Element hatte sich gegen das germanisch-protestantische nicht durchsetzen können. Die in der Reformation gewonnene erste Geistesfreiheit des Einzelmenschen, die ganz im Sinne der sich entwickelnden Bewußtseinsseele stand, blieb erhalten. Doch das alte Heilige Römische Reich Deutscher Nation war als Machtfaktor verschwunden. Die Bevölkerung Deutschlands sank durch Krankheiten, Hunger und kriegerische Ereignisse von 40 Millionen auf 7 Millionen. Der Abfall der Niederlande und der Schweiz wurden vertraglich besiegelt. Die deutsche Ostseeküste war nun vorwiegend in schwedischer Hand, und Frankreich hatte sich am linken Rheinufer im Elsaß und in Teilen Lothringens festgesetzt. Diese Erfahrung sollte die Deutschen lehren, nach einem neuen starken Reich zu streben, das nicht mehr zum Spielball der umliegenden Mächte werden konnte. England und Frankreich aber gingen als die führenden Mächte in Europa aus diesem Krieg hervor. Aber diese Entwicklung »hängt wahrhaftig nicht mit den Ursachen, die zu ihm geführt haben, irgendwie zusammen. Und gerade das ist nun das Wichtigste im Gang der neueren Zeitgeschichte, daß sich anschließend an den Dreißigjährigen Krieg die nationalen Impulse im Verein mit den anderen Impulsen [die vorher charakterisiert wurden] dazu entwickeln, daß Frankreich und England die repräsentativen Nationalstaaten werden.«[210]

Hegemonial- und Unabhängigkeitskriege

Die weitere Ausprägung des Nationalismus und die Entwicklung und Emanzipation der Persönlichkeit in England und Frankreich bildeten die wichtigsten Ergebnisse dieses vornehmlich auf deutschem Boden ausgetragenen Krieges. In Frankreich sollte diese Entwicklung die Richtung auf den Einzelnen hin nehmen, in England dagegen die Richtung auf die Menschheit. »Frankreich verändert das Nationale innerhalb des Nationalstaates so, daß es hintendiert zur Umänderung des Menschen in sich , daß es darauf hintendiert, den Menschen zu etwas andrem zu machen. In England nimmt aus dem Nationalen heraus das Persönliche den Charakter an, daß es sich hineintragen will in alle Welt, daß es die ganze Welt so machen will, daß überall die Persönlichkeit aufwächst. Der Franzose will mehr zum Erzieher des Persönlichen in der Seele werden, der Engländer will zum Kolonisator der ganzen Menschheit werden mit Bezug auf die Einpflanzung der Persönlichkeit. Zwei ganz verschiedene Richtungen; der Mutterboden ist das Nationale. Einmal schlägt es nach der Seele, nach innen, das andere Mal schlägt es nach außen, nach der Seele der Menschheit. So daß wir zwei parallelgehende Strömungen haben in Frankreich und in England mit zwei sehr stark sich unterscheidenden Nuancen. Daher konnte auch nur in Frankreich, wo das Innere der Persönlichkeit ergriffen wurde, das Gebilde, das sich da jetzt ... entwickelte, über Ludwig den XIV. und so weiter dann zur Revolution hinführen. In England führte es zum ruhigen Liberalismus, weil es sich nach außen entlud, in Frankreich nach innen, nach dem Innern des Menschen.«[211]

Der schon erwähnte Gegensatz zwischen den germanischen, vornehmlich angelsächsischen Völkern und den romanischen drückte sich in den Kriegen aus, die England um Seeherrschaft und Kolonialbesitz zunächst gegen Spanien und dann gegen Frankreich führte. Ohne diese Kriege hätte die Ablösung der eine lateinische Sprache sprechenden Völker durch die in der fünften nachatlantischen Epoche führenden angelsächsischen Völker nicht erfolgen können. Wiederum wird die Geschichte zeigen, daß große und entscheidende Veränderungen, solange die Menschheit so ist, wie sie sich im Augenblick darstellt, allein durch Anwendung militärischer Gewalt durchgeführt wurden, denn das Alte gibt nicht ohne Einsatz auch der letzten möglichen Mittel auf und das Neue kann sich nicht ohne Anwendung gleicher Mittel durchsetzen.

Bevor wir uns wieder dem Geschehen im Westen zuwenden, muß auf Ereignisse im Osten, im heutigen Rußland, eingegangen werden, die für unsere Epoche des Atomzeitalters von entscheidender Bedeutung werden

sollten. Iwán III. (1440–1505) war es gelungen, das Tartarenjoch völlig abzuschütteln. Er war mit einer byzantinischen Kaisertochter verheiratet und
nannte sich als erster »Selbstherrscher von ganz Rußland« (Zar). Mit Hilfe
der adligen Kriegerkaste, der Bojaren, wandelte er das Moskowiterreich in
einen nationalen Einheitsstaat um. Sein Enkel Iwán Grosnyj übernahm als
17jähriger 1547 die Regierung. Im Deutschen nennt man ihn meist Iwán den
Schrecklichen, obwohl das Wort *grosnyj* neben der Bedeutung von
»schrecklich« auch einen durchaus positiven Sinn hat. Als die Tartarenmacht
in Kasan immer mehr verfiel, nutzte er die sich ihm bietende Gelegenheit,
eroberte 1552 die Stadt und bezog das ganze Gebiet an der mittleren Wolga
seinem Reich ein. Um für Ruhe und Ordnung zu sorgen, griff er auf die seit
Jahrhunderten in Rußland bewährte Methode der Zwangsumsiedlung zurück. Er begnügte sich aber nicht mit dieser Eroberung, sondern stieß längs
der Wolga in das ehemalige Zentralgebiet der Goldenen Horde vor. So fiel das
ganze Gebiet der unteren Wolga bis nach Astrachan hin bis zum Jahr 1556 an
das Russische Reich. Das Moskowitische Reich wurde dadurch zu einem der
größten Territorialstaaten und besaß die wichtigsten Verkehrs- und Handels-
straßen nach den großen orientalischen Reichen. Gleichzeitig wurde sein
Staat damit zu einem Vielvölkerstaat unter großrussischer Herrschaft. Infolge dieser Eroberungen wanderte die Bevölkerung aus dem Norden wieder
in den Süden ein, daraufhin auch in den Südosten und drang allmählich aus
dem Waldgebiet in die Steppenzone vor. Gleichzeitig besiedelten russische
Bauern das Dnjeprbecken, wobei es sich vornehmlich um Ukrainer aus Polen
handelte. Trotz wiederholter Vorstöße der Krimtartaren, die bis nach Moskau gelangten, wurde schließlich die Einbeziehung des Wolgabeckens Voraussetzung für die noch unter Grosnyj einsetzende und später gigantische
Ausmaße annehmende Eroberung und Erschließung Sibiriens. Da bereits
Iwán III. das ehemalige Nowgoroder Gebiet seinem Reich eingegliedert
hatte, konnte nun der Vorstoß nach Asien viel weiter nördlich, über die Kama
hinaus bis zum Ural, und dann wieder nach Süden hinab bis ins Strombecken
des Tobolj, Irtysch und Ob fortgeführt werden.

Eine weitere Voraussetzung für diese die Welt verändernde Eroberung war
durch die Kosaken gegeben. Sie waren entstanden, als die alte »Rus« von
Osten und Westen her gleichermaßen bedroht war. Litauer und Mongolen
hatten den größten Teil des Landes unterjocht, und die eigene russische Oberschicht unterdrückte nach mongolischem Muster das niedere Volk. Um sich
diesen Verhältnissen zu entziehen, flüchteten Kleinrussen und später auch
Großrussen in das »Feld«, d.h. in die herrenlosen Landstriche, die zwischen
den Gebieten der Polen, Tartaren und Mongolen lagen, und lebten dort in
einer schrankenlosen, fast anarchischen Freiheit. Viele haben diese Kosaken

mit einem Ritterorden verglichen, ja sie bezeichneten sich manchmal selbst als Ritter. Aber das ist falsch. Schon ihre Lebensführung war mit dem ritterlichen Ideal unvereinbar. Nur in der Organisation und in der Verpflichtung zur Verteidigung des orthodoxen Glaubens gegen Christen und Nichtchristen gibt es eine entfernte Ähnlichkeit. Letztere Aufgabe machte die Kosaken vor allem zu Hütern der russischen Grenze im Südosten sowie zu Verbreitern des orthodoxen Glaubens. Doch gelang es den Großfürsten bzw. Zaren erst nach langen und wechselvollen Kämpfen, sie planmäßig zur Verteidigung des Reiches einzusetzen. Diese Kämpfe setzten natürlich eine Kriegsgliederung der Kosaken voraus. Dazu wählten sie sich ihren Atamán oder Hétman, der die Stelle eines Heerführers einnahm, sowie die verschiedenen Hundertschaftsführer. Die bekanntesten Kosaken dürften wohl die Donkosaken sein, die das »Große Heer vom Don« gebildet hatten und 1551 zum ersten Mal wegen ihrer ständigen Angriffe auf die den Nogaischen Tartaren gehörende Stadt Asów in einem Brief des Sultans an den Chan erwähnt werden. 1570 hat Iwán IV. Grosnyj das Bestehen des Kosakenheeres offiziell anerkannt und sein Verhältnis zu ihm auf eine vertragliche Basis gestellt. Doch gab es auch danach noch Schwierigkeiten, so daß der Zar sogar mit Waffengewalt gegen sie vorgehen mußte. Diese vertragliche Absicherung darf durchaus als im Sinne des Zeitgeistes stehend verstanden werden. Anders dagegen benahm sich Iwán IV. Grosnyj selbst. Der Zar, dessen Terrormethoden und absolute Herrschaftsansprüche weithin bekannt sind, war durchaus kein Vertreter der im übrigen Europa jener Zeit lebenden gewalttätigen und blutrünstigen Renaissancefürsten, wie sie besonders Italien kannte. Sein Gewaltherrschertum und seine Gewaltmethoden entsprangen einem tiefen Suchen nach Wahrheit, die den Russen immer wichtiger war als die Wirklichkeit. Diese Suche beruhte außerdem auf seinem unerschütterlichen und festen christlichen Glauben, zu dessen Wohl und Gedeihen er sich nicht scheute, Tausende und aber Tausende hinzurichten, zu verstümmeln oder zu deportieren. Selbst seinen Sohn ermordete er persönlich aus solchen Gründen, wie das auch Peter der Grosse später tun sollte.

Als der Zar mit Waffengewalt gegen die Donkosaken vorgehen mußte, floh ein versprengter Kosakenführer, Jermák Timoféjew, auf eine Aufforderung hin zu der bei Perm lebenden Kaufmannsfamilie Stróganow, der der Zar die Nutzung des sibirischen Raums gestattet hatte. Bereits im 15. Jahrhundert hatten die Stróganows an der oberen Kama riesige Gebiete erworben, dort Großhandel mit Pelzen betrieben und in großem Maßstab Salzsiedereien angelegt. Zum Schutz dieser Anlagen und dieses Gebiets gegen die in dieser Gegend lebenden wilden Stämme hatten sie Kosaken angeworben. Im Jahr 1558 bestätigte ihnen der Zar diesen gewaltigen Besitz, dessen Grenzen kaum zu bezeichnen waren, für zwanzig Jahre und gewährte ihnen das Recht, dort

Klöster und Städte sowie Befestigungen anzulegen. Darüber hinaus durften sie Truppen unterhalten und Kanonen gießen. Ein paar ihrer verwegenen Kosakentrupps stießen bereits in den sechziger Jahren durch ganz Sibirien hindurch bis nach Korea vor. Nur ein Jahrzehnt später besiegte JERMÁK TIMOFÉJEW mit einer Kosakenabteilung von nur 850 Mann das Chanat Sibirien und zerschlug es. Dieses gewaltige Gebiet wurde 1582 dem Zaren übergeben. Dieser stellte nun seinerseits die notwendige Waffenhilfe zur Verfügung, damit es befestigt und gesichert werden konnte. Diesem ersten Schritt zur Eroberung Sibiriens bis zum Stillen Ozean hin folgten in rascher Folge weitere, wobei 1587 Tobolsk, 1604 Tomsk, 1619 Jenissejsk, 1632 Jakutsk und 1649 Ochotsk erreicht wurden. Kurz darauf umschifften Russen zum ersten Mal das Ostkap Sibiriens und gingen später, im Jahr 1741, über die Beringstraße nach Alaska. Die russischen Zaren übernahmen somit ein Chanat nach dem anderen und traten damit das Erbe DSCHINGIS CHANS an. Das russische Reich und heutige Sowjetrußland wuchs damit immer tiefer nach Asien hinein, was nicht nur seine territorialen Auswirkungen hatte.[212] Diese Eroberung verschaffte Rußland eine geostrategische Stellung, die der einer Seemacht ähnelt, mit einer solchen aber nicht deckungsgleich ist. Das Unternehmen der Inbesitznahme Sibiriens lief, wie wir gesehen haben, keineswegs unblutig ab. Daß es in der Vorstellung und im Gedächtnis der Westeuropäer und Amerikaner in den Hintergrund trat, liegt vor allem daran, daß es sich fast unbemerkt und außerhalb des Brennpunktes des Weltgeschehens vollzog. Dennoch läßt es sich nur mit den Taten von CORTEZ und PIZARRO bei der Eroberung Lateinamerikas vergleichen.

Seit PETER DEM GROSSEN versuchte Rußland auch, Seemacht zu werden. Beinahe sieht es so aus, als sollte der Sowjetunion dies auch gelingen, denn ihr Flottenprogramm versucht alles das nachzuholen, was in der Vergangenheit versäumt worden war. Schwierigkeiten ergeben sich aber immer noch aus der ungünstigen Lage der Häfen, die entweder an der leicht zu sperrenden Ostsee oder dem ebenfalls abzuriegelnden Schwarzen Meer liegen oder vor einem unerschlossenen Hinterland im Fall jener Häfen und Stützpunkte, von denen aus ohne Schwierigkeit der Nordatlantik und der Stille Ozean zu erreichen wären. Die Sowjetunion ist heute daran, dieser für sie ungünstigen Lage zu begegnen. Daher wurden im Nordwesten der Hafen Archangelsk und die Halbinsel Kola sowie weitere Häfen ausgebaut und im Osten, über die Vergrößerung und Neuerschließung von Häfen hinaus, neben der Transsibirischen Bahn eine zweite Bahnlinie. Über die Bedeutung dieser Entwicklung muß später noch gesprochen werden.

Die einer Seemacht ähnliche Stellung Rußlands aufgrund der ungeheuren Tiefe der Landmasse wurde aber eingeschränkt durch den nun im Fernen

Osten auftretenden Gegensatz zu China und Japan. Besonders durch die Abtretung der chinesischen Küstenprovinz östlich des Ussuri im Jahr 1860, deren Rechtmäßigkeit die Volksrepublik China immer wieder bestreitet, kam es zu einer ständigen Verschärfung im Verhältnis zu der fernöstlichen Macht, die auf dem besten Weg ist, Großmacht zu werden.

Während die Eroberung Sibiriens durch Rußland die Voraussetzungen für weit in der Zukunft liegende Geschehnisse schuf, hatte der englisch-spanische Gegensatz seine unmittelbaren Auswirkungen auf die historischen Ereignisse, die mit dem späten 16. Jahrhundert begannen und bis in unsere Zeit und darüber hinaus reichen. Großbritannien, so sagt Rudolf Steiner einmal, verdankt seine welthistorischen Erfolge der Tatsache, »daß der Impuls der Bewußtseinsseele in das menschliche Ich hineingedrängt worden ist«.[213] Zu Anfang des 16. Jahrhunderts hatte es jedoch noch keineswegs den Anschein, als sollte die Inselmacht einmal in den Rang einer Weltmacht aufsteigen. Im Jahr 1558, dem gleichen Jahr, in dem ELISABETH I. den englischen Thron bestieg, verlor England seinen letzten Stützpunkt in Frankreich, die Festung Calais. Der zukünftige Feind Englands, Spanien, stand zur gleichen Zeit noch auf der Höhe seiner Macht, nicht zuletzt, weil seit 1580 eine Personalunion zwischen Spanien und Portugal bestand, das Herzog ALBA für seinen König erobert hatte.

Um dies zu verstehen, müssen wir ein kleines Stück in der Geschichte zurückgreifen. Als 1469 FERDINAND VON ARAGON und ISABELLA VON KASTILIEN heirateten, bestand in Granada noch immer ein selbständiges Reich der Mauren. Das spanische Herrscherpaar aber festigte in hohem Maße die Macht seines Königtums, indem FERDINAND sich zum Großmeister der drei Ritterorden seines Landes aufschwang. Damit gewann er ein vom Adel unabhängiges stehendes Heer, das sich nicht nur aus Rittern, sondern auch aus »dienenden Brüdern« als Fußvolk zusammensetzte. Über die hohe Disziplin der Ritterorden wurde schon gesprochen. So ist es nicht verwunderlich, daß dieses Ordensheer ein äußerst zuverlässiges Instrument in der Hand seines Königs wurde und allen Söldnerheeren überlegen war, die andere Herrscher durch die Vermittlung eines Werbeherrn anwerben mußten. Im Jahr 1492 gelang es FERDINAND und ISABELLA, die Mauren ganz aus Spanien zu verdrängen. Es war das Jahr, in dem COLUMBUS Amerika wiederentdeckt hatte. Der neue Kontinent wurde im Verlauf des folgenden Jahrhunderts spanisch oder, wie im Fall Brasiliens, portugiesisch, hinzu kamen die Eroberungen in Indien und Afrika. Spanien stellte damit nicht nur eine der größten Landmächte in Europa dar, sondern hatte sich auch zu einer Seemacht entwickelt, die mit ihren Flotten die damals bekannte Welt beherrschte. Doch ungewollt entstand innerhalb des spanischen Reiches bereits ein Feind, der zur Erschütterung der Seemachtstellung führen sollte. Als Kaiser KARL V. als deutscher Kaiser abdankte, fielen die Niederlande, die Freigrafschaft Burgund und einige italienische Besitzungen an PHILIPP II. von Spanien. Zunächst nahm die niederländische Schiffahrt am Anfang des neuen Jahrhunderts einen Aufschwung, der den der Hanse bei weitem übertraf. Die Niederländer hatten bereits unter KARL V. den Weitertransport der überseeischen Güter von Lissabon und Cadiz über Rhein und Schelde nach Mitteleuropa und in den Ostseeraum übernommen. Die Zufuhr von Lebensmitteln und Schiffbaumaterial auf die Iberische Halbinsel lag ganz in ihrer Hand. Allmählich begannen die Niederlande, sich auch in den außereuropäischen Handel einzuschalten. Als Glieder des Heiligen Römischen Reiches Deutscher Nation waren sie an dessen freiheitliche Verfassung gewöhnt und erfreuten sich großer, historisch gewachsener Sonderrechte. Der Versuch PHILIPPS II. von Spanien, ihnen diese Rechte zu nehmen, führte 1566 zum Aufstand. Die Kluft wurde durch die religiösen Gegensätze zwischen dem erzkatholischen Spanien und den Niederländern, die wenigstens in ihrem nördlichen Teil Protestanten waren, noch vergrößert. Als die Spanier 1585 Antwerpen nahmen, blühte Amsterdam als Handelszentrum für ganz Europa auf. Zehn Jahre später segelten die Niederländer bereits auf eigenen Schiffen bis nach Indien. Am Ende des 80 Jahre währenden Freiheitskampfes waren die Kräfte der Iberischen Halbinsel erschöpft und die spanische und portugiesische Seemachtstellung dahingeschwunden. Diese Ereignisse aber waren es, die England die Möglichkeit boten, sich zur neuen Seemacht aufzuschwingen und in mehrere Jahrhunderte währenden Kämpfen die Vorherrschaft der angelsächsischen Völker in der nördlichen Hemisphäre, z. T. aber auch noch in der südlichen, zu erringen und so die Macht des lateinischen Elements zu brechen. Nicht zuletzt der erwähnte Verlust von Calais führte dazu, daß England unter seiner jungen Königin ELISABETH I. sich vom Kontinent Europa abwandte und, durch seine Insellage begünstigt, neue Interessengebiete in Übersee fand. Dazu war ein Flottenbauprogramm nötig, dessen Ausführung die Königin auch sofort einleitete.

Auf den neuen Kriegsschiffen gab es keine stolzen Vor- und Achterkastelle mehr, nur noch ein erhöhtes Achterdeck, das für die Schiffsführung erforderlich war. Die nun beinahe glatt gedeckten Schiffe mit ihrem niedrigen Freibord und einem Längen-Breiten-Verhältnis von 3 : 1 wurden zum Standardtyp der englischen Marine. Große, für einen Nahkampf günstige Schiffe wurden nur noch in begrenzter Zahl gebaut, um den Gegner einzuschüchtern. Auch die unhandlichen großen Kanonen verschwanden zugunsten von leichteren, den damaligen deutschen Feldschlangen vergleichbaren Vorderladern, die eine 17 Pfund schwere Kugel 1¼ Meile weit schießen konnten. Die

Schiffe waren damit nicht nur wendiger und schneller, ihre Kanonen besaßen auch eine größere Reichweite als die Schiffe ihrer Gegner.

Diese Veränderungen entsprangen nicht zuletzt einem neuen, typisch englischen Verhalten, das die Ich-Bewußtheit der Engländer widerspiegelt. Englische Kapitäne hatten es schon seit einiger Zeit vermocht, der Königin Kaperbriefe abzuringen, mit denen sie quasi als »legalisierte Seeräuber« spanische Schiffe und Kolonien selbst im Frieden angreifen konnten. Unter diesen Freibeutern zeichneten sich besonders JOHN HAWKINS und dessen Vetter FRANCIS DRAKE aus. HAWKINS wurde sogar Oberbefehlshaber zur See und 1577 nicht nur königlicher Schatzmeister, sondern auch Leiter der Marine. Besaß Spanien die beste Infanterie der damaligen Zeit, so standen ELISABETH die besten Seeleute zur Verfügung.[214]

Immer wieder werden wir im Verlauf der folgenden Geschichte sehen, daß in England die großen Ereignisse, die zur Weltherrschaft dieses Staates führen sollten, zunächst nicht vom Staat, sondern von privaten Einzelpersönlichkeiten eingeleitet wurden. Auch dies ist ein Symptom für die erwachende Bewußtseinsseele und die Emanzipation der Persönlichkeit, die nach außen in die Räder der Weltgeschichte eingreift, um das typisch Nationale am englischen Wesen zum Ausdruck zu bringen. Als FRANCIS DRAKE sogar spanische Schiffe und Städte entlang der ganzen südamerikanischen Westküste überfiel und ausraubte, von seiner berühmtesten Expedition mit der »Golden Hind« Gold, Silber und Juwelen im Werte von einer halben Million Pfund Sterling nach England zurückbrachte, die Königin dies auch noch mit dem Ritterschlag an Bord seines Schiffes belohnte, Sir WALTER RALEIGH in Nordamerika 1584 die erste englische Kolonie Virginia gründete und auch die Überfälle der übrigen englischen Freibeuter auf spanische Stützpunkte und Schiffe immer häufiger wurden, entschloß sich PHILIPP II. von Spanien zum Krieg.

Von spanischen Häfen aus beabsichtigte er, mit einer Armee nach England überzusetzen. Dazu mußte er jedoch Truppen aus Flandern, die dort im Kampf gegen die Niederländer standen, abziehen. Während er noch die Flotte sammelte, segelte DRAKE im April 1587 mit 23 Schiffen in den Hafen von Cadiz ein. Die spanischen Galeeren, die noch kurz vorher bei Lepanto einen hervorragenden Sieg errungen hatten, zeigten sich den englischen Schiffen mit ihren Breitseitbatterien nicht gewachsen. So verbrannte DRAKE im Hafen 33 Handelsschiffe. Der spanische Angriff aber mußte um ein Jahr verschoben werden, um eine neue Flotte auszurüsten.

Nach mehrfachen Verzögerungen traf die spanische Flotte im Juli 1588 im Ärmelkanal ein. Den Oberbefehl über die sechs Geschwader Segelschiffe, ein Geschwader Galeeren und ein Geschwader Troß-Schiffe führte Herzog MEDINA-SIDONIA. Königin ELISABETH vertraute die Flotte Lord High Admiral

HOWARD an, dem DRAKE, HAWKINS und FROBISHER zur Seite standen. Die spanische Armada umfaßte rund 130 Schiffe und 30000 Mann Besatzung. Davon waren zwei Drittel Landsoldaten. Wie bei Lepanto verließen sich die Spanier auf ihre Stärke im Enterkampf. Die Artillerie betrachteten sie nur als Nebenwaffe; sie bestand aus einer großen Zahl Kanonen von kleinem Kaliber, die in den hohen Kastellen der Segelschiffe aufgestellt waren. Dagegen setzten die Engländer fast 200 Schiffe ein, die zum größten Teil aus kleinen bewaffneten Kauffahrern bestanden. Die Besatzung betrug 15000 Mann, unter denen sich ein Drittel Landsoldaten befanden. Im Gegensatz zu den Spaniern besaßen die Engländer fast durchweg Segler und führten ihre Kanonen größeren Kalibers in der Breitseitaufstellung. Sobald man die Armada gesichtet hatte, lief die englische Flotte aus Plymouth aus.

Als die Spanier in einer Art zum Feind gerichteter Mondsichelform ansegeln (s. Fig. 9), umfahren die schnellen Segler der Engländer den Gegner und bringen den Schlußschiffen durch ihre Artillerie erhebliche Verluste bei. Den Enterkampf vermeiden sie. Nach der Wegnahme zweier zurückgebliebener spanischer Havaristen am 1. August, es handelt sich dabei um die größten spanischen Schiffe, munitionieren die Engländer am 2. August auf. Nach Einzelkämpfen an den beiden folgenden Tagen und nach dem Stranden eines weiteren großen spanischen Schiffes bei Le Havre wirft die Armada am 6. August vor Calais Anker. Dies verschafft HOWARD die Gelegenheit, das

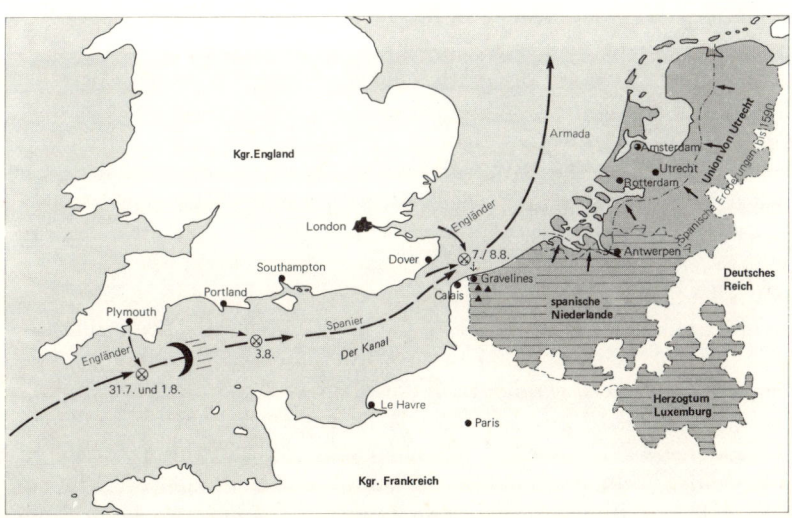

Fig. 9 Die spanische Armada im englischen Kanal (1588)

englische Themse-Geschwader unter SEYMOUR zu sich heranzuziehen. In der folgenden Nacht unternehmen die Engländer einen Branderangriff, wozu sie acht alte Segler, mit leichtbrennbaren Stoffen beladen, anzünden und gegen die spanischen Schiffe treiben lassen. Ihre Besatzung kappt rasch die Ankertaue und sucht sich entlang der flachen Küste in Sicherheit zu bringen. Dabei laufen wiederum mehrere spanische Schiffe auf Sand.

Am 8. August liegt die spanische Flotte weit verstreut bei Gravelines. Jetzt greifen die Engländer unter DRAKES Führung energisch an. Sie drängen die Spanier auf die flandrischen Sände, wobei diese schwere Verluste durch Artilleriefeuer und Strandung erleiden. Nur eine Winddrehung auf Süd ermöglicht es der spanischen Flotte, in die Nordsee zu entkommen. Während der Kämpfe im Kanal hatten sie 20 Schiffe mit rund 5000 Mann verloren. Da nun der Rückweg durch den Kanal von der englischen Flotte gesperrt, die Häfen in den Niederlanden aber in der Hand der aufständischen Holländer waren, entschloß sich SIDONIA zu einer Rückfahrt um die Britischen Inseln herum. Dabei ging in heftigen Stürmen noch die Hälfte der verbliebenen Schiffe verloren. Lediglich mit 65 Schiffen und 10000 Mann kehrte Herzog SIDONIA Ende September nach Spanien zurück. Es war dies die erste Seeschlacht, die nur durch den Kampf der Artillerie entschieden wurde. Die Vormachtstellung der spanischen Flotte war seit diesem Jahr gebrochen, obwohl es noch etliche Zeit dauerte, bis Spanien endgültig niedergerungen war.

An dieser Schlacht ist zu sehen, daß, wie so oft, der Sieger aus der, bis dahin als gewaltigste Seeschlacht angesehenen Galeerenschlacht bei Lepanto, nämlich die Spanier, sich auf ihren Lorbeeren ausgeruht hatten. Nur zu oft sollte sich dieser Vorgang im Lauf der Kriegsgeschichte wiederholen. Für die Zeit aber war es symptomatisch, daß die Engländer den Sieg durch eine Waffe errungen hatten, die nur unter Ausnutzung aller Erkenntnisse der damaligen Naturwissenschaften hatte entwickelt werden können. Geistesgeschichtlich betrachtet, gelang es durch den Sieg über die Armada, all das zurückzudrängen, was sich von Spanien her gegen die Entwicklung der emanzipierten Persönlichkeit richtete.

Was der Sieg über die Armada einleitete, das setzte sich 1596/97 fort, als eine Koalition aus Frankreich, England und den Niederlanden Spanien bekämpfte. Mehrere spanische Flotten wurden dabei teils durch Sturm, teils von den Engländern vernichtet. Als im Jahr 1600 die berühmte englische Ostindische Handelskompanie gegründet wurde, da entrissen Holländer, Engländer und Franzosen den Portugiesen auch das indische Handelsmonopol. Auf den Weltmeeren blieben vorläufig nur zwei Feinde übrig, die Englands Weltseestellung hätten in Frage stellen können. Es waren die Holländer und die Franzosen. Erst gegen Ende des 19. und zu Anfang des 20. Jahrhunderts kam das Deutsche Reich hinzu. Als CROMWELL 1651 die Navigationsakte erließ, nach der der Import nach England nur auf englischen Schiffen erfolgen durfte, traf das die Niederlande am empfindlichsten. Bis dahin hatten sie nämlich 66% der Welthandelsflotte besessen. So mußte es geradezu zu einem Seekrieg kommen, der von 1652 bis 1654 zwischen England und den Niederlanden tobte. England konnte ihn für sich entscheiden und stieg damit endgültig zur ersten See- und Kolonialmacht auf. Die Auseinandersetzung mit Frankreich sollte erst im Siebenjährigen Krieg von 1756 bis 1763 entschieden werden, und zwar vornehmlich durch die Siege Preußens auf dem europäischen Festland.

Neben der Ostindischen Handelskompanie entstand sehr rasch für den Handel mit der Neuen Welt die Westindische. Sie besaß bereits seit 1605 auf Barbados und seit 1646/47 auf den Bahama-Inseln Faktoreien, die den Gouverneuren auf den französischen Antillen ein Dorn im Auge sein mußten. Auf dem nordamerikanischen Kontinent gehörten Frankreich seit 1603 Kanada und seit 1682 Louisiana mit einer Reihe von Forts im gesamten Mississippigebiet bis nach New Orleans. Dagegen waren in englischer Hand seit 1584 Virginia, seit 1620 Massachusetts (durch die »Pilgerväter«), seit 1632 Maryland und ab 1664 durch Wegnahme der niederländischen Besitzungen auch New York, New Jersey und Delaware. 1683 gründete WILLIAM PENN die Quäkerkolonie Pennsylvanien, und 1713 erhielt Großbritannien Neufundland und Neuschottland, wodurch sich auch im Norden der englisch-französische Gegensatz verschärfen mußte. Wie bereits gesagt, erfocht dann Preußen Englands Siege auf dem Kontinent. Vornehmlich diesen Siegen auf dem europäischen Festland war es zu verdanken, daß starke französische Kräfte hier gebunden wurden und nicht zur Verteidigung des Kolonialbesitzes in Amerika eingesetzt werden konnten. So gewann England im Frieden von Paris 1763, nachdem seine Waffen schließlich in Übersee gesiegt hatten, Kanada und Louisiana, das nicht mit dem heutigen Bundesstaat Louisiana zu verwechseln ist, von Frankreich sowie Florida von Spanien, das ebenfalls in den Krieg eingetreten war. Auch in Westindien wehte bald die britische Fahne über dem ehemals französischen Guadaloupe, Martinique und anderen Inseln. Selbst Kuba ging 1761 für einige Zeit von Spanien an England über. Die Errichtung des britischen Kolonialreiches in West und Ost wirkte sich in Verbindung mit der Seeherrschaft so aus, daß Großbritannien in allen späteren europäischen Kriegen den ausschlaggebenden Vorteil besaß, strategisch auf der äußeren Linie, der des Belagerers, kämpfen zu können.

Rudolf Steiner spricht ausdrücklich von diesen Ereignissen, wenn er sagt: »Sie können heute ein Geschichtsbuch in die Hand nehmen und die Geschichte des Siebenjährigen Krieges lesen. ... Man muß ins Auge fassen, wie damals der südliche Teil von Mitteleuropa, Österreich, ganz in Verbindung war mit allem Lateinischen, sogar ein richtiges Bündnis mit Frankreich hatte, wie dagegen der nördliche Teil von Mitteleuropa – zunächst allerdings nicht, aber später – herangezogen worden ist von dem, das von einer gewissen Seite her eben zu der englisch sprechenden fünften nachatlantischen Rasse gemacht werden sollte.

Betrachten Sie die Bündnisse und alles dasjenige, was dazumal geschehen ist, so haben Sie den Krieg, der in Wirklichkeit geführt wurde zwischen England und Frankreich um Nordamerika und Indien. Und was in Europa geschah, ist eigentlich nur ein schwaches Spiegelbild davon. Denn vergleichen Sie alles dasjenige, was sich abgespielt hat im Großen – erweitern Sie Ihren Horizont –, dann werden Sie sehen, daß dazumal der Kampf wütete zwischen England und Frankreich, und Nordamerika und Indien spielten eben schon hinein. Es handelte sich darum, wer von diesen beiden Mächten der Gescheitere ist, die Verhältnisse so zu dirigieren, daß er dem andern die Herrschaft über Nordamerika beziehungsweise Indien abspenstig macht. Darinnen spielen große Voraussichten, darinnen spielt die Beherrschung bedeutsamer Impulse. Und wahr ist es: Der Einfluß, der von England aus in Nordamerika erzielt worden ist, der Frankreich abgewonnen worden ist, der ist auf den schlesischen Schlachtfeldern im Siebenjährigen Krieg erfochten worden«[215]

Fassen wir noch einmal, bevor wir wieder zu den Angelsachsen zurückkehren, die Stellung Frankreichs ins Auge. Gewiß war es nicht so, daß diese Macht nach dem britischen Sieg in Übersee und auf den Ozeanen keine Rolle mehr gespielt hätte; sie behielt ja noch bis tief ins 20. Jahrhundert hinein einen großen Teil ihres gewaltigen Kolonialbesitzes. Aber Frankreich als Vertreter der romanischen Völker war dort auf die zweite Stufe der Machtpositionen zurückgedrängt worden. Es hatte auch gar nicht die großen Möglichkeiten erkannt, die in überseeischen Besitzungen für die nächsten beiden Jahrhunderte steckten. Frankreichs Blick war der einer Landmacht und blieb auf den Kontinent gerichtet. Hier wollte es seit LUDWIG XIV. eine Hegemonie errichten. Gedanklich vorbereitet hatte diese Hegemonie bereits MAXIMILIEN DE BÉTHUNE, Herzog von Sully, im Jahr 1600 mit seinem Buch »Economie Royale«. Es enthielt den Plan einer europäischen christlichen Monarchie unter Führung Frankreichs. Anstelle des alten Kaiserreiches, dessen ständische Gliederung ein Abbild der himmlischen Hierarchien sein sollte, trat nun der Plan einer neuen europäischen Gesamtmonarchie, die sich auf profane und wirtschaftlich-militärische Macht stützen sollte. Zwei Jahrhunderte lang hat Frankreich mit unterschiedlichem Erfolg versucht, eine Hegemonie über Europa zu erringen. Mit diesem Bestreben rief es aber stets die anderen europäischen Mächte, vor allem Großbritannien, auf den Plan, das besonders im 18. und 19. Jahrhundert das europäische Gleichgewicht nicht gestört sehen wollte und sich dafür einen Festlanddegen, im Siebenjährigen Krieg eben Preußen, suchte. Frankreich versuchte als erste Kontinentalmacht in Europa, eine Hegemonialstellung zu gewinnen, ihm folgte das Deutsche Reich zwischen 1871 und 1914 sowie zwischen 1939 und 1945. Beide Versuche scheiterten schießlich an der unbezwingbaren Position der Seemächte. Ob dem seit 1945 unternommenen Versuch der Sowjetunion das gleiche Schicksal bestimmt sein wird, bleibt abzuwarten.

Kehren wir nun zu den Angelsachsen zurück. Das allmähliche Bewußtwerden der Vorteile eines weltweiten Rahmens war nicht das einzige Ergebnis der Kämpfe in Übersee. Nach dem Pariser Frieden von 1763 wuchsen die Spannungen zwischen dem englischen Mutterland und den amerikanischen Kolonien durch Siedlungsverbote jenseits der Appalachen, Unterbindung des kolonialen Eigenhandels, Erhebung indirekter Steuern zum Tilgen britischer Kriegsschulden und durch andere Maßnahmen der Krone. Im Jahr 1773 stürmten als Indianer verkleidete Bostoner Bürger drei im Hafen liegende Teeschiffe und versenkten die Ladung. Die Regierung sperrte darauf den Hafen und verhängte den Ausnahmezustand. Ein Jahr später entsandten 13 Neuenglandstaaten ihre Delegierten zum ersten Kontinentalkongreß nach Philadelphia. Dort beschlossen sie die Einstellung des Handels mit England und die Wiederherstellung der Rechtslage, wie sie vor dem Jahr 1763 bestanden hatte. Die Spannungen zwischen der Mehrheit der amerikanischen Kolonisten – aber absolut nicht aller; die Zahl der Englandtreuen, der Loyalisten, blieb bis zum Ende groß – und der britischen Regierung wuchsen ständig. Provokationen gegenüber den britischen Truppen nahmen zu, und schließlich schlitterte man nach dem sog. »Massaker von Boston«, bei dem fünf Rebellen von der nervös gewordenen Truppe erschossen wurden, am 19. April 1775 in die Gefechte bei Concord und Lexington und damit in den Revolutionskrieg.

Hier muß wieder einmal mit weithin herrschenden Vorurteilen aufgeräumt werden. Bei dem Aufstand der Kolonisten handelte es sich keineswegs um eine aus dem Augenblick geborene, spontane Reaktion gegen die Willkür der britischen Regierung und ihrer Truppen. Das Gegenteil war der Fall. Der britische Gouverneur GAGE genoß wegen seiner Freundlichkeit und Nachgiebigkeit gegenüber der Bevölkerung großes Ansehen. Man liebte ihn sogar. Aber gerade seine Nachgiebigkeit und die Anweisung an seine Truppen, Provokationen zu vermeiden, führten dazu, daß die Rebellen ihre Aktivität verstärkten und auch Zaghafte sich ihnen anschlossen. Diese Beobachtung ist in der Geschichte recht häufig zu machen. LUDWIG XVI., dessen Haupt unter der Guillotine fiel, ist dafür wohl das beste Beispiel. Auf der anderen Seite wurde die Stimmung gegen England vornehmlich von den Pfarrern, die den Kampf von der Kanzel herab predigten, und der Presse, die sich zum ersten Mal in der Geschichte aktiv in eine Revolutionsbewegung einschaltete und mit Greuelmärchen nicht sparte, heftig angeheizt. Nur so konnten sich die revolutionären Gedanken ausbreiten. Das zweite Vorurteil besteht darin, daß die Kolonisten spontan und ohne militärische Organisation zu den Waffen gegriffen und die britischen Truppen allein durch ihren revolutionären Eifer bezwungen hätten. Die Zivilbevölkerung allein hat das noch nie gekonnt. Gewiß gab es kein amerikanisches Heer, das wie die regulären Truppen jener Zeit ausgebildet gewesen wäre. Aber es gab eine Miliz, die sich in den ständigen Kriegen gegen die Indianer und Franzosen überall bewährt hatte und von kriegserfahrenen Offizieren geführt wurde. Sicher konnte sie nicht mit regulären Truppen verglichen werden, aber sie verstand es, auf ihre Weise zu kämpfen.

Die Geschichte der Miliz ist zugleich die Entstehungsgeschichte der Armee der Vereinigten Staaten von Nordamerika. Ihr gehörten die wehrfähigen Männer der einzelnen Gemeinden an. Sie gliederten sich zumeist in Kompanien von etwa 30 Mann Stärke und in Regimenter, die eine unterschiedliche Anzahl von Kompanien umfaßten. Ihre Führer und Unterführer wählten sie sich selbst. Daneben gab es noch eine Elitetruppe, die sog. »Minute Men«, die bei Alarm innerhalb von einer Minute kampfbereit sein mußte. Die Miliz focht nicht wie die damaligen regulären Truppen in der üblichen Lineartaktik, bei der auf offenem Feld in dünnen Linien und im Gleichschritt vorgehende Truppen unter ständigem Feuer den Feind niederkämpften, sondern als Einzelkämpfer im zerstreuten Gefecht, bei dem sie aus Deckungen heraus den Feind niederzukämpfen versuchten. Diese Kampfweise im zerstreuten Gefecht entspricht wiederum vollkommen der Entwicklung des Menschen zur emanzipierten Einzelpersönlichkeit, die auch im Krieg aus der eigenen Verantwortung heraus dem Auftrag gemäß handelt. Im Gegensatz dazu kämpften die regulären Truppen, nach mathematischen Grundsätzen geführt, als Glieder einer Maschine, ganz im Sinne des Rationalismus, in der geschlossenen Ordnung der Lineartaktik. Neben den »homme machine« des LAMETTRIE war die »armée machine« getreten. Zunächst versuchten die Führer der amerikanischen Miliz anhand von militärischer Fachliteratur, ihre Truppen nach den Vorschriften der regulären auszubilden. Die ersten Gefechte haben sie eines Besseren belehrt, denn sie konnten sich mit den regulären Truppen zunächst nicht messen. Aber auch danach suchten sie nicht nach ihnen gemäßen Formen, sondern holten sich ausländische Berater, unter ihnen General VON STEUBEN, der ihr Heer dann nach friederizianischem Vorbild ausbildete.

Daß in ihren eigenen Gefechtsformen, denen des zerstreuten Gefechts, etwas Neues lag, konnten sie nicht erkennen, denn schließlich waren sie Zivilisten, die sich nie eingehend mit militärischen Theorien befaßt hatten. In der Einzelausbildung sowie im Gefechtsdienst übertraf die amerikanische Miliz die regulären britischen Truppen, denen sie auch durch die größere Kriegserfahrung überlegen waren. Nur in der Verbandsausbildung konnte sich die Miliz mit den Engländern nicht vergleichen. Im Kampf Mann gegen Mann war die Miliz somit überlegen, im geschlossenen Gefecht dagegen unterlegen. Ihr wichtigster Vorteil lag aber bei der Versorgung. Aufgrund des Milizsystems waren Waffen und Munition in allen Gemeinden reichlich vorhanden. Sie lagerten dort, von der Regierung geliefert, in geschlossenen Depots. Die Führer der »Minute Men« und der Miliz hatten also nur dafür zu sorgen, daß die britischen Truppen diese Vorräte nicht vorzeitig sicherstellen konnten. Und das gelang fast überall. Besonders vorteilhaft stand es mit der Verpflegung, für die die Miliz auf nahezu alle Vorräte der reichen Kolonien mit ihren fast drei Millionen Einwohnern zurückgreifen konnte. Die britische Truppe mußte sich dagegen bei der ständig feindseliger werdenden Haltung der Bevölkerung auf Requisitionen und den weiten Seeweg stützen, der noch dazu von amerikanischen Kaperschiffen und später von der französischen Flotte bedroht wurde. Es wird bisweilen behauptet, der ganze Unabhängigkeitskrieg, der bis 1783 dauerte, sei durch den Einsatz der zerstreut kämpfenden Miliz gewonnen worden. Dieses Urteil ist jedoch nicht stichhaltig. Amerika ging den Briten verloren, weil ihre Truppen den weiten Raum nicht beherrschen konnten. Der Nachschub über See war mangelhaft. Die Franzosen verstärkten die inzwischen aufgebaute reguläre Armee der Vereinigten Staaten mit aktiven Verbänden und unterstützten sie durch den Einsatz ihrer Flotte. Die Entscheidung fiel in Schlachten, die jenen des Siebenjährigen Krieges ähnelten, obwohl sie niemals sein Ausmaß und seine Heftigkeit erreichten.

Ein Wort ist noch über die damalige Bewaffnung erforderlich, über die meist ganz falsche Vorstellungen bestehen. Das von den britischen Truppen verwendete Brown-Bess-Steinschloßgewehr war auch die Hauptwaffe der Miliz. Hören wir, was ein britischer Offizier über diese Waffe zu sagen hatte: »Ein Soldat trifft mit seiner Muskete, falls diese nicht allzu schlecht aufgebohrt ist – was für viele jedoch zutrifft –, die Figur eines Mannes auf 80 Yards (73 m), vielleicht sogar auf 100 Yards (91 m). Aber ein Soldat muß schon sehr viel Pech haben, wenn er von einer gewöhnlichen Muskete auf 150 Yards (137 m) verwundet werden sollte. Und, was das Schießen mit einer gewöhnlichen Muskete auf einen Mann in einer Entfernung von 200 Yards (182 m) anbetrifft, so kann man genauso gut auch auf den Mond feuern und dabei hoffen, sein Ziel zu treffen.«[216]

Die Vereinigten Staaten von Nordamerika waren damit in das Licht der Geschichte getreten. Aber es sollte noch gut 150 Jahre dauern, bis sie ihre weltgeschichtliche Bedeutung erlangten. Die nächste Zeit galt erst einmal der Abwehr weiterer englischer Angriffe auf ihre Unabhängigkeit, der Eroberung des amerikanischen Kontinents und dem Ausbau ihrer Seemacht durch den Aufbau einer Flotte.

Bevor wir uns der entscheidenden Wandlung des Kriegsgeschehens durch die zentrale Gestalt NAPOLEONS und die Ereignisse der großen Französischen Revolution zuwenden, müssen noch einige Worte über das Heilige Römische Reich Deutscher Nation und die Politik des Hauses Habsburg verloren werden. Gewiß, die Rolle, die das Heilige Römische Reich spielte, war nicht mehr von weltgeschichtlicher Bedeutung. Aber ein Verdienst fällt ihm und dem Haus Habsburg zu, das für den Fortgang der europäischen Kultur im christlichen Sinne doch von Bedeutung war. Nachdem die Türken 1453 Konstantinopel erobert und ihr Reich nach Westen ausgedehnt hatten, versuchten sie immer wieder, durch einen Stoß in das Herz Europas und die Wegnahme der alten Kaiserstadt Wien, die sie als dessen Mittelpunkt ansahen, dem Christentum eine entscheidende Niederlage beizubringen und Europa möglicherweise für den Islam zu gewinnen. Zweimal belagerten sie Wien, im Jahr 1529 und 1683. Obwohl sie im letzteren Fall auf die Unterstützung des mit ihnen verbündeten Frankreich zählen konnten, gelang es einem deutsch-polnischen Heer unter Herzog KARL VON LOTHRINGEN, dessen nomineller Oberbefehlshaber aber König JOHANN III. SOBIESKI von Polen war, die belagerte Stadt zu entsetzen und die Türken entscheidend zu schlagen. Dem genialen Feldherrn Prinz EUGEN VON SAVOYEN, der im Dienst des Kaisers stand, war es dann zu verdanken, daß die Türken aus Ungarn vertrieben und hinter die Save-Donau-Linie bei Belgrad zurückgedrängt wurden. Das Heilige Römische Reich Deutscher Nation und das Haus Habsburg hatten damit einen Verteidigungsauftrag aller Europäer erfüllt. Es ist nicht auszudenken, was aus der europäischen Kultur geworden wäre, wenn das Reich und in diesem Fall auch die Bevölkerung nicht bereit gewesen wären, der Türkengefahr Herr zu werden. Der ganze Verlauf der europäischen Geschichte hätte sich noch einmal völlig gewandelt, und zwar zum Negativen hin. Obwohl also wie im Mittelalter in den Türkenkriegen des Deutschen Reiches noch einmal der Gegensatz zwischen Christen und Heiden zum Ausbruch kam, kann von einer echten Kreuzzugsbegeisterung nicht mehr die Rede sein. Dennoch meldeten sich viele Freiwillige zu diesem Kampf: der Adel aus allen europäischen Ländern, selbst aus dem mit den Türken befreundeten Frankreich, weil er wohl die Notwendigkeit zur Abwehr des Islam erkannte, die übrigen aus christlicher Überzeugung oder weil sie ihre Heimat

vor den mit barbarischer Grausamkeit vorgehenden Türken schützen wollten. Die Geistlichkeit beider Konfessionen unterstützte diese Haltung.

Die Feldgeistlichen, die es seit der Einrichtung der Landsknechtsheere
überall gab, predigten gegen die Türken und segneten die christlichen Waffen vor der Schlacht. Dieser Brauch hat sich z.T. bis zum Ersten Weltkrieg
erhalten, und selbst im Zweiten Weltkrieg gab es auf der Seite der westlichen
Alliierten noch ein Lied, das den Kampf zur Christenpflicht machte: »On-
wards, Christian Soldiers«. Vor der Schlacht pflegten die Landsknechtsheere gemeinsam zu beten, und allen ist bekannt, daß die Preußen vor der
Schlacht bei Leuthen 1757 den Choral anstimmten, der dann zum »Choral
von Leuthen« werden sollte. Ein Kuriosum eigener Art ist das angebliche
Gebet des ALTEN DESSAUERS bei Kesselsdorf, der die Worte sprach: »Herr-
gott, steh uns bei in dieser Schlacht, und wenn Du schon uns nicht helfen
willst, so hilf wenigstens den Kanaillen dort drüben nicht.« Russische Soldaten hielten in den Freiheitskriegen gegen NAPOLEON nach der Schlacht
eine feierliche Messe mit Chorälen ab. Der König von Preußen, FRIEDRICH
WILHELM III., der dies beobachtete, fand diese Zeremonie so erhebend, daß
er daraufhin den Großen Zapfenstreich in der Preußischen Armee einführte,
der auf diese Weise noch heute bei deutschen Truppen gespielt wird. Dennoch sollte man diese Bräuche nicht kritiklos als Waffensegnen und -heili-
gung ansehen. Im wesentlichen ging es doch, zumindest nach den Freiheitskriegen, darum, dem in die Schlacht ziehenden Soldaten noch einmal Gelegenheit zur Kommunion zu bieten. Im Mittelpunkt der Handlung stand
also nicht eine Partei der Kriegführenden, sondern der einzelne Soldat, der
in der Schlacht in jedem Augenblick mit seinem Tod rechnen mußte.

Die von OLIVER CROMWELL (1599–1658) im Jahr 1645 aufgestellte neue
britische Armee (»New Model Army«) unterschied sich ganz besonders von
allen anderen Armeen des 17. Jahrhunderts durch den religiösen Geist, der in
ihr herrschte. Dieser Geist war keineswegs von oben herab dem Heer künst-
lich aufgezwungen worden, sondern er ergab sich auf natürlichem Weg von
unten her und entsprach dem Empfinden eines jeden Angehörigen der Armee. Während in den kontinentalen Armeen Europas die Offiziere und Soldaten abends erschöpft am Lagerfeuer oder in ihren Zelten niedersanken oder
sich bei jeder passenden Gelegenheit ausschweifenden Vergnügungen hingaben, sah man an den englischen Lagerfeuern predigende Hauptleute und
bibellesende Korporale. Zum Abschluß des Abends klangen die Choräle der
puritanischen Musketiere zum Himmel. So schuf die Religion eine innere und
militärische Disziplin, wie sie damals kein anderes Heer kannte. Festzuhalten
ist aber, daß der Soldat stets die religiöse Bindung suchte. Selbst STALIN griff
im Zweiten Weltkrieg auf die Unterstützung der russisch-orthodoxen Kir-

che für seine Truppen zurück. Zur gleichen Zeit war auch, wie heute in der deutschen Bundeswehr, das Amt des Militärseelsorgers bei Heer und Kriegsmarine eine festgefügte Einrichtung geworden. Nur die Luftwaffe der Deutschen Wehrmacht kannte sie nicht. Darüber hinaus sollten noch in der Wehrmacht die Fahnenjunker, d. h. diejenigen, die den Offizierberuf erwählen wollten, bei ihrer Einstellung ins Heer oder in die Kriegsmarine Angehörige einer der beiden großen Konfessionen sein.

Kriege der Souveräne

Wenn wir nun die durch die Französische Revolution und NAPOLEON ausgelösten Ereignisse und Wandlungen im Kriegsgeschehen verstehen wollen, so müssen wir noch einmal kurz auf die Veränderungen zurückgreifen, die infolge des Dreißigjährigen Krieges und des Absolutismus auf dem Gebiet des Kriegswesens eintraten. Aus der Anschauung über die Zustände seiner Zeit heraus erkannte und beschrieb der Engländer THOMAS HOBBES (1588–1679) im Anschluß an den Florentiner NICCOLÒ MACHIAVELLI in seinen Büchern »Elements of Law Natural and Political« (1639), »Elementa philosophica de cive« (1642) und »Leviathan or the Matter, Form and Authority of Government« (1651), daß die menschliche Natur ursprünglich nur von der Selbstsucht getrieben ist, um sich zu erhalten und um sich Genuß zu verschaffen. Von der Selbstsucht schließt HOBBES auf den Naturzustand des Menschen, in dem zum Nachteil der Gemeinschaft der Krieg aller gegen alle herrscht. Um sich aus dieser fürchterlichen Zwangslage zu befreien, schließen Menschen einen Vertrag ab und unterwerfen sich einem Herrscher als Untertan, dem sie sich zu Gehorsam verpflichten. Nur so erhalten sie Schutz und die Möglichkeit zu einem menschenwürdigen Dasein. Was der Souverän tut und billigt, ist gut, alles andere verwerflich. In einem solchen Staat ist das öffentliche Gesetz das Gewissen des Bürgers. Die Furcht vor den unsichtbaren Mächten, die der Staat anerkennt, ist Religion, die Furcht vor von ihm nicht anerkannten Mächten Aberglaube. Sowohl der Franzose JEAN BODIN als auch der Engländer THOMAS HOBBES lehrten, daß ein starker unbeschränkter Wille die zerstörerische Selbstsucht des Einzelnen überwinden könne. So wurden die Strukturformen des modernen monarchischen und absolutistischen Staates theoretisch begründet und logisch entwickelt. An die Stelle der göttlichen Ordnung des Mittelalters trat eine neue gesellschaftliche, aber profane Ordnung, in der alle Kräfte zusammengefaßt und die Verwaltung zentralisiert wurde. Im Willen des absoluten Monarchen verkörperte sich der Staat. Er lenkte das gesamte Leben der Untertanen, im Gegensatz zum Lehens-, Stände- und Volksstaat ohne weitere Kontrollorgane. Der absolute Herrscher regiert »von Gottes Gnaden«, aus göttlichem Recht. Er selbst aber ist allein Gott verantwortlich. Er schafft nicht nur politisch-militärische, sondern auch wirtschaftliche Einheit, Stärke und Unabhängigkeit. In einem solchen Staat konnte auch das Heer nichts anderes mehr sein als ein Instrument des Souveräns, das ihm allein gehörte, auf ihn verpflichtet und von ihm zur Durchsetzung seines politischen Willens und Machtanspruchs eingesetzt war. Zwischeninstanzen in Form der alten Heerführer als selbständige Kriegsunternehmer konnte es nicht mehr geben. Der Soldat trug jetzt »des Königs Rock«.

Wenn alle Menschen im Staat dem Willen des Souveräns absolut unterworfen waren, so mußte es nur logisch erscheinen, daß die Untertanen auch verpflichtet waren, in Zeiten der Gefahr Kriegsdienste zu leisten. Der Weg zur allgemeinen Wehrpflicht lag damit gedanklich von neuem frei. Sie wurde allerdings anders begründet als zur Zeit des natürlichen Wehrrechtes eines jeden Mannes und auch anders als zur Zeit, in der die allgemeine Wehrpflicht tatsächlich eingeführt wurde. Der absolute Herrscher ging im Interesse der Volkswirtschaft seines Staates höchstens bis zur teilweisen Aushebung der Wehrfähigen. Lieber griff er auf die Werbung zurück. Konnte er sich doch diese selbstauferlegte Beschränkung leisten, weil in der Zeit des Absolutismus der Bestand des Staates und des Thrones bei kriegerischen Verwicklungen gegen christliche Völker aus Achtung vor dem Gottesgnadentum niemals bedroht waren. Dies führte zur Ausbildung der modernen europäischen Staaten, wie sie im großen und ganzen heute noch bestehen. Allerdings herrschte in England statt des absoluten Königs ein absolut regierendes Parlament, und in Rußland nahm der Absolutismus nach westeuropäischem Muster unter Peter dem Grossen alle barbarischen Züge mit hinüber in die Neuzeit, die der Regierung jenes Landes seit der Mongolenherrschaft anhafteten.

Staatsmänner wie Militärtheoretiker haben von Anfang an erkannt, welch ungeheure Nachteile die Kriegsführung mit auf Zeit angeworbenen Söldnern barg. Immer wieder versuchten sie deshalb, bessere Kriegsverfassungen zu schaffen. Zunächst aber wollte das nirgendwo gelingen. Die Änderungen vollzogen sich dann auf eine Weise, die niemand vorgeschlagen hatte, die sich aus dem Ablauf der Ereignisse von selbst ergab. Es zeigte sich alsbald, daß die für eine gewisse Zeit geworbenen Söldner nicht entlassen werden konnten, weil die Armeen in den ständigen Kriegen und Bürgerkriegen dauernd benötigt wurden. Dadurch verloren sie ihren Charakter als Söldnerheere und wurden zur stehenden Armee. Dies zeigte sich zuerst bei den Spaniern, die ständig Truppen in den Niederlanden unterhalten mußten. Es gelang ihnen jedoch zunächst nicht, ihren Armeen den neuen Geist einzupflanzen. Dann folgten ihre Feinde, die Niederländer, von deren vorzüglichem Geist schon gesprochen wurde. Infolge des Dreißigjährigen Krieges schlossen sich ihnen die Heere der großen deutschen Länder an. England folgte endgültig erst an der Wende vom 17. zum 18. Jahrhundert, nachdem Ansätze bereits in der zweiten Hälfte des 17. Jahrhunderts zu beobachten waren. Am leichtesten ließ sich ein stehendes Heer im absolutistischen Frankreich aufstellen. Es wurde zunächst für die anderen europäischen Staaten Vorbild.

Das ganze Wesen des absolutistischen Staates verlangte es, daß der Adel alle Offiziersstellen besetzte. Die Zahl der Adligen reichte dazu jedoch nicht aus. Außerdem waren viele adlige Familien verarmt und konnten es sich nicht leisten, einen ihrer Söhne in die Armee zu schicken, wo er ein kostspieliges und aufwendiges Leben zu führen hatte, wenn er etwas gelten wollte. Um diesem Mangel abzuhelfen, griff man in den verschiedenen Staaten zu unterschiedlichen Mitteln, wobei man im wesentlichen bürgerliche Offiziere auf Zeit einsetzte. Nach einem Krieg wurden sie meist wieder aus der Armee entlassen.

Der Offiziersstand setzte im wesentlichen den erblichen Kriegerstand des Rittertums fort. Allerdings bestand der ganz entscheidende Unterschied darin, daß er jetzt einer scharfen Disziplin unterworfen war und seine Angehörigen nach Ermessen des Königs in der militärischen Hierarchie aufrückten. Auch der Ehrenkodex des Offiziers hatte sich zum Guten gewandelt. Dafür entstand aber nun eine schier unüberbrückbare Kluft zwischen Offizier und Mann, denn die Mannschaften wurden meist aus den untersten Schichten der Bevölkerung, z.T. sogar aus dem Gesindel, geworben. Recht oft machte man auch stattliche junge Männer betrunken und gab ihnen dann das Handgeld, womit der Vertrag zum Eintritt in das Heer verpflichtend besiegelt war. Da man diese Söldner nicht entlassen wollte, blieben sie ihr ganzes Leben über Berufssoldaten. So entsprach auch das Durchschnittsalter in den Heeren keineswegs den heutigen Vorstellungen. Es lag gewöhnlich bei Offizieren und Mannschaften zwischen 35 und 45 Jahren, während die Fahnenjunker, die zukünftigen Offiziere, z.T. kaum 12 Jahre alt waren. Daß die Disziplin außerordentlich streng war, wurde schon gesagt. Oftmals wurde sie nur mit dem Korporalsstock aufrechterhalten. Allerdings sollte man nicht vergessen, daß diese Methode der Erziehung den Anschauungen der Zeit entsprach; der Lehrer prügelte den Schüler, die Eltern ihre Kinder, der Meister den Gesellen und den Lehrling, so durfte auch der Korporal den Rekruten schlagen. Man hielt das für die beste Erziehungsmethode.

Truppen dieser Art litten besonders stark unter Desertionen. Auf dem Marsch wurden sie daher ständig von zuverlässigen Berittenen, meist Husaren, zusammengehalten, und im Gefecht durfte man sie meist nur auf freiem Feld einsetzen, wo man ihre Reihen überblicken konnte. Allerdings verlangte auch die Lineartaktik ein offenes Gefechtsfeld, auf dem man in zwei oder drei Linien vorgehend den Feind mit rollendem Feuer zum Weichen bringen konnte. Daß der Bajonettangriff die Krönung der Lineartaktik war, ist ein Märchen. Soldaten, die nur mit dem Prügel vorwärtsgetrieben wurden, konnte man nur sehr schwer zum Bajonettangriff bringen. Meist liefen sie davon, wenn der überlegene Feind Anstalten zum Einbruch traf. Auch war es nach der Schlacht unmöglich, den Feind zu verfolgen, weil die verfolgende Armee sonst auseinandergelaufen wäre. Wenige Ausnahmen, wie etwa beim Nahkampf um den Kirchhof von Leuthen, bestätigen nur die Regel. Die Zeitgenossen übersahen allerdings die Tatsache, daß sich hier Landeskinder gegenüberstanden, die für ihre jeweiligen Fürsten kämpften. Hätte man nur im geringsten auf Anzeichen dieser Art geachtet, so wäre man vielleicht schon früher zur allgemeinen Wehrpflicht übergegangen.

Ganz wesentlich hingen die Bewegungen der Truppen des späten 17. und gesamten 18. Jahrhunderts von der Versorgung ab. Je besser die Versorgung war, um so größer war auch der innere Zusammenhalt der Heere. Auch für die Art der Versorgung bildete Frankreich zunächst das Vorbild. FRIEDRICH DEM GROSSEN gelang es, dieses Versorgungswesen dann beträchtlich zu verbessern. Das französische Heer versorgte sich aus Magazinen, in denen schon zu Friedenszeiten alle wesentlichen Versorgungsgüter wie Bekleidung, Verpflegung, Bewaffnung bereitgestellt wurden. Wie aber war es zu dieser Einrichtung gekommen? Seit das römische Versorgungssystem der Antike zusammengebrochen war, hatten sich alle Heere durch Requisitionen und freien Ankauf im Land, aber auch durch fürchterliche Plünderungen versorgt. Während dieser ganzen Zeit bestanden jedoch die Heere aus Männern, die freiwillig zum Broterwerb oder zur Erfüllung der als selbstverständlich angesehenen Lehenspflicht die Waffen ergriffen hatten. Jetzt aber gab es eine sehr große Anzahl von Soldaten, die zu den Waffen gepreßt worden waren und denen die militärische Disziplin als eine Last erschien. Sie benutzten, wie gesagt, jede Gelegenheit zum Desertieren, und die beste bot sich eben beim Requirieren in kleinen, schlecht zu überwachenden Streifkommandos. Außerdem wollte man verhindern, daß die eigene Bevölkerung durch marschierende Heere wirtschaftlich schwer geschädigt wurde. Was lag also näher, als Verpflegungsmagazine einzurichten, zumal der dazu nötige Beamtenapparat nun überall zur Verfügung stand.

In den niederländischen Kriegen LUDWIGS XIV. bildete sich unter LOUVOIS ein Bewegungsschema des Heeres heraus, das sich auf die neu angelegten Magazine stützte. Grundsätzlich sollte sich ein Heer nicht weiter als fünf

Tagesmärsche von seinen Magazinen entfernen. Die Zahl 5 ergab sich dabei aus der praktischen Erfahrung. Auf etwa halber Entfernung zwischen dem Magazin und der operierenden Armee befand sich die Feldbäckerei. Meist waren es vom Magazin bis dorthin drei Tagesmärsche und von der Bäckerei bis zur Truppe noch einmal zwei. Die Verpflegungstrosse fuhren voll beladen in zwei Tagen zur Truppe, brauchten dort zum Abladen und zum Ausruhen der Pferde einen Tag und kehrten dann wieder zur Feldbäckerei zurück. Inzwischen war neues Mehl dort eingetroffen und frisches Brot gebacken worden. Der Fünf-Tage-Turnus konnte sich nun wiederholen. Da sich das Brot nun tagelang hielt, war immer noch ein gewisser Spielraum vorhanden, falls Pannen eintraten. Pannen kamen allerdings verhältnismäßig häufig vor, weil es zu jener Zeit in ganz Europa noch keinerlei feste Straßen gab. Dennoch war bei strikter Einhaltung des Fünf-Märsche-Systems die Verpflegung des Heeres gesichert. Sollten die Truppen weiter vorgehen, so wurde zunächst ein neues, entsprechend vorgeschobenes Magazin angelegt. Dann folgte die Bäckerei, und zum Schluß setzte sich auch das Heer nach vorne in Bewegung.

Es ist verständlich, daß der Gesamtkriegsführung auf diese Weise beträchtliche Fesseln angelegt wurden. Man begnügte sich deshalb auch mit der Wegnahme von Grenzprovinzen und ihrer Festungen und stieß nur weiter vor, um dem Feind, wie etwa durch die Verwüstung der Pfalz durch die Franzosen, wirtschaftlichen Schaden zuzufügen und ihn dadurch zur Erfüllung des eigenen Willens zu zwingen. Zu einem Marsch etwa der Franzosen auf Wien wäre ein solches Heer anfangs auf keinen Fall in der Lage gewesen. Die Frage, ob man denn das Heer nicht entsprechend hätte verstärken können, erübrigt sich, weil damals kein europäisches Land aufgrund seiner Bevölkerungszahl und Wirtschaftsstruktur zu höheren Leistungen befähigt gewesen wäre, ohne sich selbst zu ruinieren. Dennoch hat z. B. Frankreich alles erreicht, was es politisch anstrebte. Allerdings verhalf ihm dazu auch seine hervorragende Diplomatie.

Aus all dem ist ersichtlich, daß diesen Söldnerheeren des späten 17. und gesamten 18. Jahrhunderts enge Grenzen in bezug auf die Reichweite der Operationen gesetzt waren. Der Krieg war längst nichts anderes mehr als ein Rechtsstreit zwischen zwei Fürsten um die eine oder andere Grenzprovinz oder Grenzstadt. Er war lediglich die *ultima ratio* der Könige und wurde schließlich sogar, wie man sagte, zu ihrem »Zeitvertreib«. FRIEDRICH DER GROSSE drückte sich sogar dahingehend aus, daß der Bürger es nicht merken sollte, wenn sein König Krieg führte. Da es sich aber im Krieg immer nur um den Besitz der einen oder anderen Stadt oder Provinz handelte, wurde eine Unmenge Festungen gebaut, die gerade die Wegnahme solcher Grenzstädte verhindern sollten. Auch darin war Frankreich vorbildlich, das auch den genialsten Festungsbauer der damaligen Zeit, VAUBAN, besaß. Typisch für das strategische Denken ist es, daß man sogar Zeiten berechnete, nach deren Verlauf sich ein Festungskommandant ergeben durfte, ohne seine Ehre zu verlieren. Alles wurde im Sinne des Rationalismus nach mathematischen Formeln berechnet und durchgeführt, so daß die Kriegskunst allmählich intellektuell erstarrte. Hielt ein genialer Feldherr wie FRIEDRICH DER GROSSE sich nicht an diese Regeln, so bedauerte er doch wenigstens in seinen Schriften, daß er dazu nicht in der Lage gewesen sei, und bewunderte Feldherren, die sich nach den vermeintlich überlegenen Regeln der Strategie verhielten.

Dennoch darf nicht übersehen werden, daß zwei Kriege dieses Zeitraums, der Spanische Erbfolgekrieg von 1701–1714 und der Siebenjährige Krieg von 1756–1763, echte Weltkriege waren. Zwar kannte man dabei keine zusammenhängenden Fronten, denn die Heere wären für solche Operationen viel zu klein gewesen. Aber es wurde in allen Teilen Mittel- und Westeuropas sowie Nordamerikas und Indiens gekämpft. Dabei fiel die Entscheidung immer zugunsten der Seemacht England aus. Sie erreichte ihre Ziele unter Zuhilfenahme von »Festlandsdegen« mit dem geringstmöglichen Aufwand und Verlust an eigenen Kräften und Mitteln. Die geostrategische Lage verlieh ihr Unangreifbarkeit. Obwohl die Entscheidungen seit Beginn der Neuzeit stets in Europa fielen, begannen die Stützpfeiler der Macht sich immer weiter von Europa nach Übersee zu verlagern.

In bezug auf die Frage der Wehrhaftigkeit oder Wehrlosigkeit eines Staates vermag uns noch das Schicksal Polens im 18. Jahrhundert einen Hinweis zu geben. Die in jenem Lande herrschende Anarchie bei der Königswahl nach dem Aussterben der Jagellonen und die selbst für die damalige Zeit unerträglichen sozialen Verhältnisse führten zu den drei Teilungen 1772 (Preußen, Österreich und Rußland), 1793 (Preußen und Rußland) und 1795 (Preußen, Österreich und Rußland). Den drei daran beteiligten großen Militärmächten war das schwache und rückständige polnische Heer nicht gewachsen. Als Staat hörte Polen wegen seiner Wehrlosigkeit bis nach dem Ersten Weltkrieg auf zu bestehen. Lediglich der außerordentlich starke Nationalismus hat das polnische Volk befähigt, unter besonders günstigen außenpolitischen Umständen einen neuen Staat zu gründen. Der Nationalismus hinderte es aber auch daran, sich in einer Zeit, in der es wiederum um Leben und Tod ging, nämlich kurz vor dem Zweiten Weltkrieg, zunächst an eine der beiden großen, ihm benachbarten Militärmächte zu seinem eigenen Schutz anzulehnen. An Neutralität, die es in dieser Lage bestimmt nicht hätte bewahren können, hat es allerdings niemals gedacht.

Das 18. Jahrhundert zeigt uns den Krieg als bitteres und blutiges intellektuelles Spiel. Von solchem reinen Spiel zum Materialismus ist es nur ein winziger Schritt. Er begann mit den Heeren der Französischen Revolution

und zeigte zunächst das Bild von scheinbar idealistischen und von Begeisterung durchdrungenen Massen, die sich jedoch schon mit ihrer Parole »Freiheit, Gleichheit, Brüderlichkeit« einer materialistischen Illusion hingaben,
indem sie diese geistig gemeinten Forderungen des SAINT-SIMON auf der
praktischen, tagespolitischen Ebene verwirklichen wollten, während doch
Freiheit nur im kulturell-geistigen Bereich, Gleichheit nur im juristischen
und Brüderlichkeit nur im wirtschaftlichen Bereich zu erreichen sind. Wie
aber kam es zu dieser Entwicklung, und weshalb wurden die glänzenden
Heere des 18. Jahrhunderts, vor allem die preußische Armee, deren Kriegs-
tüchtigkeit nach den Anschauungen der Zeit nicht in Zweifel gezogen werden konnte, beinahe beim ersten Ansturm von den Schlachtfeldern gefegt?

Die souveräne Person in der Nation

In keinem Land Europas hatte der Absolutismus in seiner Entartung zu so
fürchterlichen Auswüchsen geführt wie im Frankreich des 18. Jahrhunderts.
Aber auch in keinem anderen damaligen Staat war das Wissen um die Notwendigkeit von Reformen verbreiteter als in diesem kulturell führenden
Land. Ständige Finanzkrisen sowie das Elend der leibeigenen Bauern und
kleinen Handwerker erschütterten die in humanitären Gedanken aufge-
wachsenen, geistig regen Schichten des Adel, des Klerus und der gebildeten
Bürger. Von ihnen allein konnten Veränderungen erwartet werden. Zum
ersten Mal in der Geschichte trat eine neue Kraft auf, die auch die folgenden
Jahrhunderte beherrschen sollte: die öffentliche Meinung. Sie bildete sich in
den schon seit dem 17. Jahrhundert bestehenden Salons, in denen sich die
führenden Köpfe des Landes jetzt zu philosophischen und politischen Dis-
kussionen sammelten, und durch das neue Machtinstrument der Presse.
Hier wurden die Ideen derjenigen diskutiert und verbreitet, die die Revolution geistig vorbereiteten. Vornehmlich ereiferte man sich über die Gedanken von MONTESQUIEU (1698–1755) und von JEAN-JACQUES ROUSSEAU
(1712–1778). MONTESQUIEU, ein nüchterner und klarer Denker, forderte in
seinem Buch »L'esprit des Lois« (Geist der Gesetze) eine konstitutionelle
Monarchie mit der Gewaltenteilung in exekutive (König), legislative (adli-
ges Oberhaus und bürgerliches Unterhaus) und richterliche Gewalt. Seine
Vorstellungen sind mit zeitgemäßen Änderungen Grundlagen der modernen westlichen Demokratien geworden.

Neben dem nüchternen und klar denkenden MONTESQUIEU trat der zwiespältige und schwärmerische ROUSSEAU auf, der, als Armenier abenteuerlich

verkleidet, als Modephilosoph durch die Salons wanderte. Sein wichtigstes Werk, das zur Grundlage des Staates ROBESPIERREscher Prägung wurde, ist der »Contrat Social« (Gesellschaftsvertrag). Die Annahme eines Vertrages als Grundlage des staatlichen Zusammenschlusses, die auch andere schon vorausgesetzt hatten, ist ein typisches Symptom für das vorwiegend juristische Denken der romanischen Völker. Von der angeblichen Freiheit und vermeintlichen Gleichheit aller Menschen ausgehend, wäre zum Schutz aller Menschen stillschweigend dieser Vertrag untereinander zustande gekommen. Das ist zwar ein Widerspruch in sich selbst, aber die Menschen bemerkten ihn genausowenig wie die weiteren Gedankenfehler. Souverän in diesem Staat ist der Gesamtwille (»volonté générale«), der aber nicht die Summe der Einzelwillen (»volonté des tous«) darstellt. Der Einzelwille kann sich irren und ist keineswegs immer gut; gut ist nur der angenommene Gesamtwille. Er ist »immer gerecht und geht immer auf den öffentlichen Nutzen«. Er stellt auch stets das wahre Volkswohl dar und das, was der Volkswille wollen würde, wenn er sein Bestes erkennen könnte. Damit glaubte ROUSSEAU Freiheit und Gleichheit garantiert. Freiheit aber ist bei ihm allein im Gehorsam gegenüber dem Gesamtwillen zu finden, den die Gesetze ausdrücken. Die Souveränität ist ihrerseits unübertragbar, auch nicht etwa auf gewählte Volksvertreter. Ebenso ist sie unteilbar, unfehlbar und absolut, jedoch nicht willkürlich, weil sie mit dem Gesamtwillen übereinstimmt. Damit schuf ROUSSEAU die totalitäre Demokratie, die sich unter ROBESPIERRE so furchtbar auswirken sollte. Man bewunderte ihn dieser Gedanken wegen in der gebildeten Gesellschaft, ohne zu merken, daß man sich damit selbst das Grab schaufelte.

Das also waren die beiden großen Ideen, die die öffentliche Meinung Frankreichs in der zweiten Hälfte des 18. Jahrhunderts beherrschten. Man fühlte sich mit ihnen fortschrittlich, kosmopolitisch und dennoch ungeheuer nationalbewußt, allein indem man sie besaß. Das sollte sich bald auf das französische Heer und ganz Europa auswirken. Daneben brachte diese Idee ROUSSEAUS, der Staat bestehe aus untereinander vertraglich gebundenen Einzelmenschen, die, gleich welchem Volk sie angehörten, für den jeweiligen Staat erzogen werden könnten, einen Gegensatz hervor, der besonders im 19. und 20. Jahrhundert empfunden werden sollte. HERDER hatte diesem ROUSSEAUschen Gedanken nämlich seine Erkenntnis vom Volksgeist entgegengesetzt, der durch Sprache und Kultur die Volkskörper bildete. In einen solchen Volkskörper konnte man nur hineingeboren, nicht aber für ihn erzogen werden. Diese Anschauung wurde zum Leitmotiv der Deutschen bis zum Jahr 1945. An sich trifft sie zu, aber die Deutschen legten diesen Gedanken politisch aus und verfälschten ihn damit bis zu einem gewissen Grad. Er muß aber schicksalsmäßig verstanden werden. Politisch ausgelegt konnte er nur zu einem übertriebenen Nationalismus mit all seinen Folgen führen. Aufgrund dessen, daß die westlichen Völker ihr Nationalgefühl auf die Ideen Rousseaus gründeten, also auf juristische Überlegungen, hatten sie keine Möglichkeit, den deutschen Nationalismus zu verstehen. Moralisch besser ist ihr Verständnis vom Staatsvolk deshalb aber noch lange nicht. Im übrigen gründet sich auch der russische Panslawismus auf Herder und nicht auf Rousseau. Politisch ausgemünzt führt er zum »Russizismus«, den Rudolf Steiner in seinen zeitgeschichtlichen Betrachtungen so geißelt.[217]

Die in der Französischen Revolution propagierten Parolen von Freiheit, Gleichheit und Brüderlichkeit stärkten trotz ihrer falschen Auslegung das Ich-Bewußtsein der Einzelmenschen und lösten sie durchaus positiv aus der noch immer bestehenden hierarchischen Ordnung, die zwar nicht mehr religiös bedingt wie im Mittelalter, dafür aber politisch bestimmt war.

Am 5. Mai 1789 wurde die Versammlung der Generalstände in Versailles eröffnet. Der Dritte Stand setzte sich dabei mit seiner Forderung durch, nicht nach Ständen, sondern nach Köpfen abzustimmen. Am 17. Juni erklärten sich die Generalstände zur Nationalversammlung und schwuren während der Versammlung im Ballhaus drei Tage später, »sich niemals zu trennen, bis die Verfassung errichtet ist«. Die Revolution hatte damit begonnen. Der schwache und durchaus zu Konzessionen bereite König Ludwig XVI. erkannte die neue Lage an, zog aber Truppen in Paris zusammen. Das erbitterte die Bevölkerung dermaßen, daß sie am 14. Juli 1789 in blinder Wut die Bastille, die als Symbol des Despotismus galt, zu stürmen versuchte. Allerdings befanden sich in ihr zu dieser Zeit keine politischen Gefangenen mehr, sondern nur einige Verbrecher und Irre. Mut und Begeisterung der die Bastille angreifenden Bürger waren jedoch größer als ihr militärisches Können. Schon begannen einige der schlecht bewaffneten und von unwissenden Führern befehligten Männer zu fliehen. Da rückte Militär an, und die Sache der Rebellen schien verloren. Doch die Soldaten machten unter Führung der meisten Offiziere mit den Aufständischen gemeinsame Sache. Nun war im Nu das verhaßte Gefängnis genommen. Den wenigen kriegsversehrten Veteranen, die die Bastille verteidigt hatten, gewährte das Militär freien Abzug. Als diese Männer jedoch die Linien des Militärs durchschritten und die Reihen der Bürger erreicht hatten, stürzte sich der Pöbel auf sie, mißhandelte und ermordete sie auf gräßliche Weise. Ihre abgeschlagenen Köpfe wurden auf Piken durch die Stadt getragen. Auch dies ist typisch für das undisziplinierte Vorgehen von Revolutionären, die sich gegenüber den Geschlagenen und in der Minderheit Befindlichen stark fühlen und an ihnen ihre Wut auslassen. Bald nach der Erstürmung der Bastille erhoben sich die Bauern in ganz Frankreich, und die ersten Emigranten verließen das Land. Noch im gleichen Jahr wurden die Feudalordnung aufgehoben und die Bauern für frei erklärt. La Fayette bildete die Nationalgarde, eine Bürgermiliz mit blau-weiß-roter Kokarde. Doch Not und Mißwirtschaft, Terror und Klassenhaß ließen das Land nicht zur Ruhe kommen. Es sind das die natürlichen Folgen, die unmittelbar mit einer jeden Revolution einhergehen.

Um von der inneren Not abzulenken, erklärte Frankreich im April 1792 Österreich den Krieg. Eine Welle nationaler Begeisterung ergriff das Land. Unter dem Gesang der gerade von Hauptmann de Lisle gedichteten »Marseillaise« eilten die Freiwilligen zu den Fahnen. Wo immer aber die wild und ungeordnet angreifenden Heere der Revolution auf die stehenden Heere der verbündeten Mächte trafen, wurden sie fast ausnahmslos geschlagen. Dann suchte man nach Art aller Revolutionäre nach Verrätern. Geschlagene Heerführer verfielen der Guillotine, wenn sie nicht ihr Heil im Ausland suchten. Schließlich richtete sich der Volkszorn gegen den König und besonders gegen seine Frau Marie Antoinette, die verhaßte »Autrichienne«. 1793 ließen auch sie ihr Leben unter dem Fallbeil. Gleich darauf wurde die absolute Volksherrschaft nach Rousseau verkündet. Sie erwies sich als praktisch undurchführbar. Da errichtete Robespierre die Diktatur. Die Regierung bestand nun aus dem berüchtigten »Wohlfahrtsausschuß« mit seinen neun vom Konvent gewählten Mitgliedern. Die Schreckensherrschaft dieses Kollektivs mit seinen blutgierigen und fanatisierten Mitgliedern sollte erst 1794 mit dem Sturz und der Hinrichtung Robespierres enden.

Als Reaktion auf Terror und »Volksherrschaft« wurde im September 1795 eine neue Verfassung erlassen, die für die Exekutive fünf Direktoren vorsah. Das gemäßigtere Besitzbürgertum hatte damit gesiegt. Schon 1797 geriet das Direktorium in Abhängigkeit von Napoleon Bonaparte. 1804 wurde er durch Plebiszit erblicher Kaiser der Franzosen, nachdem er bereits 1799 zum Ersten Konsul auf zehn Jahre gewählt worden war. Das staatsrechtliche Ergebnis der Revolution war also das Kaiserreich; es brachte weitere unermeßliche Blutopfer für das ganze Volk.

Als sich der alte französische Staat auflöste, zerfiel auch sein Heer, so daß die Revolutionsregierung den, unter dem Herzog Ferdinand von Braunschweig in die Champagne einfallenden Preußen nur wenige Truppen entgegenzustellen vermochte, die aus alten Regimentern mit genügender Ausbildung und Disziplin bestanden. Als die Preußen nach der Kanonade von Valmy am 20. September 1792 und nach einem unentschiedenen Gefecht den Rückzug antraten, geschah das genausowenig aus Furcht vor dem französischen Heer wie bei den anderen Verbündeten. Es fehlten ein Kriegsplan und ein Kriegsziel. Außerdem zwangen politische Gründe zum Rückzug, die vornehmlich in Zusammenhang mit der Teilung Polens standen. Preußen war ja zu jener Zeit keineswegs ein rein deutscher Staat; im Gegenteil, sein nichtdeutsches Staatsgebiet war ähnlich wie dasjenige Österreichs größer als sein Gebiet im Reich.

Als der Krieg am Rhein, im österreichischen Belgien, in Holland und Italien dann aber weiterging, sollte jeder französische Bürger Soldat werden, wie es MONTESQUIEU in seinem Buch »Vom Geist der Gesetze« gefordert hatte. Diese Entwicklung war primär nicht militärisch, sondern politisch bedingt. So ist auch der Geist dieses neuen Heeres zu begreifen, der den *soldat-citoyen*, den Bürgersoldat, von politischen Idealen durchdrungen, zur Verteidigung des bedrohten Vaterlandes und der Errungenschaften der Revolution zu den Waffen ruft. Wir haben ja gehört, daß bisher die stehenden Heere der Aufklärungszeit nur so groß waren, wie der Fürst sie noch unterhalten konnte, ohne sein Land in untragbare wirtschaftliche Schwierigkeiten zu stürzen. Ein solches Heer war kostbar und sollte nach Möglichkeit auch bei kriegerischen Auseinandersetzungen nicht so eingesetzt werden, daß es in Gefahr geriet, vernichtet zu werden. Wenn man nicht dazu gezwungen wurde, mied man die Schlacht und suchte, den Gegner zu ermatten. Der friedliche Bürger sollte möglichst nichts vom Kriegsgeschehen merken. Nun aber war plötzlich der französische Bürger aufgerufen, in nationaler Begeisterung die von ihm errungenen Fortschritte der Revolution gegen die von außen kommende Reaktion zu verteidigen. Zum ersten Mal seit der Antike wurde die Verteidigung des Vaterlandes als selbstverständliche Pflicht erachtet. Da die Ideen der Französischen Revolution aber auch zumindest von den ähnlich denkenden Menschen der umliegenden Nationen mit Sympathie begrüßt wurden, entstand daraus sehr rasch ein missionarischer Eifer des französischen Volkes zur Befreiung der anderen Völker aus der Knechtschaft des Feudalsystems, der nun nicht wie früher religiös, sondern politisch bestimmt war. Von hier bis zum Eroberungs- und Beherrschungswillen, der sich dann in den napoleonischen Feldzügen ausdrückt, war es nur ein kleiner Schritt. Doch so weit sind wir noch nicht.

Zunächst einmal ging es darum, ein neues Heer aufzustellen. Im Jahr 1793 gelang es dem organisatorischen Genie eines LAZARE CARNOT (1753–1823), den Rest der alten königlichen Regimenter mit den Truppen der, wie man sie ganz richtig nannte, »Levée en masse«, des Aufgebots aller Wehrfähigen, zu verschmelzen. Damit verfügte die Republik über ein unerschöpfliches Reservoire an Rekruten, dem die anderen Mächte nichts Gleiches entgegenzusetzen hatten. Bei den Franzosen kam es nun nicht mehr darauf an, das kostbare Kriegsinstrument zu schonen. Das schlimme Wort vom »Menschenmaterial« kam damals in Gebrauch. Bald konnte NAPOLEON sagen: »Was sind

200000 Mann?« Der innere Widerspruch, der zwischen der Erklärung der Menschenrechte und einer solchen Fragestellung besteht, wurde nicht erkannt. Von nun an bildete der Völkerhaß die Triebkraft der Heere, und der »totale Sieg« einer Seite gab mit den vom Haß geprägten maßlosen Forderungen in den »Friedensverträgen« den Ursprung neuer Kriege ab. Die Französische Revolution hat also den totalen Volkskrieg mit allgemeiner Wehrpflicht möglich gemacht und damit den Kabinettskrieg abgelöst. NAPOLEON erkannte auch, daß es im Krieg nicht länger um die Eroberung oder Behauptung eines bestimmten Grenzraumes geht, sondern um die Vernichtung des Feindes. Das Zerschlagen der feindlichen Armee in der Schlacht und die rücksichtslose Verfolgung wurden von nun an Ziele der militärischen Führung. Krieg und Kriegsführung befanden sich damit in einer doppelten Umklammerung jener Kräfte, die einerseits überschwenglicher idealistischer Begeisterung und andererseits brutaler materialistischer Denkweise entsprangen.

Der revolutionäre Geist befreite die Kriegsführung auch von einer weiteren Fessel. Es wurde erwähnt, daß die geworbenen Soldaten der stehenden Heere schon wegen der Desertionsgefahr nicht auf Requisition geschickt werden konnten und daher aus Magazinen verpflegt werden mußten. Bei den französischen Soldaten der Revolutionsheere bestand diese Gefahr nicht mehr in dem Maße, obwohl die Zahl ihrer Deserteure zum Teil diejenige des preußischen Heeres im Siebenjährigen Krieg übertraf und die Verbündeten selbst in den Koalitionskriegen kaum über Desertionen zu klagen hatten. Deserteure waren bei den Franzosen aber leicht zu ersetzen, indem man einfach neue Leute aushob. Außerdem desertierten die Franzosen nur auf dem Weg zur Truppe oder nach Niederlagen, nicht aber vor dem Feind. Es gab ja immer noch genügend andere, die nie an Desertion dachten und von begeistertem Nationalgefühl und vorzüglichem Kampfgeist erfüllt waren. Davon wurden auch die zunächst unwillig zur Truppe kommenden Rekruten bald ergriffen. Waren sie erst einmal dort – und man schaffte sie z.T. gefesselt und unter scharfer Bewachung dorthin –, so konnte man sie ruhig auf Requisition schicken. Allerdings hatte das bei der anfangs sehr undisziplinierten Truppe schwere Nachteile. Aus Requisition wurde allzu rasch Plünderung, und das nicht nur im feindlichen Gebiet. Wo französische Revolutionstruppen einfielen, benahmen sie sich fast wie die Soldateska des Dreißigjährigen Krieges. Dadurch schadeten sie ihrer eigenen Sache bei großen Teilen der fremden Bevölkerung ungemein, die ihrerseits den Idealen der Revolution bisweilen durchaus sympathisch gegenübergestanden hatte. Daß die große Kluft zwischen Offizier und Mann allmählich überbrückt wurde, sei nur am Rande vermerkt. In den französischen Revolutionsheeren und auch unter NAPOLEON trug »jeder Mann den Marschallstab im Tornister«.

»Symptomatisch betrachtet«, sagt Rudolf Steiner, »ist die Französische Revolution außerordentlich interessant. Sie stellt dar, gewissermaßen in Schlagworten zusammengedrängt und mischmaschartig auf den ganzen Menschen undifferenziert angewendet, dasjenige, was mit allen Mitteln geistiger Menschheitsentwicklung im Laufe des Zeitalters der Bewußtseinsseele, von 1413, also 2160 Jahre mehr, bis zum Jahre 3573, allmählich entwickelt werden muß. Das ist die Aufgabe dieses Zeitraumes, daß für die Leiber die Brüderlichkeit, für die Seelen die Freiheit, für die Geister die Gleichheit erworben werden während dieses Zeitraumes. Aber ohne diese Einsicht, tumultuarisch alles durcheinanderwerfend, tritt dieses innerste Seelische des fünften nachatlantischen Zeitraumes schlagwortartig in der Französischen Revolution auf. Es steht unverstanden da die Seele des fünften nachatlantischen Zeitraumes in diesen drei Worten und kann daher zunächst keinen äußeren sozialen Leib gewinnen, führt im Grunde genommen zu Verwirrung über Verwirrung. Es kann keinen äußeren sozialen Leib gewinnen, steht aber da wie die fordernde Seele, außerordentlich bedeutsam. Man möchte sagen: Alles Innere, was dieser fünfte nachatlantische Zeitraum haben soll, steht unverstanden da und hat kein Äußeres.«[218]

Auf dem Gebiet des Kriegswesens brachten die Napoleonischen Kriege ein Ende jener Taktik und Strategie, die sich in der Aufklärung allein auf den Verstand gestützt hatten. Sie mußten einem militärischen Genie wie NAPOLEON gegenüber versagen, da die Kriegsführung keine Wissenschaft, sondern eine Kunst ist, allerdings eine Kunst, die nicht auf gleicher Ebene wie dasjenige steht, was man gemeinhin als Kunst ansieht. NAPOLEON setzte auch dem Krieg als »Zeitvertreib« der Könige, dem Kabinettskrieg, der ganz im Sinne des falschverstandenen Ich-Bewußtseins allein dem Ruhm des Herrschers diente, ein Ende. Dafür wurde der Krieg »demokratisiert«, er wurde vom Schachbrett in das Schlachthaus verlegt, indem alle nationalen Leidenschaften durch ihn entfesselt wurden. Nicht mehr der König führte Krieg, und seine Bürger verhielten sich dabei mehr oder weniger passiv, sondern jeder Einzelne nahm an ihm und für sich persönlich aktiv teil.

Ganz dieser Auffassung entsprechend überraschten die Franzosen die alten stehenden Heere der Verbündeten mit einer neuen Kampfweise. Wohl hatte es dazu schon bei den Österreichern und im Amerikanischen Unabhängigkeitskrieg Ansätze gegeben. Die Angriffsweise, mit der die Infanterie der Revolutionszeit den Feind überraschte, bestand aus der Verbindung von Schützengefecht und Angriffskolonne. Zunächst hatten sich in Frankreich zwei Ansichten gegenübergestanden. Während die einen nach preußischer Art in langen Bataillonslinien kämpfen wollten, traten die anderen für das Schützengefecht und die Kolonnentaktik ein. Der Streit erledigte sich von selbst. In Linie konnten jene schwachen Truppenteile kämpfen, die von der königlichen Armee übriggeblieben waren und diese Kampfweise dort gelernt hatten. Den »Freiwilligenbataillonen« und der Nationalgarde aber fehlte eine entsprechende Ausbildung. Man merkte sehr rasch, daß eine solche Truppe leichter in einer Kolonne als in einer Linie zusammengehalten und geführt werden konnte. Auch besaß der mit Begeisterung und Schwung in Kolonne vorgetragene Angriff eine erstaunlich große Stoßkraft. Zur vollen Wirkung kam die Kolonnentaktik allerdings erst im Kaiserheer, als NAPOLEON für eine gründliche Ausbildung in dieser Kampfweise sorgte. Dabei hatten die Schützen den Auftrag, den Kolonnen voraus anzugreifen und den Feind durch ihr Feuer zu erschüttern. Das konnten nur Soldaten tun, die sich ganz als Einzelpersönlichkeiten fühlten und im Sinne des Ganzen handelten. Die diesen Tirailleurs folgenden Kolonnen sollten die feindlichen Linien dann durchbrechen. Diese tief gegliederten Kolonnen konnten im Gelände weit rascher als die Linien bewegt werden und dazu noch jede Deckung ausnutzen. In der Abwehr allerdings besaßen die Kolonnen Schwächen, weil nicht alle Waffen zum Tragen kamen. Schließlich war das ursprünglich der Grund gewesen, weshalb man im Lauf des 17. und 18. Jahrhunderts von der Kolonne zur Linie übergegangen war. Deshalb behielt man für die Verteidigung auch jetzt die Linie bei. Schützengefecht und Stoß der Kolonne dienten ausschließlich dem Angriff. Allerdings haben die Tirailleurs jener Zeit die Schlachten nicht entschieden, wie so oft behauptet wird, ausschlaggebend waren das enge Zusammenwirken von Feuer- und Stoßkraft sowie die erhöhte Beweglichkeit. Auch das ist symptomatisch für die Zeit. Denn der einzelne Schütze kämpft als Persönlichkeit ganz für sich allein, schließt sich aber mit den Gleichgesinnten zur dichten Kolonne zusammen, um den Feind zu durchbrechen. Das reicht aber noch nicht aus, um den Erfolg der Franzosen zu erklären. Es gehörte dazu noch eine andere neue Einrichtung: die Division als Großverband verbundener Waffen. Bisher waren in den Schlachten reine Infanterie- oder Kavalleriegroßverbände eingesetzt worden, die auf Befehl des Feldherrn zusammenwirkten. Schon die Größe der Revolutionsheere erlaubte das aus führungstechnischen Gründen bald nicht mehr. Im Jahr 1795/96 bestand die französische Armee bereits aus 530000 Mann. Ihre stärksten Gegner, Österreich und Preußen, vermochten nach der alten Methode kaum die Hälfte dieser Stärken ins Feld zu führen. Der erste französische Großverband dieser neuen Art war die aus zwei Brigaden zu je zwei Regimentern bestehende Division. In ihr waren Truppen aller Waffengattungen vereinigt.

Ganz im Sinne des sich in der Kriegsführung entwickelnden Materialismus, der zunächst durchaus von Erfolg gekrönt war, stand die Einsatzweise der Artillerie. NAPOLEON war Artillerist. Von einem Auffahren der Artillerie in langen Linien und einem stundenlangen Feuerkampf mit der feindlichen Artillerie hielt er gar nichts. Zu deutlich hatte die Kanonade von Valmy bewiesen, daß dabei nichts herauskam. NAPOLEON setzte seine Artillerie im Schwerpunkt geschlossen ein, um den Angriff der Infanterie durch ein scharf zusammengefaßtes Vernichtungsfeuer vorzubereiten. Dazu schuf er eine besonders ausgebildete Elitetruppe, die Reitende Gardeartillerie. Sie ritt im Galopp an den Feind heran, protzte blitzschnell ab und feuerte mit Kartätschen in die Abwehrfront. In mehreren Schlachten haben solche »Artillerieangriffe« den Einbruch der Infanterie oder die Attacke der Kavallerie vorbereitet und den Grundstein zum Sieg gelegt. Die Aufgabe des Feldherrn bestand von nun an in der operativen und taktischen Führung der Großverbände, vor allem aber im Bilden von Schwerpunkten. Um die Führung der zahlenmäßig starken Heere auf dem Marsch und bei den einleitenden Operationen eines Feldzuges zu erleichtern, wurden mehrere Divisionen zu Korps und mehrere Korps zu Armeen zusammengefaßt. So war aus den begeisterten, aber schlecht ausgebildeten Verbänden der Revolutionsheere nach und nach wieder eine disziplinierte und schlagkräftige Armee entstanden. An ihrer Spitze stand ein Feldherr, der sie zu führen und einzusetzen verstand: NAPOLEON BONAPARTE. Dennoch war er derjenige, der bei aller Genialität den Grundstock zum militärischen Materialismus legte, der sich seit seinen Tagen immer mehr steigern sollte.

Wie alle großen Feldherren widmete NAPOLEON sein Augenmerk besonders dem Straßenbau. Dadurch vermochte er, seine Heere schneller dorthin zu bewegen, wo er sie brauchte. Zugleich leistete er damit einen entscheidenden Schritt zur verkehrstechnischen Erschließung der europäischen Länder und zur Verbindung der Völker miteinander. Es waren nicht nur seine großartigen Siege, die Freund und Feind an ihm bewunderten. Ganz aus dem Geist der romanischen Völker gab er auch ein neues Gesetzbuch, den »Code Napoléon« heraus, der zur Grundlage des Rechtswesens sehr vieler europäischer, aber auch außereuropäischer Länder wie etwa Japan wurde. Darüber hinaus drückte er mit der Gründung neuer Staaten und dem Aufbau einer tüchtigen Verwaltung in ihnen der europäischen Landkarte seinen Stempel auf. Dazu mußte er die alten Staaten aber erst einmal besiegen. Dies gelang ihm dank seines militärischen Genies innerhalb kürzester Zeit. 1805 schlug er die vereinigten Österreicher und Russen bei Austerlitz und ein Jahr später die Preußen bei Jena und Auerstädt. Den Sieg bei Austerlitz hatte er mit seiner 219000 Mann starken Operationsarmee gegen nur wenig stärkere Kräfte der Österreicher und Russen errungen. Bei Jena und Auerstädt standen 81000 Franzosen 103000 Preußen gegenüber. Die anderen deutschen Teilstaaten hatte

NAPOLEON durch Drohung und geschickte Diplomatie zur Unterwerfung gezwungen und zu seinen Verbündeten gemacht. Der preußische König FRIEDRICH WILHELM III. wollte seinem Land die Leiden des Krieges ersparen und hatte sich aus Friedensliebe nicht den vereinigten Österreichern und Russen angeschlossen. Diese Friedensliebe kam ihn teuer zu stehen, denn Preußen war nur noch ein besetzter Rumpfstaat, nachdem 1807 in Tilsit der Frieden geschlossen worden war. Hätte sich FRIEDRICH WILHELM III. dagegen entschlossen, der österreichisch-russischen Koalition beizutreten, so wäre es bei der numerischen Überlegenheit dieser drei Staaten NAPOLEON sicher nicht so leichtgefallen, sie zu schlagen.

Wie schon erwähnt, hatten sehr viele Deutsche, besonders der gebildeten Bürgerschicht, den Ideen der Französischen Revolution, die ja auch von den Napoleonischen Heeren weiterverbreitet wurden, mit Wohlwollen gegenübergestanden, sich, wenn auch keine Revolution, so doch eine Reform an Haupt und Gliedern in ihren Ländern gewünscht. Die Ausschreitungen der Französischen Revolution hatten zu viele wieder abgestoßen. Nun aber benahmen sich die französischen Heere in Deutschland nicht wie Befreier, sondern wie Herren und saugten das Land völlig aus. Der egoistische Nationalismus überwog bei weitem das Sendungsbewußtsein im Sinne der Ideale der Französischen Revolution. Im Lauf der Jahre nahmen die Übergriffe der französischen Truppen, Erschießungen von Patrioten und Deportationen, immer mehr zu. Dennoch gab es bis zum Ende eine gewisse Anzahl von Bewunderern NAPOLEONS, die selbst seine offensichtlichen Verbrechen zu entschuldigen suchten.[219]

Doch selbst dem Genie NAPOLEON wurden bald Grenzen gesetzt. Es wurde gesagt, daß sich die Persönlichkeit und das Nationale in Frankreich nach innen und in England nach außen entwickelten. »Dies tritt merkwürdigerweise auch geographisch zutage, und es zeigt sich ganz besonders, wenn wir wiederum einen Wendepunkt in der neueren Geschichte als Symptom betrachten, an dem Wendepunkt, wo der aus der Revolution herausgeborene NAPOLEON 1805 die Schlacht von Trafalgar an die Engländer verliert. Denn was offenbart sich da? Napoleon, als allerdings eigenartige, aber immerhin als Repräsentanz des französischen Wesens, bedeutet die Wendung nach dem Innern auch geographisch, nach dem Kontinente von Europa hinein. Wenn Sie Europa sich als dieses Gebilde vorstellen [es folgt hier eine Zeichnung mit einem Kreis, in dem ein Pfeil nach unten gerichtet ist, und auf diesem Kreis zwei hörnerartige Linien mit Pfeilen, die nach außen gerichtet sind], so wird Napoleon gerade durch die Schlacht von Trafalgar nach Europa hereingedrängt (Pfeil), England nach der ganzen Welt hinaus, in entgegengesetzter Richtung. Dabei müssen wir nicht vergessen, wie diese Differenzierung natürlich auch ihre Auseinandersetzung braucht. Sie braucht ihre Auseinandersetzung, es muß sich gewissermaßen das eine an dem andern abreiben. Das geschieht in dem Kampfe um die Herrschaft in Amerika. Es geht das schon etwas hervor aus diesem Wendepunkt von 1805. Aber wir sehen, indem wir den Blick auf ein paar Jahrzehnte vorher wenden, wie das, was gerade die Nuance im Franzosentum bewirkt hat, der Romanismus, für die Welt zurückgeschlagen wird vom Angelsachsentum in Nordamerika.«²²⁰

Ganz im Sinne dieses Hineindrängens nach Europa stand der Krieg in Spanien. Als NAPOLEON 1807 mit seiner Armee in Spanien eindrang und JOSEPH BONAPARTE als König einsetzte, antwortete ihm bereits das Volk mit einer allgemeinen Erhebung. Nationalstolz und katholischer Konservativismus erwiesen sich als stärker als die Strahlungskraft der »fortschrittlichen« Parolen der Revolution. Geführt von spanischen Offizieren und gestützt auf die in Spanien gelandeten britischen Truppen WELLINGTONS (1769–1852), führte das Volk einen erbitterten und erfolgreichen Kleinkrieg. Der Begriff »Guerilla« stammt aus dieser Situation. Auch zeigte sich damals schon, daß ein solcher Krieg nur mit Erfolg zu führen ist, wenn die Mehrzahl der Bevölkerung ihn unterstützt und daran teilnimmt, die Parteigänger von Soldaten geführt werden, die nach einem gemeinsamen Plan handeln, und wenn eine weitere Macht sie versorgt und schließlich mit regulären Truppen in die Kämpfe eingreift.²²¹ Dieser Volkskrieg, der als Kleinkrieg geführt wurde, ließ aber auch erkennen, daß es kaum eine grausamere Art der Kriegsführung gibt als diese. Sie wurde von beiden Seiten mit äußerster Erbitterung und Härte ausgefochten. Bis zum Zusammenbruch Frankreichs gelang es den französischen Heeren nicht, des Kleinkrieges Herr zu werden. Ähnlich versuchten im Jahr 1809 ANDREAS HOFER in Tirol und Major SCHILL in Norddeutschland einen Kleinkrieg zu entfesseln, der aber daran scheiterte, daß er nicht wie in Spanien ständig von einer anderen Macht unterstützt und durch Lieferung von Waffen und Gerät genährt wurde. CLAUSEWITZ hat dann in seinem großen Werk »Vom Kriege« eingehend über den Kleinkrieg in Spanien gesprochen. Der spanische Krieg wurde für alle kommenden Zeiten zum Vorbild dieser Art Kriegführung. Dennoch ist hier entscheidend, daß er nicht aus einer fortschrittlichen, der Entwicklung entsprechenden Geisteshaltung heraus entstand, sondern eher aus der retardierenden des romanischen Geistes.

Als zweites Symptom des Hineindrängens Frankreichs nach Europa gilt eine Maßnahme, die nach dem Tilsiter Frieden von 1807, in dem Europa zwischen NAPOLEON und Zar ALEXANDER I. von Rußland aufgeteilt worden war, verhängt wurde, NAPOLEONS »Kontinentalsperre«. Doch nötigten Wirtschaftskrisen im Dezember 1810 den Zaren zur Aufhebung der Handelssperre gegen England, er ließ sogar die Einfuhr der dringend benötigten

Industrieerzeugnisse aus England durch Vorzugszölle begünstigen. Die Absetzung des HERZOGS VON OLDENBURG durch NAPOLEON, eines nahen Verwandten des Zaren, traf diesen persönlich. Außerdem verschärften die Mißachtung der russischen Interessen in Polen und der Türkei die Spannung zwischen Frankreich und dem Zarenreich. Eine wirksame Maßnahme zur Bekämpfung der Seemacht England war diese Kontinentalsperre keinesfalls.

Angesichts der französischen Übergriffe und der dadurch bedingten Enttäuschung besann man sich auch in den deutschen Staaten darauf, daß man über alle Landesgrenzen hinweg einem gemeinsamen Volk angehört. JOHANN GOTTFRIED HERDER (1744–1803) hat in seinen Werken zuerst ausgesprochen, daß alle bisher gesondert betrachteten Lebensbereiche, wie Sprache, Dichtung, Musik, Recht, Philosophie, Wirtschaft usw., Äußerungen eines einzigen Volkes seien. So erhielt das durch Sprache, Kultur und Geschichte verbundene Volk den Charakter eines Individuums, einer Persönlichkeit, die den Einzelnen so in sich schließt, daß er ohne sie entwurzelt ist. Er ist ein Glied jenes *corpus mysticum*, das den blutleeren Gedanken des rationalen Weltbildes nicht mehr gelten läßt. Der Begriff »Volk« hatte sich damit ins Religiöse erhoben. Ohne diese Einsicht in die religiösen Wurzeln des HERDERschen Volksbegriffs ist der Nationalismus des 19. Jahrhunderts in Deutschland mit seinen positiven und negativen Auswirkungen nicht zu verstehen. So hatte HERDER den Menschen eine Idee gegeben, die zum ersten Mal seit der Reformation das gesamte deutsche Volk wieder zu einen vermochte. Sie allein ermöglichte die Erhebung gegen NAPOLEON. Der Rationalismus des 18. Jahrunderts war damit überwunden, und der Weg für die Romantik und die nationalbetonte idealistische deutsche Philosophie offen, die vor allem zunächst die gebildete deutsche Jugend ergriff. FICHTES »Reden an die deutsche Nation« und die patriotische Poesie der Romantiker taten ein übriges. Zum ersten Mal seit Beginn der Neuzeit fand sich daher unter dem Einfluß dieses Gedankengutes der gebildete Bürgerstand wieder bereit, in der höchsten Not des Volkes die Waffe in die Hand zu nehmen. Eine Generation früher hätte er ein solches Ansinnen noch weit von sich gewiesen. Aber die geistigen Voraussetzungen allein hätten für die nationale Erhebung gegen NAPOLEON und zum Sieg in den Befreiungskriegen nicht ausgereicht. Wesentlich dafür war noch eine Reform der Streitkräfte an Haupt und Gliedern, die darauf abzielte, den bis dahin so verachteten Soldatenstand wieder zum ehrenhaften Verteidiger nationaler Interessen werden zu lassen, den unüberbrückbar erscheinenden Abstand zwischen Offizier und Mann aufzuheben und das ehemalige stehende Heer aus lebenslang dienenden Berufssoldaten in ein patriotisch gesinntes Volksheer umzuwandeln, in dem jeder eine bestimmte Zeit zu dienen hatte. Eine solche Heeresreform wurde zunächst in

Preußen durch Scharnhorst, Gneisenau, Boyen, Grolman und Clausewitz, den Schöpfer der modernen Kriegstheorie, durchgeführt.

Allerdings mußten dafür zunächst Voraussetzungen auf dem zivilen Sektor geschaffen werden. Keine Armee der Welt, die nicht allein aus geworbenen Söldnern besteht, kann in ihrem Geist besser sein als das Staatsvolk, dem sie dient. Praktische Reformen im gesellschaftspolitischen Bereich mußten daher vorausgehen. Schon vor dem Zusammenbruch Preußens im Jahr 1806 hatten leitende Beamte das absolutistische System scharf kritisiert. Sie wünschten eine »Revolution von oben«, weil die Auswüchse der Französischen Revolution vor einem anderen Verfahren abschrecken mußten. Diese Reformer strebten die Bildung eines ständischen Volksstaates an, in dem die befreiten und durch ein geordnetes Schulwesen erzogenen Staatsangehörigen zu mitverantwortlichen Staatsbürgern herangebildet werden sollten. Für die Heeresreform wurde darüber hinaus besonders wichtig das 1807 erlassene Edikt zur Bauernbefreiung. In ihm fand die Erbuntertänigkeit ihr Ende. Die Freiheit der Person, des Besitzes, der Berufswahl und die Rechtsgleichheit wurden ebenfalls garantiert. Viele andere Reformen, die aber nicht in den Rahmen dieser Betrachtung gehören, schlossen sich an. Wichtig ist nur zu erwähnen, daß der neue preußische Staat damit zum ersten Mal zur Hoffnung der deutschen Patrioten wurde und so bei vielen an die Stelle Österreichs trat, das bisher die führende Macht in Deutschland gewesen war.

Schon wenige Tage nach dem Tilsiter Frieden, am 15. Juli 1807, beauftragte König Friedrich Wilhelm III. den aus Hannover stammenden, in preußischen Diensten stehenden Generalmajor von Scharnhorst und den Oberstleutnant Graf Lottum, »gemeinschaftlich zu erwägen, welche Einrichtungen in Absicht des Militärs vor der Hand zu treffen sein würden«. Kurz darauf wurde die Militär-Reorganisationskommission gebildet, der neben anderen auch der Oberstleutnant von Gneisenau angehörte. Namentlich Scharnhorst und Gneisenau hatten sich von Anfang an die Aufgabe gesetzt, das gesamte Volk wehrhaft zu machen, damit später das französische Joch abgeworfen werden könne. Die Reform sollte im wesentlichen die Grundlagen des Offiziersersatzes, die Wehrverfassung und den Heereshaushalt betreffen. Für uns wichtig, weil zur Stärkung der Persönlichkeit und zur erhöhten Achtung der Menschenwürde beitragend, ist die 1808 vollzogene Reform der Militärstrafen. Darin wurde die Verpflichtung zum Kriegsdienst für jeden Staatsbürger ohne Rücksicht auf dessen Stand angekündigt und daraus der richtige Schluß gezogen, daß alle ehrwidrigen Körperstrafen wie Stockschläge und Gassenlaufen abzuschaffen seien (»Freiheit der Rücken«). Arreststrafen galten nicht mehr als ehrenrührig. Schwere Vergehen wurden mit Festungshaft geahndet. Nur über diejenigen, die sich ihrer eigenen Ehre durch Fahnenflucht oder Diebstahl begeben hatten, verhängte ein Standgericht die Versetzung in die » 2. Klasse des Soldatenstandes«, in der die ehrenrührigen Strafarten weiterhin in Kraft blieben. Außerdem drohte ihnen der Verlust der neu eingeführten Kokarde, des Nationalmilitärabzeichens, am Tschako. Ehrenhafte Behandlung also für den Ehrenhaften, Prügel für den Ehrlosen.

Das nun geschaffene preußische Heer, das sich aus aktiver Truppe, Landwehr und Landsturm zusammensetzte, wobei die letzteren als milizartige Einrichtungen trotz der liberalen Propaganda des 19. Jahrhunderts einen weit geringeren Kampfwert besaßen als das aktive Heer, war dann das Muster für alle weiteren Heere bis 1945. Ganz im Sinne HERDERS vom gesamten deutschen Volk als *corpus mysticum* folgten bald Jägerverbände, die anfangs von dorthin kommandierten aktiven Offizieren ausgebildet wurden, sich später aber ihre Offiziere und Unteroffiziere durch Wahl selbst ernennen durften. Die Aufstellung dieser Freiwilligenverbände erklärt sich aus den sozialen Anschauungen der Zeit, brachte aber in militärischer Hinsicht manchen Nachteil. Es fehlte ihnen an Erfahrung und Übung sowie an Ausdauer im Ertragen von Strapazen, auch mangelte es recht häufig an der erforderlichen Disziplin. Erst allmählich halfen ihnen der gute Wille und die höhere Intelligenz über diese Mängel hinweg. Dann aber wurden sie zu einem Reservoire für künftige Offiziere, die nun nicht mehr nur aus dem Adel kamen. Viele dieser Jägerverbände, vor allem die Lützower Jäger, die aus Deutschen aller Stämme bestanden, haben sich mit ihrem Opfermut und ihrer Begeisterung für die Sache der Freiheit einen unvergänglichen Namen geschaffen. Die Uniformfarben der Lützower, Schwarz mit goldenen Knöpfen und roten Biesen, sollten später im Schwarz-Rot-Gold der Fahne als Sinnbild der demokratisch-großdeutschen Bewegung des Jahres 1848 wieder aufleben und im 20. Jahrhundert zur deutschen Fahne werden. Dieses neue Heer war dem französischen sehr ähnlich gegliedert und kämpfte auch auf dessen Weise.

Doch zunächst noch sollte dieses Heer nicht gegen NAPOLEON, sondern mit seinem aktiven Teil als Verbündeter NAPOLEONS kämpfen. Dieser entschloß sich nämlich, durch direktes militärisches Eingreifen dem System von Tilsit erneut Geltung zu verschaffen. Ein Militärbündnis mit den ehemaligen Erzfeinden Preußen und Österreich sicherte den Aufmarsch der » Großen Armee«, des bisher größten Heeres der Geschichte. Mit ihr fiel NAPOLEON in Rußland ein. Der Feldzug von 1812 richtete sich gegen ein Volk, dessen Zar zum Heiligen Krieg gegen die Eindringlinge aufrief und sogar bereit war, seine Hauptstadt zu vernichten, um den Franzosen die letzte Versorgungsbasis zu entziehen. Denn die wichtigste Ursache für den Untergang der Großen Armee lag darin, daß NAPOLEON nicht in der Lage war, sein Heer ordnungsgemäß zu versorgen. Gewiß hatte er gewaltige Depots an der russischen Grenze aufgebaut, aber der Nachschub erreichte die Truppe in dem weglosen Land und bei den damaligen Transportmitteln nur zum kleinsten Teil. Dazu kamen noch die unerhörten Entfernungen; auch Unterschleife und Plünderungen durch die eigene Truppe kamen vor. Als der Feldzug begann, trieb die Truppe in gewohnter Weise ihre Versorgungsgüter durch Requisition bei der Bevölkerung ein. Solche Massen konnten sich aber unmöglich aus dem noch heute dünn besiedelten Land mit seiner schlechten Agrarwirtschaft und den riesigen unbebauten Flächen ernähren. Die Requisitionskommandos waren daher gezwungen, auch weit abseits der Marschwege zu requirieren. Jetzt aber zeigten sich erstmals die ganzen Mängel dieses Systems, denn viele versuchten, sich auf eigene Kosten zu bereichern, verließen bei dieser günstigen Gelegenheit die Truppe und zogen als Marodeure durchs Land. Die Zahl der Deserteure stieg ins Unermeßliche.

Am 7. September 1812 schlug NAPOLEON die Russen bei Borodino mit nur 120000 Mann. Zwischen 165000 und 130000 mußten sich demnach zum größten Teil bereits »verkrümelt haben«, denn die Zahl der in den Städten zurückgelassenen Garnisonstruppen, Kranken, Verwundeten und Toten kann nicht allzu hoch gewesen sein. Als NAPOLEON in Moskau einzog, bestand die Truppe nur noch aus etwa 100000 Mann, und selbst diese konnten nicht mehr versorgt werden, als am 15. September die russische Hauptstadt in Flammen aufging. Doch die milde Witterung und die Hoffnung, daß der Nachschub doch noch eintreffen möge, hielten den Kaiser immer noch davon ab, den Rückzug anzutreten, der inzwischen, weil er allmählich erkannte, daß ein weiteres Verfolgen der Russen in der Weite des Raumes nicht möglich war, unumgänglich geworden war.

Erst am 19. Oktober 1812 trat er den Rückzug an. Und jetzt erst geschah, was in so vielen Büchern zu lesen ist. Zunächst quälte der Hunger das fast ohne Nachschub marschierende Heer. Dann setzten Frost und Kälte ein. Immer noch hielt der Kern der Truppen zusammen, so daß die zögernd folgenden Russen nur auf Requisitionskommandos und Versprengte trafen. Den Rest aber gab dem Heer der Übergang über die Beresina Ende November 1812, bei dem schließlich eine Panik ausbrach. Hätten die Russen hier energischer zugepackt und wären sie geschickter geführt worden, so hätte dieser Übergang die Vernichtung des Napoleonischen Heeres bedeuten können. Dennoch brachten Hunger, Kälte und Krankheiten die auf 30000 Mann zusammengeschrumpfte Armee zur Auflösung. NAPOLEON selbst verließ seine Soldaten, eilte unter einem Pseudonym durch Europa und tauchte in Paris auf, um den Putsch des Generals MALET, der bereits im Oktober erfolgt war, zu zerschlagen, sein Regime zu festigen und neue Armeen aufzustellen.

Die Trümmer der Hauptarmee erreichten Ende 1812, angeblich 1000 Mann mit 60 Pferden und 9 Geschützen, die preußische Grenze. In Deutschland wurde die Katastrophe als Gottesurteil empfunden. Es sollte das letzte Mal sein, daß allgemein und nicht nur in Propagandaorganen von einem Gottesurteil gesprochen wurde. Die Katastrophe entflammte darüber hinaus in ganz Europa den nationalen Widerstand gegen die französische Fremdherrschaft. Dies konnte um so leichter geschehen, als die österreichischen und preußischen Hilfskorps verhältnismäßig ungeschoren den russischen Kriegsschauplatz verlassen hatten.

In der Schlacht bei Leipzig vom 16.–19. Oktober 1813 wurde die Macht NAPOLEONS durch die verbündeten Österreicher, Russen und Preußen sowie einige andere deutsche Kleinstaaten und Schweden gebrochen. Obwohl es NAPOLEON nach seiner Abdankung 1813 noch einmal gelang, von Elba aus, wohin er verbannt worden war, französischen Boden zu betreten und eine neue Armee zu sammeln, wurde er doch im Juni 1815 bei Waterloo durch die verbündeten Engländer und Preußen endgültig geschlagen. Er endete als Gefangener der Engländer auf St.Helena 1821. Damit war das Hegemoniestreben Frankreichs über Europa gebrochen. Ein letzter Versuch endete 1870/71 mit der entscheidenden Niederlage NAPOLEONS III. und der Französischen Republik.

Wie wir gesehen haben, hatte sich im ausgehenden 18. und beginnenden 19. Jahrhundert in Europa ein geistiger Umbruch von großer Tragweite vollzogen. Der Stolz auf die tatsächlichen und vermeintlichen Leistungen der großen Revolution hatte in dem schon seit langem national geeinten Frankreich ein übersteigertes Nationalgefühl erzeugt. In den deutschen Ländern rief die Unterdrückung durch die Truppen NAPOLEONS I. ein ähnlich starkes Nationalgefühl hervor. Durch die Ideen HERDERS wurde die Auffassung vom Volk in die Sphäre des Religiösen erhoben. Diese Ideen befähigten das deutsche Volk mit allen seinen Stämmen und mit allen seinen Gesellschaftsschichten in den neuen Volksheeren, mit der Waffe in der Hand die Unterdrücker zu verjagen. Seit NAPOLEON war es im Krieg nicht mehr um die Eroberung oder Erhaltung einer Grenzprovinz oder Grenzfestung, sondern um den Bestand des ganzen Staates, vielleicht sogar um das Leben des ganzen Volkes gegangen. Wen kann es da wundern, wenn das Phänomen Krieg mit all seiner Problematik in einem Deutschland im Mittelpunkt leidenschaftlicher Debatten stand, das mit den Werken der deutschen Klassik und Romantik in Kunst und Wissenschaft von Männern wie GOETHE, SCHILLER, BEETHOVEN und vielen anderen gerade auf einem Höhepunkt seiner Kultur angelangt war?

Auch auf militärischem Gebiet besaß das Deutschland jener Zeit seinen größten Denker in CARL VON CLAUSEWITZ (1780–1831), wenn zu seinen

Lebzeiten sein Einfluß auch verhältnismäßig gering blieb. Seine hervorragende Bedeutung als militärischer Denker gewann er durch die posthume Veröffentlichung seines Werkes »Vom Kriege« in den Jahren 1832 bis 1834, die seine mit seinen Gedanken eng vertraute Frau veranlaßte. CLAUSEWITZ hatte den wirklichen Krieg in Sieg und Niederlage bei der Truppe und im Generalstab erlebt. Für einen Soldaten seiner Zeit hatte er sich eine erstaunlich gründliche Allgemeinbildung erworben, trotz seiner mangelhaften Ausbildung beim Eintritt ins Heer. Der Umgang mit den politisch führenden Männern, vornehmlich Preußens und Rußlands, trug viel dazu bei. Seine Veranlagung, alles bis zur letzten Konsequenz durchzudenken, befähigte ihn zu dem Werk, das er in aller Stille in den Jahren zwischen 1816 und 1830 ausarbeitete, ohne ihm die letzte Ausgestaltung geben zu können. Er sagte von sich selbst, er wäre weder Grammatiker noch Philosoph, womit er meinte, daß er kein Schulphilosoph sei. So ist sein Buch ein Werk, in dem sich Theorie und Praxis nahtlos verbinden. Das verleiht ihm eine dauernde Geltung. Wer heute sein Werk liest, das ganz im Stil der Zeit und mit wissenschaftlicher Gründlichkeit geschrieben ist, muß immer das Zeitbedingte von dem zeitlos Gültigen trennen. Dazu reicht das Lesen einzelner Kapitel und Abschnitte nicht aus, das Buch will als Ganzes verstanden werden. CLAUSEWITZ geht es nicht um eine moralisch-ethische Wertung des Krieges, wie sie etwa bei GEORG FRIEDRICH WILHELM HEGEL (1770–1831) oder noch SCHELER (1874–1928) im Vordergrund stand. Er will Politikern und Soldaten ganz pragmatisch den Krieg als ein Instrument der Politik zeigen. Sein Wesen und seine Einordnung werden damit bestimmt.

CLAUSEWITZ drang über die historischen Gegebenheiten seiner Zeit hinaus vor und erkannte durch alle Erscheinungsformen hindurch das Wesen des Krieges. Er geht von den Unwägbarkeiten des Lebens aus und gelangt zu einer Theorie des Krieges. Sie wird aber nie zum Dogma. Auch verfällt er niemals in ein Systemdenken. Er betrachtet den Krieg als Phänomen und schafft Maßstäbe für das Urteil. Durch den Berliner Professor KIESEWETTER mit KANTS induktiven und deduktiven Wegen bei der Untersuchung der Probleme vertraut, betrachtete er sie nach allen Seiten hin und bis in ihre letzten Tiefen. Obwohl es schwierig ist, ein paar wenige der wichtigsten Gedanken grundsätzlicher Art aus den acht Büchern des Werkes herauszustellen und auf so engem Raum wiederzugeben, soll dennoch in Anlehnung an Werner Hahlweg der Versuch unternommen werden.[222] »Der Krieg«, sagt CLAUSEWITZ, »ist ein Akt der Gewalt, um den Gegner zur Erfüllung unseres Willens zu zwingen«. Das führt logisch dazu, daß es in der Anwendung der Gewalt keine Grenzen gibt. Überträgt man diesen Gedanken auf unsere Zeit, so wäre es z.B. theoretisch bei einer Eskalation des Kriegsgeschehens nicht möglich, taktische Atomwaffen einzusetzen, ohne damit gleichzeitig den Einsatz der strategischen Waffen auszulösen. Doch CLAUSEWITZ stellt diesem abstrakten Gedankengang sofort die praktische Wirklichkeit entgegen. Dabei muß er die Verschiedenartigkeit der einzelnen Kriege nach ihrer Natur und ihren Verhältnissen feststellen. Die Spanne der angewandten Gewalt reicht von der bewaffneten Beobachtung und militärischen Demonstration über alle Kriegsarten hinweg bis zum Vernichtungskrieg. Alle Aussagen von CLAUSEWITZ sind von dem Gedanken beherrscht, daß der Krieg ein Instrument der Politik ist. Die Politik leitet ihn ein, beherrscht ihn während seines Verlaufs und muß ihn beenden. Wörtlich sagt er: »Das Unterordnen des politischen Gesichtspunktes unter den militärischen wäre widersinnig, denn die Politik hat den Krieg erzeugt; sie ist die Intelligenz, der Krieg aber bloß das Instrument und nicht umgekehrt.« Dieser Grundsatz ist zweifellos auch heute noch richtig. Nur müssen wir angesichts der Bedrohung durch atomare, chemische und biologische Waffen heute hinzufügen, daß der Krieg kein gangbares Instrument der Politik mehr ist, weil er die Vernichtung bzw. Selbstvernichtung der Kriegführenden beinhalten kann.

Unter den moralischen Größen, die CLAUSEWITZ zu den »wichtigsten Gegenständen des Krieges« zählt, führt er vor allem die kriegerischen Tugenden des Heeres an wie Disziplin, Furchtlosigkeit, Kampfgeist, Kühnheit, der in der Führung ein überlegener Geist zur Seite steht, und Beharrlichkeit, das einmal gesteckte Ziel zu erreichen. Die Theorie ist der zweckmäßigen und erfolgreichen Kriegsführung unabdingbar. Sie bleibt aber immer Betrachtung und wird niemals Doktrin. Sie geht von der Lebenswirklichkeit aus und wird stets von der Praxis überprüft. So entsteht eine Wechselwirkung zwischen beiden. Friktionen, Reibungen, scheiden die Theorie am stärksten von der Wirklichkeit des Krieges. Dort sind sie durch individuelle Umstände, menschliche Unvollkommenheit und Unzulänglichkeit bedingt. Da sie stets gegeben sind, müssen Friktionen in allen Planungen berücksichtigt werden. Daß nie alles so ablaufen kann, wie es geplant ist, daß es also immer und überall Friktionen geben kann und wird, gehört zu den wichtigsten Erfahrungen im Krieg. Zweck, Ziel und Mittel müssen miteinander im Einklang stehen. Der Krieg ist ein Mittel zur Erreichung eines politischen Zweckes. Die Kriegsziele und die dazu aufzubringenden Mittel können sich nur aus dem Gesamtüberblick aller Verhältnisse ergeben.

Angriff und Verteidigung sind die beiden Formen des Krieges. Die Verteidigung erscheint als die an sich stärkere. Kriegführen kann jedoch niemals aus reiner Abwehr bestehen. Daher ergänzen sich beide, ja ein wesentliches Moment der Verteidigung liegt darin, daß der sich Verteidigende mit dem »blitzenden Vergeltungsschwert« zum Gegenangriff übergeht. Ziel des Angriffs, wie der Verteidigung, ist die Vernichtung des Feindes dadurch, daß die feindlichen Streitkräfte kampfunfähig gemacht werden. Die Entscheidung ist jedoch nur im Angriff oder Gegenangriff zu erreichen.

Schon MOLTKE (1800–1891) hat den CLAUSEWITZschen Satz vom Primat der Politik bei der Einleitung, während des Verlaufes und bei Beendigung eines Krieges abwandeln wollen. Er glaubte, die politische Staatsführung ihres beherrschenden Einflusses berauben zu müssen, solange die Waffen sprechen. Die Konflikte mit BISMARCK (1815–1898) ergaben sich 1866 und 1870/71 daraus. Diese Tendenz verstärkte sich im deutschen Heer immer mehr, so daß es zu einem nach »Perfektionierung strebenden Empirismus«, zum »Hang zum Aufstellen von Regeln oder Gebrauchsanweisungen«, zum »Bemühen, Lehrbücher über den Krieg im Sinne eines verengenden, von den übrigen Lebensbereichen [insbesondere von der Politik] losgelösten handwerklichen« Handelns kam.[223] LUDENDORFF wandte sich in seinen Schriften »Kriegführung und Politik« (1922) und »Der totale Krieg« (1935) am entschiedensten von CLAUSEWITZ ab. Paradoxerweise stellte er sogar die Forderung auf, die Politik habe dem Krieg zu dienen! Bei den deutschen Politikern war, von einigen Ausnahmen abgesehen, die CLAUSEWITZsche Lehre kaum bekannt, sehr zum Schaden des deutschen Volkes in beiden Weltkriegen. Dennoch führte fast jeder aus dem Zusammenhang gerissene Zitate im Mund.

Anders dagegen verhielt es sich mit den Vertretern des revolutionären Marxismus. KARL MARX (1818–1883) und FRIEDRICH ENGELS (1820–1895) hatten die Bedeutung des Buches »Vom Kriege« richtig erkannt. Sie waren die ersten, die es von der politisch-philosophischen Seite her betrachteten und für ihre revolutionäre Praxis nutzbar machen wollten. In diesem Sinne studierte auch W. I. LENIN (1870–1924) das Werk, wobei er es mit zahlreichen Anmerkungen versah. Er zog daraus Lehren und Folgerungen für den Kampf um Begründung und Erhaltung der Sowjetmacht. Die Anwendung CLAUSEWITZscher Lehren durch LENINs Nachfolger im Zweiten Weltkrieg verschaffte der Sowjetunion in Europa die Ausgangsstellung für ihre spätere Politik; Berlin, Sachsen und Thüringen sind dafür hervorragende Beispiele. Die Besetzung dieser Länder durch sowjetische Truppen entsprach vollkommen dem CLAUSEWITZschen Gedanken aus dem ersten Kapitel des ersten Buches, daß »der politische Zustand, welcher [dem Krieg] folgen wird, durch den Kalkül schon auf ihn zurückwirkte«. Ähnliches gilt für die sowjetische Besetzung des Balkans am Kriegsende, allerdings als die Kampfhandlungen noch im Gang waren.

Der gewaltige wissenschaftliche Fortschritt, vor allem auf technisch-naturwissenschaftlichem Gebiet, der Ende des 18. und Anfang des 19. Jahrhunderts begann und sich nun im Vergleich zu den Jahrtausenden zuvor mit

geradezu rasender Geschwindigkeit vollzog, wirkte sich auch auf die Kriegführung aus. An Militärakademien und Kriegsschulen in den deutschen Ländern und im Ausland wurden die Erkenntnisse der Wissenschaften zunächst
einem Kreis ausgewählter Offiziere, dann einer immer größer werdenden
Anzahl von ihnen vermittelt. Von jetzt ab gab es auf wissenschaftlichem
Gebiet nichts mehr, an dem die führenden Soldaten vorbeigehen konnten,
ohne sich einer groben Vernachlässigung ihrer Pflichten schuldig zu machen.
Studien zur Ausnutzung wissenschaftlicher Erkenntnisse für das Kriegswesen konnte zwar jeder Offizier ausarbeiten und sie entweder auf dem Dienst-
weg seinen Vorgesetzten oder in den zahlreichen Fachblättern der späteren
Zeit der interessierten Leserschaft zur Kenntnis bringen. Aber es mußte auch
Offiziere geben, zu deren Dienstpflichten diese Aufgaben gehörten. Naturgemäß waren sie Angehörige des Generalstabs. Diese Generalstäbe wurden
zum ersten Mal in ihrer heutigen Form in Preußen durch SCHARNHORST
gebildet. Die ihnen angehörenden, besonders befähigten und hervorragend
ausgebildeten Offiziere waren nun die unentbehrlichen Gehilfen des Truppenführers, also des Führers eines Großverbandes von der Brigade aufwärts,
die die notwendigen Führungsgrundlagen erarbeiteten und damit die Entscheidung und den Entschluß des Truppenführers auf eine feste Grundlage
stellten. Dabei unterschied man allmählich zwischen dem Großen Generalstab, an dessen Spitze der Chef des Generalstabs des Heeres stand, der für die
Gesamtoperationen verantwortlich war, und den Truppengeneralstäben, die
die Führer der Großverbände in Gefecht und Schlacht unterstützten. Das
Neuartige an dieser Art von Generalstäben gegenüber den alten Generalquar-
tiermeisterstäben, die vornehmlich verwaltungstechnische Aufgaben und
solche für die Übermittlung von Befehlen des Feldherrn hatten, bestand in
der exakten Erarbeitung der Führungsgrundlagen in Krieg und Frieden aufgrund von Erfahrungen und unter Einbeziehung der naturwissenschaftlich-
technischen Gegebenheiten. Sie befaßten sich mit Gliederungsfragen und
Aufmarschplänen für den Kriegsfall, der Aufklärung fremder Heere und
Festungen, dem Aufstellen von Kriegsplänen, der Herstellung und Verteilung von Karten sowie mit der Kriegsgeschichte. Wie sehr dennoch alles auf
die Praxis bezogen war, zeigt eine »Instruktion für die höheren Truppenführer«, die die Erfahrungen des Krieges von 1866 wiedergibt und der ältere
MOLTKE nach einem Entwurf der kriegsgeschichtlichen Abteilung des Generalstabes bearbeitet hatte. In dieser Arbeit heißt es:

»Das Feld der realen Tätigkeit für die Armee ist der Krieg; ihre Entwick-
lung aber, ihre Gewöhnung und ihr längstes Leben fallen in die Zeit des
Friedens. Dieser Gegensatz birgt eine Schwierigkeit für die zweckmäßige
Ausbildung und die Gefahr eines plötzlichen Übergangs. Das moralische

Element kommt im Frieden seltener zur Geltung, im Kriege bildet es die Bedingung jeglichen Erfolges, den wahren Wert einer Truppe. Im Kriege wiegen die Eigenschaften des Charakters schwerer als die des Verstandes. Beim kriegerischen Handeln kommt es oft weniger darauf an, was man tut, als darauf, wie man es tut. Fester Entschluß und beharrliche Durchführung eines einfachen Gedankens führen am sichersten zum Ziel.

Gesteigerte Anforderungen stellt der Krieg an den Offizier, welcher das Vertrauen des Soldaten durch sein persönliches Verhalten zu erwerben hat. Von ihm wird erwartet, daß er Ruhe und Sicherheit auch in den schwierigsten Lagen bewahrt, ihn will man an der Spitze sehen, in dem Hauptmann und dem Rittmeister, auf den alle Blicke gerichtet sind, liegt die Kraft der Armee.

Aber diese Kraft muß durch die Intelligenz der Führer geleitet werden, auf welchen, je höher sie stehen, eine um so schwerere Verantwortlichkeit ruht. ... Nachrichten können absichtlich oder unabsichtlich entstellt sein, und mehr oder weniger spiegelt sich in ihnen stets eine individuelle Auffassung ab. Aus solchem Dunkel ringsumher muß das Richtige herausgefühlt, oft nur erraten werden, um Befehle zu erlassen, deren Ausführung unberechenbare Zufälligkeiten und nicht vorherzusehende Hindernisse in den Weg treten. In diesem Nebel der Ungewißheit aber muß wenigstens eins gewiß sein – der eigene Entschluß ... Einfaches Handeln, folgerichtig durchgeführt, wird am sichersten das Ziel erreichen.

Die Lehren der Strategie gehen wenig über die ersten Vordersätze des gesunden Verstandes hinaus; man darf sie kaum eine Wissenschaft nennen; ihr Wert liegt fast ganz in der konkreten Anwendung. Es gilt, mit richtigem Takt die in jedem Moment sich anders gestaltende Situation aufzufassen und danach das Einfachste und Natürlichste mit Festigkeit und Umsicht zu tun.

Ohne einen bestimmten Zweck und anders als für die Entscheidung alle Kräfte zusammenzufassen, ist ein Fehler. Für diese Entscheidung freilich kann man niemals zu stark sein, und dafür ist die Heranziehung auch des letzten Bataillons auf das Schlachtfeld unbedingt geboten. Für die Operationen solange wie möglich in der Trennung zu verharren, für die Entscheidung rechtzeitig versammelt sein, ist die Aufgabe der Führung großer Massen.

Der Sieg in der Waffenentscheidung ist das wichtigste Moment im Kriege. Der Sieg allein bricht den Willen des Feindes und zwingt ihn, sich dem unsrigen zu unterwerfen. Nicht die Besetzung einer Strecke Landes oder die Eroberung eines festen Platzes, sondern allein die Zerstörung der feindlichen Streitmacht wird in der Regel entscheiden. Diese ist daher das vornehmste Operationsobjekt.

Der Charakter der heutigen Kriegführung ist bedingt durch das Streben nach großer und schneller Entscheidung. Die Stärke der Armeen, die Schwierigkeiten sie zu ernähren, die Kostspieligkeit des bewaffneten Zustandes, die Unterbrechung von Handel und Verkehr, von Gewerbe und Ackerbau, dazu die schlagartige Organisation der Heere und die Leichtigkeit, mit welcher sie versammelt werden. – Alles drängt auf rasche Beendigung des Krieges. Die Vorbereitung zur Schlacht ist daher Hauptaufgabe der militärischen Ausbildung.«[224]

Was uns MOLTKE hier mitteilt, sind empirische Erkenntnisse, die auf wissenschaftlicher Grundlage ruhen. Daher wurden diese Grundlagen auch folgerichtig von der kriegsgeschichtlichen Abteilung des Generalstabs erarbeitet. Grundlagen der meisten Erfahrungen auf rein militärischem Gebiet waren aber die neuen naturwissenschaftlichen Erkenntnisse und Erfindungen, zu denen zunächst einmal die Ausnutzung der Eisenbahnen, später der Motorfahrzeuge, der Luftfahrzeuge, zunächst der Ballons, dann der Zeppeline und Motorflugzeuge, bei denen man das Beobachten aus der Vogelperspektive erst lernen mußte – in der Schlacht bei Solferino 1859 erkannte z.B. ein französischer Fesselballon zwei in Massen aufgestellte österreichische Korps nicht –, dann der neuen Fernmeldemittel wie des Telegrafen und später des Funks. Diese technischen Grundlagen zwangen dazu, eine der wichtigsten Methoden der Naturwissenschaften anzuwenden, das Experiment. Auf militärischem Gebiet waren dies Manöver und Übungen. Sicher hatte sie es bereits seit dem 17. Jahrhundert gegeben, aber damals bestanden sie aus Truppenschauen, mit denen man die eigene Bevölkerung und den möglichen Feind beeindrucken und die Exerzierkunst der Truppe überprüfen wollte. Vom 19. Jahrhundert ab dienten Manöver jedoch der Untersuchung von Führungsgrundsätzen und der Übung der Truppenführer. MOLTKE hatte klar erkannt, daß die Lehren der Strategie wenig über die ersten Vordersätze des gesunden Verstandes hinausgingen. Sie aber auf Massenheere anzuwenden, ist eine Kunst, die nur durch ständige Übung in Manövern und Planspielen errungen werden kann.

Kriege der imperialistischen Nationen

Wenden wir uns wieder dem geschichtlichen Geschehen zu, das sich nun mehr und mehr in den Materialismus verstrickt. Rudolf Steiner sagt in diesem Zusammenhang, man solle nicht leichten Herzens abfällige Urteile über das fällen, was in dem Aufeinanderprallen von Staaten in der Weltgeschichte geschieht. »Man bedenkt auf diesem Gebiete viel zu wenig, daß die Kräfte des Werdens, aber auch die Kräfte des Zerstörens, des Abbauens da sein müssen im Weltengeschehen. Ist es denn beim einzelnen Menschen anders? Indem wir unsere Fähigkeiten im Laufe unseres Lebens entwickeln, bauen wir unseren Leib ab, zerstören wir unseren Leib; und ich werde Ihnen ... zeigen, was für ein tiefer Zusammenhang besteht zwischen unserem seelischen Leben und der Belladonna, dem Stechapfel, den Giften, die Sie draußen in der Welt finden. Das sind allerdings Wahrheiten, die in die Tiefen der Dinge hineingreifen. Aber man muß den Mut haben, diese Wahrheiten auch in der Weltgeschichte geltend zu machen. Daher ist es viel besser, zu verstehen, als zu urteilen nach irgendwelchen sogenannten Normen. Das Verurteilen von Staaten und Völkern, das steht in der Regel auf recht schwachen Füßen. Man muß sich schon deshalb, um endlich in die geistige Welt aufsteigen und dort etwas erkennen zu können, daran gewöhnen, ohne Kritik, die auf ein ganz anderes Feld gehört, einfach die Tatsachen zu betrachten; erst dann versteht man, welche Kräfte in die Weltenentwicklung eingreifen.«[225]

Die Eroberung des indischen Subkontinents durch die Ostindische Handelskompanie der Engländer wurde schon erwähnt. Seit dem Ende des 18. Jahrhunderts bestand nun zwischen Indien und China unter Beteiligung der englischen Ostindischen Gesellschaft ein sehr reger Handelsverkehr. In China hatte sich wahrscheinlich durch Vermittlung der Araber seit dem 17. Jahrhundert die Sitte des Opiumrauchens verbreitet. Die Engländer erkannten sofort, daß sich dadurch Chancen für die Ausweitung ihres Handels boten, und legten in Bengalen, aber auch im übrigen Indien, Mohnkulturen zur Gewinnung von Opium an. Schließlich verlieh das Britische Empire von England aus der Ostindischen Handelskompanie das Monopol zur Einführung von Opium in China. Als die Chinesen nun selbst die außerordentlich schädlichen Auswirkungen des Opiumrauchens bei ihren Landsleuten bemerkten, verboten sie 1794 das Rauchen dieses Giftes. Die Wirkung dieses Verbotes war bei der Bestechlichkeit der chinesischen Bürokratie der damaligen Zeit jedoch außerordentlich gering, und die Opiumeinfuhr stieg von einigen tausend Kisten 1773 auf 30000 Kisten Opium im Jahr 1837. Welche gewaltigen Geldsummen dadurch nach Indien und in die Hände der Engländer flossen, ist jedem klar, der den heutigen Drogenhandel beobachtet. Schließlich stellten die Chinesen den Opiumhandel unter Todesstrafe und verfügten die Beschlagnahme aller Opiumschiffe. Nach einigem Hin und Her, bei dem die Engländer sogar versuchten, den Opiumhandel mit den weniger streng beobachteten amerikanischen Schiffen durchzuführen, wurden die finanziellen Verluste der Engländer so groß, daß man sich zum Krieg entschloß. Er dauerte von 1840 bis 1842, und England ging als klarer Sieger aus ihm hervor. Es gewann Hongkong und zwang China, dem Opiumhandel fünf Häfen zu öffnen. Darüber hinaus hatte China 97½ Millionen Kriegsentschädigung zu zahlen. Rein wirtschaftliche, materielle Gründe führten zu diesem Krieg. »Wir stehen beim Beginne des englisch-chinesischen Krieges 1840 am Ausgangspunkt gerade jener Zeit, von der wir oftmals gesprochen haben. Ich habe Ihnen gerade dieses Jahr angegeben als dasjenige, wo der Materialismus seine Hochflut erleidet. Es ist gut, solche Dinge in ihrer Entwicklung zu begreifen. Und wie gesagt: ebenso wie es ein Unsinn wäre, irgendwie englische Kultur oder englisches Leben, englische Zivilisation zu unterschätzen, so wäre es ein Unsinn, zu glauben, daß so etwas hätte ausbleiben können in dem ganzen Zusammenhang der englischen Entwicklung. Es gehört dazu. Und ein moralisches Urteil über die Sache zu fällen, ist vollständig unrichtig. Denn da würde man in den Fehler verfallen, die Gesamtheiten, Gruppen, so zu beurteilen, wie man den Einzelnen beurteilt. Das ist aber gerade dasjenige, was unmöglich ist.«[226]

In unserem Zusammenhang müssen wir uns aber die Frage stellen, woran es denn gelegen hat, daß das vergleichsweise kleine Großbritannien mit seinen geringen Truppenzahlen das gewaltige Chinesische Reich mit seinem unendlichen Menschenreservoire innerhalb von zwei Jahren zum Nachgeben zwingen konnte. Die Antwort ist sehr einfach. England verfügte über ein hervorragendes, mit modernsten Waffen ausgerüstetes Heer, dem China nichts Gleichwertiges entgegenstellen konnte. Eine Vernachlässigung der Rüstung, wie sie damals in China vorlag, mußte zur Niederlage und zu unendlichem Leid für die Bevölkerung führen. Über die weiteren geistesgeschichtlichen Auswirkungen dieser Niederlage und des Opiumrauchens ist in dem zitierten Buch nachzulesen.

Hand in Hand mit dem Materialismus, für den im 19. Jahrhundert vor allem wirtschaftliche Gründe Kriegsursachen waren, gingen das Hegemoniestreben und der Imperialismus einzelner Mächte. Aus dem Krieg gegen NAPOLEON war vor allem das zaristische Rußland als stärkste europäische Kontinentalmacht hervorgegangen. Die Politik des nunmehr regierenden Zaren NIKOLAUS I. (1825–1855), des Sohnes ALEXANDERS I. (1801–1825), stützte sich auf die orthodoxe Kirche und den großrussischen Nationalismus. Seine Außenpolitik zielte auf die Unterdrückung aller revolutionären Bewegungen in Europa, auf eine russische Expansion im Mittleren Osten und die Aufteilung der Türkei. Anlaß zum Ausbruch des Krimkrieges bot ein Streit griechischer und römischer Mönche um die heiligen Stätten in Jerusalem, in den sich NIKOLAUS I. einschaltete und damit dem nach der europäischen Vormacht strebenden französischen Kaiser NAPOLEON III. (1852–1870) die Gelegenheit gab, gegen ihn Stellung zu beziehen. Von England unterstützt lehnte die Türkei das russische Ultimatum ab, das Schutzrechte für die orthodoxen Christen forderte. Nun rückten russische Truppen in die Donaufürstentümer ein. Die Türkei erklärte daraufhin im Oktober 1853 Rußland den Krieg. Das veranlaßte wiederum Frankreich und England, in der Ostsee gegen das Zarenreich offensiv zu werden. Es kam aber lediglich zu einer strategisch recht wertlosen Wegnahme der Aaland-Inseln. Österreich machte ebenfalls mobil und rückte in die Donaufürstentümer Moldau und Walachei ein, blieb aber dann Gewehr bei Fuß stehen. Wenn die Engländer und Franzosen Rußland jetzt noch treffen wollten, mußten sie entweder durch Deutschland vorgehen oder zusammen mit der Türkei auf der Krim landen. Einen Vormarsch durch Deutschland hätte die starke russophile Partei in Preußen nicht ohne Krieg gestattet. So ersparte allein die militärische Stärke Preußens den deutschen Ländern einen neuen Krieg. Auch das Ende des Krimkrieges wurde durch die militärische Stärke eines Landes herbeigeführt, das am kriegerischen Geschehen selbst nicht teilgenommen hatte. Der Krimkrieg endete nämlich weniger durch eine klare Waffenentscheidung als vielmehr durch ein im Dezember 1855 an Rußland gestelltes österreichisches Ultimatum. Der Friede wurde 1856 in Paris geschlossen, obwohl keiner der kriegführenden Staaten am Ende seiner militärischen Kraft war. Als Folge dieses Krieges wurde das Schwarze Meer neutralisiert und ein europäisches Protektorat über die türkischen Christen errichtet. Darüber hinaus aber wurde noch einmal der russische Einfluß auf die Geschichte und die Geschicke Europas eingedämmt.

In diesen entscheidenden Jahren der »Hochflut des Materialismus«, wie Rudolf Steiner es ausdrückte, die sich dem Geschichtsbewußtsein des durchschnittlichen Europäers so oft entziehen, wurde durch den Opiumkrieg China für die westliche und damals entscheidende Welt geöffnet; es rückte näher an die restliche Welt heran. Rußland mußte sich noch einmal mit seinen alten Grenzen begnügen. Weit im Westen aber, auf dem amerikanischen Kontinent, wurde die Eroberung und Erschließung des, von Weißen noch nicht besiedelten oder in mexikanischer Hand befindlichen Territoriums vom Atlantischen bis zum Pazifischen Ozean, von der heutigen kanadischen Grenze bis zum Rio Grande del Norte begonnen, eine Entwicklung, die für die kommende Zeit symptomatisch ist, weil sich damit das Schwergewicht des geschichtlichen Geschehens, das seit der Renaissance ausschließlich in Europa gelegen hatte, allmählich nach Übersee verlagerte. Zusammenrücken und Erschließen des Fernen Ostens und des Kontinents im Westen durch neue Technologien des Verkehrs- und Militärwesens gingen mit dieser Verlagerung des politischen Schwerpunktes Hand in Hand.

Wie wir gesehen haben, blieb den Engländern und Franzosen im Jahr 1853 als strategische Möglichkeit nur noch die Landung auf der Krim. Dort war das Zarenreich zu verwunden. Bisher hatten europäische Heere, von Kolonialkriegen abgesehen, stets die unmittelbare Konfrontation mit Landstreitkräften auf dem zunächst gelegenen Teil des Kontinents gesucht. Zum ersten Mal führten die verbündeten Westmächte nun ein weit ausgreifendes Unternehmen durch, das nur mit Hilfe der Marine gelingen konnte. Das sollte das Denken der britischen Generalstäbe revolutionieren und später ihr realistisches Kriegsbild vom Ersten Weltkrieg beeinflussen. Die Kontinentalmächte übersahen dagegen die Konsequenzen nicht und traten daher mit einem falschen Kriegsbild in den Ersten Weltkrieg ein. Landungen an offener Küste durchzuführen, war, wie die Geschichte zeigte, nicht allzu schwierig, kritisch aber blieb dagegen die Aufrechterhaltung einer geregelten Versorgung. Zwei Dinge waren für solche weit ausgreifenden Operationen über See nötig, die eigene Seeherrschaft und die Unabhängigkeit von Wind und Wetter. Letzteres war durch die neuen Dampfschiffe möglich geworden. Wenn sie zunächst auch noch keine Lasten transportieren konnten, so vermochten sie doch, die dazu fähigen Segelschiffe in Schlepp zu nehmen. Damit war die geregelte Versorgung mit Menschen und Material zu jeder beliebigen Zeit möglich. Für die Führung über See hinweg boten die neuen Telegrafenlinien Möglichkeiten, um die ständige Verbindung zwischen Regierung und Operationsheer sowie zwischen Feldherr und untergeordneten Truppenführern aufrechtzuerhalten. Auf dem Land aber nützte man die ersten Eisenbahnlinien aus, um Truppen und Material in einer nie vorher gekannten Größenordnung und Schnelligkeit zu den Häfen zu bringen. Bei der Belagerung von Sewastopol auf der Krim bauten britische Pioniertruppen sogar die erste Feldbahn, mit der das Material zum Schanzen und die Munition herangebracht werden konnten.

Auf dem Gefechtsfeld selbst erwiesen sich besonders die französischen Zuaven und Turkos als Meister des zerstreuten Gefechts, die mit ihren weittragenden und zielsicheren Perkussionsgewehren allen anderen Infanterietruppen überlegen waren. Beim einfachen Schloß dieser Art Gewehre saß am Zündloch ein Ansatz, darauf wurde ein Zündhütchen mit Knallpulver aufgesetzt. Beim Durchkrümmen des Abzuges fiel ein Hammer auf das Zündhütchen und entzündete die darin befindliche Zündmasse durch Schlag (Percussion). Durch den im Ansatz befindlichen Zündkanal hindurch wurde so die Schießpulverladung entzündet und das Geschoß durch den Lauf zum Ziel getrieben. Das Zielen wurde dadurch wesentlich erleichtert, weil sich der Rückstoß verringerte und die irritierende doppelte Zündflamme beim Entzünden des Pulvers auf der Pfanne des Steinschloßgewehrs und der zweiten Flamme beim Entzünden der Treibladung entfiel. Obwohl es sich bei diesen Gewehren durchweg um Vorderlader handelte, die nur im Stehen oder im Knien geladen werden konnten, schoß man mit ihnen doch auf Entfernungen bis zu 450 m bei gezogenem Lauf und bei glattem bis auf 225 m. Da die

Artillerie im Kartätschschuß nur etwa 250 m weit wirken konnte, waren somit bereits in den Kriegen von 1848 in Italien und Ungarn sowie 1848/1850 gegen Dänemark Batterien durch Gewehrfeuer aus ihren Stellungen geschossen worden. Im Krimkrieg wurden dann recht häufig die Geschütz-bedienungen durch Gewehrfeuer außer Gefecht gesetzt oder die Batterien zum Stellungswechsel gezwungen. Diese Mängel konnten erst nach dem Krieg durch Vervollkommnung der glatten Geschütze bei der weitschießen-den zwölfpfündigen Granatkanone abgestellt werden. Schließlich begann man, das Prinzip der gezogenen Gewehre auf Geschütze ähnlicher Kon-struktion anzuwenden. Noch später kam man auf dem gleichen Weg zum Hinterlader. Bei den Gewehren hatte Preußen dies bereits 1835 erreicht, dessen Armee das Zündnadelgewehr von DREYSE besaß, das sich auch im Liegen laden ließ und mit dem man noch auf sehr viel weitere Entfernungen schießen und treffen konnte.

Ein Ereignis besonderer Art aus dem Krimkrieg zog die Aufmerksamkeit der Öffentlichkeit auf sich. Noch im 18. Jahrhundert hatte die zivile Bevölke-rung, besonders die gebildete Gesellschaft, Schlachten und Kriege als ein außergewöhnliches Schauspiel angesehen, zu dem man sich in der Kutsche hinfahren ließ, um zuzusehen. Das Schicksal der Verwundeten und Sterben-den ließ selbst die Damen kalt, die doch sonst so leicht in Ohnmacht fielen. Ein bezeichnendes Licht auf die Zustände im britischen Heer des Krimkrie-ges – es stand damit allerdings nicht allein – wirft die Tatsache, daß, während sich die einfachen Soldaten mit Läusen, Hunger und Krankheiten plagen mußten, die Offiziere in den Gefechtspausen bei Balaklawa und in Anwesen-heit von Damen aus London ganz im Stil der vergangenen beiden Jahrhun-derte Pferderennen durchführten. Wohltuend stach davon das Beispiel von FLORENCE NIGHTINGALE (1820–1910) und anderen ab, die sich bemühten, die entsetzlichen Zustände in den Lazaretten von Skutari, einem Stadtteil von Konstantinopel, zu verbessern. Dieser Gesinnungswandel setzte sich fort, als sich am 25. Juni 1859 der Schweizer Schriftsteller und Philanthrop HENRI DUNANT (1828–1910) auf dem Schlachtfeld von Solferino befand, das von über 22 000 Toten und Verwundeten bedeckt war. Er hörte das Stöhnen und Schreien der meist unversorgten Verwundeten und war davon so tief erschüt-tert, daß er den Plan zur Einrichtung des Roten Kreuzes faßte. 1864 trat das Internationale Komitee des Roten Kreuzes in Genf ins Leben. Dort wurde auch die Genfer Konvention abgeschlossen, die ab 1906 »zur Verbesserung des Loses der Verwundeten und Kranken der im Feld stehenden Heere« dienen sollte. 1929 dehnte man sie auf den Seekrieg und die Kriegsgefangenen aus und erweiterte sie 1949 vornehmlich auf die Nichtkombattanten. Durch die Tat dieses Mannes, HENRI DUNANT, wurde das Schicksal der Opfer des

Krieges wesentlich verbessert. Lediglich die Sowjetunion schloß sich dem Abkommen über die Kriegsgefangenen nicht an, was seine schweren Auswirkungen vor allem im Zweiten Weltkrieg haben sollte.

Betrachten wir überhaupt das Schicksal der Gefangenen und Verwundeten, so ist festzustellen, daß die Antike, gleich um welches Volk es sich dabei handelte, mit ihnen unbarmherzig verfuhr. Gefangene und Verwundete wurden ebenso wie der »unbrauchbare« Teil der Bevölkerung versklavt oder getötet. Nach den Anschauungen der Zeit hatten sie ihre Lebenskraft und ihr Heil verloren, waren keine Menschen mehr, sondern nur noch Sache. Das blieb so bis weit ins Mittelalter hinein, obwohl sich die Anschauungen über Gefangene und besonders über deren Lebenskraft und Heil in der Zwischenzeit geändert hatten. Gefangene, die durch ihre Familien über die notwendigen finanziellen Mittel verfügten, konnten losgekauft werden. Doch vor allem das Christentum und das Gebot der Nächstenliebe ließen bereits im Mittelalter mildere Formen erkennen. Man versorgte die Verwundeten und gab die Gefangenen nach einer gewissen Zeit frei. Allmählich gehörte es zu den seltenen Ausnahmen, wenn man Gefangene tötete. In der Zeit der Söldnerheere dagegen steckte man Gefangene, soweit sie nicht Offiziere waren, die auf Ehrenwort entlassen wurden, einfach in die eigenen Reihen, gleich welcher Nation sie angehörten. Von der Zeit der Nationalkriege an war das nicht mehr möglich, denn die Gefangenen hätten sich gegen ihr eigenes Volk nicht verwenden lassen. So behielt man sie bis zum Friedensschluß in Lagern und entließ sie dann in die Heimat.

Verwundete wurden von den eigenen Truppen und den fremden gleichermaßen versorgt. Doch reichten die Sanitätsdienste zunächst nicht aus, so daß die Verwundeten auf die Hilfe der ansässigen Bevölkerung angewiesen waren, die sie allerdings nicht allzu selten ausplünderten anstatt sie zu versorgen. Dennoch hatten sich die Verhältnisse seit der Verbreitung des Christentums und humanitärer Ideen bis zum 19. Jahrhundert derart gewandelt, daß es nur noch des Aufrufes und der Gründung durch HENRI DUNANT bedurfte, um jene große Organisation des Roten Kreuzes ins Leben zu rufen und zu aktivieren. Erst als im Zweiten Weltkrieg Ideologien das Kriegsgeschehen beherrschten, kam es, vorwiegend in Sowjetrußland und 1941 auch in Deutschland, zu einer unmenschlichen Behandlung der gegenseitigen Kriegsgefangenen; in Deutschland, weil man mit einer solchen Masse russischer Gefangener nicht gerechnet hatte, sie nicht ausreichend versorgen konnte und z.T. auch als »Untermenschen« betrachtete, in Rußland, weil man den Klassenfeind, als den man auch jeden deutschen Soldaten ansah, physisch vernichten wollte und jede andere Haltung als auf dem »verlogenen Prinzip christlicher Nächstenliebe« beruhend ansah.[227]

Um die weitere geschichtliche Entwicklung zunächst in Europa zu verstehen, muß noch einmal bis zum Wiener Kongreß der Jahre 1814/15 zurückgegangen werden. Dieser Kongreß hatte folgende politische Prinzipien verfolgt: die Restauration, d. h. die Wiederherstellung des Zustandes von 1792, die Legitimität, die vor allem TALLEYRAND zur Rechtfertigung der Ansprüche der Dynastie des Ancien Régime verfolgte, und die Solidarität der legitimen Fürsten zur Abwehr revolutionärer Ideen und Bewegungen. In der Kongreßakte von 1815 wurde das Gleichgewicht der fünf europäischen Großmächte wieder hergestellt. Frankreich behielt seine Grenzen von 1792 und wurde zusätzlich von einem »Kreuz mittlerer Staaten«, Schweden und Norwegen in Personalunion, dem neuen Königreich der Niederlande mit Belgien und Luxemburg und dem durch Savoyen vergrößerten Königreich Sardinien-Piémont, kontrolliert. Großbritannien in Personalunion mit dem neuen Königreich Hannover beherrschte mit Malta, Ceylon, der Kapkolonie und Helgoland unangefochten die Meere. Österreich verzichtete auf die habsburgischen Niederlande und seine Besitzungen am Rhein, dafür bekam es Dalmatien, die Lombardei, Tirol, Salzburg, Teile von Oberösterreich, Ostgalizien wieder zurück und erhielt das Gebiet der früheren Republik Venedig. In Toskana, Parma und Modena wurden Nebenlinien des Hauses Habsburg-Lothringen wieder eingesetzt. Im Sinne der Heiligen Allianz wachte Österreich im übrigen Italien über den Bestand der monarchischen Ordnung. Immer mehr wuchs damit der Vielvölkerstaat aus Deutschland hinaus, wenn er auch noch immer die führende Rolle im Deutschen Bund beanspruchte und auch von den meisten Deutschen als Führungsmacht angesehen wurde. Preußen, das ursprünglich ganz Sachsen beansprucht hatte, begnügte sich mit Teilen dieses Landes und erhielt dafür die Rheinprovinz und Westfalen. Obwohl es damit wirtschaftlich und konfessionell gespalten war, wuchs es doch mehr nach Deutschland hinein; von jetzt ab übernahm es die »Wacht am Rhein«. Traditionell hatte Österreich diese Aufgabe erfüllt, entzog sich ihr aber durch die erwähnte Aufgabe Vorderösterreichs, ein Schritt, der folgenschwer für das Entstehen eines deutschen Reiches werden sollte. Der Kongreßakte mußte eine Neuordnung Deutschlands entsprechen. Die Patrioten aller deutschen Stämme wünschten ein freiheitliches, liberal-demokratisches und geeintes Deutsches Reich mit dem habsburgischen Kaiser an der Spitze. In etwa sollte es dem mittelalterlichen Heiligen Römischen Reich Deutscher Nation entsprechen. Doch der preußisch-österreichische Gegensatz und der fürstliche Partikularismus ließen keine starke Reichsgewalt zu. Erschwerend wirkte sich bei den beiden deutschen Großmächten aus, daß ihr Staatsgebiet entweder nur zum Teil zum alten Reich gehörte oder von fremder Bevölkerung bewohnt wurde. Tatsächlich blieben dann Ost- und Westpreußen sowie

Posen einerseits und Galizien, Ungarn, das Lombardo-Venetianische König-reich und Dalmatien außerhalb des Deutschen Bundes. Dagegen waren fremde Fürsten, der König von England für Hannover (bis 1837), der König von Dänemark für Holstein und der König der Niederlande für Luxemburg, Bundesfürsten. Ein neues Kaisertum entstand nicht. Zur Enttäuschung der Patrioten kam es nur zu einem Bund von 35 Fürsten und 4 freien Reichsstäd-ten zur »Erhaltung der inneren und äußeren Sicherheit Deutschlands«.

Dieser Deutsche Bund stellte ein Bundesheer auf, das seinem Charakter nach jedoch kein Einheitsheer, sondern ein Koalitionsheer war, wie wir es heute etwa in der NATO vertreten sehen. Seine Führung war einerseits da-durch erschwert, daß es keine ständige Führungsspitze im Frieden gab. An-dererseits wurde sie dadurch vereinfacht, daß die Angehörigen des deutschen Bundesheeres alle einer Sprache angehörten und eine annähernd gleiche Men-talität besaßen. In fast allen Teilen dieses Bundesheeres gab es zwei verschie-dene Heeresteile, die wir nach preußischem Muster in die Linie (aktives Heer) und die Landwehr (im Kriegsfall einzuberufende Reserveeinheiten) einteilen wollen. Die Linie war zweifellos das schlagkräftigere Instrument und hatte sich als solches im Krieg gegen NAPOLEON I. profiliert. Sie erreichte unter ihren Berufsoffizieren und -unteroffizieren eine weit höhere Qualität als die Landwehrbataillone unter ihren gewählten Offizieren und Unteroffi-zieren. Der deutliche Leistungsabfall der Landwehr hatte im Krieg nur durch die hohe Moral der Truppe etwas aufgefangen werden können. Daraus ent-stand der erste Gegensatz zwischen Linie und Landwehr. Dieser Gegensatz wurde durch politisch unterschiedliche Anschauungen verschärft. Mit der einsetzenden Restauration gingen auch Bestrebungen zur teilweisen Restau-rierung der Armee im Sinne der alten stehenden Heere Hand in Hand. Der weitaus größte Teil des Berufsoffizierskorps fühlte sich noch immer, wie in alter Zeit, seiner jeweiligen Krone persönlich verpflichtet. Die Preußen schätzten ihr Land und sein Königshaus höher als etwa ein einiges Deutsch-land. Allerdings war das keine Einzelerscheinung in Preußen. Aus Briefen RADETZKYS geht z. B. hervor, daß er die Einheit und Größe Deutschlands von ganzem Herzen wünschte, aber unter keinen Umständen war er bereit, dafür etwa die Teilung Österreichs in einen zum Bund gehörenden deutschen und einen nicht zum Bund gehörenden fremdstämmigen Teil zugunsten einer noch weitergehenden Staatseinheit hinzunehmen. Was über Jahrhunderte dem überwiegend adligen Berufsoffizierskorps als Vasallentreue gegenüber dem Landesherren anerzogen worden war, ließ sich nicht von heute auf morgen beseitigen. Ganz anders dagegen war die Haltung der Landwehr und ihrer Offiziere. Sie war durchdrungen von den liberal-demokratischen und großdeutsch-nationalen Ideen, für die sie ins Feld gezogen war. Ein guter Teil ihrer tüchtigsten Offiziere hatte beim Lützower Freikorps gedient und gründete als Reaktion auf das verhaßte »System Metternich« unter den »Reichsfarben Schwarz-Rot-Gold« und der Devise »Ehre, Freiheit, Vaterland« 1815 an den Universitäten die über alle innerdeutschen Landesgrenzen hinausgehenden Deutschen Burschenschaften. Ihr im Jahr 1817 abgehaltenes Wartburgfest endete mit der Verbrennung der für sie enttäuschenden Bundesakte und reaktionärer Schriften und Symbole.

Da traten Ereignisse ein, die, wie so oft in der Geschichte, an sich gute Ideen in Mißkredit brachten. Dies traf hier um so mehr zu, als die Erinnerungen an die fürchterlichen Auswüchse der Französischen Revolution noch sehr lebendig waren. Radikale Gruppen unter KARL FOLLEN drängten zur Tat. Der Student SAND ermordete den Dichter KOTZEBUE, den er für einen Agenten der schlimmsten aller reaktionären Fürsten, des Zaren, hielt. Nach SANDS Hinrichtung ergingen 1819 auf METTERNICHS Veranlassung die Karlsbader Beschlüsse. Die Burschenschaften wurden verboten, die »Demagogen« verfolgt, Presse und Universitäten überwacht. Schlimmer aber noch, daß SANDS Tat viele ursprüngliche Anhänger der erwünschten Neuerungen abstieß. Der Widerwille gegen die radikalen Methoden wuchs, als nach dem polnischen Aufstand von 1830 immer mehr Polen als Initiatoren revolutionärer Umtriebe in allen Teilen Deutschlands und im Ausland auftauchten. Ihnen schlossen sich als Folge des Dekabristenaufstands von 1825 auch Russen an. Der Begründer des Anarchismus, MICHÁIL BAKUNIN (1814–1876), nahm persönlich an den Aufständen in Polen, Sachsen und Böhmen 1848/49 teil. Besonders die großdeutsch-national denkenden Männer wurden von diesen Umtrieben abgestoßen. Ein weiterer Teil schloß sich nach der Abdankung des als Reichsverweser eingesetzten volkstümlichen Erzherzogs JOHANN (1782–1859) im Dezember 1849 wieder dem eigenen Königshaus an.

Diese Haltung verstärkte sich nach der Ablehnung des vom Präsidenten der Deutschen Nationalversammlung HEINRICH FREIHERRN VON GAGERN (1779–1880) eingebrachten Vorschlages vom »engeren im weiteren Bund« durch den österreichischen Ministerpräsidenten Fürst FELIX SCHWARZENBERG (1800–1852). Dieser forderte die Aufnahme des gesamten Habsburgerstaates in den Deutschen Bund. Da man aber die nichtdeutschen Volksteile Österreichs nicht im Deutschen Bund haben wollte, siegte in dieser Zeit des übersteigerten Nationalgefühls die kleindeutsche Richtung, die eine Lösung der deutschen Frage unter Ausschluß selbst der Deutschen in Österreich und unter preußischer Führung anstrebte.

So kam es, daß sich das Berufsoffizierskorps der Linie geistig nicht an die von den meisten Landwehroffizieren vorher vertretenen Ideen anschloß, sondern umgekehrt und allmählich die Landwehr an diejenigen der Linie.

Das hatte Auswirkungen auf die Haltung des gesamten deutschen Bürgertums bis ins 20. Jahrhundert. Lagen die Konfliktstoffe anfangs ausschließlich im ideellen Bereich, wobei die Krone und das adlige Offizierskorps für ein stehendes Heer eintraten und die liberalen Kräfte für eine allgemeine Volksbewaffnung zur Abwehr äußerer Feinde plädierte, so verschoben sie sich jetzt mehr auf das rein militärische Gebiet. Dennoch verlor der ideologische Hintergrund nie ganz seine Bedeutung. An der Notwendigkeit, eine Armee unter Waffen zu halten, zweifelte damals aufgrund der geschichtlichen Erfahrungen, die Deutschland seit dem Dreißigjährigen Krieg immer nur als Schlachtfeld fremder Mächte gezeigt hatten, keine der beiden Seiten. Die ständigen Bedrohungen der deutschen Grenzen, besonders durch Frankreich, das seine alten Ziele, die Gewinnung Oberitaliens und des linken Rheinufers, niemals aufgegeben hatte, erweckten im gesamten deutschen Volk eine kriegerische Abwehrbereitschaft, die erst am Ende des 19. Jahrhunderts allmählich in ein Hegemonialstreben umschlug.

Bevor dies aber geschehen konnte, mußte der Kampf um den Führungsanspruch in Deutschland und damit um die Gründung eines neuen Reiches entschieden werden. Das Parlament in Frankfurt hatte dieses Problem auf friedlichem Weg nicht lösen können, obwohl es von bestem Willen getragen war. So erklärte BISMARCK den Deutschen Bund für aufgelöst und allen seinen Staaten den Krieg. Sein Ziel war es, Österreich aus diesem Bund hinauszudrängen. Die Entscheidung fiel 1866 bei Königgrätz. Den Sieg errang HELMUTH KARL GRAF VON MOLTKE als Chef des preußischen Generalstabs unter Anwendung der Erkenntnisse, die der Generalstab auf die beschriebene Weise als erster in Europa errungen hatte. Am einschneidensten waren die drei folgenden Neuerungen:

1. Der Verlauf der Eisenbahnlinien und deren Leistungsfähigkeit bestimmten die operativen Möglichkeiten der Kriegsführung; bereits seit 1863 – und nicht zuletzt aufgrund der Erfahrungen aus dem sich auf dem Höhepunkt befindenden Sezessionskrieg in Amerika – gründete MOLTKE darauf seine Planungen.

2. »Direktiven und nicht Befehle« mußten bei Heereskörpern, deren Aufmarsch sich auf oft weit getrennten Bahnlinien und mehreren Straßen zum Konzentrationspunkt vollzog, den Unterführern, besonders den Kommandierenden Generälen, freie Hand bei der Durchführung des Auftrages lassen; sie hatten in Zukunft lediglich im Sinne des Ganzen zu handeln. Das war die Geburtsstunde der in der Folge so überaus erfolgreichen Auftragstaktik.

3. »In der Anordnung getrennter Märsche unter Berücksichtigung rechtzeitiger Versammlung« erkannte MOLTKE das Wesen der Strategie. Dabei mußten sich zwangsläufig und in erhöhtem Maße, um mit CLAUSEWITZ zu

sprechen, »Friktionen« ergeben. Daher nannte MOLTKE die Strategie auch »ein System der Aushilfen« und erklärte folgerichtig, sie sei nicht lehrbar. Jedes System, auch das für die Umfassung, hat er im Gegensatz zu dem späteren berühmten Chef des Generalstabs, SCHLIEFFEN, abgelehnt.

Was ist nun diese erwähnte geheimnisvolle Auftragstaktik? Im Gegensatz zu der sonst überall üblichen Befehlstaktik, bei der der Soldat genau vorgeschrieben bekommt, was er in allen Einzelheiten zu tun hat, und bestraft wird, wenn er anders handelt – das bekannteste Beispiel hierfür bietet das Drama »Der Prinz von Homburg« von HEINRICH VON KLEIST –, erhält in der Auftragstaktik der Soldat wie der Offizier nur die Mitteilung darüber, was von der nächsthöheren Führung beabsichtigt ist. Wie er zur Erfüllung dieses Auftrags im einzelnen beiträgt, ist seine Sache. Er hat nach seiner Beurteilung der Lage im kleinen oder großen Rahmen selbständig zu handeln. Geht er vom Befehl aus besserer Einsicht in die örtliche Lage ab, so steht auch das in seinem Ermessen. Allerdings kann er bei einem Scheitern des Gesamtplanes, das er durch sein Verhalten wesentlich verursacht hat, zur Verantwortung gezogen werden. Das hat gar nichts mit »Kadavergehorsam« zu tun. Dieses Wort stammt aus dem Sprachgebrauch der Jesuiten, deren Angehörige so bedingungslos gehorchen sollten wie ein Kadaver. Im Ersten Weltkrieg wurde es aus Propagandagründen von den Feinden Deutschlands auf die Manneszucht im deutschen Heer umgemünzt. Wer die Befehlstaktik befolgt, und das tun in mehr oder weniger strengem Sinn die Heere aller nicht deutschsprachigen Länder, befolgt Kadavergehorsam, nicht aber der, dessen oberster Grundsatz in der Auftragstaktik besteht. Je schlechter im Lauf eines Krieges die Ausbildung zwangsläufig wird, um so mehr wird auf der unteren Ebene die Auftragstaktik eingeschränkt. Auch sie ist ein echtes Symptom des ichbewußten Menschen der fünften nachatlantischen Kulturepoche. Im übrigen hat die Industrie die Auftragstaktik als »kooperatives Management« nach Vorbild des deutschen Generalstabs im gesamten Westen eingeführt. Aufgabe des Feldherrn war es nun nach Erteilung der Aufträge an seine Unterführer nicht mehr, den Aufmarsch seines Heeres vom berühmten Feldherrnhügel aus zu überwachen. Er stützte sich nur noch auf die genauen Berechnungen seines Generalstabs, das neue technische Mittel der Eisenbahnen und auf den Telegraphen. Die drei Symptome der fünften nachatlantischen Epoche, das Nationale, die Freiheit der ichbewußten Einzelpersönlichkeit und die Ausnutzung der naturwissenschaftlichen Erkenntnisse, traten hier zusammen.

Dies sollte sich bei MOLTKES strategischem Meisterwerk, dem Krieg gegen Frankreich 1870/71, zeigen (s. Fig. 10). Dieser Krieg entsprang u. a. Frank-

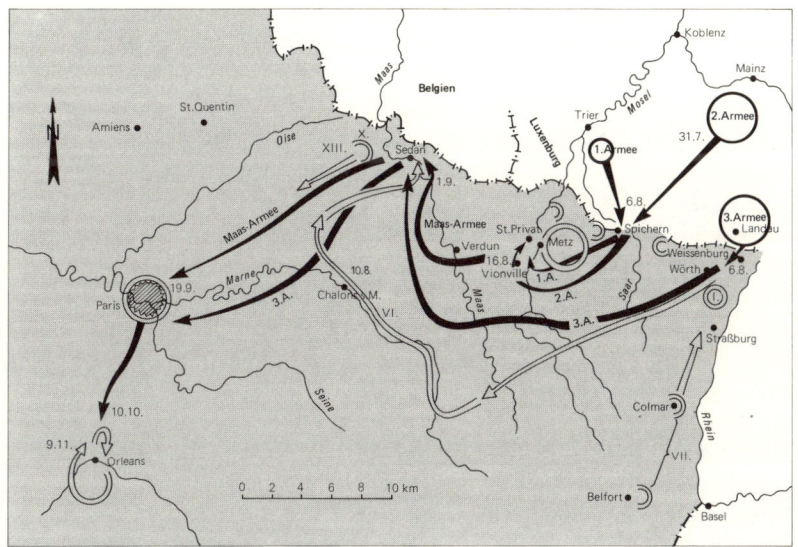

Fig. 10 Feldzug in Frankreich 1870/71

reichs Furcht vor einer preußischen Hegemonie in Europa. Die spanische
Thronkandidatur führte trotz Verzicht des Prinzen LEOPOLD VON HOHEN-
ZOLLERN-SIGMARINGEN zur Krise. Aus Prestigegründen forderte NAPO-
LEON III. (1808–1873) eine Garantie des Verzichts. Er erklärte den Krieg, als
BISMARCK (1815–1898) die »Emser Depesche« in gekürzter Form veröf-
fentlichte. Wider Frankreichs Erwarten traten die süddeutschen Staaten voller nationaler Begeisterung an die Seite Preußens und des damals bereits
bestehenden Norddeutschen Bundes unter Führung Preußens. Altes Presti-
gedenken gemischt mit nationalem Bewußtsein auf beiden Seiten waren die
Ursachen dieses Krieges. Der Sieg der Deutschen gegen das kaiserliche französische Heer war der Sieg des auf der Höhe seiner Zeit stehenden General-
stabschefs und seines Stabes. Ihnen waren die ersten Kapitulationen von
Massenheeren der modernen Geschichte bei Sédan und Metz zu verdanken.
Sie waren von großer operativer Bedeutung, beendeten aber den Krieg
nicht. Es ist verständlich, daß diese beiden Siege in Deutschland später überbewertet wurden. Aber in Kriegen, an denen die Völker mit Leidenschaft
teilnehmen, genügen solche Siege allein nicht, wie das Beispiel von 1870/71
und die großen Kesselschlachten von 1941 gegen die Sowjetunion noch zeigen sollten. In solchen Kriegen kommt es darauf an, auch das feindliche

345

Industriepotential und die Verkehrsverbindungen zu zerschlagen, also die Versorgung des Feldheeres unmöglich zu machen, und den Widerstandswillen der gesamten Bevölkerung zu brechen. Der Sieger von 1870/71 überschätzte die rein militärische Entscheidung. Beim Besiegten aber erkannte man, wie groß die Kräfte eines einigen Volkes selbst nach zwei so gewaltigen Niederlagen noch sind. Das beeinflußte wesentlich die französische Kriegsführung im Ersten Weltkrieg.

Auch MOLTKE selbst glaubte, der Krieg sei nach Sédan gewonnen. Doch die in Paris gebildete republikanische »Regierung der Nationalen Verteidigung« war in Übereinstimmung mit der öffentlichen Meinung gewillt, den Kampf fortzusetzen. GAMBETTA (1838–1882), Innenminister der neugegründeten französischen Republik und genialer Organisator, der mit einem Ballon aus dem belagerten Paris entflohen war, wollte nun ein Massenheer im Stile der »Levée en masse« von 1793 aus dem Boden stampfen. Als militärischer Laie verfiel er dem Rausch der Zahl. Außerdem überschätzte er die seelische Kraft der Massen. FRIEDRICH ENGELS, der zu Anfang des Krieges die deutsche Seite vertreten hatte, dann aber aus ideologischen Gründen die Partei der französischen Republik ergriff, beging in seiner Beurteilung der Lage den gleichen Fehler. Wie GAMBETTA verkannte er völlig die Tatsache, daß rasch aufgestellte und ungenügend gefestigte Truppen der »Levée en masse« in schwierigen Lagen und bei Rückschlägen auseinanderfallen. Und das trat auch tatsächlich ein. ENGELS nannte diesen Krieg, bei dem zum ersten Mal in der Kriegsgeschichte alle wehrhaften Männer zu den Waffen kamen und die gesamte Bevölkerung dem Feind schadete, wo sie konnte, einen »Volkskrieg«. Er unterschied ihn scharf vom »revolutionären Krieg«, bei dem es um den »Machtkampf der Arbeiterklasse« geht. Eine typische Erscheinung des Volkskrieges in diesem Sinne war der Einsatz der Franctireure. Sie gingen auf die 1868 gegründeten Schützengesellschaften zurück. Meist operierten die Franctireure in Gruppen von etwa 50 Mann und umgaben die französischen Armeen mit einem Schleier, den die deutsche Kavallerie nur schwer zu durchdringen vermochte. Zusätzlich kamen von ihnen wichtige Aufklärungsergebnisse. Teile führten auch im Rücken der Deutschen den Kleinkrieg. Manchmal trugen die Franctireure Abzeichen, an denen man sie als Kombattanten erkennen konnte, meist aber kämpften sie, wie vor allem die »Franctireurs de la presse«, in Zivil und ohne Abzeichen. Die letzteren wurden nach Kriegsrecht standrechtlich erschossen, wenn die Deutschen ihrer habhaft wurden. Im ganzen waren die Leistungen der Franctireure jedoch so gering und ihr undiszipliniertes Auftreten gegenüber der eigenen Bevölkerung so ekelerregend, daß GAMBETTA sie Mitte Januar 1871 auflöste und in die Armee eingliederte. Auch die »Internationale Brigade« GARIBAL-

DIS (1807–1882), des italienischen Freiheitshelden und Revolutionärs, bildete davon keine Ausnahme. Die französische Regierung versuchte, diesen Mißständen bei der »Levée en masse« durch sog. Kriegsdelegierte zu begegnen. Als französische Vorläufer der sowjetischen politischen Kommissare unserer Zeit sollten sie die Moral der Truppe wieder aufrichten und ihrer Zuchtlosigkeit entgegenwirken. Das Ergebnis entsprach jedoch keineswegs den Erwartungen. Trotz schwerer Kämpfe gegen das französische Massenheer behielten die Deutschen die Oberhand. Als am 1. Februar 1871 die französische 1. Loire-Armee unter BOURBAKI die Grenze zur Schweiz überschritt und dort interniert wurde, war der Krieg für die Deutschen beendet.

Was sich mehrere Generationen patriotischer Deutscher gewünscht und ersehnt hatten, trat am 18. Januar 1871 ein. Das deutsche Kaiserreich wurde in Versailles gegründet und König WILHELM I. VON PREUSSEN zum deutschen Kaiser ausgerufen. Auf die Franzosen wirkte das genauso demütigend wie die späteren Bedingungen des Friedensvertrags. Der Schrei nach Revanche ließ nicht lange auf sich warten.

Wurden bisher auch die Fehler aufgezeigt, die FRIEDRICH ENGELS bei der Beurteilung des neu aufgestellten französischen Massenheeres beging, so erkannte er doch völlig richtig, zu welchen Leistungen eine Nation in einem Volkskrieg fähig ist. Das war richtungsweisend für die Zukunft. MOLTKE dagegen erkannte die sich hier ergebenden Möglichkeiten nicht. Er sah in dieser Art der Kriegsführung lediglich eine unnütze Kriegsverlängerung mit weiterem Blutvergießen und noch größeren Opfern für das französische Volk. Er war vom Sieg seines Qualitätsheeres über das französische Massenheer überzeugt.

Nun ist diese Überlegenheit des Qualitätsheeres wohl offensichtlich. Aber im Verlauf eines längeren Krieges nimmt die Qualität auch des besten Heeres durch die Verluste naturgemäß ab. Andererseits wächst die Qualität des Massenheeres ständig, wenn es Zeit hat, die nötige Kriegserfahrung zu erwerben. Beide Heere können schließlich die gleiche Qualität besitzen. In einem solchen Fall kann dann die größere Zahl den Ausschlag geben. Bei den Franzosen wäre es daher darauf angekommen, den neu aufgestellten Armeen Zeit zur Festigung und zum Sammeln von Erfahrungen zu geben. Durch eine dem Guerillakrieg angepaßte Kriegführung etwa wäre das möglich gewesen. Aber die französische Regierung gab diesem Heer Aufträge, die aktive Truppen kaum hätten erfüllen können. Sein Versagen sagt damit nicht viel über seinen tatsächlichen Wert aus. Massenheere müssen anders geführt und eingesetzt werden als Qualitätsheere. Nur dann können sie ihre Aufgaben erfüllen. Im Fall des neuen französischen Massenheeres war das aber nicht Schuld der Generäle, sondern der Politiker.

Volkskriege im Sinne von FRIEDRICH ENGELS können nur dann geführt werden, wenn die Massenheere von Berufssoldaten geführt werden, sie der Unterstützung der gesamten Bevölkerung sicher sein dürfen, ihre Kleinkriegsverbände im Sinne der Gesamtkriegsführung diszipliniert kämpfen, die Versorgung durch fremde Mächte gesichert ist und ein schlagkräftiger, außerordentlich beweglicher Kern von Qualitätstruppen die wichtigsten Operationen unternimmt. ENGELS hatte den größten Teil dieser Voraussetzungen erkannt. Das wichtigste dabei ist aber die moralische Größe, die erst die Bevölkerung eines Landes zur Führung eines Volkskrieges befähigt. Diese moralische Größe war im 19. Jahrhundert und in der folgenden Zeit das Nationale. Daher hat es Volkskriege in dieser Form auch erst in der fünften nachatlantischen Epoche gegeben.

Im Zusammenhang mit der Gründung des Deutschen Reiches, die man in dieser Form bedauern mag oder nicht, man muß sie aber als Tatsache hinnehmen, wurde zum ersten Mal auch von einem deutschen Militarismus gesprochen, ein Ausdruck, den Rudolf Steiner »die allergräßlichste Phrase, die jemals geprägt worden ist«, nennt.[228] Und im Hinblick auf die Revanche-Forderungen Frankreichs und die drohende Koalition zwischen Frankreich, England und Rußland fährt Rudolf Steiner fort: »Können Sie sich vorstellen, daß man in Mitteleuropa an die ›friedlichen‹ Absichten Westeuropas glauben sollte, wenn man nicht eine, sondern viele, viele solche Tatsachen von diesem Kaliber zur Kenntnis nehmen mußte? Es kommt eben, wenn man diese Dinge beurteilen will, mancherlei in Betracht. Es kommt in Betracht, daß wenn man dieses Mitteleuropa im weiteren Sinn betrachtet, es das Allerunsinnigste ist, so ohne weiteres von mitteleuropäischem Militarismus zu sprechen; denn dieser Militarismus ist für ein zwischen zwei Militärstaaten eingeschlossenes Land die selbstverständliche historische Folge gewesen, um eben bestehen zu können zwischen den beiden Militärstaaten.

Menschen, die jeden Wirklichkeitssinnes bar sind, können allerdings fragen: Sind denn nicht allerlei Abrüstungsvorschläge gemacht worden? – Man prüfe nur einmal diese Abrüstungsvorschläge! Man braucht ja irgend etwas, was man erreichen will, nicht unbedingt auf *einem* Wege zu erreichen, man kann es auf verschiedenen Wegen erreichen. Selbstverständlich wäre es gewissen Leuten – ich sage nicht: den Völkern, sondern gewissen Leuten – in Westeuropa recht lieb gewesen, das, was sie erreichen wollten und wollen, nicht durch einen Krieg erreichen zu müssen, in dem Hunderttausende von allen Seiten ihr Blut vergießen müssen, sondern sie hätten vorgezogen, sich nachher – verzeihen Sie den trivialen Ausdruck – die Finger ablecken und sagen zu können: ›Wir haben Frieden gemacht!‹

Eines der Mittel für die westeuropäischen Politiker von einem gewissen Schlage war der Abrüstungsvorschlag, der in die Welt gesetzt worden ist, denn er war nur dazu da, um eben auf einem andern Wege zu erreichen, was man erreichen wollte. Nachdem der Abrüstungsvorschlag nicht zur Wirklichkeit geworden war, mußte dieser Weg als ungangbar aufgegeben werden. Hätte man Mitteleuropa ohne Krieg einschnüren können durch Abrüstungen, so hätte man es selbstverständlich lieber getan ohne Krieg; aber es war nur ein anderer Weg, um dasselbe zu erreichen.

Man darf sich nicht täuschen lassen durch Worte, man darf sich nicht täuschen lassen durch Illusionen; sondern man muß sich klar sein über das, was die Leute wollen. Und da muß man immer wieder und wiederum die gesund denkenden Menschen, die wirklich das wollen, was sie sagen, in Schutz nehmen, selbst wenn sie unter dem Einfluß von Haß und allerlei anderen Gefühlen identifiziert werden mit denjenigen Menschen, die dies oder jenes herbeiführen.«[229] Man sollte auch heutige Abrüstungsvorschläge so unter die Lupe nehmen und auf die Goldwaage legen, wie dies Rudolf Steiner in den genannten Vorträgen 1916 für seine Zeit getan hat, und diese Vorschläge nicht nur deshalb gut heißen, weil sie mit dem Wort Abrüstung verbunden sind.

Wir haben uns damit dem Ersten Weltkrieg genähert, müssen uns aber zunächst gewissermaßen der Peripherie des europäischen Blickfeldes, Nordamerika, Asien und Südafrika, zuwenden, wo große Ereignisse die Zukunft der Menschheitsentwicklung vorbereiteten. Nach der Unabhängigkeitserklärung der dreizehn ersten Kolonien von Großbritannien, die alle im Osten des nordamerikanischen Kontinents lagen, und der Gründung der Vereinigten Staaten von Nordamerika dauerte es nicht einmal drei Jahrzehnte, bis die erste amerikanische Expedition die Rocky Mountains überwandt und den Pazifik erreichte. Bereits unter Präsident JAMES MONROE (1817–1825) wurden im Westen der alten Kolonien vier neue Staaten gegründet und Straßen und Kanalverbindungen in einem Ausmaß angelegt, wie es in Europa nur in den fortschrittlichsten Ländern geschah. In diese Zeit fielen auch die ersten Spannungen zwischen den sog. freien und den Sklavenstaaten der USA. 1820 wurde die Sklaverei nördlich des 36. Breitengrades verboten. Sieht man diesen Akt mit der Landnahme und Landkultivierung zusammen, so zeigen sich schon zwei wesentliche Merkmale dieses neuen, zumeist aus Angelsachsen bestehenden Volkes: die praktische und, wenn man so will, materialistische Hinwendung zum Boden und das idealistische Sendungsbewußtsein zur Befreiung versklavter Menschen, die doch nach der Erklärung der Menschenrechte alle gleich sein sollten. Ergänzt wurde dies durch die sog. »Monroe-Doktrin« von 1823. Anlaß hierzu gab die Absicht der Heiligen Allianz zwischen den führenden Herrscherhäusern Europas, die vor allem vom russischen Zaren beherrscht war, die spanische Herrschaft in Süd- und Mittelamerika wiederherzustellen. In dieser Doktrin erklärten die Vereinigten Staaten, sie beabsichtigten keine Einmischung in europäische Angelegenheiten, wünschten andererseits aber auch keine Interventionspolitik europäischer Mächte. Die Doktrin hatte für das ganze 19. Jahrhundert und für den Anfang des 20. Jahrhunderts eine außerordentlich hohe Bedeutung für die lateinamerikanischen Staaten, die ja zur Zeit ihrer Verkündigung um ihre Unabhängigkeit kämpften. Damals waren die Vereinigten Staaten aber noch so sehr mit der Erschließung und Eroberung ihres eigenen Gebietes befaßt, daß sie sich ein Eingreifen in Europa nicht vorstellen konnten. Ungefähr 20 Jahre später annektierten sie Texas, wobei wiederum nicht die Armee, sondern in typisch angelsächsischer Weise zivile Organisationen und Gruppen den Vorreiter gespielt hatten. Nach dem siegreichen Krieg von 1846/48 gegen Mexiko mußte dieses Land Kalifornien, Arizona und Neu-Mexiko sowie offiziell Texas abtreten. Im Norden gewannen die USA den größeren Teil des Oregon-Gebiets aufgrund eines Vertrages mit Großbritannien. Im gleichen Jahr, in dem der Krieg gegen Mexiko ausbrach, bauten die USA den Illinois-Michigan-Kanal, durch den die Besiedlung des fernen Westens eingeleitet wurde. Den Anlaß für die rasche Besiedlung des ungeheuren Gebiets im Westen bot aber nicht nur der Landhunger der in großen Zahlen einströmenden Europäer, die sich nun besonders aus Iren und Deutschen zusammensetzten, sondern vor allem der Goldfund SUTTERS und anderer im Sacramentotal, der die Einwohnerzahl allein von San Francisco von 1000 im Jahr 1845 innerhalb von zehn Jahren auf 100000 ansteigen ließ. Der typisch materialistische Traum unzähliger Amerikaner vom schnellen Reichtum schien in Erfüllung zu gehen.

Zwischen 1820 und 1860 war die Bevölkerung der Vereinigten Staaten von 9,6 auf 31,5 Millionen angewachsen. In etwa entsprach sie jedoch im Verhältnis zu dem riesigen Gebiet nur der Bevölkerungszahl der k.u.k.-Monarchie jener Zeit. Von den 31,3 Millionen lebten 22 Millionen im Norden und nur etwas mehr als 9 Millionen im Süden, wovon noch ⅖ Negersklaven waren.

Wie wir gehört haben, kam es über die Sklaven zu heftigen Auseinandersetzungen in den Vereinigten Staaten selbst, die nur vorläufig geschlichtet worden waren. Doch die freien und die Sklavenstaaten entfremdeten sich immer mehr, so daß die Union in Gefahr war, auseinanderzufallen. Eine Lösung mußte gefunden werden. Hier griff man nun zu einem Mittel, das sich schon zu Beginn des Unabhängigkeitskrieges bewährt hatte: zur Propaganda. Im Auftrag gewisser Kreise des Nordens schrieb HARRIET BEECHER-STOWE 1852 ihren berühmten Roman »Onkel Toms Hütte«. Diese Form des Umgangs mit dem Problem der Negersklaven in den Südstaaten hatte eine ungeheure propagandistische Wirkung in den Nordstaaten, die zwei Jahre später durch die Gründung der Republikanischen Partei, die die Befreiung der Negersklaven auf ihre Fahnen geschrieben hatte und die Bevölkerung geistig auf eine gewaltsame Lösung des Problems vorbereitete, noch verstärkt wurde. Obwohl die Menschlichkeit gebot, den Sklavenhandel unter allen Umständen zu unterbinden und den bereits Versklavten die Freiheit zurückzugeben, ist dieses Mittel, die lügnerische Propaganda dazu zu Hilfe zu rufen, zwar typisch, aber auch mehr als bedenklich.

Der Norden war dem Süden industriell weit überlegen. Das Verhältnis der für die Kriegsindustrie wichtigen Fabriken war 3,5:1 zugunsten des Nordens, und auf 6 Fabrikarbeiter im Norden kam nur einer im Süden. Ähnlich stand es um die Eisenbahnlinien, die in einem so unerschlossenen Land noch größere Bedeutung besaßen als in Europa. Hier lag das Verhältnis bei 2:1 für den Norden. Der Süden konnte sich lediglich auf seine doppelt so starke Landwirtschaft stützen, die das Weltbaumwollmonopol besaß. Diese Wirtschafts- und Verkehrsstruktur brachte es mit sich, daß der Süden der Vereinigten Staaten vor allem exportorientiert war. Dabei drang jedoch der Norden zum Schutz seiner Industrieerzeugnisse auf Schutzzölle, während der Süden auf dem Freihandel bestand. Von ausschlaggebender Bedeutung aber für den kommenden Krieg war die Tatsache, daß sich die Kriegsflotte in der Hand des Nordens befand, während der Süden aufgrund seiner überwiegend landwirtschaftlichen Ausrichtung über mehr Handelsschiffe verfügte, die aber höchstens als Blockadebrecher eingesetzt werden konnten. Bei dem herrschenden Baumwollmonopol kamen auch die ausländischen Kaufleute, vor allem Engländer, von sich aus in die zahlreichen Häfen, um die Waren abzuholen. Das Baumwollmonopol war aber nur mit den billigen Negersklaven aufrechtzuerhalten. Im Zug der weltweiten Kampagne zur Abschaffung der Sklaverei kam es zur Selbständigkeitserklärung von elf Südstaaten, die sich schließlich zur Konföderation zusammenschlossen. Der 1861 zum Präsidenten der Vereinigten Staaten gewählte ABRAHAM LINCOLN (1809–1865) setzte sich entschlossen für die Erhaltung der Union ein. Die Kriegsursachen sind also wieder einmal symptomatisch. Abgesehen vom primären Ziel der Erhaltung der Union, waren wirtschaftliche Gegensätze eine der wichtigsten Kriegsursachen. Begleitet wurden diese materialistischen Gründe von dem neuen, diesmal ideologisch bedingten »Kreuzzugsgedanken«, die Sklaverei im Sinne der Forderungen der Menschenrechte abzuschaffen. Den ideologischen Grund haben auch KARL MARX und FRIEDRICH ENGELS als solchen erkannt. Für sie stellte aber der Kampf der Union einen »Befreiungskampf der Arbeiterklasse« dar. Sie haben den

Krieg in vielen Presseberichten beschrieben und waren gemäß ihrer eigenen Theorien davon überzeugt, daß der Zusammenbruch der »Sklavenhaltergesellschaft« im Süden folgerichtig zur proletarischen Revolution in Europa führen müsse. Ihre Theorien wurden durch die Wirklichkeit widerlegt.

Als der Krieg dann 1861 ausbrach (s. Fig. 11), erwiesen sich die Südstaaten den schlecht ausgebildeten, aber zahlenmäßig meist stärkeren Truppen der Nordstaaten überlegen und besiegten sie überall auf den Schlachtfeldern. Erst in der Schlacht von Gettysburg vom 1.–4. Juli 1863 konnte die Angriffskraft der Südstaaten gebrochen werden, und sie erlitten ihre erste und entscheidende Niederlage. Die tiefere Ursache hierfür lag aber darin, daß die Nordstaaten 1862 nach dem mißlungenen Vorstoß auf die feindliche Hauptstadt Richmond in Virginia auf die für sie einzig mögliche Art der Kriegführung umschalteten. Sie proklamierten den Abnutzungskrieg (*war of attrition*), vornehmlich auf Drängen General GRANTS. Dabei sollte durch einen Vorstoß entlang des Mississippi von Norden über Memphis, Vicksburg und Port Hudson – alles wichtige Festungen und Versorgungsstützpunkte der Konföderierten – New Orleans genommen werden. Es gelang bereits am 1.5.1862 von See her, während Vicksburg erst im Juli kapitulierte. Damit war das konföderierte Heer aber von seiner Verpflegungsbasis, den Rinderländern, Arkansas, Louisiana und Texas, abgeschnitten.

Ein solcher Abnutzungskrieg schloß die Vernichtung aller Lebensmittel und Kriegsbedarfsgüter überall dort ein, wo die Heere der Union hinkamen. General SHERIDANS berüchtigte Verwüstung des Shenandoah-Tales im Jahr 1864 sowie die Verwüstung des Raumes von Vicksburg und Port Hudson am Mississippi im Stil von MÉLACS Plünderung der Pfalz im 17. Jahrhundert sind dafür hervorstechende Beispiele. Daß man dabei die Regeln des Völkerrechtes nicht immer beachtete, sei am Rande vermerkt. Für den Norden wurden unter diesen Gesichtspunkten die Wegnahme und Zerstörung der feindlichen Depots, Magazine und Eisenbahnknotenpunkte, also das Abschneiden der Versorgung, wichtiger als die Vernichtung des feindlichen Heeres, während der Süden nach der Wiederaufnahme seines ursprünglichen Angriffsplanes durch General LEE immer die Vernichtung der feindlichen Steitkräfte als Ziel ansehen mußte.

Im Europa des vorigen Jahrhunderts hat man die Leistungen des konföderierten Generals LEE meist höher eingeschätzt als diejenigen seines Gegners GRANT, weil LEE noch immer im Sinne NAPOLEONS I. das »Marcher aux canons« und das rücksichtslose, kühne Entscheidungssuchen auf dem Schlachtfeld besser verstand als sein Gegner. Man vergaß darüber, daß auch GRANT diese Art der Schlachtenführung beherrschte, vor allem, daß seine Kriegführung zwar weniger glänzend, dafür aber um so wirksamer war. Mit

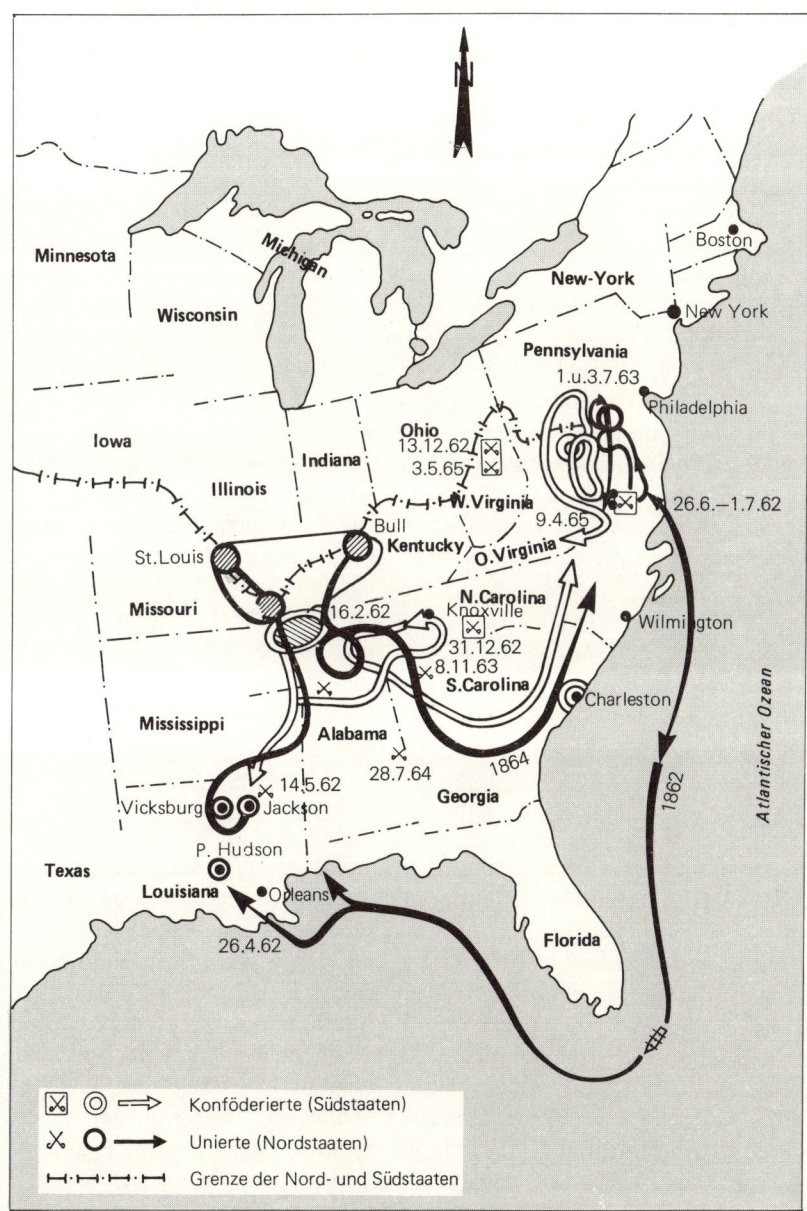

Fig. 11 Verlauf des Sezessionskrieges in den Vereinigten Staaten 1861/65

einem an Kampfgeist und militärischem Können unterlegenen Heer hat er dennoch den Sieg errungen. GRANT hatte eine Art der Kriegführung gefunden, bei der man mit einem taktisch unterlegenen Heer und gleichzeitiger numerischer, technischer und industrieller Überlegenheit den Feind schlagen konnte. Das war völlig neu in der Geschichte des Kriegswesens und hätte vor allem die deutsche Führung im Ersten und Zweiten Weltkrieg warnen sollen. Auch das beste Heer kann heute einen technisch und industriell überlegenen Feind, der nach den Grundsätzen des Abnutzungskrieges kämpft, nicht mehr schlagen. Dazu gehört aber immer der Wille, den Krieg bis zur totalen Erschöpfung des Feindes fortzuführen. Ganz Europa ist an dieser Schlußfolgerung vorbeigegangen. Aber diese neue Art der Strategie prägte das Bild sowohl des Ersten als auch des Zweiten Weltkrieges. Das Material sollte den Menschen erdrücken. Auch zeigten sich im Amerikanischen Sezessionskrieg die ersten Ansätze zum totalen Krieg des 20. Jahrhunderts, wenn auch nicht in der von LUDENDORFF ersonnenen Form. Noch immer ließ sich die europäische Fachwelt blenden von Armeen, die, vorzüglich ausgebildet, versorgt und geführt, Vernichtungssiege auf dem Gefechtsfeld errangen. So bestimmte das Kriegsbild von 1859, 1866 und 1870/71 das Denken der meisten europäischen Heerführer beim Ausbruch des Ersten Weltkrieges, ein Fehler, der unendlich viel Blut kostete und die Niederlage der Mittelmächte in sich barg. Als Ausnahmen können nur einige weitsichtige Männer in England genannt werden, die sich aufgrund der geographischen Lage ihres Landes und gestützt auf die Erfahrungen einer starken Seemacht die Erkenntnisse diese ersten »totalen« Krieges zunutze machten. Dennoch darf nicht vergessen werden, daß man sich mit dieser Art der Kriegführung ganz dem Materialismus ausliefert. Kommen noch idealistische Züge wie die Sklavenbefreiung hinzu, soweit sie sich auf die lügnerische Propaganda stützt, so ist die doppelte Umfassung gegeben.

Großartige technische Erfindungen und der weitere Ausbau einer bereits in ihren Kernstücken während des Sezessionskrieges bestehenden gewaltigen Industrie ermöglichten es den USA, bald ihr Handelsvolumen weit über das hinaus auszudehnen, was man in Europa kannte. Dies machte zum Schutz des Handels eine gewaltige Kriegsflotte nötig, die ihrerseits wiederum Häfen und Stützpunkte in Übersee benötigte. All dies nahmen die Vereinigten Staaten in der gewohnten Tatkraft dieser Nation in den nächsten Jahrzehnten in Angriff, wobei sie besonderen Wert auf den Bau von Panzerschiffen legten, deren Überlegenheit über hölzerne Schiffe sich bereits während des Krieges gezeigt hatte. Noch im gleichen Jahr 1865, in dem der Bürgerkrieg in den USA mit dem Sieg der Nordstaaten unter Wiederherstellung der Union endete, begann man auch mit der technischen Erschließung des gesamten Kontinents. Innerhalb von vier Jahren wurde die erste Transkontinentalbahn, die Central Pacific, gebaut und vollendet, und 1867 kauften die USA Alaska und die Aleüten von Rußland, eine Maßnahme, deren Bedeutung erst ganz im 20. Jahrhundert erkannt wurde.

Noch bevor auch der letzte Zipfel des heutigen Gebiets der USA im Jahr 1890 besiedelt war, baute die amerikanische Kriegsmarine ihren ersten Flottenstützpunkt auf Honolulu aus. 1893 übernahmen die Vereinigten Staaten nach dem Zusammenbruch der französischen Panamakanal-Gesellschaft die Vorarbeiten und vollendeten den Kanal bis 1914. Dieser Kanalbau sollte von ungeheurer Bedeutung nicht nur in handelspolitischer Sicht, sondern auch in bezug auf das Verlegen von schweren Marineeinheiten aus dem Pazifischen in den Atlantischen Ozean und umgekehrt werden. Heute befindet sich das Kanalgebiet zwar wieder unter der administrativen Verwaltung der Regierung von Panama, aber es ist gar nicht daran zu zweifeln, daß es in einem Verteidigungsfall wieder in die Hände der USA übergehen müßte. Nur so wäre es möglich, die Zweite bzw. Dritte Flotte je nach Lage durch Unterseeboote und schwere Einheiten zu verstärken.

Ganz im Geist der Zeit und den europäischen Mächten vergleichbar, begannen die Vereinigten Staaten kurz vor der Jahrhundertwende mit einer imperialistisch geprägten Politik. Zwischen 1895 und 1898 prägten große Aufstandsbewegungen die Lage auf Kuba, das damals noch zu Spanien gehörte. Nach der noch unaufgeklärten Explosion eines amerikanischen Panzerschiffs im Hafen von Havanna griffen die Vereinigten Staaten militärisch ein. Im Friedensschluß wurden Kuba und Puerto Rico an die USA abgetreten, die damit unbestritten die Vorherrschaft im Golf von Mexiko und in der Karibischen See besaßen, wenn auch Kuba später den Besitzer wieder wechseln sollte. Die USA nahmen während dieser Zeit Einfluß auf die Herrschaftsstrukturen im Pazifik und gliederten sich die Hawaii-Inseln ein. Nach der spanischen Niederlage 1898 annektierten sie die Philippinen und Guam. Auch der östliche Pazifische Ozean wurde damit von den USA beherrscht, vor allem nachdem man sich mit Japan geeinigt hatte, das inzwischen auf dem Weg zu einer Großmachtstellung war – im Jahr 1900 wirkte es bereits als Großmacht mit den anderen Interventionsmächten aus Europa an der Niederschlagung des Boxeraufstands in China mit. Alle diese imperialistischen Erwerbungen und Vorgehensarten stellten ein klares Abrücken von der Monroe-Doktrin dar. Es sollte nicht mehr lange dauern, bis die USA den Charakter einer Supermacht erlangt hatten. Gestützt auf die ungeheuren eigenen Rohstoffquellen und Bodenschätze sowie auf die Kraft ihrer Industrie, geostrategisch durch die Erstreckung über einen ganzen Kontinent und die Beherrschung zweier Weltmeere begünstigt, hatten die USA bald schon die

Position Großbritanniens übertroffen. Die Frage sollte bleiben, ob es der Machtverführung ganz erliegt, die diese Stellung mit sich bringt.

Noch einmal wollen wir herausstellen, daß diese gesamte Entwicklung nur aufgrund des Ausgangs des amerikanischen Bürgerkrieges von 1861 bis 1865 möglich geworden war. Niemand hat dies klarer erkannt als LUDWIG DEHIO, der sagte: »Wir finden sie [die Vereinigten Staaten] jetzt im Bürgerkriege wieder, bedroht von keinem äußeren Feinde, aber der inneren Uneinigkeit, in Gefahr, alles Erreichte zu verlieren. Behauptete sich nämlich die Spaltung, dann war es mit dem bevorrechtigten insularen Dasein vorbei: kontinentale stehende Heere mußten dann unterhalten werden. Vorbei war es mit dem Fernbleiben von der europäischen Politik: Verbündete mußten gesucht werden, wo man sie fand. Ja es war vorbei überhaupt mit dem Machtanstieg des jungen Erdteiles, mit seiner Tendenz zur Vereinheitlichung im geschlossenen Raum. Die Tendenz zur Zerklüftung, zur Bildung eines Staatensystems im geöffneten Raume, mußte sich anbahnen, das Verhältnis der Neuen zur Alten Welt rückläufig werden und die ausgewanderte Macht gleichsam über den Ozean heimkehren. Dann würde innerhalb des Angelsachsentums Englands Stern wieder emporsteigen, und diese verführerische Aussicht wurde während des Sezessionskrieges auf der Insel von weiten Kreisen offen begrüßt. Aber sie überschnitt sich mit einer anderen und für England bedenklichen Aussicht. Auch Frankreichs Stern mußte unter solchen Umständen wieder emporsteigen, Napoleon [NAPOLEON III.] die Möglichkeit gewinnen, die Beseitigung der französischen Herrschaft in Kanada nach 100 Jahren durch ihre Aufrichtung in Mexiko wieder ausgleichen.

So führt uns die Betrachtung seines amerikanischen Unternehmens dicht heran an eine wahrhaft weltgeschichtliche Wasserscheide. Daß sie nicht überschritten wurde, dafür sorgte der wohlbegründete und klare Sieg der Nordstaaten, der verhinderte, daß der Strom der amerikanischen Geschichte sich ein neues Bett suchte. Die Staaten, sobald sie wieder ›Vereinigte Staaten‹ geworden waren, zeigten sich stark genug, um mit bloßer Drohung den Kaiser von dem Boden ihrer Rieseninsel zu vertreiben. Sie bedurften dabei nicht der Verbindung mit England, wie in ähnlicher Lage zu Monroes Zeiten. War doch Frankreich diesmal gleichzeitig auch in Europa bedenklich engagiert. Und so wuchs aus dem drohenden Verfall die Geltung der dritten Weltmacht erst recht in neuem gewaltigem Aufstiege empor.«[230] Für uns ist dieser Ausgang des amerikanischen Sezessionkrieges in seiner ganzen Bedeutung und seinen Auswirkungen ein weiteres Symptom dafür, daß die Angelsachsen in der fünften nachatlantischen Epoche die führende Rolle erringen mußten, um die weltgeschichtliche Entwicklung voranzutreiben.

Der Sieg der Angelsachsen, zunächst auf den Britischen Inseln und in Übersee, dann auch auf dem amerikanischen Kontinent, brachte notwendigerweise auch den Sieg ihres Wirtschaftssystems mit sich. Das ganze 19. Jahrhundert hindurch waren wirtschaftliche Gründe ausschlaggebend für die kriegerischen Verwicklungen, wie wir es bereits auf der Krim und in Nordamerika beobachten konnten.

Ein weiterer, meist wenig beachteter, in unserem Zusammenhang aber außerordentlich wichtiger Krieg brach 1899 in Afrika aus. Dort führten die Buren bis 1902 einen Volkskrieg im Sinne ENGELS gegen die Engländer. Auch dieser Krieg hatte wirtschaftliche Ursachen; es ging um die Gold- und Diamantenlager in der Nähe von Johannesburg. Immer mehr Briten sickerten in die Burenrepubliken Transvaal und Oranjefreistaat ein, so daß die Buren bald eine drohende Haltung gegen die »Uitlanders« einnahmen. Das war der gewünschte Anlaß zum Krieg, der mit dem Verlust der Selbständigkeit der beiden Burenrepubliken endete. Durch diesen Krieg vermehrten sich Kaufkraft und Reichtum Großbritanniens in einem unerhörten Maß. Darüber hinaus aber beherrschten von nun an Briten das so überaus wichtige Seegebiet um das Kap der Guten Hoffnung, den Südatlantik und den Indischen Ozean. Selbst nach der Bildung der selbständigen Südafrikanischen Republik hat sich für die geostrategische Lage des Angelsachsentums daran nichts geändert. Im Verein mit Australien im Osten und den Falklandinseln im Westen bei Kap Hoorn waren alle wichtigen Seestraßen in angelsächsischen Händen. Der Burenkrieg selbst ist ein Symptom für das Überhandnehmen des Materialismus und die Beherrschung des Schlachtfeldes durch die moderne Technik. Zum ersten Mal zeigte sich in diesem Krieg die furchtbare Wirkung der Maschinengewehre, mit denen Buren wie Briten z.T. schon ausgerüstet waren. Naturgemäß hatten darunter die Briten mehr zu leiden, da sie fast immer die Angreifenden waren. Ihre Infanterie ging anfangs noch wie die Preußen bei Gravelotte in Kompaniekolonnen vor und strebte den Einbruch mit dem Bajonett an. Wo aber Maschinengewehre schossen, erstarb jede Bewegung, wenn sie nicht zum Schweigen gebracht werden konnten. Schon vor dem Krieg gegen die Buren hatte das britische Heer diese neue Waffe erprobt. 50 englischen Soldaten gelang es 1893 am Sambesi mit Hilfe der Maschinengewehre, die wiederholten Angriffe von 5000 Eingeborenen abzuwehren. Ähnlich erfolgreich wirkten ganze vier Maschinengewehre bei der Erstürmung des Malakanda-Passes im afghanischen Feldzug von 1895, und ähnlich vernichtend schlugen die an Zahl weit unterlegenen Briten mit 20 Maschinengewehren und 38 Geschützen, unterstützt von Kanonenbooten auf dem Nil, im Sudanfeldzug von 1898 einen Angriff zurück, bei dem die Eingeborenen 12000 Tote und 16000 Verwundete auf dem Schlachtfeld zurückließen.

Den Europäern war damit eine Waffe in die Hand gegeben, der die eingeborenen Krieger in allen anderen Weltteilen nichts Gleichwertiges entgegenzusetzen hatten. Die Überlegenheit der europäischen Heere stieg damit ins Unermeßliche. Es blieb allerdings abzuwarten, was geschehen würde, wenn Heere aufeinandertreffen, die beide mit den gleichen Maschinenwaffen ausgerüstet sind. Das Maschinengewehr und die modernen Mehrladegewehre brachten aber noch etwas anderes und ebenfalls Typisches mit sich. Vor der Erfindung dieser Waffen hatte der einzelne Kämpfer auf dem Schlachtfeld den Feind noch mehr oder weniger klar vor sich gesehen; die Maschinengewehre aber zwangen den Gegner in die Erde, in Schützengräben, Schützenlöcher und Schützenmulden, wo er, vor allem wenn die Farbe seiner Uniform sich nun auch noch dem Gelände anpaßte, also eine Tarnfarbe war, nur noch in seltenen Augenblicken, meist nur, wenn er sprang, gesehen werden konnte. Der Soldat kämpfte von nun an gegen einen »unsichtbaren« Gegner, den er, von einzelnen Scharfschützen abgesehen, mit der Masse seines Feuers niederhielt und niederkämpfte. Auch das verlagerte den Schwerpunkt auf die materielle Seite des Kampfgeschehens. Der Schritt vom Massenfeuer der Infanterie zum Massenfeuer der Artillerie war nicht mehr weit.

Als die Buren der materiellen Überlegenheit der Briten nicht mehr gewachsen waren, griffen sie zum Mittel des Kleinkrieges, das sich schon in Spanien gegen NAPOLEON I. gut bewährt hatte. Diese Art der Kampfführung entsprach ganz dem Wesen der burischen Miliz, die in der Hauptsache aus Jägern bestand. Gegen sie fand erst Lord KITCHENER (1850–1916), der Organisator des britischen Massenheeres im Ersten Weltkrieg, ein Mittel. Bei dieser Art der Kriegführung zeigte es sich nämlich, daß ganz im Sinne des Materialismus und des Intellektualismus richtige Organisation überragende taktische und operative Kenntnisse übertraf. Trotz heftiger Kritik im Ausland ließ er die Farmen und Dörfer der Buren niederbrennen, um die Möglichkeiten ihrer Versorgung einzuschränken. Frauen und Kinder zog er in Konzentrationslagern zusammen – der Begriff stammt aus diesen Zusammenhängen. Das hatte allerdings zunächst eine Wirkung, die er sich nicht wünschte. Die Buren glaubten, der Sorgen um ihre Angehörigen ledig zu sein, und verstärkten den Kleinkrieg, bis Gerüchte über Hunger, Krankheiten und Tod in den Konzentrationslagern sie anderer Meinung werden ließen.

KITCHENER schränkte die Bewegungsfreiheit der Buren durch ein wohldurchdachtes Blockhaussystem ein. Dazu legte er zunächst eine Kette von Blockhäusern zum Schutz der Bahnlinien an. Von dort aus dehnte er das System auf das offene Land aus, das wie in Pferche aufgeteilt wurde. Die

Maschen des Blockhaussystems wurden immer enger gezogen, so daß die Lebensadern der Briten, die Bahnlinien als ihre Versorgungslinien, völlig gesichert waren. Darüber hinaus trieben berittene britische Jagdkommandos die Buren in das von ihnen gewünschte Gelände und vernichteten sie. So brach in Afrika der Kleinkrieg der Buren zusammen. Messen wir ihn an den Voraussetzungen, die für die erfolgreiche Führung eines solchen Kleinkrieges gegeben sein müssen und die wir schon geschildert haben, so müssen wir feststellen, daß er durch die Buren von vornherein nicht zu gewinnen war. Obwohl der Krieg vom gesamten Volk willig und sogar mit Erbitterung geführt wurde, fehlten die Führung durch Berufsoffiziere – das zeigte sich besonders am Mangel eines realistischen Kriegs- und Operationsplanes –, die regelmäßige und ausreichende Versorgung mit allen Gütern durch eine fremde Macht und schließlich das Eingreifen zusätzlicher, noch intakter eigener oder fremder Streitkräfte.

Trotz der Niederlage der Buren war es für das britische Heer schwer, den großen Krieg nicht nur zu beenden, sondern auch alle Kampfhandlungen gegen die Kleinkriegskämpfer zu einem erfolgreichen Ende zu führen. Bisher hatten alle europäischen Heere die Kleinkriegführung nicht allzu ernst genommen. Sie taten es auch bis zum Zweiten Weltkrieg nicht. Im Burenkrieg aber wurde deutlich, wie wirkungsvoll eine solche Art der Kriegführung sein kann, wenn dafür die Grundlagen vorhanden sind. Einige wichtige Grundsätze, wie z. B. den der ständigen Offensive von seiten der Guerillakämpfer, hatte schon FRIEDRICH ENGELS in seinen theroretischen Schriften erkannt. LENIN baute sie zunächst im Hinblick auf die Gliederung von Partisanenverbänden aus, lehnte den Partisaneneinsatz aber später aufgrund der üblen Erfahrungen des russischen Bürgerkrieges wieder ab. Der große Theoretiker des Partisanen- und Guerillakrieges sollte im 20. Jahrhundert MAO TSE-TUNG werden, der ihn auch in der Praxis erprobte und siegreich bestand.

Kennzeichnend für die gesamte imperialistische Politik, die den Einsatz militärischer Mittel zum Erreichen ihrer Ziele keineswegs scheute, und zugleich richtungsweisend für das 20. Jahrhundert in geostrategischer Beziehung sollte ein neuer Krieg in Ostasien werden. Das innenpolitisch zerrissene und in seiner Entwicklung weit hinter Europa zurückgebliebene Riesenreich des Zaren strebte in Fortsetzung der Politik PETERS DES GROSSEN im 19. Jahrhundert nach den Dardanellen im Nahen Osten, nach Persien und Afghanistan im Mittleren Osten sowie nach Sinkiang, der Äußeren Mongolei, den Amur- und Küstenprovinzen und nach Sachalin im Fernen Osten. Im Nahen und Mittleren Osten wurden seine imperialistischen Machtbestrebungen durch Österreich-Ungarn und Großbritannien vorerst begrenzt. Im Fernen

Osten dagegen gründete es 1858 die Amurprovinz, die zu China gehört hatte, und 1860 die Küstenprovinz mit dem Hafen Wladiwostok. Schon dieser Name ist bezeichnend, denn er bedeutet »Beherrsche den Osten«. 1875 erwarb Rußland durch die Abtretung der Kurilen an Japan die Insel Sachalin. 1896 intervenierte es zugunsten des von Japan bedrängten China, das ihm dafür Bahnkonzessionen in der Mandschurei zugestand. Zwei Jahre vorher hatte Rußland einen Pachtvertrag für die wichtige Hafenfestung Port Arthur auf der Halbinsel Liaotung abgeschlossen. Als es dann aber in Überschätzung der eigenen Kraft Japan in Korea provozierte, kam es 1904 zum Krieg, der das ganze innere Gefüge des Zarenreiches zutiefst erschütterte. Kriegsursachen waren aber zweifellos die imperialistischen Bestrebungen Rußlands.

Wie aber konnte Japan es sich erlauben, dem gewaltigen russischen Reich zu trotzen? Das europäische Interesse an Japan, das so ganz außerhalb jenes Gebiets lag, in dem scheinbar seit dem 16. Jahrhundert die weltpolitischen Entscheidungen fielen, erwachte mit einem Bericht, den ENGELBERT KAEMPFERS über seine Japanreise 1690–92 verfaßt hatte. Später wünschten dann die europäischen Walfänger Kohle- und Wasserstationen für ihre Dampfschiffe in japanischen Häfen. Während der ganzen ersten Hälfte des 19. Jahrhunderts scheiterten jedoch alle russischen und amerikanischen Versuche dieser Art völlig. Erst im Jahr 1854 kreuzte der amerikanische Commodore PERRY mit seinen überlegenen Kriegsschiffen vor Tokio auf und zwang die Japaner, den Vertrag von Kanagarwa mit Konzessionen für zwei Häfen zu unterschreiben. Sie bestanden aus Zollrechten, eigenem Gericht und eigenen Beamten. Weitere Handelsverträge mit europäischen Mächten folgten und bewirkten die völlige Öffnung Japans. Fremdenfeindliche Reaktionen führten zu Beschießungen japanischer Häfen und zur Demütigung des japanischen Volkes. Das Shogunat verlor sein Ansehen, und der letzte Shogun dankte 1867 ab. Wieder einmal hatte die Wehrlosigkeit eines Volkes gegenüber überlegenen modernen Kampfmitteln zum Nachgeben gezwungen. Doch die Öffnung Japans hatte für die europäischen und amerikanischen Mächte Auswirkungen, die man nicht erwartet hatte. Während der »Erleuchteten Regierung« des Kaisers MUTSUHITO (1867–1912) entstand das moderne Japan, das klar erkannt hatte, daß sein Bestand gefährdet ist, so lange es sich Europa nicht anpaßt. Der dazu notwendige Wandel vollzog sich in drei Abschnitten. Zunächst wurde die alte Feudalstruktur überwunden, so daß der Kaiser das 1869 verkündete »Programm der neuen Ära« absolutistisch verwirklichen konnte. An die Stelle der alten Feudalordnung mit ihren Lehen traten neue Verwaltungsbezirke. Der Adel wurde mit Staatspensionen abgefunden. Das Ausreiseverbot wurde aufgehoben und das Auslandsstudium staatlich gefördert. Der Staat ging noch weiter und berief europäische Berater ins Land.

Kurz darauf wurden die allgemeine Wehrpflicht eingeführt und das Heer nach französischem und preußischem Vorbild neu gegliedert. Es folgten die allgemeine Schulpflicht sowie eine Neuordnung des Polizei-, Presse-, Rechts-, Post-, Eisenbahn-, Gesundheits- und Finanzwesens. Der zweite Schritt bestand in der Verarbeitung der inneren Reformen. Nach der Errichtung von Parteien und Provinzparlamenten wurde ein Oberhaus aus den Mitgliedern des Hof- und neu geordneten Landadels gebildet. Dieser Maßnahme folgte die Berufung des ersten, noch vom Kaiser ernannten Ministeriums und eines geheimen Staatsrates. Danach entwarf Fürst ITO HIROBUMI 1889 die Verfassung für eine konstitutionelle erbliche Monarchie mit einem unabsetzbaren Kaiser an der Spitze der Staatsgewalt, Ober- und Abgeordnetenhaus von je 300 Mitgliedern und einer Selbstverwaltung der Städte und Gemeinden nach preußischem Muster. Der dritte und letzte Schritt bestand in dem Aufstieg zur imperialen Großmacht. Dabei förderte ein starker Bevölkerungsanstieg die Industrialisierung. Der Anschluß an die Weltwirtschaft gelang dank des Lerneifers, der Anpassung, Disziplin und Bedürfnislosigkeit des Volkes weit schneller als erwartet. Das Interesse der Industrie richtete sich auf auswärtige Rohstoffe, besonders auf die Kohle, und auf Absatzmärkte. Dagegen verfolgten Armee und Marine imperiale Ziele. 1875 griffen japanische und chinesische Truppen im koreanischen Tonglak-Aufstand ein, was schließlich zum chinesisch-japanischen Krieg von 1894/95 führte. Die nach europäischem Muster ausgebildeten und bewaffneten japanischen Streitkräfte zeigten sich den rückständigen chinesischen weit überlegen und eroberten unter anderem Dairen, Weihaiwei, Shantung und Seoul. Bei Friedensschluß trat China Formosa und die Pescadores-Inseln ab, leistete eine große Kriegsentschädigung und erkannte die Unabhängigkeit Koreas an. Korea trat 1897 unter russischen Schutz. Noch im Jahr des Friedensschlusses begann Japan mit dem Aufbau einer Kriegsflotte aus vier Panzerkreuzern und acht Schlachtschiffen. Am Boxeraufstand nahm es bereits als Großmacht an der Seite der europäischen Mächte teil. Um dem russischen Vordringen in Ostasien zu begegnen, schloß Japan 1902 ein Schutzbündnis mit Großbritannien ab.

Diesem selbstbewußten Japan trat nun ein Rußland entgegen, das zwar 1874 die allgemeine Wehrpflicht mit sechsjähriger Dienstzeit eingeführt hatte, die aber nicht vom allgemeinen Volkswillen getragen war, wenn auch die Leibeigenschaft bereits 1861 aufgehoben worden war. Schon 1856 veranlaßte weitere Reformen, deren Durchführung sich bis 1874 hinzog, brachten nicht die erhoffte soziale Entspannung. Mangelnde Landzuteilungen an den wachsenden Bauernstand und seine Verschuldung gegenüber den Grundherren führten bei steigenden Steuerlasten ebenso zu weiteren Unruhen wie die zunehmende Industrialisierung. Die Masse des Volkes, die Bauern, hielt aber trotzdem weiter am »gottgewollten« Zarentum fest. Anders verhielt es sich dagegen mit der geistig führenden Schicht, der »Intelligenzija«. Sie spaltete sich in Narodniki (Volkstümler), Nihilisten und Sozialisten. Auch in Rußland gingen nämlich Revolutionsbewegungen von der Intelligenz aus und nicht von den Arbeitern und Bauern, die sich erst 1917 der revolutionären Bewegung anschlossen. Aus recht verschiedenen Gründen lehrten die Angehörigen der Intelligenzija, der Patriotismus sei überholt, Krieg ein Verbrechen oder ein Anachronismus, die kriegerischen Tugenden verdienten keine Achtung und die Armee hemme den Fortschritt. Dieser Auffassung schloß sich auch die Masse des Landadels an. Als der Krieg gegen Japan entbrannte, sehnte die Intelligenzija die Niederlage herbei. Sie zersetzte die Truppe, zettelte Unruhen an, beging Sabotageakte und verleumdete in der Presse die Soldaten. Der Erfolg dieser Handlungen war die Niederlage, der sich ein noch schlimmerer Krieg mit noch höheren Blutopfern und die blutigste Revolution anschlossen, die Europa je gesehen hat. Der Militärdienst aber blieb bestehen, und zwar in einem Ausmaß, wie ihn das zaristische Rußland nie erlebt hatte. In Japan aber kämpfte das ganze Volk geschlossen für den Sieg. Wenn es das nicht mit der Waffe tun konnte, so war es in religiöser Inbrunst und mit seiner Arbeitskraft dabei.

Dieser zwiespältigen Lage im Innern Rußlands, die nicht ohne Parallelen zur augenblicklichen Situation im Westen ist, entsprach die Stellung der Armee. Die Offiziere waren meist wenig gebildet und kaum angesehen. Der gesamte Militärdienst litt unter Formalismus und »Gamaschendienst«. Nachteilig wirkte sich vor allem bei den Offizieren aus, daß Beförderungen im Truppendienst nur zögernd ausgesprochen wurden. Sie drängten daher in die Stäbe oder in die Verwaltung. Die gering geachtete Stellung der aktiven Offiziere wirkte sich auch auf die Reserveoffiziere aus, so daß an ihnen bald ein fühlbarer Mangel herrschte. Man half sich mit einer zu raschen Beförderung der Einjährig-Freiwilligen. Sie bewährte sich naturgemäß nicht. Diese Verhältnisse führten dazu, daß ein großer Teil der Offiziere seinen Beruf mehr als »Job« denn als Berufung ansah. Selbst beim russischen Generalstab und an der Militärakademie sah es nicht viel besser aus. Formalismus und scholastische Methoden beherrschten auch da das Denken. Kriegsspiele waren eine Seltenheit. So kam es, daß der französische General NÉGRIER nach seinem Besuch bei der russischen Armee sagte: »Die russische Armee hat nicht eine einzige Lehre der letzten Feldzüge annehmen wollen.« Die starre Befehlstaktik verschlimmerte die Zustände noch mehr. Aufgrund des übertriebenen Bürokratismus waren die russischen Stäbe viel zu groß. Außerdem gesellte sich noch eine große Zahl ziviler »Ratgeber« zu ihnen. In den Hauptquartieren herrschte ein unangebrachter Luxus, weiter hinten eine ausgesprochene Etappenwirtschaft, obwohl die Intendantur im allgemeinen zur Zufriedenheit aller arbeitete. Das aber war allein das Verdienst des Kriegsministers und späteren Oberbefehlshabers in der Mandschurei ALEKSÉJ NIKOLÁJEWITSCH KUROPÁTKIN (1848–1925), der wohl ein glänzender Organisator, aber kein guter Feldherr war. Im Gegensatz zu den Japanern war die Masse der russischen Soldaten Analphabeten. Sie verstanden den Krieg nicht, kämpften aber mit der gewohnten russischen Standfestigkeit. Waren allerdings ihre Offiziere gefallen, so gaben sie sofort jeden Widerstand auf. Da die Truppe die Lage im großen nie kannte, war sie für Paniken recht anfällig. Auch konnte ein merklicher Qualitätsunterschied zwischen den russischen und den nichtrussischen Truppen des Zaren festgestellt werden.

Erfolg oder Mißerfolg hingen bei beiden Armeen noch in weit höherem Maße als früher von der Versorgung ab. Die weit ab von den Industrie- und Bevölkerungszentren kämpfende russische Feldarmee in der Mandschurei war ganz auf den Nachschub über die Transsibirische Eisenbahn angewiesen. Nach Ausbruch der Kämpfe wurden anfangs täglich drei Züge mit Verstärkungen über die am Baikalsee noch unterbrochene Bahnlinie herangeschafft. Durch den Bau von Ausweichstellen wurde die Zahl auf zwölf Züge erhöht. Als die Strecke um den See dann fertig war, steigerte sich die Leistung der Bahn auf achtzehn Züge in beiden Richtungen. So vermochten sich die Russen mit Hilfe der Bahn ständig zu verstärken. Je länger also der Krieg, um so wahrscheinlicher mußte es werden, daß Rußland ihn gewann.

Der gesamte Nachschub der Japaner hing naturgemäß, einschließlich des Ersatzes an Mannschaften, vom Transport über See ab. Die japanische Transportflotte konnte nicht mehr als zwei bis drei Divisionen auf einmal auf den Kriegsschauplatz bringen. Zur Einschiffung benötigte sie drei Tage, zur Ausschiffung fünf. Dadurch traf ein neuer Transport immer erst zwei Wochen nach dem vorangegangenen ein. Darüber hinaus mußte die gesamte Ausrüstung und Verpflegung über See transportiert werden. Erst ab August 1904 durfte die japanische Führung mit der Ernährung der Truppe aus dem Land rechnen, weil dann die neue Ernte reif war. Von der Beherrschung der See hing daher der Erfolg oder Mißerfolg ihres Feldzuges ab. Die Japaner verfügten in ihrer Flotte über 29 moderne Schiffe, einschließlich 6 Schlachtschiffen, die mit 95 älteren Schiffen aller Typen verstärkt werden konnte. Das waren zusammen 124 Kriegsschiffe. Die zahlreichen japanischen Werften waren zwar in der Lage, Reparaturen durchzuführen, nicht aber Neubauten. Demgegenüber bestand das russische Pazifik-Geschwader aus 72 Schiffen, von denen einige von der Seefestung Port Arthur nach Wladiwostok entsandt worden waren. Doch die Pazifische Flotte konnte, wenn auch erst nach beträchtlicher Zeit, durch weitere Einheiten aus den europäischen Gewässern verstärkt werden. Das mußten die Japaner unter allen Umständen zu verhindern suchen. Die Durchführung der Operationen hing also auf beiden Seiten in der für die Zeit typischen Weise von der Leistungsfähigkeit der Industrie und der Technologie ab.

Daraus geht hervor, daß Japan so schnell wie möglich die absolute Seeherrschaft im Gelben Meer zu erringen, Truppen in Korea und auf der Halbinsel Liaotung zu landen hatte und eine Entscheidungsschlacht in der Mandschurei suchen mußte, um Rußland friedensbereit zu machen. Allen bisher üblichen Regeln zum Trotz eröffnete der japanische Admiral TOGO noch während der in Gang befindlichen Verhandlungen am 8. Februar 1904 überraschend das Feuer auf die vor Port Arthur liegenden russischen Schiffe. Zum ersten Mal in der Neuzeit begann ein Krieg ohne Kriegserklärung. Ein Begegnungsgefecht am 10. Februar endete mit dem Rückzug der russischen Flotte in den Hafen von Port Arthur. Damit hatten die Japaner die Seeherrschaft im Gelben Meer errungen. Da es ihnen aber nicht gelungen war, die russischen Schiffe vor Port Arthur zu vernichten, wirkten sie als »fleet in being« (Flotte, die durch ihr reines Vorhandensein wirkt) und fesselten starke japanische Seestreitkräfte, die sicher gebraucht werden würden, falls sich die russische Pazifik-Flotte durch die Baltische Flotte verstärkte. Noch bevor dies geschehen konnte, mußte daher Port Arthur um jeden Preis genommen werden, damit dieser Stützpunkt und die darin befindlichen Schiffe ausgeschaltet oder zum Kampf gegen eine Übermacht gezwungen werden konnten. Es gelang am 3. Januar 1905 nach unsäglichen Opfern auf beiden Seiten. Die russische Flotte, die mehrfach versucht hatte, aus dem Hafen auszubrechen und den Durchbruch nach Wladiwostok zu erzwingen, wurde stets unter starken Verlusten zurückgeworfen und ging schließlich im Hafen von Port Arthur zugrunde.

Inzwischen hatten sich die auf der Halbinsel Liaotung befindlichen japanischen Kräfte mit den über den Yalu aus Korea vorgehenden vereinigt und die Russen bei Liaojang zum Rückzug gezwungen (s. Fig. 12). Nach kurzer Zeit aber ging der anfängliche Bewegungskrieg in den ersten größeren Stellungskrieg der Geschichte über, als auch die Japaner sich vor den Russen eingruben und beide Heere sich wochen-, ja monatelang untätig verhielten. In Europa glaubte man, diese Untätigkeit und das Erstarren der Fronten auf die Unerschlossenheit des Landes zurückführen zu müssen. Die Wirkung der Mehrladegewehre und vor allem der Maschinengewehre zog man dabei nicht gebührend in Betracht. Der im Ersten Weltkrieg bald einsetzende Stellungskrieg überraschte daher die Führer der Heere. Sie waren in keiner Hinsicht darauf vorbereitet. Da die Russen sich aber ständig über die Transsibi-

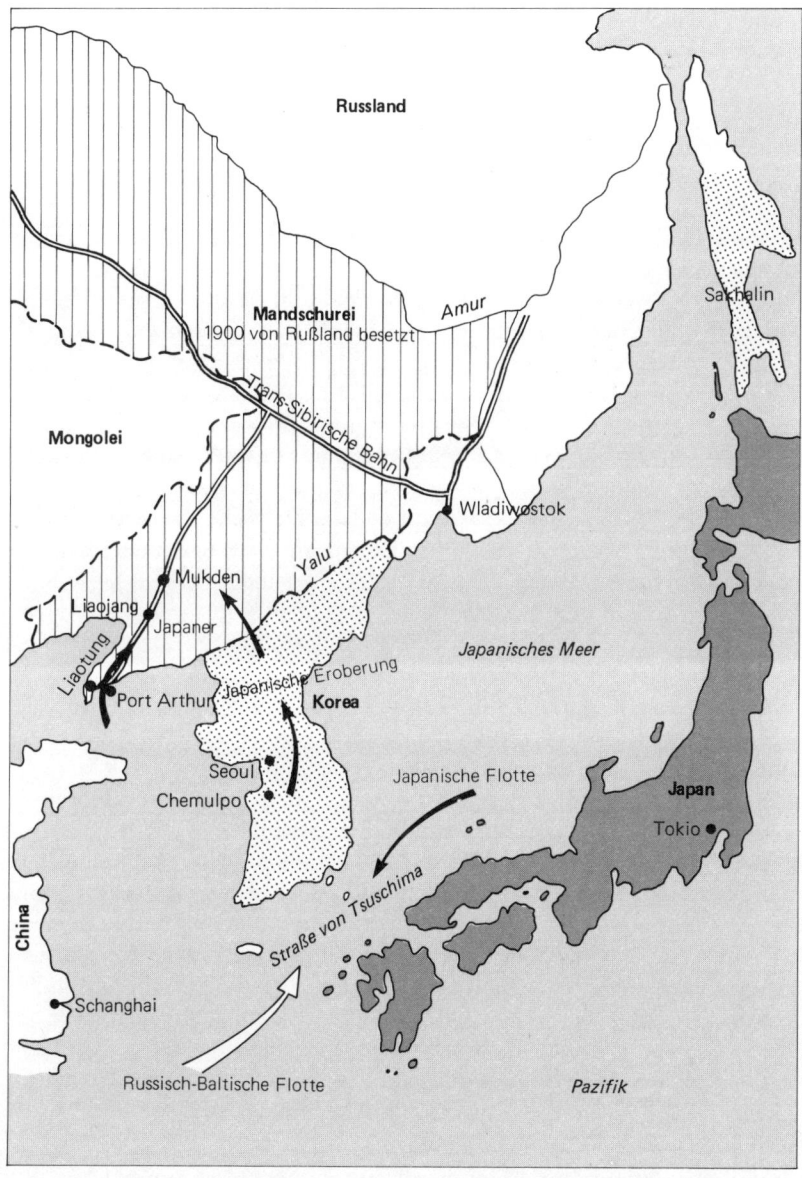

Fig. 12 Kriegsschauplatz im Russisch-Japanischen Krieg

rische Eisenbahn verstärken konnten, wurden ihre Kräfte in den Kämpfen südlich Mukden immer stärker, während die Japaner trotz ihrer Siege Zeichen von Erschöpfung zeigten. Es trat dadurch ein Stillstand ein. Im übrigen verboten die einsetzende Schneeschmelze und damit verbundene Ungangbarkeit der Straßen und Wege alle größeren Bewegungen.

Den Russen blieb nur noch die Hoffnung, die Lage durch einen Sieg der Baltischen Flotte unter ROSCHENSTWENSKIJ wieder stabilisieren zu können. Aber mit der Seeschlacht vom 27. und 28. Mai 1905 in der Straße von Tsuschima versanken alle ihre Hoffnungen mit den 30 von 47 Schiffen in den Fluten des Meeres. Nicht die Zahl der Schiffe, sondern die Entschlossenheit und das Können der Männer, die auf ihnen fuhren und kämpften, hatten die Schlacht entschieden.

Rußland besaß trotz allem noch sehr starke Landstreitkräfte und hätte den Krieg fortsetzen können. Aber das Zarenreich wurde von revolutionären Unruhen erschüttert und war kriegsmüde. Den Japanern hingegen fehlte es vor allem an Geld zur weiteren Kriegführung. Als der amerikanische Präsident THEODORE ROOSEVELT und das Deutsche Reich sich vermittelnd für einen Frieden einsetzten, willigten beide kriegführenden Staaten in Friedensverhandlungen ein. Im Frieden von Portsmouth erhielt Japan Süd-Sachalin, Port Arthur sowie das Protektorat über Korea und die südliche Mandschurei. Am wichtigsten war aber, daß zum ersten Mal in der Geschichte der Neuzeit europäische Truppen von asiatischen geschlagen worden waren. Die Wirkung auf die Farbigen in aller Welt blieb nicht aus.

Material und Technologie hatten das Kriegsgeschehen beherrscht und sollten es auch in den beiden folgenden großen Weltkriegen tun. Weit mehr aber als in allen anderen Kriegen erwiesen sich die moralischen Faktoren als für den Kriegsausgang entscheidend. Während die Japaner mit geradezu religiöser Inbrunst für Kaiser und Vaterland kämpften, wußten die einfachen russischen Soldaten überhaupt nicht, wofür sie ihr Leben geben sollten, und folgten nur in gewohnter Weise ihren Offizieren. Kleinmut und Pazifismus der russischen Intelligenz aber schufen die Voraussetzungen für Aufruhr und Revolution und schließlich die Niederlage ihres Volkes. Ihre Ziele aber erreichte diese Intelligenzija nicht, im Gegenteil, sie mußte sich nach der Revolution von 1917 einem ebenso rigorosen System wie dem zaristischen unterordnen und Militärdienste in einer Weise leisten, die das Zarenreich nie gekannt hatte. Die Parallele zur Französischen Revolution und dem Kaiserreich NAPOLEONS liegt auf der Hand.

Als Folge des russisch-japanischen Krieges mußten die weißen Großmächte von nun an mit einer gelben Großmacht rechnen, die mit Heer, Marine und Industrie allein schon durch ihr Vorhandensein einen bemerkenswerten Faktor im Kräftespiel der Mächte darstellte. Griff Japan aber in Verfolgung der damals bei allen Großmächten üblichen imperialistischen Politik nach den asiatischen Rohstoffquellen, die es unbedingt benötigte, so waren Konfliktstoffe gegeben, wie sie sich vor allem im Zweiten Weltkrieg auswirken sollten.

Eine weitere gelbe Macht meldete ihren Wiedereintritt in die Weltgeschichte an. Der Opiumkrieg hatte China der westlichen Welt geöffnet. Bald zerstörten billige Industriewaren aus dem Westen das traditionelle Handwerk und Gewerbe in China, was einen sozialen Verfall und einen sinkenden Lebensstandard in den dichtbesiedelten ländlichen Gebieten verursachte. In den rasch wachsenden Hafenstädten entstanden schließlich ein Proletariat und eine revolutionäre Intelligenz, der modernes westliches Denken vermittelt wurde. Schließlich führte der russisch-japanische Krieg 1905 zu einer Erneuerung und Modernisierung des Heeres. Noch im gleichen Jahr gründete der Arzt SUN YAT-SEN (1866–1925) die Nationale Volkspartei, den Kuomintang. Ihr Programm der drei Prinzipien, des nationalen Eigenlebens, der Demokratie und der Existenzsicherung für alle, wurde insbesondere von Studenten und Missionsschülern aufgenommen und verbreitet. Im Jahr 1912 führte die Revolution der Jungchinesen zur radikalen Erneuerung Chinas. Der letzte Vertreter der Mandschu-Dynastie dankte 1912 ab. In Nanking rief SUN YAT-SEN die Republik aus, überließ aber dem Schöpfer des neuen chinesischen Heeres, General YUAN SHIH-KAI, die Präsidentschaft, um das Militär zur Erhaltung der Reichseinheit zu gewinnen. Doch trotz dieser Reformen blieb China militärisch noch so schwach, daß es sich 1915 den »21 Forderungen« Japans beugen mußte, nach denen ganz Nordchina zum japanischen Einflußgebiet wurde. Wiederum hatte militärische Schwäche zu untragbaren Verlusten für ein Land geführt. Die Folge dieses Nachgebens sollten darüber hinaus zunächst unaufhörliche und entsetzliche Bürgerkriege und schließlich der chinesisch-japanische Krieg von 1937–1945 sein. Am Ende dieser Periode stand die kommunistische Diktatur unter MAO TSE-TUNG. Das Land rückte nach dem Zweiten Weltkrieg in die Reihe der Großmächte auf und gehört heute sogar zu den Atommächten. Die Ergebnisse dieser Entwicklung sind noch nicht abzusehen, zumal es mehr als fraglich erscheint, ob gerade die weniger starken Atommächte wie China, Indien und wahrscheinlich auch Israel, Südafrika und Brasilien sich einem etwaigen Vertrag zur Bannung der Atomwaffen zwischen der Sowjetunion und den USA anschließen würden. Zudem ist bei allem Streben nach einer Bannung dieser schrecklichen Waffen eines nicht mehr rückgängig zu machen: die Kenntnis von deren Herstellung. Das ist eine Tatsache, auf die im Schlußkapitel noch einmal zurückgekommen werden muß.

Materialschlachten des Ersten Weltkrieges

Doch wir sind den Ereignissen etwas vorausgeeilt. Am Ende des 19. und zu Beginn des 20. Jahrhunderts beherrschte aufgrund der philosophischen Strömungen des ausgehenden letzten Jahrhunderts der Materialismus das Denken der Völker Europas. Er erkannte allein in der Materie den Grund und die Substanz aller Wirklichkeit. Der ethische Materialismus, der nur die nutz- und genießbaren Güter erstrebenswert findet und die Anerkennung eines Reiches autonomer, nicht-materieller Werte ablehnt, bestimmte weitgehend die imperialistische Außenpolitik aller Großmächte und begann auch im Volk Fuß zu fassen. Die Massen fühlten sich zu ihm hingezogen, weil sie mit seiner Hilfe durch ihre große Zahl ihre Ziele zu erreichen hofften, durch ihr »Gewicht«, und sich selbst dabei als etwas Körperhaftes empfanden. Es konnte nicht ausbleiben, daß diese materialistische Grundhaltung auch auf das militärische Denken des beginnenden 20. Jahrhunderts einwirkte und in den großen Materialschlachten des Ersten Weltkrieges ihren sichtbaren Ausdruck fand.

Im Zeitalter des modernen Imperialismus setzten zunächst die alten Kolonialmächte ihre teils im 16. Jahrhundert begonnene und bis ins 20. Jahrhundert betriebene Kolonialpolitik fort. An ihrer Spitze standen England und Frankreich. Doch etwa ab 1880 beteiligten sich auch das Deutsche Reich, Italien und die Vereinigten Staaten an dem Kampf um die wirtschaftliche und politische Aufteilung der Welt. Reale Machtpolitik hatte zur Bildung der neuen Nationalstaaten Deutschland und Italien geführt. Die dabei erzielten Erfolge bestärkten die Großmächte und Staaten mittlerer Größe in der Ansicht, daß nur Nationen mit dem Willen zur Macht den Kampf ums Dasein bestehen könnten. So kam es zu einem Wettrüsten, vor allem zur See, weil man annahm, die Weltherrschaft beruhe auf der Kontrolle der Meere. Da keine der Großmächte sich für stark genug hielt, den Kampf mit einer anderen allein aufzunehmen, wurden Bündnisse abgeschlossen, die immer mehr ihren defensiven Charakter verloren. Die militärischen Klauseln der Bündnisse sollten in verhängnisvoller Weise zur Automation der Kriegserklärungen im Sommer 1914 führen.

Als Ursachen, die 1914 zum Ausbruch des Ersten Weltkrieges führten, müssen zunächst die machtpolitischen Gegensätze im europäischen Staatensystem angesehen werden. Dazu kamen u. a. die deutsch-britischen Rivalitäten im Flottenbau, die Schwierigkeiten der Österreich-Ungarischen Monarchie bei der Lösung des Nationalitätenproblems (vor allem des Slawenproblems) sowie die präventiv ausgelösten Mobilmachungen. Allerdings waren letztere durch die relativ lange Dauer von Mobilmachung und Aufmarsch sachlich begründet. Von weit geringerer Bedeutung als früher angenommen waren dagegen die Revanchepolitik Frankreichs, die Ideen der »Alldeutschen« und die deutsch-britische Wirtschaftsrivalität. Überhaupt können wirtschaftliche Gegensätze als Kriegsursache nun so gut wie ganz ausgeschlossen werden. Neuere Forschungen haben das eindeutig ergeben. Der Krieg zur Lösung von Wirtschaftsproblemen oder nur Erlangung wirtschaftlicher Vorteile gehörte der Zeit der »Hochflut des Materialismus« an, aber nicht mehr dem 20. Jahrhundert. Doch waren damit keineswegs die materialistischen Anschauungen überwunden. Es trat nur ein anderer Aspekt dieses Materialismus in den Vordergrund, die Machtpolitik. Daneben stand nach wie vor das Nationale. Die Menschen der am Ersten Weltkrieg beteiligten Völker vermochten diese kalten, nüchternen und egoistischen Gründe nicht zu durchschauen, im Gegenteil, in einem wahren Taumel der Begeisterung, der die Realitäten wie mit einem Schleier verdeckte, zogen sie auf die Schlachtfelder, wo erst nach etwa zwei Jahren eine gewisse Ernüchterung eintrat. Die beteiligten Völker befanden sich, wie schon einmal angedeutet, durch den idealistischen Nationalismus und das materialistische Machtstreben in einer doppelten Umklammerung. Selbst die Vertreter der Kirchen gaben sich diesem allgemeinen Taumel hin und segneten auf beiden Seiten die Waffen, die doch Tod und Verderben bringen sollten.

Das Kriegsbild, das man sich in allen militärischen Führungsstäben Europas gemacht hatte, basierte wesentlich auf den Erfahrungen aus den Feldzügen der Jahre 1859, 1866 und 1870, weniger auf den Erkenntnissen aus dem russisch-japanischen Krieg in der Mandschurei. Der Feldzug gegen die französische Republik von 1871 blieb ebenso unberücksichtigt. Vor allem erkannte man auf der taktischen und operativen Ebene nicht, wie groß die abstoßende Wirkung der modernen Feuerwaffen, vor allem der Maschinengewehre war. Durch sie errang bei einem Abwägen der beiden Elemente des Gefechts, Feuer und Bewegung, das Feuer als typisches Symptom für den herrschenden Materialismus die Oberhand. Diese Waffen waren echte Erzeugnisse des technischen 20. Jahrhunderts, während die Bewegungsmittel vorerst immer noch die gleichen waren wie im 19. Jahrhundert. Alle Kriege, auf die sich die europäischen Generalstäbe bei ihren Planungen stützten, waren durch eine einzige oder einige wenige große Schlachten entschieden worden. Auf diese Entscheidungsschlachten hin wurden alle europäischen Heere ausgebildet, erzogen, gegliedert und ausgerüstet. Selbst die Versorgung blieb daher auf eine kurze Kriegsdauer abgestellt. Die allgemeine Wehrpflicht, die zunächst nur in Großbritannien nicht bestand, und die relativ geringe technische Ausstattung erlaubten das Aufstellen von Massenheeren. Lediglich Großbritannien und später auch die Vereinigten Staaten planten für eine lange Kriegsdauer. Doch entsprang dieser Plan bei den Briten weniger einer tieferen Einsicht des Generalstabs als vielmehr dem Unvermögen, mit dem britischen Werbesystem sofort ein für die Entscheidungsschlacht genügend starkes Heer aufstellen zu können. Vorläufig verfügte man nur über ein reguläres Heer von vier, dann sechs Infanteriedivisionen mit einiger Kavallerie und über eine Territorialarmee, die nicht sofort einsatzbereit war. Dem weitschauenden Kriegsminister Lord KITCHENER war es zu verdanken, daß nach Einführung der Wehrpflicht die britische Armee mit über einer Million Mann in Frankreich auftrat, allerdings erst ab 1916. Die Vereinigten Staaten lernten aus der Erfahrung. Die beiden Seemächte wollten durch eine steigende materielle Überlegenheit den Feind erdrücken. Es sollten dabei nicht nur der personelle Einsatz, sondern vor allem das Material den Ausschlag geben.

Natürlich kann in unserem Rahmen nicht der ganze Kriegsverlauf geschildert werden. Doch sollen einige wenige Beispiele dazu dienen, das Charakteristische an diesem Krieg aufzuzeigen. Die Deutsche Oberste Heeresleitung unter dem Chef des Generalstabs HELMUTH VON MOLTKE (1848–1916), einem Neffen des großen Feldherrn im Krieg von 1870/71, beabsichtigte, mit der 1. bis 7. Armee den entscheidenden Schlag innerhalb von sechs Wochen nach Mobilmachung im Westen zu führen. Sie stützte sich dabei auf die vom Generaloberst Graf SCHLIEFFEN ausgearbeiteten operativen Grundlagen, die aber bereits vor Beginn des Feldzuges abgeändert wurden. Zuungunsten des zur Entscheidung vorgesehenen rechten Flügels verstärkte sie die Kräfte in Elsaß-Lothringen, um dort einer französischen Offensive entgegentreten zu können. Wie so oft in der Kriegsgeschichte entschied auch hier wieder der verfehlte Kräfteansatz über den Ausgang der Operation. Der Fehler wurde durch die politisch falsche Entscheidung eines Durchmarsches durch Belgien noch größer. Militärische Zweckmäßigkeit muß nicht immer politischer Klugheit entsprechen. Doch belastet diese falsche Entscheidung die deutschen Politiker mehr als die deutschen Militärs. Es ist behauptet worden, der deutsche Generalstab habe diese Schritte unternommen, ohne die politische Führung davon zu unterrichten. Das mag bis zu einem gewissen Grad zutreffen. Aber die politische Führung hätte ihre Gegenargumente dennoch deutlicher vortragen müssen. Traditionellerweise konnte vor allem Großbritannien aus politischen und strategischen Gründen sein Standbein auf dem europäischen Kontinent nicht kampflos preisgeben. Dies gab den letzten Anstoß zu seinem Eintritt in den Krieg. Ein schwaches Land wie Belgien dagegen konnte seine Unabhängigkeit nicht mehr im Sinne der alten Pufferstaaten des

18. und frühen 19. Jahrhunderts bewahren – dieses Konzept hatte seine Gültigkeit verloren, nachdem der Krieg nicht mehr Kabinettskrieg war –; zwischen zwei Großmächten oder zwei Mächteblöcken können, und das wird die Geschichte immer wieder lehren, sich neutral erklärende Staaten nicht behaupten, wenn es zu einer großen Auseinandersetzung kommt. Sie müssen sich von vornherein für die eine oder andere Seite entscheiden. Belgien zahlte in diesem Krieg daher einen mehr als bitteren Preis.

Insbesondere das deutsche Heer strebte aufgrund der Lehren des Grafen SCHLIEFFEN (1833–1913) die Umfassungsschlacht an, die zur Vernichtung des Feindes führen sollte. Daß zur Durchführung dieses Planes das Heer modernisiert werden mußte, scheint SCHLIEFFEN gewußt zu haben. Er machte die schwere Artillerie zu einer modernen Feldtruppe, stellte Transportverbände zur Steigerung der Beweglichkeit des Feldheeres auf und sorgte für eine starke und leistungsfähige Gliederung der Versorgungsverbände. Der Prototyp von SCHLIEFFENS Feldherrn, des »modernen Alexander«, führte nicht mehr vom Schlachtfeld aus, sondern weit von der Truppe abgesetzt allein durch gedankliche Arbeit. Besonders diese letztere Vorstellung sollte zur Ursache vieler Fehlentscheidungen werden. Auch die spätere Kritik am Schlieffenplan hakte vor allem bei seinen zu theoretischen Vorstellungen ein.

Wie schon flüchtig erwähnt, wurde der Schlieffenplan zur Niederringung Frankreichs nicht in seiner ursprünglichen Form durchgeführt. MOLTKE schwächte den rechten Flügel zugunsten der in Elsaß-Lothringen stehenden Kräfte und nach Beginn der Operation ein zweites Mal, um die in Ostpreußen benötigte 8. Armee zu verstärken. Beiden Maßnahmen lag der Wille zugrunde, kein Stück deutschen Bodens dem Feind zu überlassen. Das mag politisch zu rechtfertigen sein, militärisch war es ein Fehler. FRIEDRICH DER GROSSE hatte im Siebenjährigen Krieg Ostpreußen bedenkenlos von Truppen entblößt, um an der entscheidenden Stelle stark genug sein zu können.

Nach der siegreichen Grenzschlacht stieß der rechte Flügel des deutschen Westheeres energisch gegen Belgien und Nordostfrankreich vor (s. Fig. 13). Die deutsche 5. Armee hatte am 5. September 1914 den linken Schwenkungspunkt im Raum Verdun erreicht. Die deutsche 1. Armee, die rechte Flügelarmee, stand ostwärts Paris. Nach SCHLIEFFENS Plan hätte sie jedoch westlich an Paris vorbeistoßen müssen. Die zu geringen Kräfte und vor allem die eintretenden Versorgungsschwierigkeiten durch eine Entfernung der am weitesten vorgedrungenen Truppen von 160 km vom Eisenbahnendpunkt ließen dies nicht zu. LUDENDORFF erkannte später, daß die Truppe nicht mehr als 120 km über ihre Eisenbahnendpunkte (Kopfbahnhöfe) hinaus vordringen

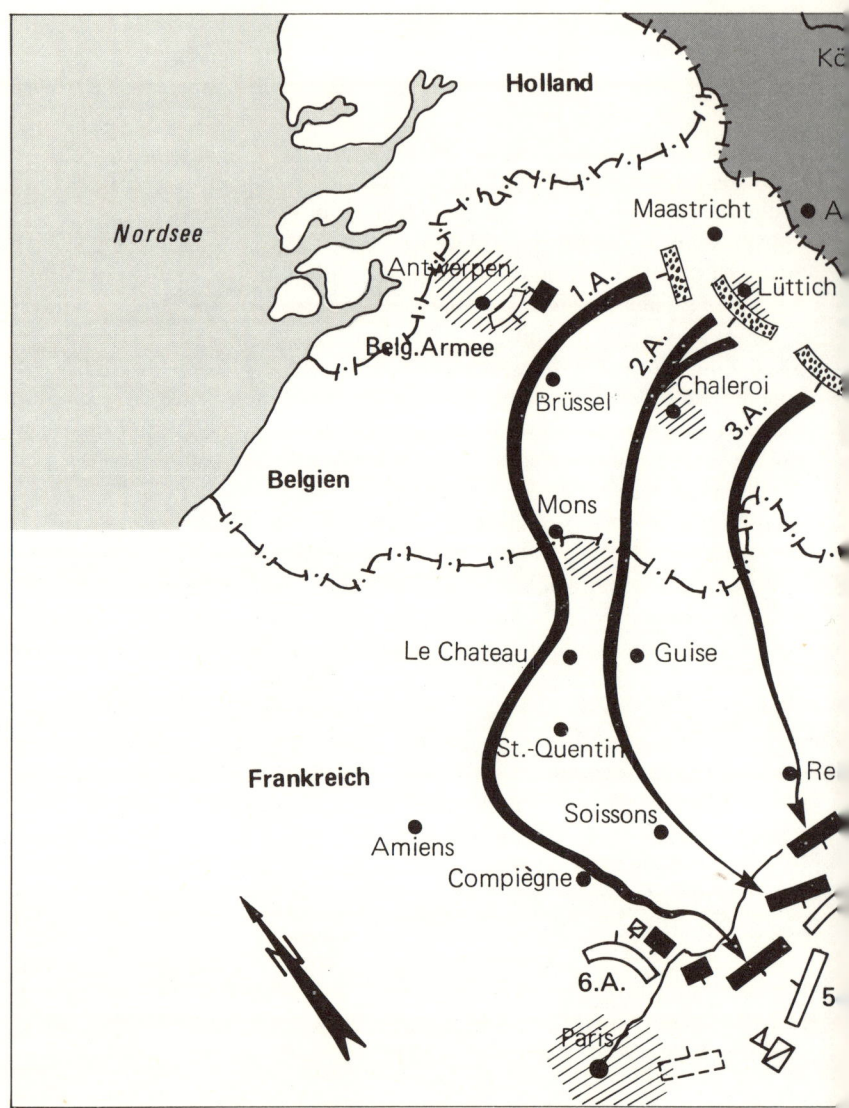

Fig. 13 Die Marne-Schlacht 1914

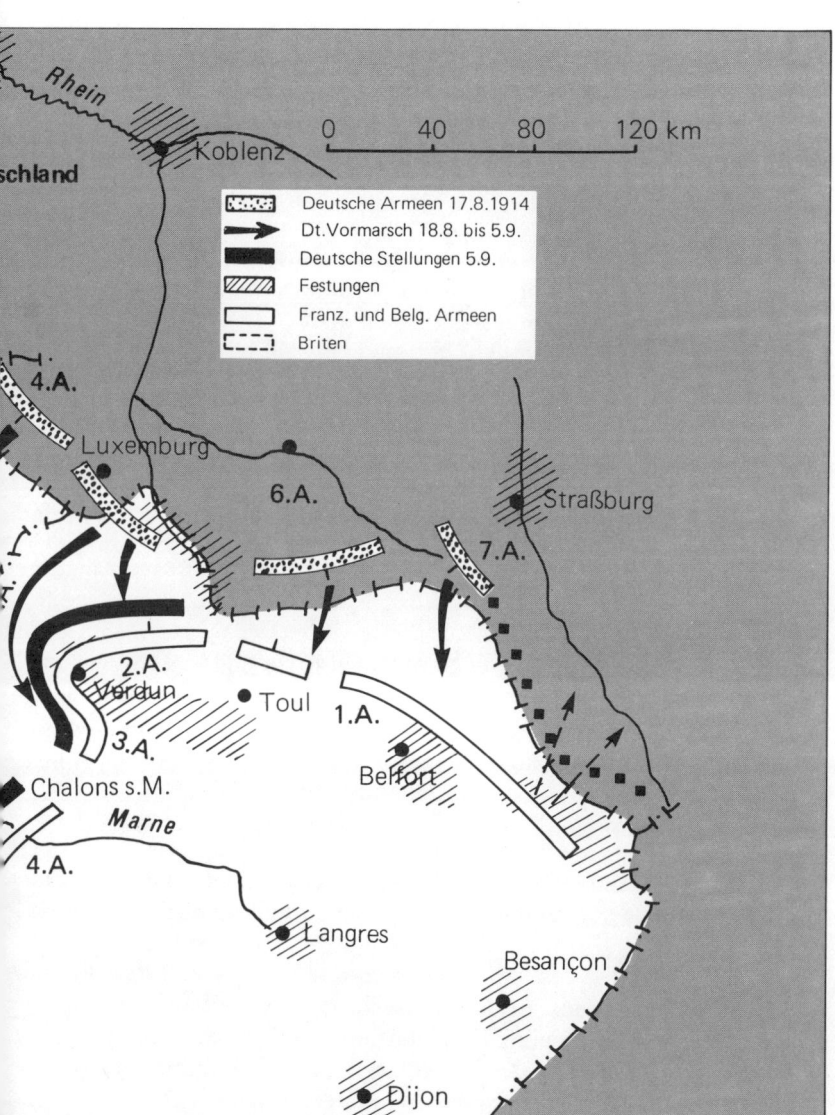

Rhein

Koblenz

schland

0   40   80   120 km

Deutsche Armeen 17.8.1914
Dt.Vormarsch 18.8. bis 5.9.
Deutsche Stellungen 5.9.
Festungen
Franz. und Belg. Armeen
Briten

4.A.

Luxemburg

6.A.

Straßburg

7.A.

2.A.

Verdun   Toul   1.A.

3.A.   Belfort

Chalons s.M.

Marne

4.A.

Langres

Besançon

Dijon

kann, ohne ihre sichere und ausreichende Versorgung zu gefährden. Das war zwar eine beträchtliche Erweiterung des Aktionsradius, den der ältere MOLTKE noch mit 70 km von den Eisenbahnendpunkten angegeben hatte, zeigte aber, daß 160 km, wie in der sich anbahnenden Marneschlacht, bei weitem zu viel waren. Hier zeigte sich einer der Fehler bei der Ausführung des Schlieffenplanes. In ihrer operativ ungünstigen Lage ostwärts Paris mußten die am rechten Flügel vorgehende deutsche 1. und 2. Armee nördlich und südlich der Marne Front gegen Paris machen. Allein die deutsche 3. Armee stieß mit nur drei Korps weiter nach Süden vor. Außerdem ging die Deutsche Oberste Heeresleitung noch während der im Gang befindlichen Operationen vom Gedanken der Umfassung ab. Sie versuchte, mit der 6. und 7. Armee die französische Front an der Mosel zu durchbrechen, und setzte daher ihre Heeresreserven zur Verstärkung der 6. Armee ein. Zwar kann eine rasche Schwerpunktverlagerung äußerst zweckmäßig sein. Sie führt aber nur zum Erfolg, wenn der ursprüngliche Operationsplan dadurch nicht völlig aufgegeben wird, wie es hier offensichtlich geschehen war.

Der französische Oberbefehlshaber General JOFFRE (1852–1931) erkannte die schwierige deutsche Lage und entschloß sich zum Gegenangriff durch Umfassung der beiden Flügel der deutschen Schwenkungsarmeen. Doch Generaloberst KLUCK, der Oberbefehlshaber der 1. Armee, kam ihm mit einer kühnen Bewegung nach Nordwesten zuvor und brachte die französische 6. Armee am Ourcg zum Stehen. Unter weiterer Entblößung seiner Südfront setzte KLUCK zur Umfassung des Nordflügels der französischen 6. Armee an. Am 8. September bereits zeigten sich die ersten deutschen Erfolge. In dieser Gefahr warf General GALLIÉNI eine Division mit 1100 Pariser Kraftfahrzeugen, meist Personenkraftwagen, zur Verstärkung der bedrohten französischen 6. Armee an die Front, allerdings ohne greifbare Auswirkungen. Dennoch war dies der erste Versuch, einen Großverband mit dem Kraftfahrzeug zu transportieren. In der volkstümlichen Legende wurde er allerdings überbewertet. KLUCKS kühne Operation hatte aber eine Frontlücke gegenüber dem britischen Expeditionskorps und dem linken französischen Flügel der 5. Armee verursacht, die nur durch schwache deutsche Kräfte überwacht wurde. In sie hineinstoßende britisch-französische Verbände errangen am 6. September Anfangserfolge. Die deutsche 2. Armee wurde zu einem Defensivhaken nach Westen gezwungen.

In dieser Krise der Schlacht sprach sich General BÜLOW, der Oberbefehlshaber der 2. deutschen Armee, für einen Rückzug aus, um vor allem die Frontlücke schließen zu können. KLUCK hingegen wollte den Angriff unentwegt fortsetzen. Zur Klärung der Lage und zur Koordinierung der Maßnahmen der Oberbefehlshaber der deutschen Flügelarmeen hatte der Chef des

Generalstabs, Generaloberst MOLTKE, den Oberstleutnant i. G. HENTSCH
mit besonderen Vollmachten an die Front gesandt. Dieser stimmte dem
Rückzugsbefehl des Oberbefehlshabers der deutschen 2. Armee zu, ohne
daß dieser mit KLUCK Fühlung aufgenommen hatte. Gegen dessen Willen
mußte nun auch die deutsche 1. Armee den Rückzug antreten. Das »Wunder
an der Marne« war geschehen. Nach der Schlacht versuchten beide Seiten,
dem Feind die Nordflanke abzugewinnen, doch der »Wettlauf zum Meer«
brachte keine operativen Früchte. Aufgrund des Übergewichts des Feuers
über die Beweglichkeit erstarrte die gesamte Front von der Schweizer
Grenze bis zur See im Stellungskrieg. Die wahre Bedeutung der Marne-
schlacht hat damals nur Lord KITCHENER erkannt. Er behauptete, nicht die
Schlacht, sondern der Krieg sei zugunsten der Alliierten entschieden worden. Je länger der Krieg dauerte – und mit einer langen Dauer war nun zu
rechnen –, um so mehr mußte sich die materielle Überlegenheit der Alliierten auswirken.

Der Krieg war in Wirklichkeit schon entschieden, und zwar in einer
Entscheidungsschlacht. Aber keines der sich bekämpfenden Heere, die
nach MOLTKE das Operationsobjekt darstellen, war aus dem Feld geschlagen. So mußte es zu einer jahrelangen Agonie beider Seiten kommen, zu
einem Abnutzungskrieg im Sinne GRANTS, bei dem schließlich die materielle und technische Überlegenheit den Ausschlag geben sollte. In bezug
auf diese Auseinandersetzung zwischen Mensch und Material hat der
spätere Schöpfer der Deutschen Reichswehr, Generaloberst HANS VON
SEECKT (1866–1936), treffend gesagt: »Das Material hat über die Menschenmasse, nicht über den Menschen selbst gesiegt und wird das nie, weil
es nur in der Hand des Menschen Leben gewinnt. Der Fehler liegt darin,
daß man eine unbewegliche, fast wehrlose Menschenmasse einer brutalen
Materialwirkung gegenüberstellte.« Alle Feldherren setzten nun in sym-
ptomatischer Weise ihre Hoffnungen auf das Material, von dem sie eine rasche Entscheidung erwarteten. Sie unterschätzten aber alle ebenso die See-
lenkraft des Menschen.

Der Materialismus, den die Menschheit überwinden muß, wurde von
MARX, DARWIN und HAECKEL, besonders wirkungsvoll aber von MARX und
später LENIN, philosophisch begründet und politisch in die Tat umgesetzt.
Zusammen mit dem materialistischen Kapitalismus der Vereinigten Staaten
führte dies zu den barbarischen Menschenschlächtereien in den Material-
schlachten des Ersten Weltkrieges. Kein Heer kann besser sein als seine Zeit.
Denkt die Zeit materialistisch, so denken auch die Heerführer so. Diese
Materialschlachten begannen mit der geradezu als pervers zu bezeichnenden
Idee des Generals VON FALKENHAYN, MOLTKES Nachfolger, die Franzosen

vor Verdun ausbluten zu lassen. Die sich anschließende Zermürbungs-
schlacht endete nach deutschen Anfangserfolgen ohne Entscheidung. Das
deutsche Ziel aber wurde nicht erreicht. Hier finden wir das von General
GRANT im amerikanischen Sezessionskrieg gefundene Prinzip des Abnutzungskrieges in etwas veränderter Form von der strategischen auf die operative und taktische Ebene verlagert. Es war ein völlig untauglicher Versuch,
der, wie die folgenden Materialschlachten der westlichen Alliierten, nur aus
dem materialistischen Zeitgeist und aus der Hilflosigkeit der modernen
Technik gegenüber entstehen konnte. Ein Ruhmesblatt für die führenden
Generäle waren diese Materialschlachten genausowenig wie für die führenden Politiker, die sie billigten und oft sogar forderten.

Noch während die erbitterten Kämpfe bei Verdun tobten, bereitete sich
die britische Armee auf eine Offensive an der Somme vor. Am 24.Juni 1916
setzte ein in diesen Ausmaßen noch nicht dagewesenes Trommelfeuer auf
die deutschen Stellungen ein, das sieben Tage andauern sollte. Artillerieflie-
ger und Fesselballons übernahmen die Feuerleitung. Dann brachen auf einer
Breite von etwa 40 km 20 britische und 11 französische Infanteriedivisionen
sowie 3 Kavalleriedivisionen gegen die Stellungen der anfänglich nur 11 Divisionen starken Verteidiger vor. Die Wirkung des von rund 3000 Geschützen mit enormen Munitionsmengen unterhaltenen Trommelfeuers, das
durch den Einsatz von 309 Flugzeugen noch erhöht wurde, überstieg die
Erwartungen, so daß die angreifende alliierte Infanterie im ersten Anlauf die
vorderste deutsche Stellung überrannte. Dann aber machten rasch herange-
führte Eingreifreserven und einzelne stehengebliebene Maschinengewehr-
nester ein weiteres Vordringen der in dichten Massen angreifenden Engländer-
der und Franzosen unmöglich. Mit den herkömmlichen Kampfverfahren
waren die jetzt gegliederten Abwehrstellungen nicht zu durchbrechen. Gerade das zu lange andauernde Trommelfeuer ermöglichte es, Reserven heranzuziehen und neue Abwehrstellungen aufzubauen. Militärisch wirkungs-
voller waren dagegen die nur vier bis sechs Stunden dauernden Feuervorbe-
reitungen der deutschen Artillerie vor den wenigen Durchbruchsschlach-
ten, die das deutsche Heer noch führen konnte. Diese Zeit war so kurz, daß
Reserven nicht mehr in genügender Menge herangeschafft werden konnten.
Jedoch fehlte es dem deutschen Angreifer dann an den nötigen Truppen und
Mitteln, um seine Erfolge ausnutzen zu können.

Als die britische Führung erkannte, daß mit den Materialschlachten keine
Erfolge zu erzielen waren, setzte sie im September 1916 die ersten, in aller
Heimlichkeit entwickelten Kampfpanzer ein, die damals den Tarnnamen
»Tanks« trugen. Sie beging dabei den zweiten Fehler. Insgesamt waren es nur
49 Panzer, die den ersten Angriff an der Somme fuhren. Unaufhaltsam rollten

sie vorwärts, bis sie von der deutschen Artillerie im direkten Beschuß vernichtet werden konnten. Der Fehler der britischen Führung bestand darin, beim ersten Einsatz dieser Waffe nur »gekleckert«, nicht aber »geklotzt« zu haben, um ein Wort GUDERIANS zu gebrauchen. Es fehlte das Vertrauen in den Erfolg der neuen Waffe, und das Überraschungsmoment war damit zum größten Teil aus der Hand gegeben. Aber auch bei der deutschen Führung ergab sich eine Fehlbeurteilung, die sich bitter rächen sollte. Da die Artillerie die neuen Panzer wirkungsvoll bekämpft hatte, versäumte man es in der Folge, die Infanterie mit einer geeigneten Panzerabwehrwaffe auszurüsten.

Einen ähnlichen Fehler wie die Briten mit den Kampfpanzern beging die deutsche Führung mit dem Einsatz der ersten Kampfstoffe bei Ypern 1915. Es war der erste Griff nach einem Massenvernichtungsmittel; wiederum ein Symptom für die materialistische Zeit. Doch auch die Deutschen vertrauten diesen Kampfstoffen, wie man die Kampfgase militärisch nennt, nicht, so daß der erste Erfolg nicht ausgenutzt werden konnte. Der Materialismus des Denkens hatte zur Erstarrung der Fronten geführt und bot keine andere Lösung als das Abschlachten von Millionen tapferer Menschen auf beiden Seiten.

Waren die Heere der damaligen Feindmächte um mehr als das Doppelte den Mittelmächten überlegen, so prägte sich diese zahlenmäßige Überlegenheit der Alliierten bei den Flotten noch stärker aus. Sie lag nicht nur in der größeren Zahl der Schiffseinheiten, sondern auch in der Beherrschung der Weltmeere aufgrund eines starken Stützpunktsystems und der damit verbundenen besseren Versorgungsmöglichkeiten. Am eindeutigsten aber waren die Feindmächte auf wirtschaftlichem Gebiet und im Hinblick auf die Rohstoffquellen überlegen. Dieser Tatsache waren sich die westlichen Alliierten bewußt und verhängten kurz nach Kriegsausbruch die Blockade über die Mittelmächte. Es zeigte sich dabei, daß eine von den Weltmeeren abgeschnittene mitteleuropäische Macht nicht mehr in der Lage war, einen lang dauernden Krieg selbständig zu führen. Der Versuch, eine wirtschaftliche Autarkie zu errichten, hat sich auch im Zweiten Weltkrieg als unmöglich erwiesen. Natürlich war diese Blockade völkerrechtlich gesehen ein recht zweifelhaftes Mittel. Sie traf ja nicht nur die kämpfenden feindlichen Soldaten, sondern vor allem die Zivilbevölkerung einschließlich der Frauen, Kinder und Greise. Am schlimmsten aber war, daß nach dem am 11. November 1918 unterzeichneten Waffenstillstand die Blockade nicht aufgehoben wurde. Furcht vor einem erneuten Aufflammen des entsetzlichen Blutvergießens, aber leider auch Chauvinismus und Haß veranlaßten die Siegermächte, die Augen vor der Not der hungernden Zivilbevölkerung in den geschlagenen Ländern zu schließen und die Blockade aufrechtzuerhalten.

Diese Tatsache und nicht zuletzt überzogene Forderungen bei den anschlie-
ßenden Friedensverhandlungen legten den Grund für den folgenden, noch
schrecklicheren Krieg.

Zum ersten Mal seit der Antike richtete sich der Krieg auch gegen alle
Nichtkombattanten. Mit der Luftwaffe war die Möglichkeit gegeben, die
zivile Bevölkerung auch unmittelbar anzugreifen, wie es z. b. beim Angriff
der französischen Tiefflieger auf die Kinderprozession von Trier geschah.
Die westlichen Alliierten waren sich der Zweifelhaftigkeit dieser Maßnahmen durchaus bewußt. Aber in ihrer Propaganda stellten sie dies alles als den
Kampf gegen eine belagerte Festung dar, bei dem das Aushungern zu einem
normalen Kampfmittel gehört. Darüber hinaus sprachen sie von einer
Kriegsschuld der gesamten Bevölkerung Mitteleuropas, und gegen Schuldige an einem solchen Verbrechen wie dem Krieg durfte man nach den Worten ihrer Propaganda mit allen Mitteln vorgehen. Die übrige Welt glaubte es
um so leichter, als fast alle damaligen Massenmedien von den Feindmächten
Mitteleuropas beherrscht wurden. Die alleinige Schuld Deutschlands und
Österreich-Ungarns am Ausbruch des Ersten Weltkrieges gilt heute aber als
klar widerlegt.

Ganz anders verhielt sich dagegen die westliche Propaganda, als das Deutsche Reich seinerseits zu Mitteln griff, deren völkerrechtliche Rechtmäßigkeit noch nicht geklärt war. Doch zunächst sollte versucht werden, die Blokkade auf konventionellem Weg zu brechen. Das Deutsche Reich verfügte
über 18 Großkampfschiffe, 14 ältere Schlachtschiffe und 4 Schlachtkreuzer,
die den Kern der Hochseeflotte bildeten. Ihnen standen 29 britische Großkampfschiffe der Heimatflotte gegenüber, die sich aus 20 älteren Schlachtschiffen und 9 Schlachtkreuzern zusammensetzte. Bei den älteren Linien-
schiffen und Panzerkreuzern der Vor-Dreadnought-Klasse fiel das Kräfteverhältnis mit etwa 2:5 noch deutlicher zugunsten Großbritanniens aus.
Angesichts des ungleichen Kräfteverhältnisses wurde der deutsche Plan, sofort mit allen verfügbaren Einheiten die Entscheidungsschlacht zu suchen, ab
1912 insofern abgewandelt, als man zunächst versuchte, durch einzelne Vorstöße ein ausgewogeneres Verhältnis zu schaffen und dann erst zur Entscheidungsschlacht anzutreten. Bis zu einem gewissen Grad kam die britische
Führung diesem Plan entgegen, da sie den Vertreter des sofortigen offensiven
Einsatzes durch Admiral JOHN JELLICOE zu Kriegsbeginn ablösen ließ. Letzterer trat für die Verwendung der Heimatflotte zur Fernblockade ein. Eine
Entscheidungsschlacht unter günstigen Verhältnissen blieb dabei nicht ausgeschlossen. Aber die Zurückhaltung der britischen Flotte führte auch dazu,
daß es, von einigen Gefechten abgesehen, der deutschen Flotte nicht gelang,
das Kräfteverhältnis zu ihren Gunsten zu ändern. Erst als Vizeadmiral

SCHEER (1863–1928) im Januar 1916 zum Chef der deutschen Hochseeflotte ernannt wurde, kam es am 31. Mai 1916 im Skagerrak zur einzigen großen Seeschlacht dieses Krieges. Trotz der fast doppelten Überlegenheit der britischen Flotte endete die Schlacht mit einem taktischen Sieg der Deutschen, da Admiral JELLICOE den Kampf abbrach. Dank der überlegenen deutschen Feuerleitung und der größeren Sinksicherheit der deutschen Schiffe waren die britischen Verluste mit 3 Schlachtkreuzern, 3 Panzerkreuzern, einem Flottillenführer, 7 Zerstörern und 6094 Mann weit höher als die der deutschen, deren Verluste aus einem Schlachtkreuzer, einem älteren Linienschiff, 4 kleinen Kreuzern, 5 Torpedobooten und 2551 Mann bestanden. Dennoch sprechen auch die Briten von einem Seesieg, nicht ganz zu Unrecht, denn nur ein strategischer Sieg der Deutschen durch die Vernichtung der britischen Heimatflotte hätte die Engländer zwingen können, die todbringende Blockade aufzuheben. Ein weiterer Versuch, die britische Seeherrschaft in der Nordsee mit Hilfe der Hochseeflotte zu brechen, wurde nicht unternommen. Damit war auch die deutsche Flotte wie die österreichisch-ungarische in der Adria zur Rolle der »fleet in being« verurteilt. Der Entschluß, die Hochseeflotte in der Zukunft fast ausschließlich in den Häfen zurückzuhalten, war wohl mehr politisch als militärisch begründet. Doch ist immerhin zu bedenken, daß ein eventueller späterer deutscher Seesieg nur unter schweren Verlusten zu erringen gewesen wäre. Während die Briten die eigenen Verluste durch Einheiten aus Übersee und durch die Seestreitkräfte der Verbündeten hätten in etwa ersetzen können, wäre das auf deutscher Seite nicht möglich gewesen, da Planung, Entwicklung und Bau von Kriegsschiffen auch heute noch bis zu zehn Jahre dauern können.

Neben dem Einsatz der Hochseeflotte zur entscheidungsuchenden Schlacht setzte die deutsche Marineleitung auch Kriegsschiffe in Übersee ein, um den Kampf gegen feindliche Kriegsschiffe und Stützpunkte aufzunehmen. Trotz anfänglicher Erfolge machte sich besonders nach dem Fall der meisten deutschen Kolonien der Mangel an Stützpunkten für diese Kräfte immer mehr bemerkbar. Dennoch konnte der Handelskrieg durch einzelne Kreuzer und Hilfskreuzer noch bis zum Kriegsende auf allen Weltmeeren mit gutem Erfolg fortgesetzt werden. Eine entscheidende Wende zugunsten der Mittelmächte brachte er naturgemäß nicht.

Die deutsche Führung setzte nun alle Hoffnung zur See auf den Einsatz der Unterseeboote. Diese neuartigen Kriegsschiffe hatten bereits im September 1914 ihre Gefährlichkeit bewiesen, als u. a. das deutsche »U 9« mehrere britische Panzerkreuzer versenkte. Als dann Großbritannien am 2. November 1914 die gesamte Nordsee zum Kriegsgebiet erklärte und sogar die neutralen Schiffe zwang, in der Nähe der britischen Küste zu fahren und sich einer strengen Kontrolle zu unterwerfen, erklärte das Deutsche Reich Mitte Februar 1915 den U-Boot-Handelskrieg. Scharfe amerikanische Proteste und völkerrechtliche Bedenken veranlaßten jedoch die deutsche Regierung, den U-Boot-Handelskrieg bereits im September 1915 praktisch wieder abzubrechen. Erst unter dem Druck der immer schwieriger werdenden Versorgungslage und um England innerhalb von fünf Monaten durch Abschneiden der Zufuhren in die Knie zu zwingen, eröffnete Deutschland am 1. Februar 1917 den »Uneingeschränkten U-Boot-Krieg«. Die Antwort der Vereinigten Staaten blieb nicht aus. Sie erklärten Anfang April 1917 Deutschland den Krieg.

Selbstverständlich wurde diese Art der Kriegsführung von den westlichen Alliierten für völkerrechtswidrig erklärt. Obwohl die damaligen Unterseeboote lediglich als Tauchboote zu bezeichnen sind, die nur zum Angriff auf Tauchstation zu gehen vermochten, sonst aber als Überwasserschiffe in ihre Einsatzräume fuhren, brachten sie mit einer Versenkungsziffer von ungefähr 8 Millionen BRT England an den Rand des Abgrunds. Aber durch den Ausbau des britischen Geleitsystems, die Bewaffnung der Handelsschiffe und den gewaltigen Anstieg des Handelsschiffbaues auf britischen und vor allem auf amerikanischen Werften sowie durch die Verbesserung der Abwehrwaffen gelang es, der tödlichen Bedrohung der englischen Versorgung Herr zu werden. Trotz großer Leistungen und höchstem Einsatzwillen blieb es den deutschen Unterseebooten versagt, das Kriegsglück noch einmal zu wenden.

Insgesamt gesehen hat der Erste Weltkrieg gezeigt, daß vor allem durch die Teilnahme der Seemächte die Kontinentalmächte in die Rolle der belagerten Festung gedrängt wurden und damit auch wirtschaftlich unterlegen waren. Diese Lage ergab sich vor allem nach dem Eintritt der Vereinigten Staaten in den Krieg, der dadurch zum Weltkrieg wurde. Sie vermochten es, den Mittelmächten endgültig die Versorgung aus den so wichtigen überseeischen Gebieten abzuschneiden und darüber hinaus, trotz des deutschen U-Bootkrieges, ein Millionenheer auf dem europäischen Festland zu landen, von den enormen Materiallieferungen ganz abgesehen. Die Aufgabe der Alliierten bestand seit 1917 nur mehr darin, die Festung der Mittelmächte auszuhungern oder sturmreif zu schießen. »Das Krisenjahr 1917 ist in der Geschichte des Ersten Weltkrieges das Jahr der eigentlichen Entscheidung gewesen... Die Geschichte dieses Jahres [wurde] nicht nur zum Wendepunkt des Krieges, sondern auch zu einem der erregendsten, noch keineswegs ausdiskutierten, wohl aber von unserem heutigen Abstand her wenigstens übersehbaren Problem der modernen Geschichte und... symbolisch zum Eingangstor in die Geschichte der Gegenwart...«[231] Auch Rudolf Steiner unterstreicht die ungeheure Bedeutung dieses Jahres für die geschichtliche Entwicklung.[232] Mit diesem Jahr 1917, in dem die USA endgültig mit der Monroe-Doktrin brachen und sich zur westlichen Weltmacht aufschwangen, begann auch deren außereuropäischer materialistischer Einfluß auf dem europäischen Kontinent, zunächst bei den westlichen Alliierten, dann aber auch im besiegten Mitteleuropa Fuß zu fassen. Diesem westlichen materialistischen Einfluß, der dem Einzelmenschen allerdings noch die politische Freiheit garantiert, folgte der noch konsequentere östliche Materialismus bald nach. Von nun an befand sich Europa in einer doppelten materialistischen Umklammerung. Nur die Besinnung auf die eigenen geistigen Kräfte kann es kulturell daraus wieder erlösen. Politisch-militärisch aber mußte es sich für eine Seite entscheiden. Doch das geschah erst nach dem Zweiten Weltkrieg, der im Grunde nichts als eine Fortsetzung des Ersten war.

Wie aber war es zur Umklammerung aus dem Osten gekommen? Im Jahr 1917 machten sich bei den Mittelmächten im Hinterland, bei den Feindmächten aber bei der Fronttruppe, gewisse Anzeichen von Kriegsmüdigkeit bemerkbar. Die Meuterei der Franzosen ist dafür das hervorstechendste Zeichen; sie war nach dem blutigen Scheitern der Nivelle-Offensiven im Frühjahr 1917 ausgebrochen. Standgerichte mußten eingesetzt werden, die eine Anzahl von Todesurteilen aussprachen. Aber im Verein mit der französischen Regierung gelang es Marschall PÉTAIN (1856–1951), das Vertrauen der Truppe in die Führung u. a. mit Hilfe von Fürsorgemaßnahmen und durch Beseitigung von Mißständen wiederherzustellen. Zur schlimmsten Krise kam es aber im Osten. Die russische Armee hatte einen unverhältnismäßig hohen Blutzoll gezahlt, und in den Großstädten herrschte aufgrund des vernachlässigten Verkehrsnetzes und der Mißwirtschaft der Verwaltung Hunger. Demonstrationen, vor allem in der damaligen Hauptstadt des Zarenreiches Petrograd, dem heutigen Leningrad, beunruhigten die Regierung, die schließlich Truppen gegen die Demonstranten einsetzte. Aber am 12. März 1917 weigerte sich die 2. Kompanie des wolhynischen Gardeinfanterieregiments, auf die Demonstranten zu schießen, und richtete ihre Waffen gegen die Offiziere. Schon seit einiger Zeit herrschte bei den Regimentern in Petrograd eine revolutionäre Gesinnung. Sie sahen den Krieg als sinnlos an. So kam es, daß die Meuterei bis zum Abend des gleichen Tages die ganze Garnison erfaßt hatte. Sehr rasch wurde ein »Sowjet der Arbeiter- und Soldatendeputierten« gebildet, von dem alle militärischen Befehle gebilligt werden mußten. Außerdem übte er die unumschränkte Macht im Land aus. Selbst der neue Regierungschef, Fürst LWOW, ein Liberaler, war in seinen Entscheidungen völlig von den nun überall aufgestellten Arbeiter- und Soldatenräten (Sowjets) abhängig. Auf Anraten der Mehrzahl der Generäle dankte Zar NIKOLAUS II.

(1868–1918) ab. Obwohl die Regierung Lwow für eine Fortsetzung des Krieges auf seiten der Entente eintrat, verlangten die allmächtigen Arbeiter- und Soldatenräte einen raschen Frieden »ohne Annexionen und Entschädigungen«. Unter der Parole »Demokratisierung der Armee« wurden alle Offiziere und Unteroffiziere in den Augen der Mannschaften bewußt herabgesetzt, die Ehrenbezeugungen aufgehoben, der Beitritt zu politischen Vereinen und Parteien freigestellt und die strengen Bestimmungen der Disziplinargesetzgebung aufgehoben. Umbesetzungen bei allen Kommandobehörden von der Brigade an aufwärts mit den neuen Herren genehmen Offizieren taten ein übriges, um die Disziplin, vor allem bei der Infanterie, völlig zu untergraben.

Den Oberkommandos der Mittelmächte konnten der schnelle Zerfall der russischen Kampfkraft und die Gründe dafür nicht lange verborgen bleiben. Die politische Führung der Mittelmächte erhoffte sich einen Sonderfrieden, wenn der Zerfall des russischen Heeres weitere Fortschritte machte. Um ihn zu beschleunigen, gestattete die Deutsche Oberste Heeresleitung im März 1917 die Durchreise einiger russischer Berufsrevolutionäre von der Schweiz quer durch Deutschland nach Rußland. Unter ihnen befand sich auch WLADIMIR ILJITSCH ULJANOW, der sich seit 1901 LENIN nannte (1870-1924). Außerdem vermieden die Mittelmächte jede militärische Aktion, um den russischen Widerstandswillen nicht erneut zu wecken. Dafür setzte eine heftige Propaganda für den Frieden von Graben zu Graben ein. Es wurden auch Teile der deutschen und österreichisch-ungarischen Truppen von den revolutionären Ideen, die noch nicht ausschließlich bolschewistisch waren, angesteckt. Besonders traf das für die slawischen Truppenteile der Donaumonarchie zu.

Das russische Oberkommando dachte jedoch keineswegs an Frieden, sondern wollte seinen Verpflichtungen den Verbündeten gegenüber nachkommen. Als KÉRENSKIJ im Mai 1917 das Kriegsministerium übernahm, versuchte er sofort die Disziplin im Heer wiederherzustellen. Eine daraufhin angesetzte erneute und letzte Offensive auf einer 65 km breiten Front mit Stoßrichtung Lemberg erstickte jedoch im Blut. Es zeigte sich dabei, daß eine einmal gelockerte Disziplin sich nicht in ein paar Wochen oder durch einfache Befehle und Aufrufe wiederherstellen läßt. Das erfordert Zeit, längere Zeit, als es sich der militärische Laie vorstellt. Auch die Einführung drakonischer Strafen, im übrigen ein fragwürdiges Mittel, kann gewachsene und anerzogene Disziplin nicht ersetzen.

Als die gut organisierten und militärisch straff geführten Bolschewisten unter LENIN am 7. November 1917 die demokratische Regierung KÉRENSKIJ stürzten, war endlich der entscheidende Schritt zum Frieden mit Rußland getan. Trotz der Verzögerungstaktik TROTZKIJS (1879–1940) wurde im März 1918 ein Separatfrieden mit Rußland geschlossen. Ihm folgte kurz darauf der Friede mit Rumänien, das sich ohne Rußland nicht länger halten konnte. Für das Deutsche Reich bedeutete das, daß es Truppen für die Offensive im Westen freimachen konnte, für Österreich-Ungarn vor allem, daß es Getreidelieferungen aus der Ukraine erhielt. Daß man mit dieser Maßnahme jedoch der kommunistischen Infiltration Tür und Tor öffnete und dem bolschewistischen System in Rußland in den Sattel half, hatte man nicht erkannt. Zunächst wurde dort dem übersteigerten Nationalismus die Parole von der Internationale entgegengesetzt. Das schlimmste aber war, daß sich diese Internationale nur auf eine Klasse, nämlich das Proletariat und die Bauern, erstrecken sollte und später, besonders under STALIN und seinen Nachfolgern, zum Instrument des russischen und panslawistischen Chauvinismus wurde.

Die Verbreitung des Marxismus-Leninismus wurde und wird dadurch erleichtert, daß LENIN die Sprache als Waffe erkannte. Indem man einem Wort einen neuen Inhalt gibt, kann man diese Waffe benutzen, wie es den eigenen Zwecken entspricht. Zwei typische Beispiele dafür sollen hier genannt werden: Das russische Wort *mir* hat drei Bedeutungen: »Friede«, »Welt« und »Dorfgemeinschaft« im alten russischen Sinne. Wenn im kommunistischen Rußland von den Massenbewegungen *mir* gefordert wird, so schwebt dem dieses Wort Ausrufenden nicht nur der Friede, sondern auch die Forderung nach Weltherrschaft und die Art jener Demokratie vor, wie sie im *mir* geübt wurde – die Minderheit mußte dort das Dorf verlassen oder wurde gar getötet, wenn sie in altslawischer Zeit bei einer Abstimmung unterlag. Das zweite Beispiel führte BRESCHNEW bei seinem Auftreten in Washington vor. Dort erklärte er den »Kalten Krieg« (*cholodnaja woiná*) für beendet. Das konnte er leicht tun, denn nach der sowjetischen Sprachregelung gab es den Kalten Krieg nur als Politik des Westens, während die gleiche Sache von den Sowjets als ideologischer Kampf bezeichnet wird. Er erklärte also nur, daß diese Art des Nichtkrieges vom Westen aus beendet war, was die westlichen Staatsmänner schon längst erklärt hatten. Für die sowjetische Seite vergab er sich damit nichts.

Kehren wir jedoch zum Ersten Weltkrieg zurück. Auch damals spielte die Propaganda eine große Rolle. Bei den westlichen Alliierten hatten sich allmählich Diktatoren wie etwa CLÉMENCEAU (1841–1929) und LLOYD GEORGE (1863–1945), trotz der demokratischen Verfassung ihrer Länder, durchgesetzt. Sie verstanden es, mit politischen Mitteln den Siegeswillen ihrer Völker aufrechtzuerhalten und mit einer geschickten, wenn auch oft lügnerischen Propaganda fast die ganze Welt auf ihre Seite zu ziehen und das Ansehen der Mittelmächte bei den wenigen verbliebenen Neutralen mit allen

Mitteln herabzusetzen. Im Deutschen Reich und in Österreich-Ungarn sprach man dagegen schließlich nur noch von einem »Verständigungsfrieden« (ERZBERGER), der zu erreichen wäre, nachdem die Aussichten auf den militärischen Sieg geschwunden waren. Das war zwar ehrlich und entsprach den tatsächlichen Möglichkeiten, führte aber schließlich zur negativen Einstellung gegenüber den »Durchhalteparolen«, die ja an sich schon ein mehr passives und daher schlecht geeignetes Ziel darstellten. Dies traf um so mehr zu, als die fortschreitende Technisierung des Krieges und der enorme Materialeinsatz zur Anspannung aller wirtschaftlichen Kräfte zwangen, so daß nun zum ersten Mal auch die Heimat verstärkt in das Kriegsgeschehen einbezogen wurde. Nicht nur die Heere rangen gegeneinander, sondern auch in der Forschung, Entwicklung und Produktion galt es, einen Vorsprung gegenüber dem Kriegsgegner zu gewinnen. Der Krieg war auf dem besten Weg, sich zum »totalen Krieg« auszuweiten, wie es LUDENDORFF zu praktizieren versuchte und vor allem in seiner theoretischen Nachkriegsschrift vertrat. Danach sollte der Feldherr nicht nur die Armee, sondern auch die Politik seines Landes für die Dauer des Krieges führen. Das bedeutete die totale Abkehr von den CLAUSEWITZschen Lehren und sollte sich bitter rächen, da die Soldaten aufgrund ihrer Erziehung und Ausbildung im allgemeinen die politischen Belange nicht zu übersehen vermochten. LUDENDORFF schwebte dabei allerdings eine seltene Ideallösung vor, bei der der Feldherr wie etwa NAPOLEON I. zugleich Politiker ist, aber auch das kann fragwürdig sein.

Keinesfalls aber entsprachen der gewaltigen Kriegsanstrengung die Kriegsziele der Mittelmächte, die nicht einmal untereinander vertraglich abgesichert waren. Im allgemeinen dachte man an die Schaffung eines politisch, wirtschaftlich und militärisch einheitlich geführten Großraumes Mitteleuropa unter Zurückdrängung Rußlands nach dem Osten und Frankreichs nach dem Westen. Die angespannte Kriegslage ließ kaum noch auf eine Verwirklichung dieser Ziele hoffen. Außerdem war ihre Erfüllung ohnehin durch die Rivalitäten untereinander gefährdet. Dagegen besaßen die Alliierten vertraglich festgelegte Kriegsziele, die von der Propaganda geschickt bemäntelt wurden. In ihrer Hauptsache zielten sie auf die Entmachtung Deutschlands und später auf die Aufteilung der Donaumonarchie. Frankreich sollte Elsaß-Lothringen zurückerhalten und entscheidenden Einfluß auf das Saargebiet und einige weitere Westgebiete des Reiches gewinnen, England die deutschen Kolonialgebiete übernehmen. Italien versprach man die Brennergrenze nach Zerschlagung der Donaumonarchie sowie der Türkei Libyen. Rußland sollte die Dardanellen erhalten. Hinter allen Zielen stand der Gedanke an die absolute Autonomie der eigenen Wirtschaft und an den Zugriff auf die arabischen und türkischen Meerengen bzw. Ölfelder. Waren die Kriegsursachen nicht wirtschaftlich bedingt, so waren es doch neben den strategisch begründeten Forderungen die Kriegsziele. Ein so entmachtetes und großer Gebiete beraubtes Deutschland konnte jederzeit von den Siegermächten vernichtet werden.

Rudolf Steiner wandte sich im Dezember 1916 scharf gegen diese Absichten, als er sagte: »Wenn irgend jemand, der mit gewissen Ursprungsstätten dieser schmerzlichen Weltereignisse, die man aus einer Nachlässigkeit der Gedanken heraus noch immer ›Krieg‹ nennen will, verbunden ist, und sich daher verbunden fühlt mit dem, was, wenigstens von gewissen Zentren aus, in der Peripherie geschieht, der soll ruhig sagen: Ja, ich will dasselbe, was man an gewissen Zentren dieser Peripherie will, ich will, daß die Menschen Mitteleuropas zum Teil ausgerottet, zum Teil zu Heloten gemacht werden.

Gewisse Leute in jenen Zentren wollen ja nicht, daß das Geistesleben Mitteleuropas zugrunde gehe; sie reden von der schönen Wissenschaftlichkeit und Geistigkeit und von der ernsten Bescheidenheit, die früher vorhanden waren. Es täte ihnen mit anderen Worten gefallen, wenn man Herr sein könnte über dieses Territorium der Geistigkeit und der Bescheidenheit, aber es ungefähr so machen könnte wie die Römer mit den Griechen. Selbstverständlich war die griechische Kultur die höhere; die Römer haben die griechische Kultur nicht vernichtet. Auch will niemand in der Entente die deutsche Kultur vernichten. Im Gegenteil wird es den Leuten sehr recht sein, wenn die Deutschen ihre Kultur recht gut fortpflanzen, aber sie möchten so etwas ähnliches wie das Verhältnis der Römer zu den Griechen, das heißt dasjenige, was in Mitteleuropa existiert, zu einer Art von geistigem Helotendienst machen. Dann sage man es aber! Dann verbräme man es nicht mit etwas, was geradezu lächerlich ist; denn der deutsche Militarismus – der nicht geleugnet werden soll – ist seinem wahren Ursprung nach französischer und russischer Militarismus. Ohne französischen und russischen Militarismus gäbe es keinen deutschen.

Dann sage man aber: Man will das, was man nennen kann die Helotisierung von Mitteleuropa! – Man sage, daß man zufrieden wäre, wenn man das erreicht hat. Dann gestehe man ruhig: Ich hasse es, daß da so ein Volk in der Mitte von Europa ist und es so machen will wie die anderen Völker ringsherum. – Wenn das jemand gesteht: Ich hasse alles Deutsche, ich will nicht, daß die Deutschen auch so etwas haben wie die anderen Völker – gut, es läßt sich mit ihm reden, oder auch nicht reden, wenn er nicht will; aber er sagt die Wahrheit. Wenn er aber wiederholt: Ich will den deutschen Militarismus vernichten, ich will, daß die Deutschen andere Völker unterdrücken, ich will, daß die Deutschen das oder jenes tun – wie es heute und seit Jahren immerfort gesagt wird –, dann lügt er. Vielleicht weiß er nicht, daß er lügt, aber er lügt, er lügt tatsächlich; er lügt objektiv, wenn auch vielleicht nicht subjektiv.«[233]

Als er Erste Weltkrieg durch den Zusammenbruch der Mittelmächte im Jahr 1918 beendet wurde, war die Absicht der Entmachtung und Zersplitterung Deutschlands und Österreich-Ungarns nur zum Teil erreicht. Aus den Erkenntnissen der militärischen Führung der Alliierten ergaben sich mit einer gewissen Folgerichtigkeit die politischen Forderungen bei den Friedensverhandlungen, die jedoch kaum den Namen Verhandlungen verdienten. Die Grundlage der Seeherrschaft mußte gesichert werden. Also verlangte man die Auslieferung der deutschen Hochsee- und U-Boot-Flotte. Die Einfallspforten nach Mitteleuropa mußten durch »Demarkationslinien« gesichert werden, um den ehemaligen Feind jederzeit militärisch unter Druck setzen zu können. Das vermochte man um so leichter durchzuführen, wenn die Mittelmächte durch ein zahlenmäßig begrenztes Freiwilligenheer aus langdienenden Berufssoldaten ohne schwere Waffen an der Ausschöpfung ihrer Wehrkraft gehindert wurden. Bei langdienenden Freiwilligen konnten keine größeren Reserven geschaffen werden. Zum Schluß gewährleisteten die Alliierten den zumeist aus der Donaumonarchie hervorgegangenen neuen Staaten Europas ihre volle Unterstützung. Diese Forderungen waren zwar logisch, erwiesen sich aber als politisch unklug, weil sie zur Demütigung der Besiegten führten und endlich auch zur materiellen Not der betroffenen Bevölkerung. Die Fortsetzung der Blockade, um den ehemaligen Feind zur Erfüllung dieser Bedingungen zu zwingen, tat ein übriges. So kam man zu der geradezu perversen Ansicht, den ewigen Frieden durch Krieg errungen zu haben.

Doch bei jedem Volk, das an dem gewaltigen Völkerringen teilgenommen hatte, entstand gerade aufgrund dieser Erfahrung die Auffassung von der Sinnlosigkeit des Krieges, vor allem nachdem die Begeisterung bei den Siegern abgeklungen und die Welt von einer Weltwirtschaftskrise in die andere gestürzt war. Nie zuvor war diese Auffassung von der großen Masse der Völker geteilt worden. Sie war ein erstes Anzeichen dafür, daß von nun an der Krieg nicht mehr als etwas Selbstverständliches hingenommen wurde, das jede Generation zu erleiden hat.

Die Hoffnungen auf eine lange Friedenszeit, vielleicht sogar auf einen ewigen Frieden, schwanden nach dem Ersten Weltkrieg jedoch rasch dahin. Der rigorosen Abrüstung des Deutschen Reiches, der Republiken Österreich, Ungarn, der Türkei und des Königreichs Bulgarien folgten keine Abrüstungsmaßnahmen oder wenigstens Waffenkontrollmaßnahmen bei den ehemaligen Feindmächten. Im Gegenteil, sie verstärkten ihre Anstrengungen auf dem Gebiet der Waffenentwicklung, wenn auch Großbritannien und die USA wieder zu ihren kleineren Berufsarmeen zurückkehrten. Besonders aber die neuen Randstaaten, die im Verein mit Frankreich die beiden mitteleuropäischen Staaten unter Kontrolle halten sollten, wie die Tschechoslowakei, Polen, Litauen etwa, rüsteten in einem gewaltigen Umfang auf und setzten vor allem das Deutsche Reich immer wieder unter politischen und militärischen Druck, griffen, wie etwa Polen, sogar mit Insurgentenarmeen auf altes deutsches Reichsgebiet über. Dies führte in Deutschland und Österreich erneut zu einem starken Aufleben des nationalen Gedankens und dem Wunsch, durch neuerliche militärische Stärke dieser Pressionen Herr zu werden. Politisch öffnete dies dem Nationalsozialismus in Deutschland und Österreich Tor und Tür.

Die taktischen und operativen Erfahrungen des Ersten Weltkrieges fanden ihren Niederschlag in den Vorschriften der Nachkriegsheere in allen Staaten. Sie waren sich darin einig, daß die Infanterie allein das Gefecht nicht mehr entscheiden konnte. Nur noch in weit geöffneter Ordnung vermochte sie sich auf dem Gefechtsfeld zu bewegen. Man sprach daher von der »Leere des Schlachtfeldes«, in dem der Einzelkämpfer seinen Auftrag erfüllte. Auch auf militärischem Gebiet zeigte sich symptomatisch die Bedeutung der Einzelpersönlichkeit.

Unterschiedlicher Auffassung war man jedoch über den Einsatz der Kampfpanzer. Engländer und Franzosen verkannten die wahre Bedeutung der Panzerwaffe, da der deutsche Gegenangriff in der Schlacht bei Cambrai allen Geländegewinn zunichte gemacht hatte. Sie sahen im Kampfpanzer lediglich eine Unterstützungswaffe für die Infanterie und banden das schnelle Fahrzeug an das langsame Vorgehen des Einzelschützen. So kam es nur zur taktischen Verwendung der neuen Waffe mit allen sich daraus ergebenden Folgen für das Bild von einem künftigen Krieg. Noch immer war ihr Denken vom Stellungskrieg mit seinen Materialschlachten beherrscht und sollte es mit einigen Abänderungen im Zweiten Weltkrieg auch bleiben. Auf Gedanken des britischen Generalmajors J. C. FULLER und des Hauptmanns B. H. LIDDELL HART fußend, entwickelten jedoch in Deutschland General GUDERIAN und in Österreich General EIMANNSBERGER jene Konzeptionen vom Einsatz der Kampfpanzer, die zu den deutschen Siegen der ersten Jahre des Zweiten Weltkrieges führen sollten.

LIDDELL HART hatte von einem Koppeln von Kampfpanzern und taktischen Luftstreitkräften, also vom Kampf der Landheere gesprochen. Dem stand die Kriegstheorie des italienischen Generals DOUHET entgegen, der allein durch den Einsatz operativer Luftstreitkräfte, ganzer Luftflotten, einen neuen Krieg entscheiden zu können glaubte. Sie sollten mit Sprengbomben sowie Absprühen und Abwerfen von Kampfstoffbomben auf das gesamte feindliche Hinterland, vornehmlich auf die Städte, den Feind so schnell zum Aufgeben zwingen, daß das Heer das feindliche Gebiet nur noch zu besetzen brauchte. Diese Ansicht hat sich als Irrtum erwiesen. Sie verhinderte dazu noch bei den Westmächten den Aufbau starker taktischer Luftwaffenverbände. Aber sie beherrschte z.T. dennoch die Einsatzgrundsätze der britischen und amerikanischen Luftwaffe im Zweiten Weltkrieg.

Das Auftreten der Luftwaffe hatte auch für die Seekriegsführung einschneidende Folgen. Das Flugzeug war zu einem sehr gefährlichen Gegner der Kriegsschiffe geworden. Für sie mußten daher Bordabwehrwaffen entwickelt werden. Schließlich kam es auch zum Bau der ersten Flugzeugträger, die zunächst Aufklärungsflugzeuge, dann aber auch Bomben-, Torpedo- und Jagdflugzeuge mit sich führten.

Im Hinblick auf die Aufbringung der Streitkräfte waren fast alle Staaten beim System der allgemeinen Wehrpflicht geblieben. Selbst die Sowjetunion rückte nach einem mißglückten Versuch, nur milizartige Streitkräfte zu unterhalten, bald wieder davon ab und kehrte zur Wehrpflicht zurück. Deutschland und Österreich durften nur eine langdienende Berufsarmee ohne Luftstreitkräfte und schwere Waffen von 100000 bzw. 30000 Mann unterhalten. Aber beide nutzten diese Möglichkeiten in hervorragender Weise. Generaloberst VON SEECKT formulierte am klarsten die Aufgabe der Reichswehr und des Bundesheeres. Sie mußten »Führerheere« werden, d.h., daß jeder Soldat die Funktionen der nächsthöheren Dienststellung zu erfüllen hatte. Nur so war der rasche Aufbau der neuen Armeen in den dreißiger Jahren möglich. Darüber hinaus sorgten Ausbildungsverträge mit der Roten Armee für die Ausbildung von Panzerfahrern und Flugzeugpiloten. Damit besaß die Deutsche Wehrmacht zu Anfang des Zweiten Weltkrieges ein realistischeres Kriegsbild als die anderen Staaten, allerdings nur auf taktischer und operativer Ebene. Statt des erhofften Friedens zeichneten sich immer rascher neue kriegerische Verwicklungen ab, zu denen einerseits der Wille Deutschlands zum Bruch des Vertrages von Versailles, andererseits aber auch die neuen Staaten beitrugen, die angeblich nach dem von WILSON in seinem 14-Punkte-Programm – das Rudolf Steiner in seinen zeitgeschichtlichen Betrachtungen so scharf geißelte – verkündeten Selbstbestimmungsrecht der Völker gegründet worden waren, jedoch ausnahmslos Mehrvölkerstaaten darstellten, in denen dazu noch ein starkes deutsches Element bestand. In einer Zeit des noch immer andauernden Nationalismus mußte das neuen außenpolitischen Sprengstoff abgeben.

Doch bevor wir an diese geschichtlichen Ereignisse herantreten, ist kurz auf die Haltung der Menschen dem Krieg gegenüber einzugehen. Er hatte insgesamt rund 8 Millionen Tote und 20 Millionen Verwundete gefordert. Die Kriegsziele aber waren nirgends ganz erreicht worden. Dieses gewaltige Geschehen mußte erst einmal verkraftet werden. Dabei hatten die Beteiligten den Krieg in seiner Wirklichkeit recht unterschiedlich erlebt. Die Hauptlast des Kampfes trugen auf allen Seiten die Frontsoldaten in den Gräben, vom einfachen Mann bis zum Bataillonskommandeur. Man fühlte sich als »armes Schwein« oder »Frontschwein« und betrachtete auch den feindlichen Soldaten, der einem im Schützengraben gegenüberlag, so. Diese Einstellung führte nach dem Ersten Weltkrieg zu einer gewissen Solidarität der Frontkämpferverbände aller Nationen, und auch im Zweiten Weltkrieg blieb dieses Mitleid »dem armen Schwein da drüben« gegenüber erhalten, wenn es nicht durch plötzliche Ausbrüche von Haß und Brutalität, besonders im Osten, gestört wurde. Hinter der Front, in der sog. Etappe, kam es aber bei immer längerer Kriegsdauer auf allen Seiten zu jenem von den Frontsoldaten so verachteten und doch heimlich beneideten Etappenleben. Dabei ist zu bedenken, daß die Masse der Heere in der Versorgung tätig war. Im Ersten Weltkrieg brauchte man zur Versorgung eines einzigen Frontsoldaten 3 bis 5 Männer aus der Etappe und im Zweiten Weltkrieg sogar 5 bis 10. Die Zahl der eigentlichen Kämpfer ging also mit der steigenden Technisierung ständig zurück. Dennoch waren soldatische Haltung, Kampf- und Durchhaltewillen an der Front stets stärker als in der Etappe. In der Heimat dagegen erlebte man bei härtester Arbeit und bei den Mittelmächten unter fortdauerndem Hunger den Krieg in der ständigen Sorge um die Männer an der Front. Im Zweiten Weltkrieg sollte die Heimatfront, wie sie genannt wurde, dazu noch den fürchterlichen Bombenangriffen ausgesetzt sein, die die Etappe in dieser Form nie erlebte. Hier setzte sich zuerst der Gedanke von der Sinnlosigkeit des Krieges durch, weil man den Feind, der ständig das eigene Leben bedrohte, gar nicht vor Augen hatte.

Noch einmal müssen wir auf den Schluß des Kriegsgeschehens im Ersten Weltkrieg zurückkommen. Obwohl es der Deutschen Obersten Heeresleitung bei ihren letzten Offensiven von März bis Juli 1918 in mehreren Fällen gelungen war, die Stellungen der Alliierten zu durchstoßen, konnte eine kriegsentscheidende Wende nicht mehr herbeigeführt werden. Überall fehlte es an Kräften und Material, vor allem aber an rasch beweglichen Verbänden, um die Operationsfreiheit zu gewinnen. Auch darf nicht übersehen werden, daß die Westmächte in der Zwischenzeit einen beträchtlichen Vorsprung auf dem Gebiet der Kriegstechnik und der Produktion errungen hatten, der sich besonders in den hohen Panzer-, Flugzeug-, Geschütz- und Lastwagenzahlen ausdrückte. Unter Marschall FOCH (1851–1929) gingen die Alliierten im Juli 1918 zur Gegenoffensive über. Mit dem alliierten Panzerangriff vom

Freitag den 8. August 1918, dem »schwarzen Freitag des deutschen Heeres«, wie es LUDENDORFF ausdrückte, wurde die Wende zugunsten der Alliierten eingeleitet. Das deutsche Heer ging in weiterer Folge über die Siegfriedstellung hinaus zurück. Wer aber nicht unmittelbar von diesem Angriff betroffen war und nur einfach auf Befehl auswich, konnte sich nach wie vor für unbesiegt halten. Doch am 14. August 1918 erklärte die Oberste Heeresleitung, die allein den Gesamtüberblick besaß, die Fortführung des Krieges für aussichtslos. Im September 1918 verlangte sie nach dem Zusammenbruch Bulgariens ein sofortiges Friedensangebot durch die deutsche Regierung. Anfang Oktober erging ein solches an den amerikanischen Präsidenten WILSON (1856–1924). Am 29. Oktober meuterten Teile der deutschen Hochseeflotte, die zum Flankenschutz der aus Flandern zurückgehenden Heeresteile eingesetzt werden sollten. Hier hatte sich der Gedanke von der Sinnlosigkeit des Opfers am schnellsten breitgemacht, da die Flotte keine größere Feindberührung mehr gehabt hatte. Nachdem sich Tschechen, Südslawen und Ungarn für selbständig erklärt hatten und die österreich-ungarische Südwestfront Ende Oktober 1918 zusammengebrochen war, sah sich Österreich-Ungarn gezwungen, einen Waffenstillstand abzuschließen. Er trat am 3. November 1918 in Kraft. Sechs Tage später, am 9. November, brach in Berlin die Revolution aus. Zwei Tage danach unterzeichnete das Deutsche Reich einen Waffenstillstand, nachdem der Kaiser abgedankt und einen Tag zuvor ins holländische Exil gegangen war. Der Krieg war zu Ende.

Die geschilderten Umstände über die unterschiedliche Haltung von Front, Etappe und Heimat dem Kriegsgeschehen gegenüber sowie der Ausbruch der Revolution führten in Deutschland zur »Dolchstoßlegende«. Das Wort vom Dolchstoß 1918 in den Rücken des Heeres geht keineswegs auf einen Vertreter der deutschen Rechten zurück. Es beruht auf einem Bericht des Londoner Korrespondenten der »Neuen Züricher Zeitung« im 2. Morgenblatt vom 17. Dezember 1918, der den General MAURICE nach der »Daily News« wie folgt zitierte: »Was die deutsche Armee betrifft, so kann die allgemeine Ansicht [d. h. die öffentliche Meinung in Großbritannien] in das Wort zusammengefaßt werden: sie wurde von der Zivilbevölkerung von hinten erdolcht.«[234] Selbst bei den damaligen Feinden des Deutschen Reiches war man sich demnach nicht sicher, ob das kaiserliche deutsche Heer tatsächlich militärisch besiegt worden war. Wen wundert es, daß von einem sehr großen Teil des deutschen Volkes die militärische Niederlage Deutschlands nach dem Krieg nicht einfach hingenommen wurde, obwohl doch die Oberste Heeresleitung nach dem »schwarzen Freitag« die Regierung hatte ersuchen müssen, um Waffenstillstand zu bitten. Diese Anschauung gab dem noch immer weithin verbreiteten Nationalismus in Deutschland weiterhin einen starken Auftrieb.

Wie sehr dieser Nationalismus bei allen kriegsführenden Mächten des Ersten Weltkrieges verbreitet war, soll ein englisches Gedicht zeigen. Der 1915 auf Lemnos gefallene junge britische Dichter RUPERT BROOKE schrieb:

Der Soldat

Sollte ich sterben, denkt nur dies von mir:
Daß da ein Winkel ist auf fremdem Feld,
Der England ist für immer. Es wird hier
Der reichen Erde reicherer Staub gesellt.

Ein Staub, den England formte, trug, erzog,
Dem England Blumen gab und Wanderzeit,
Ein Stück von ihm, das Englands Lüfte sog,
Von seinen Wassern, seinem Licht geweiht.

Und denkt, dies Herz, das mit erlöstem Schlag
Im Ewigen schlägt, erwidert noch und wahrt,
Was ihm von England kam: Gedank' und Stimme,

Und Traum, der glücklich ist wie Englands Tag,
Lachen, das Freunde lehrten, sanfte Art
Friedlicher Herzen unter Englands Himmel.

(Übersetzung von B. v. Heiseler)

Im gleichen nationalen Rausch und Hochgefühl stürmten angeblich deutsche Kriegsfreiwillige bei Langemarck die englischen Gräben mit dem Deutschlandlied auf den Lippen. Diese Haltung dem Nationalen gegenüber, die etwas lockerer auch den Zweiten Weltkrieg prägte, hat sich inzwischen allein in Deutschland geändert. Das Nationale als höchster ethischer Wert ist inzwischen anderen gewichen und wird bei einem Teil der heutigen deutschen Jugend sehr zu Unrecht nicht einmal mehr als Wert angesehen. Die übrigen Völker haben dagegen das Nationale als selbstverständlichen Wert beibehalten, selbst wenn sie ihm, wie im Osten, den Begriff Patriotismus beilegten, der aber nur allzu leicht in Chauvinismus umschlagen kann. Der Versuch, dem Nationalen das Internationale entgegenzustellen, ist bereits im vorigen Jahrhundert und zu Anfang des Ersten Weltkrieges gescheitert. Nach dem Ersten Weltkrieg und auch später haben die westlichen Sozialisten zwar die Internationale angestrebt, sie jedoch immer dann aufgegeben, wenn es sich um die Interessen des eigenen Volkes handelte. Der kommunistische Internationalismus des Ostens dagegen dient heute der Stärkung der Machtstellung Sowjetrußlands.

Mit dem Gedicht RUPERT BROOKES wurde ein Beispiel aus der Literatur gegeben, und es ist an der Zeit, nun in ein paar wenigen Worten die in Prosa und Poesie manifestierte Wandlung der Einstellung der Menschen zum Krieg zu schildern. Wir haben gehört, daß das erste deutsche Soldatenlied aus dem Hochmittelalter ein Michaelslied war, das noch ganz die religiöse Bindung des Kriegsgeschehens dokumentiert. Die Landsknechtslieder dagegen schildern uns, soweit es echte Lieder aus der damaligen Zeit sind, zumeist bereits das persönliche Erleben sowie die Ziele des egoistischen Beutemachens. Nur in den Liedern gegen die Türken klingt noch etwas von der alten Kreuzzugsstimmung an. Bei FRIEDRICH SCHILLER lesen wir ganz aus dem Zeitgeist die verschiedensten Auffassungen über Krieg, Soldatenleben und Vaterland. Neben der Aussage im »Wilhelm Tell« I / 2:

> Ein furchtbar wütend Schrecknis ist
> Der Krieg, die Herde schlägt er und den Hirten,

steht in der »Braut von Messina« am Schluß des 4. Aktes:

> Das Leben ist der Güter höchstes nicht,
> Der Übel größtes aber ist die Schuld.

Und im »Wilhelm Tell« II / 1:

> Ans Vaterland, ans teure, schließ dich an,
> Das halte fest mit deinem ganzen Herzen.
> Hier sind die starken Wurzeln deiner Kraft.

Das Soldatenleben aber preist SCHILLER im »Wallenstein« mit dem Lied:

> Wohl auf, Kameraden, aufs Pferd, aufs Pferd!
> In das Feld, in die Freiheit gezogen.
> Im Felde, da ist der Mann noch was wert,
> Da wird das Herz noch gewogen.

Besonders reich sind die Freiheitskriege an dichterischen Aussagen über den Krieg, wenn sie etwa mit ERNST MORITZ ARNDT fordern:

> Der Gott, der Eisen wachsen ließ, der wollte keine Knechte...,

oder fragen: »Was ist des Deutschen Vaterland?« oder mit THEODOR KÖR-
NER das furchtbare Erlebnis der Schlacht und die Anrufung Gottes zum
Beistand schildern: »Vater, ich rufe dich!«

Diesen Beispielen können beliebig viele hinzugefügt werden, bis hin zu
den primitiven und sentimentalen Soldatenliedern, die noch bis in den Zweiten Weltkrieg hinein gesungen wurden, wie etwa: »Bei Sedan, wohl auf den
Höhen...«

Das furchtbare Erlebnis des Ersten Weltkrieges brachte auch hier einen
Umbruch. Zwar vertrat noch immer ein großer Teil des deutschen Volkes
den Standpunkt, den FRIEDRICH KARL FREIHERR VOM UND ZUM STEIN am
1. November 1812 in einem Brief an den Grafen MÜNSTER formuliert hatte:
»Ich habe nur ein Vaterland, das heißt Deutschland...«, aber ein anderer
Teil stellte sich hinter die Äußerungen des Parteiführers der Unabhängigen
Sozialdemokratischen Partei Deutschlands, ARTUR CRISPIEN, der am 8. Ja-
nuar 1922 auf dem Parteitag in Leipzig gesagt hatte: »Unser Ruf geht an die
Proletarier der ganzen Welt. Die Aufgabe unserer Partei in Deutschland
wird sein, das Proletariat zur Verhinderung der Waffen- und Munitionsher-
stellung zu veranlassen. Wir kennen kein Vaterland, das Deutschland heißt.
Unser Vaterland ist die Erde, das Proletariat.«[235] Interessant ist dabei, daß
der linke Flügel dieser Partei sich anschließend der Kommunistischen Partei
Deutschlands und der rechte, zu dem auch CRISPIEN gehörte, der Sozialdemokratischen Partei anschloß. Das Wort über die deutschen Sozialdemokraten als »vaterlandslose Gesellen«, das zu einem Schlagwort wurde, findet hier z. T. seinen Ursprung, obwohl es der Mehrheit der Sozialdemokraten
gegenüber, besonders aber gegenüber einem Mann wie FRIEDRICH EBERT,
eine üble Verleumdung darstellte.

Ganz in diesem Zwiespalt der Gefühle stand nun, nach der sachlichen
Schilderung der heroisierenden Verklärung früherer Kriege, in der Literatur
das neue Kriegsbuch über den Ersten Weltkrieg. Auch hier können nur wenige Namen genannt werden. Auf der einen Seite WALTER FLEX (1887–1917)
mit seinem »Wanderer zwischen beiden Welten«, der idealistisch und gläubig
die Kriegskameradschaft schilderte, was dann vor allem in der Jugendbewe-
gung ein breites Echo fand. Die Expressionisten dagegen riefen ihren Protest
gegen die europäische Kulturkatastrophe mit ekstatischem Pathos in die Welt
hinaus. Daneben aber die mehr sachlichen Kriegsbücher, wobei zum ersten
Mal in der Geschichte der Literatur der Krieg um des Menschlichen und
Sozialen willen abgelehnt wurde. Eine andere Reihe der Kriegsbücher bejahte
den Krieg als inneres Erlebnis, gab ihm einen nationalen oder existentiellen
Sinn oder erkannte ihn als Gemeinschaftserlebnis in einer geschichtlich ge-
setzmäßigen Kulturwende schicksalhaft an. Zu ersteren gehörte vor allem

ERICH MARIA REMARQUES »Im Westen nichts Neues« (1928), zu letzteren vor allem ERNST JÜNGERS 1919 in Tagebuchform erschienener Bericht »In Stahlgewittern«. Die literarische Auseinandersetzung über den Krieg konnte nicht beendet werden, weil sie 1933 gewaltsam und mit eindeutig politischer Entscheidung beendet wurde. »Der Protest gegen den Krieg konnte nicht das Bewußtsein des Volkes in wenigen Jahren durchdrungen haben.«[236]

Die literarische Entwicklung in Frankreich vollzog sich ähnlich wie in Deutschland. Nach dem »Gaspard« von RENÉ BENJAMIN, dem Pariser Gassenjungen von 1914 als Soldat, der alles nur für einen besseren Witz hielt und es so auf die leichte Schulter nahm, zeichnete der der Linken angehörende HENRI BARBUSSE ein finsteres und blutiges Gemälde vom Leiden in den Schützengräben in seinem berühmten Roman »Le Feu«. Doch ist dieses Buch weniger ein Roman als vielmehr eine leidenschaftliche These gegen den Krieg. Doch die meisten französischen Schriftsteller, unter ihnen GEORGES DUHAMEL, priesen weiterhin die Vaterlandsliebe, ohne daneben die Schrecken des Krieges zu verschweigen. Die englische Kriegsliteratur brachte keinen das Kriegserleben in den Mittelpunkt stellenden Kriegsroman von größerer künstlerischer Geltung hervor. Man versuchte, den Krieg eher als ein psychologisches Problem oder als Verlebendigung des Unpersönlichen, als Maschine des Leerlaufs darzustellen. Dennoch wurde in einem einzigen Drama das Heldentum ohne alle romantische Verbrämung gepriesen. Es war ROBERT SHERIFFS »Journey's End«. Aus all dem ist zu entnehmen, daß in bezeichnender Weise vor allem die deutsche Kriegsliteratur einen Umbruch bezeugte, der in seinen besten und zeitlosen Teilen nicht vom politischen Augenblick, sondern vom menschlichen Schicksal und vom sozialen Erlebnis ausging. Das war noch nie vorher geschehen. In Rußland überwog trotz SOLSCHENIZYNS »August 1914« für lange Zeit die Literatur über den Bürgerkrieg. Nach dem Zweiten Weltkrieg bestimmte die Verherrlichung der Kriegstaten den Tenor der Literatur. Eine erste kritische Stimme dagegen ist bei BONDARJOW zu vernehmen.

Doch kehren wir wieder zu den eigentlichen Ereignissen zurück. Nicht zuletzt durch das politische Selbstbestimmungrecht der Völker verstärkte sich das Nationalgefühl und ließ andererseits das Problem der nationalen Minderheiten in den neu geschaffenen Staaten meist ungelöst. Frankreich war nun bestrebt, durch Konferenzen die neue Ordnung zu wahren und durch Bündnisse zu festigen. Da es Sowjetrußland als Bündnispartner verlor, schloß es neue Verträge mit Polen, der Tschechoslowakei und Rumänien. Daneben bestand nach dem Rückzug Englands von seinem Beistandsversprechen im Jahr 1919 eine belgisch-französische Militärkonvention. Darüber hinaus entstand aus Furcht vor einer Revisionspolitik Ungarns und einer

Restauration der Habsburger die sog. kleine Entente. Sie bezog in Einzelverträgen die Tschechoslowakei, Jugoslawien, Rumänien und Polen ein. Auch aufgrund der Vorschläge des amerikanischen Präsidenten WILSON wurde am 28. April 1919 die Satzung des neu gegründeten Völkerbundes durch die Vollversammlung der Versailler Friedenskonferenz angenommen. Der Völkerbund als Weltorganisation der freien Völker sollte der Sicherung des Friedens und der Förderung der internationalen Zusammenarbeit durch Beschränkung der traditionellen einzelstaatlichen Gewaltpolitik und Geheimdiplomatie dienen, an deren Stelle die kollektive Gewaltanwendung aller Staaten gegen eine Angreifernation und die freie Diskussion der Staatsmänner vor der Weltöffentlichkeit treten sollte. Einer der grundlegenden Fehler des Völkerbundes war es, daß das neu geschaffene politische System, das wegen des Prinzips der Einstimmigkeit kaum auf friedliche Weise verändert werden konnte, durch die Koppelung an die Pariser Verträge sich selbst zementierte. Ähnlich wie den Vereinten Nationen gelang es dem Völkerbund fast immer, bei Streitigkeiten der kleinen Mächte erfolgreich einzugreifen; bei Verletzung der Vertragsbestimmungen durch Großmächte, wie etwa durch Japan beim Einfall in die Mandschurei 1931 oder beim Überfall Italiens auf Abessinien 1935, versagte er ebenso wie beim Widerstand gegen die Expansionspolitik der nationalsozialistischen deutschen Regierung. Ein weiterer Mangel bestand darin, daß die USA nicht Mitglied des Völkerbundes waren. Als wichtiger für die spätere Zeit erwies sich dagegen der Brian-Kellogg-Pakt, in dem zum ersten Mal in der Geschichte der Menschheit der Krieg als Mittel zur Lösung zwischenstaatlicher Streitigkeiten 1928 geächtet wurde. Auch Deutschland unterzeichnete diesen Pakt.

Obwohl weder die USA noch die Sowjetunion zunächst Mitglieder des Völkerbundes waren, wurden bereits in der Nachkriegspolitik der Jahre 1919 bis 1939 doch diese beiden Staaten zu den ausschlaggebenden Faktoren. Eine egoistische und durch nationale Interessen bestimmte Politik sowie die Rivalität unter den Staaten beschleunigten den machtpolitischen Zerfall Europas. Das kommt um so schärfer zum Ausdruck, als China sich durch die Revolutionsbewegungen, die bereits kurz geschildert wurden, bereits auf dem Weg zur Großmachtstellung befand und die anderen asiatischen Kolonialvölker sich in einen Emanzipationsprozeß begaben, der durch eine intellektuelle Oberschicht beschleunigt wurde. Sie stützte sich dabei sowohl auf den Nationalismus als auch auf die Organisation der Komintern (Kommunistische Internationale), in der sich die Idee von der Weltrevolution manifestierte.

Von der totalen Abrüstung Deutschlands und Österreichs aufgrund der Friedensverträge wurde bereits gesprochen. Die Folge war, daß sich die beiden mitteleuropäischen Staaten ständigen Pressionen durch die neu gegründeten Nachbarstaaten, aber auch durch die alten europäischen Großmächte ausgesetzt sahen. Die Abrüstung führte keineswegs zu Frieden und Entspannung, sondern gerade zum Gegenteil, denn die anderen Mächte hielten ihr Abrüstungsversprechen, das sie in den Friedensverträgen gegeben hatten, nicht ein und forderten, wie etwa Frankreich in der ersten internationalen Abrüstungskonferenz von 1932, sogar neue Sicherheitsgarantien. Als die Reparationskommission 1923 feststellte, daß das Deutsche Reich seinen Holz- und Kohlelieferungen nicht nachgekommen war, fand Frankreich keine andere Lösung als den Einmarsch ins Ruhrgebiet. Die Belgier schlossen sich den Franzosen an, und Litauen besetzte das Memelland. Der von Reichskanzler CUNO ausgerufene passive Widerstand an der Ruhr forderte nur Blutopfer unter der Bevölkerung und blieb am Ende ohne Ergebnis. Er ist damit das erste warnende Beispiel für den Versuch eines passiven Widerstands gegen eine Militärmacht. Ein solcher Versuch muß um so sicherer scheitern, wenn sich diese Militärmacht nicht an westliche demokratische Spielregeln und die Menschenwürde und Menschenrechte gebunden fühlt. Unter Reichskanzler GUSTAV STRESEMANN wurde daher der passive Widerstand abgebrochen. Dagegen gelang es ihm durch beharrliche Verhandlungen, eine gewisse Entspannung der deutsch-französischen Beziehungen sowie 1925 die Räumung des Ruhrgebiets zu erreichen. Doch erst 1930 verließen die letzten alliierten Truppen, mit Ausnahme des Saargebietes, deutschen Boden.

Im Zusammenhang mit dem passiven Widerstand im Ruhrgebiet darf ein Blick nach Indien geworfen werden, wo MAHATMA GANDHI (1869–1948) 1919 nach dem Blutbad von Amritsar den politischen Kampf um Selbstbestimmung mit den Mitteln der altindischen »idealen Wahrheit«, Gewaltlosigkeit und Läuterung durch Nächstenliebe aufnahm. Seine Aktion des zivilen Ungehorsams führte gegen die sich an humanitäre und demokratische Verhaltensweisen gebundene britische Verwaltung 1931 im Delhi-Pakt schließlich zur Freilassung der politischen Gefangenen. Der Kampf wurde bis 1934 fortgesetzt. Die Erfolge GANDHIS sind aber nur dadurch zu erklären, daß er sich mit seinem Feldzug des zivilen Ungehorsams gegen eine demokratische und nicht gegen eine totalitäre Macht wandte, welch letztere sich nicht scheuen würde, ihre Ziele mit Gewalt und mit nicht mehr hinnehmbaren Opfern bei der Zivilbevölkerung durchzusetzen. Die Aufstände in Berlin 1953, in Ungarn 1956 und in der Tschechoslowakei 1968 haben dies klar bewiesen.

Die Weimarer Republik trat das Erbe des feudalen Fürstenstaates an. Sie stützte sich vor allem auf die gemäßigt sozialistische Mehrheit der Arbeiterschaft, ein liberal-demokratisches Bürgertum und auf einen überwiegenden Teil der katholischen Bevölkerung. In den ersten Jahren hatte sie schwere

Kämpfe im Innern gegen Aufstände von links und rechts durchzustehen. Ihre äußeren Schwierigkeiten beruhten immer noch auf den Forderungen des Versailler Vertrags und der Feindschaft gegen alles Deutsche in Europa. Erst 1923 endeten die gewaltsamen Umsturzversuche. Damit war der Bestand der deutschen Republik gesichert, und zwar nicht zuletzt dank der Reichswehr, die sich als staatserhaltende Kraft erwies. Auch diese Bedeutung der Armee war für Deutschland neu, für das alte kaiserliche Österreich und Ungarn seit 1848 bis 1918 eine Selbstverständlichkeit.

Nach dem Ersten Weltkrieg hatte es zunächst den Anschein, als habe der demokratische Gedanke auf der ganzen Linie gesiegt. Aber viele Völker hatten sich auch daran gewöhnt, daß eine starke Exekutive die durch den Krieg bedingten wirtschaftlichen und politischen Probleme, notfalls mit Gewalt, am schnellsten lösen kann. Daneben kam es zu einer Krise der Demokratie durch soziale Veränderungen aufgrund der Anerkennung der politischen Gleichberechtigung der Massen, durch psychologische und soziologische Auswirkungen des Krieges aufgrund des Glaubens an die Macht, durch Umschichtung des Bürgertums und die Entwurzelung weiter Bevölkerungsschichten, durch die Enttäuschung über die Friedensschlüsse, die Zerrüttung der Weltwirtschaft und der Währungen, durch innerstaatliche Machtkämpfe des herrschenden Staatsvolkes gegen die Minderheiten in den neuen Vielvölkerstaaten und durch die Einführung des Verhältniswahlrechts, das zu Splitterparteien führte und klare parlamentarische Mehrheiten verhinderte.

Auf dem Boden der modernen Massendemokratie wurden in Italien, Bulgarien, Spanien, in der Türkei, in Albanien, Polen, Portugal, Litauen, Jugoslawien, Rumänien, Estland, Lettland, Griechenland und schließlich auch in Österreich und Deutschland Diktaturen gegründet. Die Massen wurden durch die Berufung auf die große Vergangenheit, durch Programme, die die widersprüchlichsten Elemente in sich vereinigten, und durch eine geschickt gelenkte Propaganda gewonnen. Ausschaltung der Opposition, Scheinwahlen, Aufgabe des Rechtsstaates zum scheinbaren Wohl des Volkes, Mißachtung des Individuums und brutale Unterdrückung jeglichen Widerstands gehörten zu den Kennzeichen der Diktaturen. Im Deutschen Reich und in Österreich war eines der wirkungsvollsten Argumente, durch das die Massen angelockt wurden, wie bereits gesagt, die Revision der Verträge von Versailles und St.-Germain.

Kampf der Ideologien im Zweiten Weltkrieg

Auf dem Boden dieser in weiten Teilen Europas herrschenden Tendenz kam ADOLF HITLER (1889–1945) im Deutschen Reich am 30. Januar 1933 an die Macht. Seine politischen Ideen gründeten in der Ideenwelt des 19. Jahrhunderts, besonders auf der materialistischen Weltanschauung ERNST HAECKELS (1834–1919), dem sog. Darwinismus, der ja auch KARL MARX (1818–1883), ähnlich wie der Idealist HEGEL, wesentlich beeinfluß hat. Während aber KARL MARX die Geschichte als einen ununterbrochenen Klassenkampf auffaßte, sah HITLER sie als Rassenkampf. Dabei stützte er sich auf den französischen Grafen GOBINEAU (1816–1862) und den Engländer HOUSTON STEWART CHAMBERLAIN (1855–1927), die im Rassenkampf die treibenden Kräfte der Gesellschaft erblickt hatten. Hier machten sich atavistische Kräfte spürbar. Ebenso stark wirkten auf ihn die Gedanken der Anfangsjahre des 19. Jahrhunderts von der Einigung aller Menschen deutscher Sprache in einem großdeutschen Reich und eng damit verknüpft die Vorstellungen KARL HAUSHOFERS (1869–1946) von den Deutschen als einem »Volk ohne Raum«.

Ähnlich wie im Nationalsozialismus in Deutschland, bei dem der »Einzelne nichts, das Volk alles« war, trat auch in dem in der Sowjetunion seit 1917 zur Macht gekommenen materialistischen Marxismus-Leninismus das Individuum ganz zurück. Es handelt ohne freien Willen, triebhaft und milieubedingt, wobei die ökonomischen Verhältnisse und die Klassenkampflage die Hauptrolle spielten. LENIN (1870–1924) nannte die Freiheit des Einzelnen sogar ein »bürgerliches Vorurteil«. Er forderte die Diktatur des Proletariats und wurde mit seiner Lehre von der Partei-Elite, ohne es zu wollen, von entscheidender Bedeutung für die Entstehung des Faschismus und Nationalsozialismus. Sein Nachfolger STALIN (1879–1953) verwandelte dann die Diktatur des Proletariats in eine Diktatur seiner eigenen Person. Wie LENIN strebte er die Weltrevolution an. Im Klassenkampf anstelle des Rassenkampfs lag der wichtigste Gegensatz zu HITLER. Nicht der Frieden war also in beiden Ideologien das ausschlaggebende Moment, sondern der Kampf. Nach dieser Devise verlief auch ihre Politik.

Ganz anders waren die Verhältnisse bei den westlichen Demokratien, die sich staatsphilosophisch auf die Gedanken des Grafen MONTESQUIEU stützten. Ihr auf den Wert des Einzelnen bezogenes Programm kann am besten mit der Forderung nach den vier Freiheiten beschrieben werden, die der amerikanische Präsident FRANKLIN DELANO ROOSEVELT (1882–1945) im Januar 1941 verkündete: Freiheit der Rede und Meinung sowie des Glaubens und

Freiheit von Not und Furcht. Daneben hatte dieses Programm einen puritanisch-christlichen Anstrich und einen kämpferischen, gegen Deutschland gerichteten Tenor, der schließlich in die Parole vom Kreuzzug gegen Deutschland einmündete, so wie Deutschland den Kreuzzug gegen den Bolschewismus verkündet hatte. Schon diese Darstellung der weltanschaulichen Standpunkte der verschiedenen Mächte, die später den Krieg gegeneinander führten, zeigt, daß dabei nicht wie im Ersten Weltkrieg allein machtpolitische Interessen ausschlaggebend waren. Hier handelte es sich um fundamentale ideologische Gegensätze. Da aber im kommenden Zweiten Weltkrieg die Kriegsführung ausschließlich in den Händen der Politiker lag und die militärische Führung tatsächlich auf die operative Führung beschränkt blieb, artete der Krieg, je länger er dauerte, zu einem ideologischen Krieg mit all seinen Greueln und Grausamkeiten aus. Der religiöse Kreuzzug wurde zum profanen.

Die beiden Großmächte Frankreich und Großbritannien hatten die Wiedereinführung der Wehrpflicht 1935 in Deutschland, die Rheinlandbesetzung 1936, den Anschluß Österreichs 1938, die Besetzung des Sudetenlandes im gleichen Jahr, sogar den Einmarsch in die Tschechoslowakei im Frühjahr 1939 und die Rückgliederung des Memelgebiets kurz darauf tatenlos hingenommen. In Großbritannien verfolgte die Regierung von 1935 bis 1937 eine Politik des »appeasement« (Beschwichtigung). Durch Verhandlungen suchte sie den Krieg zu vermeiden, weil sie die Rüstungskosten scheute und maßvolle Revisionsforderungen Deutschlands einsah. Unter dem Außenminister ANTHONY EDEN kehrte man nach einer kurzen Zeit der Politik der »kollektiven Sicherheit« wieder zur Appeasement-Politik zurück, die erst 1938, nach dem Münchner Abkommen und der Besetzung der Rest-Tschechoslowakei durch HITLER, aufgegeben wurde. Im Jahr darauf entschlossen sich die Briten, die allgemeine Wehrpflicht einzuführen und die aggressive Außenpolitik des Deutschen Reiches durch Garantie-Erklärungen einzudämmen. Der Abschluß eines britisch-französisch-sowjetischen Beistandspaktes scheiterte an der deutsch-sowjetischen Annäherung.

Ähnlich verhielt man sich 1936 in Frankreich. Dort schlug der Kommunistenführer MAURICE THOREZ (1900–1964) zur Überwindung der faschistischen Gefahr vor, eine »Volksfront« aus der Sozialistischen Republikanischen Union, den Kommunisten und den Sozialisten zu bilden. Unter LÉON BLUM (1872–1950) wurde ein solches Volksfrontkabinett, allerdings unter Ausschluß der Kommunisten, Wirklichkeit. Diese Volksfrontregierung arbeitete den Plänen HITLERS geradezu in die Hand, als sie die Modernisierung des französischen Kriegsgeräts durch die Einführung der 40-Stunden-Woche verhinderte.

Volksfront und Appeasement-Politik der Engländer hatten sich von den ständig wiederholten Friedensbeteuerungen HITLERS in Sicherheit wiegen lassen. Dieses Nachgeben gegenüber den Forderungen HITLERS stärkte dessen aggressive Außenpolitik, so daß er schließlich auch auf Gebiete Anspruch erhob, in denen keine Deutschen wohnten. Hätten dagegen die beiden Westmächte schon bei der Rheinlandbesetzung militärisch eingegriffen, so wäre HITLER nichts anderes möglich gewesen als nachzugeben, da er zu jener Zeit sich auf keinen Fall in kriegerische Verwicklungen mit Frankreich und Großbritannien hätte einlassen können. Der Welt wären auf diese Weise Millionen und Abermillionen von Toten erspart geblieben. Diktatoren oder totalitären Staaten gegenüber ist die Politik der Friedenserhaltung fast um jeden Preis das schlechteste Mittel. Wahrscheinlich hätten damals, im Jahr 1936, schon militärische Demonstrationen der Großmächte ausgereicht, um HITLER in seine Schranken zu weisen.

Der dann unausweichliche Zweite Weltkrieg war militär- und machtpolitisch gesehen lediglich eine Fortsetzung des Ersten Weltkrieges. Doch durch das Hereinspielen ideologischer Momente, die dann das ganze Kriegsgeschehen beherrschen sollten, nahm der Krieg bis dahin unbekannte Dimensionen an. Er wurde nicht nur zwischen den kämpfenden Heeren, sondern auch gegen die Zivilbevölkerung ausgetragen. Entscheidend dabei war der ideologische Kampf zwischen dem nationalsozialistischen Deutschland und der marxistisch-leninistischen Sowjetunion. Die Auseinandersetzung Deutschlands mit den westlichen Demokratien hatte dagegen weniger einen ideologischen als einen machtpolitischen Akzent. Zur Eindämmung der bolschewistischen Gefahr und des sowjetischen Imperialismus hatten Deutschland und Japan 1936 den Antikominternpakt gegründet. Ihm schlossen sich Italien 1937 und Spanien im März 1939 an, obwohl letzteres dann später neutral blieb. Die Gründung dieses Paktes war HITLERS Antwort auf den 7. Kongreß der Komintern im Jahr 1935, auf dem die Bekämpfung des Faschismus durch die Kommunisten im Bund mit den Sozialdemokraten (»Volksfront«) und die Zusammenarbeit mit den bürgerlichen Parteien beschlossen worden war. Allerdings scheiterte diese Volksfrontpolitik aufgrund der erfolgreichen nationalsozialistischen Außenpolitik sowie der Tatsache, daß STALIN seine Gegner in den Moskauer Schauprozessen und durch andere Maßnahmen liquidieren ließ und im Spanischen Bürgerkrieg die kommunistisch-antifaschistische Regierung unterlag. STALIN hatte in der Zwischenzeit den Marxismus-Leninismus ergänzt. Seine für unser Thema wichtigsten Thesen waren die Pflege des russischen Patriotismus und die ideologische Rechtfertigung des Nationalismus. Durch den russischen Patriotismus sollte die Liebe zur Union der Sowjetrepubliken, der Heimat der Werktätigen, geweckt und erhalten und dadurch das sozialistische Vaterland gesichert und gestärkt werden. Die Sowjetunion wurde dabei zu einer Völkerfamilie unter der Führung des »großen russischen Brudervolkes«. Sie war gleichzeitig die Trägerin des Fortschritts, wie STALIN es ausdrückte. In seinen »Sprachbriefen«, die allerdings erst 1950 erschienen, rechtfertigte STALIN den Nationalismus ideologisch, indem er die Sprache zum Symbol der historischen Kontinuität des russischen Volkes und der schöpferischen Rolle des sozialistischen Sowjetstaates erklärte. Damit begründete er zugleich den Führungsanspruch der Sowjetunion über andere Völker. Obwohl diese Gedanken erst 1950 schriftlich fixiert wurden, beherrschten sie doch unausgesprochen STALINS Politik auch der vorhergehenden Zeit. Der internationale Anspruch des Bolschewismus wurde dabei trotz der Betonung des Nationalen aufrechterhalten, ja sogar besonders herausgestellt. Mitten im Krieg und in höchster Not appellierte dann STALIN an die Heimatliebe des russischen Volkes, die russische Geschichte und sogar an die Kirche. Letztere hatte sich in ihrer Organisation stets als russische Nationalkirche verstanden und gab sich daher ohne weiteres dazu her, durch ihre Popen die Waffen des atheistischen Staates segnen zu lassen. Mochte die Kirche dies vielleicht aus politischen Gründen und unter Zwang getan haben, so ist doch nicht zu leugnen, daß gerade dieser Appell STALINS besonders wirkungsvoll war. Noch immer erwies sich ein großer Teil der christlichen Bevölkerung Rußlands als zutiefst gläubig. Dies war ja auch der Grund, weshalb sie zu Anfang des Krieges 1941 die deutschen Truppen als Befreier begrüßt hatte und betend vor den Kreuzen ihrer Panzer niedergekniet war. Überall zeigte man den ersten, in die Ortschaften eindringenden deutschen Truppen die zu Waffenlagern, Pferdeställen oder Heustadeln umgewandelten Kirchen und jubelte wie befreit auf, als diese von der deutschen Truppe sofort wieder zum Gottesdienst freigegeben wurden.

Als sich die Lage zwischen Deutschland und Polen zuspitzte und Deutschland im Frühjahr 1939 den deutsch-polnischen Nichtangriffspakt kündigte, glaubte die Sowjetunion, nun sei der Augenblick gekommen, in dem sie ihre alten national-russischen Forderungen im Westen, d.h. in Polen und im Baltikum, durchsetzen könnte. Sie schloß daher am 23. August 1939 mit dem Großdeutschen Reich einen Nichtangriffspakt ab, in dessen geheimem Zusatzprotokoll die beiderseitigen Interessensphären in Osteuropa festgelegt wurden. Damit waren auch für Deutschland die Voraussetzungen für den Angriff auf Polen geschaffen. Als die Kämpfe der Deutschen Wehrmacht gegen die polnische Armee dann fast beendet waren, marschierte die Rote Armee am 17. September 1939 in Ostpolen ein und beanspruchte das ostpolnische Gebiet bis zum Bug für sich. Heute erklärt dagegen die Sowjetunion, sie wäre nur in Polen einmarschiert, um dem deutschen Vordringen nach

Osten Halt zu gebieten und wenigstens einen Rest des polnischen Volkes vor dem deutschen Zugriff zu schützen. Doch am 29. November 1939 hatte STALIN erklärt: »Nicht Deutschland hat Frankreich und England angegriffen, sondern Frankreich und England haben Deutschland angegriffen.« Und am 25. Dezember telegrafierte er seine zynische Formulierung über die »Freundschaft der Völker Deutschlands und der Sowjetunion, die durch Blut zementiert« worden sei. Auch als Frankreich niedergeworfen wurde, bat der damalige sowjetische Außenminister MOLOTOW den deutschen Botschafter zu sich, um ihm »die wärmsten Glückwünsche der sowjetischen Regierung für die glänzenden Erfolge der deutschen Streitkräfte« auszusprechen.[237]

Sicher waren einander die beiden Diktatoren HITLER und STALIN nicht zugetan. Beide rechneten fest mit einer künftigen kriegerischen Auseinandersetzung. HITLER wollte zuerst den Feind im Westen unterwerfen. Als ihm das mit England jedoch nicht gelang, wandte er sich 1941 gegen die Sowjetunion und befand sich damit in jenem Zweifrontenkrieg, den er nach eigenen Worten doch unbedingt hatte vermeiden wollen. STALIN dagegen wollte abwarten, bis Deutschland in einem, wie er vermutete, langen und blutigen Krieg gegen die Westmächte so stark geschwächt war, daß er erfolgreich eingreifen konnte. Auf mögliche Angriffsabsichten der Sowjetunion deutet u.a. die Rede STALINS vor den Absolventen der sowjetischen Militärakademien am 5.5.1941 hin, über die sowohl der deutsche Botschaftsrat Hilger als auch der britische Korrespondent in Moskau, Alexander Werth, nach dem Krieg nähere Einzelheiten mitteilten. »Einen ersten Aktenhinweis auf die Stalinrede bildet ein Schreiben des Chefs der Abteilung Fremde Heere Ost im Generalstab des Heeres über die ›voneinander unabhängig verfaßten Berichte‹ dreier kriegsgefangener sowjetischer Offiziere, die ›übereinstimmend‹ folgendes zum Ausdruck brachten: ›1.) Aufruf, sich zum Krieg gegen Deutschland bereitzuhalten. 2.) Ausführungen über Kriegsvorbereitungen der Roten Armee. 3.) Die Ära der Friedenspolitik der Sowjetunion ist vorüber. Ausdehnung der Sowjetunion mit Waffengewalt nach Westen ist nunmehr notwendig. Es lebe die aktive Angriffspolitik des Sowjetstaates! 4.) Der Kriegsbeginn steht in nicht allzu ferner Zeit bevor. 5.) Ausführungen über die großen Siegesaussichten der Sowjetunion im Krieg gegen Deutschland‹. Einer der drei Berichte enthält die bemerkenswerte Äußerung, daß der mit Deutschland bestehende Friedensvertrag ›nur eine Täuschung und ein Vorgang sei, hinter dem man offen arbeiten könne‹ ... Botschaftsrat Hilger berichtete in dem selben Sinne am 22.7.1943 über seine Unterredung mit Generalleutnant Masanov folgendes: ›Masanov zeigte sich über die Rede Stalins auf dem Bankett im Kreml am 5.5.1941 genau unterrichtet. Obwohl er selbst bei der Veranstaltung nicht anwesend war, zitierte er den Ausspruch Stalins über die

Notwendigkeit, sich auf einen Angriffskrieg vorzubereiten, fast wörtlich und brachte anschließend die eigene Überzeugung zum Ausdruck, daß Stalin den Krieg gegen Deutschland noch im Herbst 1941 entfesselt hätte‹.«[238] Für die Sowjetunion kam der deutsche Angriff also nicht so überraschend, wie es meistens hingestellt wird. Der Aufmarsch ihrer Truppen war im wesentlichen abgeschlossen. Darüber hinaus war STALIN mehrfach von den Engländern, denen es gelungen war, den deutschen Funkschlüssel zu knacken, über HITLERS Absichten unterrichtet worden.[239]

Jeder der beiden Diktatoren sah in dem anderen den ideologischen und machtpolitischen Todfeind, obwohl sie einander gegenseitig bewunderten.[240] Beide waren Diktatoren, und beide bevorzugten Gewaltmittel zur Lösung aller Probleme. In beiden Ländern war die Todesstrafe das übliche Mittel zur Beseitigung persönlicher oder politischer Feinde, und in beiden Ländern gab es Konzentrationslager mit allen ihren entsetzlichen Begleiterscheinungen. Rußland kannte darüber hinaus noch seit Jahrhunderten die Deportation unliebsamer Gegner nach Sibirien oder nach den nördlichen Gebieten am Eismeer, wo die dorthin Verbannten nur zu oft den Tod durch Zwangsarbeit, Unterernährung und Kälte erlitten. In Sowjetrußland forderte die Kollektivierung der Landwirtschaft nach CHURCHILLS Angaben etwa 10 Millionen Menschen.[241] Die große Säuberungsaktion in der Roten Armee forderte das Leben von etwa 60000 hohen Offizieren.[242] 12000 polnische Gefangene, meistens Offiziere und Reserveoffiziere, wurden bei Katyn im Gebiet von Smolensk ermordet. Ältere Bücher hatten die deutschen Truppen dieses Massenmordes bezichtigt, diese Behauptung läßt sich jedoch nicht aufrechterhalten.[243] Und mehr als zwei Millionen Menschen, darunter Frauen, Kinder und Greise, wurden von ROOSEVELT und CHURCHILL nach 1945 den Henkern der GPU ausgeliefert.[244] Mit welcher Unmenschlichkeit und Rücksichtslosigkeit STALIN gegen seine eigenen Soldaten vorging, zeigen die Aussagen über das Schicksal derjenigen, die in deutsche Kriegsgefangenschaft gerieten. »›Der Militäreid, der Artikel 58 des Strafgesetzbuches der RSFSR und sonstige Dienstvorschriften‹, so das Reglement für den inneren Dienst…, ließen keinen Zweifel daran, daß eine Gefangengabe… als ›Überlaufen zum Feind‹, ›Flucht ins Ausland‹, ›Verrat‹ und ›Desertion‹ in jedem Falle mit dem Tod bestraft werde. ›Gefangenschaft ist ein Verrat an der Heimat. Es gibt keine abscheulichere und betrügerischere Tat‹, so heißt es, ›den Verräter an der Heimat aber erwartet die höchste Strafe – die Erschießung‹. Aller Indoktrination und aller Strafandrohung zum Trotz waren es im Gesamtverlauf des Krieges jedoch bekanntlich rund 5,24 Millionen, in den ersten Kriegsmonaten bereits 3,8 Millionen sowjetische Soldaten, die den Kampf einstellten und sich von den Deutschen und Verbündeten gefangennehmen ließen – ein aus der Sicht der Sowjetmacht ungeheuerlicher Vorgang.«[245] Darin spiegelt sich die auf die Spitze getriebene Haltung im ideologischen Krieg wider, wenn auch der Gegner, das Deutsche Reich, solche Bestimmungen den eigenen Soldaten gegenüber nicht kannte, die das Pech hatten, in feindliche Gefangenschaft zu geraten. Dafür aber waren sich die Gegner darin einig, daß Feinde ihres Regimes, wenn sie nicht physisch vernichtet wurden, in Arbeits- oder Konzentrationslager gehörten. Hatte STALIN schon zur Zeit der großen Säuberung, der *tschistka* (1936–1938), 8 Millionen Menschen inhaftiert, von denen sich 5 bis 6 Millionen in den Straflagern Nordrußlands und Sibiriens befanden, so verdoppelte sich diese Zahl in den Jahren 1940 bis 1942. HITLER ließ seinerseits bei der »Endlösung der Judenfrage« 4 bis 6 Millionen europäische Juden und 70000 Kranke (bis August 1941) zur »Ausmerzung lebensunwerten Lebens« umbringen.[246] Nun sollen auf keinen Fall diese Schreckenszahlen vergleichend nebeneinandergestellt und gegeneinander aufgerechnet werden. Insgesamt betrugen die Menschenverluste in diesem Zweiten Weltkrieg 55 Millionen Tote, 35 Millionen Verwundete und 3 Millionen Vermißte. Unter den Toten befanden sich 20 bis 30 Millionen Zivilisten.[247]

Zum ersten Mal in der Geschichte des Krieges waren damit rund die Hälfte aller Umgekommenen Zivilisten. Der englische General FULLER hatte tatsächlich recht, wenn er sagte, seit dem 19. Jahrhundert sei das Kriegführen vom Schachbrett der Könige in das Schlachthaus des Volkes und auf die Ebene, so dürfen wir hinzusetzen, der profanen, ideologisch bedingten Kreuzzüge verlegt worden. Im Kampf um das vermeintlich Gute ist auf der Welt schon immer mehr Blut geflossen als zur Vernichtung des Bösen.

Während die Siegernationen nach dem Krieg mit Kriegsgerichten oder auch nationalen Gerichten die Schuldigen bei den Besiegten aburteilten, unterblieb dies bei den Siegernationen, so daß z.B. noch heute ein Teil der für die Verbrechen STALINS Verantwortlichen in hohen oder höchsten Stellen sitzt.[248] Bezeichnend ist aber auch die Haltung des Westens und der Neutralen der damaligen Zeit diesen furchtbaren Ereignissen gegenüber. Den Alliierten waren sowohl die Verbrechen STALINS als auch HITLERS vollauf bekannt. Sie empörten sich über diejenigen HITLERS und nutzten sie für ihre Propaganda aus, um dem gesamten deutschen Volk später eine Schuld anlasten zu können, verbündeten sich aber ohne Bedenken mit STALIN, der HITLER in nichts zurückstand, weil sie glaubten, nur so könnten sie den gefährlichsten Gegner besiegen und ihre alte Machtstellung behalten oder zurückerobern. Keiner der europäischen Mächte ist dies im übrigen gelungen; das Ende des Zweiten Weltkrieges war auch das Ende des britischen Weltreiches. Für die damals Neutralen sei nur das Beispiel der Schweiz und Schwedens herausgegriffen. So wehrte sich die Schweiz gegen die unbegrenzte Aufnahme deutscher Juden, die durch Flucht ihrem entsetzlichen Schicksal zu entgehen versuchten. Schweden dagegen lieferte ohne Bedenken deutsche Fahnenflüchtige aus, gestattete den Erztransport für die deutsche Kriegsindustrie durch sein Land und über seine Häfen, so lange das Deutsche Reich noch auf der Höhe seiner Macht war. Nach dem Waffenstillstand scheute es sich aber nicht, nach Schweden geflohene deutsche Soldaten und Zivilisten an die Sowjetunion auszuliefern.

Mit dieser Einbeziehung der Zivilbevölkerung in das Kriegsgeschehen kam ein neues Element in die Kriegsführung. Wenigstens z. T. gehört dazu auch der subversive oder Partisanenkrieg. Nichtkombattanten griffen besonders im Osten und auf dem Balkan in die Kämpfe ein. Nach dem damals noch geltenden Kriegsrecht mußten sie erschossen werden, wenn sie in die Hände des Gegners fielen. Überzogene Repressalien wie Massenexekutionen waren dagegen völkerrechtlich zweifelhaft. Nach dem Krieg sind viele deutsche Soldaten deshalb von den Siegern mit dem Tod bestraft worden. Es war ein Racheakt, denn selbst die Amerikaner ließen jeden erschießen, der als Nichtkombattant mit der Waffe angetroffen wurde. Bestraft wurde dafür aber kein amerikanischer Soldat. Wie kam es aber, daß ein Partisanenkrieg dieses Ausmaßes möglich war? Schon früher hatte es ähnliches gegeben, in Spanien zur Zeit NAPOLEONS, in Frankreich nach der Vernichtung des regulären französischen Heeres 1870 und in Belgien 1914. Aber niemals war es zu einer solchen Massenbewegung gekommen. Der Grund lag nicht allein im Haß auf die deutschen Besatzungstruppen, der sich im übrigen sehr in Grenzen hielt, auch nicht allein im Haß auf die den Truppen folgenden Nazi-, SS-Sicherheits- und Polizeiformationen. Es kam dazu, weil dieser Krieg schon im Frieden planmäßig und durch eine geheime feste Organisation für die Partisanenkriegführung vorbereitet worden war, die vom Generalstab geführt wurde. Sie stand unter Militärgesetzen. Wer sich ihr verweigerte, wurde erschossen. Im Grunde ist diese Art der Kriegführung nichts anderes als die konsequente Fortsetzung der LUDENDORFFschen Idee vom totalen Krieg. Damit wurde das für den Menschen tödliche intellektuelle Denken, eine Frucht des naturwissenschaftlichen Zeitalters und des Materialismus, bis zur letzten Konsequenz getrieben und führte zur Vernichtung ganzer Rassen und Klassen, je nach marxistischem Klassenkampf oder nationalsozialistischem Rassenkampf. Anfangs operierten die Partisanen ausschließlich überfallartig in kleineren Gruppen, die sich nur zum Kampf selbst rasch vereinigten und nach dem Überfall wieder in die Berge und Wälder verschwanden. Überall zeigte es sich, daß sie nur dort Erfolg hatten, wo sie die volle Unterstützung der Bevölkerung besaßen, in ihr » wie der Fisch im Wasser schwammen «, wie

MAO TSE-TUNG dies ausdrückte. Außerdem mußten ihnen alle Versorgungsgüter, meist aus der Luft, von regulären Truppen zugeführt werden. Immer
waren ihnen aber endgültige Erfolge erst sicher, wenn sie sich in der End-
phase ihres Kampfes mit den vordringenden regulären Truppen vereinigen
konnten. Ihr Erfolg hing also in jedem Fall von dem der Truppen ab. Eines
der Mittel zu ihrer Bekämpfung bestand weniger aus drakonischen Strafen
als vielmehr in einer gerechten Behandlung der Zivilbevölkerung ohne Terror, woran es oft mangelte, ein anderes im Aufbau von Jagdkommandos, die
sie auf die gleiche Weise bekämpften wie sie selbst die feindlichen Truppen.
In einem möglichen zukünftigen Krieg dürfte solchen Partisanenverbänden
eine noch wesentlich größere Bedeutung zukommen als im Zweiten Weltkrieg, vor allem dann, wenn in diesem Krieg ABC-Waffen eingesetzt werden
sollten. Es ist durchaus möglich, daß auch die Kampfweise der regulären
Truppen sich der ihren angleicht.

Eigentlich müßte man nach dem Gesagten annehmen, im Zweiten Weltkrieg
wäre auf beiden Seiten, wenn nicht mit großer Begeisterung, so doch mit
abgrundtiefem Haß gegeneinander gekämpft worden. Diese Annahme ist
falsch. Von Kriegsbegeisterung kann auf keiner Seite gesprochen werden. Im
Gegensatz zu 1914 zogen die Streitkräfte aller in den Krieg verwickelten
Staaten lediglich in den Krieg, weil sie glaubten, damit ihre Pflicht dem Volk
und dem Vaterland gegenüber zu erfüllen. Auch in Deutschland war dies nicht
anders. Wie sehr der deutsche Soldat aber vom Bewußtsein dieser Pflichter-
füllung durchdrungen war, zeigt allein die Tatsache, daß er beinahe der ganzen übrigen Welt sechs Jahre lang trotzte. Drakonische Strafandrohungen
allein hätten keineswegs ausgereicht, um ihn zu dieser Haltung zu zwingen.
So ist auch die Leistung der deutschen Soldaten im Zweiten Weltkrieg in der
militärischen Fachliteratur des Westens anerkannt worden. In bezug auf den
Haß zwischen den Gegnern kann, soweit es sich um Soldaten handelt, etwa
das gleiche gesagt werden wie für die Begeisterung: Von wenigen Ausnahmen
abgesehen, spielte der Haß für die Erhaltung oder Steigerung der Kampftüchtigkeit so gut wie keine Rolle. Das Wort vom »armen Schwein dort drüben«
galt auch für den Zweiten Weltkrieg. Leider gab es aber verhältnismäßig
zahlreiche Ausbrüche von Haß gegen einzelne Besatzungssoldaten oder Gefangene. Echter Haß traf dagegen fast überall die Vertreter des nationalsozialistischen Regimes und die Truppen der Waffen-SS. Daß sich im Siegestaumel
Ausschreitungen und Greueltaten der Zivilbevölkerung an Gefangenen oder
sich ergebenden deutschen Soldaten nicht vermeiden ließen, liegt an der Ver-
haltensweise von Massen, die stets anders reagieren als der einzelne.

Wenden wir uns nach dieser Betrachtung des neuen ideologischen Elements im Kriegsgeschehen kurz dem Verlauf des Krieges zu. Schon der Erste

Weltkrieg hatte klar gezeigt, daß die Wirtschaftskraft und die verfügbaren Rohstoffquellen der kriegsführenden Staaten von entscheidender Bedeutung sind. Vorausschauend waren durch den Vierjahresplan in Deutschland Schwerpunkte bei Kohle, Erz, Buna, Zellwolle, Kunststoffen und synthetischen Fetten geschaffen worden. Der Bedarf an Rohstoffen war 1939 für ein Jahr gesichert. Die Vorräte an Kautschuk reichten für 2 Monate, an Magnesium für 4 Monate, an Kupfer für 7 Monate, Aluminium für 12 Monate, Manganerz für 18 Monate und Kobalt für 30 Monate. Völlig abhängig war das Deutsche Reich anfangs von der gerade für die Luftwaffe sowie motorisierte und gepanzerte Verbände so nötigen Treibstoffeinfuhr. Durch Verträge mit den europäischen Erdölländern oder durch deren militärische Besetzung mußte hier Unabhängigkeit gesichert werden, oder die schnellen Verbände der Deutschen Wehrmacht blieben liegen. Auf allen diesen Gebieten sowie auf denen des Roheisens, Rohstahls, des Brotgetreides und der Futtergetreide war das Deutsche Reich von Anfang an hoffnungslos unterlegen. Bei den Lebensmitteln mußte von Kriegsbeginn an strenge Rationierung über die schlimmsten Engpässe hinweghelfen. Im Bereich der Kriegsindustrie konnte auf die Dauer eine noch so straffe Zusammenfassung und Umstellung auf die Kriegsproduktion die Unterlegenheit nicht ausgleichen. Merkwürdigerweise setzte HITLER erst 1940 einen Reichsminister für Bewaffnung und Munition ein, der alle Anstrengungen unter seiner Leitung zusammenfaßte. Großbritannien hatte das bereits mit Kriegsausbruch getan und zog vor allem seine führenden Wissenschaftler zu Forschungen auf dem Gebiet des Kriegswesens, im weitesten Sinne des Wortes, zusammen. Darüber hinaus mußten in Deutschland neue Quellen für die Finanzierung der Rüstung und des Krieges gefunden werden. Eine Kriegswirtschaftsverordnung deckte den plötzlich erhöhten Geldbedarf, dazu kamen sog. Mob-Kreditaktionen, Wehrmachtverpflichtungsscheine und drastische Einsparungen. Die Einnahmen des Reiches betrugen dadurch im ersten Kriegsjahr 61 Milliarden Reichsmark, die Ausgaben 63,5. Etwas mehr als 41 Milliarden davon erhielten die Streitkräfte.

Im Gegensatz zu den meisten in der Presse gemeldeten Angaben, zeigt auch ein Stärkevergleich, daß Deutschland von Anfang an unterlegen war; diese Unterlegenheit nahm im Lauf des Krieges noch bedeutend zu. So verfügte Deutschland über 97 Infanterie-, 5 Panzerdivisionen und eine Kavalleriebrigade, die damaligen Feindmächte Polen, Frankreich und Großbritannien zusammen aber über 146 Infanteriedivisionen, eine Panzerdivision, 6 Kavalleriedivisionen und 11 Kavalleriebrigaden. Ingesamt standen also 103 deutschen 164 feindliche Großverbände gegenüber. An Flugzeugen besaßen die deutsche Luftwaffe 4333 und die feindlichen Luftstreitkräfte 3500; dabei ist aber zu bedenken, daß in Großbritannien die Entwicklung der viermotorigen Bomber bereits vor dem Krieg angelaufen war und die Zahl der Jagdflieger diejenige der deutschen schon Mitte 1940 erreicht hatte. Dies sollte entscheidend werden, sowohl für den Bombenkrieg generell wie für die Schlacht um England im besonderen. Bei den Kriegsmarinen standen 2 Schlachtkreuzern, 2 Schlachtschiffen, 3 Kreuzern, 57 U-Booten und 27 Zerstörern der Deutschen Wehrmacht 3 Schlachtkreuzer, 19 Schlachtschiffe, 83 Kreuzer, 140 U-Boote und 261 Zerstörer der Alliierten gegenüber.[249]

Zu dieser zahlenmäßigen Unterlegenheit kam aber noch etwas hinzu. Als HITLER am 16. März 1936 die Wiedereinführung der allgemeinen Wehrpflicht verkündete, sollte die neue Wehrmacht aus 36 Divisionen bestehen. Die Aufrüstung war jedoch bereits 1933 personell und materiell begonnen worden. Bis zum Kriegsausbruch 1939 standen knapp sechs Jahre zur Verfügung. Aufgrund der Ausbildung der Reichswehr und bedingt auch des ersten österreichischen Bundesheeres zum »Führerheer«, das beim Anschluß von 1938 in die Deutsche Wehrmacht eingegliedert worden war, konnte die rasche Heeresvermehrung im Hinblick auf das Offiziers- und Unteroffizierskorps ohne größere Schwierigkeiten bewältigt werden. In bezug auf den Mannschaftsersatz krankte dagegen während des ganzen Krieges die Deutsche Wehrmacht daran, daß ihr wegen des weitgehenden Fehlens voll ausgebildeter Reservistenjahrgänge zumeist nur kurzfristig ausgebildeter Ersatz zugeführt werden konnte.

Ähnliche Schwierigkeiten wie bei dem Mannschaftsersatz ergaben sich auf dem Gebiet der Bewaffnung und Ausrüstung, deren Fehlbestände kaum aus den zusätzlichen Vorratslagern des österreichischen Bundesheeres und nach der Besetzung der Tschechoslowakei auch des tschechoslowakischen Heeres gedeckt werden konnten. Das ergab bei manchen späteren Aufstellungen ein recht uneinheitliches Bild und erschwerte vor allem die Versorgung. Ganz kriegsbereit war die Deutsche Wehrmacht 1939 also durchaus nicht. Ihre Stärken lagen jedoch in dem hervorragenden Offiziers- und Unteroffizierskorps der aktiven Truppe, den überlegenen Führungsgrundsätzen und der richtigen Einschätzung des Kriegsbildes. Gerade bei letzterem muß die militärische Forschung und Erprobung in Manövern stets an der »Spitze des Fortschrittes« stehen, um ein Wort von CLAUSEWITZ zu gebrauchen, sonst endet ein möglicher Krieg in der Niederlage des eigenen Volkes oder Bündnissystems.

Während die Feindmächte des Deutschen Reiches einen zukünftigen Krieg nach der Art eines auf feste Stellungen, wie etwa die Maginot-Linie, gestützten Stellungskrieges im Stile von 1918 voraussahen, hatte sich die deutsche militärische Führung die Gedanken FULLERS, HARTS, GUDERIANS und

EIMANNSBERGERS zunutze gemacht. Operativ verwendete Panzerkorps hatten in engem Zusammenwirken mit der Luftwaffe, nach Durchbruch durch die feindlichen Befestigungslinien mit Hilfe von Infanterieverbänden, die gewonnene Operationsfreiheit nutzend, in einem raschen Bewegungskrieg, einem Blitzkrieg, die feindlichen Streitkräfte aufzusplittern, zu umfassen und zu vernichten. Dieses Kriegsbild überraschte den Feind und führte in den ersten Feldzügen des Krieges zu dessen bekannten Niederlagen.[250]

Polen hatte sich im Hochsommer 1939 allmählich auf einen Waffengang mit Deutschland eingestellt. Aber als der deutsche Angriff am 1. September 1939 begann, befanden sich erst 20½ Infanteriedivisionen und 6 Kavalleriebrigaden in den vorgesehenen Räumen. Da Marschall RYDZ-SMIGLY die gesamte polnische Grenze schützen, zur gleichen Zeit aber wohl auch gegen Ostpreußen und Danzig vorgehen wollte, lagen seine Truppen linear auf die ganze Grenzlänge verteilt, mit Schwerpunkt bei den Armeen »Thorn« und »Posen« sowie bei dem für Danzig bestimmten Eingreifkorps. Diese Aufstellung des polnischen Heeres entsprach einem falschen Kriegsbild, das sich auf die erwähnten französischen Auffassungen stützte. Allerdings stand der polnischen Armee kein Befestigungssystem im Stile der Maginot-Linie zur Verfügung, was den Fehler beim Aufmarsch noch vergrößerte. Von entscheidender Bedeutung sollte sich später erweisen, daß die Polen so gut wie überhaupt keine Panzerabwehr besaßen. Ein Blick auf die Landkarte genügt (s. Fig. 14), um festzustellen, daß die polnische Führung den deutschen Durchbruchs- und Umfassungsabsichten geradezu in die Hand gearbeitet hatte. So war es auch nicht zu verwundern, daß die polnische Armee in knapp drei Wochen völlig aus dem Feld geschlagen war, zumal am 17. September die Rote Armee der Sowjetunion in Ostpolen einmarschierte und das ostpolnische Gebiet bis zum Bug für sich beanspruchte. Schon vorher hatte die Sowjetunion Militärstützpunkte in den baltischen Staaten Litauen, Estland und Lettland besetzt und damit diese drei Länder praktisch ihrem Reich eingegliedert. Im August 1940 »baten« sie die Sowjetunion um Eingliederung als 14., 15. und 16. sozialistische Sowjetrepublik.

Als die Sowjets dann die gleiche Forderung zur Überlassung von Stützpunkten an Finnland stellten und diese abgelehnt wurde, begann am 30. November 1939 der sowjetische Angriff auf Finnland. Die Empörung der Weltöffentlichkeit über dieses Vorgehen war fast ebenso groß wie über dasjenige Deutschlands, und die Sowjetunion wurde am 14. Dezember 1939 aus dem Völkerbund ausgeschlossen, dem sie erst 1934 beigetreten war. Nach äußerst hartnäckigem finnischem Widerstand durchbrachen schließlich sowjetische Truppen die sog. Mannerheimlinie. Um einen Zusammenstoß mit den Westmächten zu vermeiden, die durch eine Landung in Norwegen Finnland

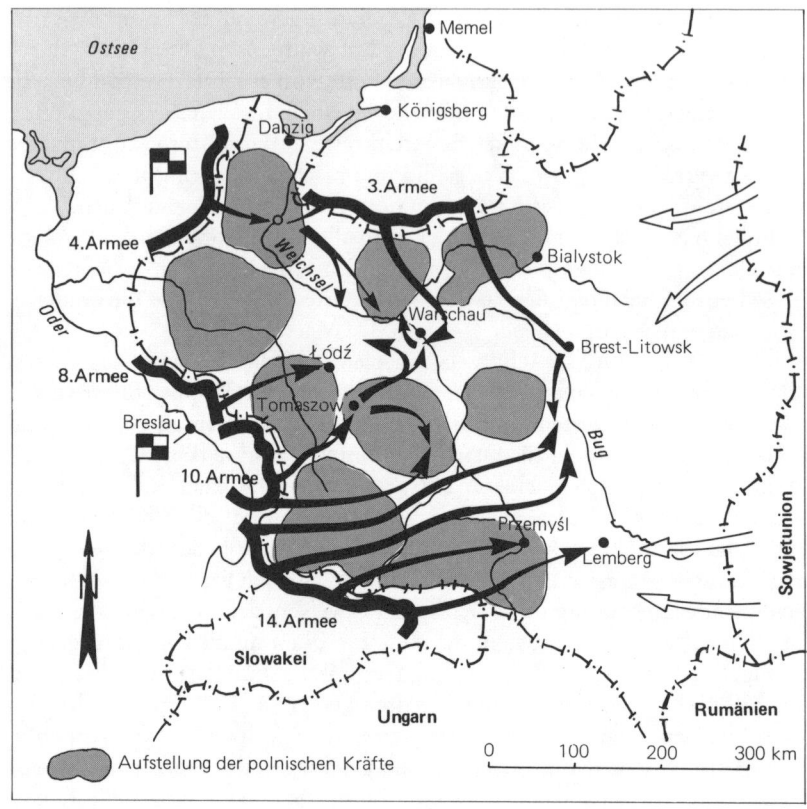

Fig. 14 Feldzug in Polen September 1939

unterstützen und die Erztransporte aus Schweden nach Deutschland unterbinden wollten, wurde am 12. März 1940 der Friede von Moskau unterzeichnet, in dem Finnland die Karelische Landenge und Teile Ostkareliens abtrat sowie Hangö an die Sowjetunion verpachtete. Außerdem erhielt diese das Transitrecht im Petsamo-Gebiet.

Von all den Staaten, die in Mittel- und Osteuropa besetzt oder angegriffen worden waren, hatten nur Polen und Finnland sich zum bewaffneten Widerstand entschlossen. Die Tschechoslowakei und die baltischen Staaten hatten kampflos aufgegeben, weil sie das Vertrauen in die Westmächte verloren hatten, bei denen pazifistische Gedanken vorherrschten. Das Ergebnis war ein endloser Leidensweg für diese Völker, der auch heute noch nicht been-

det ist. Polen und Finnland dagegen kämpften. Trotz der finnischen Niederlage nach außerordentlich tapferem Widerstand, der dem kleinen Volk
die Achtung der Weltöffentlichkeit, auch Deutschlands, sicherte, mit dem
es traditionell freundschaftlich verbunden war, führte der Kampf dort
nicht zur völligen Aufgabe des Volkes, besonders deshalb, weil England
und Frankreich mit energischen Schritten drohten und die Sowjetunion die
kriegerische Auseinandersetzung mit diesen Mächten vermieden wissen
wollte. Obwohl ein Nichtangriffspakt mit Deutschland bestand und fast
freundschaftliche Verbindungen herrschten, sah STALIN, wie wir gehört
haben, das nationalsozialistische Deutschland dennoch als den möglichen
Hauptfeind der Sowjetunion an. Polen dagegen war ein volkreicher und
wohlgerüsteter Staat, dessen Armee es nur an dem richtigen Kriegsbild und
einer geübten Führung mangelte. Doch es hatte das Unglück, zwischen
zwei noch mächtigeren Militärstaaten zu liegen, die beide aggressive Absichten hegten. Nur die frühzeitige, noch im Frieden erfolgte Entscheidung Polens für die eine oder andere Seite hätte es vor dem Untergang bewahren können. Vermutlich verbot der polnische Nationalstolz diesen
Ausweg, da er in beiden Fällen mit großen Gebietsabtretungen verbunden
gewesen wäre. Außerdem verließ es sich auf England und Frankreich, die
eine Garantieerklärung für Polen abgegeben hatten, dann aber nichts zu
seiner Unterstützung taten, zwar dem Reich den Krieg erklärten, aber an-
sonsten in Untätigkeit verharrten. Im Westen kam es nur zu der berühmten
»drôle de guerre«. Ein kleinerer Staat, selbst wenn er hoch gerüstet ist,
kann sich, wie die Geschichte immer wieder gelehrt hat, zwischen zwei
großen Militärstaaten oder Blöcken nicht halten; er muß bei einer bewaffneten Auseinandersetzung zur Beute des einen oder des anderen werden.
Auch »immerwährende Neutralität«, wie im Fall des heutigen Österreich,
wird kaum ein genügender Schutz sein.

Durch den Sieg über Polen war der Versailler Vertrag nun auch im Osten
revidiert. Die Umwandlung Polens in ein Generalgouvernement brachte jenen »Lebensraum« für das »Volk ohne Raum«, den HITLER angestrebt
hatte. Nun glaubte er, Friedensfühler im Westen ausstrecken zu können.
Doch sie wurden von Großbritannien und Frankreich schroff zurückgewie-
sen. Damit stand für HITLER der Entschluß fest, auch im Westen die Entscheidung durch einen Angriff zu erzwingen. Vornehmlich schlechtes Wetter, aber auch Bedenken des Generalstabs verhinderten die Durchführung
des Plans im Spätherbst 1939.

Die Versorgungslage des Reiches war wesentlich besser als im Ersten Weltkrieg, da Sowjetrußland die meisten Rohstoffe lieferte. Vertraglich wurde
dies im Frühjahr 1940 festgelegt. Die britische Blockade erwies sich als ver-

hältnismäßig wirkungslos. Durch den Einsatz der U-Boote, leichten Überwasserstreitkräfte und der Luftwaffe versuchte dagegen Deutschland, die britischen Inseln zu blockieren. Trotz unerwartet hoher Versenkungsziffern, 810000 BRT 1939 und 4398000 BRT 1940, gelang dies jedoch niemals vollkommen. HITLER aber glaubte, Großbritannien auf diese Weise in die Knie zwingen zu können. Neben der Sowjetunion lieferte auch Rumänien das so dringend benötigte Öl. Die Erztransporte aus Schweden schienen durch die absolute Beherrschung der Ostsee sichergestellt. Einer etwaigen Besetzung Skandinaviens durch die Westmächte wollte HITLER zuvorkommen.

Trotz des Sieges über Polen und der einigermaßen gesicherten Versorgungslage waren Deutschlands Aussichten, den Krieg zu gewinnen, nicht sehr groß. Selbst wenn Frankreich besiegt würde, blieb noch immer Großbritannien, das den Krieg unter Anspannung aller seiner Kräfte und unter Ausnutzung seiner weltweiten Hilfsquellen durchfechten wollte. Für den Kampf gegen Großbritannien aber war das Deutsche Reich nicht vorbereitet. Es fehlten ihm dazu eine ausreichend starke Flotte und die nötigen Landungsmittel, um den Krieg auf die Insel zu tragen. Großbritannien blieb der Hauptgegner. Ihn mußte man besiegen, wenn man den Krieg gewinnen wollte. Der mit Schwerpunkt gegen dieses Land geführte Handelskrieg der deutschen Kriegsmarine war nicht ausreichend.

Während die Entscheidung im Westen des Kontinents immer wieder verschoben werden mußte, trat Skandinavien in den Mittelpunkt des Interesses. Deutschland hatte dort vorwiegend wirtschaftliche Anliegen. Aus Schweden kam mehr als die Hälfte des deutschen Eisenerzimports und aus Petsamo das kostbare Nickel. Wenn die Ostseehäfen vereist waren, mußte das Erz über den eisfreien Hafen von Narvik transportiert werden. Rein wirtschaftliche, aber auch seestrategische Gründe führten zur Eroberung Norwegens und zur Besetzung Dänemarks. Ganz ähnliche Überlegungen machten Großbritannien und Frankreich. Während des sowjetischen Überfalls auf Finnland hofften sie, unter dem Vorwand, diesem kleinen Land zu Hilfe zu kommen, Narvik, die Erzbahn und das schwedische Bergbaugebiet um Gällivare besetzen und damit die Lieferungen an Deutschland abschneiden zu können. Allerdings verweigerten die norwegische und die schwedische Regierung ihre Zustimmung zu diesem Plan. Als aber am 10. Januar 1940 zwei deutsche Flieger bei Mechelen notlanden mußten und dabei den Belgiern Teile der Pläne für den Angriff im Westen in die Hände fielen, begannen auch die Engländer und Franzosen mit der ernsthaften Vorbereitung zu einer Landung in Skandinavien. Am 9. April 1940 kamen die Deutschen jedoch ihren Gegnern zuvor. Das Unternehmen war von äußerster Kühnheit, da fast die gesamte Kriegsmarine dazu eingesetzt werden mußte. Würde sie bei einem Angriff der weit überlegenen britischen Seestreitkräfte verlorengehen, so müßte damit nicht nur das »Weserübung« genannte Unternehmen scheitern, sondern auch alle deutschen großen Überwasserschiffe für die Dauer des Krieges ausfallen. Doch das Unternehmen gelang wie geplant. Bei den Kämpfen wirkte sich die Kriegserfahrung der deutschen Heeresverbände aus. Als wichtigstes aber erwies sich die unbestreitbare deutsche Luftüberlegenheit. Von den Flughäfen in Jütland aus griff die Luftwaffe pausenlos in die Kämpfe ein und zwang auch die britische Flotte zum Abdrehen. Wie auf dem Festland hatte es sich gezeigt, daß die Flotte ohne genügenden eigenen Fliegerschutz feindlichen Angriffen aus der Luft nicht gewachsen war. Für das Deutsche Reich bedeutete der siegreiche Abschluß dieses Feldzuges die Sicherung der Erztransporte auf Kriegszeit und die Erwerbung neuer Häfen für den Handelskrieg gegen England. Ab 1941 sollte sich der Besitz dieser Häfen für die Angriffe gegen die Geleitzüge aus den USA nach Sowjetrußland im Eismeer als von entscheidender Bedeutung erweisen. Die britisch-amerikanische Atlantikroute war damit ständig bedroht.

Inzwischen aber reifte die Entscheidung im Westen heran. Dort standen zunächst 120 deutsche 151 alliierten Divisionen gegenüber. Diese Zahl, mit der noch nicht einmal eine Zweidrittelüberlegenheit für den Angreifer gegeben war, wie es die Vorschriften vorsahen, trügt allerdings. In Wirklichkeit hatten die westlichen Alliierten den nun auf 10 angewachsenen deutschen Panzerdivisionen nichts Gleichwertiges entgegenzustellen, obwohl, rein an der Zahl gemessen, wiederum 3700 feindlichen Panzern nur 2500 deutsche gegenüberstanden. Die Überlegenheit der Deutschen ergab sich aus der Zusammenfassung der Panzer in Großverbänden, die operative Aufgaben gekoppelt mit der Luftwaffe durchführen konnten. Mit diesen Großverbänden vermochten die deutschen Truppen, trotz mancher Zweifel beim Generalstab des Heeres, nach dem genialen Plan des Generalfeldmarschalls VON MANSTEIN, der in das Unternehmen »Sichelschnitt« ausmündete (s. Fig. 15), in überraschendem Zugriff die Übergänge über die Maas und den Albertkanal mit Hilfe von Fallschirmtruppen offenzuhalten. Der Nordflügel der alliierten Kräfte wurde mittels eines Stoßes durch die Ardennen zum Meer hin abgetrennt und vernichtet. In der späteren Schlacht um Frankreich (s. Fig. 16), dem Stoß der deutschen Armeen nach Süden bis zur Schweizer Grenze, erlagen die französischen Armeen der deutschen Führungskunst vollständig. Der Angriff hatte am 10. Mai 1940 begonnen und endete am 25. Juni 1940 mit der Unterzeichnung des Waffenstillstandes.

Noch einmal sah es für einen kurzen Augenblick so aus, als könnte die Brillanz des militärischen Denkens die Masse mit ihrer Materie besiegen.

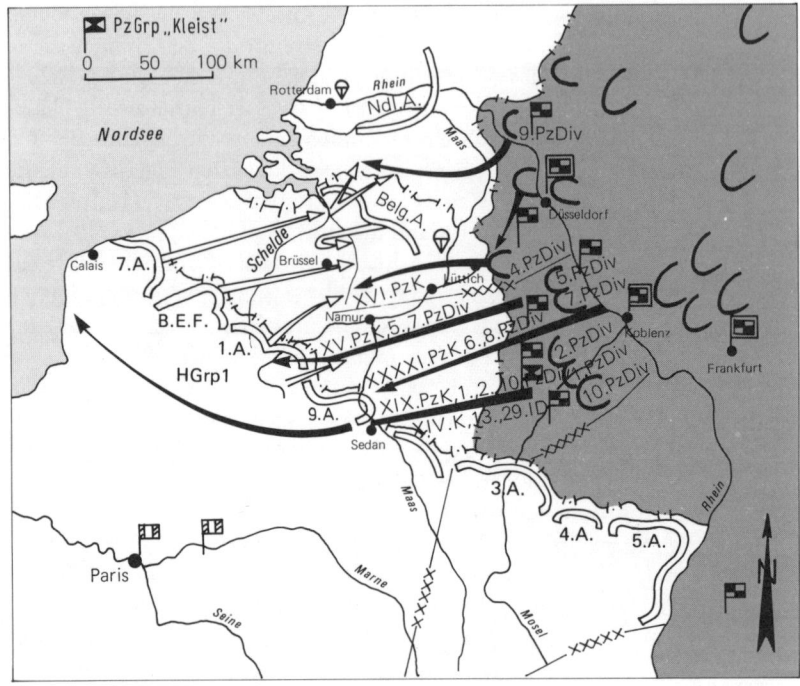

Fig. 15 Operation »Sichelschnitt« in Frankreich 1940

Doch auch die Mittel, die zu diesem Sieg führten, waren rein technischer
Art: Panzer, Luftwaffe und Fallschirmtruppen. Darüber hinaus aber ermöglichte den glänzenden Sieg die deutsche Auftragstaktik, die dem Aus-
führenden bei der Art der Durchführung der ihm gegebenen Aufträge völlig
freie Hand ließ. Dazu mußte aber der Führer dieser Panzerverbände nicht
mehr wie im Ersten Weltkrieg von weit hinten, sondern von ganz vorne aus
über Funk führen, damit er jeden Wechsel der Lage persönlich beurteilen
und ausnutzen konnte. Es war dies der stärkste Ausdruck für den Durchbruch des Persönlichkeitsbewußtseins auf militärischem Gebiet. Und dennoch traute selbst der Chef des Generalstabs des deutschen Heeres diesem
Verfahren nicht ganz. GUDERIAN, der die Panzerkräfte von der Maas bis zur
Kanalküste bei Abbeville führte, benutzte einen Trick, um die Pläne durchführen zu können, die sich dann als so erfolgreich erwiesen. Während er sich
stets vorn bei den Panzerspitzen aufhielt, ließ er den größten Teil seines
Gefechtsstandes weit zurück, so daß der Chef des Generalstabes sich nie-

mals völlig über den tatsächlichen Standpunkt seines an der entscheidenden Stelle führenden Generals im klaren war.

Unverständlicherweise gab HITLER vor der Vernichtung der britischen Verbände, die bei Dünkirchen eingeschlossen waren, den Panzerverbänden den Befehl zum Anhalten. Dadurch gelang es der britischen Führung, wenn auch nicht ihr Material, so doch ihre gut ausgebildeten Truppen nach der Insel zu evakuieren. Weder die deutsche Luftwaffe, die sich nun in schwere Kämpfe mit der gesamten britischen Jagdwaffe verwickelt sah, noch die deutsche Marine, die durch das Unternehmen »Weserübung« geschwächt worden war, vermochten sie daran zu hindern. Allein mit diesen geretteten Männern war es den Briten möglich, ihr neues Heer auf der Insel aufzustellen und zu einem schlagfertigen Instrument auszubilden.

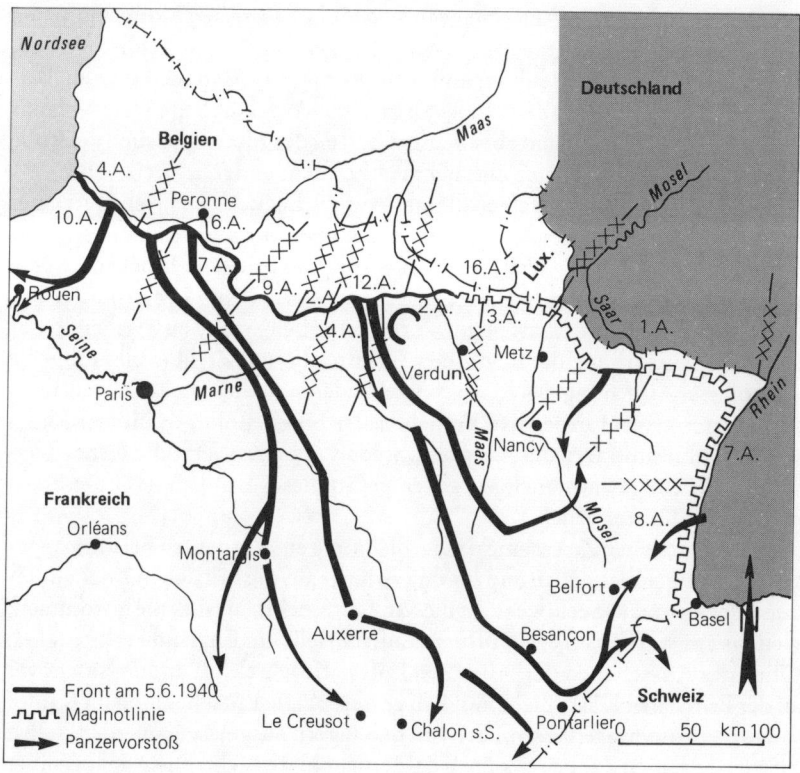

Fig. 16 Die Schlacht um Frankreich 1940

Als sich der Zusammenbruch des französischen Heeres klar abzeichnete, glaubte auch Italien, die Zeit sei gekommen, sich vor allem das Gebiet um Mentone und Nizza, das die Italiener zum »unerlösten Gebiet« rechneten, einzuverleiben. Militärische Erfolge größeren Ausmaßes hatten die Truppen des Duce gegen die Franzosen jedoch nicht zu verzeichnen. Frankreich aber blieb nichts anderes übrig, als die deutschen Waffenstillstandsbedingungen anzunehmen. Der größte Teil Nord-, West-, Mittel- und Ostfrankreichs mit den wichtigen See- und Flußhäfen sowie den Kohlen und Erzlagern wurde deutsches Besatzungsgebiet, Elsaß und Lothringen zu Reichsgauen. Das noch unbesetzte Frankreich erhielt unter Marschall PÉTAIN (1856–1951) in Vichy eine neue Regierung mit einer Armee in Stärke der ehemaligen deutschen Reichswehr. In England aber stellte General DE GAULLE (1890–1970) neue Verbände des Freien Frankreich auf. Auf Anraten CHURCHILLS (1874– 1965) enterten britische Seeleute die nach England geflüchteten Einheiten der französischen Kriegsmarine, während andere britische Flotteneinheiten die französischen Kriegsschiffe auf der Reede von Mers-el-Kebir angriffen, drei Schlachtschiffe versenkten und mehrere tausend Matrosen töteten. Beinahe hätte dieser Überfall das besiegte Frankreich auf die Seite Deutschlands gebracht. Für Deutschland aber war dieser Teil der Flotte, die auch die Rolle einer »fleet in being« hätte übernehmen können, endgültig verloren.

Auf den ersten Blick erschien die strategische Lage des Deutschen Reiches nach der siegreichen Beendigung des Feldzuges in Frankreich günstig. Im Gegensatz zum Ersten Weltkrieg war bisher die britische Blockade wenig wirkungsvoll geblieben. Rechtzeitige Rationierung der Lebensmittel mit Hilfe von Lebensmittelkarten gewährleistete ebenso eine ausreichende Lebensmittelversorgung der deutschen Wehrmacht und Zivilbevölkerung wie die politische Öffnung des Reiches nach Süden und Südosten. Doch erregte das aggressive und expansive Verhalten der Sowjetunion in diesem Raum wie im Baltikum HITLERS Argwohn, so daß er bereits jetzt die ersten Weisungen für ein gewaltsamen Vorgehen gegen dieses Land an das Oberkommando des Heeres erließ.

Fast zur gleichen Zeit erging nach Ablehnung eines erneuten Friedensangebotes an England die Weisung für den Angriff auf die britischen Inseln unter dem Decknamen »Seelöwe«. Zu diesem Unternehmen ist es nie gekommen, weil die am 8. August 1940 eröffnete Luftschlacht um England verlorenging. Ohne das Ausschalten der britischen Luftwaffe wäre ein Landungsmanöver an der britischen Küste nicht möglich gewesen. Die Entscheidung im Kampf um die Luftüberlegenheit mußte von den Jägern ausgetragen werden, selbst die zu langsamen Zerstörer kamen dafür nicht in Betracht. Die Angaben über die Stärke der britischen Jagdflugzeuge schwanken. Als sicher darf jedoch angenommen werden, daß ihre Zahl der deutschen etwa gleich war.[251] Dennoch verfügten die Briten von Anfang an über eine örtliche und zeitliche Überlegenheit, die sich auf zwei Tatsachen stützte. Aufgrund der geringen Reichweite der deutschen Jäger konnten diese nur 20 Minuten lang über dem britischen Festland bleiben. Die Briten brauchten also nur zu warten, bis die deutschen Jäger zum Abdrehen gezwungen waren, um sich dann auf die den Jägern unterlegenen Kampfverbände der Bomber zu stürzen. Andererseits besaßen die Briten bereits Radargeräte, mit denen sie den Luftraum überwachten. Diese erlaubten es ihnen dann, rasch klare Schwerpunkte zu bilden und dadurch örtlich mit überlegener Zahl den Kampf aufzunehmen. Der Versuch der deutschen Jagdwaffe, die britische zum reinen Luftkampf zu stellen, scheiterte, weil die Briten ihn unter diesen Bedingungen befehlsgemäß nicht annehmen durften.[252] Darüber hinaus gelang es den Engländern durch die »Ultra« genannte geheime Funkaufklärung, auch ohne die Radargeräte die Einflugschneisen der deutschen Luftwaffenverbände frühzeitig zu erkennen, so daß sie immer mit überlegenen Kräften an Ort und Stelle sein konnten.

Da warfen bei einem Notwurf deutsche Bomber ihre Bomben auf Wohnviertel von London ab. Die Briten antworteten mit Angriffen auf deutsche Industriestädte, die beträchtliche Verluste unter der Zivilbevölkerung verursachten, zumal sich die Briten, sowohl operativ-strategisch als auch technisch, schon im Frieden auf solche Bombadierungen Deutschlands eingestellt und ihre Piloten dafür ausgebildet hatten.[253] Deutschland dagegen hatte an eine solche Art des Luftkrieges nicht gedacht und war weder technisch noch strategisch darauf vorbereitet. Aufgebracht über die britischen Bombenangriffe auf deutsche Zivilbevölkerung schwor HITLER daraufhin, »die britischen Städte auszuradieren«, gab den Kampf um die Luftüberlegenheit auf und setzte seine Kampfverbände zu Angriffen auf offene Städte ein. Dieser Rückgriff auf die Ideen DOUHETS, die oben beschrieben wurden, erwies sich als der schwerste Fehler, ganz abgesehen von der Tatsache, daß die deutsche Luftwaffe zur Durchführung dieser Ideen von vornherein technisch-taktisch nicht in der Lage war. Auf diese Weise ließen sich die Voraussetzungen für das Unternehmen »Seelöwe« nicht schaffen. Die Briten aber hatten einen klaren und für den Krieg entscheidenden Abwehrerfolg errungen, obwohl die deutschen Luftangriffe gegen Industrieziele noch bis zum Mai 1941 fortgesetzt wurden. Der hohe Verlust an Flugzeugen während der Schlacht um England konnte durch die Leistungsfähigkeit der deutschen Industrie zum größten Teil ausgeglichen werden. Verheerend aber wirkte sich der Verlust an gut ausgebildeten Piloten aus, die bei Abschüssen über den britischen Inseln auch dann ausfielen, wenn sie sich mit dem Fallschirm retten konnten. Abgeschossene britische Piloten dagegen konnten bald wieder eingesetzt werden. Die deutsche Luftwaffe hat sich von diesen Verlusten nie wieder erholt. Damit war das eine Schwert des Blitzkrieges schartig geworden.

Der Krieg gegen Großbritannien verlagerte sich nun wiederum auf die See. Durch den Einsatz von Seeminen, Flugzeugen, Zerstörern, Hilfskreuzern, U-Booten und später auch schwere Einheiten sollten die britischen Zufuhren aus Übersee abgeschnitten werden. Ziel war es, die feindlichen Seeverbindungen und den Handelsverkehr zu unterbrechen, feindliche Seestreitkräfte aber, selbst wenn sie unterlegen waren, nur dann anzugreifen, wenn dies zur Erfüllung der Hauptaufgabe notwendig war. Ein häufiger Wechsel des Operationsgebiets sollte zur Aufsplitterung der feindlichen Seestreitkräfte führen. Naturgemäß konnte sich dieser Plan nur bei langer Kriegsdauer auswirken. Dieser Handelskrieg wurde zunächst nach der Prisenordnung geführt. Die unerwartet großen Erfolge der anfangs einzeln eingesetzten deutschen U-Boote, nachdem Deutschland das Seegebiet um England zum Operationsgebiet erklärt hatte, wurden bereits erwähnt. Neben dem Operationsgebiet Atlantik war Großbritannien im Mittelmeer zu treffen. Würde es der starken italienischen Flotte gelingen, die zunächst schwachen britischen Seestreitkräfte dort zu schlagen, und dem italienischen Heer, Britisch-Somaliland und Ägypten mit dem Suezkanal zu erobern, so würden die britischen Versorgungswege trotz der bald einsetzenden amerikanischen Lieferungen um das Kap der Guten Hoffnung so lang, daß die Versorgung der Insel ernstlich in Frage gestellt wäre, zumal die deutschen U-Boote von den französischen Atlantik- und Kanalhäfen aus nun einen verkürzten Anmarschweg zu den Seerouten besaßen. Auch konnte die deutsche Luftwaffe von französischen Flugplätzen aus verstärkt in die Seekriegsführung eingreifen. Doch die italienische Flotte vermochte es vor allem wegen des Fehlens von Flugzeugträgern und ausreichenden Luftstreitkräften nicht, ihre Aufgabe zu erfüllen. Keine der beiden klassischen Teilstreitkräfte, Heer und Marine, konnte in diesem Krieg ihre Aufgaben mehr ohne die dritte, die neue Luftwaffe, erfüllen. Es ist symptomatisch für die Zeit, daß ohne die technisch fortgeschrittenste aller Teilstreitkräfte keine Operation mehr mit Erfolg durchgeführt wurde.

Das japanische Eingreifen Ende 1941 ermöglichte es dem Deutschen Reich, den Zufuhrkrieg gegen Großbritannien auf alle Weltmeere auszudehnen. Daran nahmen zunächst außer den U-Booten auch die Überwasserstreitkräfte mit gutem Erfolg teil. Doch war ihrem Einsatz insofern eine Grenze gesetzt, als sie wie die britischen Schiffe ihren Auftrag nur bei genügender Sicherung aus der Luft erfüllen konnten. Wagten sie sich, wie etwa die »Bismarck«, ohne diesen Schutz weiter in die offene See, so liefen sie Gefahr, wie z. B. das gerade fertiggestellte Schlachtschiff, von trägergestützten Flugzeugen versenkt zu werden (Mai 1941). Die deutschen U-Boote dagegen konnten mit ihrer neuen Rudel-Taktik auf allen Weltmeeren ständig wachsende Erfolge verzeichnen. Dabei lagen einzelne Boote an den Schiffahrtsrouten auf der Lauer und riefen, sobald sie einen feindlichen Geleitzug erkannten, alle in der Nähe liegenden U-Boote zum gemeinsamen Angriff herbei. Erst als es den Engländern und Amerikanern gelang, durch Einsatz von Radar, lückenloser Luftaufklärung und »support-groups« aus Zerstörern und U-Boot-Jägern einen wirkungsvollen Geleitschutz aufzubauen, sanken die deutschen Erfolgsziffern, trotz der Erfindung des U-Bootschnorchels und des akustischen Torpedos.

Obwohl der deutsche Zufuhrkrieg eine schwere Versorgungskrise in Großbritannien auslöste, darf doch nicht übersehen werden, daß die Neubauten von Frachtern in Großbritannien und in den USA ab 1943 die deutschen Versenkungsziffern bei weitem überstiegen. Die Schlacht um den Atlantik endete mit einem klaren Sieg der westlichen Alliierten. Im übrigen zeigt nichts deutlicher als die Versenkungs- und Neubauzahlen, auf welch ungleichen Waffengang sich HITLER eingelassen hatte, vor allem nachdem auch die USA und fast die ganze übrige Welt in den Krieg gegen ihn eingetreten waren. Das vornehmlich amerikanische Industriepotential vermochte nicht nur alle Verluste auszugleichen, sondern konnte darüber hinaus auch die Verluste aller übrigen gegen Deutschland kämpfenden Staaten, einschließlich der Sowjetunion, ersetzen. Das galt nicht nur für Schiffe, sondern für alle Waffen, Ausrüstungsgegenstände und Lebensmittel gleichermaßen. Daß das Deutsche Reich dieser materiellen Übermacht nicht schneller erlag, ist allein der Tapferkeit und dem Opfermut seiner Soldaten und der Zivilbevölkerung sowie seiner vorzüglichen militärischen Führung zu verdanken. Den Ausschlag aber gab wieder, wie im Ersten Weltkrieg, das Material.

Die Kämpfe auf dem Balkan und in Nordafrika boten das gleiche Bild wie die Kämpfe in Frankreich. Auftragstaktik und das »Tandem« Panzer / Flugzeug erfochten die Siege auf dem Schlachtfeld. Nur der Angriff auf Kreta brachte etwas Neues. Zur Sicherung des Seeweges von Griechenland nach Rumänien und Bulgarien sowie, um britische Luftangriffe auf die rumänischen Ölfelder bei Ploesti zu verhindern – das hing mit der damaligen Reichweite der Flugzeuge zusammen –, entschloß sich die deutsche Führung, die Insel Kreta angesichts der britischen Seeherrschaft durch Fallschirmjäger aus der Luft zu nehmen. Die Insel lag nur 120 bis 240 km von den deutschen Luftbasen auf Griechenland und den anderen Inseln entfernt, während die Engländer einen Anmarschweg von etwa 700 km aus Ägypten, 1000 km von Malta und 500 km von Marsa Matruh aus hatten. Dazu war die deutsche

Luftüberlegenheit überwältigend. Das Unternehmen kam für die Briten durch »Ultra« nicht überraschend. Aber sie sorgten nicht einmal für eine ausreichende Flugabwehr. Auf deutscher Seite lag die Führung des Unternehmens in den Händen des Oberbefehlshabers der Luftflotte 4. Den Angriff gegen die auf Kreta stehenden rund 29 000 Mann britischer Commonwealth-Truppen und rund 10 000 Griechen sollten die 4. Fliegerdivision (Fallschirmjäger), die 5. Gebirgsdivision und von See her Marineverbände mit insgesamt 24 000 Mann durchführen. Das Unternehmen gelang vom 20.–27. 5. 1941, wenn auch unter so schweren Verlusten, daß es in diesem Umfang nicht mehr wiederholt wurde. Dennoch blieb es das erste triphibische Unternehmen der Kriegsgeschichte mit Großverbänden. Den Briten, die durch ROMMELS Vorstoß bis Agedabia keine Verstärkungen auf die Insel werfen konnten, gelang es lediglich mit Hilfe der Flotte, 15 000 Mann zu retten. Ein weiterer Einsatz der britischen Flotte verbot sich angesichts der deutschen Luftüberlegenheit und des Verlustes von mehreren Kreuzern, Zerstörern und der Beschädigung eines Schlachtschiffes und zweier weiterer Kreuzer von selbst. Wieder einmal zeigte sich die Abhängigkeit des Flotteneinsatzes von der Luftlage.

In Nordafrika machte sich trotz der glänzenden Siege ROMMELS die Abhängigkeit der Operationen von der Luft- und Versorgungslage noch stärker bemerkbar als anderswo. Hatten die Operationen auf dem Land eine Entfernung von etwa 500 km erreicht, so mußten sie zwangsläufig zum Stillstand kommen. Das ging Engländern so wie Deutschen. Da es aber der italienischen Flotte nicht gelungen war, die Seeherrschaft im Mittelmeerraum zu erringen, und die Engländer es fertigbrachten, neben starken Heerestruppen auch überlegene Luftwaffenkräfte zusammenzuziehen, war das Ende des Krieges auf dem afrikanischen Kontinent bald abzusehen. In der Schlacht bei El-Alamein konnte MONTGOMERY, der britische Oberbefehlshaber, die stark geschwächten deutschen und italienischen Verbände schlagen. Er benutzte dazu eine Taktik, die sich völlig von derjenigen der deutschen Führung unterschied. Er griff auf die Praxis des Ersten Weltkrieges zurück und zertrommelte mit ungeheuren Artilleriemassen die Stellungen der Achse. Dennoch gelang es ihm mit einer mehr als doppelten Überlegenheit im Oktober 1942 erst nach tagelangem zähen Ringen, die deutsch-italienischen Stellungen zu durchbrechen. Das Ende in Afrika kam um so schneller, als die Amerikaner am 7. und 8. November 1942 in Marokko und Algerien landeten. Wiederum war es der britischen geheimen Funkaufklärung »Ultra« zu verdanken, daß die mit Truppen und Material beladenen Geleitzüge der Amerikaner sicher um die lauernden deutschen U-Boot-Rudel herumgeführt werden konnten.[254]

Angesichts dieser gewaltigen Überlegenheit mußten die deutschen und italienischen Kräfte am 13. Mai 1943 in Nordafrika kapitulieren. Die Südflanke der Festung Europa war für den alliierten Angriff geöffnet. Der gefürchtete Zweifrontenkrieg begann mit der Landung auf Sizilien und dem italienischen Festland. Wiederum ist festzuhalten, daß bei dem Geschehen in Nordafrika Material und Technik, besonders die Funktechnik, den Ausschlag gegeben hatten. Der Plan, die Engländer aus dem Mittelmeer zu verdrängen, sich damit den Zugang zu den vorderasiatischen Rohstoffquellen zu sichern und die Versorgung Großbritanniens durch die erzwungene Verlängerung der Versorgungswege zu erschweren, war damit gescheitert.

Doch fast zwei Jahre vor dem Ende in Afrika hatten ROOSEVELT und CHURCHILL am 14. August 1941 die Atlantik-Charta verkündet. Darin forderten sie bei Gebietsveränderungen die Zustimmung der betroffenen Bevölkerung, freie Wahl der Regierungsform für alle Nationen und freien Zugang zu den Rohstoffen für alle Völker, weiterhin die soziale Besserstellung der Massen, Freiheit zur See, Freiheit von Furcht, Not und Gewalt. Dieser Charta traten 15 Nationen bei. Wieviel solche Erklärungen wert waren, zeigte die noch im gleichen Monat erfolgte Besetzung des Iran durch Russen und Briten. Ziel dieses Unternehmens war es, sich in den Besitz der dortigen Ölvorkommen zu setzen. Anfang 1942 sicherten diese beiden Nationen dann dem Land Unversehrtheit und Unabhängigkeit zu. Auf ihren Druck hin erklärte der Iran 1943 Deutschland den Krieg. Nach 1945 sprach niemand mehr von einer Zustimmung der betroffenen Bevölkerung bei Gebietsveränderungen. Wie stets in der Geschichte galt allein das Wort des Gallierfürsten BRENNUS: *Vae victis!* – »Wehe den Besiegten«. Daß im Sinne der Atlantik-Charta auch Völker nach ihrer Meinung nicht gefragt wurden, die wie der Iran sich kaum gegen die Besetzung durch Briten und Russen gewehrt hatten, zeigt gerade das Beispiel dieses Landes. Neutrale Länder sind, besonders wenn sie keine militärische Macht besitzen, stets das Opfer der Großen geworden, wenn dies in ihrem Interesse lag.

Ein weiteres neues und unmenschliches Bild bot die 1942 zunächst mit britischen Bombern begonnene alliierte Luftoffensive, die sich im allgemeinen auf die Ideen DOUHETS stützte und später durch den Einsatz der Landstreitkräfte auf dem Kontinent ergänzt werden sollte. Ihr Planer war der »Bomber-Harris«, der britische Luftmarschall und Kommandeur des Bomber Command. Zunächst hatten britische Bomber in der Hauptsache militärische Ziele und Ziele der Rüstungsindustrie angegriffen. »Erst im Januar 1943 überflogen Fortress-Bomber die deutsche Grenze. Das war der erste Schritt in Richtung auf jenen Punkt, von dem aus es keine Umkehr mehr gab, als am 14. Oktober bei dem schrecklichen Angriff auf Schweinfurt 198 von 291 Flugzeugen abgeschossen oder beschädigt wurden und die absolute Luftherrschaft der deutschen Jäger über die sich selbst verteidigenden amerikanischen Tag-Bomber-

Verbände endgültig hergestellt war.«[255] Nun erst entschlossen sich die USA
zur Massenproduktion von Langstreckenjägern vom Typ Mustang, mit denen die Überlegenheit der deutschen Luftabwehr gebrochen werden konnte.
»Auf der großen Konferenz von Casablanca im Januar 1943, als Roosevelt,
Churchill und die Joint Chiefs of Staff so viele schicksalhafte Entscheidungen
trafen, wurde eine endgültige Weisung ›für die Operation der britischen und
amerikanischen Bomber Commands im Vereinigten Königreich‹ herausge-
geben. ›Ihr vordringliches Ziel‹, so lautete sie, ›ist die fortlaufende Zerstörung, Vernichtung und Zerschlagung des deutschen militärischen, industriel-
len und ökonomischen Systems und die Unterminierung der Moral des deutschen Volkes bis zu einem solchen Punkt, an dem dessen Fähigkeit zum
bewaffneten Widerstand entscheidend geschwächt war‹.«[256] Nun gingen die
Alliierten auch zum Flächenbombardement von Städten über. Als auch das
nicht ganz gelang, entfesselte Großbritannien den Luftbrandkrieg. Brandbomben, die riesige Flächenbrände in den deutschen Städten verursachten,
wirkten zwar besser als Sprengbomben. Aber die Moral der deutschen Bevölkerung konnte ebensowenig gebrochen wie das deutsche Industriepotential
nachhaltig geschwächt werden. Die Abwehr verstärkte sich durch die Einrichtung der Nachtjagd, so daß das Ziel des strategischen Luftwaffeneinsatzes auch
dann nicht erreicht wurde, als 1943 amerikanische Bombergeschwader die
britischen bei den Großangriffen verstärkten. Die deutsche Kriegswirtschaft
erzielte von da ab und erst nach der Erklärung des »totalen Krieges« durch
GOEBBELS (1897–1945) – jetzt vor allem durch die Umstellung der gesamten
Industrie auf Kriegsproduktion – ihre höchsten Produktionsziffern. Der
Glaube, das Deutsche Reich allein durch die Luftoffensive in die Kniezwingen
zu können, erwies sich als Irrtum. Von der Wucht der Bombenangriffe auf
Deutschland zeugen folgende Zahlen: Abgeworfene Bomben in Tonnen: 1940
– 10000, 1941 – 30000, 1942 – 40000, 1943 – 120000, 1944 – 650000, 1945 –
500000. Letztere Zahl entspricht der Sprengkraft von rund 25 Atombomben
von der Größe der in Hiroshima abgeworfenen. Im übrigen erwog CHUR-
CHILL, neueren Presseberichten zufolge, den Gedanken, auch chemische und
biologische Waffen bei den Luftangriffen gegen die deutsche Zivilbevölkerung
einzusetzen. Nur der Hinweis seiner führenden Generäle, Deutschland
würde dann mit den gleichen Mitteln antworten, hielt ihn vom Einsatz dieser
unmenschlichen Waffen ab. Aus dem gleichen Grund ist es im Gegensatz zum
Ersten Weltkrieg zur Verwendung chemischer Waffen, von ganz wenigen
Verzweiflungstaten polnischer Kommandeure abgesehen, im Zweiten Weltkrieg nicht gekommen. Dies ist ein gutes Beispiel für die Wirksamkeit der
gegenseitigen Furcht vor nicht mehr hinnehmbaren Verlusten und läßt wenigstens einen kleinen Hoffnungsschimmer für die Zukunft offen.

Noch bevor die alliierte Luftoffensive gegen Deutschland begann, hatten deutsche Truppen am 22. Juni 1941 den Angriff gegen die Sowjetunion eröffnet (s. Fig. 17). Dabei trafen die Deutschen stets auf einen Feind, der sich mit unerhöhrter Härte, Tapferkeit und Verbissenheit wehrte. Er übertraf alle bisherigen Gegner der Deutschen Wehrmacht. HITLER hatte bereits im Juli 1940 den Auftrag zur Ausarbeitung eines Operationsplanes gegen die Sowjetunion gegeben. Deutlich brachte er dabei den Wunsch zum Ausdruck, dieses Land in einem einzigen Feldzug nach Art der bisherigen Blitzkriege niederzuwerfen, um einen eventuellen Zweifrontenkrieg auf dem Festland zu vermeiden. Das Oberkommando des Heeres plante dabei einen Angriff mit Schwerpunkt gegen das Machtzentrum Moskau, zugleich bedeutendes Industriegebiet und Verkehrsknotenpunkt. So wäre der Feind gezwungen, sich zu stellen, und könnte zwischen Dnjepr und Düna in » einer einzigen Kampfhandlung« vernichtet werden. Die OKW-Abteilung L, die ebenfalls die Weisung zum Ausarbeiten einer Studie erhalten hatte, dachte gleichfalls an eine Offensive Richtung Moskau, berücksichtigte dabei aber ein eventuelles Anhalten der Kräfte im Raum Smolensk und ihr Abdrehen nach Norden, um der dort vielleicht liegengebliebenen Heeresgruppe weiterzuhelfen. HITLER hütete sich, das Problem ganz zu klären, denn ihm selbst schwebte die Eroberung der Ukraine und des Baltikum vor. Während also das Heer mit seinen Planungen auf dem CLAUSEWITZschen Gedanken der Vernichtung der feindlichen Streitkräfte fußte, dachte HITLER an die Erreichung kriegswirtschaftlicher Ziele. In einem Abnutzungskrieg im Stil General GRANTS wäre das erlaubt gewesen, in einem Blitzkrieg mit Vernichtungssieg aber niemals. So steckte hier nicht nur im Ansatz der Kräfte, sondern sogar schon in der Planung der Operationsziele der Keim zur Niederlage. Gelang es nämlich nicht, die an sich schon fast unlösbare Aufgabe zu lösen, die sowjetischen Streitkräfte in einem einzigen schnellen Feldzug niederzuwerfen, so mußte sich ein längerer Krieg zu einem Zweifrontenkrieg auf dem Kontinent auswachsen, den Deutschland schwerlich für sich entscheiden konnte.

Propagandistisch gab HITLER dem Feldzug das Ansehen eines » Kreuzzuges gegen die Sowjetunion«, der ohne Schonung geführt werden müsse. Daher müßten z. B. alle Kommissare, die so mörderisch unter den baltischen Völkern gewütet hatten, nach ihrer Gefangennahme sofort erschossen werden. Erregte Auseinandersetzungen mit dem OKH führten dann dazu, daß dieser Befehl nur in abgemilderter Form an die Truppe gelangte. Er wurde dort als der Soldatenehre widersprechend empfunden und fast durchweg ignoriert. Den raschen Vormarsch des deutschen Heeres mit riesigen Kesselschlachten, mit Gefangenen- und Beutezahlen, wie sie bisher in keinem Krieg der Geschichte vorgekommen waren, beantwortete STALIN mit dem Aufruf

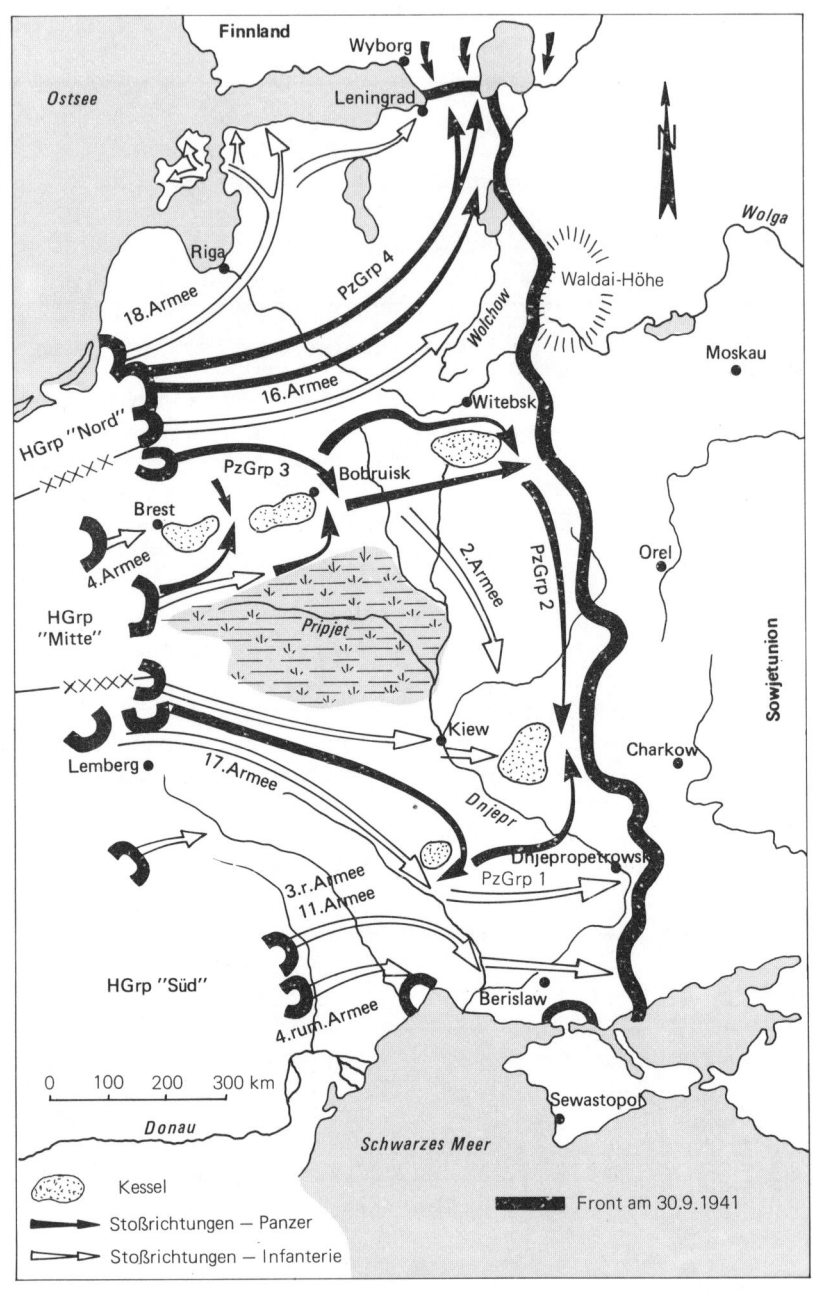

Fig. 17 Deutsche Offensive in Rußland 1941

zur »verbrannten Erde« und zur Bildung von Partisanenverbänden im Rük-
ken der Deutschen Wehrmacht. Konnte die Rote Armee sie nicht aufhalten,
so sollten das der Weite des Raumes und dem entfesselten Volkskrieg gelingen. Gleichzeitig bat er die Westmächte um materielle Hilfe. Allein die amerikanischen Lieferungen stiegen bis Oktober 1942 auf monatlich 2000 Panzer und ab Juli 1942 auf jährlich 3600 Flugzeuge. Der sicherste Nachschub-
weg führte dabei über den Iran. Der Aufruf STALINS zur Strategie der verbrannten Erde wurde fast überall mit minutiöser Genauigkeit durchgeführt.
Alles, was den Deutschen von Nutzen hätte sein können, ging in Flammen
auf, wurde gesprengt oder abtransportiert, wenn die Zeit dazu vorhanden
war. Die Sowjetunion litt unter dieser Strategie um so mehr, als auch die
Deutschen bei ihrem späteren Rückzug, wo immer es möglich war, die gleichen Methoden anwandten. Am meisten litt darunter natürlich die Zivilbevölkerung, da ja selbst Lebensmittel zu den kriegswichtigen Gütern zählten.

Erst im Winter 1941 blieb der deutsche Angriff vor Leningrad, Moskau
und am Asowschen Meer stecken, da die deutschen Truppen auf eine Winter-
kriegsführung unter so extremen Bedingungen nicht vorbereitet waren. Tatsächlich ist hier und nicht erst bei Stalingrad die Kriegswende eingetreten,
obwohl auch die sowjetische Winteroffensive nach Anfangserfolgen steckenblieb. Trotz der Zähigkeit, mit der sich die sowjetischen Truppen im allgemeinen verteidigten, fielen, wie gesagt, bis Ende Februar 1942 rund 4 Millionen
Gefangene in deutsche Hand.[257] Mit solchen Zahlen hatte auch die deutsche
Führung nicht gerechnet, und es kam einerseits zu den bereits erwähnten
Versorgungsschwierigkeiten dieser Gefangenenmassen, andererseits aber
auch zu einer Fehleinschätzung der sowjetischen militärischen Möglichkeiten. Obwohl die Zustände 1941 in den Lagern für russische Kriegsgefangene
katastrophal waren – sie besserten sich etwas erst ab 1942 –, gab es eine
überraschend hohe Zahl sowjetischer Soldaten, die sich zum Kampf gegen
den Bolschewismus bereit erklärten. Unter ihnen befanden sich sogar viele
hohe Generäle und »Helden der Sowjetunion«. Neben den vielen »Hilfswil-
ligen«, die einfach bei den deutschen Kompanien und Bataillonen blieben –
z. T. wohl, um nicht in die Gefangenenlager zu müssen –, dem Kosakenkorps
und anderen ethnischen Verbänden wurde schließlich durch General WLAS-
SOW die Russische Befreiungsarmee gegründet. Sie verfolgte nationalrussi-
sche und demokratische Ziele. Aus Heeres- und Luftwaffenverbänden bestehend, umfaßte sie im März 1943 bereits 800000 Mann.[258] Etwa zur gleichen
Zeit behauptete Oberst BOJARSKIJ, einer ihrer führenden Offiziere, »die
Befreiungsbewegung sei imstande, den Krieg in Rußland in drei Monaten
erfolgreich zu beenden. Wir haben größte Verbindungen mit den führenden
Persönlichkeiten der Roten Armee und Politik. Ganze Divisionen werden zu

uns überlaufen und werden uns in die Hände gespielt.«[259] Die HITLERsche Politik und die GOEBBELSsche Propaganda, die die Russen als »Untermenschen« darstellte, zerschlugen diese Hoffnungen, obwohl die russische Befreiungsarmee selbst noch 1945 mit den sowjetischen Truppen z. B. an der Oder in Feindberührung trat und sich ausgezeichnet schlug. Alle diese Verbände wurden nach der Kapitulation von 1945 von Engländern und Amerikanern, z. T. unter Einsatz von Waffengewalt, an die Sowjets ausgeliefert, wo sie ein schreckliches Schicksal erwartete. Zweifellos handelte es sich dabei um einen Völkerrechtsbruch, denn diese Truppen kämpften als reguläre Soldaten in deutschen Uniformen. Dagegen behandelte das Deutsche Reich etwa emigrierte Österreicher, Tschechen oder sogar Deutsche, die in feindlichen Uniformen als Soldaten gefangengenommen wurden, als normale Kriegsgefangene.

Gegen das ideologische Abbröckeln der sowjetischen Front und die Überhandnahme von Fahnenflucht und kampfloser Übergabe, vor allem 1942, aber auch noch später, fand STALIN nur ein einziges Mittel: Er rief den »Großen Vaterländischen Krieg« aus. Dieser Appell an die russische Heimatliebe blieb neben dem Einschalten der russisch-orthodoxen Kirche für die Zwecke der Kriegsführung nicht ohne Erfolg, vermochte aber dennoch das Überlaufen von Regimegegnern selbst in den letzten Kriegsmonaten nicht zu verhindern.

Die deutschen Linien waren bei einer Ausdehnung der gesamten Front im Süden von über 2000 km unendlich dünn geworden, die Versorgungslage mehr als schwierig. Zwar hatte man ein riesiges Gebiet erobert. Die Operationsziele, Vernichtung der feindlichen Kräfte und Wegnahme der Ölfelder, hatte die neugebildete Heeresgruppe A jedoch nicht erreicht. Der »Kulminationspunkt« des deutschen Angriffs war hier im gleichen Jahr wie in Afrika überschritten worden. Zur Deckung dieser »Hauptoperation« hatte HITLER die Wegnahme des Rüstungs- und Verkehrszentrums Stalingrad befohlen. Zwar war ein Flankenschutz für die Operation zur Wegnahme der kaukasischen Ölfelder am Don nötig, aber dabei durfte nicht wie hier der operative Zusammenhang verlorengehen, ganz davon abgesehen, daß aufgrund des mangelhaften sowjetischen Bahnnetzes die Versorgung über Entfernungen von 450 bis 900 km von den Kopfbahnhöfen bis zur Truppe stark gefährdet wurde. Durch Lastkraftwagentransporte war das nicht auszugleichen. Noch schwerer wog, daß HITLER zwei Schwerpunkte, Stalingrad und Kaukasus, befohlen hatte und damit die Kräfte verzettelte. Außerdem mußte zur Deckung des Angriffs auf Stalingrad ein weiterer Flankenschutz bei Woronesch aufgebaut werden. Stalingrad sollte durch einen Zangenangriff aus Richtung Rossosch und vom

Mius her genommen und der scheinbar wichtige Öltransport auf der Wolga unterbunden werden.

Beinahe wäre es gelungen, die Stadt zu nehmen, als am 19. November 1942 drei sowjetische Panzer- und zwei Kavalleriekorps sowie 21 Schützendivisionen die schwachen Stellungen der 3. rumänischen Armee beiderseits Kletskaja durchstießen. Zwei weiteren Panzerkorps mit 9 Schützendivisionen gelang zur gleichen Zeit der Durchbruch südlich der Stadt Stalingrad bei der 4. deutschen Panzerarmee und der 4. rumänischen Armee. Am 22. November schloß sich bei Kalatsch am Don der Ring hinter der deutschen 6. Armee. Sie hätte noch ausbrechen können, aber HITLER erteilte den Befehl zum Halten. Der später für die Südfront verantwortliche Feldmarschall VON MANSTEIN stellte dem eingeschlossenen Generaloberst PAULUS dagegen den Durchbruch frei.²⁶⁰ Da die Luftwaffe nicht in der Lage war, die Versorgung sicherzustellen, mußte er am 31. Januar und 2. Februar 1943 kapitulieren. Nach M. Kehrig, dem besten Kenner, zogen ca. 200 000 Mann in die Gefangenschaft, eine noch immer unbekannte Zahl fiel oder starb an den Anstrengungen und Entbehrungen. Ganze 6000 überlebten die Gefangenschaft. Dem reinen Prestige war die Armee geopfert worden. Gemessen an den vorangegangenen deutschen Siegen mit ihren noch weit größeren Gefangenzahlen war der tatsächliche sowjetische Erfolg nicht allzu hoch, zumal es den Russen durch die überlegene Führung Generalfeldmarschall VON MANSTEINS nicht gelang, ihr operatives Ziel, das Abschneiden der Truppen im Kaukasus zu erreichen. Aber für die Feindseite erschien der sowjetische Sieg als das Symbol für die Kriegswende und den Endsieg. In Deutschland selbst herrschte Trauer, und zum ersten Mal fühlte man den nahenden Untergang. Aber die Forderung der Alliierten auf der Konferenz von Casablanca am 24. Januar 1943 nach bedingungsloser Kapitulation des Reiches stärkte nur den Willen der für ihr Vaterland, nicht aber für ein Regime kämpfenden deutschen Soldaten, bis zum bitteren Ende weiterzukämpfen.

Trotz größten Opfermutes und höchster Tapferkeit hatte das deutsche Heer nach der fehlgeschlagenen Offensive von Kursk im Jahr 1943 seine Offensivkraft im Osten verloren.

Es konnte nur noch in beweglicher oder starrer Verteidigung versuchen, dem sowjetischen Heer so viele Verluste beizufügen, daß die sowjetische Regierung schließlich zu einem Separatfrieden geneigt sein würde, wenn die Opfer nicht mehr hinnehmbar gewesen wären. Aber das waren Überlegungen, die für einen ideologischen Krieg, der wie ein Religionskrieg geführt wurde, nicht gelten. Schließlich gelang es der Sowjetarmee sogar, Berlin, ganz Ostdeutschland und Mitteldeutschland bis zur Elbe zu erobern. STALIN wollte damals 50 000 Nationalsozialisten ohne Gerichtsverhandlung erschießen lassen, setzte das aber gegen den Widerstand Churchills und Roosevelts nicht durch.

Im Westen und Süden verliefen die Kriegsereignisse ab 1943 ähnlich. Auch
dort reichte es nur noch im Winter 1944 zu einer einzigen Angriffsoperation
in den Ardennen, die schließlich im Bombenhagel der Amerikaner steckenblieb. Die Landung in der Normandie gab den Ausschlag für den endgültigen
Sieg der westlichen Alliierten (s. Fig. 18). Dabei war wiederum entscheidend,
daß ein rein technisches Mittel, nämlich die Funktäuschung, die Deutschen
daran hinderte, die bereitgestellten Panzerverbände aus dem Raum Boulogne–Calais abzuziehen und zum entscheidenden Gegenangriff an den Landungsküsten einzusetzen. Nicht starres Festhalten an vorgefaßten Ideen veranlaßten Hitler und Rommel dazu, diese bereitgestellten Panzerverbände
in ihrem Bereitstellungsraum zu belassen, sondern die Tatsache, daß die
Engländer und Amerikaner durch Funkstellen in Südostengland, die im regen Betrieb miteinander blieben, eine ganze Heeresgruppe vortäuschten, die
sich zum Angriff auf den Raum Boulogne–Calais fertigmachte. Sie erweckten
sogar den Anschein, als läge dort der Schwerpunkt des britisch-amerikanischen Landungsunternehmens.[261] Später konnten diese deutschen Panzerkräfte nicht mehr wirkungsvoll eingesetzt werden. Noch vor den Russen
erreichten Amerikaner und Briten die Elbe, die als Demarkationslinie bestimmt worden war. Nach einer Absprache zwischen den Alliierten durften
sie nicht weiter vorstoßen. Dem Deutschen Reich blieb nur noch die bedingungslose Kapitulation, wie sie in Casablanca gefordert worden war.

An dieser Stelle ist es an der Zeit, auf die ganz neuartige Aufstellung und
Ausbildung der zur damaligen Zeit einzigen vollmotorisierten und vollmechanisierten amerikanischen Streitkräfte einzugehen, weil sie typisch und symptomatisch für das Volk und die Epoche sind. Vor dem Krieg besaßen die
Amerikaner zahlenmäßig nur geringe Streitkräfte aus Berufssoldaten. Als
diese zu Streitkräften der allgemeinen Wehrpflicht umgewandelt werden sollten, stand man vor einer schier unlösbaren Aufgabe. Das aktive Offizierskorps
mit seinem guten Ausbildungsstand war aufgrund seiner geringen Zahl nicht in
der Lage, kurzfristig ein Millionenheer auszubilden. Da griffen die Amerikaner zu einem bis dahin unerhörten Mittel, das sich aber glänzend bewährte.

Während Berufsoffiziere genau einzuhaltende Ausbildungspläne entwarfen, die schriftlich an alle neu aufgestellten Truppenteile und Rekrutenlager
verteilt wurden, bildeten Führungskräfte der Industrie, denen man Offiziersrang gab, nach ihren zivilen Erfahrungen und anhand jener »Master-
Lesson-Plans« die Rekruten in Massen aus. Ihrem inneren Gefüge nach waren die amerikanischen Streitkräfte demnach Abbilder der Industrie. Der
einzige Nachteil bestand darin, daß jene Offiziere und Unteroffiziere, die

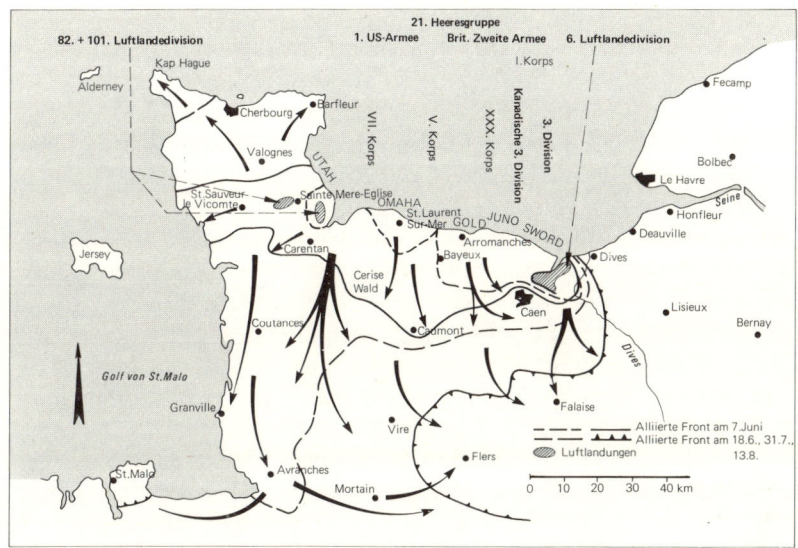

Fig. 18 Schlacht in der Normandie 1944

diese Truppen dann im Feld übernahmen, sie nicht selbst geformt hatten. Dadurch ergab sich zunächst zwangsläufig eine Unterlegenheit im Kampfwert gegenüber den zusammengeschweißten und erfahrenen deutschen Truppen. Aber nach Überwindung dieser Anfangsschwierigkeiten zeigten sich die Amerikaner als harte Truppe, die, auf ihre materielle und zahlenmäßige Überlegenheit gestützt, den Sieg zu erringen vermochte.

Auch im westlichen Europa hat man sich inzwischen viele Erkenntnisse der Führungskräfte aus der Industrie für die Führung und Ausbildung der Truppe zunutze gemacht und umgekehrt. Die amerikanischen Grundsätze für die Truppenführung ähnelten zunächst sehr den deutschen. Sie vermochten sie aber vor allem in bezug auf die Auftragstaktik, wegen des mangelnden Ausbildungsstandes der Masse ihres nichtaktiven Offizierskorps, nicht zur Gänze anzuwenden. Erst lange nach dem Krieg gingen sie zu den »Missiontype Orders« über, wie sie die Auftragstaktik nannten. Vorläufig aber blieb es bei der von den Briten übernommenen Befehlstaktik. Das führte z. B. dazu, daß der amerikanische General, dem die Brücke von Remagen in die Hand gefallen war, vor ein Kriegsgericht gestellt wurde, weil er diese günstige Gelegenheit ausgenutzt und die Brücke wider den gegebenen Befehl überschritten hatte. Diese Auffassung wäre im deutschen Heer auf völliges

Unverständnis gestoßen. Nicht zuletzt durch diese Tatsachen fehlte der britischen und der amerikanischen Führung, mit Ausnahme des US-Generals PATTON, jene Brillianz, die die deutsche, abgesehen von HITLERS laienhafter Führung, auf dem Schlachtfeld auszeichnete. Sie war dafür systematischer, verstand hervorragend zu organisieren, wirkte aber manchmal zu vorsichtig und schematisch. Dennoch hat sie, gestützt auf unerschöpfliche Reserven, den Sieg zu erringen verstanden.

Erst durch den Eintritt Japans in den Krieg hatte sich die europäische Auseinandersetzung zu einem Weltkrieg ausgeweitet. Abgesichert durch den am 27. September 1940 geschlossenen Dreimächtepakt, hatte Japan im Dezember 1941 Pearl Harbour angegriffen und große Teile der amerikanischen Pazifikflotte so schwer getroffen, daß diese für den Anfang des Krieges gelähmt war. Bald darauf eröffnete es die Offensive in drei Stoßrichtungen mit Schwerpunkt gegen die Philippinen und Niederländisch-Indien, die bis zum Sommer 1942 erobert wurden (s. Fig. 19). Der westliche Stoß zielte auf Thailand und Hongkong und bedrohte Indien. Auch Burma wurde genommen und damit der Nachschub für China abgeschnitten. Zur Deckung der linken Flanke griff Japan strahlenförmig im Pazifik an und eroberte innerhalb eines halben Jahres durch das meisterhafte Zusammenwirken von Heer, trägergestützter Luftwaffe und Flotte Guam, Wake, Inseln des Bismarckarchipels, Neu-Guinea, die Salomonen und Teile der Aleuten. Im

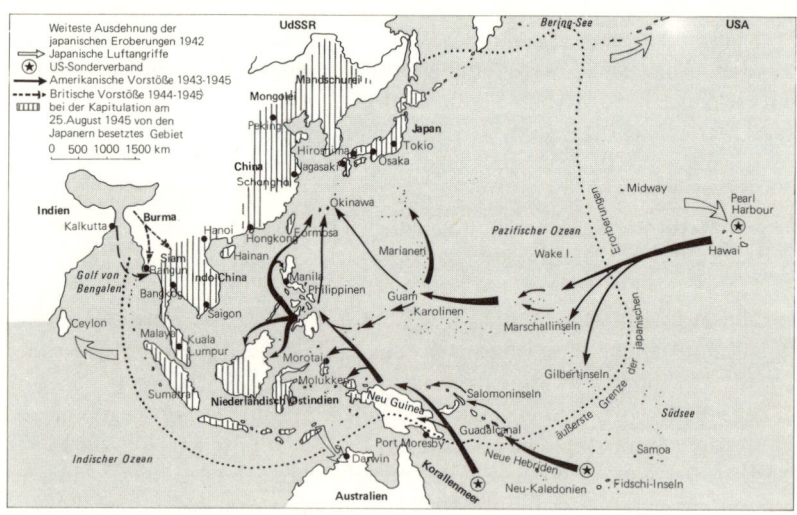

Fig. 19 Krieg gegen Japan 1941/45

Frühsommer 1942 erreichte das japanische Vordringen in Ostasien seinen Kulminationspunkt. Die Seeschlacht im Korallenmeer im Mai 1942 setzte dem Vorstoß nach Australien ein Ende. Bereits im Juni des gleichen Jahres wurde die japanische Flotte in der See-Luft-Schlacht bei den Midway-Inseln durch den Verlust von vier Flugzeugträgern, an denen sie zunächst den Amerikanern überlegen war, entscheidend geschwächt. Nicht zuletzt war dies den Radargeräten zu verdanken, mit denen die Amerikaner den Japanern überlegen waren. Von nun an sollte der Vorsprung auf dem Gebiet der elektronischen Kriegführung von ebenso entscheidender Bedeutung werden wie die fortschrittlichsten Ideen bei der Führung der Heere. Außerdem standen sechs Flugzeugträger auf amerikanischen Werften vor der Vollendung, in Japan nur zwei.

Die Landung der Amerikaner auf Guadalcanal am 7. August 1942 und die Eroberung der Inseln im Februar 1943 brachte die Kriegswende in Ostasien. Die anschließende US-Großoffensive im Südwestpazifik, das Inselspringen, erzwang schließlich, u. a. nach der Ausschaltung von Rabaul, den Rückzug der japanischen Seestreitkräfte im März 1944 auf die inneren Verteidigungsstellungen. Daran schlossen sich die Offensive im mittleren Pazifik, auf den Philippinen und in Hinterindien mit gleichermaßen durchschlagendem Erfolg an. Die Landung der Amerikaner auf Okinawa im April 1945 bedeutete den ersten Schritt zur Eroberung des japanischen Mutterlandes.

Den Ausschlag bei allen Offensiven hatte die Überlegenheit der amerikanischen Flotte und Luftwaffe gegeben. Dabei darf aber nicht übersehen werden, daß die Vereinigten Staaten nicht Japan, sondern, nach den Worten ihres Präsidenten, Deutschland als den »Feind Nr. 1« ansahen. ROOSEVELT führte den Krieg, ähnlich wie HITLER gegen die Sowjetunion, als »Kreuzzug gegen Deutschland«. Daß die den Krieg im Pazifik beendenden Abwürfe der Atombomben im August 1945 auf zwei japanische Städte, Hiroshima und Nagasaki, fielen, lag wohl lediglich daran, daß sie noch nicht einsatzbereit waren, als der Krieg noch gegen Deutschland tobte. Diese neue Waffe sollte das Kriegsbild und Kriegsgeschehen genauso grundlegend wandeln wie der Einsatz der ersten feldbrauchbaren Feuerwaffen, vielleicht sogar noch entscheidender. Wer daher mit dem Kriegsbild von 1945 vor Augen seine Streitkräfte gliedert, ausrüstet und ausbildet, dürfte sich genauso irren wie die Westmächte vor 1939. Mit dieser atomaren Waffe hatten die Vereinigten Staaten die Möglichkeit in der Hand, jedem Feind oder Verbündeten, besonders aber der Sowjetunion, ihren eigenen Willen aufzuzwingen. Sie widerstanden dieser Versuchung und brachten sie ihr gegenüber nicht in Anschlag. Dies kann moralisch und machtpolitisch für die folgende Zeit nicht hoch genug eingeschätzt werden. Aber mit der ersten atomaren Waffe war auch ein erster Schritt zur möglichen Selbstvernichtung der Menschheit in einem künftigen Krieg getan.

Das Kriegsbild hatte sich gegenüber demjenigen von 1940 grundlegend gewandelt. Während in den ersten beiden Kriegsjahren die Kampfpanzer, unterstützt von Schlachtfliegern, den Durchbruch durch die noch nicht allzu tief gegliederten Infanteriestellungen erzwangen, um die feindliche Artillerie in ihrer Feuerstellung zu vernichten und danach die Operationsfreiheit zu erringen, konnte das 1945 nicht mehr in dieser Weise geschehen. Die Stellungen des Verteidigers waren dort, wo er noch über die nötigen Kräfte verfügte, tiefer und lockerer gegliedert worden. Vor allem aber hatten Minensperren die Aufgabe der Drahtsperren des Ersten Weltkrieges und leichte Panzerabwehrwaffen diejenigen der leichten Maschinengewehre übernommen. So wurde der Angreifer gezwungen, vor Angriffsbeginn durch Feuerwalzen der Artillerie, denen die Kampfpanzer und Infanterie dichtauf folgten, zunächst die Masse der feindlichen Panzerabwehrwaffen zu vernichten und die Minensperren infanteristisch zu überwinden, bevor er seine Panzerverbände allein als Stoßkeile zur Erringung der Operationsfreiheit einsetzen konnte. Im Westen verstärkten die Bombenteppiche der alliierten Luftwaffe das Feuer der Artillerie, und ein Teil der Luftwaffe unterstützte als Jagdbomber die vorstoßenden Panzerkeile vor allem durch Niederhalten der feindlichen Artillerie und Vernichtung der zum Gegenangriff bereitstehenden feindlichen Panzerverbände. Andere Teile der Luftwaffe riegelten durch Angriffe auf Brücken und Straßen mehrere hundert Kilometer tief im Feindesland alle wichtigen Geländeabschnitte gegen den feindlichen Transport von Truppen und Versorgungsgütern ab, während der Rest der Jagdbomberverbände zur freien Jagd auf allen Straßen des Zwischengeländes eingesetzt war. Horizontalbomber griffen indessen weniger die offenen Städte als vielmehr die wichtigsten Verkehrsknotenpunkte und Stätten der Rüstungsproduktion tief im Hinterland an.

Der massierten Feuerkraft wurde wieder ein wesentlich höherer Stellenwert eingeräumt als zu Beginn des Krieges, als die Fähigkeit zur Beweglichkeit noch den ersten Platz einnahm. Besonders die sowjetische Führung leitete ihre Offensiven mehr im Sinne einer Abnutzungsschlacht, die immer wieder wiederholt wurde. Im Gegensatz zu FALKENHAYNS Plan bei Verdun kam es ihr aber darauf an, dabei auch tiefgreifende Geländegewinne zu erzielen. Die Zahl der in einer solchen Schlacht eingesetzten Geschütze wuchs dabei in einem nie geahnten Ausmaß. Hatte LUDENDORFF 1918 noch auf 1 km Frontbreite 100 Geschütze versammelt, so massierten die Russen z.B. bei Brodyj im Juli 1944 auf der gleichen Frontbreite 500 Geschütze aller Art. Dazu hatte sich vor allem durch den Einsatz der Raketenartillerie die Wucht der Feuerschläge bedeutend gesteigert. Auch die deutsche Artillerie besaß ja Raketengeschütze, die sie Nebelwerfer nannte. Ihre ballistischen Raketen vom Typ V1 und V2, die ab 1944 gegen England eingesetzt wurden, stellten sogar den ersten Schritt in Richtung auf jene Raketen dar, mit denen die Menschheit die Landung auf dem Mond einleitete. Bei diesen gewaltigen Materialschlachten konnten sich die Amerikaner und Briten noch auf ihre überwältigende Luftüberlegenheit stützen. So griffen z.B. am 25. Juli 1944 bei Avranches 1500 viermotorige, 500 zweimotorige Bomber und 500 Jagdbomber, gesichert von 500 Jägern, die deutschen Stellungen in einem Rechteck von 6,4 km auf 2,5 km an. Das ganze Inferno konzentrierte sich auf zwei Stunden, wobei natürlich noch eine gewaltige Artilleriemasse zum Tragen kam. Das war eine Steigerung der Feuerwirkung, die alles übertraf, was im Ersten Weltkrieg möglich gewesen war.

Das Material gab natürlicherweise in einer Zeit des Materialismus allein den Ausschlag. Dabei zählte aber nicht nur, wie es den Anschein haben könnte, die Masse an Granaten, Bomben usw., sondern auch die Technik, die sich mit den neuen Radargeräten bei der Schlacht um England, der Schlacht im Atlantik und den Schlachten im Pazifik zusammen mit der geheimen Funkaufklärung als entscheidend erwies.

Funk und Film boten sich geradezu als ideale Mittel für die psychologische Kriegsführung und die psychologische Verteidigung an. Den Diktaturen fiel das anfangs leichter, weil sie sich auf die Organisation der Staatspartei, der politischen Kommissare bei den Sowjets und der NS-Führungsoffiziere in Deutschland stützen konnten. Bei letzteren war dies allerdings nur bedingt der Fall, da sie meist pro forma befohlen, nicht aber für ihre Aufgaben ausgebildet worden waren. Aber auch den westlichen Demokratien gelang es mit dem Aufruf zum »Kreuzzug«, wobei sie sich in ihrer Propaganda vor allem auf die Verbrechen des Nazi-Regimes berufen konnten. Von nun ab war es durch geschickte Ausnutzung der Medien möglich, die Anschauungen der Menschen innerhalb kürzester Frist nach Wunsch zu verändern.

Ein paar Bemerkungen zum ideologischen Krieg müssen noch angefügt werden. Auf der Konferenz von Casablanca Ende Januar 1943 hatte der amerikanische Präsident ROOSEVELT die bedingungslose Kapitulation des Großdeutschen Reiches gefordert. Damit waren alle Gepflogenheiten einer pragmatischen Kriegsführung im Sinne der vorhergehenden Jahrhunderte gebrochen worden. Anstatt aber den Widerstandswillen der Deutschen Wehrmacht und der Bevölkerung zu brechen, wurde dieser damit nur gestärkt. »Genießt den Krieg, der Frieden wird fürchterlich«, war ein Ausdruck, der zu jener Zeit bei den deutschen Soldaten umlief, die in ihrer Masse ja nicht für ein politisches System, sondern für den Schutz der Heimat zu kämpfen glaubten. Daher wurde auch die Proklamation des »totalen Krieges« vom 18. Februar 1943 durch GOEBBELS mit einer heute ganz unverständlich erscheinenden Entschlossenheit, Befriedigung und z. T. sogar Begeisterung aufgenommen. Im wesentlichen wirkte sich diese Proklamation auf eine straffe Konzentration der Wirtschaft unter ALBERT SPEER aus, die unverständlicherweise nicht zu Anfang des Krieges, sondern erst Anfang September 1943 erfolgte. Trotz der schweren britisch-amerikanischen Bombenangriffe erreichten dann die deutschen Produktionsziffern zwischen August und Dezember 1944 ihren Höhepunkt.

Zum Verständnis des weiteren Geschehens müssen wir bis ins Jahr 1943 zurückgehen. Noch einmal trat das deutsche Heer am 5. Juli im Osten bei Kursk zur Offensive an (Operation »Zitadelle«). Nur mehr für diesen beschränkten Raum reichte seine Kraft aus. Aber die Operation war von der Spionageorganisation »Rote Kapelle« verraten worden, so daß sich der Angriff in den tief gestaffelten Minenfeldern, Pak-Fronten, vor allem aber an den »Artilleriemauern« der neuen sowjetischen Artilleriedivisionen wie ein Gewehrgeschoß in hintereinander lose aufgehängten Teppichen festlief. Infolge des geänderten Kräfteverhältnisses hatte das deutsche Heer ein für allemal seine Offensivkraft verloren. Ihm blieb im Osten nur mehr die Abwehr. Aber damit konnte kein Krieg entschieden werden. Er konnte lediglich verlängert und das Ende hinausgezögert werden. Wäre der Krieg wie in vergangenen Jahrhunderten nach Gesichtspunkten der pragmatischen Politik geführt worden, so hätte das für die deutsche politische Führung bedeuten müssen, jetzt so schnell wie möglich Frieden zu schließen. In einem ideologischen Krieg, der von beiden Seiten als »Kreuzzug« geführt wurde, war diese Lösung nicht denkbar. So kam es zu einer noch zwei Jahre dauernden Agonie des Deutschen Reiches. Wie sehr dieser Krieg zu einem Weltanschauungskrieg geworden war, beweisen nicht nur die deutschen und österreichischen Emigranten, die sich in den Dienst der damaligen Feindmächte in Ost und West stellten, sondern auch die zahllosen Freiwilligenverbände, die sich auf deutscher Seite an dem Krieg gegen die Sowjetunion beteiligten. Die Zahl der Angehörigen in sowjetischen Hilfswilligen- und Freiwilligenverbänden aus allen Völkern der Sowjetunion betrug weit mehr als eine Million.[262] Aber auch Norweger, Dänen, Holländer, Belgier und Franzosen kämpften in eigenen Großverbänden im Osten an der Seite der deutschen Truppen.[263] Einzelne Persönlichkeiten aus diesen Ländern stellten sich auch offiziell an die Seite des Deutschen Reiches und bildeten eigene Regierungen. Das hervorragendste Beispiel ist das des norwegischen Majors QUISLING, der aus innerster Überzeugung an die Seite Deutschlands getreten war. Sein Name mußte später als Bezeichnung für Verräter herhalten. Selbst Männer aus dem führenden Geistesleben Europas scheuten vor einem solchen Schritt nicht zurück, wie etwa der große norwegische Dichter KNUT HAMSUN, der deshalb nach dem Krieg schweren Verfolgungen ausgesetzt war. Es sind dies Erscheinungen, die in jedem Weltanschauungskrieg vorkamen und vorkommen und mit dem gewöhnlichen Verrat aus Habsucht und Geldgier nichts zu tun haben. Auch in den französischen Revolutionskriegen des ausgehenden 18. Jahrhunderts und sogar in den napoleonischen Kriegen hatten französische Emigranten auf seiten der Preußen oder Engländer gegen ihr eigenes Volk gekämpft.

Auch von westlicher Seite wurden außer der Forderung nach der bedingungslosen Kapitulation schwere politisch-propagandistische Fehler begangen. Zu ihnen gehörte vor allem der 1944 durch eine Indiskretion im Deutschen Reich bekannt gewordene Morgenthau-Plan, nach dem Deutschland als Weltmarktkonkurrent der angelsächsischen Mächte ausgeschaltet, die deutsche Industrie liquidiert und Deutschland in mehrere rückständige landwirtschaftliche Gebiete aufgeteilt werden sollte. Geschickt von GOEBBELS ausgeschlachtet, stärkte auch das Wissen um diese Pläne bei der Deutschen Wehrmacht und Bevölkerung den Widerstandswillen.

Wie aber paßte das alles zusammen mit dem, was im Deutschen Reich und in den besetzten Gebieten, vor allem in den Konzentrationslagern und gegen die Juden geschah? Die Masse der Wehrmacht und des deutschen Volkes war sich zwar bewußt, daß die Juden überall bekämpft, unterdrückt und auch abgeschoben wurden. Was aber in den Konzentrationslagern geschah, war nur wenigen bekannt. John Taland schreibt, daß selbst GOEBBELS »erst im März 1942 [erfuhr], was mit der ›Endlösung‹ gemeint war. Hitler sagte ihm rundheraus, Europa müsse von allen Juden gesäubert werden, ›wenn nötig unter Anwendung der brutalsten Mittel‹.«[264] Und »Eugen Kogon, der selbst über Jahre Häftling in Konzentrationslagern war, berichtet in seinem Buch ›Der SS-Staat‹, ›daß nicht einmal die Gestapo-Beamten das Recht hatten, die Konzentrationslager ohne Sondergenehmigung des Reichssicherheitshauptamtes, Abt. IV, zu betreten, obgleich doch sie es waren, die Tausende von Menschen in die Konzentrationslager einwiesen. Die wenigsten Gestapobeamten wußten daher im einzelnen, wie es in der Hölle aussah, zu der sie ihre Opfer verurteilten. Die Fragen an Entlassene, wie es ihnen ergangen sei, waren selten Fang-, meistens tatsächlich Neugierfragen‹.« Kogon führt weiter aus: »Das System, die Einzelheiten des Terrors streng geheim zu halten und dadurch den Schrecken anonym, aber um so wirksamer zu machen, hat sich zweifellos bewährt. Viele Gestapobeamte kannten das Innere von Konzentrationslagern nicht; die allermeisten Häftlinge hatten vom eigentlichen Getriebe des Lagers und vielen Einzelheiten der dort angewandten Methoden kaum eine Ahnung. Wer eingeliefert wurde, stand einer ihm neuen, abgründigen Welt gegenüber. Das ist der beste Beweis für die allgewaltige Wirksamkeit des Prinzips der Geheimhaltung.«[265] Drangen dennoch Nachrichten durch, so wurden sie wie die Greuelpropaganda der westlichen Alliierten im Ersten Weltkrieg, die von abgehackten Kinderhänden, Vergewaltigungen, Brandstiftungen usw. in Belgien berichteten, nicht geglaubt. Selbst im damals feindlichen Ausland stand man solchen Meldungen über die Konzentrationslager skeptisch gegenüber.[266] Darüber hinaus war die Ungeheuerlichkeit der gemeldeten Zahlen ermordeter Juden, die zwischen 4 Millionen und 6 Millionen schwanken, so groß, daß sie sich dem Vorstellungsvermögen entzogen. Es ist eine bekannte Tatsache, daß das furchtbare Schicksal Einzelner oder Weniger, das über die Massenmedien bekannt wird, weit stärker auf den Einzelnen wirkt als eine solch ungeheuerliche Zahl. Ähnliches gilt auch für die GULAGS, von denen SOLSCHENIZYN berichtet.

Weiter ist zu fragen, wie groß denn noch das Vertrauen war, das Wehrmacht und Bevölkerung nach den in der Masse 1943 einsetzenden Rückschlägen in die politische und militärische Führung Deutschlands setzten. Allein mit Zwangsmaßnahmen und drakonischen Strafen, wie das zu oft in den Massenmedien dargestellt wird, lassen sich Kampfwille und Widerstandskraft der Deutschen nicht erklären. Zwei der Gründe, bedingungslose Kapitulation und Morgenthau-Plan, wurden bereits genannt. Hinzu kamen die Greueltaten sowjetischer Truppen in den von ihnen besetzten deutschen Gebieten. Sie lassen sich nicht einfach leugnen oder gar als Rache für angebliche Taten ähnlicher Art durch die Wehrmacht in Sowjetrußland erklären. Aus zweimal Unrecht wird nicht Recht. Die Greueltaten sowjetischer Truppen sind sogar durch Bilder belegt.[267] Verstärkt wurde dies alles durch die allabendlichen Aufrufe ILJA EHRENBURGS im sowjetischen Rundfunk, der in seinen Haßtiraden zu Plünderung, Brandstiftung, Mord und Vergewaltigung antrieb. Mit diesen drei Punkten sind zwar Gründe für den Kampfwillen der Deutschen gegen diese Maßnahmen und Pläne genannt, die Frage nach dem Vertrauen ist aber noch nicht beantwortet. Die Anwort findet sich in den »Meldungen aus dem Reich«, die vor kurzem nach Unterlagen des Bundesarchivs erschienen sind.[268] Danach hatte die deutsche Bevölkerung ab 1943 das Vertrauen in die nationalsozialistische Partei bis in ihre Spitzen hinein verloren, keineswegs aber in HITLER selbst. Darüber hinaus blieb der Glaube an die Kompetenz und Tüchtigkeit der militärischen Führung bis zum Ende des Krieges unerschüttert.

Dennoch gab es Menschen, die sich gegen den Totalitätsanspruch des nationalsozialistischen Staates und die Auswirkungen des nationalsozialistischen Regimes wehrten. Sie kämpften gegen die Beseitigung des Rechtsstaates, die Verfolgung und Ausrottung der Juden, den Terror der Partei, die

Liquidierung politischer Gegner, die Vernichtung »lebensunwerten Lebens«, gegen die Unterdrückung der Kirchen sowie gegen HITLERS unumschränkte Diktatur. So bildeten sich aktive Widerstandskreise um die Generäle BECK, VON STÜLPNAGEL, OSTER, Admiral CANARIS u. a. Zu den Politikern und Diplomaten gehörten GOERDELER, VON HASSELL und Graf VON DER SCHULENBURG. Sozialdemokraten und Gewerkschaftler fanden sich unter der Führung LEUSCHNERS und LEBERS zusammen. Weitere Persönlichkeiten bildeten den »Kreisauer Kreis«, den »Solf-Kreis«, die »Weiße Rose« und die kommunistische »Rote Kapelle«. Nach mehreren gescheiterten Attentats- und Umsturzversuchen sowie nach Kontaktaufnahmen zwischen deutschen Widerstandsgruppen mit alliierten Staaten über die Behandlung Deutschlands nach einer möglichen Kapitulation, die aber nach der alliierten Forderung nach bedingungsloser Übergabe abgelehnt wurden, mißglückte am 20. Juli 1944 das Bombenattentat des Obersten i. G. CLAUS GRAF SCHENK VON STAUFFENBERG auf HITLER im Führerhauptquartier »Wolfsschanze«. Danach brach der Aufstand in Berlin und Paris zusammen, und die Verschwörer wurden hingerichtet. Die Zahl der so Getöteten belief sich auf etwa 5000. Ihre Familien traf die Sippenhaft. Obwohl der Aufstand ein Fanal dafür war, daß es Menschen gab, die sich dem Unrecht selbst angesichts des sicheren Todes widersetzten, dürften die Aussichten auf einen durchschlagenden Erfolg dieses Unternehmens außerordentlich gering gewesen sein, wie gerade wieder die genannten »Meldungen aus dem Reich« zeigen. Aufstände gegen totalitäre Staaten können nur Erfolg haben, wenn sie von der Masse der Bevölkerung und dem interessierten Ausland tatkräftig unterstützt werden. CHURCHILL reagierte auf die Nachricht vom mißglückten Attentat am 20. Juli mit der ironischen Bemerkung: »Danken wir Gott, daß unser bester Verbündeter noch am Leben ist!«[269]

Die Folge des Krieges war die Zerschlagung des Deutschen Reiches. Das deutsche Volk aber, das unendliche Opfer gebracht und einen großen Teil seines Bodens verloren hat, sollte lernen, daß dieser Untergang und die Aufsplitterung in mehrere Staaten ihm einen Weg gewiesen hat, den unseligen Pfad nach äußerer nationaler Machtentfaltung nicht weiter zu verfolgen. Nimmt es bewußt dieses Opfer zugunsten seiner eigentlichen geistigen Mission auf sich, ohne auf seine völkische Identität zu verzichten, so kann es dem Schicksal des anderen Michaelsvolkes, der Juden nach der Zerstörung Jerusalems im Jahr 70 n. Chr., entgehen. Die Welt kann dann an seinem goetheanisch verstandenen Wesen genesen.

Die politischen und militärischen Auswirkungen des Zweiten Weltkrieges brachten es mit sich, daß allein die Sowjetunion und die Vereinigten Staaten als Großmächte aus ihm hervorgingen. Die Befolgung der CLAUSEWITZschen

Grundsätze über die Kriegsziele, nach denen der Sieger eine solche Position einnehmen muß, daß er nach Friedensschluß sich in einer günstigen Ausgangslage gegenüber seinem ehemaligen Verbündeten befindet, sicherten der Sowjetunion durch die Besetzung Thüringens und Sachsens sowie durch den Ausbau der Flotte und einer ihr gemäßen Politik die bessere strategische Ausgangslage, während die Vereinigten Staaten anfangs an die völlige Ächtung des Krieges glaubten und ihre Streitkräfte weitgehend demobilisierten. Darüber hinaus sind kaum jemals feststellbare Millionenverluste an Toten, Vermißten und Verwundeten, die Zerstörung ganzer Städte und Gebiete sowie unersetzlicher Werte das erschütternde Ergebnis dieses Krieges. Hunger, Elend und seelische Not bildeten besonders unter den Millionen von Vertriebenen Gefahrenherde in den heimgesuchten Ländern. Nur in den Nachfolgestaaten des Deutschen Reiches gelang ihre vollständige Integration. Weiter wurden in vielen Staaten finanzielle und wirtschaftliche Zerrüttungen sichtbar. Am schlimmsten aber wirkten sich Mißtrauen und Angst aus, die dringende Forderungen nach Sicherheit entstehen ließen.

Die erste der hierfür ergriffenen Maßnahmen bestand in der Gründung der Vereinten Nationen am 26. Juni 1945, deren Charta Vertreter von 50 Staaten unterzeichneten. Ziele der Vereinten Nationen sollten die Sicherung des Weltfriedens, der Schutz der Menschenrechte, die Gleichberechtigung aller Völker und die Besserung des allgemeinen Lebensstandards in der Welt sein. Die Mitgliedsstaaten verpflichteten sich zu tätiger Friedenssicherung mit friedlichen Mitteln, durch politische und wirtschaftliche Sanktionen oder durch Einsatz von Streitkräften, die von den Mitgliederstaaten gestellt werden sollten. Ein Militärabkommen aber über die Streitkräfte der Vereinten Nationen, einen Weltgeneralstab und eine Weltabrüstung sind nicht zustande gekommen. Weiter verpflichteten sie sich zur Anerkennung staatlicher Selbstverteidigung, Respektierung regionaler Sicherheitspakte, zur Nichteinmischung in innerstaatliche Angelegenheiten und damit zum Verzicht auf Schutz der Menschenrechte in autoritären oder totalitären Staaten und zu einer loyalen Erfüllung der UN-Verpflichtungen nach Treu und Glauben, insbesondere zum Verzicht auf Androhung und Anwendung von praktischer Gewalt. Mitglieder dieser Vereinten Nationen konnten grundsätzlich alle Staaten werden. So traten ihnen auch die Bundesrepublik Deutschland, die DDR und Österreich bei.

Gewiß bilden die Vereinten Nationen ein Forum zum parlamentarischen Ausgleich aufkommender Streitfragen. Da aber alle Staaten je eine Stimme haben, gleich ob es sich um große und mächtige oder winzige Staaten handelt, erweist sich dieses Instrument und vor allem dasjenige des noch wichtigeren Sicherheitsrates, der durch das Veto eines einzelnen Staates lahmgelegt werden kann, wie alle Versuche ähnlicher Art als völlig wirkungslos. Einige Erfolge hatten die Vereinten Nationen nur dort zu verzeichnen, wo das Interesse der Supermächte und Großmächte nicht auf dem Spiel stand. Die einzige Ausnahme von dieser Regel bildet vielleicht der 1950 entfesselte Koreakrieg, der im Namen der Vereinten Nationen geführt, jedoch in der Masse von amerikanischen Truppen ausgefochten wurde. Als entscheidend bei den meisten Fragen hat es sich erwiesen, ob es einer der beiden Supermächte gelang, die Masse der Staaten der Dritten Welt für sich zu gewinnen. In letzter Zeit war das fast stets die Sowjetunion, während zu Anfang die Vereinigten Staaten einen gewissen Vorteil besaßen. Darüber hinaus verstand es die Sowjetunion von Anfang an, für sich mehrere Stimmen dadurch zu beanspruchen, daß jede ihrer Unionsrepubliken wie ein selbständiger Staat behandelt wurde, d.h. eine volle Stimme besaß.

Im Glauben an den guten »Uncle Joe«, Onkel JOSEF STALIN, hatte man nach 1945 in den USA der Sowjetunion fast jedes Zugeständnis gemacht, obwohl die Vereinigten Staaten damals als einzige im Besitz der allein entscheidenden Waffe, der atomaren, waren, die ihnen die theoretische Möglichkeit gab, jeden anderen Staat unter ihren Willen zu zwingen. Die USA aber beschritten diesen Weg nicht, sondern rüsteten sofort nach Kriegsende ab. Die Sowjetunion dagegen nutzte diese Gelegenheit, um ihren Rückstand so rasch wie möglich nachzuholen, behielt nicht nur ihre Truppen unter Waffen, sondern rüstete auch in einem Maße auf, wie es die Welt in Friedenszeiten bis dahin noch nicht gekannt hatte. Erst der Koreakrieg veranlaßte die Vereinigten Staaten von Amerika, ihre Politik der radikalen Abrüstung zu ändern und ebenfalls wieder aufzurüsten. Damit begann ein neuer Rüstungswettlauf.

Überschauen wir die Zeit etwa vom Beginn der ersten Hälfte des 15. Jahrhunderts bis heute, so erleben wir den Untergang der mittelalterlichen Ordnung, der sich am deutlichsten in der Schlacht bei Murten ausdrückt, in der die letzten Ritterheere, die noch ganz dem alten System verhaftet waren, unter dem Ansturm der Schweizer Kriegsknechte mit ihren gewaltigen Gevierthaufen und Feuerwaffen endgültig zusammenbrachen. Zwar waren die Feuerwaffen zur damaligen Zeit noch lange nicht ausschlaggebend, da sie im Schuß zu unsicher, zu ungenau und von zu geringer Reichweite waren, auch dauerte das Laden viel zu lange. Aber die in ihnen liegenden Entwicklungsmöglichkeiten wurden rasch erkannt und von Menschen eines Zeitalters genutzt, die sich anschickten, den gesamten irdischen Plan mit Hilfe der Naturwissenschaften zu erobern. Innerhalb von 300 bis 400 Jahren wurden aus Hakenbüchsen und Feldschlangen Mehrlader- und Schnellfeuergewehre, Maschinengewehre und weittragende Schnellfeuergeschütze.

Die Technik vervollkommnete sich in einer Weise, wie das in den ganzen vorhergehenden Jahrtausenden nicht geschehen war. Sie ermöglichte den Bau von Maschinen, die nicht nur dem Wohl des Menschen dienten, sondern auch zu seiner Vernichtung. Das naturwissenschaftliche Maschinendenken nahm so überhand, daß man den Menschen als Maschine ansah und folgerichtig im 18. Jahrhundert eine *armée machine* entwickelte, die sich nur noch nach mathematischen Formeln bewegen sollte. Als sich in den Napoleonischen Kriegen die Untauglichkeit dieses Systems erwies, ließ man dennoch nicht von diesem naturwissenschaftlich-materialistischen Begriff ab und sprach wie NAPOLEON von den Soldaten als vom Menschematerial. Aber man sah nicht nur den Menschen als verausgebbares Material an, sondern man wollte ihn auch durch das Material niederzwingen. Seinen furchtbarsten Ausdruck fand dieser Gedanke in den entsetzlichen Materialschlachten des Ersten Weltkrieges, vor allem bei Verdun und an der Somme, in denen zwar die Menschen von diesem Material zermalmt, ihr Geist und ihre Seele aber nicht gebrochen werden konnten. Naturwissenschaften und Materialismus führten zusammen zur Industrie, wie wir sie heute kennen, und damit zum Kampf um die Rohstoffmärkte, deren Besitz allein über das Florieren oder den Untergang der nationalen Industrie entschied. Hier und im Egoismus der Nationen fanden der Imperialismus vor dem Ersten Weltkrieg und der sowjetische Imperialismus des 20. Jahrhunderts neben ideologischen Gründen seinen Ursprung. Neue technische Mittel und Waffen ermöglichten das Aushungern der Zivilbevölkerung in Mitteleuropa im Ersten Weltkrieg durch die Blokkade. Elektronische Mittel gestatteten es, den Bombenkrieg zu führen, der sich fast ausschließlich gegen die Zivilbevölkerung richtete. Radargeräte garantierten die britische Überlegenheit 1940 in der Luft und in den Weiten des Ozeans, in denen vorher nur zu oft die Kriegsflotten aneinander vorbeigefahren waren, im Zweiten Weltkrieg den Seesieg der Angloamerikaner im Pazifischen Ozean. Naturwissenschaften und Technik schufen im Lauf des Zweiten Weltkrieges aber auch die atomare Waffe, die heute allein noch als entscheidend angesehen werden kann. Während früher jeder einzelne Soldat mit seiner Einzelwaffe gezwungen war, den Gegner außer Gefecht zu setzen, ist es heute einer »Elite« möglich, mit Hilfe dieser Waffen völlig unpersönlich ganze Heere, Völker oder gar die Menschheit auszurotten. Wohl mag man dies erkannt haben und wohl mag man für die Bannung dieser furchtbaren Waffen eintreten, ihre Herstellung ist aber so bekannt und so einfach, daß sie in kürzester Zeit selbst von Physikstudenten der höheren Semester hergestellt werden kann. Diese Kenntnis aber ist unerschütterlich. Kein Verbot, kein Bannstrahl kann sie aus den Gehirnen der Menschen verschwinden lassen. So steht jeder Einzelne heute tatsächlich vor der Frage, ob er sich völlig in diese fürchterlichen Ausgeburten des naturwissenschaftlich-materialistischen Zeitalters verstricken lassen oder sich davon befreien will. Der einzig menschenwürdige Weg ist der des wahren Christentums.

Neben der Eroberung des irdischen Planes durch die Naturwissenschaften, mit der die Menschheit zwangsläufig durch den Materialismus hindurchgehen muß und die neben den gerade geäußerten negativen Erscheinungsformen doch überwiegend positive enthielt, verlief der Kampf um die Gewissensfreiheit. Besonders Deutschland, von dem dieser Kampf ausging, verzehrte sich darin vor allem in den beiden Jahrhunderten nach der Reformation. Während die anderen Nationen Europas nach außen drängten, vollzog sich der Kampf in Deutschland im Innern. Niemals konnte die konfessionelle Spaltung auf dem von Deutschen bewohnten Gebiet völlig überwunden werden; es kam nur zu einem Nebeneinander. Dieser Kampf um die Gewissensfreiheit spielte sich zunächst nur auf der religiösen Ebene ab, griff dann aber auch auf die politische über. Das öffnete dem Mißbrauch Tür und Tor, wie er sich vor allem im Glaubenswechsel um das Erbe eines Landes oder Reiches willen zeigte. Die profane Ebene erreichte dieser Kampf in der Zeit der Aufklärung, als es eines größeren Bekennermutes bedurfte, sich für eine politische als für eine religiöse Idee zu entscheiden. Dabei spielte die von der Presse getragene öffentliche Meinung eine immer größere und stärkere Rolle. Aus der Gewissensfreiheit wurde allmählich Meinungsfreiheit. Doch selbst diese fand ihre Grenzen, wenn sie versuchte, ihre Stimme gegen einen autoritären, totalitären oder diktatorischen Staat zu erheben. Dennoch haben sich Gewissens- und Meinungsfreiheit letzten Endes als stärker erwiesen als alle Machtmittel eines solchen Staates. Ohne die in den Jahrhunderten nach der Reformation und nach der Französischen Revolution errungene Gewissens- und Meinungsfreiheit wäre alles geistige Leben, trotz des SCHILLERschen Satzes von der Freiheit des Menschen, selbst wenn er in Ketten geboren wäre, zum allmählichen Tod verurteilt. Was nützten die größten und heiligsten Erkenntnisse, wenn sie den Menschen nicht frei mitgeteilt werden dürften? Sie blieben das Wissen Einzelner, die im Verborgenen lebten und nicht die Möglichkeit hätten, fördernd und lenkend auf andere Menschen einzuwirken. Die Zustände in Deutschland von 1933 bis 1945 und manche noch aktuelle sind dafür ein schlagender Beweis.

Aufs engste verbunden mit der Gewissensfreiheit ist die Entwicklung der menschlichen Persönlichkeit zum Ich-Bewußtsein. Sie zeigt sich nicht nur in dem LUTHERschen »Hier stehe ich, ich kann nicht anders! Gott helfe mir! Amen!«, sondern auch in so profanen Dingen wie der Soldatenwerbung zur Zeit der Landsknechte. Jeder einzelne von ihnen unterschrieb bei seinem Eintritt in ein Heer die Artikelbriefe und schloß damit einen persönlichen

Vertrag mit seinem Werbeherrn, der seinerseits als Kriegsunternehmer wiederum einen persönlichen Vertrag mit dem kriegführenden Fürsten einging. Neben den Gevierthaufen der Landsknechte gewann der mit der Feuerwaffe bewaffnete Einzelkämpfer wieder persönliche Freiheit in der Schlacht. Gewiß wurde er aus überspitztem intellektuellen Denken heraus in der Lineartaktik des 18. Jahrhunderts wieder als Glied der großen *armée machine* behandelt, aber schon kurz darauf unternahm er die ersten Schritte in Richtung auf den nur sich und seinem Volk verantwortlichen Einzelkämpfer mit der aufkommenden Taktik des zerstreuten Gefechts, die schließlich heute im *Teamwork* der Einzelkämpfer ihren vorläufig höchsten Ausdruck findet. Auch in den Bauernkriegen, den Freiheitskriegen gegen NAPOLEON, dem Burenkrieg und bei manchen Partisaneneinheiten des Zweiten Weltkrieges erwies sich das persönliche Freiheitsstreben des Einzelnen als treibende Kraft. Ihren wichtigsten Ausdruck fand die ichbewußte Persönlichkeit auf dem Gebiet des Kriegswesens in der von SCHARNHORST eingeleiteten und von dem älteren MOLTKE vollendeten Auftragstaktik, in der Führer, Unterführer und Mannschaften dazu erzogen wurden, als denkende Einzelkämpfer stets im Sinne des Ganzen zu handeln, gleich ob sie für eine ihnen im Augenblick durch eigene Einsicht notwendig erscheinende Aufgabe den Auftrag hatten oder nicht.

Auf dem Bereich der letzten in dieser Zeitspanne entstandenen geistigen Kraft, dem Nationalen, vollzog sich die endgültige Überwindung der einheitlichen mittelalterlichen Welt im kriegerischen Gegensatz zwischen dem romanisch-katholischen und dem germanisch-protestantischen Teil der führenden Menschengruppen. Der Sieg der Engländer über die spanische Armada im Jahr 1588 stellte dabei den bedeutendsten Wendepunkt dar. Von nun an ging die Führung der Menschheit in den folgenden Jahrhunderten allmählich von den Romanen auf die Engländer und später Angloamerikaner mit ihrem Wirtschaftssystem über. England wurde die vorherrschende Macht in der nördlichen Hemisphäre, vor allem auch in Nordamerika und Asien. Spanien und Portugal wurden auf die südliche Hemisphäre verwiesen, der heute größtenteils die Entwicklungsländer angehören. Frankreich hatte zwar durch die Tat der JEANNE D'ARC die Epoche des Nationalismus eröffnet und England vom Festland Europas verdrängt, aber seine Kräfte richteten sich immer mehr und mehr nach innen, während England nach außen zur Eroberung der Welt vorstieß. Bei dem ständigen Gegensatz zwischen Land- und Seemacht erwies sich die Seemacht letzten Endes nicht nur als überlegen, sie erfocht auch ihre Siege unter weit geringeren Verlusten, als das jemals einer Landmacht möglich gewesen war. Selbst im Zweiten Weltkrieg hatte Großbritannien nur etwa 250000 Tote zu beklagen. Der wichtigste Erwerb Englands war der des nordamerikanischen Kontinents, obwohl es im Amerikanischen Unabhängigkeitskrieg seinen ehemals ersten 13 Kolonien auf dem Gebiet der heutigen Vereinigten Staaten die Selbständigkeit zugestehen mußte. Dort aber entstand eine neue Macht, die es verstand, im Sezessionskrieg des vorigen Jahrhunderts ihre nationale Einheit zu wahren und damit allmählich in jene Aufgaben hineinzuwachsen, die ihr heute als Supermacht zukommen.

Doch mit dem Entstehen dieser Supermacht, ja schon in der zweiten Hälfte des 16. Jahrhunderts, tat die jetzige zweite Supermacht, das damalige Rußland, den entscheidenden Schritt, indem es Sibirien eroberte und seine Landesgrenzen allmählich bis zum Stillen Ozean ausdehnte. Die Entwicklung des zunächst notwendigen Nationalen führte überall auf der Welt zum Nationalismus und daraus folgernd zum Egoismus der einzelnen Staaten. Mit der negativen Erscheinung des Egoismus ergab sich folgerichtig die negative des Imperialismus, die nur durch die Stärke anderer, ebenfalls imperialistischer und egoistischer Staaten eingedämmt und abgebremst werden konnte. Eine ständige Kriegsgefahr war die Folge.

Der Krieg selbst hatte sich von einem Gottesurteil zu einem profanen Rechtsstreit entwickelt. Damit aber konnte der Krieg selbst immer wieder den Krieg gebären, wie ein Rechtsstreit oder ein Prozeß den nächsten gebiert. Das nach juristischen Grundsätzen geschaffene neue Völkerrecht, welches das sakrosankte der Vorzeit ablöste, erwies sich als symptomatisches Geschöpf des Intellektualismus als unfähig, Kriege zu verhindern. Es konnte sie nur durch bestimmte Regeln humanisieren; doch wurden diese Regeln vor allem im ideologischen Krieg des 20. Jahrhunderts immer wieder und von allen Seiten gebrochen.

Vom Beginn der Neuzeit bis zu den Napoleonischen Kriegen wurden im Sinne dieses Völkerrechtes die Kriege so geführt, daß die Volks- und Wirtschaftskraft des feindlichen Staates nicht gebrochen oder gar zerstört wurde. Nur in einem einzigen Krieg, dem Kampf gegen die Türken im 17. Jahrhundert, drohte Mitteleuropa die Unterwerfung durch den Islam, wenn es sich nicht unter Anrufung aller moralischen und christlichen Kräfte gegen diesen Feind erfolgreich gewehrt hätte. Typisch aber bis zum Ende des 18. Jahrhunderts waren die Kabinettskriege, jener »Zeitvertreib der Könige«, bei dem es lediglich um den Besitz oder Verlust einer Grenzfestung oder Provinz ging. Die die Epoche der Aufklärung prägende Vernunft beherrschte auch den Krieg. Ein typisches Erzeugnis dieses Denkens war das von England stets angestrebte Gleichgewicht der Kräfte, bei dem sich Großbritannien einen Festlandsdegen sicherte, der dieses Gleichgewicht gegen jeden Aggressor wahren sollte. Eine weitere Schöpfung dieses Gedankensystems war die

Schaffung von Pufferstaaten bis ins 19. Jahrhundert, die durch ihr bloßes Vorhandensein zwischen zwei großen und starken Mächten diese von einem Krieg gegeneinander abhalten sollten. Dem allen setzten die National- und Volkskriege, beginnend mit den französischen Revolutionskriegen im letzten Jahrzehnt des 18. Jahrhunderts, ein Ende. In ihnen wurde das Volk zu einem *corpus mysticum* erhoben, zu dessen Verteidigung und Freiheit jeder Bürger bereit sein mußte. Der Krieg wurde demokratisiert und das Schlachtfeld zum Schlachthaus. Der Schritt zum totalen Volkskrieg zeigte in den spanischen Erhebungen und in den Kämpfen der französischen Republik gegen die Deutschen 1871 zum ersten Mal dessen wahres Gesicht. Von nun an stand die Existenz eines Staates, ja sogar das Leben eines Volkes auf dem Spiel. Allein durch Wirtschaftsziele bedingte Kriege, wie etwa der Opiumkrieg Englands gegen China im Jahr 1840, bewiesen die beginnende materialistische Umklammerung und Verstrickung der europäischen Völker, die durch die ideologische im 20. Jahrhundert ergänzt wurde. Nicht mehr allein Mut, Tapferkeit und Opferbereitschaft gaben den Ausschlag in einem Krieg, sondern mehr noch das Industriepotential und Material einerseits und die lügnerische Propaganda andererseits, und zwar gleich, um welches Volk und welchen Staat es sich handelte. In diesen Kriegen des 20. Jahrhunderts, in denen Existenz und Freiheit der Völker auf dem Spiel standen, machte die Kriegsmaschinerie auch vor den Zivilisten des feindlichen Volkes nicht mehr Halt. Sie wurden in die Ausrottungspläne, sei es durch Bomben oder subtilere Mittel, einbezogen. Lediglich die Angst davor, der Feind könne ein noch schrecklicheres Mittel und eine noch furchtbarere Waffe besitzen als die eigenen Truppen, verhinderte den Einsatz chemischer und bakteriologischer Kampfstoffe im Zweiten Weltkrieg. Die Abschreckung mit diesen Waffen hielt selbst in diesem hemmungslosen Völkerringen der praktischen Probe stand.

Trotz dieses Abstiegs in die tiefste Ebene des Materialismus auf dem Gebiet der Kriegführung ging bereits nach dem Ersten Weltkrieg eine solche Erschütterung durch die gesamte Bevölkerung der ehemals kriegführenden Staaten, daß man zum ersten Mal praktisch versuchte, den Krieg zu ächten und vor allem den Angriffskrieg völkerrechtlich zu verbieten. Hatte man zuvor den Krieg als ein ganz normales Mittel »zur Fortsetzung der Politik mit anderen Mitteln« angesehen, zu dem jeder Staat griff und glaubte, zu Recht greifen zu dürfen, so galt es von nun an als vornehmstes Ziel der Politik, einen neuen Krieg zu verhindern. Gegenüber den Klassen- und Rassenkampfparolen erwies sich das jedoch als unwirksam. Zum mindesten aber waren alle Staatsmänner zwischen dem Ersten und dem Zweiten Weltkrieg gezwungen, ihre wahren Pläne hinter der Maske des Friedensbringers zu verbergen. Nicht zuletzt ließen sich die Westmächte Frankreich und England von den wiederholten öffentlichen Erklärungen HITLERS, den Versailler Vertrag nur mit friedlichen Mitteln revidieren zu wollen, täuschen, und die Bevölkerung in diesen Ländern, die dies nur zu gern glaubte, gab sich einem Pazifismus hin, der zu ihrem eigenen Untergang führte. Ähnliche Feststellungen können auch heute angebracht sein. Überall glaubte man, durch den Ersten Weltkrieg den Frieden endgültig für die Welt errungen zu haben. Niemandem dagegen fiel es auf, daß das Mittel »Frieden durch Krieg« an sich geradezu pervers ist und einen Widerspruch in sich selbst darstellt. Der Friede kann nur durch Ablegung des Egoismus der Völker und Staaten und durch ruhige, entschlossene und feste Verhandlungen zwischen ihren Führern bewahrt werden, nicht aber durch den Einsatz von Waffengewalt. Sprechen die Waffen erst, so ist es zu spät. Weil die Siegermächte ihren nationalen Egoismus 1918 in den Friedensverhandlungen von Versailles nicht zügelten, schufen sie in Deutschland und bei anderen ehemaligen Feindmächten eine der vielen Grundlagen, die dann zum Zweiten Weltkrieg führen sollten. Nach diesem letzten Krieg steht die Menschheit vor einer ähnlichen Frage. Trotz der völlig anders gearteten politischen Ausgangslage ist die Kriegsgefahr noch lange nicht beseitigt, wenn sie auch für Europa zunächst nicht akut erscheint. Doch dies ist Gegenstand des folgenden und abschließenden Kapitels.

In der gesamten Menschheitsentwicklung seit dem Beginn der Neuzeit haben wir die Entwicklung der beiden großen geistigen Elemente, des Nationalen und des Persönlichen, in ihren kriegerischen Auswirkungen beobachtet. Es konnte dabei festgestellt werden, daß sie, wie alles Menschliche, Gutes und Böses mit sich gebracht haben. Im letzten Abschnitt dieser Zeit, im 20. Jahrhundert, hat es allerdings den Anschein, als hätte das Böse, verkörpert im Materialismus und im lügnerischen Ideologienkampf, die Menschheit so in seiner Umklammerung gepackt, daß es daraus kaum noch einen Ausweg gäbe. Daß das Kriegswesen hiervon besonders betroffen ist, liegt nur in der Natur der Sache. Ob die Menschheit sich aus dieser Umklammerung lösen kann, liegt an jedem Einzelnen. Mittel und Wege dazu mögen verschieden sein, das Ziel aber muß das gleiche bleiben: die unbedingte Bewahrung des Friedens durch Ablegung des nationalen oder auch ideologischen Egoismus, die aber nicht durch Selbstaufgabe erkauft werden darf.

VI. Selbstvernichtung der Menschheit? – beginnendes Atomzeitalter

DIE DETONATION der ersten Atombombe über Hiroshima 1945 hat die Welt in einem Ausmaß verändert, wie es früher eine einzige Waffe niemals vermocht hätte. Dazu befand sich diese Waffe im Besitz eines einzigen Staates, nämlich der Vereinigten Staaten von Amerika, die damit die absolute Überlegenheit über alle anderen Mächte besaßen. Sie haben diese Überlegenheit nicht ausgenutzt, sondern in klarer Erkenntnis um die Höherwertigkeit des Friedens und der Prinzipien der Humanität sich selbst beschränkt. Die Vereinigten Staaten rüsteten 1945 sogar ab. Selbst als der sog. Kalte Krieg begann, die Sowjetunion 1948/49 die Blockade über Berlin verhängte und noch 1949 ihren ersten Versuch mit einer Atomwaffe unternahm, rüsteten die USA nicht wieder auf. Ihre Haltung zu dieser Frage änderte sich erst, als nordkoreanische Truppen 1950 in Südkorea einfielen. Seither haben mehr als 50 größere Kriege und Bürgerkriege und mehr als 70 gewaltsame Aufstände, Revolutionen, Staatsstreiche, Guerilla- und Konterguerillaaktionen stattgefunden, an denen 88 Staaten beteiligt waren. Nach unterschiedlichen Schätzungen beliefen sich dabei die Menschenverluste zwischen 15 und 32 Millionen. Diese Verlustzahlen erreichten also beinahe die des Zweiten Weltkrieges. Das ist eine mehr als niederdrückende Bilanz. An diesen bewaffneten Auseinandersetzungen beteiligten sich sowohl hochgerüstete Staaten als auch solche, die nur über schwache Streitkräfte verfügten. Nie aber war es nur das Vorhandensein von Waffen, das diese Kriege auslöste, sondern immer waren es die Menschen, die sich in ihrem Egoismus von der Anwendung der Gewalt Vorteile versprachen. Nirgends gab es jedoch zwischen den Mächten und Bündnissen, die über Kernwaffen verfügten, kriegerische Auseinandersetzungen, obwohl es im Ost-West-Konflikt nicht an Krisen mangelte, die noch vor Beginn des Atomzeitalters ausgereicht hätten, um Kriege auszulösen. Im nicht zu leugnenden Kampf der beiden Supermächte, USA und UDSSR, um die Vormachtstellung in der Welt, scheuten beide die direkte Konfrontation und die Möglichkeit der Auslösung eines Nuklearkrieges und griffen lieber auf Stellvertreterkriege zurück. Das soll nicht heißen, daß die beiden Supermächte stets und in jedem Fall die treibende Kraft bei der Auslösung eines sog.

Stellvertreterkrieges waren, der in Afrika, Asien oder Mittelamerika begann. Zumeist fingen die in einen dortigen Krieg verwickelten Völker die militärische Auseinandersetzung von sich aus an; je nach politischem System traten dann die Supermächte als Ausbilder oder Waffenlieferanten auf und unterstützten die ihnen jeweils genehme Seite mit ihren Aufklärungs- und Propagandamitteln. Nur in wenigen Fällen entsandten sie selbst Truppen, wie etwa die Amerikaner in Vietnam und die Sowjets in Afghanistan, um nur zwei Beispiele zu nennen.

Negativ für den Westen fällt dabei ins Gewicht, daß alle Maßnahmen wie auch alle Fragen der Landesverteidigung völlig offen und kontrovers behandelt und geplante Waffensysteme, lange bevor sie in Produktion gehen, auf ihre Stärken und Schwächen hin analysiert werden, während der Osten alle diese Dinge verschweigt und entsprechende Maßnahmen im allgemeinen nur durch die westlichen Nachrichtendienste bekannt werden. Da die westlichen Massenmedien aufgrund dieser Tatsache stets mehr über die Vorgänge im eigenen Lager erfahren und diese analysieren und kritisieren, der Osten aber die eigenen Maßnahmen durch geschickte Semantik, subtile Propaganda oder gezielte Desinformation verschleiert, entsteht bei der westlichen Öffentlichkeit sehr oft der falsche Eindruck, der Westen rüste mehr als der Osten.

Während das direkte oder indirekte Eingreifen der westlichen Supermacht in erster Linie macht- und wirtschaftspolitisch bedingt ist, greift die östliche Supermacht in erster Linie aus ideologischen und erst in zweiter Linie aus machtpolitischen Gründen ein. Die Ideologie ist, wie wir gehört haben, seit dem Zweiten Weltkrieg zum Hauptgrund moderner Kriege geworden. Im Osten beruht sie auf der marxistisch-leninistischen Lehre des historischen und dialektischen Materialismus, durch die die Menschheit ihre höchste Entwicklungsstufe im irdischen Paradies des Kommunismus erreichen soll, im Westen dagegen wird, wenn auch erst in zweiter Linie, versucht, die Menschheit durch die Demokratie glücklich zu machen. Man bemüht sich, wenn auch meist vergebens, diese Ideenwelt des emanzipierten Europäers und Amerikaners selbst Völkern zu vermitteln, deren Kulturstufe noch derjenigen des Mittelalters entspricht oder diese noch nicht einmal erreicht hat. Da aber Ideologien einen der wichtigsten Kriegsgründe abgeben, müssen sie in ihrer heutigen Bedeutung, als Bezeichnung für eine unechte, aus materiellem oder politischem Interesse nur vorgetäuschte Weltanschauung benutzt und als Ersatzreligion dienend, aus dem Gedankengut der Menschheit verschwinden. Das Christentum ist die Kraft, die allein Ideologien überwinden kann.

In Europa gab es zwischen den Mächten und Bündnissen, die über nukleare Waffen verfügen, seit 1945 keine Kriege mehr, wenn man von dem Bürgerkrieg in Griechenland kurz nach dem Zweiten Weltkrieg und den Aufständen in Berlin 1953, in Ungarn 1956 und in der Tschechoslowakei 1968 absieht. Kaum jemals hat es demnach eine Zeit gegeben, in der Europa sich einer so langen Periode, wenn auch nicht des Friedens, so doch des Nicht-Krieges erfreuen durfte. Im Grund ist dies sogar die längste Friedensperiode seit dem Mittelalter. Niemand wird mit letzter Schlüssigkeit erklären können, warum das so ist. Es spricht jedoch vieles dafür, daß die Angst vor einer großen nuklearen Auseinandersetzung neue Kriege in Europa verhindert hat. Das ist keineswegs eine Aussage, die besondere Rückschlüsse auf die hohe Moral der weißen Bevölkerung zuläßt, aber es ist eine praktische Tatsache.

Blöcke in Ost und West

Betrachten wir uns nun die Kräfte, die sich in Europa und auf der Welt gegenüberstehen. Wie schon betont, rüsteten die Westmächte nach dem Abschluß des Waffenstillstands mit Deutschland und später mit Japan 1945 sofort wieder auf Friedensstärke ab. Die Sowjetunion dagegen behielt ihre Streitkräfte unter Waffen, ja sie vermehrte sie noch. Darüber hinaus gingen die Amerikaner bereits 1946 so weit, im Baruch-Plan die Vernichtung aller A-Waffen unter Aufsicht einer internationalen Kernenergiekontrolle vorzuschlagen. Die Sowjetunion lehnte dies ab, obwohl sie noch nicht im Besitz atomarer Waffen war. Als der erste sowjetische Atomwaffenversuch 1949 jedoch gelungen war und die USA eine Zweistufenrakete, die eine Höhe von 400 km erreichte, sowie einen Langstreckenbomber entwickelt hatte, der die Erde in 94 Stunden umflog, richtete der kommunistisch dominierte Weltfriedensrat 1950 in Stockholm einen dringenden Appell an alle Staaten, die A-Waffen zu verbieten. Nach der Entwicklung der Wasserstoffbombe (H-Bombe) 1952 in den USA und 1953 in der Sowjetunion verwarfen die Sowjets erneut den britisch-französischen Plan einer stufenweisen Abrüstung, weil sie jede Kontrolle ihrer eigenen Rüstungsmaßnahmen ablehnten. Der gleichen Ablehnung durch die Sowjetunion verfiel 1955 der amerikanische Plan »Offener Himmel«, der die gemeinsame Kontrolle durch Luftinspektion vorsah. Doch 1956 willigte die Sowjetunion auf der im Auftrag der Vereinten Nationen in London einberufenen Fünfmächte-Konferenz in eine solche Luftinspektion ein. Ein Jahr später, nach dem Start des ersten Erdsatelliten Sputnik I durch die Sowjetunion, drängten die USA erneut auf die Einstellung aller Atomwaffenversuche für zwei Jahre, um ein Kontrollsystem zu schaffen. Die Sowjetunion lehnte dies ab, beharrte aber auf der Luftinspektion.

Zwei Jahre später legten die Briten, die sich in der Zwischenzeit ebenfalls im Besitz der Wasserstoffbombe befanden, einen Dreistufenplan vor, der 1. die Einstellung der Atomversuche sowie 2. der Atomwaffenproduktion und 3. das Verbot aller Atomwaffen vorsah. Die Sowjetunion verlangte dagegen unter der Führung CHRUSCHTSCHOWS die sofortige totale Abrüstung innerhalb von vier Jahren, lehnte aber Kontrollmaßnahmen außer der Luftinspektion weiterhin ab. Da 1960 die westlichen Staaten auf der Zehnmächte-Konferenz in Genf weiterhin eine internationale Kontrollkommission verlangten, einer sofortigen Auflösung ausländischer Stützpunkte jedoch nicht zustimmten, stellten die Ostblockstaaten ihre Mitarbeit dort ein. Auch auf einer weiteren Konferenz von 8 neutralen und je 5 westlichen und 5 östlichen Staaten in Genf konnte die Frage der Kontrolle wegen des sowjetischen Widerstands nicht gelöst werden. Erst nachdem es den USA 1963 gelungen war, einen Spezial-Satelliten zur Überwachung von Kernexplosionen in den erdnahen Weltraum zu schicken, kam es zu einem amerikanisch-sowjetischen Abkommen über eine direkte Fernschreibverbindung zwischen Moskau und Washington, dem sog. »heißen Draht«, um die Gefahr eines unkontrollierten Krieges zu verringern. Im August des gleichen Jahres unterschrieben sie sogar ein Atomteststopp-Abkommen über das Verbot von Atomversuchen im Weltraum, in der Atmosphäre und unter Wasser. Frankreich, das inzwischen ebenfalls Atommacht geworden war, und China, das kurz vor seinem ersten A-Bombenversuch stand, traten dem Abkommen nicht bei.

Erst im Juli 1965 konnte die Genfer Konferenz wieder aufgenommen werden, wobei sich die USA für die Nichtweitergabe von atomaren Waffen einsetzte und die UDSSR den Abzug aller im Ausland stationierten Truppen verlangte. Wegen des langen Anmarschweges amerikanischer Truppen in einem Konflikfall in Europa und der den Europäern in der NATO gegebenen Sicherheitsversprechen gaben die USA dieser Forderung nicht nach. Doch dann unterzeichneten Präsident NIXON und Generalsekretär BRESCHNEW am 26. Mai 1972 den SALT-I-Vertrag. Ihm folgte am 15. Juni 1979 der SALT-II-Vertrag. In beiden Verträgen, die eine gewisse zahlenmäßige Begrenzung der strategischen Nuklearwaffen verlangen, geht es keineswegs um eine Abrüstung, sondern vielmehr um eine Rüstungskontrolle. Die Aufrüstung dagegen ging auf beiden Seiten geregelt weiter, und die Kampfkraft wurde erheblich gestärkt. Durch die Nachgiebigkeit der Regierung CARTER erreichte die Sowjetunion die strategische Parität mit den USA, die sogar vertraglich anerkannt wurde.[270] Während der Zeit der Entspannungspolitik plante, verstärkte und beschleunigte die Sowjetunion den Aufbau ihrer Mittelstreckenraketen SS-20, der Kurzstreckenraketen SS-21, SS-22 und SS-23, lieferte ihre neueste Flugzeuggeneration SU-19, TU 26 »Backfire« sowie atomare Kurzstrecken-Marschflugkörper an die Truppe, die von Flugzeugen und Schiffen gestartet werden können, sowie eine neue, z. T. zum Verschuß von Atomgranaten geeignete Generation von Geschützen. Dies verschaffte Moskau ein politisches Droh- und militärisches Angriffspotential, das mit klarer Überlegenheit auf fast allen Gebieten eingesetzt werden kann. Dadurch kam es bei der NATO in Europa zum sog. Doppelbeschluß, der die Nachrüstung bei gleichzeitiger Fortsetzung von Verhandlungen festlegte, und zum Einfrieren des bereits ausgearbeiteten SALT-III-Vertrages durch die USA.

Nach diesem Überblick über die Abrüstungsbemühungen, die vornehmlich an der Frage der Rüstungskontrolle scheiterten, aber dennoch weitergeführt werden, weil jede der beiden Supermächte bestrebt ist, die Rüstungsausgaben und −anstrengungen nicht auf Kosten der Versorgung der Zivilbevölkerung ins Uferlose wachsen zu lassen und doch Mittel zur Verhinderung eines Krieges zu finden, wenden wir uns dem reinen Kräftevergleich zu, obwohl im Rahmen dieses Buches nicht alle Maßnahmen zur Beschränkung der Rüstung wie etwa die MBFR-Verhandlungen in Wien und die KSZE-Verhandlungen angeführt werden. Beim Kräftevergleich werden die strategischen Nuklearkräfte mit ihren landgestützten interkontinentalen ballistischen Raketen mit einer Reichweite über 5500 km (ICBM), U-Boot-gestützten ballistischen Langstreckenraketen (SLBM) sowie schweren Bombern, die nuklearen Mittelstrecken-Systeme (INF) mit den landgestützten Raketen und Flugzeugen (in nuklearer Erst− und Zweitrolle) mit Reichweiten zwischen ca. 150 und 5500 km, die nuklearen Kurzstrecken-Systeme (SNF) mit ihren landgestützten Raketen und Artilleriegeschützen mit Reichweiten bis zu 150 km und die konventionellen Streitkräfte mit den auf dem europäischen Kontinent stationierten Land- und Luftstreitkräften von NATO und Warschauer Pakt und den der NATO bzw. dem Warschauer Pakt zugeordneten Marinestreitkräften mit Ausnahme der amerikanischen und sowjetischen Pazifik-Flotten einander gegenübergestellt. Dabei werden auf seiten der NATO die spanischen Streitkräfte vorläufig außer acht gelassen, da sie noch nicht voll der NATO unterstellt sind. Die französischen Streitkräfte, die der NATO nicht unterstellt sind, werden gesondert behandelt.

Wir wollen uns dabei nicht auf die heute so vielfach übliche »Raketenzählerei« einlassen, die dem Laien doch nicht verständlich wird, sondern nur feststellen, daß bei den strategischen Nuklearkräften in etwa Ausgewogenheit zwischen dem Warschauer Pakt und der NATO besteht. Bei den nuklearen Mittelstreckensystemen besaß der Warschauer Pakt im Bereich der landgestützten INF-Raketen, die sich besonders in der Aufstellung der modernen, mit Mehrfachgefechtsköpfen (MIRV) ausgerüsteten mobilen ss-20-Rakete ausdrückt, eine klare Überlegenheit, die im Dezember 1979 zum Doppelbeschluß der NATO führte. Danach wurden ab 1983 108 Pershing-II-Raketen und 464 landgestützte Marschflugkörper (GLCM) von der NATO aufgestellt, um auch hier wieder eine gewisse Ausgewogenheit zu erreichen. Die nuklearen Kurzstreckensysteme (SNF), die aus landgestützten Raketen, Geschützen und Granatwerfern bestehen (NATO-Ausdruck: Mörser), sind meistens bei schweren Kalibern sowohl für den Einsatz konventioneller als auch nuklearer Munition geeignet. Neben den seegestützten strategischen Systemen besitzen NATO und Warschauer Pakt noch weitere nuklearfähige Waffensysteme, die einen festen Bestandteil der für Seekriegsoperationen vorgesehenen Kräfte bilden.

Bei den konventionellen Streitkräften stehen den 2,6 Millionen Mann der NATO in 84 Divisionen 4 Millionen des Warschauer Paktes in 173 Divisionen gegenüber. Diese Überlegenheit wird noch dadurch verstärkt, daß der Warschauer Pakt bei Kampfpanzern, Schützenpanzern, Artillerie und Mörsern um mehr als das Doppelte, bei Kampfpanzern um mehr als das Dreifache überlegen ist. Gerade diese Überlegenheit an Kampfpanzern, Schützenpanzern und Artillerie, also an Mitteln, die zur Vorbereitung oder Durchführung von Angriffsoperationen besonders geeignet sind, weist auf eine klare offensiv ausgerichtete Strategie der Sowjetunion hin. Verstärkt wird dieser Hinweis durch die Tatsache, daß die Sowjetarmee in weit höherem Maß als andere Heere mit amphibischen Fahrzeugen und Brückengeräten ausgerüstet ist, die von alters her bei allen Heeren ein sicheres Kriterium dafür sind, daß die entsprechende Armee den Schwerpunkt auf den Angriff legt.

Auch bei den Luftstreitkräften in Europa, von denen nur die Jagdbomber, Jäger, Aufklärer und Bomber in den Vergleich einbezogen werden sollen, besitzt die Sowjetunion eine mehr als doppelte Überlegenheit. Besonders stark wirkt sich diese Überlegenheit bei den Abfangjägern aus, von denen ein großer Teil im Erdkampf und damit in Angriffsrollen eingesetzt werden kann.

Bei den Marinestreitkräften im Nordatlantik, Nordmeer und den europäischen Randmeeren besitzt die NATO nur bei den Trägern eine klare Überlegenheit, die sich aber durch die Indienststellung weiterer sowjetischer Träger ständig verringert. An Überwasserkampfschiffen und U-Booten sowie Marineflugzeugen und Hubschraubern beläuft sich die Überlegenheit des Warschauer Paktes auf etwa das Anderthalbfache.

Zählt man die nicht in die NATO integrierten Streitkräfte Frankreichs hinzu, so ergibt sich eine kaum vorteilhaftere Lage für die NATO. Frankreich besitzt an Nuklearstreitkräften nur 18 Mittelstreckenraketen, 80 U-Boote mit ballistischen Raketen, etwa 200 mittlere Bomber und Jabo-Träger-Flugzeuge sowie 30 taktische Raketen. Die 15 konventionell ausgerüsteten französi-

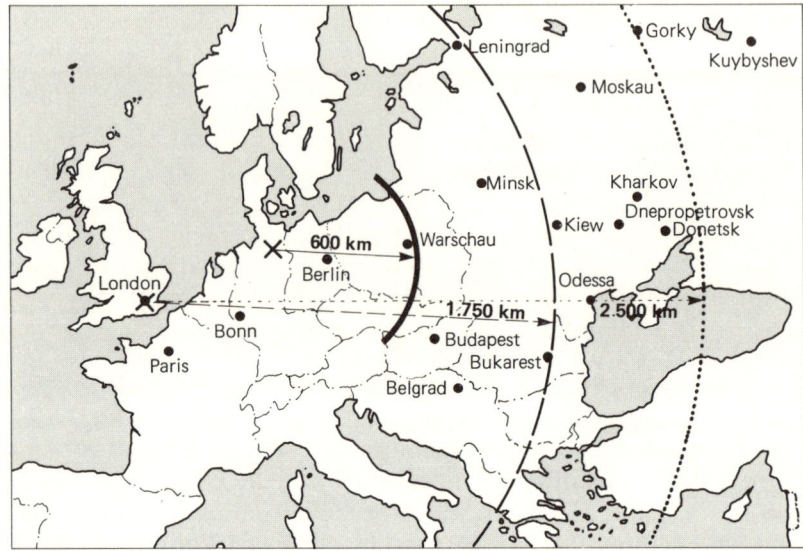

Fig.20 Reichweiten der in Europa stationierten Mittelstreckenraketen der NATO

schen Divisionen mit ihren Panzern und Geschützen vermögen zwar den
sowjetischen Vorsprung ein wenig zu verringern, aber auf keinen Fall wettzumachen. Das gleiche trifft für die Kampfflugzeuge und Marinestreitkräfte mit
Ausnahme der Flugzeugträger zu. Bei letzteren bedeuten die zwei französischen Träger einen beachtlichen Zuwachs an Schlagkraft der NATO.

Greift man bei diesem Kräftevergleich den Schwerpunkt Mitteleuropa
heraus, so beläuft sich die Überlegenheit des Warschauer Paktes über die
NATO auf dem Gebiet der Landstreitkräfte an Divisionen, Geschützen, Panzern und Kampfflugzeugen auf das Drei- bis Vierfache. Die dreifache Überlegenheit gilt aber in den Führungsvorschriften aller Armeen als Mindest-
maß für die Durchführung von Angriffen, während eine Unterlegenheit von
eins zu drei zur Durchführung von Abwehrkämpfen gerade noch ausreicht.
Erschwerend für die NATO kommt hinzu, daß ihr Nachschub an Menschen
und Material über weit größere Entfernungen, und sogar über See, herangebracht werden muß, als dies beim Warschauer Pakt der Fall ist. Allerdings
bietet die Beherrschung der See auch Vorteile, die bereits in den vorangegangenen Kapiteln herausgestrichen worden sind.

Bei einem solchen Kräftevergleich, der immer wieder von den Tageszeitun-
gen, Magazinen und Illustrierten sowie von den Sendestationen gemeldet

wird, lassen die meisten Bearbeiter ein sehr wichtiges Teilgebiet völlig aus. Es ist dasjenige des Zivilschutzes. Mit dem Hinweis auf die Bombenangriffe im Zweiten Weltkrieg, vor allem aber auf den amerikanischen atomaren Angriff auf Hiroshima und seine entsetzlichen Folgen, wird vor allem in der Bundesrepublik die Nutzlosigkeit solcher Schutzmaßnahmen betont. Übersehen wird dabei völlig, daß der Angriff auf Hiroshima für die Bevölkerung überraschend kam. Es war zwar Fliegeralarm gegeben, aber nur ein einzelnes Flugzeug gemeldet worden, das man für einen Aufklärer hielt, vor dem man sich nicht besonders zu schützen brauchte. Als Folge davon befand sich zur Zeit des Abwurfs der Atombombe der größte Teil der Bevölkerung auf dem Weg zur Arbeitsstätte und außerhalb der Schutzräume. Die außerordentlich hohe Zahl von Toten und Verletzten ist nicht zuletzt dadurch zu erklären. Die außerhalb einer bestimmten Entfernung vom Nullpunkt in Schutzräumen befindlichen Personen waren dagegen verhältnismäßig sicher, wenn sie sich nicht in Unkenntnis der Strahlenwirkung in das kontaminierte Gebiet begaben. Standbilder und Filmaufnahmen sowie Berichte von Überlebenden haben dies einwandfrei ergeben. Aus diesem Grund läuft vor allem in der Sowjetunion, aber auch in anderen Staaten des Ostblocks seit Jahrzehnten ein Programm zur Aufklärung der Bevölkerung im Verhalten bei ABC-Alarm und zum Ausbau von Schutzräumen. Im Westen, besonders in der Bundesrepublik, sind die Vorbeugungs- und Schutzmaßnahmen mehr als mangelhaft, ja kaum in Angriff genommen worden. Es fehlt auch an einer realistischen Aufklärung der Bevölkerung, der Ausgabe von ABC-Schutzmasken und Schutzbekleidung sowie ähnlichen Dingen. Vorbildlich wurden dagegen alle diese Maßnahmen in der neutralen Schweiz und in Schweden durchgeführt. Diese Vernachlässigung des Zivilschutzes in den NATO-Ländern trägt entscheidend zur Unterlegenheit des Westens bei, zeigt aber auch, daß die NATO nicht an die Auslösung eines atomaren Krieges denkt, denn ihr Verteidigungsauftrag wäre unsinnig, wenn es nichts mehr gäbe, was zu schützen und zu verteidigen wäre.

In letzter Zeit ist das oben angegebene Kräfteverhältnis insofern angezweifelt worden, als man z. B. das Panzerpotential des Warschauer Paktes nach Typen und Altersklassen unterschieden aufgeschlüsselt hat. Das müßte dann aber auch für die NATO geschehen, und es stellt sich dann heraus, daß bei einem erneuten Vergleich unter Berücksichtigung dieser Tatsachen das gleiche ungünstige Verhältnis für die NATO herauskommt. Ähnliches gilt auch für die Unterscheidung von personell voll aufgefüllten und weniger voll aufgefüllten Divisionen des Warschauer Paktes. Unter diesen Kriterien hätte z. B. die Bundeswehr, die die Masse der Landstreitkräfte der NATO in Mitteleuropa stellt, überhaupt keine voll aufgefüllte Division. Außerdem weist man darauf hin, daß die Sowjetunion aufgrund der für sie nachteiligen geopolitischen und geostrategischen Verhältnisse keinen längeren Abnutzungskrieg gegen den Westen führen könne. Das ist zweifellos richtig. Es verstärkt aber die Annahme, daß die Sowjetunion und mit ihr der Warschauer Pakt, falls sie, was nach der augenblicklichen Lage allerdings nicht zu erwarten ist, zum Angriff anträte, den Krieg nach den Regeln der Niederwerfungsstrategie und des Blitzkrieges führen müßte.

Der oben angegebene Kräftevergleich wird aber erst mit Leben erfüllt, wenn die neuartigen Waffen des beginnenden Atomzeitalters in ungefähr in ihrer Wirkung beschrieben sind. Diejenige der Atom- und Wasserstoffbombe ist der Bevölkerung weitgehend, wenn auch nur ungefähr bekannt. Sie wirken durch Druck, Hitze und radioaktiven Niederschlag. In Hiroshima starben etwa 50% der Opfer an den durch die Atomexplosion freigesetzten thermischen Energien. 30% der betroffenen Bevölkerung wurden durch Nuklearstrahlung getötet, und 20% verloren ihr Leben durch die Druckwelle. Hitze und Druck wirken unmittelbar. Die meisten Unklarheiten bestehen über die Wirkung des radioaktiven Niederschlags. Der aufsteigende Feuerball einer Atomexplosion saugt Staubteilchen aus der Erde auf und verwandelt sie in radioaktive Stoffe. Vom Wind getragen, fallen sie in einem elliptisch umschlossenen Gebiet als radioaktiver Niederschlag, dessen Zusammensetzung von den Wetterverhältnissen und der Bodenbeschaffenheit am Explosionsort abhängt, nieder. Die schweren Teilchen sinken natürlicherweise zuerst herab, die leichteren gehen noch nach Wochen weit entfernt nieder. Dabei verursacht die Gammastrahlung Schäden in den Molekülen der Körperzellen, Alpha- und Betastrahlung Verbrennungen und Verletzungen an der Hautoberfläche. Sie führen zu Tod oder Dauerschäden. Allerdings sinkt die Radioaktivität im betroffenen Gebiet innerhalb der ersten 24 Stunden rasch ab und fällt nach einer Woche unter eine lebensgefährdende Marke. Theoretisch können einfache Schutzmaßnahmen, so etwa Unterstände in Form der bekannten »Fuchslöcher«, die Bevölkerung weitgehend schützen. Tatsächlich reduzieren Zivilschutzmaßnahmen die Auswirkungen des radioaktiven Niederschlags erheblich. ABC-Schutzbunker sind von weit höherem Schutzwert. Neben diesen Wirkungen gibt es noch eine Zweitwirkung, die in der Veränderung der Erbmasse der im betroffenen Gebiet lebenden Menschen besteht. Auch Krebs wird bei einem unbegrenzten Atomkrieg durch den Niederschlag von Strontium 90 erzeugt. Dieses besitzt, bis zum Zerfall, eine lange Wirkungsdauer und kann über zwanzig Jahre, etwa durch den Verzehr verseuchter Lebensmittel, wirken. »Ein Atomkrieg hat daher nicht nur Auswirkungen für das direkt getroffene Territorium, sondern gefährdet die gesamte Menschheit. Auch wenn rechnerisch und theoretisch eine Reduzierung der Opfer einer thermonuklearen Auseinandersetzung möglich erscheint, so veränderte ein solcher Waffengang doch die Struktur und die realen Lebenschancen der überlebenden Bevölkerung wie kein anderes geschichtliches Ereignis. Trotz umfangreicher Zivilschutzmaßnahmen, etwa in der UDSSR, verwandelt ein Atomkrieg eine Stadt für Monate und Jahre in ein Krankenhaus. Die Nachwirkungen halten Jahrzehnte an. Die Frage ist nicht nur, wieviele Menschen einen Atomschlag überleben, sondern auch, wie die Verbliebenen noch leben können. Die Überlebenden könnten wandelnde Leichen sein, bedroht vom schleichenden Atomtod, der eine Generation lang in jedem Staubkorn lagern kann. Die Schäden vererben sich über Generationen fort.«[271] Diese Aussage gilt allerdings nur für den großen atomaren Schlagabtausch, nicht aber für den Einsatz einzelner atomarer Waffen im Rahmen der Strategie der »flexible response« zur Warnung eines Aggressors. Auch ist die Wirkung in ihrer Stärke je nach dem KT-Wert und der Art der Zündung, in der Luft, am Boden oder unter der Erde, unterschiedlich. Nukleare Sprengköpfe können von Flugzeugen, Schiffen, Raketen, Geschützen oder Mörsern (Granatwerfern) ins Ziel gebracht oder als Minen (ADM) verlegt werden. Raketen sind dabei in der Lage, mehrere Gefechtsköpfe zu tragen, die unabhängig voneinander und selbständig, quasi als »denkende Bomben«, ihre Ziele suchen (MIRV). Geschütze, Mörser und Minen verschießen bzw. bestehen aus atomarer Munition mit einem KT-Wert von einer Kilotonne – die Atombombe von Hiroshima hatte einen Wert von 20 KT. Es ist eine Streitfrage, ob diese Art der taktischen Nuklearwaffen (TNW) von den Großmächten überhaupt als Atomwaffen angesehen werden.

Eine Abart der bisher geschilderten Nuklearwaffen ist die sog. Neutronenbombe, die aus Raketen, 203 mm Kanonen und 155 mm Haubitzen der NATO abgeschossen werden kann. Sie erzeugt schnelle Neutronen, die auf eine große Fläche tödlich wirken, reduziert aber gleichzeitig die Druckwelle und den Hitzeball, wie sie bei atomaren Explosionen auftreten. Ihre intensive Neutronenstrahlung liegt 20% über der Ausstrahlung einer 10-KT-Atombombe. Ihre Druck- und Hitzewelle zerstört zwar alle Gebäude im Umkreis von 300 m, wenn sie etwa 150 m über dem Erdboden gezündet wird, tötet darüber hinaus aber alle Soldaten selbst in Panzern sofort bis zu einer Entfernung von 1000 m und verwundet alle bis zu einem Umkreis von 2000 m tödlich. Auch darüber hinaus sind noch schwere Verwundungen mit lebenslangen Schädigungen möglich. Obwohl diese Waffe noch nicht eingeführt ist, scheint man auch im Osten ihre Herstellung zu kennen. Diese offiziell ERW genannte Waffe besitzt, wenn sie einmal von der NATO eingeführt werden sollte, keine Abschreckungswirkung, so lange der Warschauer Pakt als Antwort auf ihren Ersteinsatz seinerseits mit seinen fünffach überlegenen eurostrategischen Systemen Westeuropa vernichten kann und somit der Einsatz dieser Waffe zum Selbstmord führte. Sie entbindet die NATO daher nicht von einer Stärkung ihres konventionellen Potentials und Beibehaltung sowie Modernisierung ihrer allgemeinen nuklearen Abschreckungsfähigkeit.

Völlig im dunkeln bleibt die mögliche, aber nicht wahrscheinliche Verwendung biologischer Waffen, der sog. B-Waffen, mit denen Krankheitserreger schlimmster Art gegen Menschen, Tiere und Pflanzen verschossen werden können. Die Verbreitung von Milzbranderregern ist eine der bekanntesten Wirkungen dieses Waffeneinsatzes. Sie war bereits im Zweiten Weltkrieg bekannt, wurde aber nicht eingesetzt, weil man befürchtete, der Gegner könnte das gleiche tun. Das britische Beispiel wurde erwähnt. Die Furcht vor dieser, die Wirkung von Atomwaffen noch übertreffenden Waffe, die wohl kein Staat ganz zu kontrollieren in der Lage ist, wird hoffentlich ihren Einsatz verhindern.

Anders steht es dagegen um die chemischen Waffen, die sog. C-Waffen. Hier handelt es sich vor allem um den Einsatz verschiedener Nervengase, die auf Mensch und Tier tödlich wirken. Chemische Kampfstoffe wurden zum ersten Mal im Ersten Weltkrieg eingesetzt, doch war ihre Wirkung so furchtbar, daß man selbst bei der Verbitterung, mit der im Zweiten Weltkrieg gekämpft wurde, vor ihrem Einsatz zurückscheute. Es ist bekannt, daß die Sowjetunion große Mengen chemischer Kampfstoffe eingelagert hat, während die USA unter der Regierung CARTER ihre Produktion einstellten. Dennoch sind solche Waffen bei amerikanischen, britischen und französischen Truppen vorhanden, während die Bundeswehr sie genausowenig besitzt wie nukleare und biologische Waffen. Auf eine Reduzierung, Bannung und Abschaffung der C-Waffen wird in letzter Zeit vor allem von der NATO gedrängt, die sich auf diesem Gebiet dem Warschauer Pakt unterlegen glaubt. Der Warschauer Pakt strebt seit kurzem nach einer Lösung auf »unterer Ebene« unter Ausklammerung der Sowjetunion.

Neuerdings versuchen die beiden Supermächte auch, den erdnahen Weltraum für militärische Zwecke zu nutzen. Diese Nutzung beschränkt sich nicht nur auf Aufklärungssatelliten, deren Besitz von keiner Partei geleugnet wird. An eine Abschaffung dieser Satelliten auf dem Verhandlungsweg ist nicht gedacht, da sie nicht zuletzt auch der Kriegsverhinderung dienen können. Anders dagegen verhält es sich mit Offensiv- und Defensiv-Waffen, durch die der sog. »Star War« (Sternenkrieg) ausgelöst werden könnte. Seit langem ist bekannt, daß die Sowjetunion Versuche mit sog. Killer-Satelliten anstellt, die die Aufgabe haben, feindliche Aufklärungssatelliten abzuschießen, um den Gegner »blind« zu machen. In jüngster Zeit haben allerdings die USA Schritte zum Aufbau eines Raketenabwehr-Systems im Weltraum unternommen, durch das angreifende Interkontinentalraketen der Sowjetunion abgefangen und im Weltraum vernichtet werden können. Diese Initiative (SDI) geht auf Pläne des Erfinders der amerikanischen Wasserstoffbombe, EDWARD TELLER, zurück.[272] Der Ausbau eines solchen Abwehrsystems, so argumentieren wahrscheinlich die Sowjets, kann das strategische Gleichgewicht gefährden, da der Sowjetunion dadurch die Möglichkeit genommen werden könnte, mit ihren strategischen Nuklearwaffen Ziele in den Vereinigten Staaten anzugreifen. Zu solchen Abwehrsystemen gehören u. a. Laser- und elektromagnetische Impulswaffen. Bei den kürzlichen Verhandlungen in Genf, im Januar 1985, wurden daher die Weltraumwaffen ausdrücklich neben den Interkontinental- und Mittelstrecken-Raketen in das Verhandlungsprogramm der beiden Supermächte für die Zukunft aufgenommen, wozu Präsident REAGAN in seiner Ansprache vor der Presse erklärte, die USA würden über alles verhandeln und strebten die Einschränkung bzw. Abschaffung aller Nuklearwaffen an.

Die gerade genannten Laser- und elektromagnetischen Impulswaffen bieten auch die Möglichkeit, in den Funk-, Radar- und Elektronikbetrieb des Feindes einzugreifen. Schon im letzten Weltkrieg kam es darauf an, Entschlüsse so schnell wie möglich zu fassen und durch sog. Sattelbefehle sofort in die Tat umzusetzen. Bei dem Umfang der Nachrichten und Meldungen, die vor allem auch auf technischem Wege gewonnen werden und zur Grundlage von Entschlüssen dienen, reicht die Auswertung durch das menschliche Gehirn nicht mehr aus. Weder ein Einzelner noch Stäbe vermögen in der gewünschten Schnelligkeit, die notwendigen Unterlagen für die Entschlüsse auszuwerten. Dies ist auf höherer Ebene nur noch mit Hilfe von Computern möglich. Diese aber werden durch die EMP genannten elektromagnetischen Impulswaffen unter Umständen völlig außer Gefecht gesetzt. Bei dem technologischen Vorsprung, den der Westen vor allem auf dem Gebiet der Elektronik besitzt, könnte damit die waffentechnische Überlegenheit des Ostens, die sich vornehmlich in Zahlen ausdrückt, in eine Gesamtunterlegenheit umgewandelt werden, wenn es dem Osten nicht gelingt, entsprechende Abwehrmittel zu entwickeln. Doch sagt uns die Erfahrung, daß dies in kürzerer oder längerer Zeit der Fall sein wird.

Als Fazit aus diesem noch lange nicht vollständigen Überblick über die moderne Waffenentwicklung gilt es festzuhalten, daß die Kriegsmittel Gefahr laufen, nicht mehr von den Menschen, sondern von der seelenlosen Technik beherrscht zu werden. Ein weiterer Schritt zur Entmenschlichung des Krieges wäre getan, wenn es dem Menschen nicht gelingt, die Technik vollständig zu beherrschen; und das Menetekel gäbe sich zu erkennen, das mit deutlichen Buchstaben an die Wand geschrieben ist. Nur fortdauernde, geduldige Verhandlungen, vom besten Willen beider Seiten geleitet, können die Menschheit vor dem entsetzlichen Schicksal der Selbstzerstörung durch die seelenlosen, materiellen Kräfte bewahren. Wehe aber den Menschen, wenn einer der Männer, bei denen die Entscheidung liegt, die von den Computern ausgedruckten Vorschläge annimmt, ohne sie mit Geist und Seele zu prüfen. Diese Prüfung hat jedoch innerhalb weniger Minuten, manchmal sogar Sekunden zu geschehen. Es setzt ein militärisches Führerkorps von größter Charakterstärke und höchsten moralischen Qualitäten voraus.

Dieser hohen Verantwortung entspricht die Erziehung des Offiziers der Bundeswehr, die im gesamten Westen in gleicher oder ähnlicher Form erfolgt. Über die Erziehung im Osten wird noch zu sprechen sein. Der Soldat hat seinen Dienst als Ehrendienst anzusehen. Die unbedingte Entschlossenheit, die Freiheit seines Volkes zu verteidigen, macht das Ethos des soldatischen Dienstes aus. Diese Entschlossenheit muß seine innerste Antriebskraft werden. Sie muß sein Handeln als Offizier leiten und bestimmen. Sie gilt auch im nuklearen Zeitalter. Den Frieden zu sichern und das Land vor äußerer Gefahr zu schützen, legitimiert den Dienst des Soldaten, der sich gleichwohl auf das Handeln im Verteidigungsfall einzurichten hat. Um nicht kämpfen zu müssen, muß der Soldat kämpfen können und im Ernstfall kämpfen wollen. Darin steckt keine Paradoxie, sondern eine Logik, die den Frieden seit Jahrzehnten gesichert hat.[273] Der Einzelne muß bereit sein, sich unterzuordnen, ein persönliches Opfer für die Gemeinschaft zu leisten, kurz: sich zu ideellen Werten bekennen. Entscheidende Bezugspunkte sind dabei der demokratische Staat, dem er laut Gesetz treu zu dienen hat, und der mögliche Einsatz im Verteidigungsfall. Die Besonderheit des Soldatenberufes liegt nicht nur in der Tatsache, daß er sein Leben einzusetzen bereit sein muß, sondern darin, sich im Ernstfall der schrecklichsten Konsequenz, nämlich der Anwendung seiner Waffen gegen Menschen, wenngleich ausschließlich zur Abwehr eines Angriffs und daher zur Verteidigung seiner Mitbürger, stellen zu müssen. Der militärische Führer muß seine Soldaten im Ernstfall in den Kampf führen. Diese Besonderheit und die Verantwortung für das Leben anvertrauter Soldaten machen die Bindung an Werte unverzichtbar. Auch wenn Entwicklungen in der Industriegesellschaft und Erkenntnisse aus dort praktizierten Arbeitsverfahren ihre Berücksichtigung in der Bundeswehr finden müssen: Streitkräfte sind keine gewinnorientierten Wirtschaftsunternehmen, und der militärische Führer ist kein Manager, auch wenn er über Managerfähigkeiten verfügen muß. Gefordert ist stets der selbständig denkende kritische Offizier und Staatsbürger. Geboten wird ihm dafür nur das Bewußtsein, einer persönlich empfundenen moralischen Verpflichtung nachzukommen. Der Offizier ist nicht nur militärischer Führer und Ausbilder. Er ist auch Erzieher. Weder modernstes Großgerät noch hochentwickelte Führungsgeräte noch perfekt arbeitende Stäbe bestimmen in erster Linie den Kampfwert der Streitkräfte, sondern die durch Erziehung geschmiedete Gemeinschaft. Offiziere sind danach zu beurteilen, inwieweit sie eine Gemeinschaft schaffen und erfolgreich führen können. Ziel der Erziehung des Soldaten ist es vor allem, den Belastungen des Ernstfalles standhalten zu können. Mangel an Erziehung bedeutet daher auch eine höhere Gefährdung des Soldaten, die gegenüber dem Einzelnen wie dem Staat nicht zu verantworten ist. Die Grundwerte der Gesellschaft wie Menschenwürde, Freiheit und Gerechtigkeit, die Prinzipien des demokratischen Zusammenlebens wie Rücksicht, Fairness, Wahrhaftigkeit und Hilfsbereitschaft müssen auch bei den Streitkräften Grundlagen des Führens sein. Innere Freiheit und Zivilcourage sind für den Offizier notwendige Eigenschaften, um den sich aus der Auftragstaktik ergebenden Handlungsspielraum verantwortlich ausfüllen zu können. Sie sind zugleich notwendige Gegenpole zu den sich aus der streng hierarchisch gegliederten Großorganisation ergebenden Gefährdungen: Uniformität der Wertvorstellungen und Meinungen, bedingungsloser Gehorsam. Der Offizier hat das moralische Recht, ja sogar die Pflicht, abweichende Ansichten zu äußern, wo es im Sinne des Ganzen oder einer höheren Wertvorstellung erforderlich erscheint. Weiter gehören zu den Erziehungszielen Kameradschaft, Treue, Tapferkeit, Fürsorge für die Untergebenen, kurz: der Offizier muß Vorbild sein. Um diesen Ansprüchen genügen zu können, braucht der Offizier einen Bildungshorizont, der es ihm ermöglicht, aus sich selbst heraus Antworten auf Fragen seines Berufsfeldes zu geben, bei gleichzeitigem Erkennen übergeordneter Bezüge und entsprechendem Einordnen des eigenen Handelns. Theoretisch-wissenschaftliche Kenntnisse wie praktische Fähigkeiten, beides ist vom Offizier gefordert. Auf diesen Grundlagen, die damit noch lange nicht erschöpfend dargestellt sind, ruht das hohe Ethos, das zusammen mit Entschlußfreudigkeit und Charakterfestigkeit den Offizier auch in den schwierigsten Lagen, selbst und gerade im nuklearen Zeitalter, zu raschen und klaren Entscheidungen befähigt.

Können aber diese kurzen Zeiten, die zur Entschlußfassung vorhanden sind, nicht ungewollt zu einem Krieg, also zu einem Atomkrieg aus Versehen führen? Die Nuklearmächte haben zur Verhinderung von Fehlern alle erdenklichen Maßnahmen getroffen, weil schließlich ihr eigenes Überleben von den technischen und politischen Sicherheitssystemen abhängt. Diese Systeme werden ständig verbessert, wie in letzter Zeit z. B. der Vorschlag zur Verbesserung des »heißen Drahtes« zwischen Washington und Moskau zeigte. Die Computertechnik ist ein unentbehrliches Hilfsmittel. Sie ersetzt aber nirgends die menschliche Entscheidung. Technische Störungen treten von Zeit zu Zeit auf. Die Presse berichtet meist darüber. Sie führten bisher zu Alarmierungen, jedoch zu keiner Zeit zum Risiko eines Atomwaffeneinsatzes. Kriegerische Akte werden nur dort vollzogen, wo mit ihnen etwas erreicht werden kann, militärisch oder politisch. Ein überraschender Atomschlag aber wäre sinnlos, er würde allein den Gegenschlag der anderen Seite hervorrufen, der in keinem Fall zu verhindern ist. So geht zum Beispiel die NATO in ihren Verteidigungsplanungen von der realistischeren Überlegung aus, daß ein Angriff des Warschauer Paktes immer im Zuge einer politischen Spannung und krisenhaften Entwicklung erwogen werden könnte. Ähnliche Überlegungen werden auch immer wieder, nach der Fachpresse zu urteilen, im Warschauer Pakt angestellt.[274] Sollte der Warschauer Pakt in Fehleinschätzung der Verteidigungsbereitschaft der NATO einen Angriff planen, so wären hierzu aufwendige Vorbereitungen wie Mobilmachung, Truppenaufmärsche, Mobilisierung wirtschaflicher Ressourcen usw. erforderlich, die eindeutig erkannt werden können und eine Überraschung ausschließen. Die so entstandene Zeit nennt man Vorwarnzeit, deren Spanne allerdings immer geringer wird. Zu den technischen Maßnahmen zur Verhütung eines Krieges aus Versehen gehören die Frühwarnsysteme, die sich aus Radaranlagen, Satellitenaufklärung, Luftaufklärung (AWACS) und elektronischer küstennaher Aufklärung zusammensetzen. Bei der NATO erstrecken sich diese Systeme von Norwegen und Grönland über Europa und den Mittelmeerraum bis nach Alaska. Alle Systeme arbeiten selbständig und werden von unabhängigen Systemen gegenkontrolliert. Alle eingehenden Daten laufen in einer Zentrale zusammen, wo sie wiederum von verschiedenen Systemen miteinander verglichen und ausgewertet werden. Auf diese Weise werden Fehler in einzelnen Systemen frühzeitig erkannt. Das gleiche gilt für Störungen. Kein Computer trifft selbständig Alarmmaßnahmen. Über die Alarmauslösung entscheiden Menschen. Zweifellos könnte dies auch einmal im Zusammenhang mit einem technischen Fehler erfolgen. Dies erhöht jedoch nicht die Gefahr eines versehentlichen Einsatzes. Alarme bedeuten nämlich auf keiner Stufe die Freigabe zum Waffeneinsatz. Zwar werden Bomber in vorgesehene Warteräume verlegt, Raketenstellungen in erhöhte Bereitschaft versetzt, U-Boote in Einsatzpositionen gebracht, aber keine dieser Maßnahmen richtet Schaden an. Sie werden zurückgenommen, wenn eine Gefahr sich als gegenstandslos herausgestellt hat. Datenverarbeitung und Datenauswertung unterliegen im Bereich der Nuklearverteidigung auf allen Ebenen menschlichen Kontrollen. Dies gilt selbstverständlich und vor allem für Einsatzbefehle. Sie werden vor Weiterleitung oder Durchführung von jeder Ebene auf Echtheit geprüft.

Entscheidungen zum Einsatz von Atomwaffen haben schwerwiegende Folgen. Sie sind das Ergebnis eingehender Konsultationen und verantwortungsbewußter Risikoabwägung, bei der NATO auch in enger Abstimmung aller Verbündeten. Die endgültige Entscheidung über den ersten Einsatz auch einer einzelnen amerikanischen Atomwaffe trifft der amerikanische Präsident. Es gibt keine pauschale Freigabe des Nuklearwaffeneinsatzes in die Verantwortung der militärischen Führung. Damit ist sichergestellt, daß eine politisch nicht gewollte nukleare Eskalation in jeder Phase verhindert wird. Zwar kann der amerikanische Präsident nur in letzter Verantwortung den Befehl zum Einsatz einer Nuklearwaffe geben; er trifft die Entscheidung jedoch im engen Einvernehmen mit den Verbündeten.

Im Bewußtsein der Verantwortung für das Überleben ihrer Völker und der Menschheit haben die Regierungen in Ost und West über ihre technischen Sicherheitsvorkehrungen hinaus besondere Vereinbarungen zur Krisenbewältigung getroffen. Zu ihnen gehört das Abkommen von 1963 zwischen den USA und der Sowjetunion über ununterbrochene direkte Nachrichtenverbindungen zwischen den beiden nationalen Kommandozentralen (»heißer Draht«), gleichartige Abkommen zwischen Frankreich und der Sowjetunion aus dem Jahr 1966 und zwischen Großbritannien und der Sowjetunion aus dem Jahr 1967; weiterhin das Washingtoner Abkommen von 1973 zur Verhinderung eines Atomkrieges zwischen den USA und der Sowjetunion. Es sieht in Krisenfällen Konsultationen zur Abwendung einer militärischen Konfrontation vor, die auch die Verbündeten der beiden Mächte einschließen; gleichwertige Abkommen bestehen auch zwischen Frankreich und der Sowjetunion seit 1976 und zwischen Großbritannien und der Sowjetunion seit 1977. Auch bei sicheren Anzeichen eines sowjetischen Nuklearschlages sieht die amerikanische Verteidigungsplanung eine letzte Sicherung vor. Ein nuklearer Vergeltungsschlag wird erst eingeleitet, wenn die ersten feindlichen Sprengköpfe aufgeschlagen sind. Selbst wenn die Warnzeiten für einen Nuklearwaffen-Angriff, d.h. das erkennbare Starten feindlicher Raketen, unter die Zehnminutengrenze fallen würden, würde von diesem Prinzip nicht abgewichen. So ist ein Krieg aus Versehen nach menschlichem Ermessen ausgeschlossen. Nicht auszuschließen ist dagegen, daß die publizistische und propagandistische Dramatisierung dieses Themas verstärkt fortgeführt wird.

Es erhebt sich nun die Frage nach der Führbarkeit von Nuklearkriegen. Vor einer SPD-Friedensversammlung verkündete der Generalinspekteur der Bundeswehr, General ALTENBURG, am 2.9.1983, wie es die »Tagesthemen« des deutschen Fernsehens der ARD vom gleichen Tag wiedergaben, ein Atomkrieg sei nicht führbar. Das steht im Gegensatz zur sowjetischen Auffassung, die selbst den uneingeschränkten Atomkrieg für führbar hält, und auch zur Auffassung einiger amerikanischer Militärs. Aber diese Denkweise ist nicht genereller Art und schon gar nicht diejenige der amerikanischen Politiker. Da aber im Westen Meinungsfreiheit herrscht, die es auch jedem hochstehenden Militär gestattet, seinen eigenen Ansichten Ausdruck zu verleihen, während im Osten beides nicht zutrifft, werden solche von der offiziellen Politik abweichende Äußerungen sofort aufgegriffen und durch die Massenmedien verbreitet.

Nach der offiziellen amerikanischen Anschauung sind dagegen Nuklearwaffen absolute Waffen, die unannehmbare Verwüstungen anrichten. Daher ist der Nuklearkrieg auch keine Möglichkeit der rationalen Politik. Daraus ergibt sich, daß eine militärische Überlegenheit nicht sinnvoll ist. Notwendig dagegen ist eine annehmbare Abschreckung, die gegenseitig sein muß, d. h. die USA und die UDSSR müssen sich gegenseitig abschrecken können. Keine Partei darf unverwundbar werden oder eine Monopolstellung an Atomwaffen besitzen. Damit ist die amerikanische politische Strategie auf das Verhüten, nicht aber auf das Gewinnen eines Nuklearkrieges ausgerichtet. Das NATO-Bündnis will durch Abschreckung einen Angriff verhindern und im Fall eines Scheiterns dieser Abschreckung abgestuft konventionell, taktisch atomar und strategisch angemessen auf die sich ändernde militärische Konfliktlage reagieren. Daß dieses Prinzip der gegenseitigen Abschreckung zur Verhütung eines Nuklearkrieges einmal überwunden werden muß, wurde von führenden Politikern im Westen mehrfach ausgesprochen.

Dagegen verneinen die russischen militärischen und politischen Führer den Sondercharakter eines Atomkrieges. Sie erkennen auch die Atomwaffe nicht als absolute Waffe an. Die angerichteten Zerstörungen und Verwüstungen sind demnach lediglich eine Frage der Größenordnung. Wenn auch bei einer Auseinandersetzung in Europa eine anfänglich konventionelle Phase nicht ausgeschlossen wird, vertreten die Sowjets doch folgende Ansicht: »Die Dauer von Operationen mit konventionellen Waffen läßt sich durch den Einsatz von Nuklearmitteln stark verkürzen. Der Nuklearschlag kann überraschend geführt und der Gegner somit schneller vernichtet werden.«[275] Der Übergang von der konventionellen Kriegsführung zur nuklearen wird aus sowjetischer Sicht von vier Überlegungen bestimmt: »Ein Krieg in Europa wird sich mit hoher Wahrscheinlichkeit zu einem Nuklearkrieg entwickeln. Den Nuklearschlag hat man als erster zu führen. Daher müssen sämtliche Nuklearstreitkräfte fortlaufend einsatzbereit und die vorgesehenen Ziele [aufgeklärt] sein. Alle Land- und Seestreitkräfte haben der Tatsache Rechnung zu tragen, daß der Übergang zum Nuklearkrieg sehr schnell erfolgen kann. Das Überraschungsmoment ist sicherzustellen. Für den Übergang von der konventionellen zur nuklearen Kriegsführung muß der günstigste Zeitpunkt ausgewählt werden. Bei den Sowjets findet sich kein Gedanke, solange wie möglich mit dem Einsatz von Nuklearwaffen zu warten... oder zu warten, bis sich die NATO zu Nuklearoperationen entschlossen hat. So scheint der Entschluß der Sowjets zum Nuklearwaffeneinsatz allein davon abzuhängen, welche Ergebnisse sie sich von ihm zu einem bestimmten Zeitpunkt versprechen.[276] Die Sowjets sprechen geradezu von einer nuklearen Revolution des Militärwesens, wobei die nuklearen Streitkräfte keineswegs eine Sonderrolle spielen, sondern Streitkräfte der verbundenen Waffen darstellen, die praktisch in jedem Gefecht und in Massen eingesetzt werden, wenn die konventionelle Phase vorüber ist. »Der Einfluß der neuen Kriegsmittel auf die Methoden der Kriegführung hängt von der Zahl und Beschaffenheit dieser Waffen ab. Neue Waffen und Militärtechnologien, die nur in geringem Umfang eingesetzt werden, können keinen wesentlichen Einfluß auf den Charakter der Operationen ausüben.«[277] Das bedeutet also, daß der Masseneinsatz von Kernwaffen untrennbar mit der sowjetischen Revolution im Militärwesen verbunden ist.[278]

Wie wir gehört haben, besteht seit dem Anfang der siebziger Jahre zwischen den Vereinigten Staaten und der Sowjetunion ein vertraglich vereinbartes nuklear-strategisches Patt. Bei den nuklearen Mittelstreckenwaffen verfügt die Sowjetunion dagegen seit Einführung der sehr zielgenauen mobilen SS-20-Raketen über Optionen unterhalb der strategischen Ebene, denen die NATO zunächst nichts entgegenzusetzen hatte. Nach der Aufstellung der Pershing-II-Raketen und der Marschflugkörper vom Typ Cruise Missile hat der Verteidiger zwar weiterhin die politische Freiheit der Wahl seiner Einsatzmittel, dennoch muß der Gegner die steigende Möglichkeit des Nuklearwaffeneinsatzes in sein Risikokalkül einbeziehen. Aufgrund der Reichweite der neuen Mittelstreckenwaffen kann die Sowjetunion ihr Territorium nicht mehr aus dem Risiko der nuklearen Bedrohung heraushalten, wie das früher der Fall war. Bei einem Beschuß ihres Territoriums mit A-Waffen müssen nun die Sowjets solche Waffen zwangsläufig auch gegen das amerikanische Territorium richten, wie sie wiederholt erklärt haben. Hier zeigt sich die Bedeutung der landgestützten Mittelstreckenflugkörper für die NATO. Sie besteht in der Koppelung an den amerikanischen strategischen Nuklearschirm und ist damit der Garant für die Wirksamkeit der Abschreckung sowie für die Risikoverknüpfung gerade durch Landstationierung. Diese Argumente sprechen aber auch gegen die Wahrscheinlichkeit, einen Konflikt nuklear auf Europa begrenzen zu können. Diese Gefahr bestand in einem hohen Maß, hätte die Abschreckung weitgehend verringert und unter Umständen einen Krieg in Europa lokalisierbar gemacht. Die Sowjetunion war daher ständig bemüht, durch die Abkoppelung des amerikanischen Nuklearschirms das Risiko für sich selbst zu begrenzen. Dies zeigt sich auch darin, daß sich die Sowjetunion durch die jahrzehntelang vorhandenen nuklearen Gefechtsfeldwaffen und -systeme kurzer Reichweite, die nur die Verbündeten treffen konnten, nicht sonderlich beeindruckt zeigte. Der NATO-Doppelbeschluß, der aus der Aufstellung und Dislozierung von Pershing-II-Mittelstreckenraketen und landgestützten Marschflugkörpern bei gleichzeitiger Verhandlungsbereitschaft mit der Sowjetunion bestand, hat damit die Wirkung der Abschreckung wieder auf den alten Zustand erhöht.

Eine neue Gefahr für Westeuropa und die NATO kann sich unter Umständen in ein paar Jahren durch das bereits erwähnte Abwehrsystem im Weltraum gegen sowjetische Interkontinentalraketen ergeben, das die USA planen und in die neuen Verhandlungen zwischen den USA und der Sowjetunion, wie in Genf im Januar 1985 vereinbart, einbeziehen wollen. Gelänge es den Amerikanern, ein wirkungsvolles Abwehrsystem – und nur um Abwehrwaffen handelt es sich dabei – im Weltraum über ihrem eigenen Territorium zu errichten, so wäre das durch die Parität der strategischen Waffen hergestellte Gleichgewicht der Abschreckung zwischen Ost und West empfindlich gestört. Der Sowjetunion wäre damit zwar die Möglichkeit zu einem nuklearen Erstschlag genommen, aber in ihrer Sicht erhöhte sich auch die Gefahr eines solchen Angriffs durch die Amerikaner. Daß sie dies, obwohl es sich um ein Abwehrsystem (SDI) handelt, nicht ohne weiteres hinnehmen wollen, ist verständlich. Außerdem aber ist es fraglich, ob das Gebiet der NATO in seiner Gesamtheit durch dieses Abwehrsystem gesichert werden kann. Präsident REAGAN hat es allerdings in seiner Presseerklärung ausdrücklich versichert. Andererseits ist es den Amerikanern auch nicht zuzumuten, keine Maßnahmen zur Abwehr der bereits vorhandenen sowjetischen Killersatelliten im Weltraum zu ergreifen. Hier ergibt sich vielleicht durch beiderseitigen Verzicht in Verhandlungen eine Möglichkeit, die Militarisierung des erdnahen Weltraumes zu verhindern.

Doch neben der nuklearen Komponente gibt es auch eine uns Deutsche betreffende konventionelle. Die Bundeswehr stellt die stärksten Landstreitkräfte auf dem Gebiet der NATO, und zwar in jenem Raum, in dem der Schwerpunkt bei möglichen kriegerischen Auseinandersetzungen liegen dürfte. Ein Ausscheiden der Bundesrepublik und damit der Bundeswehr aus dem Verteidigungssystem der NATO käme einer westlichen Kapitulation nahe. Gerade deshalb bemüht sich die Sowjetunion auf direktem und indirektem Weg, die Bundesrepublik und die Bundeswehr aus der NATO herauszubrechen. Besonders die neue Partei der Grünen könnte ihr dabei wichtiger Helfer werden, selbst wenn die Vertreter dieser Partei mit ihrer Forderung nach Austritt aus der NATO und Neutralität keineswegs an eine Unterstützung der Bemühungen der Sowjetunion denken. Im übrigen wäre die Sicherheit des Westens durch den Austritt der Bundesrepublik aus der NATO derart bedroht, daß die Westmächte um ihrer eigenen Sicherheit willen eine solche Maßnahme niemals zuließen. Es handelt sich also um rein utopische Vorstellungen.

Die NATO geht bei ihren Rüstungsanstrengungen und strategischen Überlegungen von ihrem reinen Verteidigungsauftrag aus, der die Integrität des NATO-Territoriums gewährleisten soll. Die Betonung liegt dabei auf »strategisch«. Die Beschränkung der NATO-Streitkräfte auf die strategische Verteidigung schließt ihre taktische Fähigkeit zum Angriff nicht aus. Diese beiden Ebenen werden in der öffentlichen Diskussion oft durcheinandergebracht. Die strategische Ebene umfaßt nach CLAUSEWITZ den Gebrauch der Gefechte zum Zweck des Krieges, während die taktische Ebene, d.h. die untere Ebene, den Gebrauch der Truppen zum Zweck des Gefechts einschließt. Eine Truppe, die taktisch nicht in der Lage ist, ein Gefecht auch beweglich und angriffsweise zu führen, ist, wie wiederholt betont wurde, zwecklos. Strategisch können dagegen Truppen ausschließlich zur Verteidigung bestimmt werden. Da weder die Absichten des potentiellen Angreifers noch Art, Umfang und Zeit eines Angriffs mit Sicherheit vorhersehbar sind, müssen sich Struktur und Umfang der NATO-Streitkräfte nach dem militärischen Potential und den daraus folgenden Möglichkeiten des Warschauer Paktes richten. Dabei bestimmen die geographische Lage des möglichen Hauptkampfgebiets, also der Bundesrepublik Deutschland, ihre mangelnde räumliche Tiefe und die Angriffskraft des Warschauer Paktes Struktur und Umfang der Verteidigungsvorkehrungen. Nach Strategie, Struktur, Ausrüstung und Ausbildung sind die Streitkräfte des Warschauer Paktes, wie noch genauer gezeigt werden wird, auf schnelle, weiträumige Offensive ausgerichtet. Die Fähigkeit hierzu wurde in den letzten Jahren bei Land- und Luftstreitkräften, aber auch bei der Flotte erheblich gesteigert.

Eine andere Frage ist die Einschätzung der politischen Absichten der UDSSR und des Warschauer Paktes. So lange die Verteidigungsvorstellungen der NATO das Risiko eines Angriffes hoch genug veranschlagen, ist mit einem Angriff des Warschauer Paktes nicht zu rechnen. Dies ist trotz zahlenmäßiger Überlegenheit des Warschauer Paktes in Europa gegenwärtig der Fall. Daher besteht keine Kriegsgefahr. Unabhängig davon darf die politische Wirkung militärischer Macht im Frieden jedoch nicht übersehen werden.

Der militärischen Bedrohung durch den Warschauer Pakt begegnet das Bündnis mit der militär-strategischen Konzeption der flexiblen Reaktion. Kommt es zu einem Angriff, so muß sich die NATO wirksam verteidigen. Ziel dieser Verteidigung ist es, einen aufgezwungenen Konflikt so früh wie möglich auf einer möglichst niedrigen Ebene der Gewaltanwendung und unter Wahrung der Interessen der gleichberechtigten Partner sowie durch Wiederherstellung der Sicherheit des NATO-Vertragsgebietes zu beenden. Oberstes Ziel bleibt aber die Kriegsverhinderung. Die Allianz wird keine ihrer Waffen jemals einsetzen, es sei denn als Antwort auf einen Angriff.

Zur Durchsetzung dieser Strategie hat die Allianz ein wirksames Instrumentarium entwickelt, die sog. NATO-Triade. Sie besteht aus konventionellen Streitkräften, nuklearen Kurz- und Mittelstreckensystemen und interkontinentalstrategischen Nuklearwaffen. Kommt es zu einem Angriff, so soll dem Angreifer verwehrt werden, sein Ziel zu erreichen, und zwar auf der Stufe des militärischen Konflikts, die der Angreifer gewählt hat. Erforderlichenfalls muß er auch durch andere Maßnahmen zur Einstellung seines Angriffs gezwungen werden. Hierzu gehört z.B. die Bildung neuer Abwehrschwerpunkte innerhalb des NATO-Vertragsgebietes oder die Androhung bzw. der Vollzug des politisch kontrollierten und selektiven Einsatzes von Nuklearwaffen. Dabei soll einem Angreifer verdeutlicht werden, daß Erfolgschancen und Risiko für ihn in keinem tragbaren Verhältnis zueinander stehen. Mit anderen Worten: Dem Angreifer soll klar gemacht werden, daß er bei Fortführung seines Angriffs mit untragbar hohen Verlusten und Schäden rechnen müßte. Nuklearwaffen haben dabei primär einen politischen Zweck. Deshalb sind sie vorrangig auf ihren politischen Nutzen hin zu beurteilen und erst in zweiter Linie nach ihrer militärischen Wirkung im Kampfgeschehen. So lange es Nuklearwaffen gibt – und diese Waffen lassen sich, wie schon mehrfach betont, nicht wieder »wegerfinden« – wird die NATO auf Nuklearwaffen zur Abschreckung und erforderlichenfalls zur Verteidigung in einem aufgezwungenen Krieg nicht verzichten.

Die Vorneverteidigung stellt einen der Grundsätze der Verteidigungsplanung dar. Sie bedeutet grenznahe, zusammenhängende Abwehr eines Angriffes, damit nicht zerstört wird, was verteidigt werden soll. Deshalb sind alle alternativen Vorstellungen, die auf eine nur raumdeckende Verteidigung hinauslaufen, vor allem mit dem deutschen Interesse nicht zu vereinbaren. Allerdings widerspricht diese Auffassung einer uralten militärischen Lehre, die FRIEDRICH DER GROSSE in die Worte gefaßt hat: »Wer alles defendieren will, defendieret nichts.« Eine solche, auf den ersten Blick lineare Verteidigung an den Grenzen zwischen den beiden deutschen Staaten muß aber nicht unbedingt starr geführt werden, sondern kann nach vorn und hinten Raum gewinnen. Da die Tiefe des Raumes nach hinten durch die geringe Ausdehnung der Bundesrepublik nicht gewährt ist, ein angriffsweises Überschreiten der Grenze jedoch nicht im Sinne des Auftrags wäre, bleibt nur die Raumgewinnung nach vorn durch Waffenwirkung möglich, so wie sie in dem Konzept des Oberbefehlshabers der NATO, General ROGERS, »Strike deep« gegeben ist. Darüber wird noch zu sprechen sein. Zudem ist eine schnelle Konfliktbeendigung unter politisch annehmbaren Bedingungen durch Wiederherstellung der Abschreckung anzustreben. Ein lang dauernder Konflikt, der auch als rein konventioneller Krieg für die Bundesrepublik Deutschland untragbare Folgen hätte, ist zu vermeiden. Alternative Konzeptionen, die auf das Auskämpfen eines lang andauernden Krieges hinauslaufen oder gar eine Besetzung des Gebiets der Bundesrepublik in Kauf nehmen, widersprechen dem fundamentalen Sicherheitsinteresse Deutschlands. Die Schadensbegrenzung ist ursächlich verknüpft mit den beiden Prinzipien der Vorneverteidigung und der schnellen Konfliktbeendigung. Steht dabei einmal der Raum, zum anderen der zeitliche Ablauf im Vordergrund, so soll der Schaden für die Bundesrepublik und ihre Bürger nicht nur durch die Beachtung dieser beiden Prinzipien, sondern auch durch zweckmäßige und angemessene politische Entscheidungen zur Konfliktbeendigung unter politisch annehmbaren Bedingungen begrenzt werden.

Bei dem erwähnten Plan General ROGERS handelt es sich, kurz gesagt, um folgende Maßnahmen: Es wird angenommen, daß feindliche Angriffsspitzen die Grenze überschritten und die dort in Stellung gegangenen NATO-Truppen angegriffen haben. Hinter dieser ersten feindlichen Staffel folgen weitere mit dem Auftrag zur Verstärkung der vorn eingesetzten Truppen und zur Ausnutzung ihres Erfolgs, wo immer er sich angebahnt hat. Unter schweren Verlusten ist der Feind in die NATO-Stellungen eingebrochen. Mit Hilfe aller modernen technologischen Aufklärungsmittel haben die eigenen Truppen die zweite feindliche Staffel erkannt und greifen sie nun mit weittragenden, ihre Ziele selbst suchenden oder selbst findenden modernen Waffen an. Der Feind kann dadurch seine weiter vordringende erste Staffel nicht verstärken. Ziel der eigenen in Grenznähe eingesetzten Truppen ist es nun, den eingebrochenen Feind zu umfassen, zu vernichten oder auf seine Ausgangsstellungen zurückzuwerfen, während die weittragenden eigenen Waffen das Heranführen von Verstärkung durch Vernichten und Zerstören von Brücken und Straßenverbindungen sowie durch Sperren von Bereitstellungsräumen verhindern. Damit ist durch eine moderne und überlegene Waffentechnologie die Möglichkeit gegeben, die mangelnde Tiefe des Raumes bei der Verteidigung wettzumachen und den Feind am Erreichen seiner Ziele wirkungsvoll zu hindern.

In diesem Zusammenhang muß auf die in letzter Zeit in der Öffentlichkeit diskutierte »Air-Land-Battle«-Vorschrift FM 100-5 der Amerikaner eingegangen werden. Sie wurde in der deutschen Öffentlichkeit vielfach angegriffen. Man hat sie geradezu als eine Vorschrift bezeichnet, mit der das gültige

NATO-Konzept der flexiblen Reaktion außer Kraft gesetzt und einer rückhalt-
losen Offensivstrategie mit dem Ziel geopfert würde, die Gesamtstreitkräfte
des Warschauer Paktes zu vernichten und einen totalen Sieg zu erringen.
Dabei sollten angeblich gleichwertige atomare, biologische und chemische
Waffen eingesetzt werden. Zugunsten der Kritiker nehmen wir an, daß sie
nicht in der Lage waren, die operativ-strategische von der operativ-taktischen
Ebene zu unterscheiden, nicht aber böswillig die falschen Schlüsse gezogen
haben. Bei dieser amerikanischen Vorschrift handelt es sich aber gar nicht um
die strategische Doktrin der USA, sondern um eine Vorschrift, die der deutschen Vorschrift »Truppenführung« entspricht. Ganz klar heißt es daher
auch in dem einleitenden Kapitel der amerikanischen Vorschrift: »Die Militärstrategie bestimmt die Grundbedingungen für militärische Operationen.
Ihre Formulierung liegt außerhalb des Rahmens dieser Vorschrift.« Die in
dieser Vorschrift genannten Grundsätze für die Führung von Truppen beziehen sich daher eindeutig nicht auf die strategische, sondern auf die operative
und taktische Führung von Großverbänden (Korps und Divisionen). Sie
richten sich an die militärische mittlere Führung. Legt man die operativ-
taktischen Begriffe dieser Vorschrift politisch und strategisch aus, so führt
dies zu absurden Schlußfolgerungen. Darüber hinaus befaßt sich diese Vorschrift nicht nur mit der Truppenführung auf einem möglichen europäischen
Kriegsschauplatz, sondern auf allen weltweit vorstellbaren Kriegsschauplätzen wie Dschungeln, Wüsten und Gebirgen. Außerdem beschreibt sie wie die
deutsche Vorschrift die Grundsätze für die Führung aller Gefechts- und
Kampfarten wie Angriff und Verteidigung mit ihren verschiedenen Abarten,
mit allen vorstellbaren Kriegsbildern, vom Kampf unter ausschließlich konventionellen bis hin zu nuklearen und chemischen Einsatzbedingungen, sowie mit allen vorstellbaren Kriegstypen, von begrenzten Interventionen bis
zum globalen allgemeinen Krieg. Die dabei aufgeführten Führungs- und
Kampfgrundsätze sind zwar für die amerikanische Armee verbindlich, aber
so allgemein gehalten, daß sie bei ihrer Anwendung sinngemäß ausgewählt
und ausgelegt werden müssen. Völlig abwegig ist es, wie verschiedene Kritiker dies getan haben, darunter einen amerikanischen Operationsplan für
Mitteleuropa verstehen zu wollen. Die Kommandierenden Generäle der
amerikanischen Korps und die Divisionskommandeure haben zwar das Gefecht im mitteleuropäischen Raum im Rahmen der allgemeinen Grundsätze
dieser Vorschrift zu führen, aber sie müssen diese Grundsätze jeweils entsprechend den ihnen vorgegebenen spezifischen Rahmenbedingungen ausle-
gen und umsetzen. Das bedeutet, daß jeder Truppenführer dieser mittleren
Ebenen im Rahmen von Operationsaufgaben und -beschränkungen führen
muß, die ihm von höherer Kommandoebene befohlen werden, und daß er

dabei die Faktoren Feindlage, verfügbare eigene Kräfte, Geländebedingungen usw. zu berücksichtigen hat. Im Fall der NATO sind diese den amerikanischen Korps übergeordneten Kommandobehörden auf der Ebene der Heeresgruppen (CENTAG, NORTHAG), der NATO-Streitkräfte Mitteleuropa (AFCENT) und der NATO-Streitkräfte Europa (ACE) nicht etwa nationale amerikanische, sondern international integrierte NATO-Stäbe. Ihre Befehle hinsichtlich der Operationsräume und der Grundzüge der Anfangsoperationen binden folglich auch die amerikanischen Korps- und Divisionskommandeure in der Ausgestaltung ihrer Verteidigungspläne und bestimmen in Verbindung mit der Kräftelage darüber, welche Grundsätze der »Air-Land-Battle«-Doktrin in welcher Form realisiert werden können und sollen. Zusammenfassend ist zu dieser Vorschrift und dem »Strike deep«-Plan festzuhalten, »daß die Air-Land-Battle-Doktrin nach ihrem Wortlaut und der Kommentierung durch ihre Autoren keineswegs den Charakter einer ›Offensivstrategie‹ ausweist, die die sowjetische Position in Osteuropa militärisch gefährden soll oder kann. Vielmehr reflektiert diese Doktrin das Problem der USA und ihrer NATO-Verbündeten in Europa, sich im Kriegsfall gegen einen offensiv operierenden, quantitativ überlegenen Gegner verteidigen zu müssen, ohne dabei nennenswerten Raum aufgeben zu können und einen langwierigen Kampf führen zu wollen. Die Air-Land-Battle-Taktik fügt sich den Rahmenbedingungen dieser Defensivstrategie ein. Sie ist u. a. als Versuch zu verstehen, bisherige Schwächen der Nato-Vorneverteidigung auszuräumen, ohne die Grundlagen dieses Konzepts und der Nato-Strategie der ›Flexible Response‹ in Frage zu stellen. Diese Übereinstimmung im Grundsätzlichen wird auch in der Version des Air-Land-Battle-2000-Konzepts deutlich. Dort wird als strategisches Operationsziel auf dem europäischen Schauplatz definiert, ›einen quantitativ überlegenen Gegner nahe der Grenze zum Stehen zu bringen und ihn darauffolgend zum Rückzug zu zwingen‹.«[279]

Aus all dem ergibt sich, daß die NATO einen reinen Verteidigungsauftrag hat und der Kampf ihrer Truppen nur auf den Erhalt der Integrität des NATO-Vertragsgebietes abzielt, nicht aber großräumige Offensiven in das Gebiet des potentiellen Feindes hinein plant, um dessen Streitkräfte zu vernichten und seinen Staat zu zerschlagen. Ideell wird dies ausgedrückt in der Forderung nach Frieden in Freiheit und nach dem Leben in einer demokratischen Grundordnung sowie dem Motto der NATO: *vigilitas pretium libertatis* – »Wachsamkeit ist der Preis der Freiheit«.

Ganz anders dagegen sind die Voraussetzungen im Warschauer Pakt. Die sowjetische Definition vom Krieg wurde bereits in der Einleitung gegeben. Sie wird ergänzt durch eine Aussage des verstorbenen Oberbefehlshabers des Warschauer Paktes und sowjetischen Verteidigungsministers, Marschall

GRETSCHKO, die lautet: »Es gibt nur Kriege (1) zwischen Kapitalisten und Sozialisten, (2) Bürgerkriege zwischen dem Proletariat und der Bourgoisie, (3) Kriege unter kapitalistischen Staaten und (4) Kriege zwischen Imperialisten und Kolonialvölkern.«[280] Die sowjetischen Militärtheoretiker vertreten ohne Ausnahme die Ansicht, ein Atomkrieg wäre keineswegs Selbstmord, sondern könne wie jeder andere Krieg gewonnen werden. Den Sieg erränge jener, der sich am besten auf ihn vorbereitet habe. Die russische Lehre über den Nuklearkrieg wird von fünf Elementen beherrscht: 1. Überraschung und Erstschlag. – Sollten nach diesem Grundsatz die sowjetischen Politiker den Eindruck erhalten, sie müßten mit einem Angriff der NATO sicher rechnen, so würden sie keine Minute mit einem vorbeugenden Erstschlag zögern, der ihnen nach ihrer Theorie den entscheidenden Vorteil bringt. 2. Quantitative Überlegenheit. – Die sowjetischen Militärtheoretiker glauben, daß die Entscheidung in einem Atomkrieg innerhalb der ersten Stunden fällt. Dennoch können die militärischen Auseinandersetzungen darüber hinaus noch lange andauern. 3. Zielauswahl. – Ziel eines Atomschlags können entweder die feindliche Bevölkerung oder die Atomwaffen des Gegners sein. Da die Luftangriffe der westlichen Alliierten auf die deutschen Städte nicht zu dem gewünschten Erfolg führten und in Hiroshima schon zwei Tage nach dem Abwurf der Atombombe die ersten Züge wieder fuhren und auch die amerikanischen Luftangriffe in Vietnam keine entscheidende Wirkung besaßen, glauben die Sowjets, vor allem die Kommando- und Kontrollzentren, militärische Komplexe und Industrieanlagen mit atomaren Waffen angreifen zu müssen. Viele dieser Ziele lägen naturgemäß auf dem Gebiet der Bundesrepublik. 4. Kombinierter Truppeneinsatz. – Am Ende eines Atomkrieges muß der Sieger das feindliche Territorium mit Truppen besetzt haben. Dazu sagte Marschall GRETSCHKO: »Die Armeen werden die Zerstörung vollenden, welche durch die Schläge der atomaren Raketentruppen ausgerichtet wurden.« 5. Verteidigung und Zivilschutz. – Die Abschreckungstheorie setzt voraus, daß sich keine Seite ganz gegen einen Vergeltungsschlag schützen kann. Daher drängten auch die Sowjets in Genf im Januar 1985 auf die Einbeziehung des amerikanischen Abwehrsystems im Weltraum in die Verhandlungen. Trotz allem baut die Sowjetunion ein riesiges Flugabwehrnetz auf und unternimmt die größten Anstrengungen auf dem Gebiet des Zivilschutzes. Über letzteren wurde bereits gesprochen.[281]

Aus allen sowjetischen Fachbüchern und Fachzeitschriften geht hervor, daß allein der Angriff im Krieg die Entscheidung bringt. Zur Verteidigung darf nur vorübergehend übergegangen werden, wenn man örtlich und zeitlich begrenzt zum Angriff zu schwach ist. »Laut der sowjetischen Militärdoktrin ist die Bedeutung aktiver Angriffshandlungen im modernen Krieg weiter gewachsen. Schläge mit strategischen Nuklearraketen gegen feindliche Einrichtungen schaffen günstige Bedingungen dafür, daß die Bodentruppen offensive Operationen in größeren Tiefen durchführen können. Die Anwendung von Atomwaffen macht es vor allem möglich, dem Gegner durch die Vernichtung seines Menschenmaterials, strategischen Gerätes und seiner Verteidigungseinrichtungen hinter den Frontlinien in kurzer Zeit gewaltige Verluste zuzufügen. Unter diesen Bedingungen haben die Bodentruppen die wichtige Aufgabe, die Ergebnisse eines atomaren Angriffs auf den Gegner so rasch wie möglich auszunützen...«[283] Ganz im Sinne dieser Theorie sind bisher auch alle Manöver des Warschauer Paktes verlaufen, das letzte sogar unter der Annahme einer Offensive auf das Vertragsgebiet der NATO. Aus vielem geht hervor, daß die Sowjetunion in einem Kriegsfall nach dem Einsatz von Nuklearwaffen auf die beschriebenen Ziele mit eigens dafür ausgebildeten und zusammengestellten Kampfgruppen, von Fallschirmjägern, luftgelandeten Truppen und Hubschrauberverbänden unterstützt, wichtige Geländeräume, wie etwa die Rheinübergänge in Deutschland oder die Häfen an der Nordsee, ihrer ersten operativen Staffel weit voraus nehmen und so lange halten will, bis die Masse ihrer Truppen aufgeschlossen hat. Bei diesen wird mit einem sehr hohen Angriffstempo von 100 km pro Tag gerechnet. Massierte Feuerkraft der Nuklearwaffen sowie Schnelligkeit und Stoßkraft der Bodentruppen sollen dazu dienen, die weitgesteckten Angriffsziele innerhalb weniger Tage zu erreichen und den Krieg in kürzester Frist zu beenden. Ziel ist dabei die Vernichtung der feindlichen Streitkräfte und die Beseitigung von »Kapitalismus und Imperialismus«. Nicht zuletzt diesem Konzept scheint der Plan »Strike deep« des amerikanischen Generals ROGERS begegnen zu wollen.[284]

Diesen militärstrategischen Plänen entspricht die gewaltige Aufrüstung in Heer, Luftwaffe und Flotte sowie die Verbesserung des sowjetischen Kriegsmaterials. Die Mehrzahl dieser Rüstungsmaßnahmen wurden in der Zeit der Entspannung ergriffen. Als Beispiel mögen die sowjetischen Mittelstreckenraketen vom Typ ss-20 und der Ausbau der sowjetischen Hochseeflotte in bezug auf Träger und U-Boote dienen. Für beide Waffensysteme sind Entwicklungs- und Erprobungszeiten von 10 und mehr Jahren nötig, d.h., daß die ersten Schritte in dieser Richtung unternommen wurden, als die Bundesregierung und der Bundeskanzler BRANDT mit ihrer Entspannungspolitik gegenüber dem Osten begannen. Auch der im Januar 1985 über Norwegen und Finnland gesichtete sowjetische Marschflugkörper muß etwa zu jener Zeit geplant und entwickelt worden sein, wenn auch die Sowjetunion stets geleugnet hat, solche Marschflugkörper zu besitzen, und daher scharf auf die Dislozierung ähnlicher Waffen der Amerikaner auf europäischem Gebiet, besonders auf dem der Bundesrepublik, reagierte. In technische Einzelheiten der sowjetischen Aufrüstung soll in diesem Rahmen nicht weiter eingegangen werden, da dies auch bei der Behandlung der NATO unterblieb. Die einschlägige Literatur darüber und über die Rüstung der NATO ist aber leicht zu erreichen.[285]

Der militärischen Planung und darauf ausgerichteten Ausbildung und Erziehung der Truppen entspricht die Wehrpropaganda zur Verteidigung des »sozialistischen Vaterlandes« in allen Staaten des Warschauer Paktes. Darüber hinaus gilt die Wehrerziehung der Jugend als wichtiges Element der sozialistischen Gesamterziehung und findet ihre stärkste Ausprägung in einer straff organisierten und breitgefächerten vormilitärischen Schulung und Ausbildung der Jugendlichen. In der DDR wurde z.B. am 7. August 1952 nach sowjetischem Muster die paramilitärische Jugendorganisation »Gesellschaft für Sport und Technik« (GST) gegründet, die die Aufgabe hat, »die Bürger, insbesondere die Jugend, auf den Dienst zum bewaffneten Schutz der revolutionären Errungenschaften des Volkes vorzubereiten«.[286] Die GST, die auch als »Schule der Soldaten von morgen« bezeichnet wird, hat den Auftrag, allen männlichen Jugendlichen systematisch militärische und technische Grundkenntnisse zu vermitteln, so daß der zukünftige Soldat rasch in die militärische Ausbildung innerhalb der Waffengattungen eingeführt werden kann. Nach einer etwa einjährigen vormilitärischen Grundausbildung mit 60 bis 70 Dienststunden beginnt die zwei Jahre umfassende militärische Laufbahnausbildung entsprechend den Anforderungen der Streitkräfte der DDR. Dabei gibt es sieben vormilitärische Ausbildungsarten: für motorisierte Schützen, Nachrichtenspezialisten, Taucher, Fallschirmjäger, Matrosen, Flieger und Militärkraftfahrer. Zum Schluß der Ausbildung gibt es ein sog. Qualifikationsabzeichen, wenn das Mitglied der GST regelmäßig an der Ausbildung teilgenommen, eine Leistungsüberprüfung und Abschlußübung erfolgreich abgeleistet, alle erforderlichen Berechtigungen, Erlaubnisse und Befähigungsnachweise erbracht, alle Normen der präzisierten Ausbildungsprogramme erfüllt, die Schießausbildung, den Dreitausendmeterlauf und den Lauf über die GST-Sturmbahn mit mindestens der Note 2 absolviert und die militärische Disziplin vorbildlich eingehalten hat. Ergänzt wird diese praktische vormilitärische Ausbildung wie auch die militärische Ausbildung selbst durch die Erziehung »zum Haß gegen den Klassenfeind«, unter dem besonders die Bundesrepublik Deutschland verstanden wird. Die Haß-Erziehung ist Teil der politischen Erziehung und in der Innendienstvorschrift der Nationalen Volksarmee nach sowjetischem Vorbild festgelegt. Proteste der Kirchen in der DDR gegen diese Erziehung zum Haß haben bisher noch keinerlei Erfolge gezeigt, wenn man einmal von dem Protest Einzelner und auch einiger Gruppen der dortigen Friedensbewegung »Pflugscharen statt Schwerter« absieht. Im allgemeinen sind aber die Protestbewegungen im Westen einer breiteren Öffentlichkeit bekannt als im Osten.

Beurteilt man die Fähigkeiten der sich in Europa gegenüberstehenden Militärblöcke, so stellt man fest, daß die NATO gemäß ihrem Verteidigungsauftrag zu dieser Verteidigung auch fähig ist, wenn die europäischen Staaten ihre konventionelle Rüstung ergänzen und verstärken, was allerdings mit beträchtlichen Belastungen für den Steuerzahler verbunden ist. Ein offensives Vorgehen steht im Widerspruch zum Abkommen, das die NATO-Partner unterzeichnet haben, und vor allem auch im Gegensatz zur militärischen Planung; es kommt daher nicht in Frage. Der Warschauer Pakt dagegen ist zu Angriff und Abwehr gleichermaßen befähigt. Die militärische Planung zielt allerdings auf die Offensive ab, wenn die sowjetischen Politiker den Eindruck erhalten, die NATO wolle ihrerseits zum Angriff übergehen. Jedoch kann ein Überraschungsangriff durch die Kräfte des Warschauer Paktes bei einer Fehlbeurteilung der Lage durch die Politiker nicht ausgeschlossen werden.

Militärische Weltlage

Nach dieser mehr theoretischen Darlegung der Verhältnisse, Bedingungen und Fähigkeiten auf beiden Seiten des Eisernen Vorhanges wenden wir uns nun der praktischen militärischen Lage in weltweitem Rahmen zu. Niemals dürfen wir dabei aus den Augen verlieren, daß CLAUSEWITZ in seinem berühmten Hauptwerk »Vom Kriege« ein für allemal gültig formuliert, daß der Krieg »eine Fortsetzung des politischen Verkehrs, ein Durchführen desselben mit anderen Mitteln« ist. Ob er jedoch im Hinblick auf die moderne Waffenentwicklung mit ihren Massenvernichtungswaffen noch immer ein gangbares Mittel ist, darf füglich bezweifelt werden. Dennoch hat CLAUSEWITZ damit völlig richtig den Primat der Politik über die militärische Führung festgestellt. Daher kann auch eine Darstellung der militärischen Lage niemals allein die politische Entscheidung bestimmen, sie ist lediglich eine von vielen Elementen der politischen Entschlußfassung.

Wir haben bereits festgestellt, daß die USA und Großbritannien nach dem Ende des Zweiten Weltkrieges sofort ihre Steitkräfte abrüsteten, ihre Flotten »einmotteten« und glaubten, die nun geschaffenen Vereinten Nationen würden als eine Art Weltregierung für alle Zeiten den Frieden sichern. Die Sowjetunion dagegen stand mit ihren Truppen nicht nur in den strategisch entscheidenden Räumen, sondern rüstete in einem nie vorher gekannten Ausmaß auf.

Bevor noch die Amerikaner bemerkten, daß sie als Supermacht herausgefordert wurden, versuchten die Russen, ihre Stellung auf dem Balkan zu verbessern, um ihre Schwarzmeerflotte aus ihren Fesseln zu befreien und Druck auf die Staaten im Mittelmeer auszuüben. Der von den Kommunisten 1947 in Griechenland entfesselte Bürgerkrieg endete jedoch nach unerhörten Grausamkeiten 1949 mit dem Sieg der griechischen, vom Westen materiell unterstützten Regierungstruppen, und auch das kommunistische Jugoslawien entzog sich unter TITO der Umarmung des »russischen Bären«. Daß die Sowjetunion nicht selbst aktiv »zur Verteidigung der unterdrückten Arbeiterklasse« in die Kämpfe eingriff, war der Tatsache zu verdanken, daß sie noch nicht im Besitz der Atomwaffe war. Aber der Mittelmeerraum sollte von nun an ein Schwerpunkt sowjetischer Politik bleiben, besonders nachdem es zu den israelisch-arabischen Auseinandersetzungen gekommen war, die ja noch fortdauern.

Im übrigen Europa wurde aus der ehemaligen Demarkationslinie der Eiserne Vorhang, hinter dem die einstmals freien Staaten zu Satelliten wurden. Nur durch das energische Auftreten der Westmächte und die Versorgung Berlins 1948/49 durch die Luft blieb der Status West-Berlins erhalten. Da aber war bereits der im Westen so genannte Kalte Krieg ausgebrochen. Die Sowjets kreierten dann die Zweilager-Theorie, die die politische Offensive gegen das kapitalistische Lager rechtfertigen sollte; sie nannten das den ideologischen Kampf. Die in diesem Rahmen eingeleitete sowjetische Offensive gegen das kapitalistische Lager wurde auf drei Ebenen geführt: durch Lähmung der Vereinten Nationen, die sog. Friedensoffensive unter Einschaltung der orthodoxen Kirche und eben durch den ideologischen Kampf. Aufstände innerhalb des sozialistischen Lagers wurden unterdrückt. In allen diesen Fällen hielt sich der Westen zurück, nicht zuletzt, weil die Sowjetunion seit 1951 die Atomwaffe besaß. Der 1966 an die Macht gekommene Generalsekretär BRESCHNEW setzte dann durch, daß alle Ereignisse innerhalb des sozialistischen Lagers allein Angelegenheit der im Warschauer Pakt vereinten Staaten sind.

Doch wir sind den Ereignissen vorausgeeilt. Nach der Niederlage der Kommunisten in Griechenland überfiel Nordkorea mit Billigung Chinas und wahrscheinlich auch der UDSSR 1950 Südkorea. Nach einem dreijährigen Krieg, der von UN-Truppen, hauptsächlich aber Amerikanern, geführt wurde, waren die alten Grenzen zwischen den beiden Ländern wiederhergestellt. Erfolge dagegen erzielte das kommunistische Lager militärisch in Indochina, im Nahen Osten und Nordafrika politisch. Auch vor der »Haustür« der USA, in Kuba, konnte ein sowjethöriges Regime unter FIDEL CASTRO an die Macht gelangen. Nur eine Kriegsdrohung der USA unter Präsident KENNEDY hinderte die Sowjetunion, in Kuba Raketen aufzustellen, mit denen das amerikanische Mutterland hätte atomar beschossen werden können. CHRUSCHTSCHOW gab damals, 1962, nach, aber wie er sagte, zum letzten Mal. Weitere kommunistische Aufstandsversuche in Mittelamerika und Südamerika schlugen zunächst fehl.

Nun aber trat eine entscheidende Veränderung ein, der vor allem in Deutschland viel zu wenig Aufmerksamkeit gewidmet worden ist. Diese Veränderung betraf die Lage zur See. Fast unbemerkt lernte »der Bär«, dessen Leistungen zur See in den beiden Weltkriegen kaum eine Rolle gespielt hatte, »nun schwimmen«. Die Atommacht Sowjetunion wurde durch eine kampfstarke Kriegsflotte mit unterstellter Handelsflotte zur echten Supermacht und suchte und gewann Stützpunkte für sich auf der ganzen Welt. Die Pazifikflotte operierte von Wladiwostok, Korea, Sachalin, den Kurilen und vor allem von Cam Ranh in Vietnam aus, das als entscheidender Marinestützpunkt für ganz Südostasien angesehen wird (s. Fig. 21). Dort hatten zwar vorher amerikanische Truppen zur Unterstützung des westlich orientierten südvietnamesischen Staates versucht, das kommunistische Nordvietnam in die Knie zu zwingen, aber es war ihnen nicht gelungen, weil der Armee durch die Politiker, die den Ausbruch eines Weltkrieges verhindern wollten, die Hände gebunden wurden und die öffentliche Meinung sich im Westen immer schärfer gegen die dort eingesetzten amerikanischen Truppen und die USA selbst richtete. So zogen sich die Vereinigten Staaten aus diesem Land zurück, das von nun an eine beherrschende Stellung in Südostasien einnehmen sollte und selbst das ebenfalls kommunistische, aber an China orientierte Kambodscha mit Krieg überzog. Auch an Auseinandersetzungen mit dem kommunistischen China, das in der Zwischenzeit, nachdem es zur Atommacht geworden war, einen eigenen, von Moskau getrennten Weg einschlug, fehlte es nicht. Die von den Amerikanern gut und modern ausgebauten Stützpunkte, vor allem an der Küste Vietnams, können nun der Sowjetflotte als Rückhalt dienen.

Auch Indien, das zur Atommacht aufgestiegen war, erlaubte sowjetischen Kriegsschiffen die Benutzung seiner Kriegshäfen. Vom Südjemen und vom Irak aus griffen die Russen nach dem Öl im Persischen Golf, der Lebensader des Westens. Allerdings darf hier nicht übersehen werden, daß der Iran heute ein sowjetisches Eingreifen nicht ohne weiteres zuließe. Auch der Irak, mit dem der Iran im Krieg liegt, verfolgt bis zu einem gewissen Grad, wie die meisten arabischen Staaten, eine von der Sowjetunion und vom Westen unabhängige Politik. Dennoch sind sowjetische Truppen in Afghanistan näher am Golf und damit an den Ölquellen als etwaige westliche Eingreifverbände, die über See oder durch die Luft herangeführt werden müßten. Doch hat die Erschließung eigener europäischer Ölquellen die Bedeutung des Persischen

Fig. 21 Südvietnam mit dem für Südostasien entscheidenden Marinestützpunkt Cam Ranh

476

Golfes als Lebensader etwas herabgesetzt. Die Wichtigkeit des Ölnachschubes für die Beweglichkeit der westlichen Truppen, aber auch für die Versorgung der Zivilbevölkerung liegt auf der Hand (s. Fig. 22).

Südjemen, Somali, Mozambique und Ägypten öffneten der Sowjetunion den Indischen Ozean und das Rote Meer, allerdings verließen Somali und Ägypten dann wieder das sozialistische Lager. Als verläßlichste Verbündete der Sowjets im Mittelmeerraum, die allerdings auch durchaus willens sind, von Zeit zu Zeit eigene Politik zu betreiben, erwiesen sich Libyen und Syrien, das sogar mit sowjetischen Raketen beliefert wurde. Vor allem das letztere Land erweist sich als ständiger Herd, von dem aus das Kriegsfeuer im Nahen Osten unterhalten wird, während Libyen als eines der wichtigsten Zentren des internationalen Terrorismus gilt. Nur Israel wirkt außerhalb des NATO-Vertragsgebietes, zu dem ja auch die Territorien der Türkei und Griechenlands gehören, im östlichen Mittelmeer als Bollwerk des Westens.

In Westafrika bieten Angola und Guinea sowjetischen Schiffen Stützpunkte, und seit einiger Zeit laufen Unternehmen der von Angola unterstützten Befreiungsarmee SWAPO, im übrigen von einem großen Teil der Westpresse gefördert, zur Wegnahme Namibias, der ehemaligen Kolonie Deutsch-Südwestafrika. Mit Ausnahme Äthiopiens, wo die Sowjetunion selbst mit Waffen und Material auftritt und ihr durch die schwachen französischen Kräfte in Djibuti nur in geringem Umfang am Roten Meer Paroli geboten werden kann, werden die meisten politischen und militärischen Unternehmen in Afrika von Stellvertretern der Sowjetunion wie etwa Kuba und der DDR getragen.

Von Kuba aus breitete sich der sowjetische Einfluß aufgrund der russischen Flottenstärke nach Mittelamerika, besonders nach Nicaragua aus. Weitere Aufstandsbewegungen in Guatemala und San Salvador werden von Kuba kräftig unterstützt. Der Versuch, auch Grenada zu nehmen, scheiterte aufgrund des Eingreifens der Amerikaner, die es nicht dulden konnten, daß der für die Verschiebung der westlichen Flottenkräfte so wichtige Panamakanal durch dort startende Luftstreitkräfte oder Raketen gefährdet würde. Dennoch zielen die von Kuba unterstützten Unternehmen in Mittelamerika auf den »weichen Unterleib« Amerikas ab, so daß dieses große Land zumindest zum politischen Eingreifen gezwungen sein könnte, gleichgültig ob man dem dortigen sozialen Aufbegehren verständnisvoll gegenübersteht oder nicht.

Während in Afrika das Kap der Guten Hoffnung nur ein fernes Wunschziel der Sowjets sein kann, weil Südafrika, trotz seiner vom Westen angefeindeten Apartheidpolitik, doch zwangsläufig mit diesem verbunden ist, lagen die Verhältnisse in Südamerika, am Kap Hoorn, für sie weit günstiger. In der

Antarktis besitzen die Sowjets Forschungsstützpunkte. Sie versuchten, den schwelenden Konflikt zwischen Chile und Argentinien für sich auszunutzen, wenn auch bisher ohne Erfolg. Von der Weltöffentlichkeit unbemerkt, verlangte die Sowjetunion den Rückzug der Briten von den Falklandinseln und ermutigte, gewollt oder ungewollt, Argentinien zu deren Besetzung. Als es dann zur argentinischen Invasion kam, waren die Sowjets jedoch militärisch zu schwach, um Argentinien aktiv zu unterstützen. Es blieb bei Propagandaparolen und Materiallieferungen. Noch kann die Sowjetunion ihre Flotte aus technischen Gründen nicht vollständig zur See versorgen. Aber es wird nicht mehr lange dauern, bis sie dazu in der Lage ist.

Daß diese, an die Zeiten des europäischen Imperialismus vor dem Ersten Weltkrieg erinnernde Militärstrategie auch ihre politischen Auswirkungen überall, besonders aber in den Entwicklungsländern hat, denen die Sowjetunion großzügig Waffenhilfe gewährt, aber keine Lebensmittel liefern kann, braucht nicht besonders betont zu werden. Im übrigen wurden diese militärischen Maßnahmen ebenfalls fast alle während der Zeit der Entspannung unternommen, als sie fast risikolos durchgeführt werden konnten.

Nun mag man argumentieren, diese Verhältnisse könnten den Europäern doch ziemlich gleichgültig sein, solange man nur von der Sowjetunion unbehelligt bliebe. Die sowjetischen Definitionen von Krieg und Pazifismus sollten eines Besseren belehren. Der Kampf um die Macht, der sich bei rivalisierenden Blöcken fast von selbst ergibt, solange sie vom Egoismus beherrscht sind, und aus dem sie entweder durch Selbstaufgabe oder durch militärische Niederlage ausscheiden könnten, es sei denn, man setzt auf Abschreckung und Verhandlung, um wenigstens miteinander auszukommen, ist subtil und allumfassend.

Im Gegensatz zu dieser Expansion der Sowjetunion zogen sich die Westmächte aus der nun sog. Dritten Welt zurück, wenn auch nicht immer ganz freiwillig. Damit ging ein Großteil ihrer bisherigen Flottenstützpunkte verloren, in die die Sowjetunion meist unverzüglich nachrückte. Dies führte zu einer außerordentlich ernsten Lage, da die Westmächte ihre Seewege bedroht sahen, von denen sie in Krisen oder im Kriegsfall völlig abhängen. Besonders trifft dies, wie schon betont, für die Region am Persischen Golf zu, dessen Ölquellen für den Westen lebensnotwendig sind. Nur der Stützpunkt der USA in Diego Garcia, das französische Stationierungsrecht in Djibuti und einige vorläufig noch prowestliche Araberstaaten wie Saudi Arabien, die Emirate an der Straße von Ormuzd und Jordanien erlauben einen gewissen optimistischen Blick in die Zukunft, wenn auch die arabisch-israelische Konfliktsituation sowie das neue Erwachen des Islam einen ständigen Gefahrenherd bilden. Dennoch wurde der sowjetische Einfluß, teils durch eigene

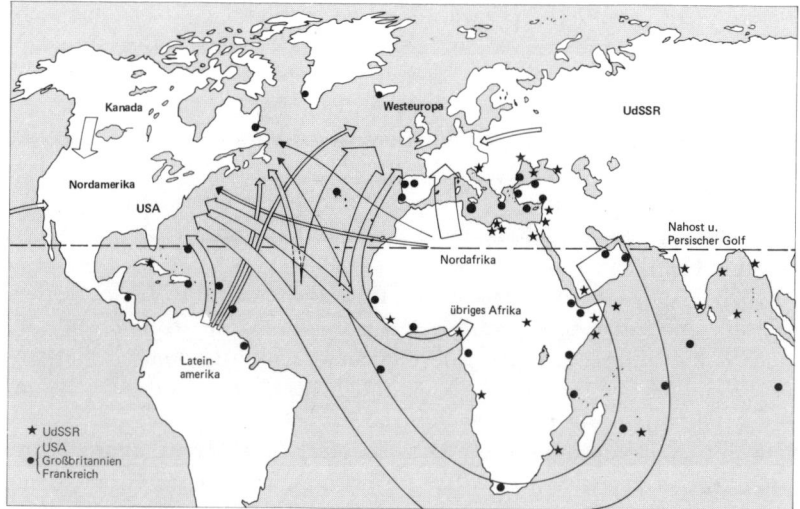

Fig. 22 Marinestützpunkte und Rohölströme

Schuld der Sowjets, denen es am nötigen Takt mit den neuen Verbündeten in der Dritten Welt fehlte, teils aber auch durch die amerikanischen Flugzeugträgerverbände, die überall auf den Ozeanen operieren können, ohne zu ihrer Versorgung ständig Stützpunkte anlaufen zu müssen, etwas eingedämmt.

Seit die Sowjetunion 1957 ihren Erdsatelliten Sputnik I in den erdnahen Weltraum sandte, begann auch militärisch ein Wettlauf um die Ausnutzung dieses Raumes. Vor allem gelang es, ihn für die Aufklärung und Erkundung zu nutzen. Aufklärungssatelliten beider Supermächte, aber auch der Europäer, Chinesen und Inder, vermögen heute kleinste Bewegungen und Veränderungen auf und an der Erdoberfläche festzustellen, auch wenn sie noch so gut getarnt sind. Daher ergänzen hier Täuschungsmaßnahmen die Tarnmaßnahmen, etwa durch Scheinstellungen. Eine militärische Nutzung des Mondes oder der erdnächsten Planeten liegt sozusagen in der Luft. Auf dem Gebiet der Aufklärung und elektronischen Datenverarbeitung ist der Westen dem Osten klar überlegen, daher die sowjetischen Spionageanstrengungen auf diesem Gebiet, aber auch die bereits seit langem von der Sowjetunion unternommene Entwicklung sog. Killersatelliten, mit denen westliche Aufklärungssatelliten abgeschossen werden können. Vor kurzem zogen die USA auf diesem Gebiet nach. Das Gleichgewicht ist aber noch nicht hergestellt, da sich die USA bisher an das vertraglich festgelegte Verbot der Nutzung des

Weltraumes für militärische Zwecke hielten, während die UDSSR dies nicht tat und einfach den Begriff »Weltraum« anders definierte, nämlich als sowjetisches Hoheitsgebiet, soweit dieser Weltraum über dem Gebiet der Sowjetunion liegt, eine völkerrechtlich bisher noch nicht geklärte Frage. Es besteht jedoch kein Zweifel darüber, daß der erdnahe Weltraum im Kriegsfall eine wichtige Rolle für beide Blöcke spielen würde. Dies zeigt auch der amerikanische Plan zum Aufbau eines Abwehrsystems gegen Interkontinentalraketen und dessen Einbeziehung in die neuen Verhandlungen mit der Sowjetunion in Genf.

Doch kehren wir zur Erde zurück. Hier bilden heute die Nuklearwaffen, über die schon eingehend gesprochen wurde, den Trumpf in der Hand jener Mächte, die sie besitzen. Das sind die USA, die Sowjetunion, Großbritannien, Frankreich, China, Indien sowie möglicherweise auch Israel und Südafrika. Die Bundesrepublik Deutschland hat ausdrücklich auf die Herstellung und den Besitz nuklearer Waffen verzichtet. Sie ist daher auf den Schutz durch die USA angewiesen, die allein ihn ihr garantiert haben. Für Frankreich und Großbritannien trifft das nicht zu. Mit den nuklearen Waffen besitzen beide Seiten die Möglichkeit zum sog. Overkill, da sie ihre Bestände nicht vernichtet, sondern verstärkt haben. Bei den biologischen Waffen dürften die USA überlegen sein, bei den chemischen nach Masse die UDSSR. Die Supermächte und die großen mittleren Mächte besitzen sie mit Ausnahme der Bundesrepublik in Ost und West, um mit ihnen im Fall des Einsatzes durch den Gegner Vergeltungsschläge durchführen zu können.

Kommen wir nun zur augenblicklichen Lage in Europa im einzelnen. Solange die Vereinigten Staaten das Atomwaffenmonopol besaßen, bildete die auf der Stärke ihrer Luftstreitkräfte beruhende Abschreckung den Rückhalt der NATO. Nach der These von »Schild und Schwert« hatten die Landstreitkräfte der europäischen NATO-Staaten, verstärkt durch amerikanische, britische und kanadische Großverbände, eine Abwehrfront zu bilden, so stark, daß sie nur durch den Einsatz beträchtlicher Kräfte des Warschauer Paktes zu durchbrechen gewesen wäre. Damit wäre die Voraussetzung für das Zuschlagen des »Schwertes« der amerikanischen strategischen Atomwaffen gegeben gewesen. Von etwa 1957 ab war der »Schild« durch das Eingliedern taktischer Atomwaffen in die atlantischen Großverbände verstärkt worden. Als jedoch etwa zur gleichen Zeit die sowjetischen Atomwaffen in beträchtlicher Stärke einsatzbereit waren, glaubte man in Europa nicht, sich in jedem Fall auf den bedingungslosen Einsatz der amerikanischen Atomwaffen verlassen zu können, weil die USA damit ihr eigenes Land bei jedem Konflikt der Vernichtung aussetzten. Es entstand eine ähnliche Lage wie sie jetzt bei den Mittelstreckenraketen besteht. Darüber hinaus hatten die europäischen

NATO-Staaten, weil sie sich zu sehr auf den amerikanischen Atomwaffen-schirm verlassen hatten, begonnen, ihre Militärausgaben zu reduzieren. Da man den Eindruck hatte, in einer Sackgasse zu stecken, erhielten nun die NATO-Streitkräfte den Auftrag, auf jede Aggression elastisch zu reagieren. So kam man zur noch heute gültigen Lehre von der »flexible response«, der angemessenen Erwiderung oder flexiblen Reaktion. Dabei wird selbst ein konventionell geführter sowjetischer Angriff zunächst mit einem atomaren Warnschuß beantwortet, um so eine Pause für Verhandlungen zu erreichen. Diese Pause, so glaubt man, muß zwangsläufig eintreten, weil der Angreifer für das atomare Gefecht umgliedern muß. Dennoch soll dieser »Atom-schwelle« genannte Einsatz atomarer Waffen so hoch oder spät wie möglich angesetzt werden. Nach Überschreiten dieser Schwelle kann es zu einer Steigerung des Atomwaffeneinsatzes in der »Atomspirale« kommen, also zu einer Eskalation. Ob diese Theorie durchführbar ist, wird von manchen bezweifelt. Die Abschreckung ist als Kriegsverhinderungsmittel wohl ver-läßlicher, obwohl sie natürlich keinen Gegensatz zur »flexible response« darstellt, sondern eine Kriegsverhinderungs- und Vorbeugungsmaßnahme. Frankreich glaubt überhaupt nicht an einen konventionellen Beginn, son-dern rechnet von Anfang an mit dem Einsatz atomarer Waffen, über die es daher allein die Verfügungsgewalt behalten will. Dies und andere Gründe veranlaßten es, aus dem militärischen Verband der NATO auszuscheiden, ob-wohl es im Kriegsfall als ihr Verbündeter auftreten wird.

Aufgrund der Theorie von der »flexible response« haben im Gegensatz zur Sowjetunion die konventionellen Streitkräfte bei der NATO den gleichen Stellenwert wie die nuklearen. Allerdings ist das mehr oder weniger Theo-rie, denn zur konventionellen Abwehr gehören zahlenmäßig stärkere Kräfte als die NATO sie besitzt. Diese kosten mehr Geld und erfordern eine Aus-schöpfung der Wehrkraft der europäischen Völker in weit höherem Maße als bisher. Wie die Dinge aber liegen, bleiben zur Zeit nur atomare Abschrek-kung oder Unterwerfung übrig, so lange noch kein neuer Weg gefunden worden ist. Die Verstärkung der konventionellen Streitkräfte würde aber eine beträchtliche Anhebung der Atomschwelle bedeuten.

Sehen wir uns nun die drei Abschnitte der NATO in Europa an. Als beson-ders empfindlich gilt die europäische Nordflanke mit Norwegen, Dänemark und den Ostsee-Zugängen. Die Sowjetunion hat die Halbinsel Kola zu einem gewaltigen Flotten- und Raketenstützpunkt für Interkontinentalraketen ausgebaut. Von dort aus hat die starke Nordmeerflotte den Auftrag, die atlantischen Verbindungslinien der NATO, ohne die diese nicht existieren kann, zu unterbrechen. Die Wirksamkeit der Nordmeerflotte wäre bedeu-tend erhöht, wenn es den Sowjets gelänge, Norwegen mit seinen Häfen zu erobern. Natürlich müssen sich die Streitkräfte des Warschauer Paktes zuerst dieses Raumes bemächtigen, bevor die Sowjetflotte diese Häfen nutzen kann. Dazu hat allein die Sowjetarmee auf der Halbinsel Kola 2 Divisionen mit 400 Panzern und 500 Artilleriegeschützen und Mörsern stehen, die durch 7 weitere Divisionen, 1300 Panzer und 1500 Geschütze und Mörser, verstärkt werden können, und zwar sofort bei Angriffsbeginn. Diesen 9 sowjetischen Divisionen stehen nur 13 Brigaden, etwas mehr als 4 Divisionen der NATO mit 100 Panzern und 500 Geschützen und Mörsern gegenüber. Diese starke Überlegenheit der Sowjets reicht nach allen Regeln der Kriegskunst für einen Angriff aus. Nehmen wir jedoch die Flottenkräfte hinzu, so ist die NATO nach Zuführung amerikanischer Verbände ebenso zur Verteidigung befähigt wie beim Einsatz atomarer Mittel. Das Gleichgewicht ist dort einigermaßen gewahrt, solange man von den sowjetischen Mittelstreckenraketen absieht. Doch können diese hier durch U-Boot-Raketen der NATO nach zeitgerechter Zuführung ausgeglichen werden.

Besonders wichtig für die NATO ist es, der sowjetischen Baltischen Flotte den Austritt aus der Ostsee und den Zugang zur Nordsee zu verwehren. Dies ist vor allem die Aufgabe der deutschen und dänischen Marine, die außerdem noch sowjetische Landungsversuche an den Ostseeküsten abwehren und Geleitzüge in der Nordsee schützen sollen. Die sowjetische Baltische Flotte dagegen wird versuchen, die amphibischen Landungsunternehmen der Warschauer-Pakt-Staaten im Ostseeraum zu unterstützen und sich den Zugang zur Nordsee und damit zum Atlantik zu erkämpfen, um ebenfalls die atlantischen Seewege der NATO zu unterbrechen. Auch das neutrale Schweden ist im Kriegsfall ganz offensichtlich Ziel eines möglichen sowjetischen Landungsangriffes, wie die Aufklärungsversuche sowjetischer U-Boote in schwedischen Hoheitsgewässern gerade gezeigt haben. Einer der letzten Versuche vor etlichen Monaten wurde von drei U-Boot-Mutterschiffen und sechs Mini-U-Booten unternommen, die bis in den Innenhafen von Stockholm vordrangen. Jetzt hat die schwedische Marine den Auftrag erhalten, sofort mit Waffengewalt gegen jeden weiteren Versuch vorzugehen. Doch reichen die Mittel der Schweden dazu nicht ganz aus. Wegen dieses Vorfalls zur Rede gestellt, erklärte der sowjetische außenpolitische Sprecher, ARBATOW, in Washington, die Schweden wären naiv, wenn sie glaubten, daß ihre Neutralitätspolitik und scharfen Proteste die Sowjetunion hindern könnten, die U-Boot-Operationen in schwedischen Gewässern fortzusetzen. Diese Art von Aktivität gehöre zum Benehmen einer Supermacht.

Eine ähnliche, ja noch größere Überlegenheit der Sowjets besteht an der Südflanke der NATO, im Mittelmeerraum, soweit es die Heeres- und Luftwaffenkräfte angeht. Die Operationen der sowjetischen Schwarzmeerflotte sind dagegen eingeschränkt, weil ihr der Austritt aus dem Mittelmeer nach Süden oder Westen wohl nicht gelingen kann. Durch politischen Druck und Stellvertreterkriege im Nahen Osten versucht sie jedoch, diese Lage zu ändern; ein zweischneidiges Schwert, da ihre islamischen Verbündeten nicht unbedingt und uneingeschränkt sowjetische Interessen vertreten.

Außerordentlich bedroht dagegen ist das neutrale Österreich, das im Kriegsfall Durchmarschland nach Südostbayern und Jugoslawien werden könnte, ohne geeignete oder ausreichende Mittel zur Abwehr zu besitzen. Der Widerstand des österreichischen Bundesheeres darf nur als symbolisch angesehen werden, um sich bei späteren Friedensverhandlungen ein Mitspracherecht zu sichern. Das eigentliche Ziel eines Angriffs im Süden werden vermutlich Jugoslawien, seiner Häfen wegen, und aus dem gleichen Grund Nordost-Italien sein. Ähnliches gilt für Griechenland und die Türkei. Dennoch ist auch hier, von den sowjetischen ss-20-Raketen abgesehen, vorläufig das Gleichgewicht gewahrt.

Für den Schwerpunkt des beiderseitigen Aufmarschgebietes, Mitteleuropa, wurde bereits ein flüchtiger Überblick gegeben. Bei einem konventionellen wie atomaren Angriff des Warschauer Paktes bieten sich vermutlich folgende Stoßrichtungen an: aus Mecklenburg heraus in Richtung auf die Häfen Hamburg und Bremen, um sie für die eigene Flotte nutzbar zu machen, den Nordabschnitt der NATO von Europa-Mitte zu trennen und damit Landungen an der deutsch-dänischen Ostseeküste zu erleichtern und den Belt zu öffnen; aus dem Raum Stendal-Magdeburg heraus durch die Norddeutsche Tiefebene zur Wegnahme des deutsch-belgischen Industriegebiets, das möglichst unversehrt in sowjetische Hand fallen soll, und ein weiterführender Stoß zu den belgisch-niederländischen Kanalhäfen; aus Thüringen heraus gegen das Rhein-Main-Gebiet mit seinen Industrieanlagen und den Rheinübergängen mit weiterer Stoßrichtung nach Frankreich hinein; die beiden letzten Angriffsgruppen könnten durch Luftlandedivisionen, die aus der Tiefe des Raumes rasch herangeflogen werden können, zur Wegnahme der operativ-strategisch wichtigsten Ziele unterstützt werden; aus dem Raum Eger-Pilsen heraus nach Südwesten zur Wegnahme der Rheinübergänge bei Karlsruhe und Kehl sowie des schwäbischen Industriegebiets bei Stuttgart und zum Weiterführungsstoß durch die Burgundische Pforte nach Frankreich hinein; und bei einem Angriff aus dem tschechisch-ungarischen Raum heraus die Donau entlang durch Österreich in den bayerischen Voralpenraum Richtung Nordschweiz mit ihrem panzergünstigen Gelände zum Vorstoß die Rhône entlang zum Mittelmeer.

Atomar würden diese Angriffsgruppen durch Feuer auf die »Flugzeug- und Raketenträger« Großbritannien, Spanien, Italien mit Sizilien sowie die Dardanellen, Israel und den Suezkanal unterstützt. Über die weiteren Ziele wurde bereits gesprochen. All das ist mit den Mittelstreckenraketen vom Typ ss-20 möglich, von denen eine jede drei Gefechtsköpfe trägt, die unabhängig voneinander in verschiedene Ziele geführt werden können, während die NATO nur Raketen mit je einem Gefechtskopf besitzt, selbst wenn die Pershing-ii und Cruise Missiles aufgestellt sind. Ohne diese Aufstellung könnte die UDSSR mit ihren Verbündeten die europäischen NATO-Länder atomar bedrohen oder erpressen, ohne daß diese ein Mittel zur Gegenwehr hätten. Die französischen Raketen stünden nur bei einem Angriff auf das französische Mutterland zur Verfügung, reichten aber nicht aus. Außerdem können sie nicht bis zur Sowjetunion wirken. Erst wenn die Pershing-ii und Cruise Missiles alle in Stellung gegangen sind, können, ohne den »großen Holocaust« auszulösen, sowjetische atomare Bedrohungen durch diese sehr genau schießenden Waffen, mit denen auch das sowjetische Mutterland zu erreichen ist, ausgeschaltet werden. Wichtiger aber ist, daß allein sie bei Verhandlungen als gleichartige Waffen ins Spiel gebracht werden können. Im übrigen handelt es sich ja nicht um eine zusätzliche atomare Rüstung der NATO, sondern um eine Modernisierung; denn im Zuge ihrer Aufstellung wurde und wird eine gleiche Zahl atomarer Gefechtsköpfe der NATO aus Europa abgezogen. Das Wort Nachrüstung trifft den Kern nicht und ist unglücklich gewählt. Die Amerikaner und Briten sprechen viel richtiger von einer Modernisierung.

Erst nach dem völligen Vollzug dieser Aufstellung ist das Gleichgewicht in Europa-Mitte wiederhergestellt. Jetzt ist auch zu verstehen, warum die Sowjetunion, die so viel Kraft während der Zeit der Entspannung in die Aufrüstung gesteckt hat, alle Register der Propaganda und Desinformation bis hin zur Drohung zieht, um die Ausführung des NATO-Doppelbeschlusses, der ja vom sozialdemokratischen Bundeskanzler SCHMIDT ausging, zu verhindern. In den letzten Jahren hat sie über die Deutsche Kommunistische Partei pro Jahr 50 Millionen DM für die Finanzierung ihr nahestehender Kreise mit dieser Zielsetzung aufgebracht.[287] Daß die Bundesrepublik dennoch bis zu einem gewissen Grade erpreßbar ist, wurde bei der Beschreibung des mangelnden Zivilschutzes bereits betont.

Neben dem Truppenaufmarsch und der Dislozierung der entsetzlichen modernen Waffen diesseits und jenseits des Eisernen Vorhangs deuten auf östlicher Seite noch weitere Vorbereitungen des Warschauer Paktes auf die Erhöhung der Kriegsfähigkeit hin, die von Laien meist übersehen werden. Es sei dabei besonders betont, daß damit über die politische Entscheidung zum Angriff durch den Warschauer Pakt nichts ausgesagt wird. Diese Maßnahmen bestehen darin, daß das Verkehrsnetz für die Versorgung laufend ausgebaut wird und die Truppen des Warschauer Paktes eine unverhältnismäßig hohe Zahl von Brückengeräten, Übersetzmitteln und amphibischen Fahrzeugen mit sich führen, weit mehr als die sich zur Verteidigung vorbereitenden Truppen der NATO. Weiter hat der Warschauer Pakt für die Munitionsversorgung Infanteriewaffen eingeführt, mit denen NATO-Munition verschossen werden kann. Umgekehrt ist das nicht möglich. Die Versorgung scheint der Schwachpunkt der Truppen des Warschauer Paktes zu sein, wie vor allem der Einmarsch in die Tschechoslowakei gezeigt hat.

Ein letztes Wort gilt dem Kampfwert beider Seiten. Allgemein ist zu beobachten, daß der Kampfwert der Truppen immer geringer zu werden scheint und die Waffen immer schrecklicher. Dennoch wird wohl der größte Teil der Mannschaften auf beiden Seiten seine soldatische Pflicht tun. Einschränkend ist jedoch hinzuzufügen, daß die Soldaten aus den Satellitenstaaten für die Sowjetunion einen gewissen Unsicherheitsfaktor darstellen. Wahrscheinlich würden sie im Fall eines siegreichen Vordringens des Warschauer Paktes »bei der Stange« bleiben, im umgekehrten Fall aber eher zur Fahnenflucht und Sabotage neigen.

Nach dieser Beschreibung der militärischen Lage, die aber absolut nicht den Anspruch auf Vollständigkeit erheben kann, bleibt nur noch der Schluß zu ziehen, daß, falls das Gleichgewicht des Schreckens wiederhergestellt wird, weder mit einer sowjetischen politischen Erpressung noch mit einem militärischen Angriff zu rechnen ist. Auch die sowjetischen Führer sind keine Selbstmörder. Allein ihre Politiker entscheiden über Krieg und Frieden, ganz gleich, ob die sowjetischen Militärs den atomaren Krieg für gewinnbar halten oder nicht. Sicher werden sie keinen Krieg führen, nur weil die Militärs das etwa wollten. Schon die Tatsache, daß bei allen sowjetischen Manövern und Manövern des Warschauer Paktes in der ersten Phase stets ein Angriff des Westens angenommen wird, der zurückgeschlagen wird, bevor der Warschauer Pakt zur Offensive übergeht, zeigt, daß bei aller Betonung des Angriffs in der Militärstrategie der Kriegsfall nur eine Lösung bietet, falls alle anderen Mittel versagen. Auch im Osten hält man, wie Genf im Januar 1985 bestätigt hat, von Kriegsverhinderung und Verhandlungen mehr.

Im übrigen bewahrheitete sich bei der erneuten Übereinkunft über Verhandlungen, was bereits Boris Souvarine in bezug auf die westlichen Verhandlungspartner und den damals führenden sowjetischen Politiker STALIN gesagt hat: »Er [CHURCHILL] hatte geglaubt, gut daran getan zu haben, daß er einen Sozialisten, einen Anhänger der Arbeiterbewegung, Sir Stafford Cripps, als Botschafter nach Moskau geschickt hatte, und angenommen, er wäre als solcher a priori bei einer kommunistischen Regierung willkommen. Es war ein enormer Irrtum, der Churchills Unwissenheit auf diesem Gebiet kennzeichnet: Stalin verabscheute nichts so sehr wie einen Sozialisten, dem er die finstersten Absichten unterstellte. Hätte der englische Premierminister auch nur die geringste Vorstellung von der pathologischen Mentalität des Generalsekretärs gehabt, so hätte er einen Konservativen der äußersten Rechten nach Moskau geschickt. Das wäre die einzige, wenn auch kleine Chance gewesen, Stalin näherzukommen.«[288] Auch jüngst hat es sich wieder erwiesen, daß die Sowjets nach anfänglicher Zurückhaltung und Ablehnung gerade mit den konservativen Kräften der NATO-Länder zu verhandeln entschiedener bereit sind.

Dennoch ist es immer möglich, daß ein Funke aus den Krisenherden, besonders dem Nahen Osten, überspringt und die europäische Welt in einen Krieg verwickelt, den alle nicht wollen. Das Gleichgewicht des Schreckens darf nicht der Weisheit letzter Schluß sein. Die Menschheit muß einen Ausweg aus diesem Dilemma finden. Bisher weiß aber noch niemand eine gangbare Lösung. Abgerüstet muß auf jeden Fall werden, auch vom militärischen Standpunkt aus gesehen. Totale Abrüstung aber ist im Augenblick nicht möglich. Die Gründe sind nach allem, was hier dargelegt wurde, wohl einsehbar.

Angesichts der Furchtbarkeit eines Krieges in der Zukunft gelten alle Anstrengungen der Politiker beider Seiten der Kriegsverhinderung. Weder in Moskau noch in Washington noch sonstwo auf der Welt gibt es einen einzigen Politiker, der einen allgemeinen großen Krieg wünscht, und dennoch bereiten alle Militärstrategien ihn vor, um ihn im Notfall führen zu können. Diese Strategien der beiden Supermächte und Blöcke wurden geschildert. Gibt es dazu Alternativen? In letzter Zeit wurde viel, vor allem in der Bundesrepublik Deutschland, über alternative Strategien gesprochen. Die für die Sicherheitspolitik verantwortlichen Politiker der Bundesrepublik Deutschland nehmen das hier angeschnittene Problem durchaus ernst. Eine öffentliche Anhörung zu alternativen Sicherheitskonzeptionen durch den Verteidigungsausschuß des Deutschen Bundestages im letzten Viertel des Jahres 1984 beweist es. Die verschiedenen alternativen Strategien laufen alle darauf hinaus, mit Hilfe unterschiedlicher technischer Mittel und taktischer Verfahren den Schwerpunkt so auf die konventionellen Streitkräfte zu verlegen, daß Nuklearwaffen zur Verteidigung ganz, wenigstens in Europa, überflüssig werden. Oder sie fordern, auf deren Ersteinsatz zu verzichten. Zur letzteren Forderung gehört auch die, auf die amerikanischen Mittelstreckenraketen zu verzichten oder sie wieder abzuziehen und sich nur auf die der Franzosen und Engländer zu verlassen. Dies ist schon deshalb unmöglich, weil diese Länder sich den Einsatz ihrer Nuklearstreitkräfte vorbehalten und keinerlei Garantie für den Schutz der Bundesrepublik abgegeben haben. Der Verzicht auf den

Ersteinsatz von Nuklearwaffen aber würde bedeuten, daß ein möglicher Angreifer, der sich auf konventionelle Kräfte stützt, mit dem Einsatz dieser Waffen zur Abwehr einer Aggression nicht mehr zu rechnen brauchte. Er könnte sich auf seine konventionelle Überlegenheit verlassen und seine Chancen genau ausrechnen, d. h. sein eigenes Risiko exakt kalkulieren. Damit verkehren sich diese Strategien in ihr Gegenteil. Die Kriegsgefahr würde größer und die eigene Bevölkerung all den Schrecknissen ausgesetzt, die einen modernen Kriegsschauplatz beherrschen. Einige Vertreter dieser Ansicht geben sich sogar der unrealistischen Vorstellung hin, einzelne Städte aus den Kampfhandlungen aussparen zu können. Daß auch die anderen NATO-Partner bei der Gesamtheit dieser Pläne ein Wort mitzureden hätten, lassen sie im übrigen ganz außer acht. Dazu glauben sie, auf die Erklärung von kernwaffenfreien Zonen oder Gemeinden zurückgreifen zu können. Einige der Initiatoren dieses Gedankens stützen sich auf die UN-Resolution 3472 (XXX) vom 11. 12. 1975, die aber nicht das Einverständnis der Bevölkerung, sondern der Kernwaffen-Staaten voraussetzt. Außerdem müssen solche Entschlüsse von der Gesamtheit der Vereinten Nationen anerkannt sein. Welchen Wert aber solche Erklärungen der Vereinten Nationen haben, hat die Vergangenheit ausreichend bewiesen. Auch als Beispiele angeführte Modelle nuklearwaffenfreier Zonen in Bereichen außerhalb Europas lassen sich nicht auf unser Gebiet übertragen, weil sie nicht im Mittelpunkt machtpolitischer Interessen stehen. Darüber hinaus sind Erklärungen von Gemeinden zur kernwaffenfreien Zone verfassungsrechtlich problematisch, politisch wirkungslos und strategisch oder taktisch völlig unrealistisch. Ist ein Krieg erst einmal ausgebrochen, so wird sich keine der beiden Seiten im geringsten um solche Erklärungen kümmern. Dann spricht nur noch die militärische Zweckmäßigkeit. Außerdem wäre es richtiger, von kernwaffenaufschlagsfreien Zonen als von kernwaffenfreien Zonen zu sprechen und diese zu fordern, denn nicht die Aufstellung solcher Waffen verursacht die schrecklichen Verluste und Schäden, sondern der Aufschlag der Geschosse.

Eine andere Forderung der alternative Strategien vertretenden Gruppen beinhaltet einen Verzicht auf alle Mittel und Waffen, die einen Rückschluß auf Offensivfähigkeit zulassen. Natürlich betrifft das bei den ernsthaften Vorschlägen die strategische und nicht etwa die taktische Ebene. In diesem Rahmen werden als Alternative zur Vorneverteidigung verschiedene Modelle der Raumverteidigung auf dem eigenen Gebiet angeboten, wobei bewußt in Kauf genommen wird, daß der Angreifer dann in weite Teile des eigenen Raumes eindringt. Das ist zwar militärisch, nicht aber politisch akzeptabel.

Schließlich verzichten die Vertreter der sog. Sozialen Verteidigung auf jede Art des bewaffneten Widerstands und verlangen dafür als ersten Schritt den sofortigen Austritt der Bundesrepublik aus der NATO. Bei dieser Art der Sozialen Verteidigung verlassen sie sich ganz auf den psychologischen und moralischen Widerstandswillen und die Leidensfähigkeit einer unter dem Diktat einer Besatzungsmacht lebenden Bevölkerung sowie auf die demoralisierende Wirkung dieses Widerstandswillens und der Leidensfähigkeit auf einen möglichen Aggressor. Es schwebt ihnen dabei im wesentlichen das Beispiel des indischen Widerstands unter MAHATMA GANDHI gegen die Briten vor. Sie vergessen dabei aber, daß GANDHI absolut nicht für Gewaltlosigkeit in beiden Weltkriegen plädierte, sondern sich ausdrücklich auf die Seite Großbritanniens stellte. Weiter wird übersehen, daß Großbritannien eine alte Demokratie ist, in der die öffentliche Meinung eine wesentliche Rolle spielt. Sie stand aber mit den Jahren in zunehmendem Maße auf der Seite GANDHIS und der indischen Forderung nach Unabhängigkeit, die aber, und das ist außerordentlich wichtig, innerhalb und nicht außerhalb des British Commonwealth of Nations erreicht werden sollte. Die Achtung der Briten vor der Würde und Unantastbarkeit des menschlichen Lebens begrenzte darüber hinaus die Gegenmaßnahmen weitgehend auf diejenigen, die Gesetz und Recht erlaubten, wodurch etwa Geiselerschießungen ausgeschlossen waren. Wer aber im Kriegsfall von seinem Volk die Soziale Verteidigung fordert, muß ihm auch klarmachen, daß damit auch Massenerschießungen und Massendeportationen zur Brechung des Widerstands der Gesamtbevölkerung nicht auszuschließen sind. Das aber verlangt Opfer in einem Maß, das nicht mehr hinnehmbar ist. Mit Sicherheit würde ein solcher Widerstand in Form der Sozialen Verteidigung, wenn überhaupt die gesamte Bevölkerung dafür zu gewinnen wäre, sehr bald zusammenbrechen. Die Soziale Verteidigung ist daher nichts anderes als eine außerordentlich gefährliche und tödliche Utopie.

Bemühungen um den Frieden

Wir haben nun jenen Punkt erreicht, an dem über die Friedensbewegung gesprochen werden muß. Es ist nicht daran zu zweifeln, daß die Bestrebungen der beiden Supermächte darauf gerichtet sind, eine kriegerische Auseinandersetzung zwischen den beiden Militärblöcken zu verhindern. Im gesamten westlichen Lager gibt es eine beträchtliche Anzahl von Instituten, die allein der Friedens- und Konfliktforschung dienen. Von wenigen Ausnahmen abgesehen, die ihre Forschungen von einem einseitigen ideologischen Standpunkt aus betreiben, dienen diese Institute der Erforschung von Möglichkeiten und Wegen zum Abbau von Spannungen in Krisenzeiten, zur Beseitigung

von Konfliktstoffen und zur Verhinderung kriegerischer Auseinandersetzungen. Ihre Ergebnisse werden durch die Massenmedien verbreitet und
den verantwortlichen Politikern als Arbeitsunterlage zur Verfügung gestellt.
Darüber hinaus findet eine breit angelegte Erziehung zum Frieden zumindest in allen Schulen der Bundesrepublik statt. Außerdem hat jeder Bürger
der Bundesrepublik das Recht, den Wehrdienst zu verweigern. Dies trifft
mit unterschiedlichen Bedingungen für alle Staaten des Westens zu. Lediglich die Schweiz macht davon eine Ausnahme, indem sie die Wehrdienstverweigerung nicht gestattet. Erst 1984 wurde dieses Verbot der Wehrdienstverweigerung durch Volksentscheid ausdrücklich bestätigt. In Teilen der
Ostblockstaaten, aber bei weitem nicht in allen, gibt es, wie z. B. in der DDR,
lediglich die Verweigerung des Dienstes mit der Waffe; doch wird der Wehrpflichtige dann in Baubataillonen und ähnlichen Verbänden zum Ersatzdienst eingezogen. Er dient in Uniform und unterliegt den militärischen
Gesetzen.

Im westlichen Europa dagegen hat die Friedenserziehung in vielen Fällen
zur Wehrdienstverweigerung, zu Pazifismus und Antiamerikanismus geführt. Durch die Verlängerung der Zivildienstzeit in der Bundesrepublik ist
die Zahl der Wehrdienstverweigerer zunächst um 35 % gesunken, was auf
einen hohen Prozentsatz von Wehrdienstverweigerern hinweist, die sich um
des persönlichen Vorteils willen von dem Dienst in den Streitkräften befreien
ließen. Aufschlußreich für das Verhalten der jungen Menschen in der Bundesrepublik sind Angaben aus den Jahresberichten der hauptamtlichen Jugendoffiziere der Bundeswehr. Darin heißt es u. a.: »Die Zusammenarbeit der Jugendoffiziere mit den Schulbehörden verläuft in aller Regel reibungslos.
Ebenfalls ohne wesentliche Schwierigkeiten stellt sich die Zusammenarbeit
mit Grund-, Haupt- und Realschulen sowie mit berufsbildenden Schulen
dar. Häufiger als zuvor berichten aber Jugendoffiziere über erschwerte Bedingungen in der Zusammenarbeit mit Gymnasien; dies trifft besonders für
die Sekundarstufe II zu. … Der Dialog mit der Jugend war im Berichtszeit-
raum durch mehr Sachlichkeit und Toleranz als in den Vorjahren gekennzeichnet. Das Hauptproblem beim Dialog mit jungen Menschen über Fragen
der Friedens- und Sicherheitspolitik sehen Jugendoffiziere nach wie vor in
den weitaus zu geringen Grundlagenkenntnissen. Nur bei Wortführern der
Diskussion ist nach ihrer Ansicht deutlich verbessertes Wissen um sicher-
heitspolitische Zusammenhänge feststellbar. Ein anderes Problem ist das der
selektiven Wahrnehmung. Junge Menschen gehen oft mit vorgefaßten Meinungen an ein Problem in eine Diskussion. Argumente akzeptieren sie dann
nur, wenn sie die eigene Meinung stützen; auf Gegenargumente gehen sie
häufig gar nicht erst ein. Schließlich wird der Jugendoffizier nicht selten als

Repräsentant der staatlichen und politischen institutionellen Macht abgelehnt. So muß sich der Jugendoffizier häufig mit dem Vorwurf der Unglaubwürdigkeit an Politik und Politikern auseinandersetzen.«[289] Dies geht wahrscheinlich weitgehend auf die starke propagandistische Wirkung der die Emotionen ansprechenden Losungen der Friedensbewegung zurück.

Leider steht aber am Anfang dieser Losungen mit der Parole »Stell dir vor, es kommt Krieg und keiner geht hin« ein Falschzitat. Denn es ist der Beginn eines Gedichts von BERTOLT BRECHT, dessen Inhalt genau das Gegenteil von dem fordert, was die Anhänger dieser Parole damit verbinden. Es lautet:

Stell dir vor, es kommt Krieg und keiner geht hin –
dann kommt der Krieg zu euch!
Wer zu Hause bleibt, wenn der Kampf beginnt und läßt andere
kämpfen für seine Sache, der muß sich vorsehen;
Denn wer den Kampf nicht geteilt hat,
der wird teilen die Niederlage.
Nicht einmal Kampf vermeidet, wer den Kampf vermeiden will:
denn es wird kämpfen für die Sache des Feindes,
wer für seine eigene Sache nicht gekämpft hat!

In sehr vielen Fällen ist, von den meisten offen eingestanden, Angst der Beweggrund für den Anschluß des Einzelnen an die Friedensbewegung. Angst aber, so lautet eine alte Volksweisheit, ist ein schlechter Ratgeber. Was ist nun diese Friedensbewegung? Zweifellos ist sie der Ausdruck für die ungeheure Friedenssehnsucht, die die Menschen vor allem in der Bundesrepublik Deutschland erfaßt hat. In riesigen und zu einem großen Teil auch friedlich verlaufenden Demonstrationen wurde diesem Friedenswillen fast in allen Ländern des Westens mit Ausnahme Frankreichs Ausdruck gegeben. Im Osten dagegen halten sich diese Friedensbezeugungen, wie schon angedeutet, in Grenzen, es sei denn, sie unterstützten ausdrücklich die von den kommunistischen Regierungen ausgegebenen Parolen und jene Maßnahmen, die sich eindeutig nur gegen eine Aufrüstung im Westen richten, also der Regierungspolitik dienen. Menschen, die ihre eigenen Friedensvorstellungen öffentlich bekunden, wie etwa Anhänger der Bewegung »Pflugscharen statt Schwerter«, sind dagegen der politischen Verfolgung ausgesetzt.

Aber auch im Westen kann nicht von einer einheitlichen Friedensbewegung gesprochen werden. Dies zeigt schon die Tatsache, daß die großen Friedensdemonstrationen, bei denen sich mehrere hunderttausend Menschen versammelten, nur dann zustande kamen, wenn sie sich gegen die Aufstellung oder Einführung von Waffen richteten. Hatten die Ereignisse, wie bei der Dislozierung der Pershing-II in der Bundesrepublik, die Demonstrationen überholt, so kam es zu keinen weiteren großen Demonstrationen mehr, ja die Friedensbewegung drohte auseinanderzubrechen.

Sicher deuten solche Großdemonstrationen auf eine existente und wirkungsvoll arbeitende Organisation hin, sonst wären solche gewaltigen Aufmärsche nicht möglich. Wer Erfahrung mit der Bewegung und Versorgung von Massen besitzt, weiß, daß dies ohne straffe Führung, ohne eine große Zahl von Hilfskräften und vor allem ohne große Geldmittel nicht möglich ist.

Nun soll auf keinen Fall gesagt werden, die Friedensbewegung wäre eine Schöpfung der Kommunisten oder unterstütze in der Bundesrepublik die politischen Absichten des Warschauer Paktes. Die Masse der Anhänger der Friedensbewegung würde eine solche Behauptung völlig zu Recht weit von sich weisen. Aber es ist auch nicht zu leugnen, daß der Ostblock die Friedensbewegung im Westen dann für seine Zwecke benutzt, wenn sie Ziele verfolgt, die, wie die Dislozierung der Mittelstreckenraketen, ihm nützlich sein können. Ein Fehler der Friedensbewegung liegt in der mangelnden Erkenntnis, daß nicht Waffen die Ursache von Kriegen sind, sondern stets nur der menschliche Egoismus. Ihn gälte es zu bekämpfen, und zwar in Ost und West. Dann wäre die Friedensbewegung glaubwürdiger. Was im übrigen der Warschauer Pakt von Friedensbewegungen und vom Pazifismus ganz allgemein hält, definiert das im großen und ganzen aus dem Russischen übersetzte »Deutsche Militär-Lexikon der DDR« wie folgt:

Pazifismus – Bürgerlich-liberale Strömung, deren Vertreter gegen jeglichen Krieg auftreten. Der P. will den Krieg durch Passivität gegenüber den Kriegskräften verhindern. Das ist machtlose Friedensschwärmerei.
Von den Imperialisten wird der P. zur Verdummung der Massen benutzt, um die Vorbereitung imperialistischer Raub- und Eroberungskriege zu verschleiern und die Massen vom aktiven Kampf gegen diese Kriege abzulenken. Die Kommunisten waren niemals Pazifisten, sondern legten stets die klassenmäßigen Ursachen der Kriege bloß. Die kommunistischen und Arbeiter-Parteien kämpfen gegen ungerechte Kriege und unterstützen mit allen Kräften gerechte Kriege.
Die organisierte Weltfriedensbewegung, die sich nach dem zweiten Weltkrieg herausgebildet hat, unterscheidet sich vom P. durch ihren aktiven, offensiven Kampf gegen die Kriegsgefahr. Die besten Kräfte der Pazifisten unterstützen die Weltfriedensbewegung.
Imperialistische Agenten versuchen, den P. in die sozialistischen Länder bewußt hineinzutragen und zu fördern, um dadurch die Verteidigungsmacht der sozialistischen Länder zu schwächen. Deshalb wird der P. in den sozialistischen Ländern konsequent bekämpft.

Schon in der Einleitung wurde Franz Alt mit seinem Buch genannt. Es ist das edelste und moralisch hochstehendste Werk aus der Gesinnung der Masse der Friedensbewegungsanhänger. Und doch kann die Haltung, die sich in den Forderungen Franz Alts ausdrückt, nicht unwidersprochen hingenommen werden. Er verlangt unter Berufung auf die Bergpredigt Gewaltlosigkeit und einseitige Abrüstung, will aber andererseits den Friedhofsfrieden der Unterdrückung in totalitären und autoritären Staaten nicht hinnehmen. Damit bestätigt er selbst, daß Politik einerseits der Wahrung des Friedens, andererseits aber auch dem Schutz der Freiheit verpflichtet ist. Franz Alt beruft sich auf die Bergpredigt und verlangt einen radikalen Wandel der politischen Institutionen, ohne anzudeuten, worin der bestehen oder wie er aussehen könnte. Er behauptet, die Menschheit plane den Selbstmord aus Angst vor dem Frieden, ohne zu erklären, warum dies gerade aus diesem Grund geschehen soll. Ganz falsch wird es, wenn er von einer Alternative »Glaube an Gott oder Glaube an die Bombe« spricht. Hier werden zwei Ebenen verwechselt und sträflicherweise gleichgesetzt. Andererseits wendet er sich entschieden gegen diejenigen in der Friedensbewegung, die den Bonner Politikern Kriegswillen unterstellen, und behauptet, sie wüßten nicht, was sie sagten, und schadeten dem Frieden. Zwei Schritte auf dem Weg zum Frieden könne er sich vorstellen: den Verzicht auf die Nachrüstung, allerdings mit Einschränkung, weil er nicht weiß, ob die sowjetische These vom bestehenden ungefähren Gleichgewicht richtig ist. Er stellt sich nur vor, ein westlicher Verzicht führe näher zum Ziel der Abrüstung. Sicher ist er aber nicht. Der zweite Schritt läge in der Verpflichtung des Westens, keine Waffen in Gebiete außerhalb der NATO zu liefern. Nach den anfänglich hohen Ansprüchen klingt dies mehr als bescheiden. Nach der richtigen Forderung zur Wandlung der Menschheit im Sinne der Bergpredigt, die aber nur nach langer Zeit vollzogen und lediglich dort verwirklicht werden kann, wo die Bergpredigt verkündet wird, folgt eine Betonung der Wichtigkeit von Verhandlungen. Das aber tun die Regierungen, z.T. freiwillig, z.T. aber auch gezwungenermaßen. Im Westen liegt der Grund in der öffentlichen Meinung, zu deren Ausdruck auch die Demonstrationen der Friedensbewegung gehören, sowie im Friedenswillen der Regierenden, der nicht angezweifelt werden kann, und im Osten darf man ruhig unterstellen, daß auch dort der Friedenswille vorherrscht, wenn auch die öffentliche Meinung keine Rolle spielt; daneben zwingen äußere Gründe wie technologischer Rückstand oder die Versorgung der Bevölkerung mit den notwendigsten Gütern die Regierenden ebenfalls an den Verhandlungstisch.[290]

Grober Oberflächlichkeit macht sich Alt schuldig, wenn er zum Beweis seiner Thesen die Geschichte heranzieht. Dabei vertritt er immer wieder die

Ansicht, daß eine Anhäufung von Waffen notwendigerweise zum Krieg führen muß. Wir glauben, im Verlauf unseres Ganges durch die Geschichte das Gegenteil bewiesen zu haben. Als Beispiel sei angeführt: Die Behauptung, von deutschem Boden seien in diesem Jahrhundert zweimal Kriege ausgebrochen, womit aller historischen Erkenntnis zum Trotz auch die Alleinschuld am Ersten Weltkrieg Deutschland angelastet wird, oder die Aussage, Rüstung führe zwangsläufig zum Krieg. Was etwa mit dem Beispiel Karthagos im letzten Punischen Krieg, mit der Wegnahme Straßburgs und einiger anderer elsässischer Städte und Landstriche im 17. Jahrhundert, dem Einmarsch der Russen in Afghanistan usw., bei denen der Überfallene entweder abgerüstet hatte oder ungenügend gerüstet war, leicht widerlegt werden kann. Nicht die Waffen lösen Kriege aus, sondern Menschen. Lösten tatsächlich allein die Waffen Kriege aus, so müßte z. B. die bis an die Zähne bewaffnete Schweiz ständig Krieg führen. Andererseits haben wir immer wieder gezeigt, daß sich wehrlose Völker als Nachbarn hochgerüsteter im Lauf der Geschichte niemals haben halten können. Es wurde auch schon gesagt, daß mit dem Abschaffen von Atomwaffen oder anderen Massenvernichtungsmitteln nichts getan ist, denn ihre Herstellung ist bekannt und sie können jederzeit wieder neu geschaffen werden. Wichtig ist nur der unbedingte Wille zum Frieden, der aber durch Selbstaufgabe keineswegs gefördert, sondern nur geschwächt werden kann.

Schon in der Einleitung haben wir darauf hingewiesen, daß die Vertreter der beiden großen Kirchen, vor allem die katholische Bischofskonferenz in einem Hirtenbrief, betont haben, daß die Bergpredigt kein Rezept für praktische Politik ist. Unmißverständlich erklären sie und befinden sich damit in Übereinstimmung mit allen westlichen Regierungen und der Bevölkerung, der Krieg sei heute weniger denn je ein Mittel, politische Ziele zu erreichen, er dürfe niemals sein. In dem Hirtenbrief »Gerechtigkeit schafft Frieden« nennen sie die Abschreckung eine »Not-Ordnung« in einer Übergangsphase. Als solche wird sie auch hingenommen. »Die deutschen Bischöfe binden die sittliche Erlaubtheit der Abschreckung an mehrere Kriterien: Bestehende oder geplante militärische Mittel dürfen den Krieg weder führbarer noch wahrscheinlicher machen, es dürfen nur so viele militärische Mittel bereitgestellt werden, wie für das Funktionieren der Abschreckung ›gerade noch erforderlich sind‹, und der Eindruck von Überlegenheitsbestrebungen muß vermieden werden. Zu den ›Mitteln‹ heißt es: ›Allerdings darf man dann nicht einzelne Waffen oder Systeme isoliert vom Gesamtzusammenhang der Strategie betrachten, auf die sie bezogen sind. Wenn die Abschreckung den Waffen ein politisches Ziel, einen Rahmen der Kriegsverhütung setzen soll, dann müssen sie unter diesem Blickwinkel beurteilt werden.‹ Entschieden wird zum Abschied vom Wettrüsten aufgefordert... Als Voraussetzungen für die

Sicherung des Friedens nennen die Bischöfe die Verwirklichung von Gerechtigkeit, Freiheit und die wirtschaftliche Stärkung der Entwicklungsländer. Durchsetzen der Menschenrechte ist für den deutschen Episkopat aktive Friedenspolitik. Rasche Erfolge sind nach seiner Meinung nicht zu erzielen. Deshalb wird empfohlen: ›Laßt euch nicht täuschen von falschen Friedensparolen, die Frieden vorgeben, aber zugleich Haß, Feindschaft und Gewalttat propagieren‹.«[291]

Mitunter wird auch die Auflösung der Militärblöcke in Ost und West gefordert. Diejenigen, die dies guten Willens erstreben, wissen meist gar nicht, daß sie damit im wesentlichen nur den Westen träfen. Die Westeuropäische Union kann sich in ihrem augenblicklichen Zustand des Friedens ohne den amerikanischen Atomschirm nicht vor Pressionen der östlichen Supermacht schützen, und die Staaten Europas allein können dies schon gar nicht. Im Osten dagegen würde eine Auflösung des Warschauer Paktes nur eine kosmetische Veränderung der Verhältnisse herbeiführen, denn alle Staaten dieses Bündnisses haben sich vorsorglich durch zwei- oder mehrseitige Verträge so gebunden, daß die Organisation des Warschauer Paktes nur nach außen hin ein anderes Gesicht erhielte, nach innen hin aber bestehen bliebe.

Eng verbunden mit diesem Gedanken ist die Vorstellung einer deutschen Neutralität. Was mit militärisch schwachen Staaten im Verlauf der Geschichte geschehen ist, wenn sie geographisch zwischen hoch gerüsteten Großmächten lagen, wurde bei unserem Gang durch die Geschichte zur Genüge gezeigt. Neutralität wäre der sicherste Weg zum Untergang. Darüber hinaus würde das von Deutschen besiedelte Gebiet genauso zum Kriegsschauplatz wie bei einem möglichen Krieg, in dem die deutschen Staaten in Bündnissysteme eingebunden sind. Außerdem müßten sich die jungen Männer unseres Volkes vielleicht für Dinge schlagen, für die sie gar nicht zu kämpfen bereit sind. Eine Mittlerrolle Deutschlands zwischen Ost und West, wie sie vielleicht noch in der Zeit vor und nach dem Ersten Weltkrieg möglich gewesen wäre, ist heute politisch undenkbar. Anders dagegen verhält es sich mit der geistigen Mittlerrolle, für die gerade durch die unglückselige Teilung Deutschlands doch eine reelle Chance gegeben ist, falls sich die Menschen in den deutschen Staaten auf ihr eigentliches Wesen, das goetheanisch verstandene Deutschtum, besinnen und so auf ihre Partner in Ost und West einwirken. Darüber hinaus bleibt politisch nur das Bekenntnis zu einer Politik des ständigen Dialogs. Dabei könnte Europa die Rolle des ständigen Mittlers übernehmen.

Überblickt man die heutige Lage der Menschheit, so wird sie im wesentlichen, soweit es Krieg und Frieden anbelangt, von der Existenz der Nuklearwaffen und anderer Massenvernichtungsmittel bestimmt. Zum ersten Mal in der Geschichte besteht die Möglichkeit, daß die Menschheit sich durch diese Waffen selbst vernichtet. Diesen Willen einem heute lebenden Politiker zu unterstellen, ist absurd. Aber die Geschichte wird nicht nur von Menschen gelenkt, sondern geistige Mächte geben ihr immer wieder neue Impulse. Einer der im Augenblick mächtigsten Impulse kommt von jenen satanischen Mächten, die die Materie beherrschen. Aber gerade diese Mächte befinden sich in einem Selbstkonflikt, denn es nützt ihnen nichts, wenn sie diejenigen, die sie für sich gewinnen wollen, sich gegenseitig vernichten lassen. Die Menschen können sich gegen sie schützen, wenn sie sie mit allen geistigen Kräften unter Verzicht auf Egoismus und mit Hinwendung zur Agape, zur Nächstenliebe, bekämpfen. Der andere Angriff auf die Menschheit kommt von den diabolischen Mächten, die sie für falsche Ideale wie den egoistischen Nationalismus, eine bestimmte Klasse oder eine bestimmte Rasse zu gewinnen suchen. Auch die Forderung nach bedingungsloser Selbstaufgabe gehört hierher. Für den satanischen wie den diabolischen Angriff aber gilt das Wort: »There is no way to bargain with evil. You have to fight it, even to death.« Auch Christus hat die Wechsler im Tempel in heiligem Zorn mit Gewalt aus dem Tempel verjagt.

Selbstaufgabe kann auch einer idealistischen Selbsterlösungstheorie entstammen, wie sie in manchen Jugendsekten vertreten wird. Auch Selbsterlösung, auf welchem Weg auch immer sie erlangt werden soll, ist, wenn sie egoistisch ausgerichtet ist, nichts anderes als ein Mangel an Nächstenliebe. Peter Scholl-Latour gibt dafür in seinem Buch »Der Tod im Reisfeld« ein sehr gutes Beispiel, wenn er ein Gespräch mit zwei französischen Freunden zitiert. »Ob der Buddhismus nicht einen letzten Ausweg böte [aus dem Krieg in Südostasien], fragte ich. Aber da wehrten sie beide ab. ›Woran ist denn das große Reich von Angkor zugrunde gegangen? Wie kam es, daß die kriegerische und staatsbildende Kraft der Khmer im Mittelalter erlahmte? Das war doch eine Folge der buddhistischen Entsagungsphilosophie und Weltabgewandtheit. Die Lehre Gautamas ist eine Religion der egozentrischen Selbsterlösung, ohne Verantwortungsgefühl gegenüber dem Nächsten. Einige Jahrhunderte Buddhismus, und jedes Imperium ist reif für den Zerfall. Vielleicht werden die Siamesen in absehbarer Zeit eine ähnliche Erfahrung machen. In Zeiten des Friedens mag es angehen, seine Sutren zu murmeln, Weihrauch zu brennen, die Bonzen zu füttern und im Nirvana die ewige Befreiung von den Schrecken der Wiedergeburt zu suchen. Aber wenn harte, feindliche, ganz auf die Auslöschung des Individuums zugunsten der kollektivistischen Gemeinschaft angelegte Kräfte zum Sturm ansetzen, dann gibt sich der Buddhismus als das zu erkennen, was er ist: »Opium für das Volk« in einem anderen Sinne vielleicht, als Lenin das verstand.‹«[292]

Eine andere Art der Selbstaufgabe, der ein großer Teil der heutigen Jugend zu verfallen droht, war Anlaß einer Warnung des französischen Oberbefehlshabers während des Frankreich-Feldzugs 1940, Generals GAMELIN, der am 18. Mai, eine Woche nach Feldzugsbeginn, sagte: »Schließlich und vor allem ist der deutsche Erfolg das Ergebnis körperlicher Ausbildung und einer moralischen Hochstimmung der Volksmassen. Der französische Soldat, der Staatsbürger (*citoyen*) von gestern glaubte nicht, daß es Krieg geben könne. Sein Interesse ging oft nicht über seine Werkstatt, sein Büro oder seinen Acker hinaus. Geneigt, unaufhörlich jeden zu kritisieren, der über etwas Autorität verfügt, und angereizt, unter dem Vorwand der Zivilisation von einem Tag zum anderen ein leichtes Leben zu genießen, hatte der Wehrpflichtige zwischen den beiden Kriegen nicht die moralische und die vaterländische Erziehung (*l'éducation morale et patriotique*) erhalten, die ihn auf das Drama vorbereitet hätte, in dem es um das Schicksal des Landes gehen würde.«[293] Auch diese Art des Egoismus muß überwunden werden, wenn man heute der Verwirklichung des Friedens zum Segen der Menschheit näherkommen will.

Wir haben auf unserem Gang durch die Geschichte den Krieg als Phänomen verfolgt und beobachtet, wie er, dem Bereich des Religiösen entstammend, vom Gottesurteil zum Rechtsstreit wurde und im Zeitalter der ideologischen Kriege ganz in die Hände der Widersachermächte Christi geriet. Die drohende Selbstvernichtung der Menschheit durch die Massenvernichtungsmittel verbietet es, den Krieg noch als politisches Mittel zum Austragen eines Rechtsstreits zu benutzen. Sollte es noch einmal zu einem Krieg kommen, so hätten die Politiker versagt. Der Krieg darf kein gängiges Mittel mehr zur Durchsetzung der eigenen Politik sein. Er dient lediglich noch als letztes und verzweifeltes Mittel der Selbsterhaltung. Die Selbstaufgabe im Sinne der absoluten Gewaltlosigkeit, selbst gegenüber dem Räuber und Mörder im Zivilleben, hat eine Entscheidung zur Voraussetzung, die nur der Einzelne zu treffen vermag. Er muß sich aber bewußt sein, daß selbst dabei mangelnde Nächstenliebe, sogar gegenüber seinen eigenen Verwandten und seinem eigenen Volk, sowie Egoismus vorherrschend sein können. Ein Rezept zur Erhaltung des Friedens in unserer Zeit, das in politischen Maßnahmen bestünde, gibt es wohl außer demjenigen nicht, das bereits angewendet wird: Es besteht aus wirksamem und festem Verteidigungswillen und ständigen ehrlichen und offenen Verhandlungen, in denen dem Verhandlungspartner stets die Friedenshand dargeboten wird. Wirklich zu überwinden aber ist der Krieg nur durch das Ablegen des Egoismus der einzelnen Völker, Staaten, Blöcke und Klassen und auf dem christlichen Weg der Agape, der Menschenliebe, die auch den vermeintlichen Feinden gilt. Ausgangspunkt ist jeder Einzelne von uns. Der Weg aber ist lang und schmal. Doch er ist deutlich vorgezeichnet durch die Entwicklung der Menschheit, mit der diejenige des Phänomens Krieg parallel verlief.

Unter göttlicher Führung und Leitung betrat der Mensch die Erde und machte dort seine ersten Schritte. Götter lenkten auch seine ersten kriegerischen Auseinandersetzungen, ließen ihn dabei für das Gute und gegen das Böse kämpfen; dann erlebte er sich als Glied der Polis in der Phalanx, als Glied der Zenturie, die mit der römischen Familie gleichgesetzt war, und schließlich als ritterlicher Einzelkämpfer, der aber noch in der göttlichen Ordnung des Mittelalters geborgen war. Ganz im Besitz seines Ich-Bewußtseins konnte er sich als Einzelpersönlichkeit fühlen, wenn er als Söldner die Artikelbriefe seines Werbeherrn oder Kriegsherrn unterschrieb. Im Sinne des Rationalismus war er als Einzelner Rädchen einer Maschine, die in der Lineartaktik den Krieg beherrschte. Das Feuer des Nationalismus ließ ihn sich einerseits für sein Volk opfern, setzte ihn andererseits aber in den Materialschlachten der beiden Weltkriege unbarmherzig der Materie aus. Die west- und mitteleuropäischen Staaten sind in ihrer prekären geostrategischen Lage den Widersachermächten besonders ausgesetzt: vom kapitalistischen Westen her durch die materialistische Verführung mit Luxus und Wohlleben, die sich als schleichende Gifte für die Seelen erweisen und den Egoismus Einzelner anstacheln, während im heute noch materialistischen Osten die Verführung durch intellektuelle Unterdrückung und die Erstarrung in einem einseitigen Menschenbild, in dem der Einzelne nur Teil der Masse und Produkt des Milieus ist, lauert. Europa kann, wenn es sich auf seine uralten, echten Kulturgüter besinnt, vereint und seiner eigenen Kraft bewußt diese Gefahren abwehren und zugleich als Mittler wirken. Der Einzelne aber steht heute im völligen Ich-Bewußtsein vor der Frage, ob er sich in Freiheit für die Selbsterhaltung oder die Selbstaufgabe entscheiden will. Frei von jedem Egoismus sollte er sich für die Nächstenliebe entscheiden, die ohne Selbsterhaltung nicht möglich ist. Sie kann die Menschen vor der Selbstvernichtung durch die satanischen und diabolischen Mächte schützen.

Anhang

Anmerkungen

1 *Rudolf Steiner,* Welt, Erde und Mensch, 10. Vortrag vom 14. August 1908, GA 105.
2 *Rudolf Steiner,* ibd.
3 Die Edda, Götterdichtung, Der Seherin Gesicht, Bd. 2, II, Vers. 10, nach der Übersetzung von Felix Genzmer, Düsseldorf-Köln ⁴1975, S. 36ff.
4 Die Edda, op. cit., Bd. 2, II, Vers. 32, S. 40.
5 *Rudolf Steiner,* ibd.
6 *Rudolf Steiner,* Die Apokalypse des Johannes, 8. Vortrag vom 25. Juni 1908, GA 104.
7 Vgl. dazu *Emil Bock,* Apokalypse, Betrachtungen über die Offenbarung des Johannes, Stuttgart ⁴1982, S. 210.
8 *Franz Alt,* Frieden ist möglich, die Politik der Bergpredigt, München-Zürich 1983.
9 Zitiert nach: Münchner Merkur vom 28. 4. 1983.
10 Vgl. dazu *Oskar Simmel S. J.* und *Rudolf Stählin* (Hrsg.), Christliche Religion, Frankfurt am Main 1957, besonders unter dem Stichwort Liebe.
11 Zitiert nach *F. F. Lisitschko,* Die Taktik der sowjetischen unteren Führung, Darmstadt 1962, S. 129 (Hervorhebung vom Verfasser). Der Titel des sowjetischen Originals lautet: »Kratki slowar operatiwno-taktitscheskich i obschtschewojennich slow«, Moskau 1958.
12 Zitiert nach *H. Uhlig,* Die Sumerer, München 1976, S. 50, übersetzt von Samuel N. Kramer.
13 Vgl. dazu *Nigel Davies,* Opfertod und Menschenopfer, Glaube, Liebe und Verzweiflung in der Geschichte der Menschheit, Düsseldorf 1981, S. 274ff.
14 Vgl. dazu *S. R. Steinmetz,* Soziologie des Krieges, 1929; *R. E. Mühlmann,* Krieg und Frieden, 1940; *R. Benedict,* Urformen der Kultur, 1955; und *W. E. Mühlmann,* Waffentechnik und Kriegführung in der Entwicklung der Menschheit, in: Homo Creator (1962).
15 *Tacitus,* Germania 7.
16 Vgl. dazu *Franz W. Seidler,* Krieg oder Frieden, Möglichkeiten und Grenzen der Sicherheitspolitik – Eine Einführung, in: Bernard & Graefe aktuell, München 1980.
17 *Rudolf Steiner,* Zeitgeschichtliche Betrachtungen, 1. Teil, GA 173, in der Vorbemerkung von Robert Friedenthal, S. 13.
18 *Rudolf Steiner,* ibd., 4. Vortrag vom 11. Dezember 1916, GA 173.
19 *Rudolf Steiner,* ibd., 11. Vortrag vom 26. Dezember 1916, GA 173.
20 Zu den Etymologien vgl. *Friedrich Kluge,* Etymologisches Wörterbuch der deutschen Sprache, Berlin ¹⁹1963; und *F. Holthausen,* Gotisches etymologisches Wörterbuch, Heidelberg 1934.

21 Die Edda, op. cit., Bd. 2, II, Vers 13.

22 *Rudolf Steiner*, Geistige Hierarchien und ihre Widerspiegelung in der physischen Welt, 5. Vortrag vom 14. April 1909, GA 110.

23 *Rudolf Steiner*, ibd.

24 *Rudolf Steiner*, Vom Wesen der europäischen Volksseelen, Vortrag vom 28. November 1914, GA 157.

25 Vgl. dazu *Ernst Uehli*, Nordisch-Germanische Mythologie als Mysteriengeschichte, Stuttgart 1965, S. 49.

26 Vgl. dazu *F. Creuzer*, Symbolik und Mythologie der alten Völker, Leipzig-Darmstadt 1819.

27 *Franz X. Kugler*, Sibyllinischer Sternkampf und Phaethon, Münster 1927, nach der Übersetzung von F. X. Kugler.

28 Vgl. dazu *P. Grimal*, Mythen der Völker, Bd. 3, Frankfurt am Main 1967.

29 Vgl. dazu *H. Zimmern*, Die Religion der Hethiter, Leipzig 1925.

30 Vgl. dazu *P. Grimal*, op. cit., Bd. 2.

31 *Sigismund von Gleich*, Der Mensch der Eiszeit und Atlantis, Stuttgart 1936, S. 67.

32 *Sigismund von Gleich*, Babylonien und Ägypten, Stuttgart 1938, S. 46.

33 Vgl. *Rudolf Steiner*, Ursprungsimpulse der Geisteswissenschaft, 20 Vorträge vom 29. Januar 1906 bis 12. Juni 1907, GA 96.

34 Vgl. dazu *Sigismund von Gleich*, Der Mensch der Eiszeit und Atlantis, op. cit., S. 61.

35 Zitiert nach *Sigismund von Gleich*, Der Mensch der Eiszeit und Atlantis, op. cit., S. 77 ff.

36 *Sigismund von Gleich*, Der Mensch der Eiszeit und Atlantis, op. cit., S. 112.

37 Vishnupurâna IV, übersetzt von E. J. Thomas, in: Great Essays of all Nations, London 1923.

38 *Helmuth von Glasenapp* (Hrsg.), Indische Geisteswelt, Eine Auswahl von Texten in deutscher Übersetzung, Bd. 1, Glaube und Weisheit der Hindus, Wiesbaden 1958.

39 *Helmuth von Glasenapp*, Die Literaturen Indiens, Stuttgart 1961.

40 Vgl. *Helmuth von Glasenapp* (Hrsg.), Indische Geisteswelt, op. cit., S. 292 ff.

41 *Helmuth von Glasenapp* (Hrsg.), Indische Geisteswelt, op. cit., S. 282.

42 *S. Radhakrishnan* (Hrsg.), Die Bhagavadgita, Wiesbaden o. J.

43 *Otto Hiltbrunner*, Kleines Wörterbuch der Antike, Bern 1946, S. 566.

44 *Rudolf Steiner*, Das Matthäus-Evangelium, 1. Vortrag vom 1. September 1910, GA 123.

45 *Rudolf Steiner*, ibd.

46 Vgl. dazu *Helmuth Uhlig*, Die Sumerer, München 1976, S. 235.

47 *Karl J. Narr*, Urgeschichte der Kultur, Stuttgart 1961, S. 194 ff.

48 *Rudolf Steiner*, Okkulte Geschichte, 2. Vortrag vom 28. Dezember 1910, GA 126.

49 Zitiert nach *Sigismund von Gleich*, Babylonien und Ägypten, Stuttgart 1938, S. 54.

50 Zitiert nach *Gerhard Herm*, Die Phönizier, Düsseldorf, S. 161.

51 Zitiert nach *Immanuel Velikovsky*, Zeitalter im Chaos, Vom Exodus zu König Echnaton, Zürich 1962.

52 Vgl. dazu *Heinrich Zimmern*, Die Religion der Hethiter, Leipzig 1925.

53 Zitiert nach *Johannes Lehmann*, Die Hethiter, Düsseldorf, S. 190.

54 Vgl. dazu *Johannes Lehmann*, op. cit., S. 196.

55 *Johannes Lehmann*, ibd.

56 *Pierre Montet*, Das Leben der Pharaonen, Herrsching o. J., S. 254.

57 *Pierre Montet*, op. cit., S. 77.

58 *Pierre Montet*, op. cit., S. 100 f.

59 *Pierre Montet*, op. cit., S. 96.

60 *Pierre Montet*, op. cit., S. 248.

61 Vgl. dazu und zum folgenden *Immanuel Velikovsky*, op. cit., S. 231 ff.

62 *Immanuel Velikovsky*, op. cit., S. 274.

63 Vgl. zu El-Arisch – Auaris *Immanuel Velikovsky*, op. cit., S. 105 ff.

64 Vgl. dazu *Immanuel Velikovsky*, op. cit., S. 294, Brief 79 des Königs von Sumur.

65 Zitiert nach *Pierre Montet*, op. cit., S. 68.

66 *Adolf Arenson*, Leitfaden durch 50 Vortragszyklen Rudolf Steiners, Stuttgart ⁸1984, s. v. Hebräer, nach *Rudolf Steiner*, Das Matthäus-Evangelium, 2. und 3. Vortrag vom 2. und 3. September 1910, GA 123.

67 *Sigismund von Gleich*, Der Mensch der Eiszeit und der Atlantis, Stuttgart 1936, S. 134, Anm. 68.

68 Vgl. *Sigismund von Gleich*, Babylonien und Ägypten, Stuttgart 1938, S. 59.

69 Vgl. *Stuart Piggott*, Vorgeschichte Europas, München 1972, S. 215.

70 Vgl. dazu *Hans Gsänger*, Die Externsteine, Freiburg i. Br. 1964, S. 104.

71 Vgl. dazu *Theodor Fuchs*, Arminius und die Externsteine, Der Kampf um die Geistesfreiheit Europas, Stuttgart 1981, S. 46 ff.

72 *Hans Krahe*, in: Die Urheimat der Indogermanen (hrsg. Anton Scherer), Darmstadt 1968, S. 430 ff.

73 *Rudolf Steiner*, Ägyptische Mythen und Mysterien, 10. Vortrag vom 12. September 1908, GA 106.

74 Homers Ilias, I, 197–200, übersetzt von Johann Heinrich Voß, Leipzig 1938.

75 Homers Ilias, op. cit., V, 127 ff.

76 Homers Ilias, op. cit., XIII, 45.

77 Homers Ilias, op. cit., XXIV, 397.

78 *Thukydides*, Die Heerfahrt der Athener nach Sizilien, hrsg. und übertragen von Georg Peter Landmann, Zürich 1963, S. 104.

79 *Rudolf Steiner*, Okkulte Geschichte, 6. Vortrag vom 1. Januar 1911, GA 126.

80 *Rudolf Steiner*, Die Offenbarungen des Karma, 11. Vortrag vom 28. Mai 1910, GA 120.

81 *Rudolf Steiner*, Okkulte Geschichte, 1. Vortrag vom 27. Dezember 1910, GA 126.

82 *Rudolf Steiner*, ibd.

83 *Gerhard Herm*, Die Phönizier, op. cit., S. 247.

84 *Rudolf Frieling*, Agape, Die göttliche Liebe im Johannes-Evangelium, in: Gesammelte Schriften, Bd. 4, Stuttgart 1986.

85 *Heinrich Wagner*, Studies in the Origin of Celts and of Early Celtic Civilisation, Belfast-Tübingen 1971, S. 220.

86 Die Urheimat der Indogermanen (hrsg. von Anton Scherer), op. cit., S. 158 ff.

87 Ibd.

88 *Jacques Moreau*, Die Welt der Kelten, Stuttgart 1958, S. 27.

89 Vgl. dazu *Rudolf Steiner*, Die Mission einzelner Volksseelen im Zusammenhange mit der germanisch-nordischen Mythologie, 10. Vortrag vom 16. Juni 1910, GA 121.
90 *Rudolf Steiner*, ibd.
91 Näheres siehe bei *Sigismund von Gleich*, Syrien, Saba und Phönizien, Stuttgart 1939.
92 *Georg Blattmann*, Die Sonne – Gestirn und Gottheit, Stuttgart 1972, S. 93 ff.
93 Vgl. dazu *Theodor Fuchs*, op. cit.
94 *Jacques Moreau*, op. cit., S. 60.
95 *Titus Livius*, V, 43.
96 *Jacques Moreau*, op. cit., S. 32.
97 *Wolf-D. v. Darloewen* (Hrsg.), Abriß der Geschichte antiker Randkulturen, München 1961, S. 4.
98 *Rudolf Steiner*, Die Sonneninitiation des Druidenpriesters und seine Mondenwesenerkenntnis, Vortrag vom 10. September 1923, GA 228.
99 Vgl. dazu *Karl Heyer*, Von der Atlantis bis Rom, Breslau 1939, S. 280.
100 Zur allgemeinen Beschreibung der Bevölkerung Galliens und Germaniens unter Einschluß ihrer Religionen vgl. *Gajus Julius Cäsar*, Commentarii de bello Gallico, VI. Buch.
101 *Rudolf Steiner*, Erdensterben und Weltenleben, 20. Vortrag vom 30. Juli 1918, GA 181.
102 *Rudolf Steiner*, Die Mission einzelner Volksseelen im Zusammenhange mit der germanisch-nordischen Mythologie, 10. Vortrag vom 16. Juni 1910, GA 121.
103 *Rudolf Steiner*, Das Johannes-Evangelium, 8. und 9. Vortrag vom 27. und 29. Mai 1908, GA 103.
104 *Rudolf Steiner*, ibd.
105 *Rudolf Steiner*, Vor dem Tore der Theosophie, 2. Vortrag vom 23. Agust 1906, GA 95; Der irdische und der kosmische Mensch, 4. Vortrag vom 23. April 1912, GA 133.
106 *Heinrich Pleticha* und *Otto Schönberger*, Die Römer, Gütersloh 1977, S. 370.
107 Vgl. dazu *Theodor Fuchs*, op. cit., S. 83 ff.
108 Zitiert nach *E. Neustadt* und *G. Röhm*, Geschichte des Altertums, Berlin 1927, S. 75.
109 *Tacitus*, Annalen, II, 17.
110 *Sueton*, Divus Julius, übersetzt von A. Lambert, 51.
111 *Rudolf Steiner*, Bausteine zu einer Erkenntnis des Mysteriums von Golgatha, 12. Vortrag vom 14. April 1917, GA 175.
112 *Rudolf Steiner*, ibd., 13. Vortrag vom 17. April 1917.
113 *Rudolf Steiner*, ibd., 12. Vortrag vom 14. April 1917.
114 *Rudolf Steiner*, ibd.
115 *Rudolf Steiner*, ibd., 8. Vortrag vom 27. März 1917.
116 *Rudolf Steiner*, ibd., 13. Vortrag vom 17. April 1917.
117 *Robert Lucas*, Mikroben und Weltgeschichte, in: Gehört/Gelesen (1/1983), S. 15 ff.
118 *Rudolf Steiner*, Christus und die geistige Welt, 5. Vortrag vom 1. Januar 1914, GA 149; Menschenschicksale und Völkerschicksale, 4. Vortrag vom 17. Januar 1915, GA 157; Bausteine zu einer Erkenntnis des Mysteriums von Golgatha, 14. Vortrag vom 19. April 1917, GA 175;
119 *Rudolf Steiner*, ibd.

120 *Rudolf Steiner*, Bausteine zu einer Erkenntnis des Mysteriums von Golgatha, 15. Vortrag vom 24. April 1917, GA 175.

121 *Rudolf Steiner*, Okkulte Geschichte, 4. Vortrag vom 30. Dezember 1910, GA 126; Menschenschicksale und Völkerschicksale, 4. Vortrag vom 17. Januar 1915, GA 157; Bausteine zu einer Erkenntnis des Mysteriums von Golgatha, 14. und 15. Vortrag vom 19. und 24. April 1917, GA 175.

122 *Pleticha/Schönberger*, op. cit., S. 336ff.

123 *Theodor Fuchs*, op. cit., gibt nähere Auskunft über diese Kultverbände ab S. 29.

124 Die Urheimat der Indogermanen (hrsg. von Anton Scherer), op. cit., Aufsatz von *Bosch-Gimpera*, S. 518f.

125 *Rudolf Steiner*, Welt, Erde und Mensch, 9. Vortrag vom 13. August 1908, GA 105.

126 *Rudolf Steiner*, Vor dem Tore der Theosophie, 11. Vortrag vom 1. September 1906, GA 95; Der Christus-Impuls und die Entwicklung des Ich-Bewußtseins, 6. Vortrag vom 2. Mai 1910, GA 116.

127 *Julius Cäsar*, Commentarii de bello Gallico, VI.

128 *Rudolf Steiner*, Die Mission einzelner Volksseelen im Zusammenhange mit der germanisch-nordischen Mythologie, 7. Vortrag vom 12. Juni 1910, GA 121.

129 *Theodor Fuchs*, op. cit., S. 77f.

130 *Klaus Alpers*, Die Luna-Säule auf dem Kalkberge, in: Lüneburger Blätter, Band 25/26 (1982), S. 87–129.

131 *Julius Cäsar*, Commentarii de bello Gallico, I. Buch, 50, nach der Übersetzung von Ph. Ludwig Haus.

132 *Theodor Fuchs*, op. cit.

133 *Tacitus*, Germania, 7.

134 *Tacitus*, Germania, 30.

135 *S. Fischer-Fabian*, Die ersten Deutschen, München 1975, S. 324f.

136 *Tacitus*, Germania, 8.

137 *Herbert Kühn*, Wenn Steine reden, Wiesbaden 1966, S. 118f. und 136f.

138 *Saxo Grammaticus*, 144–147.

139 Ibd., S. 146.

140 Vgl. dazu Rezension des Buches von *Walter Hansen*, Die Ritter, Pfaffenhofen 1976, in: Münchner Merkur 3./4. Juli 1976.

141 Ibd., Feststellung des Historikers Wilhelm Erben.

142 Vgl. dazu *Wilhelm Grönbech*, Kultur und Religion der Germanen, 2 Bde., Hamburg 1939 und Stuttgart 1954.

143 *Tacitus*, Germania, 7.

144 *Hermann Schreiber*, Die Vandalen, Bern und München 1979, S. 27.

145 *Karl Bosl*, Europa im Mittelalter, Weltgeschichte eines Jahrtausends, Wien 1970.

146 *Karl Bosl*, op. cit., S. 26.

147 *Rudolf Steiner*, Bausteine zu einer Erkenntnis des Mysteriums von Golgatha, 13. Vortrag vom 17. April 1917, GA 175.

148 *Christopher Dawson*, Die Gestaltung des Abendlandes, Leipzig ²1950, S. 117.

149 *Karl Bosl*, op. cit., S. 30f.

150 *Fritz Martini*, Deutsche Literaturgeschichte, Stuttgart ¹¹1961, S. 7f.

151 *Andreas Häusler,* Lied und Epos in germanischer Sagendichtung, Darmstadt 1956, S. 60.

152 *Orosius,* VII, 42.

153 *Ambrosius,* De fide II, XVI, 136, 142.

154 Vgl. dazu *Rudolf Steiner,* Das Matthäus-Evangelium, 1. Vortrag vom 1. September 1910, GA 123.

155 *Rudolf Steiner.* Die Welt der Sinne und die Welt des Geistes, 2. Vortrag vom 28. Dezember 1911, GA 134.

156 *Rudolf Steiner,* Weltenwunder, Seelenprüfungen und Geistesoffenbarungen, 1. und 2. Vortrag vom 18. und 19. August 1911, GA 129.

157 Vgl. dazu *Hermann Schreiber,* Auf den Spuren der Goten, München 1977, S. 188 f.

158 Vgl. dazu *Karl Bosl,* op. cit., S. 76.

159 *Karl Helm,* Wotan, Ausbreitung und Änderung seines Kultes, Gießen 1946.

160 Vgl. *Rudolf Steiner,* Die Mission einzelner Volksseelen, 8. Vortrag vom 14. Juni 1910, GA 121.

161 *Wolfgang Golther,* Handbuch der germanischen Mythologie, unveränderter Neudruck der revidierten Ausgabe von 1908, Stuttgart, S. 307 f.; vgl. dazu die Sage von Mithodin bei *Saxo* I., S. 42 f.

162 Vgl. dazu *Rudolf Steiner,* Ägyptische Mythen und Mysterien, 10. Vortrag vom 12. September 1908, GA 106.

163 Vgl. dazu *Rudolf Steiner,* Weltenwunder, Seelenprüfungen und Geistesoffenbarungen, 2. Vortrag vom 19. August 1911, GA 129.

164 Vgl. dazu *Rudolf Steiner,* Die Apokalypse des Johannes, 9. Vortrag vom 26. Juni 1908, GA 104.

165 *Oswald A. Erich* und *Richard Beitl,* Wörterbuch der deutschen Volkskunde, Stuttgart ³1974, S. 5.

166 *Karl Bosl,* op. cit., S. 37; *Renate Riemeck,* Glaube, Dogma, Macht, Stuttgart 1985, S. 58.

167 *Rudolf Steiner,* Die Mysterien des Morgenlandes und des Christentums, 4. Vortrag vom 6. Februar 1913, GA 144.

168 Vgl. dazu *Rudolf Steiner,* Die Mission einzelner Volksseelen im Zusammenhange mit der germanisch-nordischen Mythologie, 7. Vortrag vom 12. Juni 1910, GA 121.

169 *Geoffrey von Monmouth,* Vita Merlini, Vers 19–62.

170 Vgl. *David M. Wilson,* Angelsächsische Kunst, Frühchristliche Kultur vom 7. bis 11. Jahrhundert, Stuttgart 1986.

171 Vgl. dazu *Rudolf Steiner,* Gegenwärtiges und Vergangenes im Menschengeiste, 3. Vortrag vom 28. März 1916, GA 167; Menschliche und menschheitliche Entwicklungswahrheiten, 2. Vortrag vom 5. Juni 1917, GA 176.

172 *Karl Bosl,* op. cit., S. 67.

173 *Karl Bosl,* op. cit., S. 65.

174 *Engelbert Mühlbach,* Deutsche Geschichte unter den Karolingern, 1896, Nachdruck Stuttgart 1959, S. 44.

175 *Rudolf Steiner,* Exkurse in das Gebiet des Markus-Evangeliums, 9. Vortrag vom 13. März 1911, GA 124.

176 *Jan de Vries*, Die geistige Welt der Germanen, Darmstadt 1964, S. 60ff.

177 *Theodor Fuchs*, Geschichte des europäischen Kriegswesens, Bd. 1, Wien 1972, S. 109, 114–120.

178 *Rudolf Pörtner*, Operation Heiliges Grab, München/Zürich 1980, S. 39.

179 Vgl. dazu *Theodor Fuchs*, Arminius und die Externsteine, op. cit.; *Georg Blattmann*, Die Sonne – Gestirn und Gottheit, Stuttgart 1972, S. 93 ff.

180 Eine wörtliche Aufzählung der Quellen gibt *Jakob Grimm*, Deutsche Mythologie, Bd. 1, Frankfurt a. M., Berlin, Wien 1981, S. 95 f.; dazu vor allem *Freerk Haye Hamkens*, Der Externstein – Seine Geschichte und seine Bedeutung, Tübingen 1971; *Walther Matthes*, Corvey und die Externsteine, Schicksal eines vorchristlichen Heiligtums in karolingischer Zeit, Stuttgart 1982.

181 Vgl. dazu *Sigismund von Gleich*, Syrien, Saba und Phönizien, Stuttgart 1939, S. 60.

182 Zitiert nach *Wilhelm Treue*, Deutsche Geschichte, Stuttgart ⁴1971, S. 43.

183 *Christopher Dawson*, Die Gestaltung des Abendlandes, Leipzig ²1950 (Frankfurt 1961).

184 Vgl. dazu etwa *Richard Beitl*, Wörterbuch der deutschen Volkskunde, Stuttgart 1974, s. v. Wotan.

185 *Rudolf Pörtner*, Das Römerreich der Deutschen. Düsseldorf 1967, S. 102.

186 Vgl. dazu *Rudolf Steiner*, Der Orient im Lichte des Okzidents, 9. Vortrag vom 31. August 1909, GA 113.

187 *Walter Fischer* (Hrsg.), Liedsang aus deutscher Frühe, Stuttgart 1955, aus dem Mittelhochdeutschen übersetzt vom Herausgeber, S. 271.

188 *Steven Runciman*, Geschichte der Kreuzzüge, München 1957.

189 *Bonizo von Sutri*, Liber de vita christiana.

190 Zitiert nach *Walter Fischer*, op. cit., S. 343 und 345.

191 *Rudolf Pörtner*, Operation Heiliges Grab, op. cit., S. 85.

192 *Rudolf Pörtner*, op. cit., S. 17; vgl. auch *Renate Riemeck*, op. cit., S. 116–118.

193 Zitiert nach *Rudolf Pörtner*, op. cit., S. 311.

194 *Wilhelm Richard* (Hrsg.), Die Kreuzzüge aus arabischer Sicht, München ²1976.

195 *Wilhelm Richard* (Hrsg.), op. cit.

196 Vgl. dazu ausführlicher *Renate Riemeck*, op. cit., S. 116–147.

197 *Hans von Rimscha*, Geschichte Rußlands, Wiesbaden o.J., S. 114.

198 *Walter Fischer*, op. cit., S. 221.

199 Vgl. dazu *Rudolf Steiner*, Okkulte Geschichte, 2. Vortrag vom 28. Dezember 1910, GA 126; Christus und die geistige Welt, 6. Vortrag vom 2. Januar 1914, GA 149; Menschenschicksale und Völkerschicksale, 4. Vortrag vom 17. Januar 1915, GA 157; Gegenwärtiges und Vergangenes im Menschengeiste, 3. Vortrag vom 28. März 1916, GA 167.

200 Vgl. dazu *E. B. Potter, Ch. W. Nimitz, J. Rohwer*, Seemacht, Herrsching 1982.

201 Vgl. dazu *Rudolf Steiner*, Menschenschicksale und Völkerschicksale, 2. Vortrag vom 31. Oktober 1914, GA 157; Erdensterben und Weltenleben, 20. Vortrag vom 30. Juli 1918, GA 181.

202 *Rudolf Steiner*, Geschichtliche Symptomatologie, 1. Vortrag vom 18. Oktober 1918, GA 185.

203 *Rudolf Steiner*, ibd.
204 *Rudolf Steiner*, Menschliche und menschheitliche Entwicklungswahrheiten, 8. Vortrag vom 24. Juli 1917, GA 176.
205 Weitere Einzelheiten finden sich bei *Theodor Fuchs*, Geschichte des europäischen Kriegswesens, Teil I und Teil II, München–Wien 1972 und 1974.
206 Vgl. *Theodor Fuchs*, Bewaffnete Aufstände, München 1982, S. 14 ff.
207 *Golo Mann*, Wallenstein, Frankfurt a. M. 1974, Bd. I, S. 19.
208 *Rudolf Steiner*, Zeitgeschichtliche Betrachtungen, 1. Teil, 11. Vortrag vom 26. Dezember 1916, GA 173.
209 *Rudolf Steiner*, ibd.
210 *Rudolf Steiner*, Geschichtliche Symptomatologie, 1. Vortrag vom 18. Oktober 1918, GA 185.
211 *Rudolf Steiner*, ibd.
212 Vgl. *Hans von Rimscha*, Geschichte Rußlands, Wiesbaden o. J., S. 177 ff.
213 *Rudolf Steiner*, Die Mission einzelner Volksseelen im Zusammenhange mit der nordisch-germanischen Mythologie, 10. Vortrag vom 16. Juni 1910, GA 121.
214 Vgl. dazu *E. B. Potter, Ch. W. Nimitz* und *J. Rohwer*, op. cit., S. 33 ff.
215 *Rudolf Steiner*, Zeitgeschichtliche Betrachtungen, 1. Teil, 11. Vortrag vom 26. Dezember 1916, GA 173.
216 Vgl. dazu *Theodor Fuchs*, Geschichte des europäischen Kriegswesens, Teil II, München–Wien 1974, S. 213.
217 Vgl. *Rudolf Steiner*, Zeitgeschichtliche Betrachtungen, 1. Teil, vor allem den 2. und 4. Vortrag vom 9. und 11. Dezember 1916, GA 173.
218 *Rudolf Steiner*, Geschichtliche Symptomatologie, 2. Vortrag vom 19. Oktober 1918, GA 185.
219 So versuchte z. B. GOETHE, die Erschießung hunderter türkischer Kriegsgefangener durch den von ihm verehrten NAPOLEON als »reifen Beschluß eines langen Kriegsrates« zu rechtfertigen. Vgl. dazu GOETHE zu Eckermann, 7. 4. 1829, Goethes Gespräche, Gesamtausgabe, neu hrsg. von Flodoardt Freiherr von Biedermann, Bd. IV: Vom Tode Karl Augusts bis zum Ende, 1822, Juni bis 22. März 1832, Leipzig 1910, S. 94.
220 *Rudolf Steiner*, Geschichtliche Symptomatologie, 1. Vortrag vom 18. Oktober 1918, GA 185.
221 Vgl. dazu *Theodor Fuchs*, Geschichte des europäischen Kriegswesens, op. cit., Teil II, S. 243.
222 *Werner Hahlweg*, Clausewitz und die Gegenwart, in: Schicksalsfragen der Gegenwart, Bd. II, Tübingen 1957.
223 *Werner Hahlweg*, op. cit.
224 *C. Jany*, Geschichte der Königlich Preußischen Armee, Bd. IV, Berlin 1933, S. 245 ff.
225 *Rudolf Steiner*, Zeitgeschichtliche Betrachtungen, 12. Vortrag von 30. Dezember 1916, GA 173.
226 *Rudolf Steiner*, ibd.
227 Vgl. dazu *Joachim Hoffmann*, Die Geschichte der Wlassow-Armee, Einzelschriften

zur militärischen Geschichte des Zweiten Weltkrieges, hrsg. vom Militärgeschichtlichen Forschungsamt, Freiburg i.B. 1984, besonders S. 286ff., 325ff. und 363.

228 *Rudolf Steiner*, Zeitgeschichtliche Betrachtungen, 7. Vortrag vom 18. Dezember 1916, GA 173.

229 *Rudolf Steiner*, ibd.

230 *Ludwig Dehio*, Gleichgewicht oder Hegemonie, Krefeld o.J., S. 182ff.

231 *Hans Herzfeld*, Der Erste Weltkrieg, München 1968, S. 196ff.

232 Vgl. dazu *Rudolf Steiner*, Bausteine zu einer Erkenntnis des Mysteriums von Golgatha, kosmische und menschliche Metamorphose, GA 175.

233 *Rudolf Steiner*, Zeitgeschichtliche Betrachtungen, 7. Vortrag vom 18. Dezember 1916, GA 173.

234 Vgl. dazu *Georg Büchmann*, Geflügelte Worte, Berlin ³²1972, S. 768. Dort auch Angaben über eine andere Version, die auf LUDENDORFF zurückgeht, und weitere Literatur.

235 *Georg Büchmann*, op. cit., S. 701 und 772.

236 *Fritz Martini*, Deutsche Literaturgeschichte, Stuttgart ¹1961, S. 578ff.

237 *Boris Souvarine*, Stalin, München 1980, S. 614.

238 Vgl. dazu *Joachim Hoffmann*, Die Geschichte der Wlassow-Armee, op. cit., S. 307ff., besonders Anmerkung 676.

239 Vgl. zu dem ganzen Komplex *Ronald Lewin*, Entschied Ultra den Krieg?, Alliierte Funkaufklärung im 2. Weltkrieg, Koblenz–Bonn 1981.

240 Viele Aussagen und Beweise dafür bringt *Boris Souvarine*, op. cit., besonders ab S. 539ff.

241 *Boris Souvarine*, op. cit., S. 640.

242 *Boris Souvarine*, op. cit., S. 628.

243 *Boris Souvarine*, op. cit., S., 634.

244 *Boris Souvarine*, op. cit., S. 643.

245 *Joachim Hoffmann*, Die Geschichte der Wlassow-Armee, op. cit., S. 130ff.; dort auch die genaue Quellenangabe und weitere Beispiele.

246 Vgl. dazu dtv-Atlas zur Weltgeschichte, Bd. 2, München 1966, S. 205, 189 und 218.

247 dtv-Weltatlas, op. cit., S. 218.

248 Vgl. dazu *Boris Souvarine*, op. cit.

249 Vgl. dazu *Carl Hans Hermann*, Deutsche Militärgeschichte, Frankfurt a.M. 1966, S. 435ff.

250 Vgl. dazu *Theodor Fuchs*, Geschichte des europäischen Kriegswesens, Teil III, München 1977, S. 253ff.

251 Vgl. dazu besonders *R.J. Overy*, The Air War 1939–1945, London 1980; das Buch wurde von Theodor Fuchs bereits ins Deutsche übersetzt, ist aber noch nicht erschienen.

252 Ibd. und das ebenfalls von Theodor Fuchs übersetzte und bereits zitierte Buch von *Ronald Lewin*, Entschied Ultra den Krieg?, bes. S. 130ff.

253 Vgl. dazu *R.J. Overy*, op. cit.

254 Vgl. dazu *Ronald Lewin*, op. cit., S. 318ff.

255 *Ronald Lewin*, op. cit., S. 291.

256 *Ronald Lewin*, op. cit., S. 354.

257 *Boris Souvarine*, op. cit., S. 622.

258 *Boris Souvarine*, op. cit., S. 622.

259 *Joachim Hoffmann*, op. cit., S. 352.

260 *Rüdiger von Manstein* und *Theodor Fuchs*, Manstein – Soldat im 20. Jahrhundert, München 1981, S. 157 ff.

261 *Ronald Lewin*, op. cit., S. 390 ff.

262 Vgl. dazu *Joachim Hoffmann*, op. cit.

263 Vgl. besonders für die Franzosen *Marc Saint-Loup*, Legion der Aufrechten, Herrsching 1984.

264 Vgl. dazu *John Taland*, Adolf Hitler, Biographie, Bergisch Gladbach 1977, hier zitiert nach: *Albert Speer*, Technik und Macht, Esslingen a. N. 1979, S. 111.

265 Vgl. dazu *Eugen Kogon*, Der SS-Staat, Das System der deutschen Konzentrationslager, München 1974, hier zitiert nach: *Albert Speer*, op. cit., S. 121 ff.

266 Mehrere Beispiele hierfür werden angeführt bei: *Albert Speer*, op. cit., S. 225 ff.

267 *Raymond Cartier*, Der Zweite Weltkrieg, München o. J., Band II.

268 Meldungen aus dem Reich, Herrsching 1984.

269 Vgl. *Albert Speer*, op. cit., S. 212.

270 Nähere Einzelheiten zu den in diesem Abschnitt gemachten Angaben finden sich in dem vorzüglichen Buch von *Hubertus Hoffmann*, Atomkrieg – Atomfrieden, Technik, Strategie, Abrüstung, München 1980.

271 *Hubertus Hoffmann*, op. cit., S. 16.

272 Vgl. dazu *Edward Teller*, The Role of Space and Defense in the NATO Alliance, in: NATO's 16 Nations, November 1984, S. 14 ff.

273 So sinngemäß der Bundesminister der Verteidigung, Dr. Manfred Wörner, vor der Offiziersschule des Heeres in Hannover am 10. 2. 1983, »Zum Bild des Offiziers«.

274 Dies ist nur dann zu erkennen, wenn man regelmäßig vor allem die sowjetische Fachpresse wie etwa die Armeezeitschrift *Krásnaja Swesdá* – »Roter Stern« und den *Voénnyj Véstnik* – »Militärbote« liest.

275 *Samorikov*, Combat Operations, S. 31; hier zitiert nach *Joseph D. Douglass jr.*, Sowjetische Militärstrategie in Europa, München 1983, S. 202.

276 *Joseph D. Douglass jr.*, op. cit., S. 202 ff.

277 So Marschall der Sowjetunion *Sacharov* in: Voennaja Mysl', Nr. 2 (1968).

278 Für das nähere Eindringen in die sowjetische militärische Denkweise empfiehlt sich besonders das Buch von *Joseph D. Douglass jr.*, op. cit.

279 Ein deutsches Syndrom, oder wie man Aussagen in ihr Gegenteil verkehrt, in: Bundeswehr aktuell, 31. Oktober 1984, S. 7.

280 Zitiert nach *Hubertus Hoffmann*, op. cit., S. 29.

281 Ibd.; vgl. dazu auch *Joseph D. Douglass jr.*, op. cit.

282 Ibd.

283 Zitiert nach: DIB International 64, ein in der Schweiz herausgegebenes Mitteilungsblatt.

284 Vgl. dazu *Frederick Bonnart*, Follow-on Forces Attack, in: NATO's 16 Nations, Nov./Dez. 1984, S. 49 ff.

285 Ausgezeichnet erklärt sind die Probleme der Rüstung und der einzelnen Waffensy-

steme in dem zitierten Buch von *Hubertus Hoffmann* sowie in dem Material für die Presse, hrsg. vom Bundesminister der Verteidigung, Informations- und Pressestab, Pressereferat XI/20, Bonn, 8. August 1983.

286 Militärpolitik für Sozialismus im Frieden, Ostberlin 1976, S. 30.

287 Der Bundesminister des Innern (Hrsg.), Betrifft Verfassungsschutz 1980, Bonn 1981, S. 68.

288 *Boris Souvarine*, op. cit., S. 617.

289 Stichworte zur Sicherheitspolitik, Nr. 2/83, Bonn, Februar 1983, hrsg. vom Presse- und Informationsamt der Regierung, S. 46ff.

290 Eine ausführliche Antwort auf die politischen Thesen Alts gibt der Münchner Politwissenschaftler *Manfred Hättich*, Weltfrieden durch Friedfertigkeit? Eine Antwort an Franz Alt, München 1983.

291 Zitiert nach: Münchner Merkur, 28. April 1983, S. 3.

292 *Peter Scholl-Latour*, Der Tod im Reisfeld, Stuttgart 1983, S. 290.

293 Zitiert nach *Franz Uhle-Wettler*, Höhe- und Wendepunkte deutscher Militärgeschichte, Mainz 1984, S. 296.

Glossar

abprotzen
Abheben des Lafettenschwanzes eines Geschützes von der Protze, einem zweirädrigen Wagen mit Kasten für den unmittelbaren Schießbedarf, zum Instellunggehen.

Ansatz zur Schlacht
Erste Kräfteverteilung in Zeit und Raum im Sinne des Schlachtplanes zur Einleitung des Kampfes.

Begegnungsgefecht
Gefecht zweier feindlicher Parteien, das sich aus der Marschbewegung heraus entwickelt.

böser Krieg
Krieg in der Zeit der Landsknechtsheere, bei dem keine Gefangenen gemacht und kein Pardon gegeben werden durfte.

Desinformation
Bewußt falsche Nachricht zur Irreführung des Gegners, die sich sowohl an die feindliche Truppe als auch an die feindliche Zivilbevölkerung (auch im Frieden) richten kann.

Durchbruch
Erweitern eines Einbruchs nach der Tiefe bis zum Erreichen des von feindlichen Kampftruppen freien Raumes.

Einbruch
Eindringen der Truppen in die feindlichen Linien oder Stellungen.

Einheit
Truppenkörper in Kompanie-, Schwadrons- oder Batteriestärke (zum Vergleich siehe Teileinheit, Verband und Großverband).

Einjährig-Freiwilliger
Freiwillig ein Jahr dienender Soldat mit mittlerer Reife oder Abitur, der die Absicht hat, Offizier der Reserve zu werden; der Begriff stammt aus

der Zeit vor dem Ersten Weltkrieg, wo diese Möglichkeit des Dienens bei fast allen europäischen Heeren vorhanden war (heute abgeschafft).

Ermattungsstrategie
Art der Militärstrategie, bei der unter möglichster Vermeidung der Schlacht der Feind durch Manövrieren in die Knie gezwungen werden soll.

Fähnlein
Truppenkörper aus der Zeit der Landsknechte in unbestimmter Stärke, der mehr disziplinarrechtlichen und wirtschaftlichen Charakter trug, als er dem Gefecht diente; im Gefecht bildeten mehrere Fähnlein einen Gevierthaufen.

Feldschlange
Altes Langrohrgeschütz zum Gebrauch in offener Feldschlacht in der Zeit vom 15.–17. Jahrhundert; seine Kugeln wogen je nach Kaliber 0,5 bis 10 kg.

Feldtruppen
Truppen, die das in einem Krieg eingesetzte Feldheer bilden und in jedem Gelände eingesetzt werden können (Gegensatz: Festungstruppen, siehe dort)

feste Stellungen
Stellungen, die mit vorbereitetem oder an Ort und Stelle hergestelltem Material ausgebaut worden sind; den Gegensatz dazu bilden flüchtig ausgebaute Stellungen, die der Soldat meist nur mit seinem Schanzzeug im Gefecht anlegt.

fester Platz
Allgemeiner Begriff für Festungen, festungsähnlich ausgebaute Ortschaften und ähnliche Anlagen.

Festungstruppen
Truppen, die sich vornehmlich oder ausschließlich zur Verteidigung von Festungen eignen (auch Besatzungstruppen genannt); für die Verwendung im Feld fehlt ihnen die Ausbildung und die Ausrüstung.

Flügelschlacht
Parallelschlacht (siehe dort), in der die Entscheidung mit Hilfe eines oder beider verstärkter Flügel gesucht wird.

Gefechtsstand
Platz eines militärischen Führers im Gefecht, der ein vorgeschobener Gefechtsstand, ein Hauptgefechtsstand oder ein rückwärtiger Gefechtsstand sein kann; er ist ortsfest oder beweglich.

Gefechtstroß
Troß einer Einheit oder eines Verbands, der nur den unmittelbaren Bedarf für das Gefecht und für einen begrenzten Zeitraum von wenigen Tagen mitführt; er bleibt stets dicht bei dem Truppenkörper, den er versorgen soll (Gegensatz: Versorgungstroß, siehe dort).

Großverband
Truppenkörper in Stärke einer Brigade, einer Division, eines Korps, einer Armee oder einer Heeresgruppe, der ein Gefecht bzw. eine Schlacht selbständig führen kann (siehe auch: verbundene Waffen).

Held der Sowjetunion
Höchste Auszeichnung sowjetischer Soldaten; Orden und Titel können mehrmals verliehen werden.

Hilfstruppen
In römischer Zeit Truppen von Verbündeten im Unterschied zu den nationalrömischen Truppen; später Truppen zur Unterstützung der in der Schlacht allein den Ausschlag gebenden Kampftruppen aus Fußvolk oder Reiterei; heute spricht man von Kampfunterstützungstruppen.

Hilfswilliger
Im Zweiten Weltkrieg ehemaliger Soldat der Roten Armee (Sowjetarmee), der freiwillig bei den deutschen Streitkräften diente.

Kampfstoff
Massenvernichtungsmittel aus bestimmten chemischen Stoffen, das entweder verschossen, abgeblasen oder von Flugzeugen abgesprüht wird; man unterscheidet flüssige und gasförmige Kampfstoffe.

Kaperbrief
Ein von einer Regierung an den Kapitän eines Schiffes ausgestellter Brief, der diesen zur Beschlagnahme und Durchsuchung eines neutralen Schiffes nach Konterbande berechtigt; seit 1856 als völkerrechtswidrig abgeschafft.

Kartätsche
Altes Artilleriegeschoß mit lockerer Kugel- oder Bleifüllung, um neben der Vollkugel eine gewisse Breitenwirkung auf kurze Distanz zu erzielen.

Kolonnentaktik
Vorführen geschlossener Infanteriekolonnen vornehmlich in der Zeit NAPOLEONS I. zum Angriff gegen einen durch Schützenfeuer und konzentriertes Artilleriefeuer erschütterten Feind.

Kommandierender General
Kommandeur eines Armeekorps.

Kriegsspiel
Durchspielen verschiedener möglicher Kriegslagen anhand von Karten durch die obere Führung und ihre Generalstäbe, wobei mit einer oder zwei Parteien gespielt werden kann; Schiedsrichter machen durch sog. Einlagen deutlich, welcher Entschluß jeweils richtig oder falsch war.

Lagertaktik
Begriff aus dem römischen Kriegswesen, wonach sich römische Truppen jeweils nach einem Tagesmarsch von knapp 20 km in einem Lager für die Nacht verschanzten.

Landesdefension
Organisation zur unmittelbaren Verteidigung der Heimat, zu der jeder Bürger und Bauer herangezogen werden konnte; sie löste zur Zeit der Landsknechtsheere die alte Heerfolge und Burgpflicht ab.

landgestützt
Moderner Ausdruck für von Land aus wirkende Waffen, vornehmlich Raketen (Gegensatz: luftgestützt und seegestützt, siehe dort).

luftgestützt
Die Waffen befinden sich in Flugzeugen o. ä.

mechanisierter Verband
Verband (siehe dort), der sowohl Rad- als auch (gepanzerte) Kettenfahrzeuge mit sich führt.

Nebenwaffe
Waffe, die neben der Hauptwaffe eingesetzt werden kann; der Begriff wird auch für eine Waffengattung gebraucht, die nur zur Unterstützung der entscheidenden Kampftruppe dient.

Niederwerfungsstrategie
Strategie, die im Gegensatz zur Ermattungsstrategie ständig die Schlacht anstrebt, um den Feind so schnell wie möglich zu vernichten.

Nivelle-Offensiven
Großangriffe des französischen Generals NIVELLE 1917, die ihrer ungeheuren Blutopfer wegen zu Meutereien bei der französischen Truppe führten.

Operation
Bei der NATO: jede Kampftätigkeit von Truppen ohne Unterschied der Befehlsebene; bis zum Zweiten Weltkrieg einschließlich: Kampfhandlungen eines oder mehrerer Großverbände (siehe dort) in Stärke von Armeen oder Heeresgruppen zur Erfüllung eines Auftrags von strategischer Bedeutung (siehe Strategie), auch auf das gesamte Feldheer anwendbar.

Parallelschlacht
Schlacht, bei der sich die feindlichen Heere parallel gegenüberstehen.

Planspiel
Durchspielen verschiedener Gefechtslagen auf taktischer Ebene anhand von Karten durch die mittlere und untere Führung, wobei mit einer oder zwei Parteien gespielt werden kann; Schiedsrichter machen durch sog. Einlagen deutlich, welcher Entschluß jeweils richtig oder falsch war.

Prisenordnung
Auch Prisenrecht genannt: Recht, nach dem im Seekrieg ein Handelsschiff oder eine Ladung erbeutet werden darf; ihm unterliegen im Privateigentum stehende feindliche oder neutrale Schiffe, die den Feind unterstützen; ein Prisengericht entscheidet über die Rechtmäßigkeit der jeweiligen Maßnahme.

psychologische Rüstung
Maßnahmen zur Stärkung der inneren Widerstandskraft der eigenen Truppe, damit der Soldat gegen alle Versuche des Feindes, sein Vertrauen zur politischen und militärischen Führung sowie seine Überzeugung von der Rechtmäßigkeit seines Kampfes zu untergraben, unempfindlich wird.

rangierte Schlacht (bataille rangée)
Militärhistorischer Begriff für eine von beiden Seiten geplante Schlacht mit der der jeweiligen Taktik entsprechenden Gliederung.

seegestützt
Moderner Ausdruck für von See, also von Bord von Schiffen, wirkende Waffen, besonders Flugkörper und Raketen (Gegensatz: landgestützt und luftgestützt)

schiefe Schlachtordnung
Historische Schlachtordnung, vornehmlich in der Zeit der Lineartaktik, bei der der eine Parallelschlacht (siehe dort) erwartende Feind vom Angreifer, durch das Gelände begünstigt, mit seiner Masse schräg an einem Flügel und einer Flanke gepackt wird (bestes Beispiel: Schlacht bei Leuthen 1757).

Schlachtenkavallerie
Kavallerie, die, in geschlossener Attacke anreitend, die Schlachtentscheidung zu erzwingen vermag; die große Zeit der Schlachtenkavallerie war das 18. und beginnende 19. Jahrhundert.

Schlachtflieger
Flieger, deren Aufgabe es ist, in die Schlacht, also in den Erdkampf, zur Unterstützung der Kampftruppen des Heeres mit Bomben und Bordwaffen einzugreifen; der Ausdruck war nur in den beiden Weltkriegen dieses Jahrhunderts üblich; heute haben Jagdbomber diese Aufgabe übernommen, nachdem der spezielle Flugzeugtyp des Schlachtfliegers nicht mehr gebaut wird.

Schlacht mit verkehrter Front
Schlacht, bei der beide Seiten mit der Front zum eigenen Heimatland kämpfen wie etwa ALEXANDER DER GROSSE und DARIUS bei Issos.

Schockangriff
Letzte Phase einer Attacke der Schlachtenkavallerie (siehe dort), bei der der Einbruch (siehe dort) in den Feind im vollen Rosselauf erzwungen werden soll.

Schutzwaffen
Militärhistorischer Begriff für die dem Schutz des Kriegers dienende Ausrüstung wie etwa Schild, Panzer, Beinschienen usw. (Gegensatz: siehe Trutzwaffen).

Staffel
In unserem Zusammenhang ein im Warschauer Pakt üblicher Begriff für ein Treffen aus Großverbänden.

Strategie
Feldherrnkunst, der Gebrauch der Schlachten zum Zwecke des Krieges und zum Erreichen des Kriegs- und Operationszieles; sie bezieht sich nur auf die Maßnahmen der obersten politischen und militärischen Führung im Kriege (Gegensatz: Taktik, siehe dort).

subversiver Krieg
Kriegsart mit dem Ziel des Sturzes einer Regierung oder der Verjagung einer Besatzungsmacht durch Untergrundkämpfer oder Guerilleros.

Taktik
Lehre vom Gebrauch der Truppen im Gefecht; sie bezieht sich auf die Maßnahmen der unteren und mittleren militärischen Führung bis zum Armeekorps aufwärts (Gegensatz: Strategie, siehe dort).

Teileinheit
Zahlenmäßig kleinster Truppenkörper unterhalb der Kompanie wie etwa Gruppe und Zug (Gegensatz: Einheit, Verband und Großverband, siehe dort).

Teilstreitkräfte
Unterteilung der Gesamtstreitkräfte in die drei (klassischen) Teilstreitkräfte: Heer (Landheer), Marine und Luftwaffe; im Warschauer Pakt sind
auch die Raketentruppen und die sogenannte PWO (protiwo-wozduzh-
naya oborona – Luftverteidigungskräfte des Landes) Teilstreitkräfte.

Territorialarmee
Nationale, an das eigene Land gebundene Streitkräfte zur Sicherung
wichtiger Anlagen und Bekämpfung von feindlichen Luftlandekräften
oder Untergrundkämpfern.

trägergestützt
Ausdruck für Flugzeuge, die von Flugzeugträgern aus starten und dort
landen, ebenso auch für Flugkörper u. ä.

Treffen
Taktische, operative oder strategische Gruppierung von Kräften, die in
der Tiefe gestaffelt sind und nacheinander in das Gefecht oder die Schlacht
eingreifen.

triphibisches Unternehmen
Militärisches Unternehmen, das von Bodentruppen, Marine und Luftlan-
detruppen durchgeführt wird.

Truppenführer
Führer eines Großverbandes (siehe dort).

Trutzwaffen
Militärhistorischer Ausdruck für die Gesamtheit der Angriffswaffen des
einzelnen Kriegers wie Schwert, Lanze, Pfeil und Bogen usw. (Gegensatz: Schutzwaffen, siehe dort).

Verband
Truppenkörper von Bataillons- oder Regimentsstärke, der sich üblicherweise aus einer Waffengattung zusammensetzt.

verbrannte Erde
Die Strategie der verbrannten Erde umfaßt die Zerstörung und Vernichtung aller Dinge, die dem Feind im Krieg von Nutzen sein können; dazu
gehören etwa Industrie- und Verkehrsanlagen aller Art, Lebensmittel,
Vieh, Fernmeldeeinrichtungen usw., im Winter selbst Häuser oder andere Bauwerke, die Schutz gegen die Witterung bieten.

verbundene Waffen
Begriff, der sich auf das Zusammenwirken der verschiedenen Waffengattungen wie Panzer, Infanterie, Artillerie, Pioniere usw. in einem Gefecht

bezieht oder deren gliederungsmäßige Zugehörigkeit zu einem Großverband (siehe dort) bezeichnet.

Versorgungstroß
Teil des Trosses, der für die langfristige Versorgung der Truppen mit Munition, Verpflegung, Bekleidung, Waffen, sanitätsdienstlichem Material verantwortlich ist und diese Versorgungsgüter auf Fahrzeugen mit sich führt (Gegensatz: Gefechtstroß, siehe dort).

Zerstörer (Luftwaffe)
Hier im Zusammenhang mit einem Flugzeugtyp des Zweiten Weltkriegs gebraucht, nicht aber für einen Schiffstyp, ein Flugzeug, das als Jäger, Jagdbomber, Schnellbomber und zur Panzerbekämpfung eingesetzt werden konnte (deutsche Muster: Me 109 und Me 110 mit verstärkter und Sonderbewaffnung).

zerstreutes Gefecht
Gefecht, bei dem die Infanterie in geöffneter Ordnung und nicht in Kolonne oder Linie, also in Form von Einzelschützen, den Feind angreift.

Personenregister

Abd Er-Rahman von Córdoba, omaijad. Prinz 207
Achaimeniden, altpers. Königsgeschlecht 47
Achilles 11, 12, 75, 89
Ämilius Paulus, röm. Konsul 128
Äneas 73
Aëtius Flavius, weström. Feldherr 155, 175, 178, 180, 189
Agamemnon 75
Ahuramazda 37, 38, 47, 49
Aischylos, griech. Tragiker 83
Alarich I., westgot. König 148, 160, 161, 170, 171, 184, 201
Alba, Fernando Alvarez de Toledo y Pimentel, Herzog von, Feldherr und Staatsmann 294
Albertus Magnus (Graf Albrecht von Bollstädt), Universalgelehrter 194, 278
Alexander der Große, maked. König 61, 88–95, 99, 100, 108, 111, 123
Alexander I. Pawlowitsch, Zar 322, 335
Alexander Newskij, Großfürst 242–245
Alexios Komnenos, byzant. Kaiser 231
Allenby, Edmund Henry Hynmann, brit. Feldmarschall 63
Alpers, Klaus Anm. 130
Alt, Franz 16, 492, Anm. 8
Altenburg, dtscher General 461
Alter vom Berg 226
Alter Dessauer (Leopold I., Fürst von Anhalt-Dessau) 305
Alyattes, lyd. König 48
Ambigatus 99, 100

Ambrosius, Bischof von Mailand und Kirchenvater 161, 201, Anm. 153
Amenken, Pharao 65
Amenophis II., Pharao (bibl. Mohr Serah) 64, 65
Ammianus Marcellinus, röm. Geschichtsschreiber 159, 161, 167
Amulius, König von Alba Longa 109
Anastasios, byzant. Kaiser 195
Antlitzen, Berthold, Franziskaner (Klostername: Niger) 279
Arbatow, sowjet. außenpolitischer Sprecher 482
Ardschasb 47, 48
Arenson, Adolf Anm. 66
Ariovist 76, 116, 131, 134, 138, 141
Aristoteles 90, 146, 151, 194, 226
Arius, altkirchl. Häretiker 150, 166
Arjuna 43, 46
Arkadius, byzant. Kaiser 125, 170
Arminius, Cheruskerfürst 132–136, 139, 143, 205
Arndt, Ernst Moritz, Schriftsteller 392
Artaphrenes, Achämenidenführer 79
Artus, König von Wales und Cornwall 186, 187
Asa, König von Juda 64, 66
Asarhaddon, assyr. König 54
Assurbanipal, assyr. König 51, 61
Atanarich, Westgotenführer 165
Athanasius, griech. Kirchenlehrer 150, 161, 166
Athaulf, westgot. König 160, 171

Sachregister